地球の歩き方 B19 ● 2019～2020 年版

メキシコ
Mexico

地球の歩き方 編集室

MEXICO  CONTENTS

出発前に必ずお読みください！　旅のトラブルと安全対策 …… 11、428

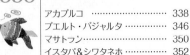

旅のキーワード

メキシコへ行く前に覚えておきたい必須キーワード集。これだけ覚えておくだけで、旅がぐっとスムーズになる。

道と住所

スペイン語で道を示す言葉は多く、『カルサーダCalzada』、『パセオPaseo』、『アベニーダAvenida（＝Av.）』、『カジェCalle』がある。順に大きな道をイメージさせる。町によっては、アベニーダもカジェも同じ太さで、アドレスをわかりやすくするために使い分けているだけということもある。

アベニーダ～、カジェ～などのように、メキシコ中の道に名前がつけられている。そして、通りの一方のサイドに奇数の番号が並び、もう一方のサイドに偶数の番号が並んでいて、とても機能的。住所にS/N（Sin Númeroの略）とあるときは番号はないが、周りに建物が少なく、すぐわかるときに使われている。

町の基本ワード

ソカロ Zócalo

大都市から村まで、各町の中心部となる広場。正式な名称にはプラサ・プリンシパルなどいろいろある。

カテドラル Catedral

メキシコの町では、「ソカロ」に隣接するように必ず教会がある。大きな町では大聖堂「カテドラル」と呼ばれる。

セントロ Centro

町の中心部は「セントロ」と呼ばれる。新市街が町の中心になっていても、コロニアルな町並みの旧市街を指すことが多い。

メルカド Mercado

メキシコ情緒たっぷりの昔ながらの市場。多くは中心部にあり、地元の人たちでにぎわいを見せている。

395 旅の準備と技術

関連本の紹介

地球の歩き方リゾートスタイル R17
カンクン コスメル イスラ・ムヘーレス 2017~2018年版
CANCUN Cozumel Isla Mujeres
●定価 1500円+税
メキシコの人気リゾートエリアを紹介したガイドブック。高級ホテルやショッピングの情報も充実している。

地球の歩き方 B20
中米 2018~2019年版
CENTRAL AMERICA
グアテマラ コスタリカ ベリーズ エルサルバドル
ホンジュラス ニカラグア パナマ
●定価 1900円+税
グアテマラからパナマまで個性豊かな中米7ヵ国の徹底ガイド。メキシコからさらに南へ足を延ばそう!

本書で用いられる記号・略号

紹介している地区の場所を指します。

アクセス 目的地への行き方

バス
飛行機
船舶

TEL	電話番号
FD	フリーダイヤル
FAX	ファクス番号
URL	インターネットホームページ
e-mail	eメールアドレス
営業	営業時間
入場	入場・開館時間
料金	利用料金

[はみだし] 追加情報を掲載しています

[安全情報] 現地事情を前もってチェック

古きよき時代の香りが残るコロニアルの町並み

トラコタルパン
Tlacotalpan

メキシコ湾岸

ベラクルスから約90km南東に位置する、パパロアパン川の中州にある古い町。船による交易が栄えていた19世紀頃は重要な港として知られ、メキシコを代表する大作曲家アグスティン・ララの出身地としても有名だ。古くからある公園や建物が美しく保存され、1998年に世界文化遺産に登録されている。

人口	約7600人
高度	10m
市外局番	288

World Heritage 世界遺産

アクセス

バス▶ベラクルスからの直行はないので、アルバラードAlvaradoで乗り継ぐ。ベラクルスから毎時8〜10本運行しているTRV社などの2等バスでアルバラード（所要約1時間30分、M$58）へ行き、トラコタルパン行き2等バス（毎時3〜4本運行、所要約30分、M$39）に乗り換える。トラコタルパンのバス停留所から中心部までは徒歩5分ほど。

トラコタルパン [MAP] P.315/B2

イベント情報
●2月2日
聖燭節Día de Candelariaはトラコタルパンの守護聖人の日。聖体行列、牛追いや舞踊上演、パレードなどが行われる。

観光案内所
町の中心にあるリラゴリ公園に面して建つ市庁舎の入口脇。
TEL 884-2050
営業 月〜土 9:00〜15:00、16:00〜19:00

歩き方

トラコタルパンでは教会が建つサラゴサ広場Plaza Zaragozaを起点に歩いて、世界文化遺産に登録された町並みを観賞してみたい。通りは車の通行もほとんどなく、沿道にはカラフルでかわいらしい小さな家が並ぶ。サラゴサ広場の東には、アグスティン・ララ博物館やサルバドール・フェルナンド博物館などの見どころがある。また、パパロアパン川沿いには、魚料理がおいしいレストランが建ち並び、岸辺にはボートと船頭が待機していて、川巡りや近隣の島へと運んでくれる。年間をとおして蚊が多いので、虫よけスプレーは持参したほうがいい。

中心部には昔ながらののどかな情緒が漂う

おもな見どころ

▶町の歴史がわかる私設博物館 ★

サルバドール・フェランド博物館
Museo Salvador Ferrando

トラコタルパン出身の著名な画家アルベルト・フステルAlbert Fusterの『結婚式の衣装を着た私の祖母』をはじめとする数々の絵画や、中世トラコタルパンの遺物や歴史的写真などが展示されている。

サルバドール・フェランド博物館
TEL 884-2495
入場 火〜日10:00〜19:00
料金 M$10

▶メキシコを代表する作曲家の家 ★

アグスティン・ララ博物館
Museo Agustín Lara

音楽家アグスティン・ララが一時期住んでいた家を博物館として公開している。内部にはララが愛用していた家具や、往年の写真などが展示されている。この博物館から、西に徒歩5分ほど行くと、アグスティン・ララの生家（内部は非公開）もある。

アグスティン・ララ博物館
サラゴサ広場から徒歩1分ほど。
TEL 937-0209
入場 火〜日8:00〜14:00、16:00〜19:00
料金 M$15

トラコタルパンのホテル
サラゴサ広場の南にある[H] Reforma（TEL 884-2022）は21室のホテル。ⓈM$550〜、ⒹM$700〜。
また、パパロアパン川の近くにある[H] Posada Doña Lala（TEL 884-2580）は落ち着いた全34室のホテル。ⓈⒹM$650〜。

[はみだし] アグスティン・ララは1897年にこの町で生まれた。作曲家として数々の楽曲を発表する一方で、ラジオ番組の司会者としても知られ、1970年に亡くなるまで多方面で活躍した。 331

ショップ

▶ソナ・ロッサのショッピングモール
レフォルマ222
Reforma 222
メトロバス1…4階建ての近代…アパレルブラン…ドやカフェレス…トランが充実。…最上階には映…画館も入って…いる。
吹き抜けの人気モ…
[MAP] P.68/B1
住所 Paseo de…
TEL 5207-685…
URL www.codi…

ナイトスポット

▶週末の夜限定のサルサクラブ
マクンバ
Macumba
バスターミ…スポット。金…ルサの生演奏…る。カクテルM…ラM$60〜。…レストラン営業…ビュッフェ(M$…を提供。
カバーチャージは…イベント時には…
[MAP] P.195/A1
住所 Av. Uxma…
TEL 251-5371
営業 毎日12:00…
税金 込み カー…

レストラン

▶海の幸もライブも楽しめる
ロスアルコス
Los Arcos
タコスなど庶民の…種シーフード料理…ソニク揚げペスカ…アホがM$219と、…だ。毎晩23:00か…か、流しのマ…リアッチもやっ…てくる。
魚料理が手頃な値段で食べられる
[MAP] P.195/A1
住所 Av. Yaxchilan…
TEL 846-3409 営…
税金 込み カード [A]…

ホテル

▶中心部でもリゾート気分を満喫
プラザ・カリベ
Plaza Caribe
バスターミナルの目の前に建ち、移動にも便利な全140室の中級ホテル。ラテン音楽のライブが聴けるバーがあり、トロピカルな中庭にはクジャクが優雅に散歩している。
[Wi-Fi] 客室OK 無料

バスターミナルの向かいにある

[MAP] P.195/A2 🍴○ プール○ 金庫○ 朝食△
住所 Av. Tulum con Av. Uxmal Lote 19, S.M.23
TEL 884-1377
URL www.hotelplazacaribe.com
税金 +19% カード [A][M][V]
料金 ⓈⒹM$1067〜 [AC]○ [TV]○ [TUB]×

[Wi-Fi] Wi-Fi 環境と利用時の料金

ホテルの施設アイコン

🍴 レストラン	[AC] エアコン
プール	[TV] テレビ
金庫	[TUB] バスタブ

朝食
○＝朝食付き
△＝宿泊条件 or 客室による
×＝朝食なし
有料＝有料サービス

Ⓢシングルベッドルーム（1名利用）
Ⓓダブル・ツインベッドルーム（2名までの利用）
※ホテル料金は基本的に室料

地 図

- Ⓗ ホテル
- Ⓡ レストラン
- Ⓢ ショップ
- Ⓝ ナイトスポット
- Ⓔ スパ＆エステサロン
- Ⓢ 銀行＆外貨両替所
- ⚓ アクティビティスポット
- Ⓣ ツアー会社／アクティビティ会社／バスチケット売り場
- ✉ 郵便局
- ☎ 電話局
- ✕ 警察
- ❶ 観光案内所
- ✚ 病院
- ⛪ 教会
- Ⓐ スペイン語学校
- 🚇 メトロ駅
- 🚌 バスターミナル
- 🚏 バス乗り場
- 🏛 遺跡
- ◪ ダイビングスポット
- 🎡 テーマパーク

メキシコ各地の見どころ重要度を、★マークで表しました。あくまでも編集室の独断ですが、観光の際の目安として参考にしてください。
★★★＝絶対に見逃せない‼
★★＝時間に余裕があればぜひ！
★＝興味のある人向き

 ─┐ 読者投稿
✉ ─┘

TEL	電話番号
FAX	ファクス番号
FD	フリーダイヤル
URL	インターネットホームページ ※ http:// は省略
e-mail	e メールアドレス
日本予約	日本での予約先
税金	税金（一部サービス料含む）
カード	使えるクレジットカード
Ⓐ	アメリカン・エキスプレス
Ⓓ	ダイナースクラブ
Ⓙ	JCB
Ⓜ	マスターカード
Ⓥ	ビザ
MAP	対応する地図ページ
営業	営業時間
入場	入場・開館時間
料金	宿泊料金・入場料等

■掲載情報のご利用に当たって

編集部では、できるだけ最新で正確な情報を掲載するよう努めていますが、現地の規則や手続きなどがしばしば変更されたり、またその解釈に見解の相違が生じることもあります。このような理由に基づく場合、または弊社に重大な過失がない場合は、本書を利用して生じた損失や不都合について、弊社は責任を負いかねますのでご了承ください。また、本書をお使いいただく際は、掲載されている情報やアドバイスがご自身の状況や立場に適しているか、すべてご自身の責任でご判断のうえでご利用ください。

現地取材および調査時期
2018 年 4 〜 8 月

■発行後の情報の更新と訂正について

本書に掲載している情報で、発行後に変更されたものや訂正箇所は『地球の歩き方』ホームページの「更新・訂正情報」で可能なかぎりご案内しています（ホテル、レストラン料金の変更などは除く）。また、「旅のリポート情報」もぜひ旅行前にご役立てください。
URL book.arukikata.co.jp/support

■投稿記事について

投稿記事は、多少主観的であっても原文にできるだけ忠実に掲載してありますが、データに関しては編集部で追跡調査を行っています。投稿記事のあとに（東京都 ○○ '18）とあるのは、寄稿者と旅行年を表しています。ただし、ホテルの料金などを追跡調査で新しいデータに変更している場合は、寄稿者データのあとに調査年を入れ ['10] としています。

■ホテルの料金について

特に記載のないかぎり、トイレ、シャワーまたはバス付きのひと部屋当たりの料金を掲載しています。『税金＋14％』などと記載されている場合を除き、料金には税金は含まれています。

重要：米ドルなど外貨の流通事情に注意！

2010 年のメキシコ政府通達により、高級ホテルやアクティビティツアーで「米ドルで料金を表示していても、現地通貨ペソでしか支払えない」ケースがあります（メキシコ・シティ、カンクン、ロスカボスなどでは米ドルで支払い OK の場合も多い）。また、外貨両替の際には身分証（パスポート）の提示が必要で、米ドルの両替額は 1 日 US$300、1ヵ月 US$1500 までと上限が設けられています（ユーロ、日本円など他の通貨は両替額の上限はない）。本書ではアクティビティツアーの料金を米ドル表記している箇所もありますが、メキシコを旅行される際には現金だけでなく、各種カードの携帯をおすすめします（→ P.398）。

ジェネラルインフォメーション

メキシコの基本情報

聖母マリアの像を町でもよく見かける

▶旅の会話 → P.432

国 旗

緑・白・赤の3色旗。緑は「独立」、白は「カトリック」、赤は「メキシコ人とスペイン人の統一」を表す。中央に、ヘビをくわえたワシがサボテンの上に止まっている図は、アステカ人の神話に基づく。

正式国名

メキシコ合衆国
Estados Unidos Mexicanos

国 歌

メヒカーノス・アル・グリート・デ・ゲラ
Mexicanos, al grito de guerra

面 積

約 196 万 4375km²（日本の約 5 倍）

人 口

約 1 億 2920 万人（2017 年）

首 都

メキシコ・シティ Mexico City（スペイン語ではシウダー・デ・メヒコ Ciudad de México）。周辺部を含めると約 2000 万人が住んでいる。

元 首

エンリケ・ペーニャ・ニエト
Enrique Peña Nieto
（2012 年 12 月就任、任期 6 年）※ 2018 年

12 月 1 日よりアンドレス・マヌエル・ロペス・オブラドール Andrés Manuel López Obrador がメキシコ大統領に就任予定。

政 体

立憲民主制による連邦共和国。31 の州と連邦行政区（メキシコ・シティ）で構成されている。議会は 2 院制で、上院は議席数 128 で任期 6 年、下院は議席数 500 で任期 3 年。おもな政党は制度的革命党（PRI）、国民行動党（PAN）、民主革命党（PRD）など。

民族構成

メスティソ（先住民とスペイン系白人の混血）約 60%、先住民約 30%、スペイン系白人約 9%。ほとんどの白人は上流階級に属し、逆に先住民は依然として貧しい生活を強いられている。

宗 教

約 90%がカトリック

言 語

公用語はスペイン語だが、メキシコに住む各先住民は、それぞれ独自の言語をもっている。カンクンやロスカボスでは、英語もかなり通じる。

通貨と為替レート

M$

▶両替事情 → P.399

高級ホテルやツアー料金で米ドル表記された物件でも、米ドル現金では支払えないケースもあるので注意。また両替所や銀行での米ドル両替額は 1 日 US $300（1 ヵ月間で合計 US $1500）が上限となっているので気をつけよう。

通貨単位はペソ Peso。通貨記号としては「$」で示されるが本書では米ドルと区別するために「M$」と表記している。M$1 ≒ 5.8 円、US$1 ≒ M$19（2018 年 9 月 3 日現在）。ペソの補助単位がセンタボ Centavo（¢）。M$1 = 100Centavo。メキシコのインフレ率は毎年 2 〜 6%程度。

紙幣はペソが 20、50、100、200、500、1000。流通している硬貨はペソが 1、2、5、10、20、センタボが 10、20、50。

 M$1000
 M$500
 M$200
 M$100
 M$50

 M$20

 M$20
 M$10
 M$5
 M$2　M$1
 50¢
 20¢
 10¢

電話のかけ方

メキシコ国内で市内の携帯電話にかける場合、「01」の代わりに「044（市外へは 045）」を初めにダイヤルする（メキシコの携帯電話番号には購入した場所の局番が付く）。

日本からメキシコ・シティの（55）1234-5678 にかける場合

国際電話会社の番号		国際電話識別番号	メキシコの国番号	市外局番	相手先の電話番号
001（KDDI） ※1		**010**	**52**	**55**	**1234-5678**
0033（NTTコミュニケーションズ） ※1	+		+	+	+
0061（ソフトバンク） ※1					
005345（au携帯） ※2					
009130（NTTドコモ携帯） ※3					
0046（ソフトバンク携帯） ※4					

※1「マイライン」「マイラインプラス」の国際通話区分に登録している場合は不要。詳細は **URL** www.myline.org
※2au は 005345 をダイヤルしなくてもかけられる。
※3 NTT ドコモは 009130 をダイヤルしなくてもかけられる。
※4 ソフトバンク携帯は 0046 をダイヤルしなくてもかけられる。

参考：携帯 3 キャリアともに、「0」を長押しして「+」を表示させると、国番号からのダイヤルでかけられる。

※日本からメキシコの携帯電話番号へかける場合は、国番号 52 の次に「1」をダイヤルする。国際通話では 044 や 045 は不要（→ P.427 欄外）。携帯番号が頭に 044 や 045 がない 10 桁のみの場合は、国番号 52 のあとに携帯番号をダイヤルすれば国際通話ができる。

入出国

ビザ

最長で180日以内の観光や語学学習の場合、日本人はビザ不要。ビジネスや留学目的での入国は、在日メキシコ大使館（→P.396欄外）へ問い合わせを。

パスポート

入国時点で残存有効期間が滞在日数以上必要。

▶ 出発までの手続き
→P.400
▶ 入出国カード
→P.408

※空路でのアメリカ入国・経由・乗り継ぎには、ESTA（→P.407欄外）の取得が義務づけられているので注意。

日本からのフライト時間

日本からメキシコへの直行便は、成田からメキシコ・シティへアエロメヒコ航空と全日空が毎日各1便運航。所要約13時間（復路は所要約14時間）。そのほかアメリカの航空会社の乗り継ぎ便でメキシコへアクセスするのも一般的。乗り継ぎの場合は待ち時間も含め、所要16〜19時間。

▶ 航空券の手配
→P.402

気候

メキシコは北半球にあるので、暑い時期、寒い時期とも日本と同じ。5〜10月が雨季となり、11〜4月が乾季となる。雨季は昼間に晴れていても夕方に雷雨に遭うというのが一般的だが、低気圧の停滞によって雨が降り続くこともある。また年によってハリケーンが襲来し、カリブ海側やメキシコ湾岸に被害が出るケースもある。

メキシコ・シティなどの高地や、ロスノボスなど砂漠に囲まれたエリアは、昼と夜の寒暖差が激しいので注意。

広大なメキシコは気候も多様なので、各エリアの年間気温と降雨量は、エリアインフォメーションの項を参照。

▶ 旅の持ち物
→P.404

遺跡見学では日差し対策をしっかりしよう

メキシコ・シティと東京の気温と降水量

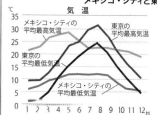

気温
- メキシコ・シティの平均最高気温
- 東京の平均最高気温
- 東京の平均最低気温
- メキシコ・シティの平均最低気温

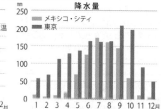

降水量
- メキシコ・シティ
- 東京

時差とサマータイム

メキシコには4つの時間帯がある。メキシコ・シティなど主要部分を占めるのは、中部標準時（CST）で、日本との時差は15時間遅れ。

カンクンのあるキンタナ・ロー州で使われている東部標準時（EST）では、日本との時差は14時間遅れ。

南バハ・カリフォルニア州、ナジャリ州、ソノラ州、シナロア州などの北部で使われている山岳標準時（MST）では、日本との時差は16時間遅れ。

ティファナなど北バハ・カリフォルニア州で使われている太平洋標準時（PST）では、日本との時差は17時間遅れ。

また、4月の第1日曜〜10月の最終日曜までは、サマータイムがメキシコ全土で実施されている（カンクンのあるキンタナ・ロー州やソノラ州を除く）。この期間のCSTのメキシコ・シティと日本の時差は14時間遅れとなる。

▶ 時差マップ
→折込地図表

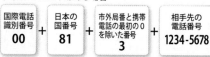

メキシコから日本の
(03) 1234-5678 にかける場合

国際電話識別番号	日本の国番号	市外局番と携帯電話の最初の0を除いた番号	相手先の電話番号
00	+ 81	+ 3	+ 1234-5678

メキシコ国内の市外通話
(55) 1234-5678 にかける場合

市外通話認識番号	市外局番	相手先の電話番号
01	+ 55	+ 1234-5678

祝祭日
（おもな祝祭日）

▶お祭りカレンダー
→P.42

セマナサンタの前後2週間はメキシコのバカンスシーズン。ホテルや交通機関も非常に混み合うので早めに事前予約を

以下は2018～2019年の祝祭日。キリスト教に関わる祝日が多く、年によって異なる移動祝祭日に注意。移動祝祭日は日付のあとに年度を記載してある。

月	日付	名称		月	日付	名称
1月	1/1	新年		5月	5/10	母の日
2月	2/4 ('19)	憲法発布記念日		9月	9/16	独立記念日
3月	3/18 ('19)	ベニート・フアレス誕生日		10月	10/12	アメリカ大陸発見の日
4月	4/14 ～ 21 ('19)	セマナサンタ（イースター）		11月	11/2	死者の月
					11/19 ('18)	革命記念日
5月	5/1	メーデー		12月	12/12	聖母グアダルーペの日
	5/5	プエブラ戦勝記念日			12/25	クリスマス

ビジネスアワー

24時間営業のコンビニも多い

以下は一般的な営業時間の目安。ショップやレストランなどは、店やエリアによって異なる。

銀 行
月～金曜9:00～16:00が一般的だが、19:00頃まで営業する銀行もある。土曜は一部営業。日曜、祝日は休業。

役所や事務所
月～金曜8:00～13:00、15:00～18:00が一般的。

ショップ
毎日10:00～19:00頃まで営業する店が多い。地元の一般商店は土・日曜休。観光地では無休の店もある。

レストラン
毎日10:00～22:00頃までが一般的。閉店時間の15分から1時間前には、料理がオーダーストップとなる。カンクンやロスカボスなどには、深夜営業や24時間営業を行う店もある。

電圧とプラグ

電圧は110V、120V、127V、周波数は60Hz。コンセントプラグの形状は日本と同じ（Aタイプ）だが、電圧が不安定なため、日本の電気器具利用には変圧器を利用したほうがよい。出発前に説明書をよく確認しておこう。

日本と同じプラグが利用できる

映像方式

ビデオは日本と同じNTSC方式で、メキシコで購入したビデオソフトは、日本のビデオ機器で再生できる。DVDソフトはリージョンコードがメキシコは「4」で、日本の「2」と異なる。一般的なDVDプレーヤーでは再生できないこともあるが、マルチリージョンのDVDプレーヤーやDVD内蔵パソコンでは再生可。ブルーレイのリージョンコードは日本もメキシコも「A」で同じ。

チップ

▶チップ→ P.426

メキシコにはチップの習慣がしっかりと根づいている。特にレストランやアクティビティ施設などのスタッフには、基本的なマナーとして忘れずに渡すこと。あまり少ない金額だと受け取る側に不快感を与えるので注意。

タクシー
基本的には必要ないが、キリのよい金額に切り上げて支払うとよい。

レストラン
料金の10%から15%が目安。おつりの小銭をテーブルに残すのが基本。

ホテル
ポーターに荷物を運んでもらったり、ルームサービスを頼んだ場合にはM$20程度。

ツアーやアクティビティ
ツアーガイドやダイビングガイドなどにはM$200～500程度。

飲料水

基本的にホテルやレストランで出される水は、飲料用の水を使用している。しかしローカルな食堂で食事をする場合などは、安全のためにミネラルウオーターを飲むよう心がけたい。ミネラルウオーターはスーパーや雑貨店で簡単に購入できる。煮沸した飲料水を出すレストランでも、氷は殺菌処理されていないケースが多いので注意。

ペットボトルに入ったミネラルウオーター

※本項目のデータは在日メキシコ大使館、メキシコ観光局、日本外務省などの資料を基にしています。

郵便

メキシコから日本への郵便料金は、はがきがM＄15で、封書（20gまで）も同料金。日本へ送りたい場合は、郵便局の窓口で「A Japón」とひと言でいい。高級ホテルではフロントに投函を頼むこともできる。はがきや封書や小包は7〜14日、EMSやDHLは4〜5日で日本に到着する。

郵便ポストもあるが窓口で出すほうが確実

税　金

日本の消費税に相当する付加価値税（IVA）があり、通常は内税として16％が課税されている。また宿泊には、別途3〜5％の宿泊税（ISH）を徴収されるケースもある。なお「TAX BACK」加盟ショップで1店舗での購入額がM＄1200を超える場合には、税金還付サービス（→P.422欄外）を受けることができる。

購入店でTAX BACK領収書をもらいメキシコ・シティ、カンクン、ロスカボスなど国際空港内の「TAX BACK」デスクで手続きする。詳細はウェブサイト（URL www.moneyback.mx）で確認を。

このシールが加盟店の目印

安全とトラブル

スリ、強盗
市内や都市間の移動中に、スリや強盗などの被害に遭うケースがよく報告されている。特にメキシコ・シティでは、流しのタクシーで移動中に強盗に遭う被害例があるので注意。

高地対策
メキシコ・シティなどは2000m以上の高地であるため酸素が希薄。また自動車の排気ガスで大気汚染もひどく、疲労しやすい。観光はあまり無理をせず、ゆっくりとしたスケジュールを心がけよう。

車に注意
メキシコは車優先社会。日本のように歩行者は保護されていないので、注意。交通規則もあまり守られていないので、道路を横断するときは十分に周囲に注意しよう。

国境地帯
メキシコのアメリカ国境地帯は危険。不法越境労働者を狙う武装した人間が多くいるのだ。絶対に国境線のフェンス付近には近寄らないこと。また、国境の町ではアメリカで働くつもりで出てきたものの、ビザも取れずお金も尽きてしまった人が多くいる。治安が悪いので、できるかぎり早く内陸の町へ移動しよう。

警察署 060

▶ 旅のトラブルと安全対策→P.428
▶ 国境地帯の治安悪化に要注意！→P.414

路上での飲酒は禁じられているので注意

年齢制限

メキシコでは18歳未満の飲酒と喫煙は禁じられている。
レンタカーは、レンタカー会社や車種によって25歳未満に貸し出さないことがある。

度量衡

日本の度量衡と同じで距離はメートル法、重さはグラム、キロ、液体はリットル単位。

その他

シエスタ
メキシコではシエスタ（昼寝）をする習慣もある。時間は季節によっても多少異なるが、だいたい13:00〜16:00。近年メキシコの都市部では、シエスタの習慣はなくなっている。

教会の見学
信仰の場であることを十分に配慮しよう。内部では脱帽し、大声を立てず、むやみに写真を撮らないように気をつけよう。

飲酒
メキシコではサラリーマンが昼食時に飲酒するのは珍しくないが、その一方で公衆の面前で酔っぱらうことは許されていない。酒類の瓶や缶を見える状態で持ち歩いているだけで逮捕されることもあるので注意。屋外や売店での飲酒も厳禁。

トイレ
町なかであれば、レストランやショッピングセンターなどのトイレを利用することができる。便器の脇にくずカゴが置いてある場合は、使用後のトイレットペーパーを便器に流さずに、そのカゴに入れること。水圧が低いため、トイレの下水管が詰まりやすいからだ。

▶ マナー→P.426

メキシコ的なトイレの表示もある

使用済みの紙はくずカゴに捨てること

多彩なメキシコを
楽しみましょう！

雄大な自然と多様な文化をもつ
メキシコのエリア紹介

VIVA MEXICO

メキシコ・シティと周辺都市 ▶ P.57

　人口2000万人ともいわれる首都圏とその周辺の都市。近代的な町並みが広がるが、スペインによる植民地時代のコロニアル都市、テオティワカンなどの古代遺跡といった観光のハイライトも多数ある。

アステカの都に築かれたメキシコ・シティ

幻想的なコロニアル調の町並みが魅力

カリブ海とユカタン半島 ▶ P.189

　日本人に最も人気のあるリゾート地のひとつカンクン。カリブ海に面したこの地域は、ビーチリゾートやアクティビティが楽しめる。密林の中に残るマヤの古代遺跡も見応えのある観光地だ。

中央高原北西部 ▶ P.135

　スペイン人の侵略後に、銀など鉱物の採掘やその流通で繁栄したコロニアル都市が残っている。世界文化遺産に登録された古都も多く、首都からバスで行ける観光地が点在する人気エリアだ。

美しいビーチが広がっている

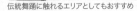

伝統舞踊に触れるエリアとしてもおすすめ

オアハカ州・チアパス州 ▶ P.273

　メキシコ南部に位置し、隣国グアテマラにも接するこの地域は、先住民が最も多いエリアのひとつ。地形は起伏が多く山々が連なっているため多少不便だが、より伝統文化を知りたい人におすすめ。

メキシコ湾岸 ▶ P.315

　スペイン人が初めて上陸した地で、その後は海外との交易で栄えた。音楽や踊りが盛んな地域としても知られる。オルメカ、トルテカの古代遺跡も残っていて、マニアックな旅行者に人気。

古代オルメカの石像は貴重な歴史的遺物

太平洋岸 ▶ P.335

　太平洋岸は都市部に暮らすメキシコ人客の行楽地として人気があるエリア。外国人の多いビーチリゾートと少し雰囲気が変わるが、メキシコ人客とともに各種アクティビティが楽しめる。

国際的なリゾートとして人気上昇中のプエルト・バジャルタ

バハ・カリフォルニアと北部 ▶ P.353

　アメリカとの国境に近いこともあり、北米からの観光客でにぎわうビーチリゾート。日本人客にはダイブスポットとして注目されており、世界自然遺産の豊かな海を満喫できる。

多様な海洋生物と出合える

メキシコは日本の約5倍の国土面積をもつ大国。西側は太平洋が広がり、東側は大西洋につながるメキシコ湾やカリブ海に面している。首都メキシコ・シティを含む中央高原地帯は標高2000m級の大地に都市が点在する、温暖で過ごしやすいエリア。一方で海岸沿いや南東部のユカタン半島などの低地は年間を通じて暑い日が続く。そんな地形や気候の起伏に富んだメキシコは、各地に多様な文化と自然の遺産が点在している。
※本書で記載する世界遺産の名称は、日本ユネスコ協会連盟の和名と異なるものがあります。

メキシコの 世界遺産リスト

メキシコ国内にある世界遺産は2018年8月現在で全35ヵ所、南北アメリカ大陸で最多を誇っている。各地にある世界遺産を訪ねよう！

メキシコのおもなエリアと世界遺産

一生の思い出に残る撮影
スポットとして人気です

BEST SPOT 10

太陽の国ならではの色鮮やかなフォトジェニック・スポットを訪問しよう。自然を体感する絶景からカラフルな生活風景まで、感動の瞬間が待っている。

01 自然が育んだ神秘の湖へ
ピンクラグーン

ユカタン半島のリアラガルトス自然公園にはピンク色の塩田が広がっている。まるで童話の世界に迷い込んだような光景が話題となり、カンクン発ツアー（→ P.197）で訪問する旅行者が激増中（カンクンから車で片道約3時間）。水中に含まれるプランクトンがこの幻想的な色彩を生み出している。

● Pink Lagoon　MAP P.189/A2

自然公園内で天然の泥パックも体験できます

📷 TRAVEL ADVICE

塩田は私有地で水が突然抜かれることも。ツアー会社で最新情報をチェック！

セノーテでの時間は
最高のヒーリング

02 驚異的な透明度を誇る聖なる泉
グランセノーテ

石灰岩の地面が陥没し、その穴に地下水がたまってできた天然の泉、セノーテ。ユカタン半島に 7000 ほどあるなかで、グランセノーテはカンクンから最も訪れやすいスポット。神秘的な泉は、マヤ文明では崇拝の対象となっていた。

●Gran Senote
MAP P.100/A2
入場 毎日8:10 ～ 16:45 　ツアー カンクン発でUS$100 ～

TRAVEL ADVICE
防水グッズを用意して水中写真にトライ。スノーケル器材も現地でレンタル OK

03 メキシコでいちばん美しいビーチがここ！
プラヤ・ノルテ

カンクンからフェリーで約 30 分。楽園イスラ・ムヘーレスの北に広がるビーチは圧倒的な美しさ。穏やかな遠浅の海で遊び、オープンバーでカクテルを楽しめば、最高の休日になること間違いなし！

●Playa Norte ▶P.238

カリブ海が感動する
ほど美しい色合い♪

TRAVEL ADVICE
メキシコでは珍しく公共ビーチでアルコールを楽しんでも OK。サンセットも美しい

現地発ツアーの利用が安くておすすめ

04 まるで滝が石化したような不思議な景観
イエルベ・エルアグア

ミネラル成分が高い水により、岩が滝状に形造られた奇観が広がる渓谷エリア。緑色に光る池は大然のプールとかっており、絶景を見下ろしながら泳いでリフレッシュ。周辺には1周30分ほどのトレッキングコースもある。

●Hierve el Agua ▶P.289

📷 TRAVEL ADVICE

断崖に正面から日が当たるのは夕方の時間帯。記念撮影の人たちで混み合う

📷 TRAVEL ADVICE

島の訪問はツアーのみ可能。催行日や定員が限られているので早めに予約しよう

05 豊かな海に囲まれた秘密のビーチへ
プラヤ・エスコンディーダ

「隠されたビーチ」というその名のとおり、岸壁に囲まれた無人島には隠れるように美しい浜辺が広がっている。ツアーでは島の周囲を周遊し、多様な海洋生物がすむ海をスノーケリングなどで楽しめる。

●Playa Escondida ▶P.347

洞窟の天井が空いたようなビーチに到着

ボートは着岸できないので沖合から泳ぐ

17

日 常 に 溶 け 込 む 極 彩 色

フォトジェニックな町を馬車で巡れます

06
魔法のように美しいコロニアル都市
イサマル

スペイン植民地化前より栄えた、ユカタン州の古都。町の建物は鮮やかなイエローで統一されており「黄色い町 La Ciudad Amarilla」という愛称をもつ。1553年に建てられたサンアントニオ修道院はキリスト教の聖地にもなっている。

●Izamal ▶P.263

📷 **TRAVEL ADVICE**

サンアントニオ修道院では月～土 20:30 ～にプロジェクションマッピングも上映

07
カラフルな民族衣装も露店に並ぶ
オアハカ州の青空市

レインボーカラーの伝統衣装も並んでいます

トラコルーラの日曜市はメキシコ最大規模のティアンギス（青空市）。周辺の村で取れた農作物や工芸品などが並び、華やかな民族衣装をまとった村人たちが行き交う光景は、まるでタイムトリップだ。

●Tracolula ▶P.289

📷 **TRAVEL ADVICE**

先住民の青空市は村ごとに開催日が異なる。スケジュールに余裕をもたせておこう

チレス・エン・ノガダの撮影店はケチュラ・エス・プエブラ（→P.115）

フォンダ・デ・サンタクララ（→P.115）のモーレ料理も絶品！

📷 TRAVEL ADVICE
ノガダ特産のタラベラ焼きの食器やタイルを写り込ませると写真映えバッチリ

08 メキシコ料理の発祥地でグルメ体験

プエブラの郷土料理

数あるメキシコ料理のなかでも「チレス・エン・ノガダ」は写真映え No.1。トッピングされたザクロの赤と、クリームソースの白、パセリとチレ（辛くないトウガラシの一種）の緑でメキシコ国旗を表現している。チレに挽肉とナッツを詰めて焼いており、食感も楽しい。　● Puebla Gourmet ▶ P.115

マリーゴールドで彩られた移動式祭壇も見もの

09 首都をガイコツの仮装で闊歩する

死者の日のパレード

メキシコ・シティのレフォルマ通りでは、2016年から盛大なパレードが行われている。派手にドクロの仮装をした人たちと、巨大な祭壇が練り歩く様子は「メキシコ版ハロウィン」といった趣だ。

●Event in Mexico City ▶P.60

📷 TRAVEL ADVICE
死者の日にはソカロ周辺に仮装者が集う。パレードはその直前の土曜日に開催される

📷 TRAVEL ADVICE
建物中央に配置された現代アートの鬼才ガブリエル・オロスコ氏のオブジェも必見

10 異彩を放つ近未来的な「空中図書館」

バスコンセロス図書館

メキシコを代表する建築家アルベルト・カラチ氏が設計を担当し、2006 年にオープン。高層のメタリックな書庫が向かい合うデザインは、見る者を圧倒する。建築デザインのマニアなら絶対に訪れてみたいスポットだ。

●Biblioteca Vasconcelos ▶P.77

SF映画のセットのような空間に58万冊の本を所蔵

映画のようなマジカル体験

憧れの**コロニアル都市**を

グアナファト ※ *Guanajuato*

カンテラの明かりが照らす石畳の
道を歩けば、中世へとタイムスリッ
プ。ピピラの丘の夜景や楽隊の
音楽に酔いしれてみたい。

歩こう！

多くの旅行者を魅了するメキシコ各地のコロニアル都市。特にグアナファトやオアハカではディズニー/ピクサー映画「リメンバー・ミー」の舞台設定となった幻想的な景観が楽しめる。

ピピラ記念像の丘から望むグアナファトのサンセットタイム。街灯に浮かぶ町並みはファンタジー映画で描かれた黄泉の国のよう

サンミゲル・デ・アジェンデ
❂ San Miguel de Allende

アートの町として知られ洗練された雰囲気が評判。グルメ・ショップ・ホテルのレベルも高く、町角には音楽があふれる。

オアハカ
❂ Oaxaca

先住民文化とコロニアル建築が融合した、メキシコならではの古都。先祖を出迎える「死者の日」には家族で墓地へと向かう。

メキシコで最も美しい高原都市を巡る休日

グアナファト ☼ Guanajuato P.156

1 day Plan

16〜18世紀には世界一の産出量を誇った銀鉱の町。中世の趣が残る町並みはまるで映画の世界のよう。

チョコフラン M$38、カプチーノ M$30

Start!

10:00

一番人気のフォトジェニックなカフェ

開放的な朝食タイム

R サント・カフェ
→ P.163

裏路地に架かる橋の上で食事できるカフェへ。地元の人たちの生活を垣間見ながら、おいしいコーヒーで古都巡りの1日がスタート。

女子受けするテーブルウェアが並んでいる

11:30

名産の食器探し

S リンコン・アルテサナル
→ P.162

グアナファト州特産のセルビン焼きの専門店でおみやげ探し。緻密な柄とカラフルな色合いのテーブルウエアは食卓を華やかにする。

のんびり歩いて巡りましょ

14:30

パペル・ピカドが美しい

ラコンパニーア聖堂前の通り
MAP P.159/B3

町のあちこちで切り絵（パペル・ピカド）がはためいている。花や鳥など、さまざまなモチーフを観察しながら歩くのも楽しい。

レインボーカラーで彩られた建物群が感動的

12:30

片道1分のケーブルカーで丘の上へ

古都を望むビューポイント

ピピラ記念像の丘
→ P.161

映画「リメンバー・ミー」の死者の世界のモデルとなった眺望を展望台から堪能。まるで幻想的な童話のような、虹色に輝く町並みが広がっている。

すべての町角がポストカードのよう

童話の世界を
さまよって♪

左／1796年に建
てられた美しい教会
上／スナック屋台で
ひと休み

町のランドマーク 15:30
バシリカ
MAP P.159/B3
黄色の外壁と赤い屋根が愛
らしいバロック様式の聖堂。
メルヘン調の建物は丘の上
からの眺望でもよく目立つ。

16:30
迷路のような路地を散策
口づけの小道
→ P.161
狭い道が入り組むグアナ
ファトでもひときわ細い路
地がここ。周囲の町並みも
美しいので、のんびり散策
してみよう。

ロマンティックな伝説が残る路地

17:30

リンディエゴ教
会前などからツ
アーがスタート

名物料理で早めのディナー
R エルカナスティージョ・
デ・フローレス
→ P.163
夕食はラパス広場に面した人気レ
ストランへ。郷土料理とともにコロ
ニアル都市のストリートウオッチン
グも楽しめる。

20:00

エンチラーダ・ミネラ
スが名物メニュー

軽快なリズムで情熱的な
演奏を楽しもう

夜の町を楽団と過ごす
エストゥディアンティーナ
→ P.156
Goal!
古都巡りの締めくくりは、楽団と一緒に練り歩くツ
アーに参加。夜の町並みとセレナータの演奏がマッ
チして、気分も最高潮に。

Night +1
地元の居酒屋で乾杯♪
グアナファトはバーでの夜更かしも楽しい町。**N**ラクランデス
ティーナLa Clandestina（MAP P.159/B3 TEL 163-5087 営
業 月～土14:00 ～ 24:00）など、地元の人と交流できる陽気な
カンティーナ（居酒屋）がたくさん並んでいる。

左／カウンターで常連客と過ごす時間も楽しい
右／地ビールやメスカル酒などもいろいろ楽しめる

グアナファト散歩コース
エリア地図 ▶P.158/A2～C4

メキシコ世界遺産
Magical Travel

雑貨探しが
楽しい町♥

アートシティを
のんびり歩く昼下がり

サンミゲル・デ・アジェンデ
☀ *San Miguel de Allende* **P.166**

Half-day Plan

銀交易の中継地として、手工業で発展した小都市。
カラフルな建物を眺めながら石畳の道を散策しよう。

緑あふれる
中央広場です

StaRt!
10:00

芸術の町のランドマーク
ソカロ **MAP** P.167/A1
ピンクの外観が美しいサンミゲル教
区教会に面したソカロから散策スター
ト。日中からマリアッチ楽団に遭遇す
ることもある。

美しい町並みに陽気な音楽が鳴り響く

そぞろ歩きで古都の
情緒を楽しめる

11:00

美観地区が広がる
アジェンデ通り周辺
MAP P.167/B1
石畳の道と色とりどりの建物
がとてもフォトジェニック。ア
ジェンデ通りなど美観地区は
坂の上にあり、周囲の山々も
見渡せる。

12:00

シーフードでランチタイム
R バハ・フィッシュ・タキート →P.170
新鮮な魚介のカクテルやシーフード系タコスが
おいしいと地元で評判のレストラン。カジュア
ルな雰囲気なので気軽に立ち寄れる。

開放的なテラス席

お気に入りの
店を探そう♪

Goal!
13:30

イマジナルテ
（→P.168）のブ
ルタブを使った
バッグ

メキシコ雑貨の
オンパレード
民芸品市場
→P.168
雑貨、民族衣装、
アクセサリーなど
多彩な民芸品店が
約500mにわたっ
て立ち並んでいる。
たっぷり時間を取っ
て掘り出し物を探
そう。

アート好きにもたまらないスポット

サンミゲル・
デ・アジェンデ
散歩コース
エリア地図 ▶P.167/A1～B2

④民芸品市場
⛪サンフェリペ・ネリ教会
バハ・フィッシュ・
タキート
③

.エルニグロマンテ
文化会館

⛪サンフランシスコ教会

①ソカロ

⛪サンミゲル教区教会

②

Jesus
Allende

アジェンデ通り周辺

N

0　　200m

有名店も多い
美食の町だよ

歴史地区を
ロマンティックに
楽しもう

オアハカ ☀ Oaxaca P.276

民族色の強いオアハカで
観光とショッピングを満喫。
夕暮れ時には町の明かりきらめく
絶景ダイニングへ。

Half-day
Plan

Start!

撮影スポットとしても大人気

15:00

世界遺産オアハカの象徴
サントドミンゴ教会
→ P.281
散策のスタートは町のシンボルと
なる大教会から。壮麗な内部を
見学したあとは、正面にある撮
影スポットで記念写真をパチリ。

メキシコ情緒
満点です!

16:00

目抜き通りを散歩しよう
マセドニア・アルカラ通り
MAP P.279/B3
サントドミンゴ教会から南北に
延びる歩行者専用道路には、
先住民の織物店からおしゃれ
なカフェまで並んでいて、オア
ハカ情緒を満喫できる。

信仰古社の人気巾
展示も充実している

17:00

極彩色のテキ
スタイルが通
りを彩る

民芸品探しはこちら!
S アリポ →P.283
カラフルな民芸品が揃うオア
ハカ州直営のショップ。織物や
陶磁器などがきれいに陳列さ
れ、買い物しやすいのも魅力。

丘の上までは
徒歩だと30分

タクシーで
片道M$60

左/名産のチーズをつまみに
「同価な楽しみ」 ト/オアハ
カ随一のビューポイント

先住民の女性
が作る一点物

メスカル酒で乾杯!
R エルミラドル
→ P.284
中心部からタクシー(片道 M$60)で移動し、町並みを一望す
るフォルティンの丘の上にある優雅なレストランへ。刻一刻と
空の表情が変わる夕暮れ時に訪れたい。

18:00 Goal!

フォルティンの丘
ゲラゲッツァ観覧場
ベニート・フアレスの家
③ アリポ
④ エルミラドル
① サントドミンゴ教会
② ②
ラソレダー教会
ルフィーノ・
タマヨ博物館
カテドラル

オアハカ
散歩コース
エリア地図 ▶P.278/A1~C3

ソカロ

200m

謎に包まれた太古の巨大遺跡
Ruinas Arquelo'gicas

神秘的な古代文明を体感

世界最大級の都市を築いたテオティワカン文明や、高度な文明を誇りながら忽然と歴史より消え去ったマヤ文明など、メキシコには古来より多くの文明が栄えてきた。神秘的な古代遺跡は旅のハイライトだ。

遺跡のスケールが
実感できる気球ツアー

壮大な
スケールの
大神殿

テオティワカン *Teotihuacán* → P.106

紀元前2世紀から6世紀にかけて栄えた巨大な宗教都市遺跡。「神々がすむ場所」というテオティワカンの名称は、14世紀にこの遺跡を発見したアステカ人が名づけたものだ。

マヤ文明を
代表する
遺跡

チチェン・イッツァ
Chichèn Itzá
→ P.230

ククルカン（羽毛の蛇の神）を祀ったエルカスティージョ神殿を中心とする大遺跡。ピラミッド自体が暦（階段は1年の日数と同じ365段）を示すなど、マヤ人の英知が伺い知れる。

光と音のショーで神秘
的なムードを満喫

する

→ P.310

ジャングルに浮かぶ神殿群

パレンケ　Plenque

パスカル王の地下墳墓が発見された碑文の神殿や、天文台のある宮殿など、6〜8世紀にかけて造られた壮麗なマヤの都。チアパス州の密林に800年も眠っていたが保存状態がいい。

十字架の神殿からはパレンケ全景を望める

建造物はマヤ装飾の傑作

ウシュマル　Uxmal
→ P.264

ユカタン半島北部のプーク地方にあり、7〜10世紀のマヤ文明最盛期には政治・経済の中心地だった。尼僧院と呼ばれる建造物は、切石を緻密に組み合わせた壁面装飾が圧巻。

雨神チャクの像は山の神ウィツとも解釈される

チョコレート博物館

ウシュマル遺跡の向かいにあるチョコ・ストーリー（→ P.266）はチョコレート博物館。メキシコは世界有数のカカオの原産国であり、マヤの時代には貴重な食品や薬であり、貨幣としても使用されたカカオについて理解できる。ショップコーナーではチョコレートや、チョコ化粧品も販売されているので立ち寄ってみよう。

マヤの儀式も再現されている

大自然の世界遺産も！

生物圏保護区へエコツアー

メキシコには多様な大自然が広がっている。拠点となる町から1日ツアーで訪問してみよう。

カリフォルニア湾の島々と保護地域群
Golfo de California → P.356、P.374

イルカ、シャチ、マンタなど900種にも及ぶ海洋生物がすむ「世界の水族館」。ロスカボスの沖合いはホエールウオッチングにおすすめだ。

巨大なザトウクジラのジャンプは圧巻！

シアン・カアン生物圏保護区
Sian Ka'an → P.224

湿地帯や熱帯雨林などが入り組むユカタン半島の東海岸に広がる自然の宝庫。300種以上の野鳥が生息する、バードウオッチャー憧れの地だ。

カヤックでマングローブの水辺を散策

湖上に浮かぶ都テノチティトランを巡る

アステカ帝国への時間旅行

Azteca Time Travel

ドクロの祭壇が残るテンプロ・マヨールに大聖堂メトロポリタン・カテドラルが対峙。歴史の光と影が体感できる

アステカの都テノチティトランは、テスココ湖に浮かぶ水上国家だった。干拓により土地を拡大し、16世紀には世界最大の帝国として発展する。しかしアステカ滅亡とともに湖はスペイン人によって埋め立てられ、その上にメキシコ・シティが築かれた。壮麗なコロニアル都市の地下には、破壊されたアステカの神殿や寺院が今も眠っている。時代を超えて受け継がれるアートや伝承文化で、古代文明の名残を感じてみよう。

歴史散歩 ❶

テンプロ・マヨール P.72

湖上国家のスケールを感じられる巨大ジオラマも展示

最盛期には20〜30万人の人口を誇ったテノチティトランの中央神殿跡。高さ45mを誇った巨大な建造物も、今は遺構が残るのみだが、地下に眠るアステカ遺跡の状態が理解できる。併設された博物館では、アステカの神話に登場する神々を描いた巨大な石板が必見だ。

2006年に神殿脇の縦穴から発見された女神トラルテクトリの石板

1979年に神殿の基部から発見された月の神コヨルシャウキの石板

アステカの歴史とソカロの変遷

1325年頃	テスココ湖の島にアステカ人が住み始める
1430年頃	テノチティトランの水上国家が発展する
1486年頃	アウィツォトル王の時代に最盛期を迎える
1502年頃	モクテスマ2世が王位(9代目)を継承する
1519年	コルテスがメキシコ到着。テノチティトランへ入城
1521年	アステカ帝国が滅亡。神殿は徹底的に破壊される
1563年	メトロポリタン・カテドラル着工
1681年	メトロポリタン・カテドラル完成
1913年	テンプロ・マヨール遺跡の一部が発掘される
1979年	巨大石板が見つかり遺跡の発掘が本格化

メトロポリタン・カテドラル P.73

スペイン文化の象徴として1562年から着工された大聖堂は、太陽の神殿や生け贄の祭壇などを破壊した上に建っている。大聖堂の前ではアステカ起源のダンスを舞う姿も見られる。

アステカの戦士をイメージさせる「コンチェロス」の舞

リベラが描いたアステカの市場。中央の玉座にはモクテスマ2世の姿も

国立宮殿 P.73

植民地支配の中心となった宮殿。階段の踊り場や回廊にはディエゴ・リベラの大作『メキシコの歴史』が描かれ、アステカの人々の生活やスペイン侵攻の様子を壁画で体感できる。

サンイルデフォンソ学院

イエズス会の学校として16世紀に建てられた、メキシコで最初の国立高等学校。メキシコ壁画運動の発祥地でもあり、リベラやオロスコなど巨匠の壁画が見学できる。敷地西側の地下には、鷲の戦士の神殿が眠っている。

Antiguo Colegio de San Ildefonso

MAP P.69/D4
入場 火〜日10:00 〜 18:00(火〜20:00)
料金 M$50(特別展示は別途M$25)
URL www.sanildefonso.org.mx

征服者コルテスと首長の娘を描いたオロスコの壁画。彼らの間にできた子供が混血メスティソの第1世代となる

ソカロ周辺に眠るアステカ神殿跡

エリア地図 ▶P.69/B4〜C4

■ = (地下の神殿跡)

República de Venezuela
(司祭の館)　(鷲の戦士の神殿)
Cuba
Donceles　　④ サンイルデフォンソ学院
(球戯場)
Tacuba　　① テンプロ・マヨール
(生け贄の祭壇)　(ケツァルコアトルの神殿)
メトロポリタン・カテドラル ②
5 de Mayo
(太陽の神殿)　(テスカトリポカの神殿)
Cinco de Febrero
ソカロ(中央広場)　③ 国立宮殿
Correo Mayor

0　100m

※地下の神殿跡は現地博物館の展示などを参考にした推測図です

ケツァルコアトル神とコルテス

アステカでは羽毛の蛇の神ケツァルコアトルが「いつか東方より帰還してこの地を治める」と告げて海に去ったという伝承があった。1519年にコルテス隊がメキシコ東岸に到着したとき、当時の王モクテスマ2世は「予言通りに神が帰ってきた」と思い、コルテスたちを王都へ入城させてしまう。偶然にも伝説神の「白い肌に黒い髭」という風貌が、スペイン人と合致してしまったのだ。わずか300人ほどのコルテス隊が数万ものアステカ軍を打ち破るのは、ピストルや大砲など未知の兵器だけでなく、不思議な歴史のいたずらもあった。

リベラの壁画に描かれたエルナン・コルテス

最新モードを体験してね

今旬なショップやグルメスポットが集まる

Roma & Londesa

ローマ&コンデサ地区の最先端おしゃれスポット

在住日本人から「メキシコの代官山」とも称される、若者に人気のローマ&コンデサ地区（MAP 折込裏 /B1）。洗練されたカフェやナイトスポットも多いので、陽気な夜を楽しもう！

Shopping

気になるショップを見かけたら　気軽にウォークインしましょ」

ナアバス州の刺繍がワンポイントになった革のショートブーツ

M$1700

メキシコの天然素材を使ったオーガニックコスメです！

ボタニクス
Botanicus → **P.89**

MAP P.31/A1

M$150

M$160

アロエとミントのフットジェルは観光で疲れた足に即効果

保湿力の高いサボテンの果肉を使ったフェイシャルマスク

ショップオリジナルの雑貨や革のブーツを入手しよう

トコ・マデラ
Toco Madera → **P.89**

MAP P.31/A1

幾何学模様の刺繍が入ったバッグは色のバリエーションもいろいろ

カフェラテ M$40

したソープは効能いろいろ

Gourmet

焼きたてのパンを提供するカフェがブームなんです♥

テラス席でのんびり過ごせる

マケ Maque

メキシコ公園の南側にあるオープンカフェ。ヘルシーメニューが充実し、自家製アイスクリーム（M$55）やブラウニー（M$70）もおすすめ。WiFi 無料

MAP P.31/A1　住所 Ozuluama No.4
TEL 5212-1440　営業 毎日8:00 〜 22:00（日〜 21:00）税金 込み
カード A M V

上／店内からの焼きたてパンの香りにそそられる
下／アボカドとナッツたっぷりのパスタナ・サラダはM$80

天然酵母で作られたパンが人気

パナデリア・ロセッタ
Panadería Rosetta

10席のイートインスペースもある

「ラテンアメリカのベストシェフ 50」に選ばれた女性が手がけるベーカリー。クロワッサン（M$27）やシナモンロール（M$30）など、行列ができるおいしさ。

MAP P.31/A2
住所 Colima No.179
TEL 5207-2976
URL www.rosetta.com.mx
営業 毎日7:00 〜 21:00
（日7:30 〜 18:00）
税金 込み　カード A M V

ナス、トマト、チーズのサンドイッチM$98

左／いつも満席なので週末は事前予約か早めの入店を
右／棚には全国から集められたメスカルが揃う

洗練されたクラブやバーも多く
夜遅くまで盛り上がる！

左／モルカヘテスのワカモレ M$70
右／蒸留酒メスカルM$60。野菜スティックやオレンジジュースが無料で付く

夜の定番スポットがここ！
ラナシオナル
La Nacional

　ローマ地区の有名メスカルバー。メスカル以外にも豊富なカクテルメニューが楽しめる。同様のバーが同じブロックに10軒ほど並んでいるので、はしごするのもOK。 Wi-Fi 無料
MAP P.31/A2　住所 Orizaba No.161, esq. Querétaro
TEL (55)5264-3106　営業 毎日17:00～翌1:00（木～土～翌2:00）　カード A M V

多彩なメスカルが揃う
カサ・メスティサ
Casa Mestiza

　ギャラリーのように店内が装飾された、アーティスト夫妻が経営するバー。メスカル（M$100～）という軽食も提供キシコ各地から地酒が集められている。 Wi-Fi 無料
MAP P.31/A1　住所 Yucatán No.28-D
TEL 6308-0676　営業 水～土18:00～翌2:00
税金 込み　カード M V

プルケが飲めるクラブ
ロス インスルヘンテス
Los Insurgentes

　リュウゼツランを発酵させた濁り酒のようなプルケ (M$40～) を、季節のフルーツを混ぜて楽しめる。夜には店の外に人があふれるほど大人気。 Wi-Fi 無料
MAP P.31/A2　住所 Insurgentes Sur No.226
TEL 5207-0917　営業 毎日14:00～翌2:00
税金 込み　カード M V

地酒をメスカレリアで楽しもう♪

　リュウゼツランから作られる蒸留酒メスカルは、メキシコの若者にも好まれており、メスカル専門のバー「メスカレリア」も増加中。ローマ＆コンデサ地区には人気店が多いので気軽に雰囲気を楽しんでみよう。果物味のメスカルはクレマ・デ・メスカルと呼ばれ、甘くて飲みやすいので女性に人気。ちなみに有名なテキーラ酒もメスカルの一種で、ハリスコ州などの特定産地＆特定品種から製造されたものがテキーラと呼ばれる。

メスカルの産地はオアハカ州などが有名

ローマ＆コンデサ地区
Roma & Condesa
▶ エリア地図／折込裏／B1

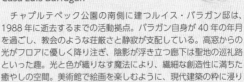

都市に静寂をもたらす建築の革命

ルイス・バラガンの世界

ピンクやイエローの鮮やかなカラーリング、シュールな壁の構成、そして水や溶岩といった自然の要素を大胆に取り入れたデザイン。20世紀を代表する建築家ルイス・バラガンの作品は、斬新でありながら郷愁的。それはまるでメキシコの風土を体現したポエムのようだ。2004年には「ルイス・バラガン邸とアトリエ」が世界文化遺産に登録。幻の建築家とも呼ばれた巨匠の作品は、今も世界中から注目を浴びている。メキシコ・シティ&メキシコ州にバラガンが残した、個人の邸宅から公共の公園まで、さまざまな遺産を巡ってみよう。

ルイス・バラガンのモダンな建築は世界中のデザイナーに影響を与えた

Barragán Diseño

ルイス・バラガン邸の2階にあるゲストルーム。窓のパネルは4つに分かれ、まるで祭壇のように光の十字架が浮かび上がる

西の庭に向かって開けたリビングルーム。自然界との協調を図った絵画的な美しさが楽しめる

ダイニングの入口など各所に十字架のデザインが配置されている。バラガンは敬虔なクリスチャンとしても有名だった

世界文化遺産となった静寂の空間

ルイス・バラガン邸
Casa Luis Barragán

World Heritage 世界遺産

チャプルテペック公園の南側に建つルイス・バラガン邸は、1988年に逝去するまでの活動拠点。バラガン自身が40年の年月を過ごし、教会のような荘厳さと静寂が支配している。高窓からの光がフロアに優しく降り注ぎ、陰影が浮き立つ廊下は聖なる巡礼路といった趣。光と色が織りなす魔法により、繊細な創造性に満ちた癒やしの空間。美術館で絵画を楽しむように、現代建築の粋に浸りたい。

リビングルームからは大きな窓越しに緑豊かな中庭も望める。バラガンの庭の特徴はユニークな素材をふんだんに取り入れていること。ブーゲンビリアやジャカランダなどの草花と、溶岩を組み合わせて構成し、存在感のある自然の威厳を強調している。シンプルで幾何学的な現代建築と一線を画した、非常に個性的なデザインには、今も多くのアーティストたちが触発され続けている。

ギミックとして配置された階段も
バラガン建築の特徴

ルイス・バラガン邸 MAP P.70/C2
住所 General Francisco Ramírez 12-14,Col. Daniel Garza, México D.F.
TEL (55)5515-4908 URL www.casaluisbarragan.org
入場 月〜金10:30〜16:00、土10:30〜12:00(要予約) 料金 M$400

CR MX
メキシコ・シティおすすめテーマ3

注)ルイス・バラガン邸の訪問は上記の電話かURLに記載のe-mailアドレスに、スペイン語か英語で前日までに予約する。すいている時間は係員の好意で予約なしでも入れてくれることもあるが、基本的に内部見学は予約制。現地発ツアーでの見学も可。

ダイナミックな空間演出が圧巻
ヒラルディ邸 Casa Gilardi

　バラガンの代表作であり最後の作品ともなった、ヒラルディ氏のためにデザインした邸宅。鮮やかなカラーリング、計算し尽くされた光と水が生み出す装飾など、バラガンデザインの神髄が散見できる。個人宅のため、内部見学は電話にて要予約。

ヒラルディ邸 MAP P.70/C2
住所 General León No.82, Col. San Miguel Chapultepec, México D.F.　TEL (55)5271-3575
入場 毎日 9:00 ～ 17:00（要予約）　料金 M$300

チャプルテペック公園敷地の南側にある邸宅

市街北部のランドマーク
サテリテ・タワー Torres Satélite

　1957 ～ 1958 年の間に造られたメキシコの象徴的なモニュメント。首都中心部から 10km ほど北、メキシコ州サテリテ市にそびえ、交通量の多い幹線道路に突如として出現するその姿は、まさにシュールな風景の眺望だ。アクセスはタクシーのチャーター利用がおすすめ（メトロ 2 号線 Cuatro Caminos 駅から、Manuel Avila Camacho 通り沿いを走るバスで約 20 分）。

サテリテ・タワー MAP P.33
住所 Blvd. Manuel Ávila Camacho (Anillo Periférico) , Ciudad Satélite, Naucalpan de Juárez, Estado de México

市街地にそびえ立つカラフルな塔はバラガンの代表作品

市民が集う憩いと出会いの場
ベベデロ噴水
Fuente del Bebedero

　周辺の住民が散歩やジョギングに訪れる、静かな公園の奥まった場所にある。うっそうと樹木が茂る景観を切り取る白と青の巨大な壁は、やはりバラガンならではの空間演出。本来なら噴水は水鏡をイメージさせるよう配置されているが、現在は残念ながら水は張られていない。メキシコ州にある。

地元の人々に愛されている緑の公園

ベベデロ噴水 MAP P.33
住所 Av. Arboledas de la Hacienda, Atizapán de Zaragoza, Estado de México

Barragán Works in Mexico City & Around

0 ────── 10km

ケレタロへ
Tepletixpan
Tlalnepantla
ベベデロ噴水
Fuente del Bebedero
サテリテ・タワー
Torres Satélite
Naucalpan
ポランコ地区
Polanco
ソカロ
Zócalo
ベニート・フアレス国際空港
チャプルテペック公園
Chapultepec
ルイス・バラガン邸
Casa Luis Barragán
ヒラルディ邸
Casa Gilardi
San Ángel
Coyoacán
トルーカへ
Tlalpan Chapel
クエルナバカへ
ソチミルコ
Xochimilco
プエブラへ

ルイス・バラガン略歴		
	1902 年	ハリスコ州グアダラハラで生まれる
	1923 年	グアダラハラの自由工科大学を卒業
	1935 年	メキシコ・シティに活動拠点を移す
	1976 年	ニューヨーク近代美術館で回顧展
	1980 年	プリツカー賞受賞
	1988 年	逝去。享年 86 歳
	2004 年	バラガン邸が世界文化遺産に登録

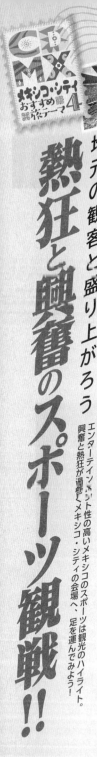

ゴール裏の熱狂ぶりが凄いグアダラハラのサポーター

地元の観客と盛り上がろう

熱狂と興奮のスポーツ観戦!!

エンターテインメント性の高いメキシコのスポーツは観光のハイライト。興奮と熱狂が渦巻くメキシコ・シティの会場へ、足を運んでみよう!

ハイレベルのリーグ戦を陽気に楽しむ

Fútbol サッカー

サッカーファンなら生観戦しよう!

レプリカユニホーム
M$1500〜

　メキシコで一番の人気スポーツはやっぱりサッカー。FIFAワールドカップを2回も開催した強豪国で、メキシコ代表(愛称は三色旗を意味するエルトリ)はワールドカップ本戦にも16回の出場を誇る。

　メキシコ1部リーグの「リーガMX」もレベルが高く、2017年には本田圭佑の参戦で日本でも注目された。全18クラブにより、前半戦(7〜12月)と後半戦(1〜5月)の2ステージ制で、レギュラーシーズン後に上位8クラブが決勝トーナメントに進んで優勝を争う。試合は基本的に週末に組まれる。

　全国的な人気を誇るクラブは、メキシコ・シティのアステカ・スタジアムをホームとする「アメリカ」と、オムニディア・スタジアムをホームとする「グアダラハラ」。両者の対決はクラシコと呼ばれ、国中が注目する一戦だ。

　そのほかメキシコ・シティはクルス・アスル(アスル・スタジアム)と、UNAM(オリンピコ・スタジアム)の2クラブがホームにしており、アメリカを含めた対戦は、熱狂的なダービーマッチとなる。

アステカ・スタジアム内を巡るツアー(→P.87)も評判だ

ワールドカップ決勝の場ともなった8万7000人収容のアステカ・スタジアム

アステカ・スタジアム
Estadio Azteca
MAP 折込裏/C1
　メトロ2号線終点のTaxqueña駅で路面電車に乗り換え、Estadio Azteca駅へ約15分(M$3)。駅から徒歩約3分。

アスル・スタジアム
Estadio Azul
MAP 折込裏/B1
　メトロ7号線のSan Antonio駅で下車し、東へ徒歩約10分。またはメトロバス1号線のCiudad de los Deportes駅で下車し、徒歩約1分。

●チケット&情報:チケット発売はおおむね試合日の1週間前から。各スタジアムで当日券が売られている。料金はスタジアムや座席によってM$100〜700程度まで。予約もTicketmaster(TEL(55)5325-9000 URL www.ticketmaster.com.mx)などの業者で可。

ド派手な空中戦が繰り広げられるルチャリブレを牛観戦！

華麗なる空中戦とショーアップされた構成
Lucha Libre ルチャリブレ

エキサイティングな メキシコプロレス

上/アレナ・メヒコではトップマッチは週末に組まれ、入場料もアップする。右/ごひいきレスラーのマスクを付けての観戦がメキシコ流

メキシコ庶民の週末の楽しみといえば、ルチャリブレ。善玉レスラーが悪玉レスラーに最後は必ず勝利するという、単純明快な勧善懲悪の筋書きで、長い間庶民の娯楽として定着している。もともとは苦しんでいる庶民の現実逃避的なうさ晴らしの場として人気を集めたため、中産階級と自覚する市民は「あれは貧しい教養のない人が喜ぶモノ」と敬遠しがちだった。しかし近年はアメリカスタイルのショーアップされたエンターテインメントとして復興し、老若男女から広い支持を得ている。メキシコ・シティにはふたつの有名なアレナがあるが、アレナ・コリセオよりアレナ・メヒコのほうが大きく、格段にショーアップされている。帰りは夜になるので安全には十分注意すること。

アレナ・メヒコ
Arena México 　MAP P.68/C2
住所 Dr. Lavista No.189
　試合は毎週火曜19:30 〜、金曜20:30 〜、日曜17:00 〜（不定期で他の曜日も）、2 〜 3時間。メトロ1号線のCuauhtémoc駅下車。徒歩約5分。
　入場券は当日にスタジアムのチケット売り場で購入でき、M$60 〜 750程度。問い合わせはアレナ・メヒコ内のCMLLオフィス ［TEL （55）5588-0266　営業 月〜金 9:30 〜 14:00］か、チケット売り場 ［TEL （55）5588-0508　URL cmll.com　営業 火11:00 〜 19:30、金11:00 〜 20:30 、日 11:00 〜 17:00］へ。

アレナ・コリセオ
Arena Coliseo 　MAP P.69/B4
住所 Rep. de Perú No.77
　試合は基本的に毎週土曜19:30 〜、約2時間。メトロ2号線のAllende駅から北へ徒歩約8分だが、Bellas Artes駅から人通りの多いガリバルディ広場の近くを通って徒歩約15分のほうが安全かもしれない。
　入場料は試合カードや席種によりM$45 〜 230。問い合わせは興行主であるアレナ・メヒコ内のCMLLオフィス（左記参照）か、チケット売り場 ［TEL （55）5526-7765　営業 ±11:00 〜 19:30］へ。

会場で買える ルチャグッズ

ルチャ人形 M$70 〜

マスク M$250 〜

クッション M$350 〜

●チケット＆情報：キオスクで売られているボクシング＆プロレス専門雑誌『Box y Lucha（火曜刊）』で、詳しい情報が入手できる。雑誌後半部分のProgramas de Luchaが1週間のルチャリブレの日程が載っているページだ。Ticketmaster（URL www.ticketmaster.com.mx　予約手数料はチケット代金の20 〜 30%）も要チェック。

www.lamexico.com

10～2月が
闘牛のシーズン！

左／4万8000人を収容するプラサ・メヒコ
上／闘牛士のテクニックが観衆を魅了する

スポーツの枠を超えたメキシコの風物詩

Corrida de Toros 闘牛

闘牛の歴史は古く、もともとは古代ギリシア・ローマの時代に、軍隊の士気を高めるために始まったといわれる。現在はスペインの国技として有名だが、メキシコでも16世紀の征服直後、牛が旧大陸から輸入されると同時に始まり、以来高い人気を誇っている。毎年10月頃から始まり、2月までが一流の闘牛士Matadorが出るベストシーズン（3～9月はほとんど開催されていない）。会場となるのは世界最大の闘牛場プラサ・メヒコで、競技はセレモニーを含め、だいたい日曜の16:00から18:00頃まで。

闘牛士のマントの振り方には、一つひとつに技の名がついている。ちょうど相撲の四十八手のようなもの。大きくノリのある牛を相手にするので、当然危険と隣り合わせ。それにもかかわらず、より危険で難しい技を軽々と華麗にやってみせるところが闘牛士の本領であり、見せどころなわけだ。初めに、牛を弱らせるために背中に槍を刺すが、あまりダメージが大きいとおもしろくなくなるので、ブーイングが起こる。そして、観客が闘牛士と一体化するかのように「オーレ」の歓声を上げて技を楽しむ。罪のない牛にはかわいそうだけれども、ここは「オーレ」の掛け声に参加して、盛り上がってみよう。1日に出てくる牛は4～5頭。鮮やかに技を決め、荒れ牛をしとめた闘牛士には、そのできばえによって牛の耳が与えられる。闘牛が終了すると、「ブラボー」の大歓声のなかを、闘牛士の一団が場内を1周する。このときのメキシコ人たちの熱狂ぶりはすごい。

闘牛場の正面入口。チケットは当日でも購入できる

プラサ・メヒコ
Plaza México　MAP 折込裏/B1

メトロ7号線のSan Antonio駅で下車し、東へ徒歩約10分。メトロバス1号線のCiudad de los Deportes駅から西へ徒歩約5分。

●チケット＆情報：会場のプラサ・メヒコ前のチケット売り場 [TEL (55)7591-5557 URL www.laplazamexico.com 営業 毎日9:30～14:00、15:30～19:00] で買える。チケット売り場の窓口は席ごとに異なる。通常当日の開始前に行けば希望のチケットは買えるが、最も安い席のチケット窓口には開始直前になると長蛇の列ができる。

座席は最前列のBarreraがM$940～。そのほか前列より、1er.Tendido（M$550～）、2do.Tendido（M$240～）、Balcones（M$450～）、Lumbreras（M$290～）、Palcos（M$400～）と続き、最上階のGeneralはM$100～。それぞれが日なたSolと日陰Sombraの席に分けられている（日なたのほうが逆光で見にくいため3割ほど安い）。座席は最も安いGeneral席以外は指定席になっている。なお、3～9月頃のオフシーズンには若手闘牛士と若牛による闘牛が行われることもあり、料金は通常の30～50%程度。

Tendido席の1er.と2do.の間には通路があるだけなので、2do.Tendidoの安い席のチケットで入場しても、前列がすいていれば下りていって観ることもできる。

値段はちょっと高くなるが、旅行会社の闘牛観戦ツアー Bullfight Tourに申し込んで観戦する方法もある。この場合は最前列Barreraであることが多い。

闘牛場の前に立つマタドールの像

CDMX メキシコ・シティ おすすめ旅テーマ 5

魂を揺さぶるアーティスト
フリーダ・カーロの
作品と生活に触れる

Mensaje de Frida Kahlo

メキシコを代表する女流画家フリーダ・カーロ。壁画の巨匠ディエゴ・リベラとの結婚生活やトロツキーとの恋物語、けがや難病、複雑な家庭事情など、まさに彼女の47年の生涯は映画やドラマのようだった。

人生の大半を過ごしたメキシコ・シティには、フリーダ・カーロゆかりの地が点在する。絵画作品が展示されている美術館から、彼女が過ごした家やアトリエなど、その足跡を訪ねてみよう。

美術館巡り
絵画作品を鑑賞しよう

生家であるフリーダ・カーロ博物館に所蔵された『スイカ 生命万歳』。一説に自殺ともいわれるフリーダが逝去した1954年の作品

フリーダ・カーロの作品が最も充実しているのは、ドローレス・オルメド・パティーニョ美術館（→P.88）。大富豪ドローレス夫人は芸術関係者の友人が多く、ディエゴ・リベラやフリーダ・カーロとも親交が深かった。そしてドローレス夫人は、フリーダ・カーロ作品の熱心な収集家でもあった。彼女の豪邸を美術館として公開し、フリーダ作品特設の部屋に『乳母と私』（1937年）、『ちょっとした刺し傷』（1935年）など約20点の絵画作品が展示されている。また別の部屋では、フリーダ・カーロの生前の写真も随所で見られる。

次いで絵画作品が多いのは、生家でもあるフリーダ・カーロ博物館（→P.82）。闘病生活を送るなか寝ながら描き続けた未完の作品『私の家族』（1949年）など約10点が展示されている。また、チャプルテペック公園にある近代美術館（→P.77）には、名作『2人のフリーダ』（1939年）が展示されている。近代美術館に彼女の作品はこの1点のみだが、リベラやシケイロス、ルフィーノ・タマヨなど近代美術界の大御所の作品が揃っているのであわせて鑑賞したい。

夫リベラと妹のクリスティーナの背信により彼女自身の痛みを表現した『ちょっとした刺し傷』

住居&アトリエ
波瀾万丈の人生を垣間見る

フリーダ・カーロの生涯を知りたければ、やはりフリーダ・カーロ博物館に行ってみたい。青い家という愛称のとおり、青い外壁の家屋はコヨアカン地区に位置しており、ここには絵画作品のみならず、彼女の遺品も数多く残されている。フリーダ・カーロはこの家で生まれ、晩年はディエゴ・リベラとともに過ごし、この家で息を引き取った。博物館は今でも彼女がここで暮らしていると錯覚するほど、生活や創作に関する遺物が当時のまま残されている。またフリーダは共産主義思想の持ち主でもあり、ロシア革命の英雄トロツキーとも親交を深めた。彼が晩年の亡命生活を送ったレオン・トロツキー博物館（→P.82）へも徒歩3分ほど。

コヨアカン地区に隣接するサンアンヘル地区には、ディエゴ・リベラとフリーダ・カーロの家（→P.83）がある。ここはふたりが1934～1940年に暮らしていた住居で、ここには彼女の作品はないがアトリエが残されている。ピンクと白い外壁の大きな棟はリベラの、青い小さな棟は彼女のもので、ふたつの建物は橋でつながっている。

右側の青い建物がフリーダ・カーロの家。ディエゴ・リベラの家とつながっている

フリーダ・カーロ博物館には彼女が作品を描いていたアトリエが残る

魅惑の1dayトリップへ

未知なる景観を訪ねる

平地部分から高さ350m
の巨大な一枚岩。映画『未
知との遭遇』のモデルと
なり、頻繁に現れるという

一枚岩の山が切り立つパワースポット

ペーニャ・デ・ベルナル

Peña de Bernal

MAP P.135/A2

世界第3の高さをもつ一枚岩ペー
ニャ・デ・ベルナルは、先住民から
宇宙の磁力を集める山としてあがめ
られてきた聖地。2009年には「オ
トミ・チチメカ族の記憶と伝統ペー
ニャ・デ・ベルナルの祭事」として
世界無形文化遺産にも登録され、う
わさのパワースポットとなっている。

右／途中にはみやげ物屋や
タコス屋台も並ぶ　左／春
分の日には数千人の観光客
が訪れ、ベルナルの町の広
場ではコンチェロスも上演さ
れる

ペーニャ・デ・ベルナル
Peña de Bernal

エリア地図 ▶P.135/A2

■アクセス
メキシコ・シティからは北ターミナルからケレタロまで所要3時間
(ETN、Primera Plusなど毎時数本、料金 M$290 〜)。ケレ
タロのバスターミナルからトリマンToliman行きの2等バスでベル
ナルの町まで所要約70分(毎時1 〜 2本、料金 M$48)。

■歩き方
ベルナルのバス停は街道沿いにある。サンセバスティアン教区教
会が建つ中央広場まではバス停から徒歩5分ほど。巨大な一枚岩
を見ながら道なりに進んでいくと町から外れ、北西側に屋台が並
ぶ山道が続いている。ビューポイントとなる中腹までは徒歩30 〜
40分で登れる。

■宿泊
ケレタロのホテル利用がおすすめだが、ベルナルでの宿泊もお
もしろい。全12室の 🅷 カサ・マテオCasa Mateo (TEL (441)
296-4472　URL www.hotelcasamateo.com　料金 Ⓓ M$
1800 〜)や全15室の 🅷 ドン・ポルフィリオDon Porfirio (TEL
(441)296-4052　URL hoteldonporfirio.mex.tl　料金 Ⓓ
M$600 〜)など。

首都からのエクスカーション

外国人旅行者に知られていない魅力的な観光スポットもメキシコ・シティ近郊には数多い。
パワースポットのペーニャ・デ・ベルナルや、トラントンゴ洞窟温泉へ足を延ばしてみよう。

🅷 パライソ・エスコンディード内にある展望温泉Pozas Termales。テラス状に並ぶ露天風呂からは絶景が見渡せる

メキシコ・シティからのツアー
メキシコ・シティの旅行会社（→P.65）が、トラントンゴ洞窟温泉（US$85～）～）へツアーを催行している。どちらも3名以上の参加から（1～2名の場合はツアーオーガナイザーも可）。

大自然に包まれる絶景の温泉郷へ
トラントンゴ洞窟温泉
Grutas Tolantongo

MAP P.57/A1

メキシコ・シティから約164km 北、イダルゴ州の山奥にある秘湯スポット。山の斜面に造られた源泉かけ流しの露天風呂、滝の下で源泉が噴き出す洞窟、天然の打たせ湯が楽しめる川など、世界的にも珍しい温泉郷だ。首都から日帰りや1泊旅行も楽しめるため、家族連れに人気が高い。

山あいを滑り降りるジップライン（1日M$65～）

源泉が流れ込む川は天然の流れるプール

■アクセス
メキシコ・シティの北バスターミナルからイスミキルパンdymíquilpanへ所要3時間（0~ubus社 Flecha Roja社が毎日4:00～23:59に毎時計1～5本、料金 M$169）。イスミキルパンの長距離バスターミナルから市内を回るミニバスで市場へ行き（所要 約10分、料金 M$5.5）、そこから約500mのサンアントニオ教会近くのバスターミナルへ徒歩移動してトラントンゴへ（所要 約1.5時間、月～木13:30のみ1本、金～日10:00、11:30、13:30、15:30、17:00発、料金 M$57）。

キャンプ場
川には源泉が流れ込んでいる
グルータス Grutas
吊り橋
🅷 Huerta
🅷 La Gloria
洞窟温泉 Grutas ・トンネル
ZIP Line
ハイキングコース
ZIP Line
0　300m
パライソ・エスコンディード Paraiso Escondido
イスミキルパンへ 45km
展望温泉 Pozas Termales
入場ゲート

トラントンゴ洞窟温泉
Grutas Tolantongo
エリア地図▶P.57/A1

■歩き方
トラントンゴ温泉郷（URL www.grutastolantongo.com.mx）への入場時間は毎日7:00～20:00で、入域料は1日M$140（5歳以下無料）。丘の上の入場ゲートから約2km先の🅷 グルータスGrutasと、約300m下った🅷 パライソ・エスコンディードParaiso Escondidoの間は不定期にバス（M$5）が運行。散歩路でも結ばれている。

■宿泊
🅷パライソ・エスコンディードParaiso Escondido（TEL 045-722-126-5156 携帯 料金 Ⓓ M$710～）は全63室。人気の展望温泉（営業 毎日7:00～20:00）もこのホテルの施設だ。🅷 グルータスGrutas（TEL 045-722-721-0815 携帯 料金 ⒹM$730～）は全100室で洞窟温泉の北側にある。いずれも週末は満室状態だが、予約は不可で当日の先着順となる。川沿いには無料のキャンプ場もある（テントのレンタルは24時間 M$110～）。

メキシコ旅行のハイライト！

旅を陽気に彩る 伝統舞踊とフィエスタ♪

Danza Tradicional

メキシコの 伝統舞踊

メキシコは伝統舞踊の宝庫。
先住民起源やスペインなどのヨーロッパ起源など、
多様なダンスが各地で鑑賞できる。

Oaxaca ☼ オアハカ州

オアハカ州には各地に先住民文化が色濃く残り、音楽や踊りも受け継がれている。毎年7月に開催されるゲラゲッツァ祭では、7つの地方の踊りが披露される。代表的な舞踊は羽飾りを頭につけて跳びながら踊る「ダンサ・デ・ラ・プルマ」、色鮮やかな衣装を着てパイナップルを持って踊る「フロール・デ・ピーニャ」、黒地の布に細かい刺繍が施された衣装が美しい「サンドゥンガ」など。

鑑賞スポット

オアハカ市内の R モンテ・アルバン（→P.285）などで観光客向けの舞踊公演が毎週数回ある

上／オアハカ州の舞踊を楽しむならゲラゲッツァ祭へ
下／パイナップルを抱えて踊るフロール・デ・ピーニャ

Yucatán ☼ ユカタン州

管楽器のオーケストラにお椀形の打楽器ティンパニーが入った、ユカタンの伝統音楽ハラナ。この演奏に合わせて踊られるのが、バケリーアという舞踊だ。女性の衣装は白地に大きく花柄が入っており、この地方のウイピルをより華麗にしたデザイン。舞踊曲は「フェロカリル」のように頭の上にコップの並んだお盆を載せて踊る演目や、棒にくくりつけられたひもを編んでいく「ダンサ・デ・シンタス」など多種多様だ。

鑑賞スポット

バケリーアの本場メリダでは、ソカロなどで伝統舞踊と音楽（→P.261）が日替わりで開催される

メリダの市庁舎前で披露されるユカタン舞踊

Veracruz ☼ ベラクルス州

　アルパの美しい音色と歌が響き渡る音楽ソン・ハローチョ。港町であるベラクルスはスペインやカリブの文化の影響を受け、ハローチョの踊りもスペイン舞踊ファンダンゴやフラメンコの要素が見られる。女性はレース生地の白いドレスに黒い前掛けと赤のバンダナ、ネックレスなどの装飾品を身につけて扇子を持つのが特徴。代表曲の「ラバンバ」は、1987年にアメリカのヒットチャートで1位になった曲のオリジナルだ。

鑑賞スポット
ベラクルスではアルマス広場（→P.326）などで地元の舞踊グループによる公演が週5回ほど行われる

純白の衣装をまとった踊り子が魅了するハローチョ

目にも鮮やかなスカートを
大きく振って踊る

鑑賞スポット
グアダラハラ郊外のトラケパケ（→P.147）では週末にレストランで踊りのショーが観られる

Jalisco ☼ ハリスコ州

　マリアッチ楽団の演奏に合わせて踊られるハリスコの舞踊は、メキシコ舞踊の象徴。女性はチーナ・ポブラーナと呼ばれる衣装を身につけてスカートを大きく振り、男性はチャロという牧童貴族のスーツに金ボタンが装飾された衣装とソンブレロを身にまとう。代表曲の「ハラベ・タパティオ」は第2の国歌ともいわれるほど。縄投げの「チャレアーダ」もハリスコ州ならではの演目だ。

アステカ文明から受け継がれるコンチェロスの舞踊

　メキシコ・シティなど中央高原地帯では、アステカ戦士をイメージさせる踊り「コンチェロス」が観られる。ステップや衣装はアステカ起源のものだが、使用される弦楽器がアルマジロの殻（コンチャ）から作られていることから、コンチェロスと呼ばれるようになった。男性はアステカ風の飾りの付いた腰巻きを、女性は同じような飾りの付いた衣装を身につけ、男女とも長い羽の付いた冠をかぶる。ダンサーのなかには、自分たちのアイデンティティを求めてコンチェロスを踊る先住民も少なくない。

上／ほら貝を吹いてパフォーマンスが始まる　右／頭飾りや獣皮の衣装がインパクト大！アステカ時代からの伝統文化として各地の祭礼でも披露される

鑑賞スポット
メキシコ・シティのメトロポリタン・カテドラル（→P.73）前では週末にコンチェロスを踊る人たちが観られる

※ Calendario de Festival ※

お祭りカレンダーで "フィエスタ" 体験

メキシコ各地で楽しいイベント盛りだくさん

メキシコ人は陽気なフェスティバル（フィエスタ）が大好き！
伝統舞踊の公演や 盛大なパレードなどが見られる祭りもあるので、
タイミングが合えばぜひ体験しよう。

1月

1月1日
新年
Día de Año Nuevo

全国各地で大晦日の夜から新年の明け方にかけて、音楽や舞踊が上演され、花火が打ち上げられる。地方では農業祭も開かれる。

1月6日
三賢人の日
Día de los Reyes Magos

国中で伝統的に子供に玩具をプレゼントする日。前日の1月5日の夜に、子供たちは3人の賢者へ欲しい物を書いた手紙を風船につけて空へ飛ばす。

1月17日
動物祝福祭
Festival de los animales

メキシコ・シティでは犬や猫、牛やニワトリなどの動物たちがリボンや花で飾られ、市内の教会に集まって神からの祝福を受ける。その儀式は神聖でありながらもほほ笑ましい。18～20日には、タスコで動物を保護する儀式が行われる。

2月

エルトゥーレなどの
聖体行列

2月1日
聖母マリア救済の日
Día de Candelaria

トラコタルパンでは聖体行列や牛追い大会、踊りの上演などが10日間行われる。ミトラ、エルトゥーレなどのオアハカ近郊の村で、清めの儀式や聖体行列がある。パツクアロ近郊の村ツィンツンツァンでは、踊りやパレードが1週間ほど続く。

2月中旬～3月中旬
カーニバル Carnaval

カトリック教国メキシコでは、全土で陽気なお祭り期間になる。ベラクルス、マサトラン、ラパスのカーニバルは規模が大きく、山車や仮装した人々がパレードする。地方では土着色の強い村祭りが各地で行われる。

女王様のように着飾った若い女性が主役

3～4月

3月下旬～4月下旬
セマナサンタ
Semana Santa

聖週間（イースター祭）のこと。カーニバル同様、全国的なお祭り期間になる。プエブラ、アグアスカリエンテスなどではイベントや受難劇が行われる。

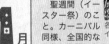

各地でさまざまなイベントも体験できる

5～6月

5月下旬～6月下旬
キリスト聖体の日
Festival de Corpus Cristo

セマナサンタの60日後に祝う宗教日。メキシコ各地で宗教儀式と祭事が行われる。パパントラでは、ボラドーレスが4日間続く。

7月

7月16日
聖母カルメンの日
Día de Carmen

全国のカルメンと名のついた町や教会などで祝われる。メキシコ・シティのサンアンヘルでは、花祭りが開かれる。

7月上旬～下旬
ゲラゲッツァ祭
Guelaguetza

メキシコで最も有名な祭りのひとつで、国内外から見物客が押し寄せる。7月後半の月曜に大規模な舞踊フェスティバルが開かれるほかパレードや演劇、スポーツ競技、メスカル展なども行われる。

ウルアパンで盛大に祝われる

7月25日
サンティアゴの日
Día de Santiago

サンティアゴと名のつく町や教会などで、宗教的な礼拝と行列が見られる。メキシコ・シティの三文化広場では先住民の踊りが披露される。ウルアパンではパレードなどが行われる。

ゲラゲッツァ祭ではメスカル（オアハカ特産の蒸留酒）展も開催される

9月

9月5〜21日頃
サカテカス祭
Feria de Zacatecas

サカテカスでは市制記念日が8日で、その後2週間にわたって祭りが続く。市内でパレードが行われ、郊外の特設会場で音楽コンサート、闘牛などが開催される。露店市も数多く並ぶ。

サカテカス祭の騎馬隊パレード

9月13〜15日
サンタクルス・デ・ロスミラグロス
Santa Cruz de los Milagros

ケレタロのロスフンダドレス広場では、先住民チチメカ族とスペイン軍の戦いを題材としたコンチェロスの踊りを上演。数百人ものアステカの衣装を着たダンサーたちによって、広場が埋め尽くされる。
広場でアステカの舞踊が披露される

主要施設をナショナルカラーで彩って独立を祝う

9月16日
独立記念日
Día de Independencia

メキシコの独立宣言を記念する行事が、前日の23:00に開始され、国内各地で独立のグリート（叫び）が上がる。特にメキシコ・シティではソカロにたくさんの群衆が集まり圧巻だ。独立記念日当日は、軍事パレードなど政治色の強い式典が行われる。

9月中旬〜下旬
サンミゲル祭
Fiesta de San Miguel Arcángel

サンミゲル・デ・アジェンデにて開催される祭り。伝統舞踊の上演や女王コンテスト、モヒガンガス（巨大な紙人形）のパレードなどがある。

9月30日
モレーロス生誕の日
Cumpleaños de Morelos

独立運動の指導者ホセ・マリア・モレーロス生誕の日。彼が生まれ育ったモレーリアでは、式典やパレードが行われる。

10月

10月1〜30日
グアダラハラ10月祭
Fiestas de Octubre

グアダラハラで1ヵ月間続く祭り。期間中は週末を中心に山車やパレードでにぎわい、さまざまな催し物やバザールなどが開かれる。

グアダラハラ中心部では彫刻展などイベントが盛りだくさん

10月上旬〜下旬
国際セルバンテス芸術祭
Festival Internacional Cervantino

グアナファトで開かれる国際的な文化イベント。劇場や屋外の特設会場で音楽や演劇、美術などさまざまな催しが行われる。

歴史地区で深夜までイベントが繰り広げられる

11月

11月2日
死者の日 Día de Muertos

日本のお盆のような行事で、祖先の墓に参り、墓地から家まで仮面行列を行う。パツクアロ近郊のハニッツィオ島では、前日からひと晩中松明を燃やして祈る習慣があり、見物客が集まる。

「死者の日」が近づくと、骸骨や頭蓋骨の砂糖菓子が町にあふれる

11月の第3月曜日
メキシコ革命記念日
Día de la Revolución

1910年の革命を記念し、パレードや講演会などさまざまな行事が国内各地で催される。とりわけ、メキシコ・シティの壮大なパレードは必見。

12月

12月12日
グアダルーペ聖母祭
Día de Nuestra Señora de Guadalupe

メキシコの守護聖母を祀る日。聖母マリアが出現したという言い伝えにちなんだメキシコ最大の宗教行事で、メキシコ・シティのグアダルーペ寺院には、国内外から数十万の人たちが巡礼にやってくる。

グアダルーペ寺院の前に集まった先住民の人々

12月16〜24日
ポサーダス
Posadas

この期間に各地で、ポサーダスと呼ばれるクリスマスのろうそく行列が行われ、イエスを産むため小屋を探すヨゼフとマリアの旅を再現する。

12月23日
大根の夜
Noche de Rádanos

創意工夫を凝らした大根彫刻で、キリスト生誕を祝うオアハカの伝統祭。ソカロに展示されたユニークな作品を鑑賞し、ブニュエロと呼ばれるワッフルも味わえる。

Bags

話題のメルカドバッグなど
多彩なデザインの製品が
各地ショップで見つかる

M$250~ D

M$850~ D

日本人女性にも大人気♥

M$219~ G

M$400~ B

スカルや刺繍などを
あしらったトートバッグ

M$652~ E

オアハカ郊外
の先住民村
で作られた羊
毛のバッグ

フリーダ・カー
ロをモチーフに
したバッグ

市場での買い物に
便利な即戦力のメ
ルカドバッグ

太陽の国でショッピングクルーズ♥
カラフルな雑貨の宝庫

サイズや品質で
値段は
変わるよ

メキシコおみやげ

M$475~ D

先住民文化を感じさ
せるカラフルな絵皿

食卓を華やかに
演出するタラベラ
焼きの絵皿

M$400~ G

陶器のメキシコ代表です♪

M$250~ G

M$250~ G

M$365~ H

プエブラ特産のタラベラ焼きデミタスカップ&ソーサー

色合いもデザイ
ンもかわいいセ
ルピン焼きの皿

Ceramics

プエブラ州のタラベラ焼きや
グアナファト州の
セルピン焼きを入手しよう

各M$225~ H

ぐい飲みサイズの
セルピン焼きミニカップ

44

Fashion Items

**伝統衣装からビーチアイテムまで
メキシコならではの色彩で値段もお手頃**

ビーチで羽織りたいカラフルな女性用ポンチョ

M$180～ C

手織りの伝統衣装ウイピルはまるで芸術作品のよう

M$1300～ E

M$777～ A

伝統衣装をアレンジしたファッションで上下コーディネート

M$380～ F

M$150～ F

カラフルに刺繍されたブラウスタイプのウイピル

先住民の女性が作る一点物です！

掲載商品は、ここで入手！

Shop List

メキシコ・シティ
A フォナート→ P.89
B シウダデラ市場→ P.88

カンクン
C ククルカン・プラサ→ P.206
D プエルト・カンクン→ P.207

オアハカ
E アリポ→ P.283
F マロ→ P.283

プエブラ
G アルマンド→ P.111

グアナファト
H リンコン・アルテサナル
→ P.162

大集合!!

各地で同様の商品が入手OK！

**先住民のハンドクラフトから流行のファッションまで
デザイン先進国メキシコでのおみやげ探しも楽しい。
取材スタッフえりすぐりの人気アイテムを教えます。**

各M$29～ E

素焼きの音楽隊。オアハカ地方ならではの素朴さ

各M$65～ B

**カラフルな
オアハカの工芸品**

M$320～ A

動物や花を刺繍したオトミ族のクッションカバー

ファンタジー映画の創造物のようなアレブリヘス人形

M$40～ B

ソンブレロのマスコットはバラマキみやげに人気

Folk Art

**地方色豊かな工芸品は
メキシコ・シティや
カンクンでも簡単に購入できる**

カラフルなゴマ

メキシコ人の手にかかれば、ゴマも色鮮やかに！　のり巻きなどに使えば料理が華やぎそう

M$20〜

M$30〜

ハチミツ

ユカタンで作られた100%ナチュラルのハチミツ。旅行中の朝食やティータイムにも味わいたい

M$30〜

オアハカチーズ

クセがなくてさっぱりとした味わいのオアハカチーズは、そのまま食べても調理してもおいしい

M$35〜

カヘタ

ヤギの乳で作られたキャラメルは、メキシコ人の定番おやつ。飴やペーストのタイプもある

M$36

ドライフルーツ

マンゴーやリンゴにチリソースをまぶしているメキシコならではの珍味

🛒 バラマキみやげを探そう

スーパーマーケットへ

M$117〜

M$117〜

コーヒー

メキシコはコーヒーの産地としても世界的に有名。特にオアハカ州やチアパス州のものは高品質と評判

マサパン

スペイン伝来の甘〜い菓子。ピーナツやアーモンドなどを粉と砂糖で固めて作られている

M$55〜

M$8〜

チリ缶

トウガラシの缶詰。スープや炒め物など、いつもの料理に少し加えるだけでメキシカンテイストに！

M$80〜

メスカル酒

メキシコを代表する蒸留酒はおみやげの定番。テキーラなどの認定エリアで作られた特定品のみ「テキーラ」と呼ばれる

ハイビスカスティー

色がきれいで美容効果も高いハイビスカスティーは、女性へのおみやげに喜ばれそう

M$25〜

ドリトス

日本でもおなじみのコーンチップス。本場メキシコでは激辛バージョンが充実している

M$16〜

チョコレート

カカオ原産国のメキシコはチョコレートの宝庫。多彩なフレーパーの商品が見つかる

M$54〜

カップ焼きそば

2017年に販売されてメキシコ人に大評判。日本で売られている商品とは別世界の味！

M$14〜

M$25〜

M$110〜

M$55〜

カルーア チョコレート

コーヒーリキュールがとろりと溶けだすメキシコ内やげの定番。空港で売っているがスーパーで買ったほうが断然お得

チアシード

話題の健康食品チアシードも、産地のメキシコなら格安。オーガニックのものがおすすめ

GO!

ローカルな食料品はスーパーでの購入がおすすめ。大手チェーン店はメキシコ各地で展開しており、手頃な値段でおみやげが入手できて便利！

※スーパーで販売している商品の金額は2018年7月の時点での目安。

M$25〜

M$20〜

M$40〜

M$80〜

チリソース

料理をメキシコ風に味つけるトウガラシ調味料。特にハバネロは最も辛いといわれている

トマトコンソメ

リピーターに人気の高いトマト味ブイヨン。ガーリック風味で幅広く料理に利用できる

現地で人気のスーパーマーケット

メキシコ各地で展開するスーパーは同じような品揃え。以下のチェーン店はメキシコ・シティ周辺だけでも10店ほど営業しているが、高級住宅街と下町エリアの店舗では商品の値段が変わることもある。

ⓈチェドラウイChedraui

URL www.chedraui.com.mx

商品の安さに定評のある庶民派スーパー。

メキシコ・シティ
MAP P.69/C3
営業 毎日7:00〜22:00

カンクン
MAP P.195/B2
営業 毎日7:00〜23:00

ⓈソリアナSoriana

URL www.megasoriana.com

200軒以上を展開する大手チェーン店。

メキシコ・シティ
MAP P.70/B1
営業 毎日7:00〜23:00

カンクン
MAP P.203/B2
営業 毎日10:00〜22:00

ⓈウォルマートWalmart

URL www.walmart.com.mx

アメリカ資本で郊外エリアへの出店も多い。

メキシコ・シティ
MAP P.69/A3
営業 毎日7:00〜23:00

カンクン
MAP P.195/B1
営業 24時間

感動間違いなしの
グルメ三昧を体験

Comida Mexicana

食の世界遺産

メキシコ料理の鉄人
渡辺庸生の料理講座

メキシコ料理を味わおう

マヤやアステカの先住民文化とスペインの文化がブレンドされた国メキシコ。魅惑の文化は、料理においても絶妙なハーモニーを奏でている。4000種類以上といわれるメニューは、地方によって食材や調理法に特徴があり、その味わいは多彩だ。食材や調理方法などの独自性から、メキシコ伝統料理は2010年にユネスコの「無形文化遺産」にも登録されている。ここでは、メキシコをおいしく旅するために、日本におけるメキシコ料理の第一人者・渡辺庸生さんに、各地の郷土料理とその楽しみ方を詳しく解説してもらった。

メキシコ料理の楽しみ方 🍴 基本料理、シーズナリティ etc.

メキシコ料理の基本は、トウモロコシの生地を焼いたトルティージャ。いわばこれが「メキシコの主食」で、日本人がご飯の種類にこだわるように、メキシコ人はトルティージャにこだわります。このトルティージャに肉などの具を挟めばタコス、油で揚げればトスターダス、辛いソースに浸せばエンチラーダスと、応用料理も多彩です。

とにかくメキシコには4000種類もの料理があるといわれていますから、まずは『メニュー図鑑（→ P.50）』で紹介する料理を、楽しんでみてください。特にモーレソースを使った料理は、メキシコ食文化の奥深さがわかる最高の1品です。また、大衆レストランでいろいろ味わうには、コミーダ・コリーダ Comida Corrida と称した、スープや前菜に、メイン料理、デザートが付く定食を頼むのもいいでしょう。

メキシコ料理のシーズナリティはありません。ソース、サブル、野菜どれも一年中楽しめます。ただし、祭日には特別な料理が作られるので、タイミングが合えばぜひ挑戦してみてください。9月16日の独立記念日前後には、トウガラシに肉やフルーツを詰めたチレス・エン・ノガダが、3〜4月の復活祭（セマナサンタ）では、甘いパンとフルーツの料理がレストランでも楽しめます。

代表的なメキシコ
料理を盛り合わせた
メニューも楽しめる

トルティージャがスープ
に入った料理はソパ・デ・
アステカとも呼ばれる

ブリトーなど
トルティー
ジャを使った
料理は多彩

お好みでサルサを足して味わおう

左／マリアッチの演奏を聴きながら陽気な時間を過ごそう！　中上／羊肉を煮込んだビリア・デ・レスはグアダラハラの郷土料理。メキシコ各地のメニューを味わってみたい　中下／メキシコのカクテルも料理と一緒に楽しもう　右／タコスの屋台は町の中心部や観光地にたくさん並んでいる

渡辺庸生（わたなべ・ようせい）
1948年神戸生まれ。京都外国語大学・スペイン語学科で学んだ後、1974年にメキシコに渡り2年間の修業をする。帰国後、「ラ カシータ」をオープン。『魅力のメキシコ料理』（旭屋出版刊）、『エスニック風おかず』（主婦の友刊）、『本格メキシコ料理の調理技術』（旭屋出版刊）など著作も多数。
ラカシータ "La Casita" 住所 〒150-0034 東京都渋谷区代官山町13-4 セレサ代官山2F
TEL（03）3496-1850　**URL** www.lacasita.co.jp　**営業** 水〜月 12:00〜23:00（月 17:00〜）
本格的なメキシコ料理が、気軽な雰囲気で楽しめる人気レストラン。トウモロコシやスパイスなどの食材を現地から取り寄せ、オーナーシェフの渡辺さんが腕を振るう。多くの食通から絶賛され、メキシコ大使館の人たちもしばしばやってくる。

未知の大衆料理も楽しい　市場&屋台で庶民の味を堪能する

衛生面に問題があるからと、屋台をすべて敬遠しくしまつのはもったいない。メキシコ人の生活を身近に感じるには、屋台やメルカド（市場）で庶民が毎日食べているものがいい。ただ、生ものは怖いので、きちんと火をとおしたものを選んで頼むといいでしょう。

まず、おすすめなのは、タケリア（タコス屋）でタコスのつけ合わせとして出てくるセボジータ Cebollita。これは長ネギと小タマネギの中間のような甘い根菜で、炭焼きにすると絶品です。また、タコスのパストールは、トルコ料理のドネルカバブのようなものですが、味つけはメキシコ風になっています。上手な職人は、肉の上のパイナップルを曲芸のように包丁で飛ばし、トルティージャで受け、見ているだけでも楽しいですよ。

お酒のつまみとしては、リュウゼツランの葉に付くイモ虫をから揚げにしたグサーノス・デ・マゲイ Gusanos de Maguey や豚の皮を揚げたチチャロン Chicharrón など、メキシコならではの珍味があります。チチャロンの豚の皮は、2〜3日天日で干すと高地なのでカラッと乾き、ラードで揚げるとフワッと膨らむんです。そのままで前菜や子供のお菓子になりますが、一品料理としてソースで煮込むこともあります。一見安っぽい感じですが、非常に手が込んでいる料理です。

メキシコ料理は日本ではまだ未知なる料理ですが、独創的で歴史的にも奥深いものです。いわゆる西洋料理が、トウモロコシ、トマト、ジャガイモ、チョコレート、トウガラシなどの重要な食材を知るのは、16世紀にスペイン人がメキシコから持ち帰ってからですが、メキシコでは約3500年前からトウモロコシを栽培していました。先住民文化の伝統に根ざしたメキシコ料理を、多くの人に味わってもらいたいですね。

ローカル料理を味わうなら市場内の食堂もおすすめ

Check it Out　レストラン、タコス屋、カンティーナ満喫のノウハウ→ P.54

49

メキシコ料理
メニュー図鑑

世界中のグルメから注目を集める食の国メキシコ。
スパイスの豊富なお国柄だけに、濃厚なチーズ料理から
チョコレートを使ったモーレ料理まで、
多種の香辛料を使った奥深く複雑な味わいが堪能できる。
いざ未知なる味覚を求めてレストランへ!

Comida Mexicana

Sopas & Entremeses ◆ スープ＆前菜

カルド・ソチル
Caldo Xochitl
鶏肉、アボカド、ライスなどが入ったスープ。香菜やライムが浮かび、とてもさわやかな味わい

マセワル
Massewal
トマトとライムをベースにした、さっぱりした味わいのユカタン地方のスープ。トルティージャを入れてもいい

ソパ・デ・ポブラーノ
Sopa de Poblano
チーズとさまざまな野菜が入った濃厚な味つけのスープ。プエブラで一般的な郷土料理のひとつ

ポソーレ
Pozole
豚の頭でとった濃厚なスープに肉や大粒のトウモロコシ、赤カブが入ったハリスコ州＆ゲレーロ州の名物

ソパ・デ・トルティージャ
Sopa de Tortilla
トマトを主体としたスープに、揚げたトルティージャを浮かべたメキシコ料理（別名ソパ・デ・アステカ）

ソパ・デ・リマ
Sopa de Lima
鶏肉とライム果汁をベースにした酸味の利いたスープ。あまり食欲のないときにもおすすめ

エンサラーダ・デ・ノパリートス
Ensalada de Nopalitos
ウチワサボテンの若い葉を使ったメキシコの名物サラダ。ヌメヌメした独特の食感が楽しめる

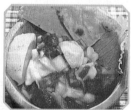

セビッチェ
Ceviche
白身魚や貝をトマトやトウガラシで合わせ、レモン汁に漬けたシーフードの前菜料理。酸味が利いてヘルシー

ワカモーレ
Guacamole
アボカドをペーストにしてトマトやトウガラシを混ぜたオードブル。ディップとしてトルティージャチップスとともに

Carne ◆ 肉 料 理

ポージョ・エン・モーレ
Pollo en Mole
トウガラシ、木の実、チョコレートなど
を使ったモーレソースで鶏肉を味わうメ
キシコ料理の最高傑作

チュレータ・デ・セルド
Chuleta de Cerdo
豚のロース肉をトマトやトウガラシのサ
ルサで煮込む。プエブラ地方で一般的
な家庭料理

チレス・エン・ノガダ
Chiles en Nogada
大きなトウガラシに豚のひき肉、アーモ
ンド、バナナなどを詰め、生クリーム、
クルミ、ザクロの実をかける

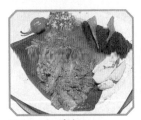

コチニータ・ピビル
Cochinita Pibil
トウガラシ、酢、アチョテ（食紅のよう
な植物調味料）で豚肉を煮込み、バナ
ナの葉に包んで石蒸したユカタン料理

プンタス・デ・フィレテ
Puntas de Filete
レストランで人気の牛フィレ肉のステー
キ。肉のうま味を生かすさまざまなソー
スが用意されている

パボ・エン・レジェノ・ネグロ
Pavo en Relleno Negro
七面鳥とゆで卵、ミートボールを添えて
黒いソースをかけたユカタン地方の伝統
料理のひとつ

カルネ・アサダ・アラ・タンピケーナ
Carne Asada a la Tampiqueña
牛フィレ肉を帯状に薄く開いて焼くメキ
シコ独特のステーキ。国内各地で食べる
ことができる

セシーナ・デ・レス
Cecina de Res
さまざまなトウガラシで漬け込んだメキ
シコ風の焼肉料理（干し肉を使う）。ス
パイシーな味つけなので食欲もわく

ポージョ・アル・アヒージョ
Pollo al Ajillo
鶏のモモ肉にニンニクやトウガラシを絡
めたスパイシーな料理。見た目よりもさ
っぱりとした味つけ

ファヒータ・デ・ポージョ
Fajita de Pollo
ファヒータはグリルした肉料理の総称。
チキン（ポージョ）と香味野菜の組み合
わせのほか、牛ハラミや豚肉も一般的

ポージョ・モトゥレーニョ
Pollo Motuleño
グリルしたチキンにフリホーレス（豆）や
チーズをのせたユカタン地方の郷土料
理。メキシコならではの一品

モルカヘテ
Molcajete
石臼（モルカヘテ）に牛肉、豚肉、鶏肉
を盛り合わせたメキシコ版チカラ飯。サ
ボテンやチーズものってボリューミー

【注意】メニュー図鑑にある料理のなかには、各地の郷土料理店でしか味わえないメニューや、レストランでは提供され
ない屋台料理も含まれています。また同じ料理でもレストランによって違う名称で提供している場合もあります

Marisco ◆ シーフード

ペスカード・デ・フィレテ
Pescado de Filete
観光地など旅行者の多いエリアで一般的な魚のフィレ料理。香辛料や野菜を使ったソースもいろいろ

ワチナンゴ・ア・ラ・ベラクルサーナ
Huachinango a la Veracuruzana
鯛をトマト、タマネギ、白ワインなどから作られるベラクルス・ソースで煮込む。メキシコ風魚料理の代表

カマロネス・アル・モホ・デ・アホ
Camarones Al Mojo de Ajo
新鮮なエビをニンニクで炒めるヘルシー＆シンプルな料理。ベラクルスが本場で、アルコールとの相性がいい

ティキン・シク
Tikin Xic
切り身の魚を野菜と赤いソースに浸し、バナナの葉に包んだユカタン地方ならではの石蒸し料理

パエリア
Paella
シーフードや鶏肉をサフランと炊き込むスペインの米料理。メキシコでも観光地では人気のメニュー

ランゴスタ（ロブスター）
Langosta
メキシコの海岸部では新鮮なロブスター料理が味わえる。グリルやボイルなど調理法もリクエスト可

サルサを使いこなす

サルサとはソースの意味。タコスからステーキまで、メキシコ料理にはさまざまなサルサ（トウガラシをベースにしたものだけで数百種類）が用意されており、嗜好に合わせて選ぶことができる。

サルサ・メヒカーナ
Salsa Mexicana
青トウガラシ（チレ・セレーノ）、トマト、タマネギを使った最も一般的なサルサ。メキシコ国旗にちなんでこの名がついた

サルサ・デ・チレ・グアヒージョ
Salsa de Chile Guajillo
トウガラシ、トマト、ニンニクを焦げ色がつくまで炒める。香ばしさと苦みが絶妙

サルサ・ロハ
Salsa Roja
タカノツメに似たチレ・アルボンで作る激辛サルサ。刺激的な味覚を好む人向き

ベルドゥラス・エン・エスカベーチェ
Verduras en Escabeche
ピクルスも料理の味を引き立てる重要なアイテム。ズッキーニやニンジンなどがハラペーニョのさわやかな辛みで味わえる

サルサ・ランチェラ
Salsa Ranchera
トマトのうま味に青トウガラシの辛みを利かせたサルサ。肉や魚などメキシコ料理全般に使用し、日本人にもなじみやすい口当たり

サルサ・ベルデ
Salsa Verde
グリーントマトをベースに青トウガラシ、タマネギ、ニンニク、アボカドを混ぜた代表的サルサ

アルコールも楽しもう！

メキシコ料理は各種アルコールとも相性抜群。陽気に食事を楽しむための必須アイテムだ。乾杯はサルー！（Salud！）

テキーラもいろいろ。左端のHornitos（オルニートス）は100％青アガベを使った高級酒。サトウキビを加えて甘みを補うテキーラもある

ビールも豊富。左からおなじみのコロナ Corona、現地で人気のボエミア Bohemia、ライトな飲み口のソル Sol、深みのあるドス・エキス XX、缶ビールが多いテカテ Tecate

Merienda ◆ 軽食

タコス
Tacos
トルティージャを使ったメキシコを代表する軽食。牛肉入りが一般的だが、具やソースはさまざま

トスターダス
Tostadas
トルティージャをカラッと揚げたスナック。フリホーレス（豆）のペーストを塗り、鶏肉、トマト、レタスなどをのせる

エンチラーダス
Enchiladas
トルティージャに鶏肉などを挟み、タマネギやおろしチーズをかけた、素朴な味わいの家庭料理

セミータス
Cemitas
郷土料理発祥の地プエブラの名物サンドイッチ。パンにチキンカツやチーズ、アボカドをぎっしり挟んで食べ応え十分

ケサディージャ
Quesadilla
チーズをトルティージャで包み焼きにしたシンプルな料理。メキシコ人には定番の朝食メニューとなっている

ケソ・フンディード
Queso Fundido
石鍋や土鍋に濃厚なチーズを溶かし込んだ、チーズフォンデュ風のオアハカ州の名物料理。アツアツでどうぞ

パヌーチョス
Panuchos
トルティージャの中にフリホーレスを詰めラードで揚げるユカタン州のスナック。街角の屋台で見かける

ウエボス・ベラクルサーノス
Huevos Veracuruzanos
トルティージャで卵を包み込んで、フリホーレスのスープで煮込んでからチーズをかける。ボリューム満点の朝食に

ウエボス・ランチェロス
Huevos Rancheros
トルティージャを下に敷きトマトソースで絡めたメキシコ風目玉焼き。黄味の甘さと辛いソースが絶妙

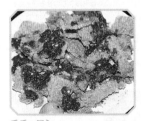

チチャロン
Chicharrón
豚の皮は料理の材料として一般的。天日で干してからラードで揚げると、アルコールのおともに最高

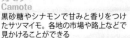

カモテ
Camote
黒砂糖とシナモンで甘みと香りをつけたサツマイモ。各地の市場や路上などで見かけることができる

タマレス
Tamales
街角で売られているマヤ伝来の料理。肉や野菜の具をトウモロコシの葉に包んで蒸したもの

初めてのメキシコ旅行でも大丈夫♪

ローカルグルメ満喫のノウハウ

高級レストランから大衆的なタコス屋まで、基本情報を知ってメキシコを味わい尽くそう。
地元客でにぎわう居酒屋カンティーナも人気のスポットだ。

食の世界遺産を体験するなら

レストラン
Restaurante

レストランの利用方法は基本的にヨーロッパスタイル。人気店は早めに予約を入れて訪れよう。ラフな服装では入店できない店もあるので注意。

郷土料理もおしゃれに進化する

Q お水も有料?
A 席に着くとサービスで水を提供する店もある。瓶入りのミネラルウォーターは有料

Q チップはいるの?
A 料理の10〜15%が目安。カード払いではチップを書き込む欄がレシートにあることも

モダンなメキシコ料理が評判のアスル・コンデサ(→P.93)

Q 会計はレジで?
A セルフのお店以外では、給仕してくれたウエーターを呼んでテーブルで支払う

ソウルフードを満喫するなら

タコス屋
Taquería

メキシコのファストフードといえばタコス。通りの屋台のほか、地元の人たちでにぎわう店舗型も増えてきている。おいしい店の探し方→ P.93。

エルプログレソ(→P.94)は世界一おいしいタコス屋と評判

Q タコスって辛くないの?
A タコス自体は辛くない。味はチリソースで調整しよう(超辛いハバネロに要注意)

Q トルティージャの生地は選べる?
A トウモロコシ(Maíz)か小麦粉(Harina de trigo)を選択できる店もある

Q トッピングはできるの?
A 肉以外はセルフでのせる店もある。サボテンやサルサソースなどお好みで

リピーターが絶賛する タコスの具材 Best 3

マリネした豚肉や牛肉

メキシカンソーセージ

❶ パストール

ジューシーな肉が楽しめる

アボカドソースが合います!

❷ ロンガニーザ

ビーフステーキ

❸ ビステク

マリネやサボテンをトッピング

More Info

タコスにチーズをのせたい場合は「con queso(コン・ケソ)」、不要の場合は「sin queso(シン・ケソ)」と注文する。タコス専門店では煮込んだ牛肉の脳みそなどもメニューにあるので、見つけたら挑戦してみよう。ロスカボスなど海の近いエリアでは、エビやタコが入ったシーフードタコスも味わえる。

屋台では指さし注文ができて気軽に楽しめる

濃厚なソースが絶品

❶ ポジョ・エン・モーレ
モーレソースでチキンを味わう

POTZOLLCALLI

絶対に味わいたい！
名物料理 Best 3

肉食系女子にオススメ

❷ モルカヘテ
肉のオールスターが鉄の井戸に！

新鮮なシーフードが楽しめる

❸ セビッチェ
食欲そそるピリ辛の魚介マリネ

グルメ満喫の必須フレーズ

ここに座ってもいいですか？
¿Podría sentarme aquí?
ポドリア　センタルメ　アキ
入店したら席を案内される

おすすめのメニューは何？
¿Qué me recomienda?
ケ　メ　レコミエンダ
名物料理を聞いてみよう

これをください
Esto, por favor.
エスト　ポル　ファボール
写真付きメニューがある店も

おいしいです！
¡Sabroso!
ザブローソ
食の世界遺産をいただきます！

お会計をお願いします
La cuenta, por favor.
ラ　クエンタ　ポル　ファボール
基本的にテーブルで会計

夜はマリアッチ演奏で盛り上がる
サロン・テナンパ（→P.90）

Q マリアッチのチップはいくら？
A 1曲 M$30〜100 が目安（楽団の人数により異なる）。ほかの席での演奏も聴こえるので無料だ

Q 着席と立ち席で値段は変わる？
A 基本的に同じ。常連さんはカウンター席にいるので、そちらのほうが楽しい

Q 料理やスイーツも楽しめる？
A お店にもよるので事前にメニューを確認。お酒と雰囲気を楽しむのが基本！

More Info
ワンドリンクの注文でボターナ Botana（おつまみ）をサービスしてくれるカンティーナが多い。出てこなければ「¿No viene Botana?（ノ・ヴィエネ・ボターナ）？」と聞いてみよう。テキーラを注文すると、レモンジュースとトマトジュースがショットグラスで一緒に運ばれてくることもある。チェイサーとして交互に楽しむのが一般的だ。

野菜スティックやスープなど無料サービスは店によって異なる

陽気なメキシコ居酒屋
カンティーナ
Cantina

かつては男たちの社交場だった「大衆居酒屋」も、若者でにぎわうおしゃれスポットや、家族で入れるリラックスムードのお店が増加中。

メキシコで乾杯しよう

塩とライムで飲むのが伝統的！

アルコール Best 3

❷ マルガリータ
テキーラベースのカクテル
タマリンド入りが流行中です

❶ テキーラ
メスカルを提供する店も多い

❸ ビール
コロナ、ソル、テカテが人気

有名ブランドがいろいろ

メキシコ・シティと周辺都市
Mexico City & Around

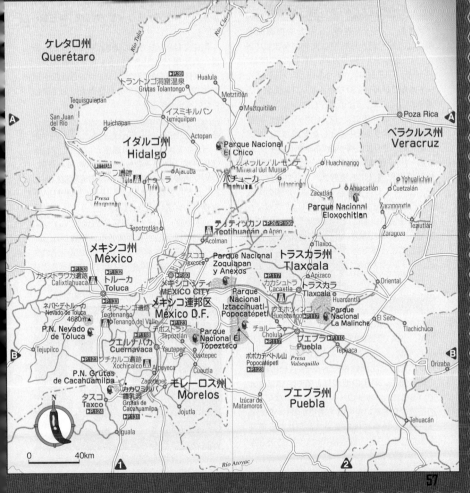

ケレタロ州
Querétaro

Río Tula

トラントンゴ洞窟温泉 ▶P.39
Grutas Tolantongo

Hualula

Tequisquiapan

Metztitlán

Meztquitilán

San Juan
del Río

Huichapan

イスミキルパン
Ixmiquilpan

Actopan

Poza Rica

イダルゴ州
Hidalgo

Parque Nacional
El Chico

ベラクルス州
Veracruz

Ajacuba

Mineral del Monte

バチューカ
Pachuca

Huachinango

Yohualichán

▶P.133
Tula

トゥーラ
Tula

Tulancingo

Zacatlán

Ahuacatlán

Cuetzalán

Xacanoaxtla

Presa
Huayapan

Tepotzotlán

Parque Nacional
Eloxochitlan

Teziutlán

Zaragoza

ティオティワカン ▶P.26/P.106
Teotihuacán

Apan

メキシコ州
México

Acolman

テスココ
Texcoco

Parque Nacional
Zoquiapan
y Anexos

トラスカラ州
Tlaxcala

Tlaxco

▶P.133
Calixtlahuaca

カリストラワカ遺跡

▶P.132
トルーカ
Toluca

▶P.60

メキシコ・シティ
MEXICO CITY

▶P.117
Apizaco

Oriental

カカシュトラ
Cacaxtla

トラスカラ
Tlaxcala

Huamantla

ネバド・デ・トルーカ
Nevado de Toluca
4680m▲

P.N. Nevado
de Tóluca

テオテナンゴ遺跡
Teotenango

Tenango del Valle

メキシコ連邦区
México D.F.

Parque
Nacional
Iztaccihuatl-
Popocatépetl

Huejotzingo

ウェホツィンゴ
▶P.117

Parque
Nacional
La Malinche

El Seco

Tlachichuca

Tejupilco

▶P.118

テポストラン
Tepoztlán

Parque El
Tepozteco

チョルーラ
Cholula

プエブラ
Puebla

▶P.117

プエブラ
Puebla

▶P.110

クエルナバカ
Cuernavaca

Yautepec

Tepeaca

Orizaba

▶P.123

ソチカルコ遺跡
Xochicalco

Oaxtepec

ポポカテペトル山
Popocatépetl
▶P.123

Presa
Valsequillo

P.N. Grutas
de Cacahuamilpa

Alpuyeca

Cuautla

タスコ
Taxco
▶P.124

カカワミルパ
鍾乳洞
Grutas de
Cacahuamilpa
▶P.131

Zacatepec

モレーロス州
Morelos

Izúcar de
Matamoros

プエブラ州
Puebla

Tehuacán

guala

Jojutla

Río Atoyac

0 ____ 40km

57

メキシコ・シティと周辺都市

テオティワカンは観光客に最も人気が高い遺跡のひとつ

ハイライト

メキシコ・シティを中心とした中央高原地帯には、紀元前から高度な文化が育まれてきた。都市国家テオティワカン（→P.106）のほか、トゥーラ（→P.104）、チョルーラ（→P.117）、ソチカルコ（→P.123）などメキシコを代表する遺跡が、このエリアには点在している。

スペインの征服によって16世紀以後に建設されたカテドラルを中心とした重厚なコロニアル都市も、そのまま残っている。特にメキシコ・シティ（→P.60）やプエブラ（→P.110）の歴史地区は世界遺産にも登録されていて必見。また、スペインに巨大な富をもたらした銀の産出地として栄えたタスコ（→P.124）は、スペイン風の町を狭い斜面に建造し、独特の情緒を感じることができる。

メキシコ人の旅行者にも人気の高いタスコの町並み

旅のヒント

標高2240mの気候温暖なメキシコ・シティだが、バスで1時間ほど南下すれば常春のクエルナバカへ（→P.118）、あるいは西へ1時間ばかり車を飛ばせば寒冷なトルーカ（→P.132）の町へ着く。周辺の地域はとても変化に富んでいるので、メキシコ・シティだけでなく、周辺都市で落ち着いた時間を過ごすのもいいだろう。特に、乾季には排気ガスが気になる首都を歩き回るよりも、周辺都市にしばしの逃避をするのが賢明だ。

メキシコ・シティは通年で1日の寒暖差が激しい。衣服は多めに用意しよう

アクセス

メキシコ・シティはラテンアメリカの表玄関だ。航空網が発達し、メキシコ・シティを拠点として中米、カリブ諸国、南米へのアクセスにも便利。日本からもアエロメヒコ航空と全日空が成田〜メキシコ・シティ間を毎日各1便運航している。

陸路ではアメリカとの国境ティファナから毎日、長距離バスが出ている。ただし観光シーズン以外は国内航空でティファナから首都へ飛ぶ運賃と、長距離バスの料金はたいして変わらない場合もある。

物価とショッピング

ラテンアメリカ諸国の通例としてインフレ率は高いが、物価そのものは基本的な消費財、公共交通費などは概して日本よりも割安感がある。ただし首都メキシコ・シティの繁華街は、物価が少し高く感じられる。

メキシコ・シティや周辺の観光地では、国内各地の民芸品が入手できる。刺繍が入った先住民の伝統衣装ウイピル、プエブラ州のタラベラ焼き食器、旅先ですぐに役立つメルカドバッグ、テキーラやメスカルなどの蒸留酒が人気。民芸品市場やショップで探してみよう。

カラフルなウイピルは民芸品市場で見つかる

メキシコ・シティと周辺都市の見どころベスト 3

1 メキシコ・シティの歴史地区ソカロ周辺（→ P.72）
2 テオティワカン遺跡（→ P.106）
3 プエブラの歴史地区（→ P.110）

安全情報

国中から人が集まる大都市なので、メキシコ・シティでは十分な注意が必要だ。メトロや市バスなど公共交通や観光地周辺の路地裏などでは、複数犯によるスリや強盗の被害報告も多い。特に交通機関の深夜利用は避けよう。タクシーに乗車して強盗に遭う被害も報告されているので、流しのタクシー（リブレと呼ばれている）もすすめられない。

実際には、深夜のメトロやバスにも、よく若い女性がひとりで乗っているので、過剰に神経質になることもない。メキシコの治安は、同じ中米諸国から比べると安全。特にメキシコ・シティをはじめ、おもな観光地では、観光警察が目を光らせている。

専用レーンを運行するメキシコ・シティのメトロバス

文化と歴史

中央高原に巨大な都市を築いたテオティワカン文明が7世紀に謎の崩壊をした後、南部ではチョルーラやソチカルコが、北部ではトゥーラが都市としての形を整えていった。これら諸都市は10世紀前後に繁栄を迎えるが、中央高原全体に力を及ぼすにはいたらず、アステカ帝国が出現するまで中規模な都市が並立していた。

エルナン・コルテス率いるスペイン軍により、首都テノチティトラン（現在のメキシコ・シティ）が陥落したのは1521年のこと。以後メキシコ全土で植民地化が進み、メキシコ・シティのアステカ神殿や宮殿も、次々と破壊され、その上にスペイン教会が造られていった。それら先住民文化の神殿跡は、中心部にあるテンプロ・マヨール（→P.72）などで見ることができる。

カテドラルの裏に残るアステカの神殿跡テンプロ・マヨール。メキシコの歴史を象徴している遺跡のひとつ

年間気候とベストシーズン

毎年11月頃から4月までが乾季、5月頃から10月にかけてが雨季となる。旅のベストシーズンは雨の少ない乾季だが、雨季も熱帯の緑が映えるのでエコツアー好きには魅力的だ。雨季といっても日本の梅雨とは違い、猛烈なスコールが短時間降るだけ。しばし待てば雨が上がることも多く、雨季でも地元の人はあまり傘など持って出ない。

排気ガスの多いメキシコ・シティを観光の起点にするなら、スモッグが少なくて清明な空が広がる雨季がおすすめ（それでものど飴を常備するなどの対策は必要）。ヤマナサンタや夏休みシーズンを除けば、ホテルなどの料金も相対的に安くなり、観光地が見学者で混雑するということもない。乾季には伝統的な行事が多く、メキシコの中央高原では、何に興味をもつかでベストシーズンが決まる。

メキシコ・シティのソカロに国旗がなびく

メキシコ・シティの年間気候表

月 別	1月	2月	3月	4月	5月	6月	7月	8月	9月	10月	11月	12月	年間平均
最高気温	21.2	22.9	25.7	26.6	26.5	24.6	23.0	23.2	22.3	22.2	21.8	20.8	23.4℃
最低気温	5.8	7.1	9.2	10.8	11.7	12.2	11.5	11.6	11.5	9.8	7.9	6.6	9.6℃
平均気温	12.9	14.5	17.0	18.0	18.1	17.2	16.0	16.3	15.7	15.1	14.0	12.9	15.6℃
降 雨 量	11.0	4.3	10.1	25.9	56.0	134.8	175.1	169.2	144.8	66.9	12.1	6.0	68.0mm

幾重にも歴史が重ねられたメキシコの首都

メキシコ・シティ
Mexico City

人　口	約892万人
高　度	2240m
市外局番	55

必須ポイント！
★国立人類学博物館
★メトロポリタン・カテドラル
★シウダデラ市場で買い物

世界遺産

イベント情報

●7月16日
　カルメン聖母の日に、サンアンヘル地区の公園や劇場を舞台に、花祭りFeria de las Floresが開催される。約2週間続く。

●9月16日
　メキシコ独立記念日Día de la Independenciaの最大行事が首都で行われる。前日の深夜23:00に現職大統領が国立宮殿のバルコニーに立ち、大群衆に向かってイダルゴの独立蜂起をたたえた叫び（グリート）を上げ、花火が打ち上げられる。

●11月1～2日
　死者の日Día de Muertos。直前の土曜日、骸骨メイクのパレードが独立記念塔～ソカロ周辺で行われる。

●12月12日
　グアダルーペ聖母の日Día de Nuestra Señora de Guadalupeはメキシコ最大の宗教行事。グアダルーペ寺院には、数十万の参詣者が集まる。

メキシコ・シティ政府観光局
FD 01-800-008-9090
URL cdmxtravel.com

中心部のソカロにはメトロポリタン・カテドラルなど歴史的建造物が並ぶ

　メキシコ・シティはアステカ帝国とスペイン植民地時代の旧跡、そして中南米諸国の中心地としての現代文化が錯綜した人口約892万人（都市圏まで含めると約2000万人ともいわれる）の大都市だ。

　コロンブスが発見した新大陸は、発見前から独自の高い文明をもつ民族が住んでいた。そして、メキシコ・シティは先住民のアステカ帝国の時代には湖上に浮かぶ大きな都市だった。スペインが植民地にするとテスココと呼ばれていた湖を埋め立ててしまったので、現在のような盆地になっている。「夢幻の世界とはこれか、とわれわれは口々に言った。高い塔、神殿、建物などが水中にそそり立ち、兵士のなかには、夢を見ているのではないか、とわが目を疑う者もあった」。アステカ帝国を滅ぼしたエルナン・コルテス指揮下のスペイン軍記録係は、テノチティトランと呼ばれていた現在のメキシコ・シティを初めて目にしたときの驚きをそう書き記している。

　現在のメキシコ・シティは、アステカ帝国の中心地にあった神殿や宮殿を壊し、その石材でスペイン風の市街地を築き、湖を埋め立てて完成した。未発掘の巨大な遺跡の上に、今の首都があるといってもいいだろう。市内におけるアステカ神殿の跡は、国立宮殿横のテンプロ・マヨールや三文化広場で見られる。

COLUMNA

独立記念塔は首都のシンボル

　1910年、メキシコ革命の勝利の最中にポルフィリオ・ディアス大統領が独立100年を記念して造らせたのが、レフォルマ通りのロータリーにそびえる独立記念塔（MAP P.71/B4）。

　高さ36mほどの塔はコリント様式で造られ、頂上に天使像が飾られているため、地元の人にはアンヘルÁngelの名で親しまれている。塔の内部にはイダルゴ神父、モレーロス、アジェンデなど独立運動の英雄が永眠している。土・日曜10:00～13:00は塔の上に無料で上れる（身分証明書持参のこと）。

近代的なビルの建ち並ぶ新市街の中心に建つ

安全情報 観光地化されている地区や繁華街は、犯罪が少ないのでわりと安心して歩けるが、ひと気のない道を歩くのは避けよう。また地下鉄やバス車内、市場など混雑している所ではスリに注意。

アクセス

飛行機▶ 国際線、国内線ともベニート・フアレス国際空港Benito Juárez（MEX）から発着している。この空港はターミナル1と2があり、航空会社ごとに発着ターミナルが分かれている（空港地図→P.409）。国内線空路はメキシコ・シティを中心に発達しているので、地方間の移動にはメキシコ・シティで乗り換える場合が多い。アエロメヒコ航空（AM）といった大手のほか、ボラリス航空（Y4）やビバ・アエロブス航空（VB）、インテルジェット航空（4O）、アエロマル航空（VW）、マグニチャーターズ（GMT）など多数。

　国際線もロスアンゼルス（毎日計15～16便）、ダラス（毎日計8～9便）、シカゴ（毎日計8便）、ニューヨーク（毎日計11～12便）、ヒューストン（毎日計10～13便）、アトランタ（毎日計5便）などから、アメリカやメキシコの主要航空会社が毎日運航している。

●空港内での両替

　空港にはATMも多く、クレジットカードやデビットカードでのキャッシングもできる。両替所もたくさんあり、市内の両替所のレートとほとんど変わらない。日本円からの両替もできるがレートが悪いので、米ドルを用意しておいてペソに両替したほうがよい。

●空港からのタクシー利用

　タクシーはチケットを買って乗る。空港のタクシーチケット売り場には数社が入っている。個人旅行者には大き過ぎるエヘクティーボEjecutivo（7人乗りで荷物スペースもある）のチケットを乗客がひとりでも売りつけてくる場合もある。それぞれのカウンターには料金表が張ってあるので、注意して区別しよう。

空港タクシーはセダンやワゴン車など数タイプある

メキシコ・シティから各地への飛行機

目的地	1日の便数	所要時間	料金
グアダラハラ	AM、4O、Y4、VB、VW　計30～36便	1.5h	M$940～4690
サカテカス	AM　3便	1.5h	M$2508～4466
レオン	AM、4O　計8～10便	1h	M$1302～4162
モレーリア	AM、VW　計3～4便	1h	M$2235～3566
カンクン	AM、4O、Y4、VB、GMT 計53～56便	2～2.5h	M$995～3589
メリダ	AM、4O、Y4、VB、GMT 計18～21便	2h	M$1067～4659
オアハカ	AM、4O、VW、Y4　計10～12便	1h	M$851～4423
トゥクストラ・グティエーレス	AM、4O、Y4　計12便	1.5h	M$848～3482
ポサ・リカ	VW　1便	1h	M$3755～4459
ベラクルス	AM、VW、4O 計9～11便	1h	M$1323～3144
ビジャエルモッサ	AM、4O、VB 計10便	1.5h	M$1160～3197
アカプルコ	AM、VW、4O　計6～13便	1～1.5h	M$1145～4097
ロスカボス	AM、4O、Y4、VB、GMT　計7～9便	2～2.5h	M$1746～4291
ティファナ	AM、Y4、4O、VB　計17～18便	3.5～4h	M$1733～7068
ロスモチス	Y4　計2～3便	2.5h	M$1076～4401
チワワ	AM、4O、Y4　計9～10便	2.5h	M$1025～5193
モンテレイ	AM、4O、Y4、VB　計28～40便	2.5h	M$955～4618

ベニート・フアレス国際空港

MAP 折込裏/A2
TEL 2482-2424
URL www.aicm.com.mx
営業 毎日6:30～22:00

空港から市内へのタクシー

　空港タクシーはNueva Imagen社やSitio330社が値段も対応も良心的。運賃はゾーン制になっていて、4人乗りのセダンはソカロやソナ・ロッサへはM$216～（所要20～60分）、ポランコ地区へはM$279～（所要30～70分）。※平日の通勤時間帯には道路が混み合う。

空港からのメトロバス

　メトロバス（→P.67）の4号線は、毎時4便運行（M$30）。空港からソカロまでは、San Lazaroでの乗り換えも含めて1時間程度。地下鉄のメトロに比べて治安が安定しているので、利用価値は高い。

空港からのメトロ

　空港の敷地から約200m西に、メトロ5号線のテルミナル・アエレアTerminal Aerea駅がある。料金は市内までM$5だが、ホテルエリアまでは数回の乗り換えが必要。治安上、大きな荷物を持っての移動はあまりすすめられない。

市内から空港へのタクシー

　中心部からシティオのタクシーではM$185～230、リブレでM$120～160、高級ホテルのタクシーではM$250～500。

空港ターミナル間の移動

　ターミナル1とターミナル2はモノレールのAerotrén（所要5分、無料）や、シャトルバスのTransporte Interterminales（所要5分、M$12.5）で結ばれている。深夜の時間帯はタクシーで移動できる（M$130）。

空港からのウーバー利用

　配車アプリのウーバー（→P.66）は空港から利用できる（回線状況が悪い場合には建物の外に出ること）。料金はソカロ方面までM$128～170、ソナ・ロッサ方面までM$163～216、ポランコ方面までM$209～277。

メキシコ・シティの航空会社
●アエロメヒコ航空

MAP P.71/B4
住　所 Paseo de la Reforma No. 445, Col. Cuauhtémoc
TEL 5133-4000
▶主要航空会社のフリーダイヤルとウェブサイト→P.410、P.416

はみだし　空港ターミナル間の無料モノレールは5:00～23:00、有料のシャトルバスは4:00～24:00に運行。シャトルバスの運賃は米ドルの紙幣で払うとおつりをもらえないので注意（ペソ払い可能）。

61

バスターミナルからのタクシー

　各バスターミナル構内のタクシーはチケット制で、チケットを購入してから乗ることになる。基本的にバスターミナル構内では流しのタクシーに乗ることは禁止されているので、必ずタクシーチケットを窓口で購入して乗車しよう。

オアハカへの格安バス
MAP P.68/B2

TEL 5703-3306

　Línea Dorada社が毎日22:00発、所要7〜8時間、M$250。

●北方面バスターミナル
MAP 折込裏/A1

Terminal Central Autobuses del Norte

TEL 5587-1552

URL www.centraldelnorte.com

　メトロ5号線のAutobuses del Norte駅下車。

　バスターミナルからのタクシーはソカロやソナ・ロッサまでM$165、空港までM$212。21:00〜翌6:00はM$20加算。

　ターミナル内には24時間営業の荷物預け所（24時間M$15〜70）もある。

コンビニでのバスチケット購入

　メキシコ・シティやグアダラハラなどではバスのチケットがコンビニOXXOのカウンターで購入できる（手数料M$10）。運行日時を事前に各バス社の公式サイト（→P.418, 419）で確認し、店員に路線と出発時間帯を入力してもらう。

　OXXOで扱っているのはETN、Primera Plus、Transportes del Norte、Autovíasなどメキシコ・シティから北部の都市を結ぶ18のバス会社。ADOなど南部方面へのバスは手配できない。

●OXXO

URL www.oxxo.com/boletos-de-autobus

●東方面バスターミナル
MAP 折込裏/A2

TAPO
(Terminal de Autobuses de Pasajeros de Oriente)

TEL 5522-9350

　メトロ1号線のSan Lazaro駅下車。

　バスターミナルからのタクシーはSitioはソカロやソナ・ロッサまでM$165、国際空港までM$176程度。21:00〜翌6:00までは各M$20加算。

バス▶メキシコ・シティでは4つの方面別にバスターミナルが分かれている。首都なので各地への便は豊富。各ターミナルには食堂や喫茶コーナー、売店などがあり、特に北方面バスターミナルは商店街のような感じで施設が充実している。

ターミナル内のチケットカウンター

北方面バスターミナルから各地へのバス

目的地	1日の本数	所要時間	料金
テオティワカン	Autobuses Teotihuacan 毎時4〜6本(6:00〜22:00)	1h	M$52
トゥーラ	Ovni、AVMが毎時1〜3本(5:00〜23:00)	1.5h	M$119〜139
グアダラハラ	ETN、Primera Plusなど毎時2〜5本	7〜8h	M$806〜945
グアナファト	ETN、Primera Plusなど毎時1本	1.5h	M$611〜716
レオン	ETN、Primera Plusなど毎時1〜5本	5h	M$560〜670
モレーリア	ETN、Primera Plus、Autovíasなど毎時1〜3本	4h	M$476〜570
パチューカ	Flecha Roja、ADO、Eliteなど毎時10〜14本	1.5h	M$95〜108
パツクアロ	Primera Plus、Autovíasなど計7本	5.5〜6h	M$574〜648
ケレタロ	ETN、Primera Plusなど毎時1〜3本	3h	M$322〜380
サンミゲル・デ・アジェンデ	ETN、Primera Plusなど毎時1〜2本	4h	M$465〜550
アグアスカリエンテス	ETN、Primera Plusなど毎時1〜3本	7h	M$609〜715
サカテカス	Omnibus de Méxicoなど毎時1〜2本	8h	M$945〜1025
モンテレイ	Transportes del Norteなど毎時1〜3本	11〜12h	M$977〜1187
チワワ	Omnibus de Méxicoなど毎時1〜3本	21h	M$1655〜1790
ティファナ	Elite、TAPなど計12本	40〜46h	M$1806〜2210
ヌエボ・ラレード	Transportes del Norteなど毎時1〜3本	15h	M$1195〜1450
シウダー・フアレス	Omnibus de Méxicoなど毎時1〜3本	26h	M$2180〜2415
ベラクルス	ADO、ADO GLなど計6本	6h	M$585〜850
ポサ・リカ	ADO、ADO GLなど毎時1〜5本	5h	M$342〜446
ハラパ	ADO 2本、AU 1本	5h	M$352〜484
パパントラ	ADO 6本	5.5h	M$382
ビジャエルモッサ	ADO、ADO GLなど計10本	14h	M$740〜1518
マサトラン	Elite、TAPなど毎時1〜3本	17h	M$1050〜1187
プエブラ	ADO、AU 毎時2〜4本	2h	M$178〜234
オアハカ	ADO、ADO GLなど計9本	6.5h	M$458〜1098
アカプルコ	Costa Lineなど計10本	5h	M$535〜705
プエルト・バジャルタ	ETN、Primera Plus、Eliteなど計11本	13〜15h	M$1045〜1420
タパチュラ	OCC、ADO GLなど計7本	20h	M$838〜1872

東方面バスターミナルから各地へのバス

目的地	1日の本数	所要時間	料金
オアハカ	ADO、AU、SURなど毎時数本(7:00〜翌0:30)	6.5〜10h	M$458〜1098
カンクン	ADOとADO GL計5本(8:30〜18:00)	24〜26h	M$2160〜2452
プラヤ・デル・カルメン	ADOとADO GL計4本(8:30、9:45、11:00、16:15)	24〜25.5h	M$2150〜2650
メリダ	ADOとADO GL計6本(11:00〜20:30)	19〜20.5h	M$1856〜2196
パレンケ	ADO 1本(18:30)	13.5h	M$1156
ポサ・リカ	ADO 5本(8:00〜23:59)	5.5〜6.5h	M$342
ベラクルス	ADO、ADO GL、AUなど毎時1〜4本(7:00〜翌2:00)	5〜7h	M$585〜850
プエブラ	ADO、AU、E.Rojaなど毎時数本(4:00〜23:59)	2〜2.5h	M$178〜234
ハラパ	ADO、ADO GL、AUなど毎時数本(6:45〜翌2:00)	4.5〜5h	M$352〜918
ビジャエルモッサ	ADO、ADO GL、AUなど毎時1〜4本(8:30〜23:30)	11〜13h	M$740〜1518
トゥクストラ・グティエレス	OCC、ADO、ADO GL計14本(8:15〜22:00)	11.5〜13h	M$1278〜1930
サンクリストバル・デ・ラスカサス	OCC、ADO GL計7本(12:40〜21:55)	13〜14.5h	M$1460〜1770
カンペチェ	ADO、ADO GL計6本(11:45〜20:30)	17〜19h	M$1734〜2092
テノシケ	ADO 1本(17:00)	14h	M$1222
タパチュラ	OCC、ADO GLなど計10本(8:15〜21:45)	16.5〜18.5h	M$838〜1872

はみだし セマナサンタやクリスマスなど休暇中の移動は、バスチケットを事前予約しておくこと(到着時に町を出るチケットを購入したい)。この時期は有名観光地だとホテルも満室になることが多い。

西方面バスターミナルから各地へのバス

目的地	1日の本数	所要時間	料金
トルーカ	ETN、F.Roja、Caminante 毎時10数本(5:00～24:00)	1h	M$70～95
モレーリア	ETN、Autovías 毎時1～5本(5:30～翌1:00)	4～4.5h	M$476～570
ウルアパン	ETN 8本、Autovías 9本(7:00～翌0:45)	6h	M$585～770
パツクアロ	Autovías 9本(5:30～23:40)	5h	M$573～575
ケレタロ	Primera Plus、F.Roja 毎時計1～3本(6:10～20:40)	3.5～4h	M$322～380
グアダラハラ	ETN、Omnibus de Méxicoなど計22本(7:45～23:59)	6.5～7h	M$806～945
サカテカス	Omnibus de México 12本(7:00～24:00)	8～9h	M$945～1025

南方面バスターミナルから各地へのバス

目的地	1日の本数	所要時間	料金
プエブラ	ADO毎時1～2本(6:05～21:35)	2h	M$216
アカプルコ	Costa Line、Estrella de Oroなど毎時1～6本	5h	M$535～705
クエルナバカ	Pullmanなど毎時1～4本	1～1.5h	M$130～160
タスコ	Costa Line、Estrella de Oroなど毎時1～3本	3h	M$215～295
シワタネホ	Costa Line、Estrella de Oro計7本	9h	M$765～900
プエルト・エスコンディード	OCC計2本(15:30、18:00)	18h	M$1200
オアハカ	OCC、ADO GL計8本(11:00～23:59)	6.5h	M$552～1098

●西方面バスターミナル
MAP 折込裏/B1
Terminal Poniente de Autobuses (Observatorio)

メトロ1号線のObservatorio駅下車。改札を出て南の出口から徒歩1分ほど。

バスターミナルからのタクシーSitioはソカロやソナ・ロッサまでM$194。21:30～ 翌6:30までは各M$20加算。

●南方面バスターミナル
MAP 折込裏/C1
Terminal Central de Autobuses del Sur (Tasqueña)

メトロ2号線のTasqueña駅下車。改札を出て、矢印に沿って階段を下り、徒歩2～3分。

バスターミナルからのタクシーSitioはソカロやソナ・ロッサまでM$215。21:30～ 翌6:30までは各M$20加算。

バスターミナルの利用方法

メキシコ・シティのバスターミナルは巨大な施設で、たくさんのバス会社の発券窓口が入っている。初めて訪れるととまどうことが多いので、手順を簡単に説明しよう。

バスチケット解読

❶Fecha Salida : 2016-03-12
❷Hora Salida : 16:27
❸Corrida : 900 ❺
❹Origen : MEX **Destino** : CUE
❻Servicio : PULLMAN
❼Asiento : 29 **Pasajero** : ADULTO
❽Importe : $120.00 EFE
❾IVA16% : $16.55

No. :5171.022516.MEX
TC#:488F5C-F170E7-9CA43C-4C7DB2-8C4DB6-5
REGIMEN FISCAL CONFORME AL CAPITULO VII LISR "COORDINADOS"
Lugar de expedicion . Mexico D.F.

❶Fecha Salida＝出発日
❷Hora Salida＝出発時間
❸Corrida＝バス番号
❹Origen＝出発地
❺Destino＝到着地
❻Servicio＝バス会社名
❼Asiento＝座席番号
❽Importe＝運賃
❾IVA＝税金
※バスチケットの記載内容はバス会社により異なる

1 隣接するメトロ駅から表示に従ってバスターミナルへ入ると、多くのバス会社が発券窓口を設けている。

2 各社の発券窓口には料金と出発時間が表示されている。目的地への本数や値段を何社か確認してみよう。

3 利用会社を決めてチケット購入。スペイン語が話せなくても、目的地と出発時間と枚数を伝えればOK。

4 チケットを入手したら、案内に従って指定の乗車ゲートへ。大きな荷物は荷物トランクに預けること。

はみだし 目的地が乗るバスの終点のこともあれば、経由地のひとつであることもある。どのバスに乗ればいいのか、係員や運転手などに確認してから乗車したほうがいい。

観光案内所
　ソカロ、ソナ・ロッサ、ポランコ地区など、市内各所にある。
　英語を話すスタッフがテキパキと情報を提供してくれるが、対応人員が少ないため混み合う場合もある。

インターネット&国際電話
　Wi-Fiが普及しており、無料アクセスできるレストランやカフェも多い。
　メキシコ内で利用できるスマートフォン(→P.427)があれば、LINEやSkypeでも国際通話が可能。設置数は減っているが市内でコイン式公衆電話(日本へ1分M$10)も利用できる。テレホンカードの流通も低下しており、入手する場合は電話局Telmexの窓口へ。

両替事情
　セントロ、ソナ・ロッサ、空港内をはじめ市内に多くの銀行や両替所、ATMがある。日本円も両替できるがレートがよくないので米ドルを用意したほうがいい。両替所の営業は月～土曜10:00～19:00、日曜、祝日11:30～15:00が一般的。店によってレートは異なるので、何軒か比較してみよう。両替時にはパスポートと滞在許可証(入国カードなど)のコピーを取られる。

注目のローマ&コンデサ地区
　ソナ・ロッサの南側に広がるローマ&コンデサ地区(→P.30)は、おしゃれな若者たちのショッピングや夜遊びのスポットとして人気。特にローマ地区のコリマ通りにはセレクトショップやギャラリーが多い。アルバロ・オブレゴン通りからコンデサ地区のフェボ・レオン通りやタマウリパス通りにはいくつものカフェやレストラン、クラブ、ブティック、アートショップが並んでいる。

高地対策は万全に
　標高2000mを超えるメキシコ・シティでは、人によっては到着後の数日は高山病に近い症状でフラフラするので、アルコールは控え、水分を十分取り、おとなしくしていよう。さらに、乾燥と大気汚染でのどをやられるので、のど飴などは必携。

ポランコ地区のホテルからチャプルテペック公園を望む

　メキシコ・シティで観光の起点になるのは、ソカロを中心とするセントロと繁華街のソナ・ロッサ。このふたつのエリアを結ぶのが、**レフォルマ通り**Paseo de la Reformaと**フアレス通り**Av. Juárez。ソカロ～ソナ・ロッサ間は歩くと1時間ほど。

歴史地区ソカロを中心とするセントロ

　セントロはメキシコ・シティの中心部であるとともに、歴史地区であり観光の見どころが集中している。中央広場である**ソカロ**Zócaloに面して北側にメトロポリタン・カテドラル、東側には国立宮殿が建つ。ソカロの北側には、マリアッチ楽団の演奏が聴けるガリバルディ広場、アステカ遺跡のトラテロルコがある三文化広場など、見逃せない観光スポットも多い。

歩行者専用の通りもある

新市街ソナ・ロッサ&チャプルテペック公園

　新市街はレフォルマ通りに沿って造られ、近代的なビルが建ち並んでいる。レフォルマ通りの西端には、国立人類学博物館やチャ

中心部各所にある観光案内所

プルテペック公園がある。公園から東に向かうと、独立記念塔の南側にメキシコ有数の繁華街**ソナ・ロッサ**Zona Rosaが広がっている。旅行者にも使い勝手のよい商業地区で、旅行者が利用するホテルもこの一帯に多い。

高級ホテルが並ぶポランコ地区

　チャプルテペック公園の北側にある、新しい繁華街がポランコ地区。世界的に有名な大型ホテルのほか、高級レストランやブティック、各国大使館なども並び、市内で最もハイソな雰囲気が感じられる。

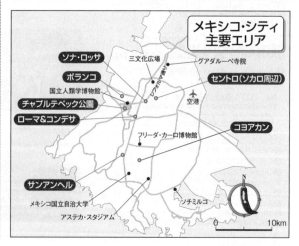
メキシコ・シティ主要エリア

ソナ・ロッサ／三文化広場／グアダルーペ寺院／ポランコ／国立人類学博物館／セントロ(ソカロ周辺)／チャプルテペック公園／空港／ローマ&コンデサ／フリーダ・カーロ博物館／コヨアカン／サンアンヘル／メキシコ国立自治大学／アステカ・スタジアム／ソチミルコ

10km

オプショナルツアー検索予約サイトのベルトラ(URL www.veltra.com/jp)では、世界中の現地発ツアーを比較・予約できます。テオティワカン遺跡と市内巡りはUS$44～。(神奈川県　KM '18)

メキシコ・シティと周辺都市　メキシコ・シティ

メキシコ・シティ発の日本語ガイドツアー

メキシコ・シティ近郊への現地発ツアーは、市内の旅行会社で申し込める。以下に日本語ガイドツアーの人気プログラムを紹介する（ツアー催行は2名以上が基本。出発時間は会社により多少異なる）。

●テオティワカン遺跡
時間 9:00 ～ 14:00　料金 US$70 ～ 80

テオティワカン遺跡をガイドと巡り、詳しい解説を聞きながら見学。食事付きのツアーなら遺跡周辺のレストランでランチを楽しむ。早朝の熱気球ツアー（6:00 ～ 14:00、US$170 加算）、ナイトツアーと光と音のショー（11 ～ 6 月の月・木・金・土のみ 14:00 ～ 22:00、US$78 加算）と組み合わせての訪問も OK。

●メキシコ・シティ&テオティワカン遺跡
時間 8:00 ～ 16:15　料金 US$90 ～ 100

テオティワカン遺跡と合わせて、ソカロ周辺や国立人類学博物館などメキシコ・シティの観光スポットを訪問。1日で主要な見どころを観光できる。

●ルイス・バラガン建築物
時間 9:00 ～ 18:00　料金 US$295 ～ 307

1日コースではトラルパン礼拝堂、ルイス・バラガン邸（日曜は閉館）、ヒラルディ邸、サンクリストバルの厩舎などを訪問するコースが一般的。バラガン邸とヒラルディ邸のみを半日（料金 US$99 ～）で見学するコースもある。

●タスコ&クエルナバカ
時間 8:00 ～ 19:00　料金 US$177 ～ 180

10:00 頃からクエルナバカの大聖堂（2018 年 9 月現在、修復工事のため見学不可）や旧市街の町並みを見学。12:00 過ぎにタスコに到着してランチを取り、歴史地区を回って民芸品のショッピングなどを楽しむ。

●プエブラ&チョルーラ遺跡
時間 9:00 ～ 18:00　料金 US$155 ～ 175

10:00 頃にチョルーラに到着してアステカ時代の遺跡を観光。12:00 過ぎにプエブラに移動してランチで郷土料理を体験。世界遺産に登録されたプエブラ旧市街を見学する。

美しい建築物が並ぶプエブラ旧市街

日本語ガイドも頼める旅行会社

●メキシコ観光　Mexico Kanko　MAP P.71/B4
住所 Rio Volga No.89 Pisos 2, 3 y 4
TEL 5533-5052
営業 月～金 9:00 ～ 18:00
URL www.mexicokankomx.com

メキシコ&中米専門のエキスパートで、在メキシコ 50 年もの実績をもつ。窓口には日本人スタッフが常駐しており、航空券やホテルの手配、日本語ツアーなどに関して応対してくれる。

●ミカド・トラベル Mikado Travel　MAP P.71/B4
住所 Rio Nilo No.88-202
TEL 5208-7391　FAX 5208-7497
営業 月～金 9:30 ～ 18:30
URL www.mikado-travel.com

創業 25 年以上の実績ある旅行会社で、日本人スタッフが働いている。窓口には若者の旅行者の姿もあり、航空券の手配やツアーの相談に応じてくれる。

●ビアヘス東洋メヒカーノ
Viajes Toyo Mexicano　MAP P.31
住所 Campeche No.217, Col.Hipódromo Condesa
TEL 5564-3180
営業 月～金 9:00 ～ 18:00、土 10:00 ～ 13:00
URL tabitabitoyo.blog94.fc2.com

観光ツアーやホテルの手配など、メキシコで 32 年の実績をもつ旅行手配会社。地下鉄チルパンシンゴ駅下車、徒歩約 5 分。インスルヘンテス駅からも徒歩 10 分ほどで行ける。日本人スタッフが常駐しており、メキシコ国内やカリブの航空券やホテルなども手配可。

●H.I.S. メキシコ シティ
H.I.S. Mexico City　MAP P.68/B1
住所 Londres 102 #101（2 階）
TEL 5533-5133
営業 月～土 9:00 ～ 18:00（土～ 13:00）
URL activities.his-j.com/NationTop/MEX.htm

窓口には日本人スタッフが常駐しており、格安航空券販売のほか、各種ツアーやホテルの紹介もしている。ホームページの現地情報も充実。インスルヘンテス市場のメインゲート西隣にある。

●メキシコトラベルファクトリー
Mexico Travel Factory　MAP P.71/C4
住所 Varsovia No.36, Int.405
TEL 5264-2439
営業 月～金 9:00 ～ 18:00
URL www.mexicotf.com

豊富な現地オプショナルツアーやホテルの手配はすべて公式サイトから申し込み可能。現地情報がチェックできるブログ記事などもチェックしたい。オフィスを訪問する場合には事前予約が必要。

市内には、タクシー、市バス、メトロなどの公共交通が充実。特に路線がわかりやすいメトロは、観光のための移動手段としても便利だ。いずれの移動手段でも、スリなどのトラブルが起こりえるので注意。

電話でも呼び出せるシティオ

●タクシー Taxi

タクシーは早朝から深夜まで営業している。おおまかに3タイプに分かれるが、指定の停留所に待機している**シティオ** Sitio がおすすめ。電話で呼ぶこともでき、所属もはっきりしているので安全。運賃は基本はメーター制だが、メーターが付いていても運賃交渉が必要な場合もある。乗車時にしっかり確認すること。

ト／車体の色が統一されているリブレ
ト／リブレ乗車時には運転手のIDカードも確認しておこう

市内を流している**リブレ** Libre はメーター制で、運賃はシティオの半額程度。しかしリブレ利用でタクシー強盗に遭う被害もあるので早朝や夜間は避けたほうがいい。

一流のホテルの前などに待機している**トゥリスモ** Turismo と呼ばれるタクシーは、運賃が移動エリアで決まっている。M$100〜と割高だが安全性が高く、英語での観光案内も頼める（1時間M$280 程度）。

シティオの運賃
初乗りM$27.3〜（夜間M$33〜）、加算料金はM$1.89。
●Taxi Mex
TEL 9171-8888（24時間）
メキシコ・シティの代表的なシティオ（＝無線タクシー）の会社で、電話で呼び出しOK。

リブレの運賃
セダン型タクシーで初乗りはM$8.74（22:00〜翌6:00はM$10.46）。250mもしくは45秒ごとにM$1.07加算。

タクシー強盗対策
市内でのタクシー強盗は、報告されているだけで1日平均数件起きている。手持ちのお金を盗むだけでなく、被害者のクレジットカードでATMから現金を引き出すケースも増えているので注意。

市内でのウーバー利用
メキシコ・シティでも配車アプリの**ウーバー** Uber（メキシコでは「ウーベル」と呼ばれている）が利用できる。あらかじめアプリを端末にダウンロードして登録を済ませておけば、簡単に車を呼び出せる。配車申し込み時に、所要時間やルート、運賃、運転手がわかり、早ければ5分ほどで迎えに来てくれる。運賃はクレジットカード引き落としなので、現金を用意する必要もない。現地在住の女性はリブレタクシーのトラブルを避けるため、ウーバー利用者も多い（トラブル報告もあるので利用は自己責任で）。詳細はURLを参照。
URL www.uber.com/ja/

INFORMACIÓN

市街を巡る観光バス

ソカロからレフォルマ通り、チャプルテペック公園までなど市内4路線を、2階建て観光バス **Turibus**（TEL 5141-1365 URL www.turibus.com.mx）が運行している。チケットは車内で購入でき、イヤフォンで日本語を含む6ヵ国語の解説も聞ける。1周2〜4時間の行程には各6〜19ヵ所の停留所があり、どこでも乗り降り自由。運行時間は毎日9:00〜21:00に20〜40分間隔。1日券で月〜金曜 M$160、土・日曜 M$180。

赤い車体が目印のTuribus

また、ほぼ同様の運行間隔と料金で **Capital Bus**（TEL 5208-2505 URL capitalbus.mx）も市内3路線を運行している。両社とも市内観光スポットを周回

Capital Busの屋根は開閉式

するバスのほか、ルチャリブレ観戦などのテーマツアーやテオティワカン遺跡への日帰りツアーなども催行（テーマツアーや日帰りツアーのイヤフォン解説は英語とスペイン語のみ）。詳細は各社のウェブサイトで確認を。

●メトロ Metro

機能的に路線が引かれており、空港、バスターミナル、主要観光地に行くことができる。料金は1回M$5で、乗り換えて長い区間を利用しても1回分の料金は同じ。全線とも月〜金曜5:00〜24:00、土曜6:00〜24:00、日曜祝日7:00〜24:00に、毎時数本の運行となる。乗車券は駅の窓口で購入できる。

観光スポットへの便もいいメキシコ・シティのメトロ

●メトロバス Metrobús

専用軌道を走る便利な連結バス。空港と市内を結ぶ4号線も運行（→ P.61欄外）。4号線と7号線の自動改札機は乗車後のバス内にある。

専用の乗降場所があってわかりやすい

●バス、ミニバス Camión & Microbus

カミオン Camión と呼ばれる市バスが市内を縦横無尽に走っている。料金はM$7〜。乗車後、運転席脇の料金箱に料金を入れる。
ミクロブス Microbus（通称ペセロ Pesero）はミニバスのことで、料金は5kmまでM$5、5km以上はM$6.5と距離やルートによって違う。

行き先は正面の窓に書かれた通り名や地下鉄の駅名（Mのロゴマーク付き）が頼り。バスの利用はスペイン語を話せるか、しばらく滞在して様子がわかってからのほうがいい。

レフォルマ通りなどでは市バスも便利

▶メトロとメトロバスの主要路線は折込裏の全体図参照

市内交通のプリペイドカード

メトロ、メトロバス、路面電車で利用できる共通プリペイドカードが、切符売り場やメトロバスの販売機で購入できる（カード発行にM$10）。利用する分の運賃を事前にチャージしておくこと。

便利な市内交通カード。バスやミニバスには乗車できない

メトロバスの運行時間

URL www.metrobus.cdmx.gob.mx

運行時間は路線や曜日により異なるが、おおむね毎日4:30〜24:00の運行（日曜5:00〜）。
メトロバス専用のプリペイドカード（カード代M$10込みでM$16〜）を販売機で購入 Compra し、チャージ Recarga して使用する。運賃はM$6均一だが、空港発着便のみM$30。4号線でも空港発着でなければM$6。

路面電車 Tren Ligero

URL www.trenligero.com.mx

運行区間はメトロ2号線の南側終点であるタスケーニャ駅 Tasqueña から、約7km南のソチミルコ駅 Xochimilco までの全18駅。乗り方はメトロと同じで、料金はM$3均一。ただし、プリペイドカード（M$20以上の残額が必要）の利用のみで切符の販売はない。

メトロを上手に利用しよう！

1 メトロの駅名やシンボルマークが描かれている出入口の階段を下りていく

2 有人の売り場で切符を購入。必要な枚数をまとめ買いすることもできる

3 自動改札機に切符を入れる（改札機に入れた切符は戻ってこないシステム）

4 標識に従いホームへ。Andenes は乗り場のことで、Salida は出口を意味する

はみだし　メトロバスのプリペイドカード販売機は、かなりの確率で壊れているケースもある。また、M$200紙幣（一部M$500紙幣）もチャージに利用できるが、おつりは出ないので注意しよう。

S Forum Buenavista

ブエナビスタ駅
Estación Buenavista

バスコンセロス図書館
Biblioteca Vasconcelos
▶P.19/P.77

ウォルマート ▶P.47
Walmart

Buenavista

Guerrero

Delegación Cuauhtémoc

サンカルロス美術館
Museo de Pintura San Carlos

バーニョス・レヒオス
Bañosos Regios

サンフェルナンド広場
Plaza San Fernando

Museo de
San Carlos
Banamex S

Ramada

Lotería
Nacional

▶P.74 ティエゴ・リベラ壁画館
Museo Mural Diego Rivera

El Caballito

Hidalgo

El Caballito

▶P.102
ヒルトン・メキシコ
シティ・レフォルマ
Hilton Mexico City Reforma

▶P.74 民俗博物館
Museo de Arte Popular

フレミング
Fleming ▶P.103

▶P.80
シウダデラ市場(民芸品)
Mercado de la Ciudadela
Juárez

サンフェルナンド
教会
San Fernando ▶P.103

Glorieta
Violeta

テキーラ・イ・メスカル博物館
Museo del Tequila y el Mezcal ▶P.75

Museo Franz
Mayer

イダルゴ劇場
Teatro Hidalgo

アラメダ公園
Alameda Central ▶P.74

フアレス通り
ベジャス・アルテス宮殿 ▶P.74
Palacio de Bellas Artes

フアレス記念碑
Av. Juárez

Museo Memoria
y Tolerancia

ラテンアメリカ・タワー
Torre Latinoamericana

▶P.95 カントン

Bellas
Artes

Los Girasoles

ラ・オペラ
La Ópera ▶P.91

El Farolite

▶P.98
El Tío Pepe

サンフランシスコ教会

サロン・コロナ
Salón Corona ▶P.103

▶P.94
El Moro

Plaza San Juan

サンファン市場(民芸品)
Mercado de San Juan ▶P.88

San Diego

チェドラウイ
Fornos Chedraui ▶P.47
(スーパー)

ダヌビオ
Danubio ▶P.93

▶P.102
オスタル・アミーゴ
Hostal Amigo

アミーゴ・ツアーズ
Amigo Tours

Hostal Centro
Histórico Resina

トラテロルコ遺跡
Tlatelolco ▶P.75

三文化広場 ▶P.75
Plaza de las
Tres Culturas

サンティアゴ公園
Jardín de Santiago ◎A

クイトラウァック記念像

ホセ・デ・サンマルティン
記念像

Garibaldi

Glorieta
Cuitláhuac

ラグニージャ市場
Mercado de Lagunilla

サロン・テナンパ ▶P.91
Salón Tenampa

ガリバルディ広場 ▶P.91
Plaza Garibaldi

ラ・カーサ
La Casa ▶P.92

プラザ・ガリバルディ ▶P.102
Plaza Garibaldi

グアダラハラ・デ・ノーチェ ▶P.90
Guadalajara de Noche

オステリア・デ・サントドミンゴ
Hostería de Santo Domingo ▶P.92

国立美術館
Museo Nacional
de Arte ▶P.94

カフェ・デ・タクバ
Café de Tacuba

アレナ・コリセオ
Arena Coliseo(ルチャリブレ) ▶P.35

サントドミンゴ教会 ◎B
Santo Domingo

サントドミンゴ広場
Plaza Santo Domingo

メキシコ大使館

カテドラル ▶P.102
Catedral

Potzollcalli

タケリア・
Taqueria
Arandas ▶P.94

▶P.100
フアレス
Juárez

▶P.102
ソカロ・
セントラル
Zócalo Central

ダウンタウン
Downtown ▶P.102

グランホテル・
シウダ・デ・メヒコ
Gran Hotel
Ciudad de México

Isabel la
Católica

ラ・テラッツァ
La Terraza ▶P.92

▶P.100
タケリア
Taqueria

カピタルホテル
Capitalhostel Hostel Catedral ▶P.103

Turibus

テンプロ・マヨール
Templo Mayor ▶P.28/P.72

▶P.29
ソカロ
Zócalo

ソカロ
Zócalo ▶P.72

サン・サン・イルデフォンソ学院
Antiguo Colegio de
San Ildefonso

国立宮殿 ▶P.29/P.73
Palacio Nacional

カサ・サン・イルデフォンソ ▶P.103
Casa San Ildefonso

メトロポリタン・カテドラル
Catedral Metropolitana ▶P.29/P.73

Museo de la Ciudad ◎C

Las Cruces

カストロポル ▶P.103
Castropol

Pino Suárez

セントロ
Centro

Las Cruces

③ ④ 69

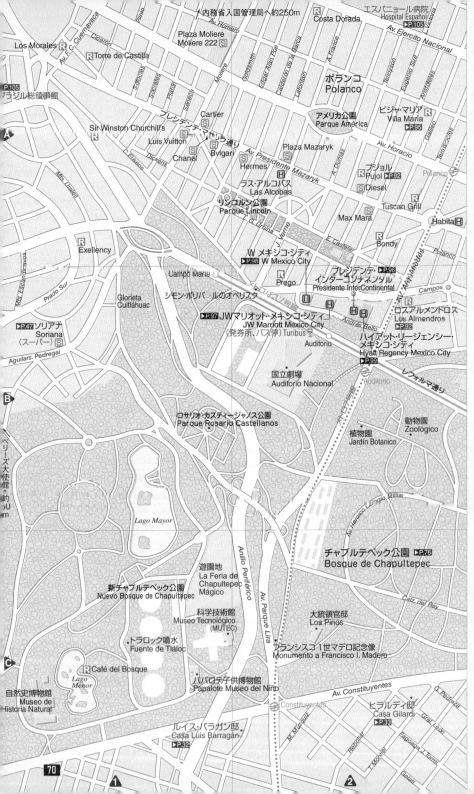

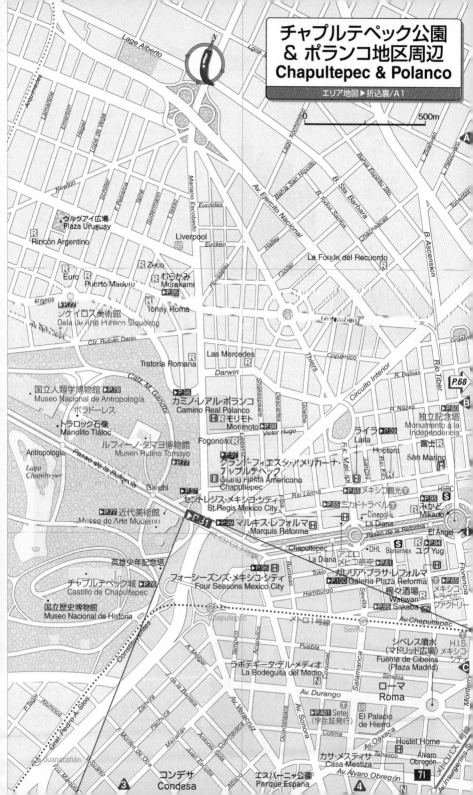

ソカロ〜ソナ・ロッサ

コロニアル建築が並ぶ町の中心部

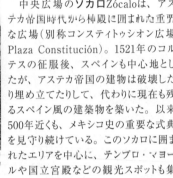

テンプロ・マヨールからメトロポリタン・カテドラルを望めばアステカ時代からの変遷が実感できる

中央広場の**ソカロ**Zócaloは、アステカ帝国時代から神殿に囲まれた重要な広場(別称コンスティトゥシオン広場Plaza Constitución)。1521年のコルテスの征服後、スペインも中心地としたが、アステカ帝国の建物は破壊したり埋め立てたりして、代わりに現在も残るスペイン風の建築物を築いた。以来500年近くも、メキシコ史の重要な式典を見守り続けている。このソカロに囲まれたエリアを中心に、テンプロ・マヨールや国立宮殿などの観光スポットも集まっている。

ソナ・ロッサ Zona Rosaは、レフォルマ通りPaseo de la Reforma、インスルヘンテス通りAv. Insurgentes、チャプルテペック通りAv. Chapultepecに囲まれた繁華街。1950年代から開発が進み、メキシコ・オリンピック前の1960年代に大きく発展した。レストランや中級ホテルが多い。

▶アステカ帝国の中央神殿跡 ★★★

テンプロ・マヨール
Templo Mayor

1913年カテドラルの裏側で、アステカ遺跡の一部と見られる地下へ続く階段が発見された。さらに1979年には8tもある石板(アステカ神話の月の神コヨルシャウキの像で、1450〜1500年頃のものと推定される)も出土した。

安山岩で作られた女神トラルテクトリの石板

これをきっかけに発掘が始まり、遺跡はアステカ帝国の都テノチティトランの中央神殿であることがわかった。遺跡には見学用の通路が渡されている。特に注目したいのは、通路を入ってすぐ右側、色鮮やかに残っている赤い神殿Templo Rojo。水の神トラロックにささげられた神殿の前には、生け贄を載せたとされる神の使者チャック・モールの石像や毛布の蛇ケツァルコアトル像などが並ぶ。遺跡の北側の広場にも3つの祠が残り、ドクロの彫刻が施されたツォンパントリの祭壇が目を引く。

神殿の上部は破壊され基壇のみが残っている

ソカロ MAP P.69/C4
メトロ2号線Zócalo駅下車。そのほかメトロ1号線、9号線、8号線の駅もあり、市内各地からのアクセスが便利。

ソナ・ロッサ MAP P.68/B1〜C2
メトロ1号線Insurgentes駅やSevilla駅、メトロバス1号線のHamburgo停留所、メトロバス7号線のEl Ángel停留所などが近い。またレフォルマ通りを走るミニバスも便利で、独立記念塔や革命記念塔へはミニバスやタクシーで行ける。

ソナ・ロッサにあるインスルヘンテス市場

テンプロ・マヨール MAP P.69/C4
敷地内にはテンプロ・マヨール博物館があり、発掘されたものが展示されている。
TEL 4040-5600
入場 火〜日9:00〜17:00
料金 M$70(ビデオの撮影はM$45)

アステカ神殿の発掘作業
テンプロ・マヨールでは今も歴史的な発見が続いている。2006年には敷地の竪穴から女神トラルテクトリ(生と死を象徴する大地の神)の石板が発掘された。アステカ最大の出土品といわれる重量12tの石板で、2010年から併設の博物館で展示されている。今後もアステカ帝国の王の墓などの発見が期待されている。

はみだし ソカロからラテンアメリカ・タワーへ東西に延びるフランシスコ1世マデロ通りは、歩行者専用道路で週末には大変なにぎわいを見せる。ここで演奏するストリートミュージシャンのレベルも高い。

▶ラテンアメリカ最大級の大聖堂 ★★★

メトロポリタン・カテドラル
Catedral Metropolitana

　ソカロ北側にある、メキシコにあるすべてのカトリック教会を統轄する総本山的な施設。コルテスがメキシコにおけるキリスト教布教の主座として1563年に着工させ、1681年に100年以上の歳月をかけて完成した。この教会はバロック様式の重厚な内部装飾で覆われ、その装飾にメキシコ独特の文物が描かれているユニークなもの。宗教絵画の名画『市会礼拝堂』も飾られている。

ソカロに面したコロニアル調の歴史的建築物

▶メキシコ独立の舞台となった ★★★

国立宮殿
Palacio Nacional

メキシコの歴史的な記念施設だ

　アステカ時代にモクテスマ2世が居城としていた場所に建つ。その居城をアステカの征服者コルテスが破壊し、そこに植民地の本拠として宮殿を建てた。その後、17世紀に大改築を経て、今日の姿になった。

　この宮殿の見どころは、ディエゴ・リベラの最大の壁画『メキシコの歴史』だ。正面階段の両側から回廊部分の半分まで描き進んだが、広大な宮殿の回廊の壁をすべて壁画で埋め尽くそうという壮大な構想は中断してしまった。しかし、アステカ時代から現代メキシコまでを、巨大なパノラマで鳥瞰する雄大な叙事詩は、リベラの最高傑作だろう。

　この壁画に沿って回廊を進むと、宮殿が国政の中心として機能していた当時のままに保存された議事堂に出る。毎年9月15日、独立記念日の前夜には、ソカロに面した宮殿バルコニーに大統領が現れて、「メキシコ万歳！独立万歳！」と叫び、ソカロに集まった数万の市民がこれに唱和する。1810年のイダルゴ神父による「ドローレスの叫び（独立宣言）」の再現だ。

メトロポリタン・カテドラル
[MAP] P.69/C4
入場 毎日8:00～19:00
　1日に5回ほど聖堂でミサが執り行われる。

先住民文化破壊の歴史
　カテドラルがあった場所には、もともとアステカ神話の最高神のひとつ、ケツァルコアトルの神殿があった。コルテスはその神殿を破壊し、カテドラルはその石材で建造された。コルテスはカトリックを速やかに根づかせるために、こうしたアステカの神々を祀る神殿を意識的に破壊してカトリック教会を建造させた。その労働に当たったのは、この地の先住民たちである。以後、こうした神殿破壊はメキシコ全土、グアテマラのマヤ民族の地でも踏襲され─

カテドラルの東側で演じられるコンチェロスの踊り

国立宮殿
[MAP] P.69/C4
入場 火～日 10:00～17:00
料金 無料
　入場にはパスポートとデポジット（M$200）が必要。また、行事のある日には、入場できないこともある。
　英語やスペイン語のガイドはM$200ほど。

美術公園のアート市場
[MAP] P.68/B1
　ソナ・ロッサの北東部にある美術公園Jardín del Arteでは、毎週日曜の9:00～17:00頃にプロやアマの芸術家が集い、作品の野外展示販売が行われている。毎週土曜にサンアンヘルの公園で行われているものより大規模で、作者や作品のバリエーションも多い。彫刻などよりも抽象絵画の大作が目につく。

各時代の歴史が描かれた壁画

左サイドバー

ベジャス・アルテス宮殿
MAP P.69/B3
TEL 5512-2593
URL museopalaciodebellasartes.
gob.mx
入場 火〜日10:00〜18:00
料金 M$65、写真撮影M$30

民俗博物館
Museo de Arte Popular
MAP P.69/B3
TEL 5510-2201
営業 火〜日10:00〜18:00（水
〜21:00）
料金 M$40
　メキシコ各地の伝統工芸品や
伝統衣装を展示している。入口
の巨大なアレブリヘス（木彫り）に
始まり、生命の樹の彫刻、骸骨
アート、イダルゴ州のオトミ刺繍、
歴代大統領のミニチュアなどが
並ぶ。ギフトショップの品揃えも
豊富だ。

国立美術館　MAP P.69/B4
TEL 8047-5430
URL www.munal.mx
入場 火〜日10:00〜18:00
料金 M$65、写真撮影M$5
　しばしば大がかりな企画展が
行われて、常設展示の絵画が観
られないこともある。その企画展
も同館で扱う時代を背景にした
作品の場合が多い。

ムリーリョの絵画など必見

ディエゴ・リベラ壁画館
MAP P.69/B3
　アラメダ公園の西の外れにあ
り、メトロはHidalgo駅が近い。
TEL 1555-1900
URL museomuraldiegorivera.
inba.gob.mx
入場 火〜日10:00〜18:00
料金 M$35、写真撮影M$5

日本人経営のジュエリー店
　Hシェラトン・マリア・イサベル
のショッピングアーケードにあり、
メキシコ特産のオパールや銀など
の宝石や貴金属のアクセサリー
を扱っている。日本人の在住者
や観光客にも評判がよく、日本
語も通じる。
●ホジェリア・ヤマグチ
Joyería Yamaguchi
MAP P.68/B1
TEL 5207-8318
営業 毎日11:00〜19:00（土・
日12:00〜）

メインコンテンツ

▶メキシコ芸術の華麗なる大劇場　★★
ベジャス・アルテス宮殿
Palacio de Bellas Artes

　メキシコで最も格式の高い大劇場のひとつ。総大理石造りの劇場は、1905年にイタリアの建築家アダモ・ボアリエの設計によって着工され、メキシコ革命の勃発で中断後、メキシコ人建築家フェデリコ・マリスカルに引き継がれて1934年に完成した。時代の趣味を

コンサートもここで鑑賞したい

反映して、内部の装飾はメキシコ風アールデコ調に統一されている。
　劇場ではおもにクラシックのコンサートやオペラ、メキシコの伝統舞踊ショーが上演されている。また、劇場内部の正面階段を上がると、メキシコ壁画運動を担ったリベラ、オロスコ、シケイロス、タマヨらの壁画が残る広々としたギャラリーとなっている。ここでは壁画だけでなく現代メキシコ絵画や彫刻などの企画展も行われている。

▶近代美術の代表作が展示されている　★
国立美術館
Museo Nacional de Arte

　中央郵便局の裏側、タクバ通りCalle Tacubaに面した18世紀初頭の建物。おもに壁画運動の始まる以前、スペイン植民地時代の宗教画から20世紀前半の美術品を収集、展示している施設で、メキシコ美術に関心のある人は必見。特に西欧の影響から脱し、メキシコの自然を"発見"し壁画運動の先駆的位置を占めるホセ・マリア・ベラスコや、ヘラルド・ムリーリョの作品がすばらしい。

▶巨匠リベラの代表作が圧巻　★★
ディエゴ・リベラ壁画館
Museo Mural Diego Rivera

　リベラが研究開発した可動式壁画で、晩年の傑作『アラメダ公園の日曜の午後の夢』を永久保存するために建てられた壁画館。壁画は当初、ホテル・デル・プラサに展示されていたが、1985年の大地震で倒壊したため、大型クレーン車を使って移動した。当初壁画のなかに「神は存在しない」とリベラが書き、そのおかげで大論争になったいわくつきの壁画。メキシコの近・現代の著名人が公園を揃って散歩している群像画であり、リベラ自身、少年となってフリーダ・カーロ夫人の前に描かれている。

リベラの最高傑作のひとつとされる『アラメダ公園の日曜の午後の夢』

はみだし　ベジャス・アルテス宮殿では舞踊グループによる各地のダンスが上演されている。公演は不定期なので詳細は公式サイト（URL palacio.inba.gob.mx）で確認を。

▶最上階の展望台から首都の町並みを一望

ラテンアメリカ・タワー
Torre Latinoamericana ★

1956年に建てられた高さ182mの42階建てのビル。展望台が37階、42階、屋上にある。41階は展望レストラン、40階はカフェ、36階と38階はメキシコの近現代歴史博物館になっている。天気がよければ市街だけでなく、ポポカテペトルなどの山々が見えて美しい。

上／ベジャス・アルテス宮殿の南に建つ巨大なタワー　右／ロマンティックな夜景スポットとしても人気が高い

▶革命家たちが眠るモニュメント

革命記念塔
Monumento a la Revolución ★

法務省の建物になる予定だったが、メキシコ革命によって建築が中断され、革命記念塔となった。建物の上部には19世紀中期のレフォルマ運動の英雄、独立、農民、労働者を象徴した彫刻が施され、内部ではメキシコ革命の指導者だったマデロ、ビーリャ、カランサなどが永眠している。

中央部に設置されたエレベーターで展望台に上がれる

併設の**国立革命博物館**Museo de la Revoluciónは風刺漫画やビデオ映像を使い、多角的に革命を捉えていておもしろい。政治、経済のほかに農民の生活や革命の際に使われた武器のコレクションがある。

▶メキシコの歴史を象徴する文化遺産

三文化広場
Plaza de las Tres Culturas ★★

16世紀建造のサンティアゴ教会、その前にアステカ帝国時代の**トラテロルコ遺跡**Tlatelolcoがあり、それらを取り囲むように現代的な高層団地が建っているので、「三文化」と呼ばれる。アステカ遺跡の破壊は人為的なもので、その廃墟からの石材でサンティアゴ教会が造られた。

1521年、アステカ帝国の商業都市であったここトラテロルコで、クアウテモック率いるアステカ軍がスペイン軍に対し最後の戦いを挑み散っていった。広場の一角には、「勝利も敗戦もなかった。耐え難い生みの苦しみの後、メスティーソの国が生まれた。それが今日のメキシコである」という一節が刻まれた碑が立つ。

遺跡は整備されていて見学用通路もある

ラテンアメリカ・タワー MAP P.69/B3
TEL 5518-7423
URL torrelatinoamericana.com.mx
入場 毎日9:00～22:00
料金 展望台までエレベーターでM$110。36階の博物館のみ別料金でM$20。

テキーラ・メスカル博物館
Museo del Tequila y el Mezcal MAP P.69/B4
住所 Plaza Garibaldi
TEL 5529-1238
URL mutemgaribaldi.mx
入場 毎日11:00～22:00（木・金・土～24:00）
料金 M$90（テキーラかメスカルの試飲を含む）
　メトロバス4号線のTeatro Blanquita停留所から徒歩4分のガリバルディ広場にある。テキーラやメスカルが展示され、ショップで購入もできる。上テラスのレストラン🄡 ラ・カータ（→P.92）もおすすめ。

革命記念塔 MAP P.68/B2
　メトロ2号線のRevolución駅から徒歩3分ほど。
●国立革命博物館
TEL 5546-2115
入場 火～金9:00～17:00、土・日9:30～18:30
料金 M$32
●展望台
TEL 5592-2038
URL www.mrm.mx
入場 毎日12:00～20:00（金・土～22:00、日10:00～）
料金 M$50

国立革命博物館に展示された風刺漫画

三文化広場 MAP P.69/A4
　メトロ3号線のTlatelolco駅下車、徒歩10分ほど。

トラテロルコ遺跡 MAP P.69/A4
TEL 5583-0295
入場 毎日8:00～17:00
料金 無料

はみだし 「ラテンアメリカ・タワー」はスペイン語の「トーレ・ラティーノTorre Latino」を英訳したもの。現地で行き方を尋ねる際には、現地読みで聞くとよい。

チャプルテペック公園

チャプルテペック公園
MAP P.70/B1~P.71/C3
メキシコ・シティ西部にある、東西およそ4kmに広がる大きな公園。レフォルマ通りが北側を横切っている。
入場 火～日5:00~18:00(サマータイム時は~19:00)

チャプルテペック公園へのアクセス
メトロバス7号線のAntropologíaやGandhi停留所、メトロ7号線のPolanco駅やAuditorio駅、メトロ1号線のChapultepec駅が起点となる。目的地によってはレフォルマ通りを行き来する市バスで来ると便利な場合もある。この地区には流しのリブレタクシーも多いが、必要な場合はシティオの停留所から乗るか、無線のタクシーを呼ぼう。

国立人類学博物館は市内観光の人気スポット

チャプルテペック公園の東側入口にある英雄少年記念塔

広大な自然のなかにある最大の観光スポット

　緑豊かなチャプルテペック公園には、**国立人類学博物館**(→P.78)をはじめ、城、動物園、美術館と見どころは多彩。多くの簡易食堂や露店も並び、週末には家族連れでにぎわう。大都会でありながら自然も残され、人慣れしたリスもたくさんいる。アステカ帝国時代、チャプルテペックは中心部テノチティトランと堤道で結ばれる保養地だった。公園内にはアステカ帝国の王モクテスマが沐浴したと伝えられる浴場の跡もある。

　このエリアの歩き方としては、昼間にチャプルテペック公園内の国立人類学博物館や美術館、博物館などを観光したあとに、ポランコ地区で買い物や夕食といったコースがおすすめ。

▶歴史博物館として公開されている旧大統領邸　　★★
チャプルテペック城
Castillo de Chapultepec

チャプルテペック城
MAP P.71/C3
メトロバス7号線のGandhi停留所や、メトロ1号線のChapultepec駅下車。建物北側の坂を300mほど上った所に入口がある。
TEL 4040-5214
URL mnh.inah.gob.mx
入場 火～日9:00~16:00(見学~17:00)
料金 M$70

家具や調度品は保存状態もいい

地元の子供たちも見学に訪れる歴史名所

　メキシコ市内を眺望する小高い丘の上に建つ城。現在、内部は**国立歴史博物館**Museo Nacional de Historiaとして公開されている。城はメキシコ革命勃発期に、この国を独裁していたディアス大統領夫妻の公邸としても知れ、当時の調度品、室内装飾がよく保存されている。

　同時に、メキシコ植民地時代から独立、革命を経て現代へと続く歴史を手際よく見せてくれる。貴重な遺品も多いが、この城の最大の見ものは何といっても「革命の間」と呼ばれる1室を占拠する巨大な壁画『ディアス独裁制から革命へ』だ。また、シケイロスの壁画やオロスコの代表的な絵画も展示されている。

76 はみだし チャプルテペック城は丘の上にあり、公園入口からゆっくり歩いて10分ほどかかる。列車型の園内バスが毎時数便運行していて城まで上れる。園内バスの料金は往復M$20。

メ
キ
シ
コ
・
シ
テ
ィ
と
周
辺
都
市

メ
キ
シ
コ
・
シ
テ
ィ

▶メキシコ絵画の神髄に触れられる　　★★

近代美術館
Museo de Arte Moderno

メキシコ美術のエッセンスを感じられる美術館。メキシコ近代美術の父といわれるヘラルド・ムリーリョから、壁画運動を担ったオロスコ、リベラ、シケイロスの3大巨匠、さらにルフィーノ・タマヨ、フリーダ・

カーロらの作品などを網羅している。なかでもカーロの『2人のフリーダ』や、シケイロスの『我らの現実のイメージ』などはメキシコ近代芸術を代表する重要な作品だ。

メキシコ近代絵画の流れが把握できる美術館だ

近代美術館　　MAP P.71/B3
メトロバス7号線のGandhi停留所下車、徒歩1分。またはメトロ1号線のChapultepec駅下車、徒歩約5分。
TEL 8647-5530
URL mam.inba.gob.mx
入場 火〜日10:15〜17:30
料金 M\$65

フリーダ・カーロ作『2人のフリーダ』は必見

▶タマヨ夫妻のコレクションが展示された　　★★

ルフィーノ・タマヨ博物館
Museo Rufino Tamayo

オアハカ出身の芸術家ルフィーノ・タマヨ夫妻が寄贈した作品を収容するために建てられた博物館。タマヨ作品はもちろんのこと、ピカソからアンディ・ウォーホルまで20世紀の重要な作品も所蔵している（常設展示はないので必ず観られるとはかぎらない）。3つの展示スペースでは現代美術の企画展が2〜3ヵ月ごとに行われている。建物自体はモダンで、カフェと一体になった売店の書籍も充実。

ルフィーノ・タマヨ博物館　　MAP P.71/B3
メトロバス7号線のGandhi停留所下車、徒歩4分。またはメトロ1号線のChapultepec駅下車、徒歩約15分。国立人類学博物館からは東へ徒歩5分ほど。
TEL 4122-8200
URL www.museotamayo.org
入場 火〜日10:00〜18:00（入場は15分前まで）
料金 M\$65

▶芸術家のアトリエをのぞく　　★

シケイロス美術館
Sala de Arte Público Siqueiros

反骨の画家であり、活動家でもあったシケイロスが、個人的な書類や貝、作品を展示するために自宅兼アトリエを開放したもの。シケイロスの小さなデッサン作品から壁画の常設展示、さらに現代作家の企画展なども行われている。

シケイロス美術館　　MAP P.71/B3
国立人類学博物館から北へ徒歩約5分。
TEL 8647-5340
URL www.saps-latallera.org
入場 火〜日10:00〜18:00
料金 M\$30

シケイロスが亡くなる直前の1974年から公開されている

INFORMACIÓN

建築マニア必見のバスコンセロス図書館

8階建ての吹き抜けの館内に、スチール製の書棚群がシンメトリックに浮かんでいる市立図書館。入館時に手荷物を預ければ、旅行者も無料で閲覧できる（本の貸し出しは市民のみ）。メキシコの雑誌や写真集などを眺めて過ごす時間も思い出深い体験だ。

●バスコンセロス図書館
Biblioteca Vasconcelos
MAP P.60/A3　TEL 0157-2000
入場 毎日 8:30〜19:30（祝日は休み）

URL www.bibliotecavasconcelos.gob.mx
アクセス：メトロB号線、およびメトロバス1、3、4号線のBuenavista駅から徒歩1〜2分。

先鋭的でSFチックなデザイン

アステカ・カレンダーが飾られた第7室

メキシコ古代文明の集大成
国立人類学博物館
Museo Nacional de Antropología

　国立人類学博物館は、世界でも有数の規模と内容を誇る大博物館。テオティワカン、マヤ、アステカなどの遺跡から、永遠に保存すべき発掘品をえりすぐって展示している。各地に点在する遺跡の重要な壁画や石像は、現地の神殿内ではなく、すべてここに集められている。この博物館を各地の遺跡とともに訪れることで、古代へのロマンがさらにかき立てられるはずだ。

1階　考古学フロア

第2室 人類学入門 ◆ Introducción

　人類史におけるアメリカ大陸、そしてメキシコの位置づけを、世界各地の人類学資料や写真、図などでビジュアルに解説する。アフリカ、アジアなどからも資料が集められている。

　メキシコから中央アメリカ各地に存在した古代文明の特徴、そして各文化のつながりを、文物の類似などから解説する。

第3室 アメリカの起源 ◆ Poblamiento de América

　メキシコの歴史の起源を、ジオラマや古代地図で解説している。ここで特に注目したいのは、メキシコから中米諸国にかけ、広く分布する先住民の主食であるトウモロコシ。各地で出土した大人の指ほどのトウモロコシの「先祖（紀元前5000年）」を並べてあるコーナーだ。マヤ民族の創世神話「ポポル・ブフ」によれば、人類はトウモロコシから発生したとあり、トウモロコシは彼らの宗教体系のなかでも特別な位置を占めている。

第4室 先古典期 ◆ Preclasico

　農耕栽培が始まり、それが発展していくプロセスの説明。村落共同体から都市、そして文化の発生といった文化史の流れを、土器や石の置物や祭祀用品などから示してくれる。部屋の中央には、1936年にトラティルコ Tlatilco で村落跡が見つかったときの発掘状態が再現されている。

第5室 テオティワカン ◆ Teotihuacan

　この博物館の最初の見せ場がこの部屋だ。実物大に復元された巨大なケツァルコアトル神殿（レプリカ）や、月のピラミッドの前に立っていた雨神チャルティトゥリクエの巨大像（オリジナル）が置かれている。またこの巨大都市の影響を受けたプエブラ郊外のチョルーラの神殿の模型などもあり、テオティワカン文化の広がりの大きさが理解できるように工夫されている。

ケツァルコアトル神殿のレプリカ

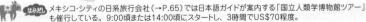

はみだし メキシコ・シティの日系旅行会社（→P.65）では日本語ガイドが案内する「国立人類学博物館ツアー」も催行している。9:00頃または14:00頃にスタートし、3時間でUS$70程度。

第6室 トルテカ ◆ Tolteca

トルテカ文明の中心地として栄えたトゥーラ遺跡の「戦士像」が、この部屋の主として鎮座している。この高さ4.6mの像は、遠く離れたチチェン・イッツァ遺跡にも似たものが残っており、トルテ

トゥーラの戦士像

カ文化の影響の大きさがしのばれる。トルテカ文化圏で繁栄を誇ったソチカルコ、カカシュトラなど中央高原各地の遺跡の紹介も詳しくされている。

カカシュトラの色鮮やかな壁画は必見

第7室 メヒカ(アステカ) ◆ Méxica(Azteca)

中央部の広いフロアに配置された、この博物館最大の見どころ。その中心は、巨大な石に彫り込まれたアステカの暦を図形化した太陽の石(アステカ・カレンダー)だ。

コアトリクエ像。アステカ人はテオティワカン以来の古い神々やアステカ神話の神々などを恐れ崇んだ

ホールの左側には、アステカ人が敬った神々の石像が陳列されている。「コアトリクエ」は、大地の女神であり、死の神であり、そしてほかの神々を生んだ母なる神。腹部にある切り落とされた首から、2匹の蛇となって血が流れ落ちる不気味な像は、1790年にメキシコ・シティで発見された。「ケツァルコアトル」は、羽のはえた蛇神で、文化と農耕の象徴。とぐろをまいた体の表面に無数の羽が見られる石像がいくつかある。伝説では、この神は生け贄を嫌ったともいわれるが、アステカ人はこの文化神にも、生け贄をささげ続けた。

エルナン・コルテスに征服される前のメキシコ・シティ、テノチティトランの復元模型、市場のにぎわいなどもジオラマで立体的に見せている。テノチティトランの鳥瞰図には、かつてこの都市が湖に浮かぶ島だった頃の景色が描かれ、驚きと感動がある。また、展示により、現在のソカロ周辺にピラミッドが並び、毎日生け贄の儀式が行われていたことを知ると、アステカ帝国の都にタイムスリップしたかのような錯覚を覚える。

テノチティトランの復元模型

COLUMNA

太陽の石「アステカ・カレンダー」

直径3.6mの円盤の中央の太陽神の周りに、複雑なモチーフが幾重にも巡らされているアステカ・カレンダー。太陽神の周りにある4つの四角形に囲まれた文様は、宇宙が今まで経てきた4つの時代を示している。各時代ごとに新しい太陽が生まれ、滅び、そして現在は中央にある5番目の「太陽トナティウ」の時代であるという。

暦は、さらに細かいモチーフの組み合わせにより、20日を1ヵ月とする1年18ヵ月に分けられ、それにプラス「空の5日間」があり、ちょうど1年365日となる。これと並行して、260日を1サイクルとする占星術のための暦も存在した。アステカ人は、このカレンダーをもとに、正確な農耕暦に従って労働し、その節目ごとに血の生け贄をともなう祭事を行っていた。

この永遠の時を刻む象徴的な記念碑は、アステカ帝国崩壊後、メキシコ・シティの中央広場付近にうち捨てられていた。その後、この聖石をインディヘナの人々が礼拝する様子を見たメキシコの大司教の命令で地中に埋められてしまい、1790年に再び発見された。

太陽の石は単に月日を刻むだけではなく、アステカ人の神秘的な宇宙観を表現している

第8室 オアハカ ◆ Oaxaca

オアハカ地方に栄えたモンテ・アルバンとミトラ両遺跡の出土品を並べながら、同地方における民族の盛衰が語られている。

モンテ・アルバンの壮大な都市国家を築いたサポテコ族はやがてその地を放棄し、緻密なモザイク模様をもつ神殿で有名なミトラ遺跡を残した。モンテ・アルバンは、その後ミステコ族の埋葬の場となった。ここでは捕虜の拷問や死体が描かれているともいわれ、踊る人のレリーフが見もの。また墳墓から発見されたミステコ族の金銀細工も必見だ。

上／国内では珍しい金銀の装飾品
下／モンテ・アルバンの「踊る人」のレリーフ

第9室 メキシコ湾岸 ◆ Golfo de México

メキシコ古代文明の母ともいわれるオルメカ文明を紹介する部屋。オルメカの巨大人頭像は、その黒人的風貌からさまざまな由来説が出ている。また、なぜ繰り返しこの巨大人頭像が作られていたのかも、依然謎のままである。ベラクルス州にあるエルタヒンやセンポアラ遺跡から出土した、笑う顔の土偶なども展示されている。

オルメカの巨大人頭像

第10室 マヤ ◆ Maya

マヤ室の目玉は、地下にあるパレンケの王墓の展示。碑文の神殿の地下王墓が実物大で復元され、発見された埋葬品が保管されている。パレンケの神殿は地下に墓を造り、エジプトのピラミッドと同じような役割、構造となっていた。

パレンケの碑文の神殿から発見されたパカル王のヒスイの仮面

密林に住んだマヤ人は、高度な文字と数字をもっていた。特に数字は、マヤの複雑な天文学の知識を支えていた。彼らが早くから "0" の概念をもっていたことはよく知られている。マヤ室の一角には、このマヤ数字の読解表がある。マヤ室に展示される等身大の石板や石柱には、マヤの歴史上のエピソードであると思われるモチーフが、異常なまでの細かさで刻まれ、モチーフの片隅には必ず、マヤ数字によって年代が記されている。

さらに、マヤ室に面した外庭には、ボナンパックの鮮やかな色彩壁画が、見事に再現されている。

チチェン・イッツァ遺跡のチャック・モール像

第11室 西部 ◆ Occidente

太平洋沿岸部は、中央高原部の繁栄からはほど遠い文化しか存在しなかった。それでもミチョアカン州ではタラスコ族の文化が繁栄し、その中心はツィンツンツァン遺跡として残っている。この遺跡は円形と方形を組み合わせた独特の形態をもち、その全貌を示す模型も展示されている。ここで興味深いのは、西部地方の墳墓は深い縦穴式で、その底部を整地して墓としているのだが、これは中央高原部には見られず、遠く離れたコロンビア、エクアドル、ペルーの太平洋岸の遺跡から同じような形態の縦穴墳墓が見つかっていることだ。

投稿 メキシコ・シティではちょっとした雨でもすぐに冠水し、メトロが止まったり、交通渋滞になります。私は空港へ行く際に渋滞にはまり、最後は徒歩でたどり着きました。（宮城県 NOM '17）['18]

メキシコ・シティと周辺都市　メキシコ・シティ

第12室 北部 ◆ Norte

アメリカ国境に近い北部先住民の土俗的文化を紹介している。南部とは異なり、住民はアドベ（泥れんが）に住み狩猟と採集に頼り、定住が生み出す高度な文化を築くことはなかった。中央高原の輝かしい文明から遠く離れた、まったく別の文化圏である。そして、北米先住民とほとんど同質の文化であったことが確認されている。

2階　民族学フロア

2階では、現在に生きる各地の先住民を、それぞれの部族単位で衣食住から宗教、文化まで総合的に紹介している。メキシコ民芸は、独創的な色使いと技術の精巧さで有名。かつて華やかで高度な文明を築いた民族の知恵が、そうした民芸品に凝縮されている。

しかし、豊潤な民芸をもつメキシコ先住民は、米大陸の大半の先住民諸部族と同様に、虐げられた民族でもある。メキシコ市内には村落共同体に戻れなくなったり、共同体が崩壊して、暮らしに困窮する先住民の路上生活者を見かける。同館でも、そうした先住民の被抑圧的な状況を解説している。

2階部分にある民族学フロアの民家再現の展示

国立人類学博物館
Museo Nacional de Antropología

MAP P.71/B3

メトロバス7号線のAntropología停留所下車、徒歩1分。またはメトロ7号線のAuditorio駅下車、徒歩5分ほど。ソカロ方面からは、"Auditorio" とフロントガラスに表示されたバスも利用可（ただしスリには厳重注意→P.429）。

広大な館内は、1階が考古学資料、展示コーナー、2階が民族学コーナーに分かれている。

TEL 4040-5300　**URL** www.mna.inah.gob.mx
入場 火〜日9:00〜18:00（展示室の見学〜19:00）
料金 M$65。音声案内機のレンタルはスペイン語および英語（M$75）。フラッシュ・三脚なしでの写真撮影可能。ビデオ撮影は別途M$45。

大通りから入って西側に国立人類学博物館があるが、東側の一角ではベラクルス州のトトナカ族伝来の儀式、ボラドーレスが毎時数回ほど上演されている。支柱の上から4人の男たちが回転しながら下りてくるアクロバティックな郷土芸能で、ぜひ見学しておきたい。

博物館の売店でモチーフにした各種グッズが販売されている

COLUMNA
「博物館の夜」を活用しよう！

毎月最終水曜日の夜は「博物館の夜」として、国立人類学博物館など多くの博物館が遅くまでオープンし、入場料も無料となる（毎年5月18日の博物館の日も同様）。コンサートなどの催し物も開かれ、イベント情報は下記のサイトなどで確認できる。
URL data.cultura.cdmx.gob.mx/nochedemuseos

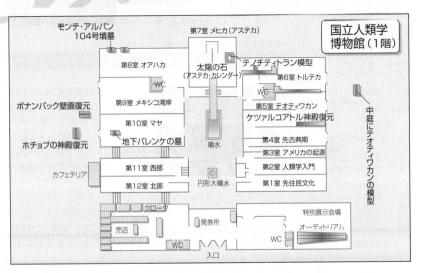

| 国立人類学博物館（1階） |

- モンテ・アルバン 104号墳墓
- 第8室 オアハカ
- 第7室 メヒカ（アステカ）
- 太陽の石（アステカ・カレンダー）
- テノチティトラン模型
- 第6室 トルテカ
- WC
- ボナンパック壁画復元
- 第9室 メキシコ湾岸
- 第5室 テオティワカン
- ケツァルコアトル神殿復元
- 第10室 マヤ
- 地下パレンケの墓
- 第4室 先古典期
- 第3室 アメリカの起源
- ホチョブの神殿復元
- 噴水
- 第11室 西部
- 第2室 人類学入門
- カフェテリア
- 第12室 北部
- 円形大噴水
- 第1室 先住民文化
- 中庭にテオティワカンの模型
- クロータ
- 特別展示会場
- 売店
- 発券所
- オーディトリアム
- WC
- WC
- 入口

コヨアカン、サンアンヘル地区

ユニークな博物館が点在する瀟洒な住宅街

ソナ・ロッサから約10km南に位置し、フリーダ・カーロやディエゴ・リベラゆかりの魅力的な博物館が点在するエリア。メトロバスの1号線やメトロ3号線で移動できるほか、南方面バスターミナルのタクシー停留所からシティオをチャーターして回ると効率的。

週末になると、コヨアカンのイダルゴ・コヨアカン庭園では路上ライブが、サンアンヘルではアートや民芸品のフリーマーケットなどでにぎわう。

サンアンヘルの路上絵画市

コヨアカン地区へのアクセス
南方面バスターミナルからシティオ(タクシー)でM$73。またはメトロ3号線のViveros駅、メトロ2号線のGeneral Anaya駅からだからミニバスまたはタクシー。

サンアンヘル地区へのアクセス
メトロバス1号線でAltavista駅やLa Bombilla駅下車。もしくはメトロ7号線のBarranca del Muerto駅からレボルシオン通りを往復するミニバスを利用する。

パフォーマンス情報
コヨアカンのイダルゴ・コヨアカン庭園では土・日曜の午後にライブやコメディなど、各ジャンルの路上パフォーマンスがある。

▶フリーダの生まれた家を公開した　★★★

フリーダ・カーロ博物館
Museo Frida Kahlo

未完成のまま飾られているフリーダ作『私の家族』

女流画家フリーダ・カーロの生家を、夫リベラの努力によって彼女の短い生涯を永久保存すべく、博物館として開放した私邸。内部はさして広くはないが、ふたりの作品も展示され、フリーダの制作の日々と私生活そのものが、時を止めたような雰囲気だ。彼女が収集した民間信仰のブリキ画や個性的なアトリエなど、フリーダ・カーロのファンにとっては必見の場所だろう。

近年、日本や欧米でもフリーダ・カーロの伝記や作品集の刊行、映画の公開などによってファンが急増したようで、ここを訪れる外国人旅行者も多い。

外壁は青い色で塗られている

フリーダ・カーロ博物館 **MAP** P.83
メトロ3号線のCoyoacán駅から南東へ、もしくはViveros駅から東へ徒歩20〜25分。
住所 Londres No.247
TEL 5554-5999
URL www.museofridakahlo.org.mx
入場 火〜日10:00〜17:45(水11:00〜)
料金 火〜金M$200、土・日M$220(※アナワカリ博物館→P.86と共通チケット)
　　写真撮影はM$30

レオン・トロツキー博物館 **MAP** P.83
フリーダ・カーロ博物館の2〜3ブロック北東、徒歩10分ほど。メトロ3号線のCoyoacán駅から南東へ徒歩25分。
住所 Av. Río Churubusco No.410
TEL 5658-8732
URL www.museotrotsky.com
入場 火〜日10:00〜17:00
料金 M$40
　　写真撮影はM$15

▶革命家が最後の時を過ごした家　★

レオン・トロツキー博物館
Museo Casa de León Trotsky

トロツキーに関する写真や遺品が展示

トロツキーが晩年を過ごした家が博物館となっており、中庭にトロツキーの墓がある。家を囲む高い塀の上には銃眼のある監視塔も残っている。20世紀の政治史に残る実践的思想家の過酷な運命が刻印された施設だ。

ロシア革命の英雄トロツキーは、スターリンとの権力闘争で敗れ、国を追放されたが、リベラ夫妻の尽力でメキシコに受け入れられた。政敵の多かったトロツキーは家の防御を厳重にし、家の内部も鉄扉で仕切るなど工夫したが、結局スターリンが放った刺客によって殺されてしまった。

はみだし　コヨアカンは人気の高いコロニアル地区。メトロ3号線のViveros駅からFrancisco Sosa通りを東へと散策し、エリア中心部のセンテナリオ公園へ向かうコースがおすすめだ。

▶メキシコ植民地時代の修道院跡

❖カルメン博物館
Museo de El Carmen

★

　カルメン教会に隣接した修道院跡を利用した博物館で、17世紀初頭にカルメン修道会によって建設された。今は市街地の一角で幹線道路にも面しているが、建物の中に一歩入ればそこは静寂が支配する。すでに修道女の姿はないが、18世紀前後の宗教美術の逸品が多数常設され、地下には修道女のミイラが12体並んでいる。

宗教絵画の展示が見もの

▶天才たちの迫力ある作品が展示された

❖カリージョ・ヒル美術館
Museo de Arte Carrillo Gil

★★

　メキシコ壁画運動の3大巨匠オロスコ、リベラ、シケイロスの油彩画を多数所蔵する美術館。壁画制作の合間に描かれた作品からは、それぞれの個性が伝わってくる。館内には芸術書を閲覧できる落ち着いたライブラリーもある。

▶伝説のカップルの生活風景

❖ディエゴ・リベラとフリーダ・カーロの家
Museo Casa Estudio Diego Rivera y Frida Kahlo

★★

　1934〜1940年までリベラとカーロが夫婦として暮らし、作品を生み出した住居兼アトリエ。内部にはアトリエや食堂のほか、1957年にリベラが息を引き取った寝室が見学できる。またふたりの数々の遺品も、そのまま保存されている。ふたりの写真やリベラの絵画は数点あるが、カーロの作品は展示されていない。

左／赤と青のふたつの建物が並ぶ　右／アトリエとして使用された部屋が見学できる

週末のサンアンヘル

　毎週土・日曜の10:00〜17:00、カルメン博物館の道路の向かいにある「文化会館Casa de la Cultura」横の公園では、プロとアマチュアの画家、版画家、彫刻家たちの作品の展示即売を行っている。具象、抽象、童画、ポップアートとさまざまな作品が並ぶ。

　また、この公園から約200m離れたサンハシント広場Plaza San Jacintoでも毎週土曜だけの絵画・民芸品市場、バサール・デル・サバド Bazar del Sábado が開かれている。

カルメン博物館　MAP P.83
　メトロバス1号線のLa Bombilla駅から徒歩5分ほど。
住所 Av. Revolución No.4 y 6, San Ángel
TEL 5616-1177
URL elcarmen.inah.gob.mx
入場 火〜日10:00〜17:00
料金 M$55

カリージョ・ヒル美術館　MAP P.83
　メトロバス1号線のAltavista駅から徒歩7分ほど。
住所 Av. Revolución No.1608
TEL 8647-5450
URL www.museodeartecarrillogil.com
入場 火〜日10:00〜18:00
料金 M$50

ディエゴ・リベラとフリーダ・カーロの家
　MAP 折込裏/B1
　サンアンヘル地区にあるアルタビスタ通りの西端。カリージョ・ヒル美術館やカルメン博物館から西へ徒歩15分ほど。
住　所 Diego Rivera 2, esq. Altavista, Col. San Ángel Inn
TEL 8647-5470
URL www.inba.gob.mx/actividad/2431
入場 火〜日10:00〜18:00
料金 M$35
　　写真撮影はM$30

コヨアカン、サンアンヘル
Coyoacán y San Ángel
エリア地図▶折込裏/B1

フリーダ・カーロ博物館 ▶P.82
Museo Frida Kahlo
Río Churubusco
レオン・トロツキー博物館 ▶P.82
Museo Casa de León Trotsky
General Anaya
コヨアカン植物園
Vireros de Coyoacán
コヨアカン地区
▶P.89
エルバザール・サバド
El Bazaar Sábado
Altavista
カリージョ・ヒル美術館 ▶P.83
Museo de Arte Carrillo Gil
Ocean Drive
サンタカタリナ教会
Santa Catarina
市場
センテナリオ公園
Jardín Centenario
イダルゴ・コヨアカン庭園
Jardín Coyoacán Hidalgo
オブレゴン将軍記念碑
Monumento a Gral. Obregón
ラボンビージャ公園
Parque de la Bombilla
サンフアン・バウティスタ教会
Parroquia de San Juan Bautista
La Bombilla
▶P.83
カルメン博物館
Museo de El Carmen
サンアンヘル地区
Dr.Gálvez
セントロ・ディアナ
Centro Diana ▶P.104
1km

グアダルーペの旧聖堂

メキシコ・シティ郊外（北部&南部）

郊外エリアの観光スポットも見逃せない

　シケイロスの壁画でも有名なメキシコ国立自治大学UNAMや、紀元前のクイクイルコ遺跡へはインスルヘンテス・スル通りを頻繁に行き来するメトロバスでもアクセスできる。町の中心部から約20km南にある世界遺産のソチミルコは、週末の晴れた日に遊覧船で回ると、気持ちのいい行楽地だ。

▶先住民の強い信仰を集める聖母寺院　　　　★★

グアダルーペ寺院
Basílica de Guadalupe

グアダルーペ寺院
MAP 折込裏/A2
　メトロバス7号線のGarrido駅下車、徒歩3分。またはメトロ6号線のLa Villa Basílica駅下車、徒歩約5分。グアダルーペの聖母像は、新聖堂横の入口から入り、自動歩道に乗って見学する。
　毎年12月12日の「グアダルーペの聖母の日」には前夜から大勢の信者が訪れて夜を明かし、メキシコ市周辺の先住民たちが境内で、コンチェロスなどの伝統舞踊を披露する。

奇跡のマント
　グアダルーペの新聖堂には、褐色の聖母が描かれた「奇跡のマント」が飾られている。伝説によると1531年に聖母がこの地に出現し、その姿がマントに浮かび上がったという。多くの参拝者がマントの前で見入って足を止めてしまうため、展示の前には動く歩道が設置されている。

新聖堂の内部では随時ミサが行われている

　グアダルーペ寺院は、スペイン征服軍の侵入以前、神殿があったテペヤックの丘を占有する広大なカトリック寺院。メキシコ国民の精神的な支えであるグアダルーペの聖母が祀られている。この聖母は黒い髪と褐色の肌をもち、カトリックの聖母のなかでは異色の存在だ。ただですら信仰熱心なメキシコ人、特に貧しい先住民の人々から圧倒的な支持を得ている。日曜のミサには、ごった返す参拝者のなかにひたむきな信者の姿がしばしば見られる。膝行参拝といって、特別な願をかける者が石畳の境内をずっと堂内の祭壇まで膝行するのだ。すり切れて血のにじむ膝の痛みに耐えながら、生まれて間もない赤ん坊を腕に抱き懸命に進む母親の姿もある。

　正門に向かって建つのが1709年建設の旧聖堂だが地盤沈下のために傾き、代わって1976年に建設されたのが隣の新聖堂。現代的な機能美をもった約2万人収容できる新聖堂は、メキシコ・カトリックの象徴的主座であり、ローマ法王もここを訪れミサをしている。また、寺院裏側にある小さな丘が奇跡（左記）のあったテペヤックの丘で、麓から飾り階段が続き、頂上には礼拝堂が建っている。

▶建物外壁に描かれた12面の作品が見もの　　　　★★

ポリフォルム・シケイロス
Polyforum Siqueiros

ポリフォルム・シケイロス
MAP 折込裏/B1
　メトロバス1号線のPolyforum駅下車。インスルヘンテス通りとフィラデルフィア通りの交差地点にある。
　土・日曜の12:00と14:00には劇場の壁画を照らす光と音のショー（M$60）も開催される。
TEL 5536-4520
URL www.polyforumsiqueiros.com.mx
入場 毎日10:00〜18:00
料金 M$30

　ラマ公園内の文化施設で、建物内部には円形の劇場や画廊があり、地下部分にはレストランも営業している。この敷地内に描かれた壁画は、すべてシケイロスによる作品。公園の敷地を囲む内壁には、リベラとオロスコの肖像画がオマージュとして描かれている。建物外壁には、台形状の壁画が切れ目なく描かれており、立体感をもたせる画法が目を引く。建物内の2階部分にある劇場には、内壁全面に宇宙に向かう『人類の行進』をテーマとした巨大な壁画が描かれている。天井部分も含めて総面積が4600㎡に及ぶ世界最大級の壁画だ。

抑圧から解放され未来を目指すメッセージの『人類の行進』

はみだし　ポリフォルム・シケイロスにはワールド・トレード・センターが隣接している。1年中さまざまな展示会を開催しているので、こちらもチェックしてみよう。URL www.exposwtc.com

▶ 2007年に世界文化遺産にも登録された学園都市　★★★

メキシコ国立自治大学
Universidad Nacional Autónoma de México (UNAM)

四面が壁画に埋め尽くされた大学中央図書館

メキシコ・シティの南西部郊外にあるメキシコ国立自治大学（略してウナムUNAM）は、ラテンアメリカ有数の大学だ。ひとつの町といってもいい規模なので、大学都市C.U.とも呼ばれる。

世界最大規模の壁画で覆われたのが中央図書館。オルゴマンのモザイク壁画は、4つの壁画それぞれにテーマがあって、北側はアステカ文明、南側はスペイン植民地時代の圧制、東側は太陽と月、宇宙、科学、政治、そして西側はUNAMの校章を中心として、学生たちの現代メキシコにおける役割を象徴しているようだ。図書館の南側に本館があり、ここではシケイロスの立体壁画を見ることができる。特に『民衆から大学へ、大学から民衆へ』という作品は鮮やかな色彩で躍動的だ。

大学本館の南側には、**大学科学美術館**Museo Universtario Ciencias y Artesがある。現代メキシコを代表する画家、彫刻家などの作品が展示されていて、メキシコの前衛美術も理解できる。

シケイロス作『民衆から大学へ、大学から民衆へ』

▶ 古代のセレモニーが執り行われていた　★

クイクイルコ遺跡
Cuicuilco

メキシコ・シティ市内に現存する数少ない紀元前の遺跡。約2000年前まで遡る祭儀遺跡といわれ、最盛期は紀元前6世紀から紀元2世紀といわれる。中央高原でも最古に属する貴重な遺跡だ。クイクイルコとは「歌の場所」といった意味だが、セレモニーの祭儀を象徴してその名があるのだろう。遺跡は溶岩原の中にある。これは紀元前100年から紀元100年にかけて**シトリ**Xitliという小さな山の爆発によって生じたもので、溶岩にのみ込まれて破壊された。遺跡内には博物館もあって、遺跡から出土した陶器や石器などが展示されている。

▶ 幅広いコレクションが楽しめる　★

ソウマヤ美術館
Museo Soumaya

フランスの彫刻家オーギュスト・ロダンの作品は世界有数のコレクションを誇り、100点に及ぶ作品のなかから常時80〜90点が展示されている。そのほかドガやルノアール、タマヨの作品も所蔵しており、美術ファンには見応え十分。 **S**プラザ・ロレト内にある。

メキシコ国立自治大学
MAP 折込裏/C1
図書館や美術館へは、メトロバス1号線のDr.Gálvezから徒歩約15分。メトロ3号線のCopilco駅からタクシーでM$18。
バスを利用する場合、サンアンヘル地区からV.Olimpica、Tlalpan、Iman方面行きバスで南下し、Estadio Olimpico/CU下車。中央図書館Biblioteca Centralはオリンピック・スタジアムのちょうど反対車線（東）側にあり、道路からも見える。
南方面バスターミナルからシティオ（タクシー）でM$102。

大学科学美術館
TEL 5622-0704
URL www.musac.unam.mx
入場 水〜日10:00〜18:00
料金 無料

リベラの壁画もある
大学中央図書館とインスルヘンテス・スル通りを挟んだ向かいにあるオリンピック競技場Estadio de Olimpicoの正面には、リベラ制作の巨大な量感に満ちた立体壁画がある。ラテンアメリカを象徴するコンドルと、メキシコを象徴するワシを描いたものだ。

クイクイルコ遺跡
MAP 折込裏/C1
メトロバス1号線のVilla Olímpica駅から徒歩約3分。
TEL 5606-9758
入場 毎日9:00〜17:00
料金 無料

溶岩原の中にある古代遺跡

ソウマヤ美術館
MAP 折込裏/C1
メトロバス1号線のDr.Gálvez駅から徒歩約7分。
TEL 5616-3731
URL www.museosoumaya.org
入場 水〜月10:30〜18:30（土〜20:00）
料金 無料

はみだし　メキシコ国立自治大学は基本的に出入りが自由。広大な敷地内には学園内の無料バスも走っている。バスの案内板を見て運転手などに尋ね、効率よく大学内を見学しよう。

アナワカリ博物館

MAP 折込裏 /C1
　メトロ2号線 Tasqueña 駅で、路面電車に乗り換えて Registro Federal 駅へ10分ほど（M$3）。博物館へは駅から歩道橋を渡りさらに西へ延びる Calle Caliz を進み、最後に右側の坂道を上った所にある。
住所 Museo No.150, Col. San Pabro Tepetlpa
TEL 5617-4310
URL www.museoanahuacalli.org.mx
入場 水～日 11:00 ～ 17:30
料金 M$90（※フリーダ・カーロ博物館→P.82 と共通チケットは 火 ～ 金 M$200、土・日 M$220）

ドローレス・オルメド・パティニョ美術館

MAP 折込裏 /C2 外
　メトロ2号線の Tasqueña 駅で、路面電車に乗り換えて La Noria へ約25分（M$3）。駅から徒歩約3分。
住所 Av. México No.5843, La Noria, Xochimilco
TEL 5555-1221
URL www.museodoloresolmedo.org.mx
入場 火～日 10:00 ～ 18:00
料金 M$100

世界遺産
World Heritage

ソチミルコ

MAP 折込裏 /C2
　メトロ2号線の Tasqueña 駅で路面電車に乗り換えて、終点の Xochimilco 駅へ約30分（M$3）。駅から船着場へは、改札を出て Av. Morelos を左側に進み徒歩約10分。または Tasqueña 駅から頻繁に出ているソチミルコ行きのミニバスで。週末はミニバスで行くとソチミルコ手前から混雑し、やや時間がかかる。

ソチミルコの遊覧船
　ベレンをはじめとする9ヵ所の船着場からの料金は、1艘で1時間ごとに M$400 ～ 500。ボートの往復で4～5時間。

▶リベラの多彩なコレクション　★

アナワカリ博物館
Museo Anahuacalli

　メキシコ壁画の巨匠ディエゴ・リベラが、晩年に私費を投じて建設した美術館が、クイクイルコ遺跡に連なる溶岩原の上に建っている。展示品もリベラ自身が収集した古代文化の石造彫刻約5万点のなかから精選した逸品が並べられている。
　また、リベラ3歳のときの最初の作品『汽車』や、壁画の下絵なども展示されている。美術館自体もマヤ文明独自の持ち上がり式アーチを多用して独特の雰囲気をつくり出したユニークな造りで、建物だけでも一見の価値がある。屋上の展望台からは市内が一望できる。

▶フリーダ作品の充実ぶりで有名な　★★

ドローレス・オルメド・パティニョ美術館
Museo Dolores Olmedo Patiño

　ソチミルコ周辺の文化施設のうち最大の美術館。富豪ドローレス夫人の広大な私邸を美術館に改造したもので、熱帯植物が茂る広い庭園内にはクジャクが優雅に戯れている。ここではリベラが壁画制作の合間に描いた作品などが多数展示されているのが見ものだ。フリーダ・カーロの作品

美術館の入口は重厚な様相

やアンヘリカ・ベロフィ（リベラの最初の夫人）の作品もある。また、メキシコの大衆工芸品を常設するコーナーや、広い邸内の一角には喫茶スペースもあり、のんびりと過ごすこともできる。

フリーダが1929年に描いた『乗り合いバス』

▶水路を巡るのどかな時間　★★

ソチミルコ
Xochimilco

　スペイン征服軍の侵入以前、メキシコ市の大半は湖だったが、その面影を残す大きな水路が走っているのがソチミルコ。ソカロ周辺の歴史風致地区とともに世界文化遺産に登録されている。そしてメキシコ市民の行楽のひとつが、ソチミルコの水路へ、借り切った手こぎの遊覧船で繰り出すこと。特に日曜はにぎやかで、弁当持参、あるいはマリアッチの楽団を乗せて遊び方は自在。水路を遡っていくと、花売りのおばさんがボートで寄せてきたりする。平日は逆にメキシコ・シティにこんなに静かな所があるのかと目を疑うほどだ。

アステカ時代の浮き畑が残るソチミルコ

　はみだし ソチミルコの人形島 La Isla de la Muñecas は朽ちた数百体の子供の人形が木々につるされて、とても不気味。テレビでも紹介されメキシコのミステリースポットとなっている。

INFORMACIÓN

ワールドカップの名場面がよみがえるスタジアムツアー

アステカ・スタジアムは1966年にオリンピックのサッカー会場として建設されたメキシコ最大級の競技場。1970年にはペレの活躍でブラジル代表が3度目のワールドカップ優勝を果たし、1986年には『神の手ゴール』や『5人抜きドリブル』などマラドーナの伝説的なプレイが生まれたサッカーの夢舞台だ。

タイミングが合えば、このスタジアムをホームとするクラブ・アメリカやメキシコ代表の試合観戦に訪れてみよう。また歴史や雰囲気を体感できるスタジアムツアーも催行されている。ツアー集合場所は正門の右側ガードの先にある2番ゲート(Puerta2)。

ツアーは1時間ほどで通常料金はM$120(メキシコ代表のロッカールームやピッチサイドのベンチにも行ける料金M$200のプランが人気)。

●アステカ・スタジアム
Estadio Azteca　　　MAP 折込裏/C1
TEL 7258-6570
URL www.estadioazteca.com.mx(VISITASのページでツアー予定の確認可)
営業 スタジアムツアーは毎日10:00～17:00(土～14:00)。試合やイベントの開催日はツアー休止。
※アクセスや試合観戦はP.34参照

左/歴史的な名勝負が繰り広げられてきたアステカ　スタジアム　中/M$200のツアーならメキシコ代表のロッカールームも訪問できる　右/1回の定員は40名まで。ツアーは30～60分間隔で催行される

Compra ショッピング

　地方色豊かなメキシコのおみやげ購入は、シウダデラ市場やインスルヘンテス市場などの民芸品市場がおすすめ。カラフルな伝統工芸品やアクセサリー探しを値引き交渉も含めて楽しもう。市内に点在するショッピングモールは高級志向でブランド品やファッション店が並んでいる。女性向きアイテムが揃う個人ショップは、ローマ＆コンデサ地区へ。

▶民芸品街と食堂街が並ぶ
シウダデラ市場
Mercado de la Ciudadela

　メトロ1号線のBalderas駅から徒歩5分ほど北にある市場。敷地内にところ狭しと店を並べており、その数はおよそ350軒。内部には食堂やカフェテリアなどもあり、時間に余裕のある旅行者に好評。メキシコ各地のさまざまな種類の民芸品が売られており、値段もかなり安い。市場奥の店では、先住民ウィチョール族の伝統衣装を着た女性が細工仕事を実演している。

旅行者にいちばん人気の買い物スポット

MAP P.69/B3
住所 Plaza de la Ciudadela y Balderas No.1 y 5
TEL 5510-1828(代表)　営業 毎日10:00〜19:00(店舗により異なる)　カード 店舗により異なる

▶ソナ・ロッサにある便利な民芸品市場
インスルヘンテス市場
Mercado Insurgentes

　ブティックやブランドショップが並ぶソナ・ロッサ地区にある民芸品市場。ロンドレス通りを目当てにして探すと、歩道に張り出した市場の大きな案内が見つかるはず。商店街の一角に市場の入口があり、出入口は狭いが中には200軒以上の民芸品店と食堂が並んでいる。場所柄、高級銀細工の店がたくさんある。多くの店でクレジットカードが利用できる。

伝統衣装ウイピル探しにもおすすめ

MAP P.68/B1
住所 Londres No.154
営業 月〜土10:00〜19:00、日10:00〜16:00(店舗により異なる)　カード 店舗により異なる

▶ソナ・ロッサのショッピングモール
レフォルマ222
Reforma 222

　メトロバス1号線・7号線のHamburgo駅前。4階建ての近代的な建物内には、若者向けのアパレルブランドやカフェレストランが充実。最上階には映画館も入っている。

吹き抜けの人気モール

MAP P.68/B1
住所 Paseo de la Reforma No.222
TEL 5207-6857
URL www.codigoreforma222.com.mx
営業 毎日11:00〜23:00(店舗により異なる)
カード 店舗により異なる

▶呪術グッズも買える
ソノラ市場
Mercado de Sonora

　メトロ1号線のMerced駅から南へ徒歩5分ほど。魔術や占いに使うグッズが買えることで観光スポットとしても人気。周囲の治安は悪いので、なるべく手ぶらで出かけたい。

魔術グッズが並ぶ独特の雰囲気

MAP 折込裏/A2
住所 Fray Servando Teresa de Mier
営業 毎日10:00〜19:00(店舗により異なる)
カード 不可

はみだし サンフアン市場Mercado de San Juan(**MAP**P.69/C3　TEL 5518-0524　営業 毎日10:00〜19:00)は170軒ほどの店が入った民芸品市場。営業時間は店により異なる。近年はやや閑散としている。

メキシコ・シティと周辺都市

メキシコ・シティ

▶話題の自然派コスメを入手

ボタニクス
Botanicus

メキシコならではの天然素材を使ったオーガニックコスメを扱うショップ。保湿力の高いサボテンのフェイシャルマスク（M\$160）や、ひんやりとした使い心地のアロエとミントのフットジェル（M\$150）など、ヘアケアからボディケアまでラインアップが豊富だ。

パッケージもかわいいコスメが並ぶ

MAP P.31
住所 Vicente Suárez No.11, Local A
TEL 7045-8023
URL store.botanicus.com.mx
営業 毎日11:00～19:00　カード AMV

▶伝統的なデザインをモダンにアレンジ

トコ・マデラ
Toco Madera

グアナファト州の革製品やイダルゴ州の刺繍工芸品など、伝統的な技術を生かしたオリジナルの靴や雑貨を扱っている。刺繍がワンポイントになった革のショートブーツはメンズもレディスもM\$1700～。センスのいいバッグやピローカバーもおみやげにおすすめ。

女性にアピールする品揃え

MAP P.31
住所 Av. Amsterdam No.62
TEL 5512-6994
URL tocothewood.com
営業 毎日10:00～20:00　カード MV

▶メキシコ各地から良質なアイテムが集結

フォナート
Fonart

メキシコ政府が伝統技術の支援を目的として運営する民芸品店。オアハカ州やチアパス州など各地の工芸品が揃っている。タラベラ焼きのマグカップ（M\$125）、緻密な刺繍が施された服（M\$777）、かごバッグ（M\$466）など、どれもクオリティが高く値段も良心的。

カラフルなファッションが充実している

MAP P.68/B2
住所 Paseo de la Reforma No.116
TEL 5546-7163
営業 毎日10:00～19:00（土・日～16:00）
カード AMV

▶部屋が華やぐポップなデザイン

コレクシオン・セルペンティーナ
Colección Serpentina

メキシコ人デザイナーの個性的なインテリアショップ。リサイクル素材を利用するなど、環境に配慮した作品が並んでいる。蓋付きの小物入れ（M\$220～）、ペン立て（M\$190）、植木鉢（M\$350～）など、どれもメキシコらしいカラフルな色使いが美しい。

エコ意識の高いインテリア雑貨が評判

MAP P.31
住所 Av. Nuevo León No.144
TEL 4756-3999
営業 月～土9:00～18:00
カード MV

COLUMNA

上質の民芸品探しはサンアンヘル地区へ

メキシコ・シティ南部に位置する、美しいコロニアル地区のサンアンヘル。テラス付きレストランやカフェが並び、さまざまな民芸品の専門店も多いエリアで、週末にはアートの市が開かれている。特に毎週土曜のみオープンする「エルバザール・サバド」が有名で、質の高い厳選された民芸品を求めて多くの観光客も訪れている。日本人に大人気のセルビン焼きのショップもある。

●エルバザール・サバド
El Bazaar Sábado　　**MAP** P.83

住所 Plaza San Jacinto No.11, Col. San Ángel
営業 土 10:00 ～ 19:00

土曜のみ営業する人気のバザール

メキシコに来たならマリアッチ楽団などによる音楽や、衣装が色鮮やかな伝統舞踊を楽しみたい。キューバやペルーなど、ほかのラテンアメリカ諸国の演奏を聴くこともできる。また、おしゃれなナイトスポットが多いローマ＆コンデサ地区には人気クラブも点在している。ガリバルディ広場の周囲にある店も深夜まで盛り上がるが、治安のよくないエリアなので注意が必要。

メキシコ・シティで音楽や踊りを満喫しよう！

▶陽気なレストランで文化体験

🍸 グアダラハラ・デ・ノーチェ
Guadalajara de Noche

ガリバルディ広場から60mほど東。メキシコ各地の伝統舞踊やマリアッチ演奏など2時間の本格的なショーがステージで繰り広げられる（日〜木21:30〜、金・土曜21:00〜）。カバーチャージはM$30。料理は牛ハラミステーキのアラチェラ（M$300）が人気。

ハリスコやベラクルスなどの伝統舞踊を鑑賞

MAP P.69/B4
住所 República de Honduras No. 9
TEL 5526-6341　営業 毎日20:00〜翌4:00
税金 込み　カード AMV　Wi-Fi 無料

▶ガリバルディ広場の北側にある人気店

🍸 サロン・テナンパ
Salón Tenampa

店内がメキシコ人歌手の壁画で彩られたカンティーナ（居酒屋）。夜にはマリアッチ楽団がやってきて、客もノリノリで踊り出す（金・土曜の22:00〜24:00頃が盛り上がる）。テキーラ（1杯M$60〜）、郷土料理ポソーレ（M$96）のほか、メインの肉料理はM$250〜。

陽気なマリアッチ演奏で盛り上がる

MAP P.69/B4
住所 Plaza Garibaldi No.12　TEL 5526-6176
URL salontenampa.com　営業 毎日13:00〜翌2:00
（金・土〜翌3:00）　税金 込み　カード MV　Wi-Fi 無料

▶有名ビール会社直営のカンティーナ

🍸 サロン・コロナ
Salón Corona

1928年創業の老舗で、ドラフトビールとタコスがおいしいカンティーナ（メキシコの大衆居酒屋）。コロナビール（M$33）も良心的な価格で楽しめる。ハラペーニョとニンジンのつけ合わせも名物。歴史地区に5店、ソナ・ロッサ店に1店ある。

奥にはテーブル席も用意されている

MAP P.69/B4
住所 Bolívar No.24　TEL 5512-9007
URL www.saloncorona.com.mx
営業 毎日10:00〜翌0:30
税金 込み　カード 不可　Wi-Fi 無料

▶キューバ音楽で踊るなら

🍸 ママ・ルンバ
Mama Rumba

ライブ音楽でラテンならではの夜を過ごせる人気スポット。水〜土曜は23:00と翌1:00からキューバ人のバンドが出演し、サルサやティンバなどのポピュラー音楽が演奏される。特に週末の夜は盛り上がり、まるでライブハウスのようなすごい熱気に包まれる。バンドが出演時のカバーチャージはM$110。

深夜になると熱気が渦巻く

MAP P.31
住所 Querétaro No.230, esq. Medellín, Col. Roma
TEL 5564-6920　営業 水〜土 21:00〜翌2:30
税金 込み　カード AMV　Wi-Fi 無料

はみだし　N エルティオ・ペペEl Tío Pepe（ MAP P.69/B3　TEL 5521-9136　営業 月〜土12:00〜22:00）は老舗の大衆居酒屋。モヒートはM$85。アルコールにはスナックが無料で付いてくる。

メキシコ・シティと周辺都市　メキシコ・シティ

▶伝統舞踊が連日観られる
エルルガール・デル・マリアッチ
El Lugar del Mariachi

　ソナ・ロッサにあるメキシコ料理レストラン。伝統舞踊や歌のショーは木〜土曜の20:00〜、毎日15:00〜16:00には音楽演奏もあり、観光客でにぎわう。ショーのカバーチャージはM$50。テキーラM$60〜、土・日曜12:00〜18:00のビュッフェ M$195、ふたり以上からのセットメニューはM$400〜600。

華やかなダンスショー

MAP P.68/D1
住所 Hamburgo No.86　TEL 5207-4864
営業 毎日12:00〜翌2:00
税金 込み　カード MV　Wi-Fi 無料

▶愛される続ける老舗人ホット
ラオペラ
La Ópera

　1876年創業のバー&カンティーナ。以前はオペラ座の近くにあり、オペラ歌手も大勢訪れたことが店名の由来になっている。メキシコ革命の英雄パンチョ・ビジャが撃った弾痕が残るなど、歴史の舞台としても有名だ。おすすめはベラクルス風牛タンLengua Veracrusana（M$205）。毎日13:00と20:00からギター演奏がある。

歴代の大統領やフリーダ・カーロも愛した店

MAP P.69/B4
住所 5 de Mayo No.10　TEL 5512-8959
営業 毎日13:00〜23:00（日〜18:00）
税金 込み　カード AMV　Wi-Fi 無料

▶キューバ音楽が毎晩聴ける人気店
ラボデギータ・デル・メディオ
La Bodeguita del Medio

　店内の壁がキューバ国旗や写真、無数の落書きで埋め尽くされているナイトスポット。毎晩19:00過ぎに数組のバンドがテーブルを回り、キューバ音楽を目の前で熱く奏でてくれる。料理は特製ソースをかけた鶏肉料理ポジョ・クバーノ（M$145）やセビッチェ（M$83〜）、アルコールはモヒート（M$70）などがおすすめ。

食事をしながら生演奏が楽しめる

MAP P.31
住所 Cozumel No.37　TEL 5553-0246
URL labodeguitadelmedio.com.mx
営業 毎日12:30〜翌2:00
税金 込み　カード MV　Wi-Fi 無料

▶ジャズなどが聴けるブックカフェ&バー
エルペンドゥロ
El Péndulo

　ジャズやクラシックなどの演奏（土・日曜11:00〜13:00、水〜土曜21:00〜23:00）が聴けるおしゃれなCafebrería（カフェバー&ブックストア）。本と観葉植物の緑に囲まれた広い店内は複数のスペースに分かれ、読書する人や演奏に聴き入る人などさまざま。メニューは夕食のメインコース（M$143〜）、コーヒー（M$32〜）など。アルコール類も豊富。市内に5つの支店をもっている。

MAP P.68/B1
住所 Hamburgo No.126　TEL 5208-2327
URL pendulo.com/menu-restaurantes.php
営業 月〜金8:00〜23:00、土9:00〜翌1:00、日9:00〜22:00　税金 込み　カード AMV　Wi-Fi 無料

COLUMNA

ガリバルディ広場でマリアッチ

週末の20:00以降が盛り上がる

　「マリアッチ広場」の異名をもち、演奏が楽しめるガリバルディ広場Plaza Garibaldi（MAP P.69/B4）。チャロと呼ばれる牧童貴族の衣装に身を包んだマリアッチ楽団の演奏家が集まり、客のリクエストに応えてセレナータを奏でるという光景はメキシコの風物詩。マリアッチ楽団のほかにも、アコーディオンを用いたノルテーニョの楽団、アルパ（ハープ）の音が美しいベラクルス地方のハローチョ、ギターのトリオのグループなど、さまざまな音楽を聴くことができる。リクエストは1曲M$100前後だが、ほかの人が頼んだ曲を周りで聴いているぶんにはお金はかからない。広場周辺には伝統舞踊が観られるレストランもあるほか、ポソレなどハリスコ地方の郷土料理が食べられる大衆食堂街もある。ただし治安のよくない場所にあるので、なるべく大人数で行き、帰りは近くのレストランでシティオのタクシー（→P.66）を呼んでもらおう。

はみだし　ガリバルディ広場に面してレストランがたくさん並んでいる。店で演奏するマリアッチ楽団のほうが、広場にいるミュージシャンよりも演奏レベルが高く、食事をしながら楽しめる。

Comida レストラン

インターナショナル料理からエスニックまで、メキシコ・シティには世界中のレストランが軒を並べている(和食店も各エリアで営業している)。もちろんメキシコ料理の店も充実。高級グルメスポット、カジュアルなカフェレストラン、庶民的なタコス屋台など予算に応じて地元の味を満喫できる。特にソカロからアラメダ公園にかけての歴史地区には雰囲気のいい店が多い。

メキシコ＆インターナショナル料理

▶ 1860 年創業の郷土料理店
オステリア・デ・サントドミンゴ
Hostería de Santo Domingo

ソカロから500mほど北にあり、店内の装飾にも歴史と伝統が感じられるレストラン。豚ひき肉を使ったチレス・エン・ノガダ(M$190〜260)や、鶏肉料理のペチュガ・ランチェラ(M$190)が看板メニュー。毎日8:00〜12:30(土・日曜9:00〜)にはビュッフェ料理(M$260)も提供している。

チレス・エン・ノガダなど郷土料理を味わおう

MAP P.69/B4
住所 Belisario Domínguez No.70 y 72
TEL 5510-1434
URL hosteriasantodomingo.mx
営業 毎日9:00〜22:00
税金 込み カード **A** **M** **V** **Wi-Fi** 無料

▶ ソカロを見渡せる展望レストラン
ラテラッツァ
La Terraza

H グランホテル・シウダ・デ・メヒコの屋上にあり、メトロポリタン・カテドラルをバックに写真が撮れるテラス席が大人気。おすすめ料理はセットメニューのフレーバー・オブ・メキシコ(M$450)や、シェフ特製のチュレトン・ラ・テラッツァ(M$990)。マルガリータはM$115。

ソカロを望むロケーションが評判

MAP P.69/C4
住所 16 de Septiembre No.82
TEL 1083-7700
営業 毎日13:00〜23:00(土・日9:00〜)
税金 込み カード **A** **D** **M** **V** **Wi-Fi** 無料

▶ ユカタン料理の老舗レストラン
ロスアルメンドロス
Los Almendros

メトロ7号線Auditorio駅から400mほど北。本店はメリダにある、ユカタン地方の郷土料理が味わえる有名店。代表的なメニューはライム・スープSopa de Lima(M$98)、豚肉の石蒸し料理Cochinita Pibil(M$169)、魚料理Pescado Tikin-xik(M$248)など。高級住宅街のポランコ地区にあり、周りのお客さんたちも洗練された雰囲気。

天井が高く雰囲気のよい店内

MAP P.70/B2
住所 Campos Elíseos No.104
TEL 5531-6646
営業 月〜土7:30〜23:00(日〜22:00)
税金 込み カード **A** **M** **V** **Wi-Fi** 無料

▶ メキシコの地酒を堪能できる
ラカータ
La Cata

テキーラ・メスカル博物館の最上階にあるレストラン(同博物館の入場券の半券で、テキーラかメスカルを1〜2杯試飲できる)。テキーラ(M$60〜)やメスカル(M$42〜)は種類豊富で、日没後にマリアッチが聴こえてくるガリバルディ広場を眺めながらのディナーは格別だ。メイン料理はM$120前後。

週末には店内でもマリアッチが聴ける

MAP P.69/B4
住所 Plaza Garibaldi　TEL 5529-1238
URL mutemgaribaldi.mx
営業 水〜月11:00〜22:00(木〜土〜翌2:30)
税金 込み カード **A** **M** **V** **Wi-Fi** 無料

はみだし **R** プジョルPujol(**MAP** P.70/A2　TEL 5545-4111　URL pujol.com.mx　営業 月〜土13:30〜22:30)はカリスマシェフが腕を振るう創作料理ダイニング。人気が高く事前予約が必須。

▶多彩な郷土料理を堪能できる

ポソルカリ
Potzollcalli

ソカロから3ブロック西にあるメキシコの郷土料理店。吹き抜けの明るい店内で、市内に20店舗以上の系列店がある。旅行者や家族連れでにぎわっている。メキシコ風スープのポソーレが各種M$103〜、ポージョ・エン・モーレがM$164など。

メキシコ名物のモーレ料理も食べられる

MAP P.69/B4
住所 5 do Mayo No.39
TEL 5521-4259　URL www.potzollcalli.com
営業 毎日7:00〜22:00
税金 プラス　カード AJMV　WiFi 無料

▶現地の有名人が足しげく通うレストラン

ダヌビオ
Danubio

メキシコ料理のほか、一般的なヨーロッパ料理を取り揃えている老舗レストラン。アラカルト（メインM$160〜）も頼めるが、ふたつのメインを含むコースメニュー（M$240）がボリュームたっぷりでおすすめ。コースにはセビッチェやコン・ドといった、典型的なメキシコ料理が含まれている。

著名人のサインが壁一面に飾られている

MAP P.69/C3
住所 Urguay No.3
TEL 5512-0912　URL www.danubio.com
営業 毎日13:00〜22:00
税金 込み　カード MV　WiFi 無料

▶目にも楽しいモダンなメキシコ料理

アスル・コンデサ
Azul Condesa

伝統の味を現代風にアレンジした料理が話題。オアハカ名物のエンチラーダス・デ・モーレ・ネグロ（M$240）や、ユカタン地方の魚料理ティキン・シク（M$305）など、各地の名物メニューが味わえる。デザイン性の高い皿で提供されるので写真映えもバッチリだ。

店内でトルティージャが焼かれる

MAP P.31
住所 Nuevo León No.68
TEL 5286-6380　URL azul.rest
営業 月〜金9:00〜12:00、13:00〜23:00（日9:00〜17:00、18:00〜18:00）
税金 込み　カード ADJMV　WiFi 無料

▶フレッシュな自家製ビールがおいしい

セベリア・クリサンタ
Ceveria Crisanta

革命広場を望めるレストランで、オリジナルのソースがかかったエンチラーダス（M$115）など軽食メニューが充実。甘く濃厚な風味のポーターや苦味が引き立つデ・トリーゴなど、自慢のクラフトビール（各M$150/660mℓ）も味わってみよう。

自家製のクラフトビールが楽しめる

MAP P.68/B2
住所 Av. Plaza de la República No.51
TEL 5535-6372
営業 毎日14:00〜翌2:00
税金 込み　カード JMV　WiFi 無料

COLUMNA

おいしいタコス屋の探し方

人の集まる所にタコス屋があるといわれるほど、いたるところに屋台や簡易食堂が軒を連ねている。おいしいタコス屋はにぎわっており、逆にそうでない店は客が誰もいない。客の入り具合は、その店がどれほどの味なのか目安のひとつになる。

タコスを食べたいが屋台は衛生的に不安という人には、RTaco Innなどファストフード風の店がおすすめ。またRSanborns、RVipsなどファミリーレストラン風の店は、メニューが豊富でタコスも食べられる。それぞれの好みに応じて、おいしいタコスを食べ比べてみよう。

駅前、表通り、市場など市内各所にタコス屋台が並んでいる

 はみだし Rカフェ・ラ ハバナCafé La Habana（MAP P.68/B2　TEL 5535-2620　営業 月〜土7:00〜24:00、日8:00〜23:00）はカストロとゲバラが通った伝説のカフェ。ハバナコーヒーはM$35。

93

▶メキシコ・シティを代表する有名店
▤ カフェ・デ・タクバ
Café de Tacuba

タクバ通りに面した、伝統的なメキシコ料理とマリアッチの演奏を楽しめる老舗のカフェ。奥行きがあって広々とした店内は、タイルや壁画が描かれた内装がおしゃれな雰囲気。1912年の創業で、もともとはメキシコ定番の朝食を提供する店として人気を集めた。現在もランチタイムには行列ができるほどで、日替わりセットはM$295。水～日曜の15:00～22:00は伝統音楽の生演奏も楽しめる。

観光スポットのようなにぎわい

MAP P.69/B4	
住所 Tacuba No.28	
TEL 5521-2048	
営業 毎日8:00～23:30	
税金 込み **カード** AMV **Wi-Fi** 無料	

▶ 1935年開業のチュロスの老舗
▤ エルモロ
El Moro

揚げ菓子のチュロス(4本でM$20)がとにかく評判のカフェ。ドリンクは各種チョコラテ(M$55)が人気だが、かなり甘いものもあるので、苦手な人は「ライト」を選ぶといい。ノイゾワワトもUKた。

チュロスとチョコラテを召し上がれ

MAP P.69/C3	
住所 Eje Central Lázaro Cárdenas No.42	
TEL 5512-0896 **URL** www.elmoro.mx	
営業 毎日24時間 **税金** 込み	
カード 不可 **Wi-Fi** 無料	

▶メキシコを代表する有名シェフの店
▤ デリリオ
Delirio

ローマ地区のアルバロ・オブレゴン通り沿いにある女性料理研究家モニカ・パティーニョの自然派志向のデリ。日替わりランチメニューはM$100～180。厳選されたパンやケーキ、ジャムなども売っている。

MAP P.31	
住所 Monterrey No.116 **TEL** 5584-0870	
営業 毎日8:00～22:00(日～21:00)	
税金 込み **カード** AMV **Wi-Fi** 無料	

▶町一番のおいしいタコス屋さん
▤ エルプログレソ
El Progreso

コロンブス記念像から200mほど北西にある軽食堂。メキシコ・シティで一番と噂されるタコスは1個M$14～27。いつも大勢のお客でにぎわっており、席が混んでくると地元の人は道ばたで立って食べている。店の前の大きな鉄板で豚肉や牛肉を焼いてくれ、何種類かの具やソースはセルフで乗せる。

屋台のタコスと比べて衛生面でより安心だ

MAP P.68/B2	
住所 Antonio Caso No.30 **TEL** 5592-8964	
営業 月～土8:00～22:00	
税金 込み **カード** 不可 **Wi-Fi** なし	

▶ベジタリアンに人気
▤ ユグ
Yug

独立記念塔から南西へ徒歩約3分。いつもにぎわっている菜食料理のレストラン。1階ではアラカルトメニューが楽しめ、昼の定食はサラダ、スープ、メインディッシュ、デザート、飲み物付きのフルコースでM$80～120。2階はビュッフェコーナー(毎日13:00～17:00)でひとりM$170。

MAP P.71/C4	
住所 Varsovia No.3, Zona Rosa **TEL** 5533-3296	
営業 月～金7:30～21:00、土・日8:30～20:00	
税金 込み **カード** ADJMV **Wi-Fi** 無料	

▶種類豊富なタコスが味わえる
▤ タケリア・アランダス
Taqueria Arandas

セントロの歴史地区にあり、観光の合間に立ち寄りやすい人気店。豚肉や牛肉の各部位が選べるタコス(M$10～)、野菜たっぷりのポソーレ(M$57～)、肉料理のファヒータ(M$85～)など代表的なメキシコ料理が味わえる。

タコスは味もコスパも文句なし

MAP P.69/B4	
住所 5 de Mayo No.46 **TEL** なし	
営業 毎日9:00～翌4:00	
税金 込み **カード** MV **Wi-Fi** なし	

はみだし ®ラカサ・デ・トーニョ La Casa de Toño(**MAP** P.68/B1 住所 Londres No.144 TEL 5386-1125 営業 毎日9:00～23:00)は特製のポソーレ(M$55～70)が人気の大衆食堂。インスルヘンテス市場の並び。

和食＆韓国＆中華料理

▶日本人駐在員も足しげく通う名店

むらかみ
Murakami

ポランコ地区にある日本食レストラン。串揚げミックス8本（M$170）や麺類（M$120〜）など、メニューが豊富。日本人シェフが腕を振るう料理はどれもおいしく、日本人在住者にも人気が高い。要予約のカレー鍋など裏メニューもある。

MAP P.71/B3
住所 Torcuato Tasso No.324　TEL 5203-1371
営業 毎日13:00〜22:00（土・日12:00〜19:00）
税金 込み　カード AMV　Wi-Fi 無料

▶日本人経営の大衆食堂＆居酒屋

椀々酒場
Wanwan Sakaba

ソノ・ロッサの繁華街にあり、カウンター席やモツ煮（M$60〜）やモツ焼（M$145）など家庭的なメニューが味わえる。隣にはラーメン店の「カミナリ」も併設されている。

日本酒と昭和
歌謡でまった
り過ごせる

MAP P.71/C4
住所 Londres No.209
TEL 5514-4324
営業 月〜金13:00〜23:00、土12:00〜22:00
税金 込み　カード AMV　Wi-Fi なし

▶日本人経営の多国籍料理店

モグ
Mog

和食からアジア料理まで、種類豊富なメニューが自慢。道に面してドアが大きく開かれた店内は、明るく広々としており、いつも大勢のお客さんでにぎわっている。季節の食材を使った料理が評判で、ランチセットM$270〜。

ランチタイムはカ
ウンター席もいっ
ぱい

MAP P.31
住所 Frontera No.168　TEL 5264-1629
営業 毎日12:00〜16:00、18:00〜23:00
税金 込み　カード MV　Wi-Fi 無料

▶日本人シェフも腕を振るう

みかど
Mikado

独立記念塔の1ブロック西にある、本格的な日本食レストラン。ガラス張りで大通りからも中が見え、日墨のビジネスパーソンでにぎわっているのがわかる。刺身などの一品料理から、評判のスキヤキまでメニューは多彩。定食セットはM$190〜。ミカド定食（M$315）は刺身、天ぷら、トンカツ、デザートが付いてボリューム満点だ。にぎり（並）はM$280。

MAP P.71/B4
住所 Paseo de la Reforma No.369
TEL 5525-3096　営業 毎日12:00〜22:30（日〜18:00）
税金 込み　カード AMV　Wi-Fi 無料

▶庶民的な本格的な家庭料理

ミン・ソク・チョン
Min Sok Chon

韓国料理店が並ぶ中心部の一角にあり、手頃な値段でコリアン家庭料理が食べられる。人気はキムチチゲ（M$130）やビビンバ（M$140〜）など。

店内はいつもに
ぎわっている

MAP P.68/B1
住所 Florencia No.45　TEL 9155-4971
営業 月〜土11:30〜22:00
税金 込み　カード MV　Wi-Fi 無料

▶地元客で混み合う中華ビュッフェ

カントン
Canton

アラメダ公園から1ブロック南にあり、割安な料金設定で大人気。サラダ、スープ、デザートを含む約20種類のビュッフェはM$50（ドリンクは別途M$20〜）。

激安の中華ビュッ
フェレストラン

MAP P.69/B3
住所 Independencia No.19　TEL 5510-8942
営業 毎日11:30〜19:00
税金 込み　カード MV　Wi-Fi なし

はみだし R ビジャ・マリア Villa María（MAP P.70/A2　TEL 5203-0306　営業 月〜土13:30〜24:00、日13:30〜20:00）はポランコ地区にあるメキシコ料理店。予算はひとりM$300前後。

Estancia ホテル

エコノミークラスから超高級ホテルまでさまざまなクラスのホテルが豊富にある。ただしクリスマスを挟んだ年末年始、セマナサンタ、7・8月のバケーションシーズンは国内外からの観光客でにぎわうので注意。環境がよく、旅行者に人気があるのはソナ・ロッサや革命記念塔周辺。格安ホテルは、ソカロやアラメダ公園周辺にも多い。新しい高級ホテルはチャプルテペック公園北のポランコ地区に建っている。

中・高級ホテルの予約は、まずは各URLをチェック(ベストレートを保証するホテルもある)。ホテル予約サイト(→P.421)を利用したほうが割安となるケースも多い。

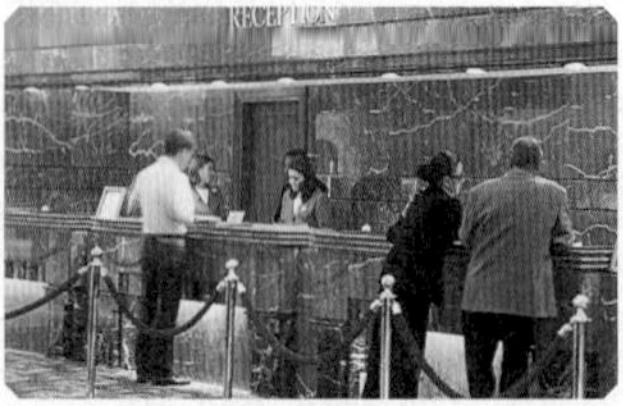
ポランコ地区の快適な大型ホテル

ポランコ地区、チャプルテペック公園周辺

▶歴史都市にたたずむ優雅なオアシス

フォーシーズンズ・メキシコ・シティ
Four Seasons Mexico City

アステカ時代の保養地だったチャプルテペック公園の東側にある、メキシコ随一の格式を誇る全240室のホテル。コロニアル調の8階建てのビルは緑の中庭を囲み、大都会の喧騒から完全に遮断された空間は、朝食にも優雅なディナーにもおすすめだ。客室は気品があり、ヨーロッパ調の洗練とメキシコの伝統的要素がハーモニーを奏でる。[Wi-Fi] 客室OK・無料

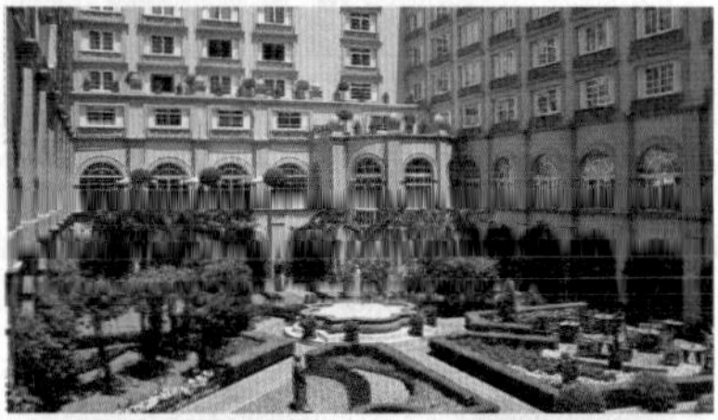

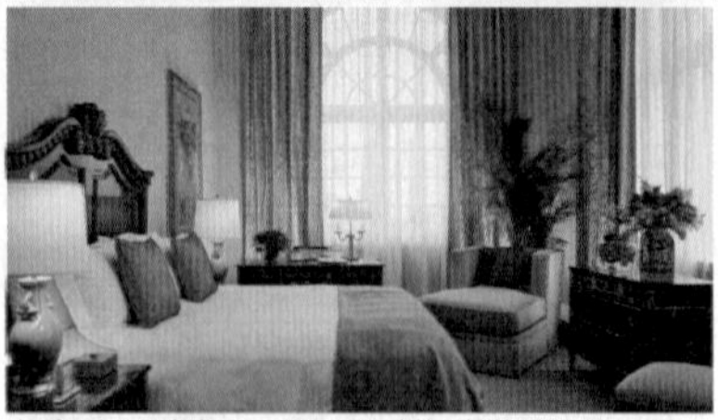
上／ホテルの中庭にもコロニアル建築の情緒が漂っている
下／落ち着いた雰囲気のベッドルーム

[MAP] P.71/C4　🍴○　🏊○　🔒○　💼△
住所 Paseo de la Reforma No.500, Col. Juárez
TEL 5230-1818　FAX 5230-1808
URL www.fourseasons.com
日本予約 フォーシーズンズ FD 0120-024-754
税金 +19%　カード [A][D][J][M][V]
料金 ⓈⒹM$8847～　[AC]○ [TV]○ [TUB]○

▶ビジネスユースにも評判が高い

プレジデンテ・インターコンチネンタル
Presidente InterContinental

チャプルテペック公園の北、ポランコ地区にある全661室の大型ホテル。ホテル内にあるレストランはアッパークラスのグルメ御用達。市内の喧騒から離れ、落ち着いた環境と最新の設備を求める人におすすめだ。ロビーにはツアーが申し込める旅行会社も入っている。メトロ7号線Auditorio駅からは徒歩5分ほど。[Wi-Fi] 客室OK・有料(1日M$230)

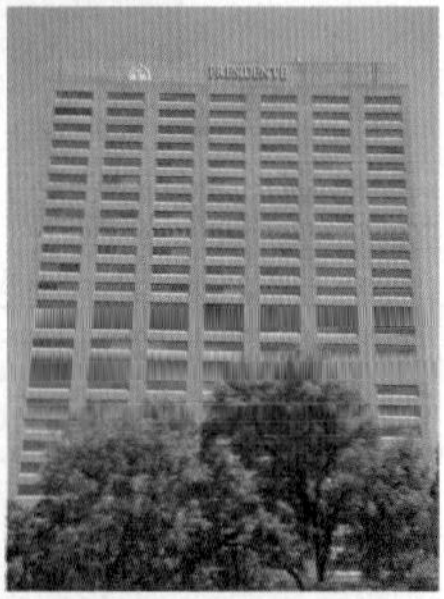

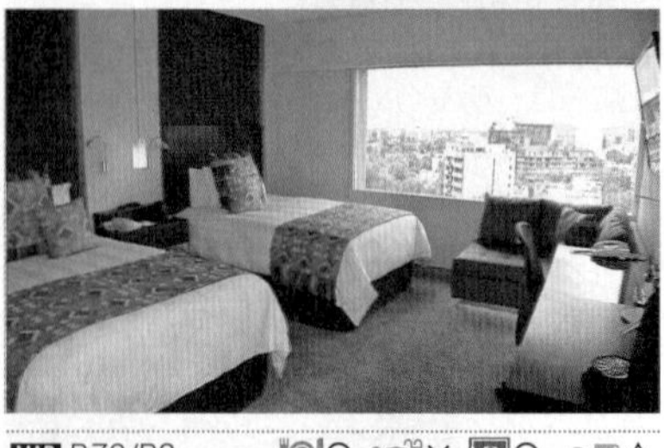
右／ポランコ地区を代表する高級ホテルのひとつ
下／上の階の客室は眺めがよい

[MAP] P.70/B2　🍴○　🏊×　🔒○　💼△
住所 Campos Elíseos No.218
TEL 5327-7700
URL www.ihg.com
日本予約 インターコンチネンタル FD 0120-677-651
税金 +19%　カード [A][D][J][M][V]
料金 ⓈⒹM$4830～　[AC]○ [TV]○ [TUB]△

[はみだし] メキシコでは喫煙が許可されていない部屋でたばこを吸うと、M$1500の罰金などが科せられるホテルもある。特に高級ホテルは厳しいので、喫煙する人はチェックインの際に確認しておこう。

▶名門の香り漂う5つ星ホテル

セントレジス・メキシコ・シティ
St. Regis Mexico City

レフォルマ通りの歴史地区を見下ろすメキシコ・シティの最高級ホテル。有名建築家のシーザー・ペリが手がけたデザインは「アーバンエレガンス」がコンセプト。全189室の客室も快適でスタイリッシュだ。[Wi-Fi] 客室OK・無料

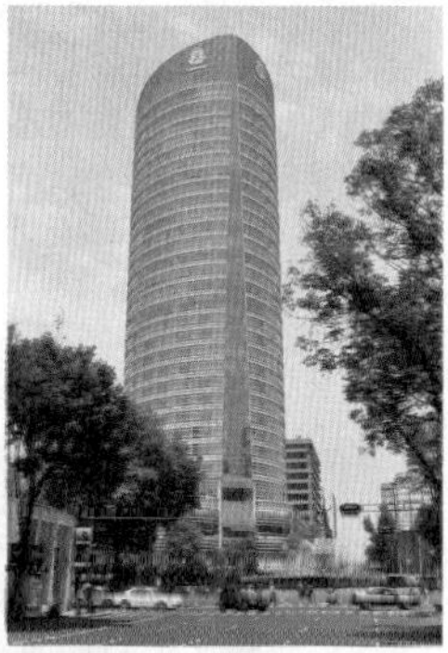
31階建てのトーレ リベルタ内にある

[MAP] P.71/B4　🍴○ 🏊○ 🔒○ ☕△
住所 Paseo de la Reforma No.439, Col. Cuauhtémoc
TEL 5228-1818
URL www.starwoodhotels.com/stregis
日本予約 セントレジス FD 0120-92-2334
税金 +19%　カード [A][D][M][V]
料金 ⓈⒹM$8788～　[AC]○ [TV]○ [TUB]○

▶ビジネスにもツアー旅行者にも人気

JW マリオット・メキシコ・シティ
JW Marriott Mexico City

高層ビルが建ち並ぶ一角にある全312室の大型ホテル。南側にはチャプルテペック公園が広がっており、北側はポランコ地区の繁華街もある。観光やショッピングに便利で周囲の治安もよく、このエリアで人気の高いホテルのひとつだ。[Wi-Fi] 客室OK・有料(1日M$260)

[MAP] P.70/B2　🍴○ 🏊○ 🔒○ ☕△
住所 Andres Bello No.29
TEL 5999-0000　FAX 5999-0001
URL www.marriott.com
日本予約 マリオット FD 0120-142-536
税金 +19%　カード [A][D][J][M][V]
料金 ⓈⒹM$8123～　[AC]○ [TV]○ [TUB]△

▶洗練されたセンスに包まれる

グランド・フィエスタ・アメリカーナ・チャプルテペック
Grand Fiesta Americana Chapultepec

チャプルテペック公園の東側に位置する、全203室のラグジュアリーなシティホテル。ヨーロッパ調のスタイリッシュな客室も気品高く、広々としたバスルームなど、ゲストがリラックスして過ごせるよう配慮が行き届いている。チャプルテペック公園と対峙するエグゼクティブラウンジや、市街を見下ろす最上階のスパ施設など、都市生活の快適さを実感できるアイデアが楽しい。このホテルのデザイン性の高さは、アールデコ調にデザインされたフロントの吹き抜け装飾に象徴されている。[Wi-Fi] 客室OK・無料

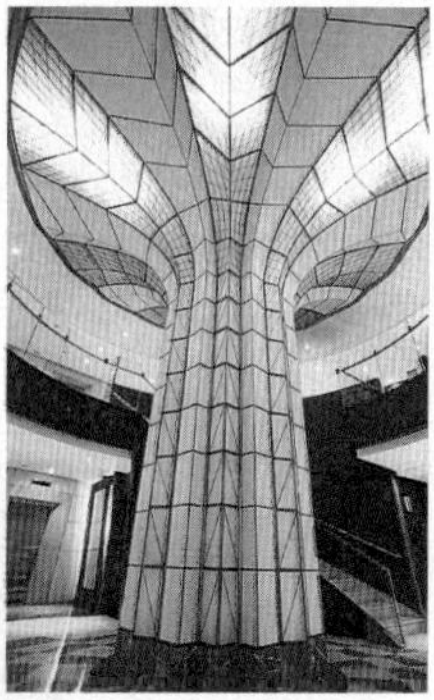
グランドフロアを飾るアールデコ調の装飾

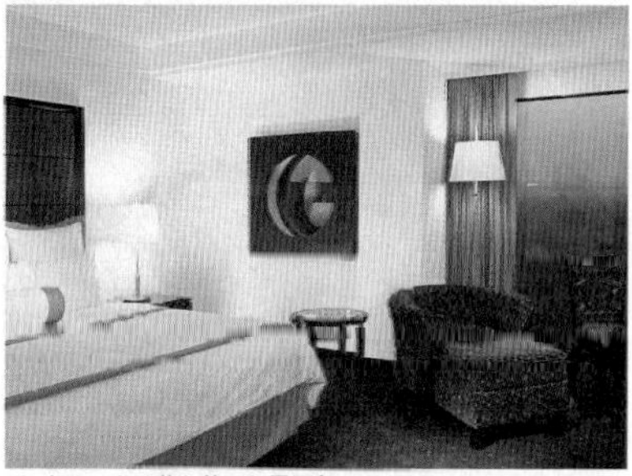
ベッドルームは落ち着いた雰囲気

[MAP] P.71/B3　🍴○ 🏊× 🔒○ ☕△
住所 Mariano Escobedo No.756, Col. Anzures
TEL 2581-1500
URL www.grandfiestamericana.com
税金 +19%　カード [A][D][J][M][V]
料金 ⓈⒹM$4347～　[AC]○ [TV]○ [TUB]△

COLUMNA

大人のムードが漂うポランコ地区

メキシコ・シティに住むセレブたちの遊び場として知られるポランコ地区。高級ホテルやオシャレなレストランが点在し、プレシデンテ・マサリク通り([MAP] P.70/A2)には、エルメスやルイ・ヴィトンなど世界的なブランドショップも並んでいる。高級住宅街でもあるので、町歩きも比較的安全だ(スリなどには注意)。ちなみに、ポランコ地区はメイン通りを除いて、文豪や哲学者などを通りの名前にしており、シェイクスピア、ゲーテ、ソクラテスの名がついた通りもある。

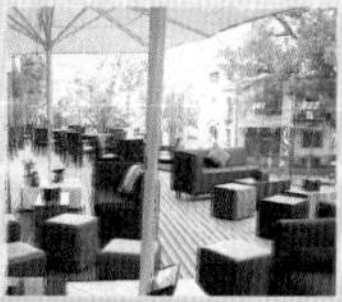
高級ホテルのカフェからストリートウオッチング

▶デザインを極めたアートホテルの傑作

カミノ・レアル・ポランコ

Camino Real Polanco

ソナ・ロッサにも近いポランコ地区の東側にある、デザイン性の高い全712室の最高級ホテル。1968年にオープンし、過去にはワールドカップやオリンピックの本部としても利用された。世界的に有名な建築家リカルド・レゴレッタによるデザインは、黄色の壁にピンクの柵など、その色使いや配置にインパクトがある。建築マニアならその空間演出だけでも一見の価値がある。
[Wi-Fi] 客室OK・無料

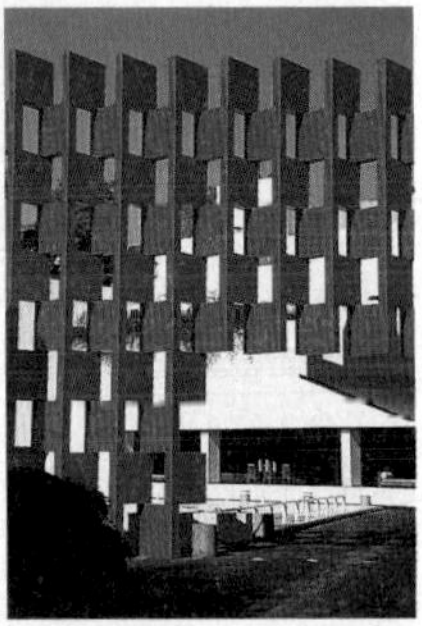

右／外壁を彩るピンクなどの強烈な色彩は叙情性豊かな風土を反映しているかのようだ
下／スタイリッシュなベッドルーム

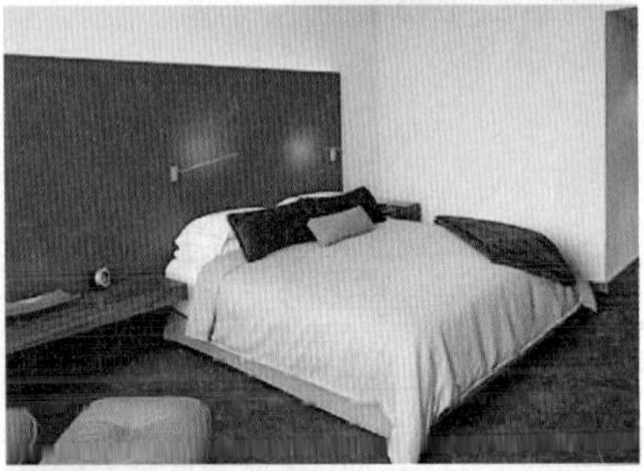

[MAP] P.71/B3　🍴○ 🏊○ 🔒○ 💼△
住所 Mariano Escobedo No.700, Col. Anzures
TEL 5263-8888　FAX 5263-8889
URL www.caminoreal.com
税金 +19%　カード [A][D][J][M][V]
料金 ⓈⒹM$3745～　[AC]○ [TV]○ [TUB]△

▶家族連れや若者に人気の高級ホテル

W メキシコ・シティ

W Mexico City

ポランコ地区に林立する高級ホテルのひとつ。フロントは簡素な感じだが、上階の公共エリアはスタイリッシュな雰囲気で、客層は比較的若い人たちが多い。ジムやサウナなどの設備も充実しており、ゆったり過ごすことができる。全237室ある部屋はおしゃれで斬新な色使いのデザインで、ハンモックがつるされた部屋があるなどユニーク。ペット同伴可能の部屋もある。南側の部屋からはチャプルテペック公園が見下ろせて展望がよい。[Wi-Fi] 客室OK・有料(1日M$190)

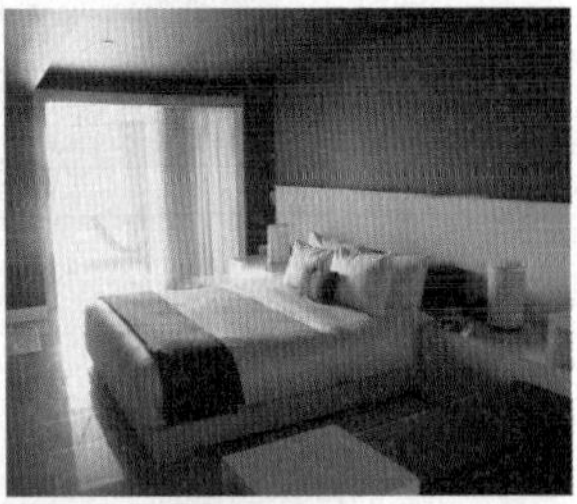

右／斬新なデザインの客室
下／ジャクージで旅の疲れを取ろう

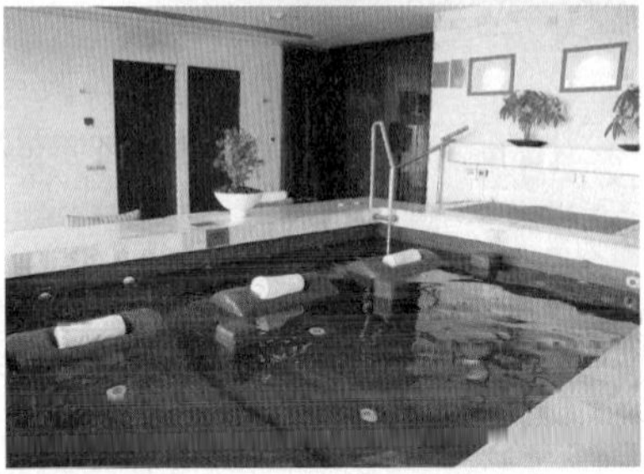

[MAP] P.70/B2　🍴○ 🏊○ 🔒○ 💼△
住所 Campos Eliseos No.252
TEL 9138-1800　FAX 9138-1899
URL www.wmexicocity.com
税金 +19%　カード [A][D][M][V]
料金 ⓈⒹM$7110～　[AC]○ [TV]○ [TUB]△

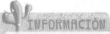

INFORMACIÓN

人気のコンデサ地区に滞在する

人気ショップやナイトスポットが集まる注目エリアのコンデサ地区には快適なプチホテルも多い。[H] **ステラ・ベッド＆ブレックファスト** Stella Bed & Breakfast ([MAP] P.31　住所 Amsterdam No.141　TEL 8435-5572　URL stellabb.com)は1830年代に建てられたアールデコ調の建物をセンスよく改装した全7室のホテル。50年代風や60年代風など部屋ごとにインテリアのコンセプトが異なり、予約時にリクエストもOK。メキシカン＆コンチネンタルの朝食もおいしい。料金はⓈM$1500～、ⒹM$1790～。[Wi-Fi] 客室OK・無料

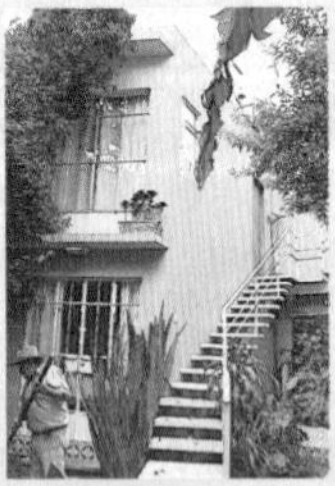

緑に包まれて滞在できるB&B

はみだし [H]カミノ・レアル・ポランコでは『料理の鉄人』が手がける創作和食レストラン[R]モリモトMorimoto([MAP] P.71/B3 TEL 5262-6264 営業 月・火13:00～23:00、水～土13:00～24:00)が人気。

メキシコ・シティと周辺都市　メキシコ・シティ

▶日本人にも使いやすい

ハイアット・リージェンシー・メキシコ・シティ
Hyatt Regency Mexico City

チャプルテペック公園に隣接し、ポランコ地区のショッピング街にも近い、全755室の大型ホテル。日本からのビジネスパーソンやツアー旅行者に親しまれており、和食や鉄板焼きレストランもオープンしている。**Wi-Fi** 客室OK・無料

ポランコ地区に建つ高層ホテルのひとつ

チャプルテペック公園を見渡せる

MAP P.70/B2	〇	〇	〇	〇

住所 Campos Eliseos No. 204, Polanco Chapultepec
TEL 5083-1234　FAX 5083-1235
URL mexicocity.regency.hyatt.com
税金 +19%　カード A D J M V
料金 S D M$5761 ~　AC〇 TV〇 TUB〇

▶お値打ちの中級ホテル

ライラ
Laila

ソナ・ロッサ地区の中心部から200mほど北にある全167室の快適なホテル。観光やビジネスにも便利な立地で、スタッフの対応もしっかりしている。日本人旅行者の利用も多い。

Wi-Fi 客室OK・無料

清潔で落ち着いたベッドルーム

MAP P.71/B4	〇	×	〇	〇

住所 Río Lerma No.237
TEL 5242-7750
URL lailahotels.com
税金 込み　カード A M V
料金 S D M$2202　AC〇 TV〇 TUB×

▶優雅な雰囲気漂うスタイリッシュなホテル

マルキス・レフォルマ
Marquis Reforma

レフォルマ通りに面した高級ホテル。アールデコ調の外観と、近代的な設備でホテル通にも評判だ。全208室。**Wi-Fi** 客室OK・無料

入口のデザインが目を引く

MAP P.71/B4	〇	〇	〇	〇

住所 Paseo de la Reforma No.465
TEL 5229-1200　FAX 5229-1212
URL www.marquisreforma.com
税金 +19%　カード A D J M V
料金 S D M$3686 ~　AC〇 TV〇 TUB△

▶旅慣れた行き届いた客室

アニス・オスタル
Anys Hostal

周囲に人気カフェやショップが並ぶローマ地区のゲストハウス。全6室だがシングルやツインだけでなく、トリプルや4人部屋もあり、友達グループでの宿泊にも便利。スタッフは親切で安心して滞在できる。**Wi-Fi** 客室OK・無料

市内観光に便利なロケーション

MAP P.31	〇	×	〇	×

住所 Puebla No.263　TEL 2523-1143
URL anyshostalmexicodf.com
税金 込み　カード M V
料金 S M$762~、D M$1048~　AC× TV△ TUB×

▶シンプルなコロニアル風ドミトリー

ホステル・ホーム
Hostel Home

周囲にスーパーや食堂が多く、便利なユースホステル。ドミトリーは男女別、ミックスの3室で20人収容。1室のみだが個室もありD M$650。すべてシャワー共同となる。**Wi-Fi** 客室OK・無料

広いサロンも快適

MAP P.31	×	×	×	〇

住所 Tabasco No. 303, entre Valladolid y Medellín
TEL 5511-1683
税金 込み　カード 不可
料金 ドミトリー M$270~　AC× TV× TUB×

はみだし　メキシコ・シティの流行発信エリアとして人気を集めているローマ&コンデサ地区にも、ブティックホテルからドミトリー宿まで宿泊施設が点在している。

ソナ・ロッサ、革命記念塔周辺

▶全室がスイート仕様で人気

ルメリディアン・メキシコ・シティ
Le Meridien Mexico City

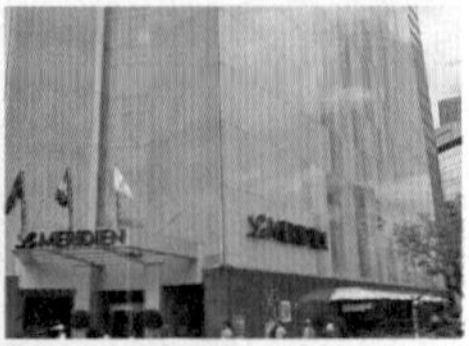

レフォルマ通りに面した高級ホテル

レフォルマ通り沿いに建ち、コロンブス像のすぐ近くにある全160室の高級ホテル。客室はリビングとベッドルームが分かれるスイート仕様で、広々としていて落ち着ける。ソナ・ロッサ方面、ソカロ方面のどちらへもタクシーですぐ行ける便利なロケーションにあるので、世界各国の旅行者からビジネス客まで幅広い人気を誇る。

[Wi-Fi] 客室OK・無料

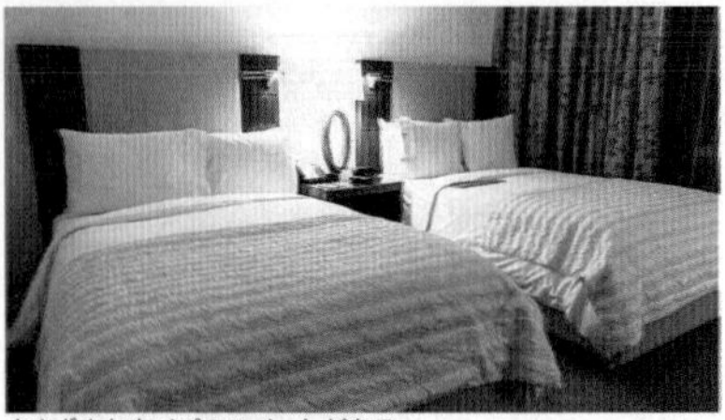
さまざまなタイプのスイートがある

[MAP] P.68/B2 🍴○ 🏊○ 🔲○ ☕△
住所 Paseo de la Reforma No.69
TEL 5061-3000 FAX 5061-3001
URL www.starwoodhotels.com/lemeridien
日本予約 ルメリディアンFD 0120-09-4040
税金 +19% カード [A][D][J][M][V]
料金 ⓈⒹM$4227～ [AC]○[TV]○[TUB]○

▶首都を代表する老舗ホテル

シェラトン・マリア・イサベル
Sheraton María Isabel

独立記念塔のすぐ北側にある全756室の老舗の高級ホテル。ロビーや室内が広々としていて、設備も新しくて気持ちがいい。夜間対応のテニスコートやジャクージ、サウナなど付帯施設も充実。レストランの評判も高く、いつもにぎわっている。

[Wi-Fi] 客室OK・有料(1日M$200)

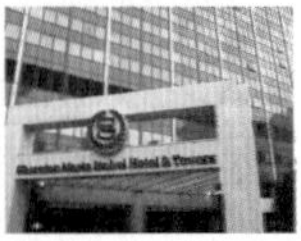
レフォルマ通りのランドマーク

[MAP] P.68/B1 🍴○ 🏊○ 🔲○ ☕△
住所 Paseo de la Reforma No.325
TEL 5242-5555
URL www.starwoodhotels.com/sheraton
日本予約 シェラトンFD 0120-003-535
税金 +19% カード [A][D][M][V]
料金 ⓈⒹM$3890～ [AC]○[TV]○[TUB]○

▶日本人の団体客にも利用される

ガレリア・プラサ・レフォルマ
Galeria Plaza Reforma

ソナ・ロッサの便利な立地にある全434室の大型ホテル。ロビーは広々としていて、おしゃれなバーラウンジもある。フィットネスクラブなどの施設も充実しており、部屋も広くて清潔感があり、料金に比べてお得だ。

[Wi-Fi] 客室OK・無料

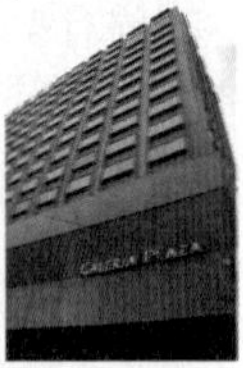
ソナ・ロッサを代表するホテルのひとつ

[MAP] P.71/C4 🍴○ 🏊○ 🔲○ ☕△
住所 Hamburgo No.195
TEL 5230-1717
URL www.galeriaplazahotels.com.mx
税金 +19% カード [A][M][V]
料金 ⓈⒹM$1900～ [AC]○[TV]○[TUB]○

▶落ち着いて滞在できる高級ホテル

バルセロ・レフォルマ
Barceló Reforma

レフォルマ通りとレプブリカ通りが交差する場所に位置する。全505室の館内は最上階まで吹き抜けになっていて、ロビーは開放感がある。客室の設備はもちろん、フィットネスセンターやスパなども充実。[Wi-Fi] 客室OK・無料

[MAP] P.68/B2 🍴○ 🏊○ 🔲○ ☕△
住所 Paseo de la Reforma No.1
TEL 5128-5000
URL www.barcelo.com
税金 +19% カード [A][D][M][V]
料金 ⓈⒹM$2188～ [AC]○[TV]○[TUB]○

▶ソナ・ロッサの高層ホテル

NH コレクション・レフォルマ
NH Collection Reforma

メトロ1号線Insurgentes駅からソナ・ロッサ方面へ2～3分。リベルプール通りに面したにぎやかな繁華街にあるので観光にも便利。周囲にはおすすめのナイトスポットも多く、メキシコの伝統舞踊などを深夜まで楽しむこともできる。全306室。

[Wi-Fi] 客室OK・無料

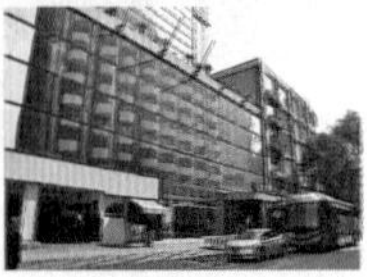
車の乗り降りに便利な立地

[MAP] P.68/C1 🍴○ 🏊○ 🔲○ ☕△
住所 Liverpool No.155
TEL 5228-9928 FAX 5208-9773
URL www.nh-hotels.com
税金 +19% カード [A][M][V]
料金 ⓈⒹM$2030～ [AC]○[TV]○[TUB]○

[投稿] タクシーは高級ホテル内のタクシープールで係員にシティオを手配してもらいましょう(M$20程度のチップが必要)。スペイン語で電話しなくても呼び出せて楽です。(東京都　メガデス　'17)['18]

▶観光に便利な立地

バレンティナ・ルームメイト
Valentina Room Mate

ソナ・ロッサの真ん中、アンブルゴ通りとアンブレス通りの交差するあたり。エンターテインメントを楽しみたい人には理想的。全59室。[Wi-Fi] 客室OK・無料

[MAP] P.68/B1　🍴○ 🏊× 🔒○ ☕△
住所 Ambres No.27
TEL 5080-4500　FAX 5080-4501
URL room-matehotels.com/es/valentina
税金 +19%　カード [A][M][V]
料金 ⓈⒹM$1791～ [AC]○[TV]○[TUB]○

▶小規模ながら５つ星ホテル

センチュリー
Century

ソナ・ロッサにあり、観光にもショッピングにも便利な全140室のホテル。客室の設備やアメニティが充実している。[Wi-Fi] 客室OK・無料

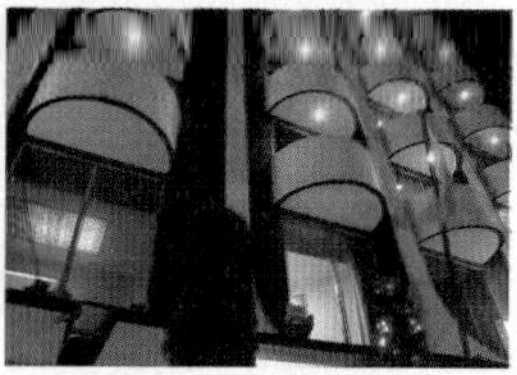
各部屋に小さなテラスがある

[MAP] P.68/C1　🍴○ 🏊○ 🔒○ ☕△
住所 Liverpool No.152
TEL 5726-9911　FAX 5525-7475
URL www.century.com.mx
税金 込み　カード [A][M][V]
料金 ⓈⒹM$1098～ [AC]○[TV]○[TUB]○

▶デザイン性の高さが評判

カルロタ
Carlota

涼しげなプールとオープンレストランを中庭に完備したデザインホテル。全36室のインテリアは洗練された雰囲気だが、スタンダードルームは17m²と手狭なサイズ。[Wi-Fi] 客室OK・無料

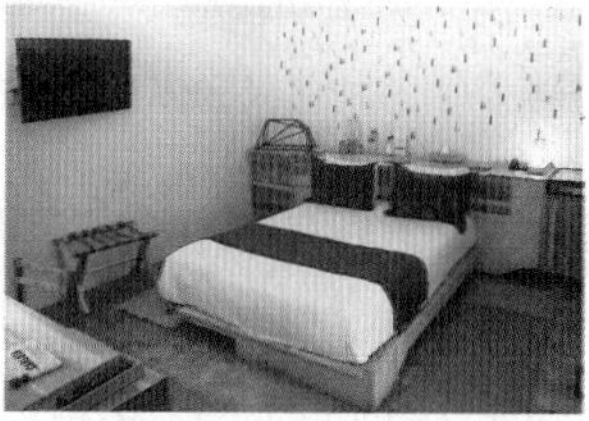
薄型テレビやミニバーを完備

[MAP] P.68/B1　🍴○ 🏊○ 🔒○ ☕△
住所 Río Amazonas No.73
TEL 5511-6300
URL www.hotelcarlota.com.mx
税金 込み　カード [A][D][J][M][V]
料金 ⓈⒹM$4250～ [AC]○[TV]○[TUB]×

▶メキシコ人旅行者にも人気

マリア・クリスティーナ
María Cristina

メトロバス7号線のHamburgo駅から徒歩約2分。全150室あるコロニアル調の重厚な客室は女性好み。[Wi-Fi] 客室OK・無料

[MAP] P.68/B1　🍴○ 🏊× 🔒○ ☕△
住所 Río Lerma No.31
TEL 5703-1212　FAX 5566-9194
URL www.hotelmariacristina.com.mx
税金 +19%　カード [A][M][V]
料金 ⓈⒹM$1095～ [AC]△[TV]○[TUB]△

▶日本人の利用も多い

ロイヤル・レフォルマ
Royal Reforma

ソナ・ロッサにある全162室のホテル。屋上にはプールとバーを完備。ほとんどの部屋にバスタブが付いている。[Wi-Fi] 客室OK・無料

[MAP] [illegible]　🍴○ 🏊○ 🔒○ ☕△
住所 Calle Amberes No.78
TEL 9149-3000　URL hotelroyalreforma.com
税金 込み　カード [A][M][V]
料金 ⓈⒹM$1480～ [AC]○[TV]○[TUB]△

▶個室のほかにドミトリーも完備

トラベル・ステーション
Travel Station

日本人向けの全12室の宿。宿泊はeメールによる予約制(travelstationmex@gmail.com)で、チェックインは22:00まで。2段ベッドのドミトリーはUS$15。[Wi-Fi] 客室OK・無料

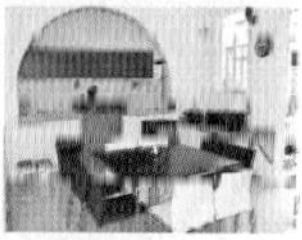
共同キッチンや洗濯機も利用可

[MAP] P.68/B2　🍴× 🏊× 🔒△ ☕×
住所 Ignacio Mariscal No.96
TEL 5535-9345（対応休止時あり）
URL travelstationmex.com　税金 込み　カード 不可
料金 ⓈUS$30、ⒹUS$45 [AC]×[TV]×[TUB]×

▶日本人バックパッカーが集う

ペンション・アミーゴ
Pension Amigo

ドミトリー 11室（32ベッド）とダブルベッドの個室4室からなる日本人宿。ドミトリー M$140。[Wi-Fi] 客室OK・無料

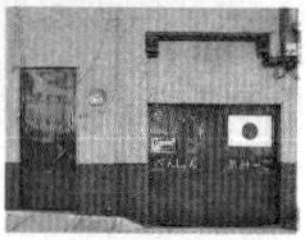
黄色い壁と日の丸が目印

[MAP] P.68/B2　🍴× 🏊× 🔒× ☕○
住所 Ponciano Arriaga No.12
TEL 5546-7641
税金 込み　カード 不可
料金 ⓈⒹM$280 [AC]×[TV]×[TUB]×

はみだし 革命記念塔周辺は安宿が多いが、一部のホテルは売春宿のようになっており、盗難に遭うこともある。宿泊の際は料金だけで決めず、周囲の環境や従業員の雰囲気などからも判断しよう。

ソカロ、アラメダ公園周辺

▶アラメダ公園に面して建つ

ヒルトン・メキシコ・シティ・レフォルマ
Hilton Mexico City Reforma

セントロのアラメダ公園を見下ろすように建つ、全459室の高層ホテル。比較的ビジネスパーソンの利用者が多いが、立地がよいので観光旅行での利用にも便利な存在だ。一般的な高級ホテルにある近代的な施設はひととおり揃っている。[Wi-Fi] 客室OK・有料(1日M$180)

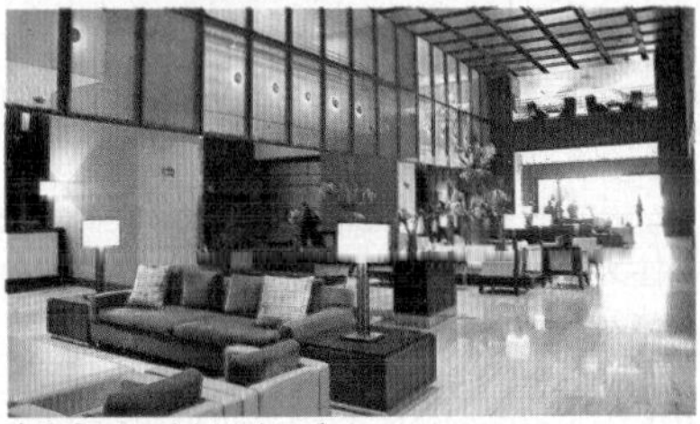
高級感のある広々としたロビー

[MAP] P.69/B3　🍴○　🏊○　🔲○　🚗△
住所 Av. Juárez No.70　TEL 5130-5300
FAX 5130-5255　URL www.hilton.com
日本予約 ヒルトン・リザベーションズ TEL (03)6679-7700
税金 +19%　カード [A][D][M][V]
料金 ⓈⒹM$3585～　[AC]○ [TV]○ [TUB]○

▶ソカロに面した格式のある高級ホテル

グランホテル・シウダ・デ・メヒコ
Gran Hotel Ciudad de México

アールヌーボー様式の建築デザインがすばらしい、全59室の5つ星ホテル。ロビーを装飾する豪華なシャンデリアや、吹き抜け天井のステンドグラスは一見の価値あり。客室は$28m^2$と快適なサイズで、部屋によってはカテドラルも見渡せる。[Wi-Fi] 客室OK・無料

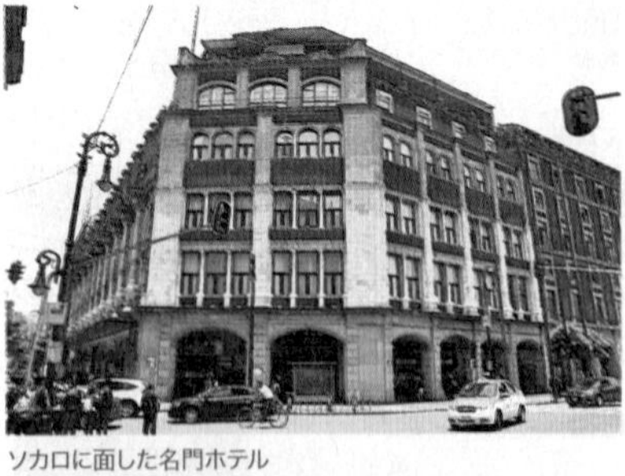
ソカロに面した名門ホテル

[MAP] P.69/C4　🍴○　🏊×　🔲○　🚗△
住所 16 de Septiembre No.82
TEL 1083-7700
URL granhoteldelaciudaddemexico.com.mx
税金 込み　カード [A][M][V]
料金 ⓈⒹM$3213～　[AC]○ [TV]○ [TUB]△

▶女性にもおすすめのセンス

ソカロ・セントラル
Zócalo Central

カテドラル西側にある。フロントやロビーはビジネスホテルのようだが、室内は広々としている。全105室。[Wi-Fi] 客室OK・無料

[MAP] P.69/C4　🍴○　🏊×　🔲○　🚗△
住所 5 de Mayo No.61　TEL 5130-5138
URL www.centralhoteles.com
税金 +19%　カード [A][M][V]
料金 ⓈⒹM$2179～　[AC]○ [TV]○ [TUB]△

▶コロニアル建築のアートホテル

ダウンタウン
Downtown

ソカロから2ブロック西にある、17世紀の歴史的な建物を改築したホテル。屋上にはプールやバーを完備。全17室。[Wi-Fi] 客室OK・無料

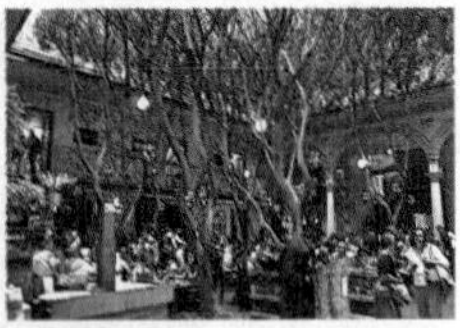
中庭は都会のオアシス

[MAP] P.69/C4　🍴○　🏊○　🔲○　🚗△
住所 Isabel la Catolica No.30
TEL 5130-6830
URL www.downtownmexico.com
税金 込み　カード [A][M][V]
料金 ⓈⒹM$4220～　[AC]○ [TV]○ [TUB]○

▶内容充実のリーズナブルなホテル

カテドラル
Catedral

カテドラルの北側2番目の通りにある。入口は地味だが、全116室ある内部は3つ星クラスの設備。[Wi-Fi] 客室OK・無料

[MAP] P.69/B4　🍴○　🏊×　🔲○　🚗△
住所 Donceles No.95
TEL 5518-5232　URL www.hotelcatedral.com
税金 込み　カード [A][M][V]
料金 ⓈM$1165～、ⒹM$1435～　[AC]○ [TV]○ [TUB]×

▶ガリバルディ広場から 80m 東

プラサ・ガリバルディ
Plaza Garibaldi

ガリバルディ広場から大衆食堂が並ぶ一角にある全77室の中級ホテル。マリアッチ好きにおすすめの立地だ。[Wi-Fi] 客室OK・無料

[MAP] P.69/B4　🍴○　🏊×　🔲×　🚗○
住所 Honduras　No.11　TEL 5529-7791
税金 込み　カード [M][V]
料金 ⓈⒹM$950～　[AC]× [TV]○ [TUB]×

[はみだし] [H]オスタル・アミーゴHostal Amigo ([MAP] P.69/C4)はソカロ近くのホステル。ドミトリー M$190～、ⓈⒹM$460～。住所 Isabel la Catolica No.61 TEL 5512-3464　URL www.amigohostal.com

▶清潔な快適ホステル

カサ・サン・イルデフォンソ
Casa San Ildefonso

テンプロ・マヨールから2ブロック北、19世紀の建物を利用した全70室のホステル。共用スペースには冷蔵庫や電子レンジも完備。ドミトリーはM$360。[Wi-Fi] 公共エリアのみ・無料

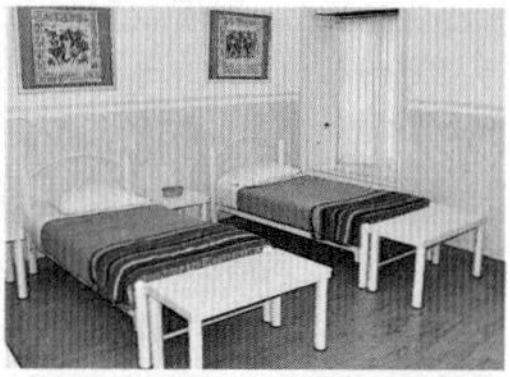
ドミトリーも3室ある

[MAP] P.69/B4　🍴× 🏊× 🔒○ ☕○
住所 San Ildefonso No.38
TEL 5789-1999　URL casasanildefonso.com
税金 込み　カード [M][V]
料金 ⓈM$600～、ⒹM$750～　[AC]× [TV]× [TUB]×

▶ソカロにも歩いて行ける中級ホテル

ギロウ
Gillow

ソカロから3ブロック西の角にある中級ホテル。観光にも食事にも便利な立地にある。全103室。[Wi-Fi] 客室OK・無料

[MAP] P.69/B4　🍴○ 🏊× 🔒○ ☕有料
住所 Isabel la Católica No.17　TEL 5518-1440
FAX 5512-2078　URL www.hotelgillow.com
税金 込み　カード [A][M][V]
料金 ⓈⒹM$1029～　[AC]○ [TV]○ [TUB]△

▶民芸品市場にも近い

フレミング
Fleming

メトロ3号線のJuáres駅から徒歩2分ほどの所にある全80室の経済的なホテル。料金のわりに清潔でリーズナブル。[Wi-Fi] 客室OK・無料

[MAP] P.69/B3　🍴○ 🏊× 🔒× ☕有料
住所 Revillagigedo No.35　TEL 5510-4530
URL www.hotelfleming.com.mx
税金 込み　カード [M][V]
料金 ⓈM$580～、ⒹM$690～　[AC]× [TV]○ [TUB]×

▶メトロ利用にも便利

カストロポル
Castropol

メトロ1&2号線のPino Suárez駅から徒歩1分ほど。全68室は部屋もわりと広く、電話、ホットシャワー付き。[Wi-Fi] 客室OK・無料

[MAP] P.69/C4　🍴× 🏊× 🔒× ☕有料
住所 Pino Suárez No.58
TEL 5522-1920　URL www.hotelcastropol.com
税金 込み　カード [M][V]
料金 ⓈM$430～、ⒹM$510～　[AC]× [TV]○ [TUB]×

▶日本人経営のおすすめホテル

サンフェルナンド館
San Fernando

メトロ2&3号線のHidalgo駅から徒歩3分ほど。サンフェルナンド公園に面していて、ドミトリーはUS$10。日本人旅行者同士で、旅の情報交換をするのにも最適。コーヒーのセルフサービスがある。全15室。[Wi-Fi] 客室OK・無料

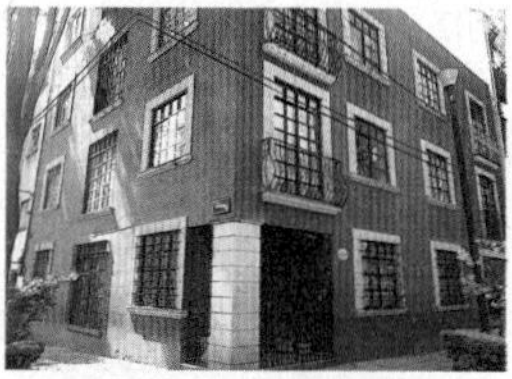
看板は出ておらずピンクの建物が目印

[MAP] P.69/B3　🍴× 🏊× 🔒× ☕○
住所 Plaza de San Fernando No.13
TEL 5510-0548／055-4982-4445（携帯）
MAIL mexicohostalsanfernando@gmail.com
税金 込み　カード 不可
料金 ⓈUS$17～、ⒹUS$28～　[AC]× [TV]× [TUB]×

▶おすすめのエコノミーホテル

ファレス
Juárez

ソカロから2ブロック北西の横道を入った所。メトロ2号線のAllende駅から徒歩3～4分と便利だ。近くに露店が多いので、食費も安く上げられる。全39室。[Wi-Fi] 公共エリアのみ・無料

[MAP] P.69/B4　🍴× 🏊× 🔒× ☕×
住所 1er. Callejon de 5 de Mayo No.17
TEL 5512-6929
税金 込み　カード 不可
料金 ⓈⒹM$330～　[AC]× [TV]○ [TUB]×

▶バックパッカーが集う

ホステル・カテドラル
Hostel Catedral

カテドラルのすぐ裏側にある、全42室204ベッドをもつ宿泊施設。世界中のバックパッカーと、旅の情報交換ができる。建物内には無料で使用できるロッカー、有料だが洗濯機もある。ドミトリーはM$170～。[Wi-Fi] 客室OK・無料

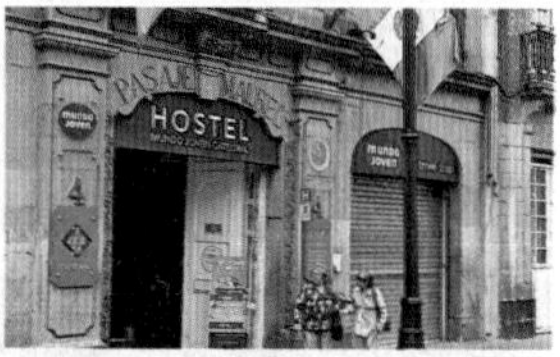

歴史地区のまっただ中にある

[MAP] P.69/B4　🍴× 🏊× 🔒× ☕○
住所 República de Guatemala No.4
TEL 5518-1726　URL www.mundojovenhostels.com
税金 込み　カード 不可
料金 ⓈⒹM$470～　[AC]× [TV]△ [TUB]×

はみだし [H]ペンション・アミーゴ（→P.101）や[H]サンフェルナンド館には日本人旅行者が書いた情報ノートがある。旅の情報や体験談は役に立つ内容が満載なので目をとおしてみよう。

空港周辺＆郊外エリア

▶空港内にあり移動に便利

ヒルトン・メキシコ・シティ・エアポート
Hilton Mexico City Airport

空港ターミナル1内3階にある全129室のホテル。チェックインやルームサービスは24時間対応。離発着モニターがあるのもエアポートホテルならではだ。[Wi-Fi] 客室OK・無料

[MAP] 折込裏/A2　🍴○　🏊×　🔒○　☕△
住所 空港ターミナル1内　TEL 5133-0505
URL www.hilton.com
日本予約 ヒルトン・リザベーションズ
TEL (03)6679-7700　税金 +19%　カード [A][D][M][V]
料金 ⓈⒹM$2989～　[AC]○ [TV]○ [TUB]○

▶空港内のカプセルホテル

イズズリープ
Izzzleep

空港ターミナル1の2階通路を渡り、バスチケット売り場の先にある。シャワーのみの利用(M$130)や、1時間単位の利用(M$140)も可能。全40室。
[Wi-Fi] 客室OK・無料

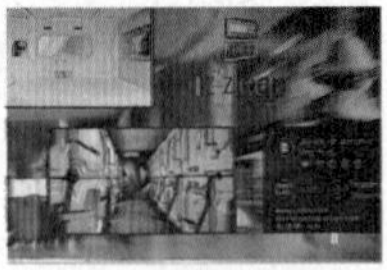
2017年にオープン

[MAP] 折込裏/A2　🍴×　🏊×　🔒○　☕×
住所 空港ターミナル1内　TEL 2599-1434
URL www.izzzleep.com
税金 +19%　カード [A][M][V]
料金 ⓈM$647　[AC]○ [TV]○ [TUB]×

▶バス移動に便利な

ブラシリア
Brasilia

北方面バスターミナルを出て左に折れ、5分ほど南へ歩く。深夜に着いたときや早朝に出発するときに便利な全133室のホテル。
[Wi-Fi] 客室OK・無料

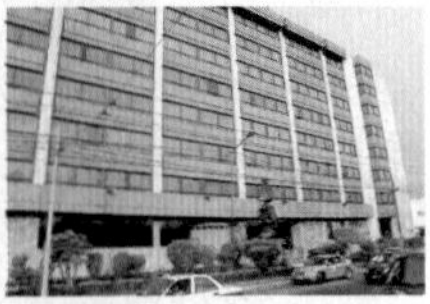
北方面バスターミナルに近い

[MAP] 折込裏/A1　🍴○　🏊×　🔒×　☕有料
住所 Av. de los 100 Metros No.4823
TEL 5587-8577
URL www.hotel-brasilia.com.mx
税金 込み　カード [A][M][V]
料金 ⓈⒹM$642～　[AC]○ [TV]○ [TUB]△

▶サンアンヘルにある清潔な安宿

セントロ・ディアナ
Centro Diana

サンアンヘル地区にある全45室のホテル。比較的治安がよいエリアにあるので、安心して泊まれる。メトロ3号線M.A. de Quevedo駅から徒歩約5分。[Wi-Fi] 公共エリアのみ・無料

[MAP] P.83　🍴×　🏊×　🔒×　☕×
住所 Av. Universidad No.1861
TEL 5661-0088　税金 込み　カード 不可
料金 ⓈⒹM$500～　[AC]× [TV]○ [TUB]×

エクスカーション

▶軍事的な性格を強く示す遺跡　★★

トゥーラ
Tula

小規模な遺跡だが見事な石柱やレリーフが多い。ただひとつ形をとどめるピラミッドの上には4本の戦士の石像が立っている。高さ4m以上ある石像は空をバックに映えて見える。遺跡の周りに張り巡らされた壁には、戦士の図、生け贄の図、ドクロなど戦いと死を表すモチーフがあふれ、軍事的性格の強かったトゥーラの繁栄期を物語っている。現在トゥーラの遺跡から発見された出土品は、ほとんどメキシコ・シティの国立人類学博物館に移されて、4本の石像のうちのふたつは複製品になっている。マヤ文明後期、特にチチェン・イッツァの遺跡には、トルテカ文明の影響が色濃く残されていて共通するモチーフも多い。戦士の神殿やチャック・モール像などはその代表的な例だ。文化交流があった証拠であり、興味深い。

トゥーラへのアクセス
メキシコ・シティから約65km北。北方面バスターミナルからトゥーラのセントロへ、Ovni、AVM社が毎時2～3本運行(7:00～21:00)。所要約1.5時間、M$119～139。ケレタロからは毎日9便のバスが運行(所要約2.5時間、M$171)。
セントロからさらに遺跡行きの市バスに乗り換えて行く。

トゥーラ遺跡　[MAP] P.57/A1
TEL (773)100-3654
入場 毎日9:00～17:00
料金 M$70

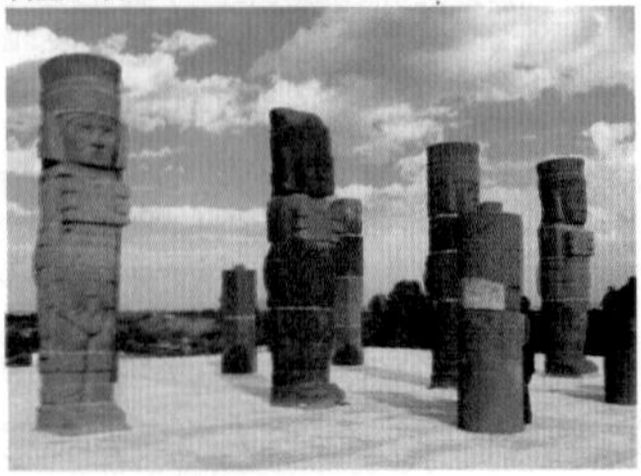
トゥーラを中心とする文明はトルテカ文明と呼ばれ、中央高原の北部を支配していた

[はみだし] [H]NH アエロプエルトNH Aeropuerto ([MAP] 折込裏/A2 TEL 5786-5750 URL www.nh-hotels.com)は空港ターミナル2内にある全287室のホテル。ⓈⒹM$2274～。

YELLOW PAGE

イエローページ

各国公館

日本国大使館 Embajada del Japón
MAP P.68/B1

住所 Paseo de la Reforma No.243, Torre Mapfre,
Piso 9, Cuauhtemoc　TEL 5211-0028
URL www.mx.emb-japan.go.jp
営業 月～金 9:15～13:15、15:00～18:15

メトロ1号線のInsurgente駅下車、徒歩約10分。業務としては、パスポート紛失時の新規発行手続きなどを領事部で受け付けている。年末年始、日本とメキシコの一部の祝祭日が休館になるので、ホームページで確認しよう。

※2015年11月に上記に移転し、以前は別の場所にあった**日本国大使館・別館広報文化班**Espacio Japón (TEL 5211-0028　営業 月～金9:15～15:15、16:00～18:15)で受け付けている。

レフォルマ通りに建つビルの9階にある日本大使館

アメリカ合衆国大使館
Embajada de Estados Unidos　MAP P.68/B1
住所 Paseo de la Reforma No.305, Cuauhtémoc
TEL 5080-2000

メトロ1号線のInsurgentes駅下車、徒歩約5分。

ベリーズ大使館
Embajada de Belize　MAP 折込裏/B1
住所 Bernardo de Gálves No.215, Col. Lomas
de Chapultepec　TEL 5520-1274

日本人は30日以内の滞在の場合、2014年12月からベリーズ入国の際にビザは不要となっている（30日以上の滞在はベリーズ国内で手続き可）。空路で入国した場合、出国のための航空券の提示を求められる。

ブラジル総領事館
Consulado-Geral do Brasil　MAP P.70/A1
住所 Paseo de las Palmas No.215, Piso 4
TEL 4160-3953

ブラジルに入国する場合、日本人はビザが必要。月～金9:00～13:00、発給は3～10日ほどかかる。写真1枚を用意し、パスポートやブラジル往復の航空券のeチケット控え、クレジットカードを提示する。料金はM\$1600。

入国管理局の外観

内務省入国管理局 Secretaría de Gobernación
Instituto Nacional de Migración　MAP 折込裏/A1
住所 Av. Ejercito Nacional No.862, Col. Los
Morales Polanco　TEL 5387-2400
営業 月～金9:00～14:00、16:00～18:00

メトロ7号線Polanco駅から西へ約1.5km。学生ビザや就労ビザの申請を受け付けている。ツーリストカードを紛失した場合に、ここで再発給してもらう。

総合病院

エスパニョール病院
Hospital Español　MAP P.70/A2
住所 Av. Ejército Nacional No.613, Torre
Antonino Fernádez, Piso 10, Consultorio
1001, Col.Granada
TEL 5255- 9600、5255-9646（緊急）

日本語の通じる医師

宗田博義医師（胃腸科・内視鏡科）
※上記のエスパニョール病院勤務。
TEL 5250-7959（エスパニョール病院内）
携帯 044-55-5101-9334
診療時間 月 命11:00 13:00、16:00 19:00
往診可。要事前予約。

多富康志医師（整形外科・外傷科）
※上記のエスパニョール病院勤務。
TEL 5250-7964/7959
携帯 044-55-5455-8451
診療時間 月～金10:00～13:00、16:00～20:00
往診可。要事前予約。

白石エンリケ医師（内科）
※上記のエスパニョール病院勤務。
TEL 5250-7964　携帯 044-55-1451-3139
診療時間 月～金10:00～13:00、16:00～19:00

早瀬英夫医師（歯科）
住所 Indiana No.260, Despacho207, Col. Cd.de
los Deportes
TEL 5611-0577　携帯 044-55-5414-9585
診療時間 火・木 16:00 ～ 20:00、土 10:00 ～
14:00。緊急の場合は時間外診療可。要事前予約。

緊急時&番号案内

救急、警察　FD 060
赤十字　FD 065
電話番号案内　FD 040
国際電話のオペレーター　FD 090

特集 遺跡探訪 ☀ Teotihuacán

World Heritage
世界遺産

ラテンアメリカ最大の都市遺跡

テオティワカン ☀ Teotihuacán

儀礼用の香炉。テオティワカンの遺物は敷地内にあるシティオ博物館に展示されている

メキシコ・シティから50kmほど北東に遺跡が残るテオティワカンは、紀元前2世紀頃に建造されたメキシコ最大の宗教都市国家。この巨大なピラミッド都市を建設したのは、テオティワカン族と呼ばれる人々とされる。しかし彼らはどこから来たのか、そして8世紀頃の謎の滅亡とともにどこに消えてしまったのかは、今も解明されていない。

テオティワカンの歴史と文化

　独自に高度な文明を生み出していったテオティワカンは、メキシコ盆地を中心として、350年から650年頃の間に繁栄の頂点に達した。おそらく20万人以上の人口を擁していたと推定される。

　平和的な神制政治は、すべての政事を司る神官を頂点に軍人、商人と階級分けされ、最下層の職人たちも職種別に各々のバリオ（地区）に整然と暮らしていた。神官グループは一分の隙もないピラミッドの建造を指導し、宗教祭事を正確に取り決めるための高いレベルの数学、天文学の知識を操っていた。後に人が去り盆地に放置されていたテオティワカンを訪れたアステカ人たちは、荘厳なピラミッド群をこれこそ神々が建てた都市と信じ、彼らの宇宙観ともいえる「太陽と月の神話」の舞台とした。現在の「太陽の神殿」「月の神殿」といった名称にもアステカの神話が投影されている。テオティワカンは当時としてはそれほど巨大で整備された都市だった。

　テオティワカン遺跡は、タルー・タブレロという建築様式で造られている。傾斜する基盤の上に垂直な板面をはめ込んだ基段の積み重ねによって、巨大なピラミッドを形成しているのだ。これはテオティワカンのほとんどすべての建築物に共通している。

山面から見た太陽のピラミッド

世界有数のスケールを誇る大神殿

太陽のピラミッド
Pirámide del Sol

高さ65m、底辺の1辺が225mの巨大な神殿。テオティワカンのなかでは最大の建築物で、ピラミッドとして世界で3番目の大きさを誇る。このピラミッドは宗教儀礼のために建造されたもので、平坦な頂上には以前神殿が建っていたらしい。年2回、太陽がこのピラミッドの真上に来る日には、水面で反光が差しているように輝いて見えるという。これはテオティワカン族によって計算されていたと考えられている。巨大なピラミッドの内部には、もうひとつピラミッドが眠っている。つまり、古い神殿を覆うように今の神殿が造られている。

全部で248段ある、かなり急な階段を上ると、頂上では爽快な眺めと風が待っている。ここから見る月のピラミッドもいいアングルだ。

テオティワカン
Teotihuacán

エリア地図 ▶P.57/A1

0　　　400m

R Techinanco
壁画博物館
月のピラミッド
Pirámide de la Luna
月の広場
Puerta 3　　ケツァルパパロトルの宮殿
(←メキシコシティへ)　Paracio de Quetzalpapalotl
ジャガーの宮殿
Palacio de los Jaguares
Puerta 2
(←メキシコシティへ)
死者の大通り
太陽のピラミッド
Pirámide del Sol
光と音のショー
集合場所
太陽の広場　　シティオ博物館
WC R
La Gruta
Pirámide
Charlie's
彫刻園
サンフアン川
企画展示館
ラシウダデラ(城壁)
Puerta 1
(←メキシコシティへ)　ケツァルコアトルの神殿
Templo de Quezalcoatl
(高速道路)
メキシコシティへ　　レストランが並ぶ
H Villa Arqueológica

65mの高さを誇る太陽のピラミッド。テオティワカン古典期に造られた大ピラミッドの建造には、1万人もの労働者と10年ほどの歳月を要したと推測されている

ケツァルコアトルの神殿
Templo de Quezalcoatl

　四方を城壁に囲まれたユニークな神殿。このピラミッドは，装飾美の面からはテオティワカンのなかでも際立って優れたもので，前面がケツァルコアトル（羽毛の蛇，水と農耕の神）とトラロック（雨の女神）の彫像などのレリーフで覆われている。かすかではあるが，石面には赤や緑の色が残っていて，極彩色に彩られた昔日のテオティワカンを思わせる。

ケツァルコアトルの神殿には羽毛の蛇の像などが装飾されている

ケツァルパパロトルの宮殿
Paracio de Quetzalpapalotl

　テオティワカンで最も完全に近く修復された建築物のひとつ。月のピラミッドで祭事に携わる神官の住居であったと考えられている。中庭の石柱には，鳥をモチーフにしたケツァルパパロトルの浮き彫りが鮮明に残っている。

　ケツァルパパロトルの宮殿の南西にはジャガーの宮殿への階段がある。ジャガーの宮殿の中庭は半地下のようになっていて，周りには3つの部屋がある。各部屋には「ホラ貝を吹く羽毛のあるジャガーの図」，「ケツァルの絵」など克明で鮮やかな色の残る壁画が見られる。

ケツァル鳥を模したレリーフが残るケツァルパパロトルの宮殿

死者の道
La Calle de los Muertos

　テオティワカンを南北に貫く死者の道は，正確には北から東の方向に15度30分だけ傾いている。道は北端と南端で2.7mほどの洛差かめり，緩やかに傾斜している。

　また，死者の道に対してほぼ直角に交わる道があったことも明らかになった。このふたつの南北と東西の道は星と関係があるという説を出した学者もある。北は北斗七星の最も明るいアルファ星，東はシリウス，西はスバルの方向になっているのだという。

月のピラミッドへ向かう死者の道。約2kmにわたって遺跡内に延びる道の周囲にはさまざまな建造物が並んでいる

月のピラミッド
Pirámide de la Luna

　テオティワカン遺跡では2番目に大さいピラミッド。高さ約42m，底辺150m×130mほどで，350年頃に造られた。太陽のピラミッドより建築物は低いが，やや隆起した所に建っているので頂上の高さはほぼ同じ。ピラミッド前の月の広場の規模からすると，重要度は月のピラミッドのほうが高く，大きな宗教儀礼は月のピラミッドを中心に行われていたと推定される。

　死者の道の北端にあるこのピラミッドの上からが遺跡のなかで一番眺めがいい。上からは，死者の道が真っすぐに延びる雄大なテオティワカンの全景が一望できる。

祭儀の舞台となっていた月のピラミッド

巨大遺跡テオティワカンを俯瞰できる熱気球ツアー（P.66）　写真提供：I.I.O. メキシコ・シティ

アクセス　メキシコ・シティの北方面バスターミナルから、Autobus San Juan Teotihuacánのバスが6:00～22:00まで毎時4～6本運行している。所要約1時間、M$52。

　バスチケットは片道でも買えるが、往復で購入しておくのがおすすめ（特に割引はないが）。チケットに座席番号は書いてあるが、乗客は基本的に自由に座っている。バスは途中テオティワカンの町を通るので、ここで降りてしまわないように注意すること。バスはその後、2kmほど離れた遺跡へ向かう。あらかじめ運転手に、"Las Piramides" で降りることを告げておこう。降りる乗客がいないとわかって、寺院に隣接する道り入口近くまで行くこともある。

　バスが停まるのは、Puerta 2と3の入口。ここを過ぎると、バスは遺跡から遠ざかってしまうので降りそびれないように。帰路は、Puerta 1から出ると、目の前にロータリーがあり、そこにメキシコ・シティへ戻るバスがやってくる。Puerta 2と3から外に出て、そこでバスを待つことも可能。ともにバス停の印はないので、立って待っている人がいたら聞いてみるといい。バスが来たら、手を挙げて乗車する意思を示すほうが安全。

メキシコ・シティへ戻る最終バスは21:00頃だ。

　また、メトロ3号線でインディオス・ベルデIndios Verdesに行き、「J出口」前のバス乗り場からも乗り降りできる。所要約1時間、片道M$52。

歩き方　遺跡の公開時間は毎日7:00～17:30（入場は17:00まで）。入場料はM$70で、ビデオカメラの持ち込み料は別途M$45。日曜はメキシコ人の入場者でとても混み合う。

　遺跡の広大さと高地の希薄な空気を考えると、見学に3～4時間かけたい。ほこりっぽくて日差しも強いのでサングラス、帽子、飲料水が必須。雨はあまり降らないが、雨季には雨具も用意しておこう。

　到着した入口Puertaの位置を確認し、中へと向かう。太陽のピラミッドの南にはシティオ博物館が、月のピラミッドの北西には壁画博物館がある。

　遺跡周辺には ℝLa Grutaなど食事のできるところも多いので、ピラミッドの登頂で疲れたら、ひと休みするといい。また遺跡の敷地に隣接して、Ⓗ Villa Arqueológica［TEL (594)956-0086　料金 Ⓢ ⒹM$1450～］もある。

タイル張りの建築物が並ぶ郷土料理の発祥地

プエブラ
Puebla

人　口	約154万人
高　度	2162m
市外局番	222

必須ポイント！
★サントドミンゴ教会
★砂糖菓子の家
★モーレ・ポブラーノを食べる

World Heritage
世界遺産

週末は音楽と踊りを楽しもう！
　土・日曜はソカロで各種イベントが開かれている。プログラムは不定期だが、管弦楽団によるクラシック音楽演奏、子供向けコメディ、アステカの踊りなど盛りだくさん。
　また、州立観光案内所の東隣にある文化会館Casa de la Cultura（**MAP** P.111/B1）では毎週土曜の19:00と日曜の12:00から、プエブラ州の伝統舞踊が上演される（無料）。

歴史地区の中心となるソカロ

　メキシコ・シティから約120km東にある観光都市。植民地時代のプエブラ旧市街とともに、近郊にあるチョルーラの古代遺跡トラチウアルテペトルがユネスコの世界文化遺産に登録されている。
　プエブラ州の州都として、またメキシコ・シティとメキシコ湾沿いのベラクルスを結ぶ交通の要衝として発展してきたプエブラは、現在人口150万人以上を抱える大都市だ。それでも中心の歴史地区のたたずまいは、往時を十分しのばせる気品と重厚さがある。特にプエブラ独特の青タイルで装飾された植民地時代の建造物は見事。また、モーレ料理など「メキシコ郷土料理の発祥地」としても有名なので、グルメスポットも数多くある。郊外のチョルーラとともにぜひ訪問したいコロニアル都市だ。

アエロメヒコ航空
　MAP P.111/B1外
住所 Av. Juárez No.1514-A
TEL 242-6196

プエブラの空港
　エルマノス・セルダン空港Hermanos Serdá (PBC)はプエブラ中心部から約22km西。タクシーで約40分、M$350程度。

バスターミナル
　プエブラの中央バスターミナルCentral de Autobuses de Puebla（通称カプCAPU）は中心部から約4km北にあり、1等と2等バスが発着する。Estrella Roja社のバスターミナルは中心部から約2km北西（4 Poniente通り沿い）にあり、メキシコ・シティ国際空港へのバスなどが発着する。

アクセス

飛行機▶カンクンからボラリス航空などが毎日計2 ～ 3便（所要2.5時間、M$1142 ～ 2919）、グアダラハラからアエロマルなどが毎日計1 ～ 3便（所要2時間、M$1917 ～ 2721）運航。
バス▶メキシコ・シティの東や南バスターミナルからはADO社などが毎時数本運行しており、アクセスはとても便利。バスターミナルから中心部へはチケットタクシー（M$70）やターミナル前を走る49番や52番などの市バス（M$6.5）で約15分。中心部からはタクシー（M$70 ～ 90）や「CAPU」と書かれた市バスを利用する。

プエブラから各地へのバス

目 的 地	1日の本数	所要時間	料　金
メキシコ・シティ	Estrella Roja、ADO、AUなど毎時約20本	2～2.5h	M$178～234
クエルナバカ	Oro、TERなど毎時約1本	3～3.5h	M$290～320
オアハカ	ADO、ADO GL、AUなど毎時約1本	4.5～8h	M$436～816
ベラクルス	ADO、ADO GL、AUなど毎時1～3本	3.5～4h	M$396～510

安全情報 観光地化されている歴史地区は犯罪が少ないので、昼夜を問わずわりと安心して歩ける。バスターミナルと歴史地区の間には治安の悪い地区もあるので、夜間の市バス利用は避けたほうがよい。

歩き方

　プエブラは近代的な大都市だが、ソカロ（アルマス広場）などの中心部とその周辺はコロニアルな町並みが残る歴史地区になっており、観光の見どころも集中している。ホテルや郷土料理のレストラン、民芸品のエルパリアン市場もあり、観光しながら買い物も楽しめる。

　市街は碁盤の目のように区画整理されており、通りの名前も数字で表記されている。町の中心であるソカロに面してカテドラルが建ち、3ブロック北には黄金の内装に覆われたサントドミンゴ教会がある。ほかにも市内にはカトリックの教会が多く点在し、タイルの装飾

が施された美しい教会もあって、コロニアルな町の景観に溶け込んでいる。また修道院跡を利用した博物館も多く、展示物や歴史的な建物の内部を見学しよう。

プエブラ焼きの工房巡りやローカルグルメなど楽しみいろいろ

観光案内所
●市立案内所　MAP P.111/B1
住所 Juan de Palafox y Mendoza
TEL 309-4300
URL puebla.travel
営業 毎日 9:00～20:00
●州立案内所　MAP P.111/B1
住所 5 Oriente No.3
TEL 246-2490
営業 月～土 8:00～20:00
　　　日 9:00～14:00

無線タクシー
TEL 268-1000
　ホテルやレストランのスタッフに呼んでもらうことができる。

プエブラの銘菓
　カモテはサツマイモを練って作ったプエブラの郷土菓子で、味は日本のイモようかんのような感じ。5個入りでM$12くらいからで、6 Oriente沿いにカモテの店が多い。

El Zaguancito

　カモテ以外にも炒糖煮などの伝統的な菓子を扱っている。
住所 6 Oriente No.9
TEL 242-4355
営業 毎日9:00～21:00

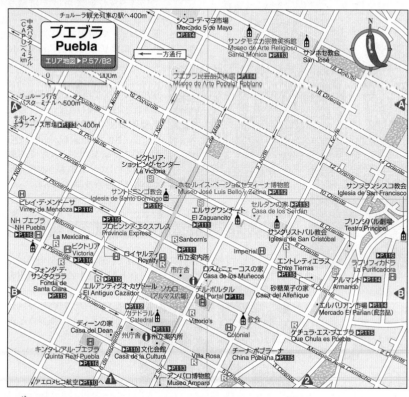

プエブラ
Puebla
エリア地図▶P.57/B2

▶黄昏時に訪れて荘厳な雰囲気に浸りたい ★★

カテドラル
Catedral

カテドラル MAP P.111/B1
入場 月～金 10:00～11:30、
13:00～17:30
　　 土 10:00～11:00、
14:00～17:00
　　 日 15:00～17:30
人が集まればスペイン語か英語による無料ガイドが付く。

ソカロの南側に面して建つ

内部は広くて重厚な造り

1575年に建設が始まり1649年に完成したふたつの鐘楼をもつカテドラルは、重厚華麗な内装美で知られるメキシコの代表的な教会だ。夕暮れ時には堂内の中央部にある大オルガンが演奏されて、広壮な聖堂に厳かな旋律が響きわたる。その旋律にうながされてカトリックの様式美を堪能するのは、ちょっとした贅沢の時であり、安らぎの時間でもある。時間によっては聖堂の成立などを英語でも解説してくれる。

▶黄金や宝石で飾られた礼拝堂をもつ ★★★

サントドミンゴ教会
Iglesia de Santo Domingo

サントドミンゴ教会 MAP P.111/A1
入場 火～日 8:00～13:00、
16:00～18:00
　ロサリオ礼拝堂は9:00～
12:15、16:00～18:00

正面の祭壇はバロック様式で華麗に装飾されている

1571～1647年にかけて建造された、贅を極めた教会。特に、内部にある主聖壇のマリア像が飾られた、**ロサリオ礼拝堂**Capilla de Rosarioは必見だ。1690年に完成したこの礼拝堂は、壁面から柱、聖壇まですべて精緻な浮き彫りで装飾され、金箔で覆われている。また、主聖壇のマリア像がかぶる黄金の冠には、さまざまな宝石がちりばめられている。豪華だが、決して悪趣味な感じのしない、荘厳さが保たれている見事な宗教美術である。

ロサリオ礼拝堂のマリア像

▶織物王の邸宅が博物館として公開された ★

ホセ・ルイス・ベージョ & セティーナ博物館
Museo José Luis Bello y Zetina

サントドミンゴ教会の北隣にある建物で、赤と白の壁面が美しく、入口部分はタイルが張られている。19世紀に織物の生産で巨財を築いたホセ・ルイス・ベージョの邸宅だった建物で、おもに彼が収集した美術品などが展示されている。

**ホセ・ルイス・ベージョ＆
セティーナ博物館** MAP P.111/A1
URL www.museobello.org
入場 火～日10:00～16:00
料金 無料

展示された数々の美術品

はみだし タラベラ焼きの陶器店は4 Oriente通りやエルパリアン市場(→P.114)とその周辺に集中している。高品質の陶器を探すなら18 Orienteと19 Poniente通りに何軒もある工房兼店舗がおすすめ。

▶ひっそりと宗教活動が続けられた修道院跡　★★

サンタモニカ宗教美術館
Museo de Arte Religioso Santa Mónica

　サンタモニカ修道院Convento de Santa Mónicaと呼ばれていた宗教施設を美術館に転用している。市街地に何気なくたたずむ、この17世紀の建造物が修道院であったことは、にわかには信じがたい。

建物内には秘密の通路などが隠されている

　1857年ベニート・フアレス大統領が施行したレフォルマ法には、裕福になり過ぎた教会財産の没収が盛り込まれていた。それにより、サンタモニカ修道院も閉鎖されたかに見えたが、普通の民家に見せかけた修道院となって生き延び、その後70年以上にわたり秘密の宗教活動が営まれていた。そのため礼拝堂には、簡単に民家に変わる仕掛けがしてある。外観は大きくないが、奥行きがあり、秘密の通路や修道女たちが相談した小部屋などもある。内部では、さまざまな宗教美術品も展示されている。

サンタモニカ宗教美術館　MAP P.111/A2
TEL 232-0458
入場 火～日10:00～17:00
料金 M$40

中庭に面した外壁はタイルで装飾されている

▶革命家の足跡をたどる　★

セルダンの家
Casa de los Serdán

　6 Orienteと2 Norteの交差する角の東側にある。1910年の革命の武装蜂起2日前に戦闘の舞台となった指導者格のアキレス・セルダンの家。銃弾の跡も当時の状態のまま革命記念博物館になっている。

セルダンの家　MAP P.111/B2
TEL 242-1076
入場 火～日10:00～18:00
料金 M$40

左／革命時代の戦闘の名残が壁にも残る
右／室内も当時のまま保存されている

はみだし　アンパロ博物館Museo Amparo（MAP P.111/B1）は国内各地の出土品やコロニアル美術を展示。タッチパネル式の画面を見てヘッドホンで日本語解説も聞ける。URL www.museoamparo.com

▶さまざまな地元の民芸品を展示している

プエブラ民芸品美術館
Museo de Arte Popular Poblano ★★

プエブラ民芸品美術館
MAP P.111/A1
TEL 232-7792
入場 火～日10:00～17:00
料金 M$26

サンタロサ教会に隣接した博物館で、かつて修道院だった建物を利用している。敷地内に入ると赤いタイル装飾の建物に囲まれた美しい中庭があり、その奥が博物館になっている。ここはメキシコの伝統料理**モーレ・ポブラーノ**が生まれたことでも知られている。

モーレ・ポブラーノが作り出された厨房

さまざまな香辛料を加えた濃厚なソースを鶏や七面鳥の肉にかけて食べる郷土料理は、この修道院の厨房で作り出された。壁から天井まで全面タイル張りで覆われた広い厨房の部屋は、陶器の鍋や壺、食器などが並べられていて、当時の生活ぶりが再現されている。

上階部分の展示室は、プエブラ州各地の民芸品が並べられている。白地に青の模様が描かれたタラベラ焼き、北部の村テカリで産出されるメノウの石細工、ワステコ族やトトナカ族の村々に伝わる美しい刺繍の伝統衣装、祭りで使用される仮面など盛りだくさんだ。

生鮮市場はこちら!
ソカロから約800m北にあるシンコ・デ・マヨ市場Mercado 5 de Mayoは、プエブラ市民の生活ぶりを知るのに絶好のスポット。肉や野菜、果物などの食料品がところ狭しとあふれ、簡易食堂も軒を並べている。
●シンコ・デ・マヨ市場
MAP P.111/A1
営業 毎日8:00～20:00

市場の外にも露店が出ている

淡い赤い色のタイル装飾

Compra ショッピング

民芸品ショッピングなら、まずはエルパリアン市場を訪れてみよう。州内の村々で製作された手作り雑貨がところ狭しと並んでいる。タラベラ焼きの陶器は品揃えのいい専門店で商品を探そう。

▶工房見学もできるタラベラ焼き専門店

🛍アルマンド
Armando

プエブラ有数のタラベラ焼きのショップ。カップ&ソーサー（M$250～）、タイル（M$55）など、店内には大小さまざまな作品が並んでいる。併設の工房では、色塗りや焼き上げなどの工程も見学できる（見学時間は月～金9:00～16:00、英語ガイドM$35）。

カラフルな陶器をおみやげに!

MAP P.111/B2
住所 6 Norte No.408　TEL 232-6468
URL talaverarmando.com.mx
営業 毎日9:00～20:00　カード MV

▶プエブラみやげを探すならここ

🛍エルパリアン市場
Mercado El Parian

100mほどの歩行者天国の両側に、小さなみやげ物店が軒を連ねる民芸品市場。タラベラ焼きやメノウ製品、刺繍が施された民族衣装など、プエブラを中心としたメキシコみやげが豊富に揃う。市場の周辺にも店が集まっているほか、露店も出ており、いつも観光客でにぎわっている。

ソカロから3ブロック東に広がる露天市

MAP P.111/B2
住所 6 Norte No.205　TEL なし
営業 毎日10:00～21:00（店舗により異なる）
カード 店舗により異なる

はみだし プエブラの郷土料理チレス・エン・ノガダは、生クリームの白、ザクロの赤、コリアンダーの緑でメキシコ国旗の3色を表現している。各家庭では独立記念日の前夜に食べられている。

メキシコ・シティと周辺都市　プエブラ

Comida　レストラン

プエブラは食文化の豊かな地。モーレ・ポブラーノMole Poblano、ペピアン・ベルデ Pepian Verde（カボチャの種のソースを使ったチキン料理）、チレス・エン・ノガダ Chiles en Nogadaなど郷土料理が有名。人気店でいろいろ食べ比べてみよう。

▶プエブラを代表する名店
フォンダ・デ・サンタクララ
Fonda de Santa Clara

ソカロから西へ徒歩4分ほど。1965年に創業して、プエブラ市内とメキシコ・シティに店舗をもつ有名レストラン。おすすめ料理は鶏肉のモーレ・ポブラーノ（M$140）やポーク・シチュー Tinga Poblana（M$143）。季節によりスペシャルメニューも用意される。観光シーズンや週末のディナータイムには表に列ができるほど人気が高い。

本格的なプエブラ料理を味わうならここ！

MAP P.111/B1
住所 3 Poniente No.307
TEL 242-2659　営業 毎日8:00～22:00
税金 込み　カード AMDJMV　Wi-Fi 無料

▶プエブラの食文化を長年支える
エル・アンティグオ・カサドール
El Antiguo Cazador

1900年創業のプエブラで最も歴史のあるレストラン。ライス付きのモーレ・ポブラーノ（M$160）や、揚げたトルティージャに肉や豆をのせたチャルーパス（M$40）など、プエブラの名物料理が味わえる。日替わりセット（M$90）はメイン料理に、選べるスープ、デザート&ドリンクも付いてお得感いっぱい。

チャルーパスなどの軽食も充実

MAP P.111/B1
住所 3 Poniente No.147
TEL 232-7626　営業 毎日8:00～22:00
税金 込み　カード MV　Wi-Fi 無料

▶料理もアルコールも充実
ケチュラ・エス・プエブラ
Que Chula es Puebla

エルパリアン市場から30mほど南にあるオープンな雰囲気のレストラン。モーレ・ポブラーノ（M$125）のほか、大きなピーマンに肉や野菜、果物を詰め生クリームをかけた上にザクロの実をあしらったチレス・エン・ノガダ（M$165）がおすすめ。アルコールもテキーラ（M$65～）など種類豊富だ。

カラフルな店内もキュート

MAP P.111/B2
住所 6 Norte No.5　TEL 232-2792
営業 毎日8:00～22:00（火～17:00）
税金 込み　カード AMV　Wi-Fi 無料

▶広場近くにある庶民派の店
チーナ・ポブラーナ
China Poblana

郷土料理のメニューが充実しているレストラン。店内はプエブラらしい内装で、明るい雰囲気。日曜昼市が行われるソカロ広場の近くなので、買い物と合わせて利用するのもいい。料理はモーレ・ポブラーノなどのメインディッシュが M$50～150と手頃な料金。

MAP P.111/B2
住所 5 Oriente No.401-C
TEL 133-4233　営業 毎日8:00～19:00
税金 込み　カード MV　Wi-Fi なし

▶旅行者の評判がよい高級店
エントレ・ティエラス
Entre Tierras

サンクリストバル教会のはす向かいにある高級レストラン。メキシコ料理からインターナショナル料理まで幅広いメニューが揃っており、国内外からの旅行者の人気が高い。夕食の予算はひとりM$300～400程度。カフェだけの利用も可能だ。

MAP P.111/B2
住所 4 Norte No.410　TEL 232-5306
営業 月～土8:30～22:30、日9:30～17:30
税金 込み　カード AMV　Wi-Fi 無料

はみだし　チョルーラ（→P.117）から見えるメキシコで2番目に高いポポカテペトル山（標高5485m）は、頻繁に噴火している活火山。ポポカテペトルとはナワトル語で「煙を出す山」の意味。　　115

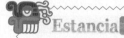

Estancia ホテル

歴史的な建築物を利用したホテルも多く、プエブラならではのタイル張りの装飾が施された建物もある。看板には等級を示す星の数が表記されており、宿を決めるときの目安になる。

▶開放感がある贅沢な空間

ラプリフィカドラ
La Purificadora

19世紀に建てられた氷工場の建物を利用した全26室の高級ホテル。壁や床など往時のインテリアを上手に残し、レトロとモダンが融合する洗練された空間になっている。

[Wi-Fi] 客室OK・無料

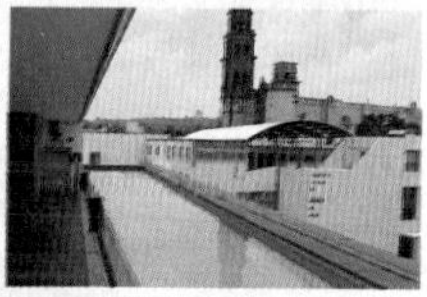

屋上にはプールとジャクージを完備

[MAP] P.111/B2　🍴○　🏊○　🔒○　☕○
住所 Callejón de la 10 Norte No.802
TEL 309-1920
URL lapurificadora.com
税金 +16%　カード [A][M][V]
料金 ⓈⒹM$2300～　[AC]○ [TV]○ [TUB]△

▶プエブラを代表するコロニアルホテル

キンタ・レアル・プエブラ
Quinta Real Puebla

1593年に建設された歴史的な修道院を改装したコロニアル建築のホテル。広い中庭をもち、古都の雰囲気を味わえる。全84室。

[Wi-Fi] 客室OK・無料

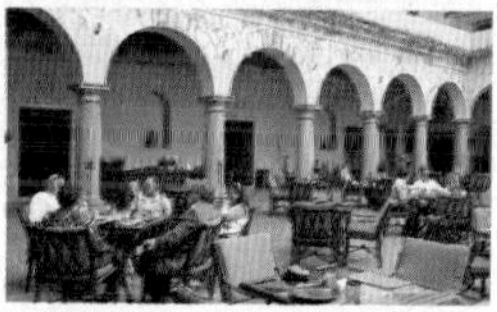

中庭にあるレストランも訪れてみよう

[MAP] P.111/B1　🍴○　🏊○　🔒○　☕△
住所 7 Poniente No.105
TEL 229-0909　URL www.quintareal.com
税金 +16%　カード [A][D][M][V]
料金 ⓈⒹM$1535～　[AC]○ [TV]○ [TUB]△

▶設備が充実しているおすすめホテル

デル・ポルタル
Del Portal

ソカロの東側にある中級ホテル。月～土曜の夜は1階のバーでボレロなどの演奏も楽しめる。全91室。[Wi-Fi] 客室OK・無料

[MAP] P.111/B1　🍴○　🏊×　🔒○　☕○
住所 Av. Juan de Palafox y Mendoza No.205
TEL 404-6200　URL www.hdelportal.com.mx
税金 込み　カード [A][M][V]
料金 ⓈⒹM$1080～　[AC]○ [TV]○ [TUB]×

▶旧市街に建つ近代的な高級ホテル

NH プエブラ
NH Puebla

全128室の高級ホテル。外観も室内もモダンな色使いでデザインされ、伝統建築の多いプエブラで異彩を放つ。

[Wi-Fi] 客室OK・無料

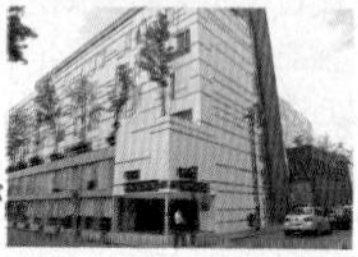

白とピンクの外観が特徴

[MAP] P.111/B1　🍴○　🏊○　🔒○　☕△
住所 5 Sur No.105
TEL 309-1919　URL www.nh-hotels.com
税金 +16%　カード [A][D][M][V]
料金 ⓈⒹM$1227～　[AC]○ [TV]○ [TUB]△

▶内部のタイル装飾が美しい

プロビンシア・エクスプレス
Provincia Express

アラブ風のムデハル様式の建築でデザインされていて、内部にもタイル装飾が施されている。歴史的な建物を利用したホテルながら料金も手頃だ。全37室。[Wi-Fi] 客室OK・無料

[MAP] P.111/B1　🍴○　🏊×　🔒○　☕○
住所 Av. Reforma No.141　TEL 246-3557
税金 込み　カード [M][V]
料金 ⓈM$480～、ⒹM$590～　[AC]○ [TV]○ [TUB]×

▶コロニアル情緒に包まれる

ビレイ・デ・メンドーリ
Virrey de Mendoza

全11室と小さなホテルだが、室内はきれい。木造の階段や2階の小さなサロンは古風で落ち着いた雰囲気がいい。[Wi-Fi] 客室OK・無料

[MAP] P.111/A1　🍴×　🏊×　🔒×　☕×
住所 Av. Reforma No.538　TEL 242-3903
税金 込み　カード [M][V]
料金 ⓈⒹM$480～　[AC]× [TV]○ [TUB]×

▶情報収集にも便利な安宿

ビクトリア
Victoria

ソカロから2ブロック北西にある全42室の格安ホテル。昼過ぎにはバックパッカーで満室になることが多い。[Wi-Fi] 客室OK・無料

[MAP] P.111/B1　🍴×　🏊×　🔒×　☕×
住所 3 Poniente No.306　TEL 232-8992
税金 込み　カード 不可
料金 ⓈM$230～、ⒹM$280～　[AC]× [TV]× [TUB]×

🍴 レストラン　🏊 プール　🔒 金庫　☕ 朝食　[AC] エアコン　[TV] テレビ　[TUB] バスタブ

エクスカーション

▶アステカ時代の神殿が残る ★★★
チョルーラ
Cholula

世界遺産のトラチウアルテペトル遺跡の上に教会が建つ

プエブラ市の西にあるチョルーラは、アステカ時代に人口約10万を数えた大都市で、その中心部が**トラチウアルテペトル**Tlachihualtepetlといわれる大神殿だった。チョルーラに集落が形成されたのは遠く紀元前200年まで遡るが、その繁栄も1519年にエルナン・コルテスのスペイン征服軍によって滅ぼされた。現在のチョルーラ市はその先住民都市の廃墟の上に建つ。そして、町のカトリック教会の礎石は、コルテスによって破壊された神殿などから転用されたものだ。

遺跡入口から地下道をくぐり抜けて神殿跡へ

□□□□□□□□□□□□□□□□□□□□□を誇った大神殿。紀元5～8世紀の間に建造され、当時にはテオティワカンの太陽の神殿をしのぐ偉容を誇ったと推測される。一部だが神殿下に見学用の地下道がとおり、内部の複雑な通路や通気孔など巧みな当時の技術をうかがうこともできる。地下道入口前には、小規模ながらトラチウアルテペトル出土の遺品や、神殿内部の壁画の模写も展示されている。

▶壁画の見事さはメキシコでも有数 ★★
カカシュトラ
Cacaxtla

オリジナルの色彩が残る壁画

□□□□□約66km北西にある□□□文明の継承地。アステカ、マヤの絵画に言及する際、カカシュトラの青を基調とした壁画群は必ず取り上げられる。極めて保存のよい状態で極彩色の古代壁画が残っていて、奇跡としかいいようがない遺跡だ。

住居跡なども残る遺跡の全体はエル・グラン・バサメント（巨大な台座）と呼ばれる切り開かれた丘の上にある。現在は巨大なスチール屋根に覆われ、入口から時計回りに観て回れるようになっている。

▶フランシスコ会の修道院が残る ★★
ウエホツィンゴ
Huejotzingo

プエブラから約26km北西、チョルーラからは約14km離れた、サラペ（織物）で有名な村。中心部にあるフランシスコ会の修道院は世界遺産に登録された**ポポカテペトル山腹の修道院**（→P.123）のひとつで、**布教博物館**Museo de la Evangelizaciónとして公開されている。

世界遺産

チョルーラ　MAP P.57/B2
チョルーラはプエブラ市内から約10km西。プエブラの中央バスターミナルか、ソカロの北西約1.2kmにあるミニバスターミナル（6 Ponienteと11-13 Norte）から頻繁に出ているバスで、所要約40分（M$7.5）。タクシーで片道M$120程度。観光列車（→P.117 はみだし）も利用できる。

トラチウアルテペトル
チョルーラの中心部から東南へ3ブロック行った所に神殿の建つ丘がある。
TEL 247-9081
□□□□□□□□□□　10:00
料金 M$70
スペイン語ガイドはM$120
英語ガイドはM$160。

カカシュトラ　MAP P.57/B2
プエブラのミニバスターミナル（10 Poniente y 11 Norte）から、サカテルコZacatelcoへのバスで約40分、サンミゲル・ミラグロ下車（M$18）。そこからミニバスでさらに30～45分（M$14）。バスは日中頻繁に走っている。メキシコ・シティからトラスカラTlaxcalaに出て、そこからカカシュトラ遺跡へ向かうこともできる。
カカシュトラのバス停留所からチケット売り場まで約100m、目と先に見える丘の上に建つ。壁画の□□□□□□□□□□。
入場 毎日9:00～17:30
料金 M$70。ビデオの撮影はM$45、英語ガイドはM$50。

ウエホツィンゴ　MAP P.57/B2
プエブラ（15 Norte y 4-6 Poniente）のバス乗り場（所要1時間、M$12）と、メキシコ・シティの東方面バスターミナル（所要2～2.5時間、M$96～108）から毎時数本のバスが運行。

布教博物館
TEL (227)276-0228
入場 火～日10:00～17:00
料金 M$50
左／修道院内部の布教の壁画
右／フランシスコ会の修道院

はみだし　2016年よりプエブラ～チョルーラ間を観光列車が運行している（平日3往復、土・日4往復）。所要約40分、片道M$60。11 Norte通り沿い（プエブラ中心部から1kmほど北）にある駅から発着する。

117

気候も人々も穏やかなモレーロス州の州都

クエルナバカ
Cuernavaca

人　口	約37万人
高　度	1511m
市外局番	777

必須ポイント！
★コルテス宮殿
★ソチカルコ遺跡
★フアレス公園で舞踊鑑賞

イベント情報
●3・4月
　セマナサンタの期間中には、春の芸術文化祭Feria de la Primaveraが開催される。

モレーロス州政府観光局
URL morelostravel.com

週末は音楽や踊りを楽しもう
　木曜の夜と、土・日曜の昼夜はフアレス公園やアルマス広場で音楽や踊りが見られる。プロのマリアッチ楽団から太鼓をたたく地元の愛好家までさまざま。音楽に合わせて踊る人も多く、陽気な雰囲気だ。

週末にパフォーマーが集うフアレス公園

観光案内所　MAP P.119/B2
住所 Hidalgo No.5
TEL 314-3920
営業 毎日9:00～19:00

各社のバスターミナル
●Estrella Blanca社
　　　　　　MAP P.119/A1
●Pullman de Morelos社
　　　　　　MAP P.119/B1
※メキシコ・シティ空港からのバスは、市場から500mほど北のターミナルから発着。
●Estrella Roja社
　　　　　　MAP P.119/B1
●Estrella de Oro社
　　　　　　MAP P.119/B1外

ソカロに隣接して建つコルテス宮殿

　メキシコ・シティから約75km南にあるモレーロス州の州都。平均気温20℃の「常春の町」として知られている。首都の喧騒を避けてクエルナバカに住居を構える人も多く、富裕層が週末を過ごす別荘地にもなっている。町の名の由来は、先住民トラウイカ族の言語でクアウナワック（森の入口）が、スペイン語のクエルナバカ（牛の角）になったという。スペインの植民地になって間もなく、エルナン・コルテスが町の中心部に館を構えてから、典型的なコロニアル都市として発展してきた。

　コルテスの宮殿には、ディエゴ・リベラが描いたモレーロス州の歴史を主題にした大きな壁画が残っている。また、1910年のメキシコ革命のときには、南部のアッテリアと呼ばれたエミリアーノ・サパタが農地改革を提唱し活躍した地でもある。そのため、モレーロス州はメキシコで最も自作農が多い。郊外に足を延ばせば、荒涼とした丘の上に華麗な姿を見せるソチカルコ遺跡もある。

アクセス

バス▶メキシコ・シティ～クエルナバカ間はバスが頻繁に運行している。メキシコ・シティの南バスターミナルからが最も便利（クエルナバカの各地区へバスが出ているので、「Centro」行きを指定しよう）。またクエルナバカのバスターミナルは各社ごとに分かれているが、そのほとんどは中心街にあるので徒歩で町の中心まで行ける。

クエルナバカから各地へのバス

目的地	1日の本数	所要時間	料金
メキシコ・シティ	Pullman毎時4本(4:50～23:15)など	1～1.5h	M$130～160
メキシコ・シティ国際空港	Pullman 毎日1～2本(3:15～20:00)	1.5h	M$243
アカプルコ	Estrella Blancaなど毎時計2本	4～5h	M$391～553
タスコ	Estrella Blancaなど毎時計1～2本	1.5h	M$91～100
プエブラ	Oro、TER計毎時1本(5:10～19:10)	3～3.5h	M$290～320

はみだし　クエルナバカの町は斜面にあり、北側が高く南側が低くなっている。地図で見ると同じ距離でも、南から北へ向かうときはずっと上り坂になるので、息が切れるほどだ。

歩き方

　モーレロス州の州都だが歴史地区の規模はさほど大きくない。町の中心ソカロは、コロニアル建築物の**州庁舎**Palacio de Gobierno前に広がる**アルマス広場**Plaza de Armas。よく手入れされた植木の間に噴水やベンチが配され、大きな石のモーレロス像が立つこの広場の周りは、カフェやショップなどが取り囲んでいる。

　広場を挟んで州庁舎の斜め向かいにあるのはコルテス宮殿。エルナン・コルテスが、先住民の神殿を壊して、居城としたもの。このほか、カテドラルやボルダ庭園などの見どころも、アルマス広場の周囲にある。

市内交通

　中心部の見どころはほとんど徒歩圏内にある。郊外の見どころを訪ねる場合には、タクシーを利用すると便利。流しのタクシーは、カテドラル北側のAv.Hidalgo通りでつかまえやすい。

緑多い傾斜地に家並みが広がる

はみだし　観光案内所では市街地図がもらえるので寄ってみよう。週末や繁忙期になると、アルマス広場の南側にも不定期に開く仮設の観光案内所がおかれる。

カテドラルの殉教壁画。殉教者
たちは1862年ローマ法王ピオ9
世によって聖人に加えられた

カテドラル　MAP P.119/B1
TEL 318-4590
入場 毎日 8:00〜14:00、
　　　16:00〜19:00
※2018年8月の時点で、修復工
事のため内部見学は不可

殉教壁画
　カテドラルの日本26聖人殉教
壁画は、1597年に豊臣秀吉の
命により長崎の西坂で処刑され
た、日本人および外国人宣教師
の殉教を描いたもの。壁上部に
は「Emperador Taycosama
Mando Martirizar Por〜（〜
のために皇帝太閤様が殉教を命
じ）」と書かれた文字がある。こ
の宣教師のなかにはメキシコ最
初の聖人のフェリペ・デ・ヘス
スが含まれている。
　メキシコでは疫病が流行する
と公共の建物を石灰で塗りつぶ
していたので、この壁画も石灰に
埋められたようだ。

コルテス宮殿
（クアウナワック博物館）
　　MAP P.119/B2
TEL 312-8171
入場 火〜日9:00〜18:00
料金 M$55

ディエゴ・リベラの壁画もある

ボルダ庭園　MAP P.119/A1
TEL 318-6200
入場 火〜日10:00〜17:30
料金 M$30

市内見学の足を休めるのにいい

▶日本人信徒の殉教壁画も描かれた大教会　　★★★
カテドラル
Catedral

庭園のような敷地の奥にカテドラルが建つ

　1529年にコルテスの命令で
建造された、アメリカ大陸最
古の教会のひとつ。塀が高く
要塞を思わせる外観は、征
服当初に先住民の抵抗が頻
発し、クエルナバカのスペイ
ン植民者たちは教会に立てこ
もって防戦したため。建造か
ら間もなく増築が繰り返され、今日のような大施設となった。
　中心施設である聖堂の内壁には、豊臣秀吉によって処刑された
外国人宣教師と日本人カトリック教徒（日本26聖人）を題材にした殉
教壁画も描かれている。壁画は1959年に幾重にも塗り重ねられた
石灰を取り除いたあとに発見されたもの。ポポカテペトル山腹の計
14の修道院（→P.123）が世界文化遺産に登録されており、クエル
ナバカのカテドラルと併設の修道院もこの世界遺産のひとつだ。

▶ソチカルコの出土品やリベラの壁画もある博物館　　★★
コルテス宮殿
Palacio de Cortés

　1530年にアステカの征
服者エルナン・コルテスが
建てた城塞風の宮殿。元
来この場所にはアステカの
神殿があったが、それを破
壊して、その石材を使用し
て建てられたものだ。
　現在は**クアウ
ナワック博物館**
Museo Cuauh-

ソチカルコ遺跡などから出土した土器などを展示し
ている

nahuacとして公開されており、1階がソチカルコ遺跡など
からの考古学展示、2階がスペイン植民地時代から独立
戦争前後までの歴史展示になっている。また、ディエゴ・
リベラが描いた大きな壁画も2階のバルコニーにある。

▶銀鉱王が造らせた「水の離宮」　　★
ボルダ庭園
Jardín Borda

　18世紀のタスコで銀山を経営して巨万の富を得たボルダが造ら
せた庭園。1864〜1867年の間、メキシコを統治した皇帝マキシミ
リアンが王妃カルロータとたびたび遊びに来た別荘でもある。園内
にはブーゲンビリア、ハイビスカス、ポインセチア、ハカランダなど
南国の花が1年中咲き誇り、広い池やギャラリーもある。

はみだし　ボルダ庭園内には緑に囲まれた池があり、手こぎボートを借りて遊覧することもできる。ボートの利
用料金は1時間でM$600。

▶ 24年間クエルナバカに住んだアメリカ人画家の収集品 ★

✦ロバート・ブラディ博物館
Museo Robert Brady

　アイオワ州出身の画家ブラディが個人的に収集した、メキシコ絵画や民芸品を展示した施設。その収蔵品は1300点を超え、絵画ではフリーダ・カーロやタマヨなどの作品から、16〜18世紀の宗教画までがテーマごとに展示されている。インドの細密画やアフリカの民俗美術など、ブラディが世界中を旅しながら集めた各国の民芸コレクションも展示され、「オリエンタル・ルーム」と題された部屋には、日本の浮世絵や17世紀に描かれた親鸞上人像などもある。美術鑑賞のあとは、きれいな庭の一角にあるカフェテリアでくつろぐのもいい。

▶ はるか古代へと思いをはせる ★

✦テオパンソルコ遺跡
Teopanzolco

　ソカロから北東へ約1.5km、ビスタ・エルモッサVista Hermosa地区にあるトラウイカ族の遺跡。テオパンソルコとは、ナワトル語で「いにしえの場所」といった意味で、最も古い建造物は紀元前2000年頃までに遡る。大小14の建造物の基壇部分が残っている。

▶ すがすがしい景観に包まれてリフレッシュ ★

✦サンアントンの滝
Salto de San Antón

　セントロから約1km西にある高さ40mの滝。周辺は素朴な陶器の制作や園芸を営んでいる集落で、そのなかの1軒のみやげ物屋が滝を管理している。うっそうと木々の茂る周りの自然も美しいので、滝を巡って造られた階段状の遊歩道を歩いて、のんびり見学してみよう。

ブラディが1967年から亡くなるまで居住した屋敷を美術館として使用している

ロバート・ブラディ博物館
MAP P.119/B1
TEL 318-8554
入場 火〜日10:00〜18:00
料金 M$40

テオパンソルコ遺跡
MAP P.119/A2外
　ソカロからタクシーで10分ほど。料金M$35。市バスターミナル(MAP P.119/A2)からは10番バスで15分、M$6.5。下車後、徒歩5分。
TEL 314-1204
入場 毎日9:00〜17:30
料金 無料

トラウイカ族の残した遺跡

サンアントンの滝
MAP P.119/A1外
　ソカロからタクシーで5分ほど。料金はM$30程度。
入場 毎日8:00〜18:00
料金 無料

Comida　　　レストラン

▶ セントロを代表する高級店

🍴ラインディア・ボニータ
La India Bonita

　アメリカ大使別邸だった建物を利用した、高級感漂うレストラン。敷地内は植木や噴水があって庭園のような雰囲気があり、屋外席も用意されている。おすすめは串焼き料理のブロチェタ(M$126〜159)や創作料理のモーレ・デ・ラカサ(M$167)。

落ち着いた雰囲気の店内

MAP P.119/A1
住所 Morrow No.15　TEL 312-5021
URL www.laindiabonita.com.mx
営業 毎日8:00〜22:00(日〜20:00)
税金 込み　カード AMV　WiFi 無料

▶ 地元で人気のポソーレ専門店

🍴エルバルコ
El Barco

　大粒トウモロコシを煮込んだスープ「ポソーレ」専門のレストラン。牛や豚、鶏肉、牛タンなどの具や、スープの味つけ(ハリスコ風、ゲレーロ風など)、サイズの大小も好みに応じて選べ、値段はM$73〜86。ひとりでも気軽に入れる雰囲気だ。

アボカド入りのエスペシアル・ポソーレ

MAP P.119/A1
住所 Rayón No.3　TEL 314-1020
営業 毎日11:00〜22:00(土〜23:00)
税金 込み　カード MV　WiFi 無料

はみだし　テオパンソルコ遺跡は、クエルナバカのやや高級な住宅街の中にある。周囲は邸宅が建ち並んでいて違和感があるが、遺跡自体は修復状態もよい。バスで行くと場所がわかりにくい。

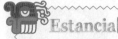

Estancia　ホテル

市内中心部には、中級ホテルが点在している。Aragón y León通りにはM$200前後の安宿もあるが、簡素な部屋も多いので、何軒かチェックしてから決めたほうがいい。

▶上流階級にも顧客の多い

ラスマニャニータス
Las Mañanitas

アルマス広場から徒歩12分ほど。敷地内に大きな庭園をもつ高級ホテル。庭園は季節の花が咲き乱れ、オウムやクジャクが放し飼いにされている。全27室。[Wi-Fi] 客室OK・無料

[MAP] P.119/A1外　🍴○ 🏊○ 🔒○ ☕△
住所 Ricardo Linares No.107
TEL 362-0000
URL www.lasmananitas.com.mx
税金 +21%　カード [A][D][M][V]
料金 ⓈⒹM$4625～　[AC]○ [TV]○ [TUB]△

▶かわいいブティックホテル

ラカサ・アスル
La Casa Azul

アルマス広場から約400m北西、エストレジャ・ブランカ社バスターミナルからも近い全24室のホテル。19世紀末に修道院の一部だった青い家(ラカサ・アスル)を改装した、しゃれた内装の部屋が評判。[Wi-Fi] 客室OK・無料

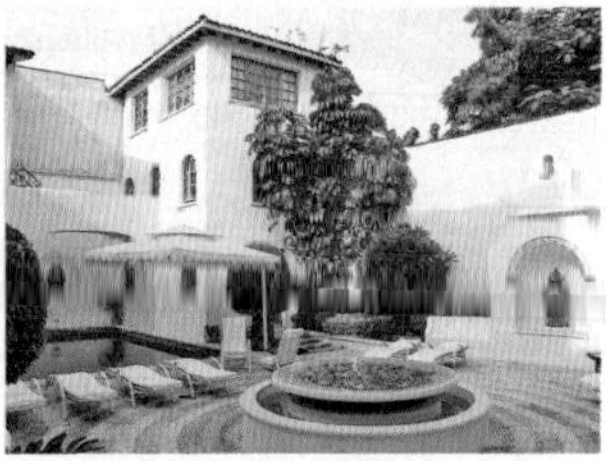

塀の外側は青いが内部は白塗り

[MAP] P.119/A1　🍴○ 🏊○ 🔒○ ☕○
住所 M. Arista No.17　TEL 314-2141
FAX 314-3684　URL www.hotelcasaazul.com.mx
税金 込み　カード [A][M][V]
料金 ⓈⒹM$1800～　[AC]○ [TV]○ [TUB]×

▶快適に過ごせるおすすめ４つ星ホテル

バホ・エル・ボルカン
Bajo el Volcán

コルテス宮殿脇の坂道を400mほど東に下った所にある全28室のホテル。中庭にはヤシの木や植物が生い茂る。[Wi-Fi] 客室OK・無料

[MAP] P.119/B2　🍴○ 🏊○ 🔒○ ☕△
住所 Humboldt No.19　TEL 318-5821
URL www.hotelbajoelvolcan.com.mx
税金 込み　カード [M][V]
料金 ⓈⒹM$1100～　[AC]○ [TV]○ [TUB]△

▶コロニアル情緒のあるプチホテル

アンティグア・ポサダ
Antigua Posada

各社バスターミナルの近くにある全11室のホテル。傾斜地をうまく利用してコロニアル調の客室がコテージのように建てられている。朝食は部屋へ運んでくれる。[Wi-Fi] 客室OK・無料

[MAP] P.119/B1　🍴× 🏊○ 🔒× ☕○
住所 Galeana No.69
TEL 310-2179
税金 込み　カード [D][M][V]
料金 ⓈM$892～、ⒹM$948～　[AC]× [TV]○ [TUB]×

▶周囲に格安ホテルが並ぶ

コロニアル
Colonial

安宿が多いアラゴン・イ・レオン通りの西端にある。シングルルームは狭いが、それ以外はゆったりとして窓も広く、明るい雰囲気。中庭側の部屋がオススメだ。全14室。[Wi-Fi] 客室OK

[MAP] P.119/A1　🍴× 🏊× 🔒× ☕○
住所 Aragón y León No.19
TEL 318-6414
税金 +18%　カード [M][V]
料金 ⓈM$310～、ⒹM$420～　[AC]× [TV]○ [TUB]×

▶安いけれど清潔なホテル

フアレス
Juárez

アルマス広場から約200m南西、ロバート・ブラディ博物館の斜め向かい。全12室はシンプルだが清潔だ。[Wi-Fi] 客室OK・無料

[MAP] P.119/B1　🍴× 🏊× 🔒× ☕×
住所 Netzahualcóyotl No.19　TEL 314-0219
税金 込み　カード 不可
料金 ⓈⒹM$400～　[AC]× [TV]○ [TUB]×

▶立地のよいエコノミーホテル

エスパーニャ
España

ボルダ庭園の入口そばにある、30室の経済的なホテル。内部はコロニアル調で、雰囲気がある。[Wi-Fi] 客室OK・無料

[MAP] P.119/A1　🍴○ 🏊× 🔒× ☕有料
住所 Av. Morelos No.190　TEL 318-6744
FAX 310-1934　税金 込み　カード [A][M][V]
料金 ⓈM$430～、ⒹM$550～　[AC]× [TV]△ [TUB]×

🍴 レストラン　🏊 プール　🔒 金庫　☕ 朝食　[AC] エアコン　[TV] テレビ　[TUB] バスタブ

エクスカーション

▶世界遺産にも登録された壮麗な遺跡 ★★★
ソチカルコ遺跡
Xochicalco

クエルナバカから約35km南の小高い丘陵地帯にある、「花々の館」を意味する700〜900年代の遺跡。その頂上部には最も古いアクロポリスの廃城が、その後方の広場に面してケツァルコアトル神殿があり、神殿の基壇四方

ピラミッド型の神殿がそびえる

にはマヤの神官のレリーフが彫られている。保存状態が良好な浮き彫りは、マヤ独特の意匠をもつ。中央高原にこうしたマヤ様式の彫刻が残っていることは珍しく、テオティワカンを滅ぼしたのは、このソチカルコに集結したマヤ系ワステカ族を中心とした連合勢力ではないかとする説もある。1999年に世界文化遺産に登録された。

▶静穏な渓谷や岩山に囲まれたナワ族の村 ★★
テポストラン
Tepoztlán

メキシコ・シティからは車で約1時間。修道院の周囲では先住民の素朴な暮らしも垣間見できる

クエルナバカから約23km北東にあり、四方を山に囲まれたナワ族の小さな村。週末は教会前の通りに民芸品の露店が並んで観光客でにぎわうが、平日は静かで村民の素朴な暮らしぶりが感じられる。村の中心部には16世紀中頃に建てられたドミニコ会の教会と修道院跡があり、内部が博物館として公開されている。修道院廊下の木拱部分には赤い模様の壁画が描かれており、村の歴史に関する展示物もある。

天井にも伝統文様が描かれた修道院の内部

世界遺産

ソチカルコ遺跡　MAP P.57/B1
クエルナバカのPullman de Morelos社のバスターミナルから、1等バスでソチカルコへの分岐（所要約40分、M$44）まで行き、タクシー（所要約5分、M$30ほど）に乗り継ぐ。
　市バスターミナルからは、クエンテペック Cuentepec 行きの2等バス（毎時1本、所要約1時間20分、M$18）も運行。乗り換えなしに遺跡入口まで行けるが、山道ルートなので時間がかかる。
入場 毎日9:00〜17:00
料金 M$70（博物館入場料含む）
　遺跡見学には、入口手前にある博物館で入場券を購入する。

神殿の壁面には多様な彫刻が施されている

テポストラン　MAP P.57/B1
クエルナバカからEstrella Roja社のバスが毎時3本運行（所要約40分、M$33）。
　メキシコ・シティからは南方面バスターミナルより、Ojo de Agua などのバスが毎時1〜2本運行（所要約1時間15分、M$126）。
　テポストランのガソリンスタンド横にあるバスターミナルから中心部までは、ミニバスで所要約10分、M$8。

ポポカテペトル山腹の修道院

16世紀にアステカ帝国がスペインに倒されて以降、上陸してきた修道士たちが布教活動の拠点にしたのがポポカテペトル山 Popocatépetl（MAP P.57/B2）。修道院の数も16世紀末には300を超えたが、1859年にメキシコが独立してからは国に接収され、その多くは学校や病院となった。当時の礼拝堂や宗教画、調度品などとともに、現存する14の修道院は山を取り囲む4つの州にまたがって点在し、1994年には世界文化遺産に登録されている。

テポストランの中心部にあるドミニコ会の教会施設も、ポポカテペトル山腹の修道院のひとつ。やや朽ちかけた建物は歴史を感じさせ、静かなたたずまいからは当時の生活がしのばれる。

世界遺産

世界文化遺産にも登録されているテポストランの修道院跡

ロマンティックな中世の町並みが残る「銀の町」

タスコ
Taxco

人　　口	約10万人
高　　度	1783m
市外局番	762

必須ポイント！
★サンタプリスカ教区教会
★市街北部のロープウエイ
★銀製品の店でショッピング

イベント情報
●1月18日
　サンタプリスカ祭Fiesta de Santa Prisca
●3月初旬
　十字架の受難像祭 Fiesta de Crucifito de la Veracruzでは子供の闘鶏の踊りが有名。
●3月中旬〜4月下旬
　セマナサンタ Semana Santa
●5月3日
　聖十字架祭 Fiesta de Santa Cruz
●11月最終土曜〜12月最初の日曜
　シルバー・フェアFeria de la Plataでは、銀細工のコンテストなどでにぎわう。

タスコ州政府観光局
URL www.visittaxco.travel

両替事情
　サンフアン広場（**MAP** P.125/B1）に面して**Bancomer**（営業 月〜金8:30〜16:00）が、ソカロの南側に**HSBC**（営業 月〜金8:00〜16:00）がある。ATMはいずれも24時間利用可。

丘の斜面に瀟洒な家が並ぶタスコの景観

　メキシコ・シティの約170km南西。18世紀の壮麗な建物が並ぶタスコは、スペイン人によって北中米最初の鉱山が造られ銀の発掘で栄えた高原の町。その後鉱山以外の大きな産業が育たなかったため、狭い傾斜地にコロニアル調の古い町並みが美しく残っている。

　もともとスペイン人の侵略以前は先住民の住む集落だったこの地に、1524年から銀鉱脈を探す鉱山技師たちが住み着いて、タスコ・ビエホ（旧タスコ）が造られた。そして1743年にフランスから来た鉱夫ボルダが大銀鉱脈を発見し、伝説的な「シルバー・ラッシュ」が始まる。国中から人が集まり、町の規模は一気に拡大。一躍大富豪となったボルダは財産を惜しみなく使い、豪華な教会や庭園を次から次へと建てていった。その当時の繁栄ぶりは、建築物の数々からもうかがい知れる。銀鉱脈が枯れると町は衰退を始めてさびれたが、山あいの静かなコロニアル調の町として、外国人から注目されるようになった。銀製品のショップやホテルなども整い、現在はメキシコ・シティ周辺の目玉観光地として発展している。

アクセス

バ　ス▶メキシコ・シティ（南方面バスターミナル）から頻繁にバスが出ている。タスコにはバスターミナルがふたつあり、Estrella de Oro社が町の南側に、Estrella Blanca社（含むCosta Line）が町の東側にある。ともに町の中心であるボルダ広場へ、坂道を上って徒歩10〜15分。中心部から頻繁に運行しているミニバスやタクシーも利用できる。

タスコから各地へのバス

目的地	1日の本数	所要時間	料金
メキシコ・シティ	Costa LineとEstrella de Oro 毎時1〜2本	3h	M$215〜295
アカプルコ	Costa LineとEstrella de Oro 計8本	4.5h	M$262〜303
クエルナバカ	Estrella BlancaとEstrella de Oro 毎時1〜2本	1.5h	M$91〜100

安全情報 タスコ市内は治安がよく、昼夜を問わず安心して町歩きが楽しめる。ただし周辺に麻薬犯罪の多い町があるので、車での移動の際は運転に注意したい。

歩き方

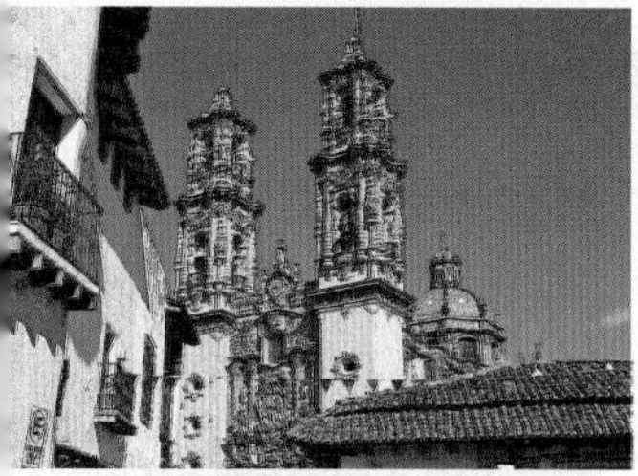
白壁と瓦屋根の家並みが印象的

コロニアル建築と石畳が続くロマンティックな町では、のんびりと歩いて中世の雰囲気を味わおう。道が極めて狭いので、車に乗ると思わぬ時間がかかる。メキシコ・シティからの日帰り旅行者も多いが、町並みが最も映えるのは照明のともる夕暮れ時なので、1泊はしてみたい。ソカロ周辺にはホテルやレストラン、しゃれた銀細工の店、そしてタスコの象徴サンタプリスカ教区教会が建っている。この教会はとても目立つので、歩き回るときの目印になる。

町の目抜き通りは**ソカロ**と**サンフアン広場**Plazuela de San Juanをつなぐ**クアウテモック**Cuauhtémoc通り。沿道にはショップやカフェテリアがたくさん並んでいる。この道から南東側の階段を下りると1日中買い物客でにぎわっている市場に出る。生鮮食品や衣料品、靴、日用雑貨のほか、やはり名物の銀細工を扱う店も多い。

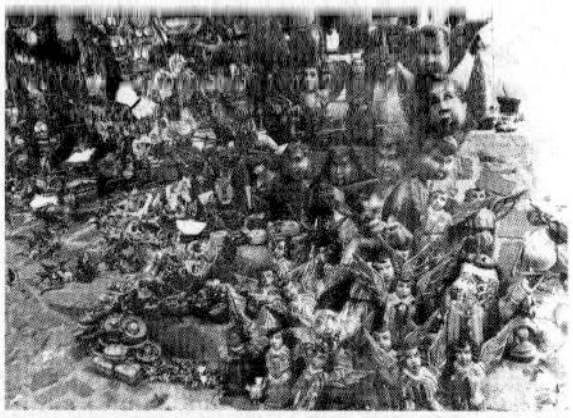
市場の北側には民芸品の露店も多い

市内交通
見どころの範囲は約1km四方なので歩きが基本だが、タクシーやミニバスも頻繁に走っている。Estrella Blanca社の2等バスターミナルから中心部ソカロへは"Zócalo"と表示されたミニバスが便利。

観光案内所
●州立観光案内所
[MAP] P.127
TEL [illegible]
営業 月～金 9:00～16:00、16:30～19:00
土・日 9:00～13:00
●市庁舎内
[MAP] P.125/A1
TEL 620-5073
営業 毎日9:00～19:00

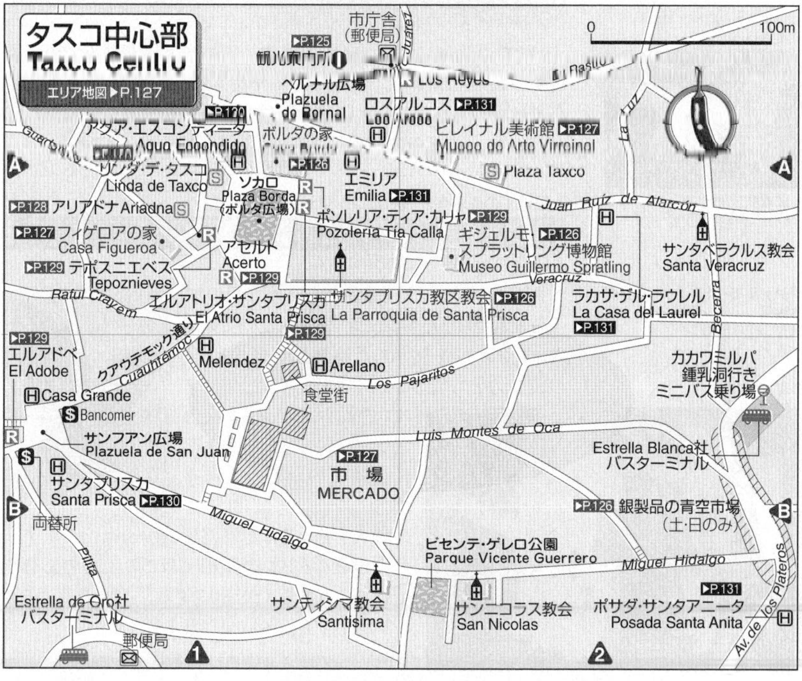
タスコ中心部
Taxco Centro
エリア地図▶P.127
0
100m
市庁舎（郵便局）
▶P.125
観光案内所
Juárez
Los Reyes
ベルナル広場
Plazuela de Bernal
ロスアルコス ▶P.131
Los Arcos
ビレイナル美術館 ▶P.127
Museo de Arte Virreinal
▶P.130
アグア・エスコンディーダ
Agua Escondida
ボルダの家
▶P.126
エミリア
Emilia ▶P.131
Plaza Taxco
La Luz
リンダ・デ・タスコ
Linda de Taxco
ソカロ
Plaza Borda
（ボルダ広場）
Juan Ruíz de Alarcón
▶P.128 アリアドナ Ariadna
ポソレリア・ティア・カリャ ▶P.129
Pozolería Tía Calla
▶P.127 フィゲロアの家
Casa Figueroa
アセルト
Acerto
ギジェルモ・スプラットリング博物館 ▶P.126
Museo Guillermo Spratling
サンタベラクルス教会
Santa Veracruz
▶P.129 テポスニエベス
Tepoznieves
▶P.129
Veracruz
Raful Cravem
エルアトリオ・サンタプリスカ
El Atrio Santa Prisca
サンタプリスカ教区教会 ▶P.126
La Parroquia de Santa Prisca
ラカサ・デル・ラウレル
La Casa del Laurel
▶P.131
▶P.129
▶P.129
エルアドベ
El Adobe
クアウテモック通り
Cuauhtémoc
Melendez
Arellano
Los Pajaritos
Becerra
カカワミルパ鍾乳洞行きミニバス乗り場
Casa Grande
Bancomer
食堂街
Luis Montes de Oca
サンフアン広場
Plazuela de San Juan
Estrella Blanca社バスターミナル
▶P.127
市場
MERCADO
サンタプリスカ
Santa Prisca ▶P.130
▶P.126 銀製品の青空市場（土・日のみ）
両替所
Miguel Hidalgo
ビセンテ・ゲレロ公園
Parque Vicente Guerrero
Miguel Hidalgo
Pilita
▶P.131
Estrella de Oro社バスターミナル
サンティシマ教会
Santísima
サンニコラス教会
San Nicolas
ポサダ・サンタアニータ
Posada Santa Anita
Av. de los Plateros
郵便局

おもな見どころ

▶銀鉱山の富が集約された大教会 ★★
サンタプリスカ教区教会
La Parroquia de Santa Prisca

サンタプリスカ教区教会 MAP P.125/A1

入場 毎日7:00~13:00、
　　　16:00~20:00

装飾で埋め尽くされたチュリゲラ
様式の祭壇

タスコの銀鉱王ボルダが「神はボルダに富を与え、ボルダは神にこれをささぐ」という家訓を実行して町に寄贈した、チュリゲラ様式で飾られた豪華な教会。当時の金額にして170万ペソを投入し、フアン・カバジェロの設計により1751年から1759年にかけて造られた。内部の壁画は、当時最も有名だったスペインの宗教画家ミゲル・カブレラの作。聖壇の向かって右側の奥に小さな絵画展示室がある。朝と夜、サンタプリスカ教区教会の美しい鐘の音がタスコの町にこだまする。

高さ40mの双塔が青い空に映えて美しい

▶文化会館として公開されているボルダの邸宅 ★
ボルダの家
Casa Borda

ボルダの家 MAP P.125/A1
TEL 622-6634
入場 火~金10:00~20:00
　　　土・日10:00~16:00
料金 無料

大銀鉱脈を発見して一鉱夫から
大鉱山主となったボルダの家

ソカロの北側に面した白壁の建物。ボルダ一族が住んでいた邸宅で、現在は町の文化会館として使用され、絵画展や音楽演奏などが開催される。吹き抜けの階段部分にはカラフルな草花の鉢が置かれ、北側の部屋からの眺めもよく町全体が一望できる。

▶銀細工の先駆者が残したコレクション ★
ギジェルモ・スプラットリング博物館
Museo Guillermo Spratling

**ギジェルモ・スプラットリング
博物館** MAP P.125/A2
TEL 622-1660
入場 火~日 9:00~17:00
　　　日　　9:00~15:00
料金 M$45

タスコに銀の工房を構えて、高度な銀の加工法をもたらしたギジェルモ・スプラットリングのコレクションを展示した博物館。先史時代の遺物なども観ることができる。1929年にタスコを訪れたアメリカ人スプラットリングは、1931年に銀細工のための工房を開設。いっときは400人もの職人を抱えるほど繁盛した。現在のタスコの銀細工はこの工房の影響を受けている。スプラットリングは、工房の利益をメキシコ古代美術の収集に注いだ。

ユニークなコレクションが
展示されている

スプラットリングはタスコの銀加工に大きな影響を与えた

 はみだし Estrella Blanca社バスターミナルの南に延びるAv. de los Plateros沿いには、土・日曜になると銀製品の青空市場（MAP P.125/B2）が開かれる。シルバーがかなり安く入手できる。

▶芸術家も住まいとした元伯爵邸
フィゲロアの家
Casa Figueroa ★

1767年にカデナ伯爵邸として造られた、タスコの代表的な建築物のひとつ。1946年からメキシコ人の芸術家フィデル・フィゲロアが住んでいたため、この名称で親しまれている。建設当時は租税の払えない先住民を税金代わりに酷使して造らせたので「涙の家」とも呼ばれていた。先住民の反感や攻撃を恐れ、部屋数27に対して、窓はふたつしかない。

美しいタイル画が飾られた正面入口

▶コロニアルアートの展示が充実
ビレイナル美術館
Museo de Arte Virreinal ★★

ドイツの地理学者で世界中を旅し気候学、海洋学を創始したボン・フンボルトが1803年に滞在したことから、「フンボルトの家Casa Humboldt」とも呼ばれている。現在はサンタプリスカ教区教会にあった宗教美術をはじめ、植民地時代のアートコレクションを展示する小さな美術館となっている。

建物は銀鉱王ボルダが息子のために建造した

▶カラフルな食料品や日用雑貨の数々
市場
Mercado ★

サンタプリスカ教区教会下の丘に広がる大規模な市場。庶民が毎日の食卓にのる野菜、果物、パンなどを買いに来る場所で、常設店舗の周囲にさまざまな露店も軒を並べている。生鮮食料品のほか、日用品や衣料品などが中心だが、銀細工などのみやげ物も売られ、タスコの人々の素顔を見ることができる。

青果から民芸品まで雑多な店が並ぶ

フィゲロアの家 MAP P.125/A1
TEL 622-0003
入場 水～月10:00～18:00
料金 M$30

ビレイナル美術館 MAP P.125/A2
TEL 622-5501
入場 火～日10:00～18:00
料金 M$20

市場 MAP P.125/B1～B2
営業 毎日8:00～19:00(木～14:00)

Compra ショッピング

タスコの町では、洗練された銀製品のショッピングも楽しい。タスコの職人は高度なテクニックをもち、芸術的なデザインが多い。

民芸品や銀細工の商店や露店がたくさん並んでいるのは、サンタプリスカ教区教会の周囲。おみやげを探すのなら、このエリアだけで十分だ。バスターミナルから同教会に徒歩で上がってゆく坂道は、下方に食料品や生活雑貨を商う店が並び、上に行くにつれて民芸品の専門店が多くなっていく。

タスコは銀製品の名産地

▶ 手頃な値段で銀製品が購入できる

リンダ・デ・タスコ
Linda de Taxco

ソカロ北西側、 **H** アグア・エスコンディーダ（→P.130）の1階にあるシルバー＆ジュエリーのショップ。店内は雑然と展示されているが、品物はセンスがいい。

銀の指輪はM$100〜、ブレスレットはM$150〜。

ソカロに面している

MAP P.125/A1
住所 Plaza Borda No.4　TEL 622-3172
営業 毎日9:00〜21:00　カード A M V

▶ ソカロから徒歩2分と便利

アリアドナ
Ariadna

カジュアルなアクセサリー中心。品揃えはそれほど多くないがとにかく安いと評判。店員の対応もよく、ゆっくり品定めができる。ピアスはM$20〜、指輪はM$100〜。

場所はフィゲロアの家の向かい

MAP P.125/A1
住所 Raful Krayem No.2　TEL 622-2792
営業 毎日10:00〜19:00　カード M V

INFORMACIÓN

タスコでのショッピング

銀細工

銀が産出され加工されるタスコでは、銀細工がほかの町よりも安く売られており、質のよい製品が数多く揃う。以前は銀を加工する小工場 Taller で安く買うことができたが、この頃は店で買うのとあまり変わらなくなってきている。

すばらしい品は眺めているだけでも楽しい

タスコの銀細工店が優れている点は、安い価格だけではなく、見ているだけでうっとりするようなすばらしい細工が施された逸品に出合えること。ただし銀に似せて作った安い合金のアルパカを使ったニセモノもある。銀細工が彫金によって作られるのに対してアルパカは型押しによって作られるため、細工が粗くなっている。色、輝き、固い物にぶつけたときの音にも違いがある。よく観察すれば素人でも判別できる。なかにはアルパカを銀として売ろうという人がいるから注意。

店によって値段は違うので、あちこちのぞいてみよう。支払いはクレジットカードでもできるが、キャッシュのほうが歓迎される（現金なら高級店でも10〜15%程度は割り引きしてくれる）。品質よりも低価格を優先したい人は、サンタプリスカ教区教会の左隣の小道を50mほど行った右側にある建物に集まっている、小さな店で値段交渉してみよう。

アマテ

アマテは、先住民が作る木の樹皮を一度溶かしてすいた紙に極彩色で描いた絵のこと。ゲレーロ州の名産になっている。メキシコ・シティでも買えるが、タスコの物のほうが色がいいようだ。

アマテはメキシコで見るとどうということないが、日本に持ち帰ってみるとラテンアメリカの先住民風の素朴な味わいがいい。額に入れて飾っておくと、きっと旅愁を感じられるはずだ。

町角の露店でも売られるアマテ

かわいい雑貨店が多いタスコは、エスニックなおみやげ品探しにおすすめです。「銀の町」とあってアクセサリー店が充実し、ピアス、リング、ネックレスなど激安でした。（埼玉県　ヒカル　'16）['18]

Comida　レストラン

ソカロ周辺には観光客向けのレストランが集まっており、窓際の席でタスコの美しい町並みを眺めながら食事ができる。安く済ませたい人は市場内にある簡易食堂や、バスターミナル周辺にある庶民的なレストランがおすすめ。

▶コロニアル都市の情緒を満喫

アセルト
Acerto

ソカロの南側、サンタプリスカ教区教会の向かい。2階の出窓から中心部の様子を眺められ、いつも観光客で混み合う人気レストラン。薄切りビーフのアボカド添えCecina de Taxco（M$151）などがおいしい。そのほかコーヒー（M$22〜）やアップルパイ（M$50）などもおすすめだ。

ソカロに面して眺めもよい

MAP P.125/A1
住所 Plaza Borda No.12　**TEL** 622-0064
営業 毎日9:00〜22:30（土〜23:30）
税金 込み　**カード** AMV　**Wi-Fi** 無料

▶ゲレーロ州の名物ポソーレを味わおう

ポソレリア・ティア・カリ
Posoleria Tia Calli

ソカロ北東の角に地下に下りる入口がある（銅像の脇）。ポソーレは大中小の3サイズありM$48〜56。基本は大粒のトウモロコシだけなので、チチャロン（M$30）や鶏肉（M$22）などをトッピングしよう（写真付きのメニューがある）。そのほかトスターダス（M$36）やエンチラーダス（M$60〜）などの軽食メニューもおすすめ。

アボカド入りのポソーレ・ベルデに鶏肉をトッピング

MAP P.125/A1
住所 Plaza Borda No.1　**TEL** 622-5602
営業 水〜月13:00〜22:00
税金 込み　**カード** MV　**Wi-Fi** 無料

▶自然志向の人気レストラン

エルアトリオ・サンタプリスカ
El Atrio Santa Prisca

ソカロの北東側に面した、宝石店やピザ屋などが入った建物の2階にあるレストラン。窓際の席でストリートウォッチングを楽しみながら、干し肉のセシーナ（M$121）、野菜スープ（M$52〜）などが味わえる。

MAP P.125/A1
住所 Plaza Borda No.1　**TEL** 622-8879
営業 毎日8:00〜23:00
税金 込み　**カード** MV　**Wi-Fi** 無料

▶観光で歩き疲れたらここでひと息

エルアドベ
El Adobe

サンフアン広場の西側にあるおしゃれな雰囲気のレストラン。お店のおすすめは干し肉を使ったセシーナ・タスコ（M$120）など。コーヒー（M$24〜）などドリンクだけの利用もできる。

落ち着けるコロニアルスタイルのレストラン

MAP P.125/B1
住所 Plazuela de San Juan No.13　**TEL** 622-1416
営業 毎日8:00〜22:00（土〜翌1:00）
税金 込み　**カード** MV　**Wi-Fi** 無料

▶100%ナチュラルのアイスクリーム

テポスニエベス
Tepoznieves

豊富な種類のフレーバーのアイスクリームが楽しめる店。内装もカラフルでかわいい。タスコ散策に疲れたら立ち寄ってみよう。コーン（M$23）、2フレーバー（M$34）のほか、ナチュラルジュースもおいしい。

ソカロの西側に面している

MAP P.125/A1
住所 Raful Krayem No.1　**TEL** 622-3796
営業 毎日10:00〜21:00
税金 込み　**カード** カード不可　**Wi-Fi** なし

投稿　タスコの町には「ポチョ」と呼ばれる白いワーゲンのタクシーが走っています。各バスターミナルからホテルの多いソカロまでは急勾配もあるので利用価値が高いです。（神奈川県　焔モユル　'16）['18]

Estancia ホテル

高級ホテルは町から離れた郊外エリアに点在している。ソカロ周辺にはコロニアルな町の雰囲気を楽しめる中級ホテルが多い。安宿はサンフアン広場周辺に何軒かあるが、せっかくタスコに泊まるのなら、町の雰囲気に合った中級以上のホテルを選ぶほうがいいだろう。

▶中庭から見下ろす景色がすばらしい

ポサダ・デ・ラミシオン
Posada de la Misión

Estrella Blanca社のバスターミナルから山道を北へ約500m、タスコの町を一望のもとに眺められるロケーション。市街のパノラマが堪能できるスポットとして有名だ。礼拝堂、劇場など施設も充実しており、メキシコ・シティ在住のエグゼクティブ層にも、よく利用されている。全125室。[Wi-Fi] 客室OK・無料

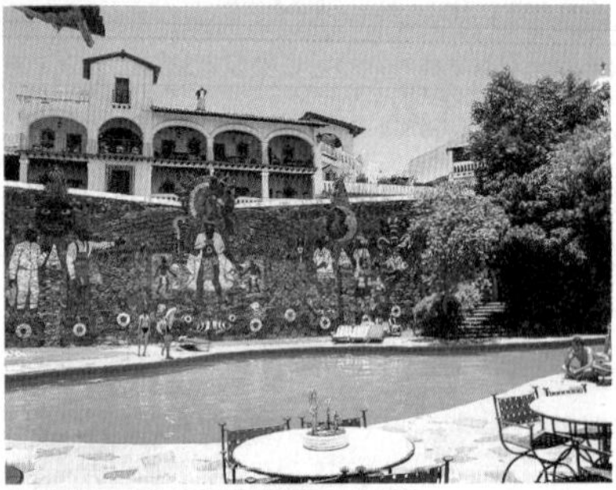
花と緑がいっぱいの敷地内にプールも完備

[MAP] P.127　🍴○ 🏊○ 🔒○ ☕○
住所 Cerro de la Misión No.32
TEL 622-0063　URL www.posadamision.com
税金 +19%　カード [A][D][M][V]
料金 ⓈⒹM$1950〜　[AC]○ [TV]○ [TUB]△

▶便利な立地のおすすめホテル

アグア・エスコンディーダ
Agua Escondida

ソカロの北西側に面した、ロケーションのいい全62室の中級ホテル。部屋はシンプルだが、立地を考えると料金は割安感がある。[Wi-Fi] 客室OK・無料

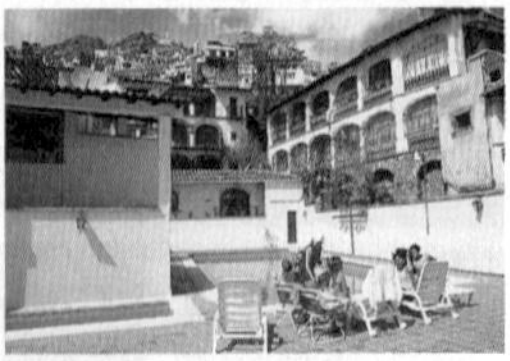
滞在者が集まる屋上スペース

[MAP] P.125/A1　🍴○ 🏊○ 🔒○ ☕有料
住所 Plaza Borda No.4　TEL 622-1166
URL www.aguaescondida.com
税金 込み　カード [A][M][V]
料金 ⓈⒹM$1200〜　[AC]○ [TV]○ [TUB]△

▶眺望を楽しめる5つ星ホテル

モンテタスコ
Montetaxco

ロープウエイで上った丘の上にあり、タスコが一望できる全156室の高級ホテル。中心部からは離れており、喧騒を離れて静寂に浸りたい人におすすめ。[Wi-Fi] 公共エリアのみ・無料

[MAP] P.127外　🍴○ 🏊○ 🔒○ ☕△
住所 Fraccionamiento Lomas de Taxco S/N
TEL 622-1300
URL www.montetaxco.mx
税金 +19%　カード [A][M][V]
料金 ⓈⒹM$1320〜　[AC]○ [TV]○ [TUB]×

▶高原の空気に包まれて滞在する

ロマ・リンダ
Loma Linda

全70室の中級ホテル。バスターミナルから国道沿いにメキシコ・シティ方向へ約800m。タスコにはコロニアルな町並みを見渡せるホテルが多いが、断崖に建つこのホテルからも美しい景観が眺められる。
[Wi-Fi] 客室OK・無料

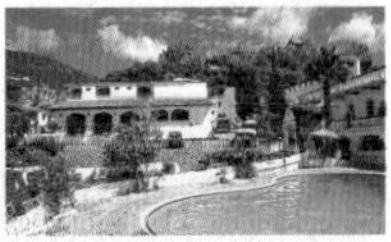
プールサイドからも雄大な景観を楽しめる

[MAP] P.127　🍴○ 🏊○ 🔒○ ☕有料
住所 Av. de Los Plateros No.52
TEL 622-0206　URL www.hotellomalinda.com
税金 込み　カード [A][D][M][V]
料金 ⓈⒹM$780〜　[AC]○ [TV]○ [TUB]×

▶教会を見下ろす静かな環境

サンタプリスカ
Santa Prisca

サンフアン広場南側にある、落ち着いた雰囲気の全31室のホテル。2階にはライブラリーがあり、その窓から見る町並みは、とてもフォトジェニック。
[Wi-Fi] 客室OK・無料

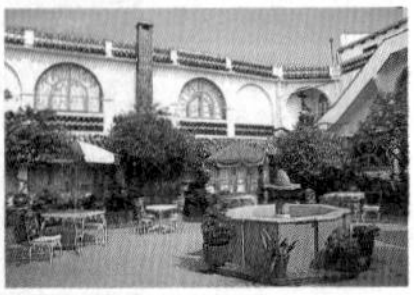
緑の中庭がきれいに手入れされている

[MAP] P.125/B1　🍴× 🏊× 🔒○ ☕×
住所 Cena Obscuras No.1　TEL 622-0080
税金 込み　カード [A][J][M][V]
料金 ⓈⒹM$720〜　[AC]○ [TV]○ [TUB]×

はみだし　タスコはセマナサンタが盛大に行われる場所としても有名。カトリック教徒がわが身をむち打ち、十字架を担いで歩く姿も見られる。期間中はバスと宿は前もって予約しておこう。

▶修道院跡に手頃な料金で泊まれる

ロスアルコス
Los Arcos

ソカロから北東へ徒歩3分ほど。17世紀に建造された修道院を改築したホテルで雰囲気は厳かな感じ。コロニアル調の風情が好きな人に特におすすめ。全21室なので早めに部屋を確保しよう。[Wi-Fi] 客室OK・無料

[MAP] P.125/A1　🍴○　🏊×　🔒×　☕有料
住所 Juan Ruíz de Alarcón No.4
TEL 622-1836
URL www.hotellosarcostaxco.com
税金 込み　カード [M][V]
料金 ⓈⒹM$920～　[AC]×　[TV]○　[TUB]×

▶コロニアルなセンスがいい

エミリア
Emilia

ソカロから北東へ徒歩[illegible]分ほど。ステンドグラスや素焼きの器で、ロビーが美しく飾られたホテル。部屋も木彫りの調度品が古典的な雰囲気を醸し出している。14室しかないので、なるべく予約を入れておこう。[Wi-Fi] 客室OK・無料

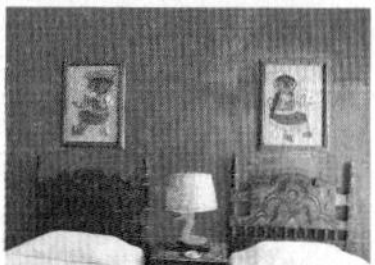
女性好みのおしゃれな室内

[MAP] P.125/A1　🍴○　🏊×　🔒○　☕有料
住所 Juan Ruíz de Alarcón No.7
TEL 622-1396
URL www.hotelemilia.com.mx
税金 込み　カード [A][M][V]
料金 ⓈⒹM$800～　[AC]×　[TV]○　[TUB]×

▶手頃な料金のプチホテル

ラカサ・デル・ラウレル
La Casa del Laurel

ソカロから東へ徒歩4分ほど。客室はシンプルながらも、居心地がいい全9室のホテル。ベッドも広くゆったり。シャンプーやリンスなどアメニティが充実し、ヘアドライヤー、アイロン台なども用意されている。ロビーは小さいながらも、コーヒーと紅茶、クッキーなどの用意がされ、屋上には眺めのいいくつろぎスペースがある。[Wi-Fi] 客室OK

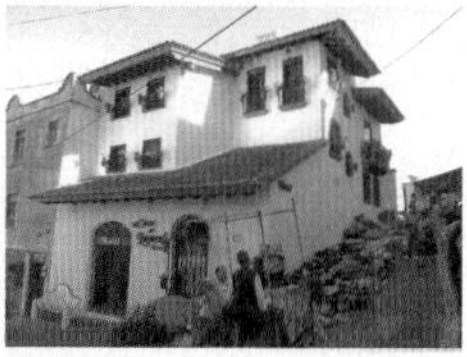
ホテルの脇には露店が出る

[MAP] P.125/A2　🍴×　🏊×　🔒○　☕○
住所 Juan Ruíz de Alarcón No.25
TEL [illegible]
税金 込み　カード [M][V]
料金 ⓈM$700～、ⒹM$960～　[AC]×　[TV]○　[TUB]×

▶バスターミナルに近い短期滞在者向け

ポサダ・サンタアニータ
Posada Santa Anita

Estrella Blanca社バスターミナルから南へ徒歩3分ほどの場所にある全29室のホテル。トランジット滞在におすすめだ。[Wi-Fi] 客室OK・無料

[MAP] P.125/B2　🍴×　🏊×　🔒○　☕×
住所 Av.de Los Plateros No.320
TEL&FAX 622-0752　税金 込み　カード 不可
料金 ⓈM$300～、ⒹM$500～　[AC]×　[TV]△　[TUB]×

エクスカーション

▶自然が造り出した巨岩や奇岩が並ぶ　★★

カカワミルパ鍾乳洞
Grutas de Cacahuamilpa

タスコから約30km北東にあるスケールの大きな鍾乳洞。入口部分だけでも高さ21m、横幅42mあり、スペイン語ガイドとともに見学道を探検気分で散策できる。内部の天井部分には鉱物がつらら状に石化したものが無数にあり、自然の芸術を造り出している。見学道は全長約2km、高さは最大で82m。動物や人の顔に見えるもの、ビール瓶の形をしたものなど、奇怪な形をした岩をガイドが照明を当てておもしろおかしく解説してくれる。所要時間は解説を聞きながらゆっくり歩いて片道約1時間(復路は自由に帰ることができる)。

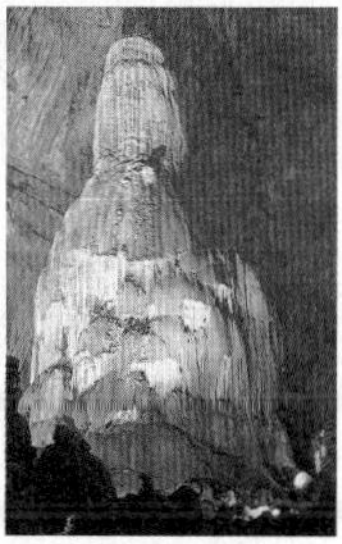
自然が生み出した芸術作品を楽しめる大鍾乳洞

カカワミルパ鍾乳洞
[MAP] P.57/B1
タスコ東部のEsrella Blanca社バスターミナル前からGrutas行きミニバスが40分間隔で運行(5:25～18:30、所要約45分、M$38)。ミニバスの到着に合わせて、鍾乳洞のガイドツアーが出る。タクシーを利用するとM$200程度。
入場 毎日10:00～17:00(最終入場は15:00)
料金 M$75(スペイン語ガイド付き)

雄大な山並みに囲まれたアステカ時代からの商都

トルーカ
Toluca

人　口	約82万人
高　度	2660m
市外局番	722

MAP P.133

トルーカへの飛行機

　トルーカを本拠地とするインテルジェットが、グアダラハラから毎日1〜2便（所要1時間、M$945〜2172）。ロスカボスやプエルト・バジャルタからも毎日便がある。トルーカ国際空港（TLC）から町の中心部へはタクシーで所要20〜30分、約M$200。

トルーカへのアクセス（バス）

●メキシコ・シティから
　Caminante社、ETN社、Flecha Roja社が毎時計10本運行。所要約1時間、M$70〜95。

●メキシコ・シティ空港から
　Caminante社が毎時1本運行。所要1時間、M$210。

●モレーリアから
　Autovias社が毎時1本運行。所要3時間30分、料金M$366。

金曜の露天市

　毎週金曜の早朝から夕方にかけて、バスターミナルの裏側にあるフアレス市場前に露天市が並び、大勢の客でとてもにぎわう。この日は渋滞が激しく、バスの発着も遅れることが多い。

ベジャス・アルテス美術館

MAP P.133

TEL 215-5329
入場 火〜日10:00〜18:00
料金 M$10

ベジャス・アルテス美術館など中心部には文化施設が点在

トルーカ郊外にあるテオテナンゴ遺跡

　メキシコ・シティから約66km西に位置する、メキシコ州の州都。メキシコで最も高地にあるコロニアル都市で、頂に雪をかぶった4680mのネバド・デ・トルーカNevado de Toluca火山を望むこともできる。歴史は古く、アステカの時代から周囲の穀倉地帯の収穫物が集まる重要な商業の中心地として栄えていた。

　町の中心部では落ち着いたたたずまいが楽しめ、近郊にはこの地に住むマトラツィンカ族が造ったカリストラワカCalixtlahuacaなどのユニークな遺跡がある。首都からの日帰りも可能だが、手頃なホテルやレストランも多いので1泊2日で訪ねてみるのがいいだろう。

アクセス

バス▶ メキシコ・シティの西方面バスターミナルからCaminante社、ETN社、Flecha Roja社が毎時計10本運行。メキシコ・シティの国際空港からも、Caminante社が毎時1本運行している。そのほか近郊のモレーリアやケレタロからも頻繁にバスが運行している。

　バスターミナルは中心部から2kmほど南東にあり、市バスでM$7.5、タクシーでM$35程度。

歩き方

　トルーカの中心部であるソカロに面して南側にカテドラル、北側に州庁舎が建っている。ソカロに隣接するガリバイ広場Plaza Garibayをはじめ大小の広場や公園があり、市民の憩いの場となっている。ソカロ周辺には市場の建物跡を利用したコスモ・ビトラル植物園や、カルメン教会に隣接したベジャス・アルテス美術館 Museo de Bellas Artesなど、観光スポットや文化施設も点在。ソカロから5ブロックほど北の高台を走る街道からは市街を一望できる。

はみだし　トルーカのアドルフォ・ロペス・マテオス空港（TLC）はメキシコ・シティのサブ空港として、インテルジェット航空やボラリス航空などが国内各地やアメリカ南部の都市とも結んでいる。

おもな見どころ

▶市場の建物跡を利用したユニークな施設

コスモ・ビトラル植物園
Cosmo Vitral Jardín Botánico　★

　1975年まで市場だった建物を、地元の芸術家レオポルド・バルデスLeopoldo F. Valdésがステンドグラスで覆った植物園。日本庭園もあり、その横にはメキシコの植物生態を調査するために松田植物研究所を開いた松田英二の銅像も立つ。

エクスカーション

▶ケツァルコアトルを象徴化した神殿

カリストラワカ遺跡
Calixtlahuaca　★★

　今もこの地に住むマトラツィンカ族が、9～15世紀に造った遺跡。楕円形の神殿を中心に、3つの遺跡群からなる。その中心的神殿は最初トルテカ様式で建てられ、それを覆う形でマトラシナと呼ばれる部族集団が新たな神殿を建設し、最後にメヒカ人の征服によって現在に残るような形態となったといわれる。メソ・アメリカの神殿に共通する、神殿の上に次々と新しい神殿を積み重ねてゆく形式が理解できる。

▶盆地を見下ろすマトラツィンカ族の都市遺跡

テオテナンゴ遺跡
Teotenango　★★

テナンゴ・デル・バジェの町にある歴史博物館が入口。そこから急勾配の坂を上った高台に遺跡がある

　平らな台地の上に造られたかつての人威厳都市。マトラツィンカ族が築き、後にアステカ帝国に征服された。東側にはトルーカ盆地、西側にはネバド・デ・トルーカ火山が見渡せて、とても眺めがよい。遺跡内には大小の神殿、球戯場、住居跡が残っており、復元状態もいい。

コスモ・ビトラル植物園
MAP P.133
TEL 214-6785
入場 火～土10:00～18:00
　　 日　10:00～15:00
料金 M$10

内部にある松田英二の銅像

カリストラワカ遺跡
MAP P.57/B1
トルーカから約8km北。フアレス市場の横から『CALIX』と表示がされた市バスが毎時数本運行（所要約30分、M$8）。バスを下車してから徒歩約10分、タクシー利用でM$100程度。
TEL 215-7080
入場 火～日10:00～17:00
※遺跡内にはケツァルコアトルの神殿前に簡単な説明をしてくれる係員がおり、この係員から入場券を購入する。

さまざまな文化を積み重ねた神殿

テオテナンゴ遺跡
MAP P.57/B1
トルーカから約25km南。トルーカのバスターミナル南口からテナンゴ・デル・バジェTenango del Vallへ所要約40分、M$14）。テナンゴ・デル・バジェの中心部から博物館のある遺跡入口まで徒歩約30分、タクシー利用でM$40程度。
TEL (717)144-1344
入場 火～土　9:00～18:00
　　 日　10:00～15:00
料金 M$20

トルーカのホテル
　ソカロ周辺やバスターミナル近くに、ひとりM$500前後で泊まれる手頃なホテルがある。
H フィエスタ・イン・トルーカ・セントロ Fiesta Inn Toluca Centro
MAP P.133
住所 Calle Allende No.124
TEL 167-8900
URL www.fiestainn.com/toluca-centro
　全85室の快適なホテル。Ⓓ M$1160～。

H コロニアル Colonial
MAP P.133
住所 Av. Hidalgo No. 103
TEL 215-9700
　全30室の格安ホテル。Ⓓ M$530～。

トルーカ Toluca
エリア地図 ▶P.57/B1
200m

（地図内表記）
カルメン聖堂 Templo del Carmen／ベジャス・アルテス美術館 Museo de Bellas Artes ▶P.132／州庁舎 Palacio de Gobierno／ガリバイ広場 Plaza Garibay／ソカロ Zócalo／モレーロス劇場 Teatro Morelos／コスモ・ビトラル植物園 Cosmo Vitral Jardín Botánico ▶P.133／サンタベラクルス聖堂 Templo de la Santa Veracruz／カテドラル Catedral／コロニアル ▶P.133 Colonial／フィエスタ・イン・トルーカ・セントロ Fiesta Inn Toluca Centro／Woolworth／Rex／San Francisco／サラゴサ公園 Jardín Zaragoza／郵便局／バスターミナル

はみだし メキシコ各地で見かけるジュース屋台のメニューは、果汁100%がJugo（フゴ）、水で割って砂糖を足したものがAgua（アグア）、牛乳で割って砂糖を足したものがlicuado（リクアド）。

メキシコ各地の 音楽を楽しもう

メキシコにはさまざまな音楽が街にあふれている。マリアッチ、ノルテーニョ、トリオなどの楽団が公園や路上で演奏しており、身近に演奏を聴くことができる。これらの音楽は、先住民の文化とスペインなどのヨーロッパ文化が混ざして発展を遂げた。それぞれの音楽は各地に根づいており、旅先でその土地の音楽を楽しむことができる。

マリアッチ Mariachi

メキシコ音楽の象徴ともいえるのがマリアッチ。バイオリンやギター、ベースの役割をするギタロン、そしてトランペットによる10人前後の編成による楽団形態を示す。演奏される音楽ジャンルとしてはランチェーラ、ボレロやポルカ、ソンなどで、19世紀後半にハリスコ州で生まれた。また、チャロという牧童貴族のスーツに金ボタンが装飾された衣装、大きなソンブレロという姿も特徴的。

ハローチョ Jarocho

港町ベラクルスでは、ハローチョと呼ばれる音楽が盛んだ。ギターやレキント、ビウエラなどの弦楽器が使用され、アルパの音色が美しい。アルパとはヨーロッパから入ってきたハープを小さく改良したもので、低音のベースラインを弾きながらもう一方の手で高音のメロディを奏でる。楽団の編成は3〜5人が一般的。ベラクルスではほかにも、吹奏楽団によるダンソンも人気が高い。

マリンバ Marimba

グアテマラ、ホンジュラスなど中米で代表的な伝統音楽であるマリンバ。中米各地に劣らず、メキシコ南部のチアパス州やタバスコ州ではマリンバの音楽が広く親しまれている。マリンバとは木琴に共鳴管が付いている楽器で、3〜4人の奏者が1台の大型マリンバを演奏するのが一般的。近年ではこれに打楽器や管楽器などが加わって、よりポピュラーな音楽が演奏されることもある。

ノルテーニョ Norteño

マリアッチと並んで多いのが、ノルテーニョの楽団。アコーディオン、ギターやベース、打楽器が使用され、4〜5人くらいのグループで演奏される。ノルテーニョとは「北部の」という意味で、モンテレイなどがその中心地。その旋律や音色、演奏者の衣装からは、アメリカのカントリー音楽とも共通点が感じられる。歌詞の内容のなかには麻薬問題、不法越境者などの社会問題を題材としたものも少なくない。

バンダ Banda

バンダとは英語でいうバンド、つまり楽団という意味だが、ここで示すバンダは港町マサトランを発祥とする音楽のこと。もとは軍楽隊の音楽だったもので、使用する楽器はトランペットやサックス、クラリネットまで幅広く、特徴的なのは地面をとどろかせるようなスーザホーンによる低音のベースラインだ。管楽器による20人前後の大所帯ながら軽快に演奏され、祭りのパレードでは欠かすことのできない音楽だ。

トリオ Trio

その名のとおり3人の編成で演奏される音楽で、トローバと呼ばれることも多い。もともとはキューバで生まれたボレロがユカタン半島に渡り、メリダやベラクルスなどのメキシコ湾岸の町に根づいた音楽だ。ギターの演奏と歌だけの素朴な音楽だが、奏でるセレナータは人々の心を捉える。メリダのソカロには、夜になるとトリオの演奏者たちが集まってきて、美しい歌声が響き渡る。

中央高原北西部
North-West Central Highlands

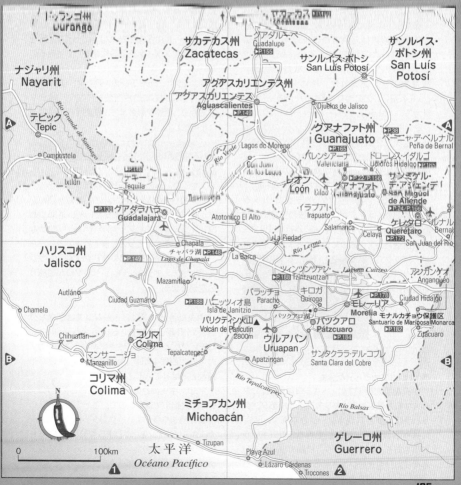

ドゥランゴ州
Durango

ナジャリ州
Nayarit

サカテカス州
Zacatecas

グアダルーペ
Guadalupe
▶P.155

サンルイス·ポトシ
San Luís Potosí

サンルイス·
ポトシ州
San Luís
Potosí

アグアスカリエンテス州
アグアスカリエンテス
Aguascalientes
▶P.149

Ojuelos de Jalisco

テピック
Tepic

Compostela

Ixtlán

Río Grande de Santiago

テキーラ
Tequila
▶P.148

グアナファト州
i Guanajuato

ペーニャ·デ·ベルナル
Peña de Bernal
▶P.38

Lagos de Moreno

Río Verde

San Juan
de los Lagos

バレンシアーナ
Valenciana
▶P.165

ドローレス·イダルゴ
Dolores Hidalgo
▶P.156

レオン
León

グアナファト
Guanajuato
▶P.22 ▶P.156

サンミゲル·
デ·アジェンデ
San Miguel
de Allende
▶P.24 ▶P.166

グアダラハラ
Guadalajara
▶P.138

Teuchitlán

Silao

イラプアト
Irapuato

Atotonilco El Alto

Salamanca

Celaya

ケレタロ·ベルナル
Querétaro
▶P.172

Bernal

ハリスコ州
Jalisco
▶P.149

Chapala

チャパラ湖
Lago de Chapala
▶P.148

La Barca

La Piedad

Río Lerma

San Juan del Río

Laguna Cuitzeo

アンガンゲオ
Angangueo

Mazamitla

ツィンツンツァン·
Tzintzuntzan
▶P.188

キロガ
Quiroga

Ciudad Hidalgo

Autlán

Ciudad Guzmán

バッツィオ島
▶P.188
Isla de Janitzio

パラッチョ
Paracho

パツクアロ湖

モレーリア
Morelia
▶P.178

モナルカチョウ保護区
Santuario de Mariposa Monarca
▶P.182

Chamela

コリマ
Colima

パリクティン火山
Volcán de Paricutín
2800m

ウルアパン
Uruapan

パツクアロ
Pátzcuaro
▶P.184

Zitácuaro

Chihuatlán

マンサニーショ
Manzanillo

Tepalcatepec

Apatzingán

サンタクララ·デル·コブレ
Santa Clara del Cobre

コリマ州
Colima

ミチョアカン州
Michoacán

Río Tepalcatepec

Río Balsas

ゲレーロ州
Guerrero

Tizupan

太平洋
Océano Pacífico

Playa Azul

Lázaro Cárdenas

Trocones

0   100km

銀で栄えたグアナファトは人気の世界遺産都市

ハイライト

中央高原には、中世のヨーロッパの風情を残すコロニアル都市が多い。16〜18世紀頃に銀山などで潤い、莫大な富が壮麗な建造物に注ぎ込まれた。特にグアダラハラ（→P.138）、グアナファト（→P.156）、サカテカス（→P.150）、モレーリア（→P.178）、サンミゲル・デ・アジェンデ（→P.166）の歴史地区は世界文化遺産にも登録されていて、必見。なかでも、グアナファトはシルバーラッシュ以降に産業は発達しなかったので、山あいにできた中世の町がそのまま保存されていて美しい。

メキシコ第2の都市グアダラハラでは、壮大な建築物巡りのほか、さまざまな伝統芸能にも触れられる。郊外のテキーラ（→P.148）へはツアーバスが運行しているので行ってみよう。そのほ

か、パツクアロ（→P.184）も風情のある町並みだ。

修道院跡を使ったケレタロ地方歴史博物館

旅のヒント

🌀 中央高原でグルメな旅を

中央高原北西部では、メキシコならではのグルメな旅も楽しめる。ハリスコ州の州都グアダラハラは、郷土料理ポソーレの本場で、近郊には有名なテキーラの生産地であるテキーラの町もある。また、パツクアロ湖の白魚は、日本のワカサギを思い出させる味だ。そして、こ

の地方は甘党にはたまらない民俗菓子の宝庫でもある。行く先々で、新たな味覚に出合えることだろう。

ハリスコ州名物のポソーレ

🌀 スペイン語学校や美術学校で学んでみよう

グアナファトやサンミゲル・デ・アジェンデは、メキシコ有数の文教都市としても知られている。外国人向けにスペイン語を教える教室も充実しており、初心者から上級者まで、さまざまなレベルに応じたコースが受講できる。旅のスケジュールに余裕があれば、じっくりと腰を落ち着けてスペイン語習得に精を出してみるのもいい。

サンミゲル・デ・アジェンデでは、美術学校も旅行者に対して門戸を開いており、絵画や彫刻から、織物や彫金まで、数週間の短期コースを用意している。

アクセス

🔵 飛行機

メキシコ・シティとグアダラハラ間は、シャトル便が毎日頻繁に往復しておりとても便利がいい。グアナファトには空港がないが、近郊の都市レオンへは、メキシコ・シティやティファナなどから便があるのでレオンまで行き、そこからタクシーで向かうと時間の節約ができる。サンミゲル・デ・アジェンデは、ケレタロが最寄りの空港となる。

🔵 バス

中央高原のバスは、メキシコではかなり交通網が組織化されている。道路も整備され、ミチョアカン、グアナファト、ハリスコ、サカテカスの北西部4州は、高速道路と幹線道路で首都と結ばれている。

ただし、中央高原の人気都市であるグアナファトは、大都市ではないので、各地からのバスの便数があまり多くない。グアダラハラやサカテカスからはレオンを、ケレタロやモレーリアからはイラプアトをとりあえず目指し、そこからグアナファト行きのバスに乗り換えるといいだろう。

中央高原北西部の見どころベスト3

1 グアナファトのピピラ記念像からの眺め（→ P.161）

2 テキーラ周辺の農園と醸造工場（→ P.148）

3 サカテカスのブーファの丘へのロープウエイ（→ P.153）

物価とショッピング

　旅行者に人気が高いグアナファトやサンミゲル・デ・アジェンデなどコロニアル都市の観光地では、ホテルはやや割高な料金設定をしている。特にサカテカスは格安ホテルがあまりないので、バックパッカーは宿探しに苦労する。

　おみやげには、グアナファトの近くのレオンの革製品、ミチョアカン州のプレペチャ族の民芸品が観光客に人気がある。グアナファトやサカテカスなどは、銀鉱山で栄えた古都なので、銀細工やアクセサリーショップも軒を並べている。

グアダラハラ近郊のテキーラでは本場のテキーラを入手しよう

安全情報

　中央高原のコロニアル都市は、観光化された歴史地区など全般的に治安がよい。ただし、町を見下ろす郊外の丘など、人のいない場所では強盗が出没することもある。日本企業が多く進出しているレオンでは、都市化にともない治安が悪化しているので注意。グアナファト州には緊急連絡先のジャパンデスク（→P.156）があり、トラブルに遭った場合などに電話サポートが受けられる。

地元の居酒屋で楽しい時間を

文化と歴史

　16〜18世紀にかけて中央高原の各地は銀の採掘で繁栄し、チュリゲラ様式の教会や石造りの邸宅などコロニアル調の町並みが築かれた。またこの地方は、近代メキシコ史のなかで、闘争の血の歴史がいくつも秘められている場所でもある。19世紀には独立運動が勃発してグアナファトが戦台の舞台になり、20世紀初頭にはメキシコ革命の戦闘がサカテカスで行われた。独立運動で活躍したモレーロスゆかりの町モレーリアなどは、革命と独立史に思いをはせてみるのもいい。

1914年に政府軍と革命軍が激戦を繰り広げたサカテカスのブーファの丘

年間気候とベストシーズン

　ミチョアカン州やハリスコ州などは一年中穏やかな気候だが、高地では冬の冷え込みも厳しい。見どころである各コロニアル都市は、セマナサンタなどの祝日や、お祭りシーズンにとても混み合う。その時期に訪れる人は、早めにホテルの予約を入れよう。

各地でイベントに遭遇できる

グアダラハラの年間気候表

月 別	1月	2月	3月	4月	5月	6月	7月	8月	9月	10月	11月	12月	年間平均
最高気温	23.5	25.4	27.9	30.1	31.2	28.7	26.0	26.0	26.6	25.5	25.2	23.6	26.6℃
最低気温	6.7	7.9	9.2	11.5	14.0	15.9	15.3	15.1	15.1	12.4	9.1	7.8	11.7℃
平均気温	15.1	16.6	18.5	20.8	22.6	22.3	20.6	20.5	20.8	18.9	17.1	15.7	19.1℃
降 雨 量	17.8	5.1	2.5	0	17.8	193.0	254.0	200.6	177.8	53.3	20.3	20.3	80.2mm

歴史遺産の町並みとマリアッチで知られる州都

グアダラハラ
Guadalajara

人　口	約150万人
高　度	1540m
市外局番	33

必須ポイント！
★オスピシオ・カバーニャス を見学
★テキーラへのツアーに参加
★リベルタ市場でおみやげを 探す

イベント情報
●8月下旬～9月上旬
　マリアッチとチャレアーダ の国際的な祭典Encuentro Internacional del Mariachi y La Charreríaが開かれる。
URL www.mariachi-jalisco. com.mx
●10月1～31日
　10月祭が行われ、各文化行 事、スポーツフェアをはじめ、展 示会が催される。舞踊やパレー ドなども見学できる。
URL www.fiestasdeoctubre. com.mx
●10月12日
　サポパンの聖母像を掲げて、 カテドラルからサポパンの町の近 郊にある聖母大聖堂まで行列が 続く。

グアダラハラ市政府観光局
URL guadalajara.gob.mx

空港から市内へ
　空港は中心部の約22km南。 到着ロビーを出るとチケット制の タクシーカウンターがある。空港 からは所要30～45分、M$320。 市内から空港へのタクシーは M$200～250。
　市内の旧バスターミナルからは Chapala社が毎時4本の空港行き バス(5:35～21:30、M$8)を運 行している。

ミゲル・イダルゴ国際空港

インテルジェット航空
TEL 3688-6795(空港内)

アエロメヒコ航空
TEL 3942-1088(空港内)

カテドラル前に撮影スポットも用意されている

　人口約150万を擁するメキシコ第2の都市で、ハリスコ州の州都 であるグアダラハラ。メキシコ伝統音楽の代表マリアッチ誕生の地 であり、3大壁画家のひとりクレメンテ・オロスコの生まれ故郷と しても知られている。さらに中心部には世界文化遺産に登録されて いるオスピシオ・カバーニャスなどが残る、歴史と文化を誇る大都 会だ。巨大なリベルタ市場は地域の中心地として、日用雑貨から 食料、民芸品など特産物を集めて終日にぎわう。

　蒸留酒産地のテキーラ、民芸の 里として有名なトナラ、マリアッチ の故郷トラケパケ、メキシコ最大 の湖チャパラなどへのアクセスの起 点でもあるグアダラハラは、メキシ コの多様な顔を見るための拠点と もなっている。

テキーラ製造の工程を 見学できるツアーも人気

アクセス

飛行機▶グアダラハラ郊外のミゲル・イダルゴ国際空港Miguel Hidalgo (GDL) へは、アエロメヒコ航空(AM)、インテルジェット 航空(VLO)、ボラリス航空(Y4)、ビバ・アエロブス航空(VB)、 アエロマル航空(VW)などがメキシコ・シティから毎日計30～36便 運航。カンクンやロスカボスからはボラリス航空(Y4)も運航。

グアダラハラから各地への飛行機

目的地	1日の便数	所要時間	料金
メキシコ・シティ	AM、Y4、VB、VW　計30～36便	1.5h	M$940～4690
カンクン	Y4、4O、AM、VB　計9便	3h	M$843～5183
ロスカボス	Y4、4O、VB、A7　計4～6便	1.5h	M$668～2528
ティファナ	Y4、AM、4O、VB　計17～19便	3h	M$1270～3742

安全情報 メトロ1号線San Juan de Dios駅近くにマリアッチ広場(MAP P.141/B4)がある。夜に楽団が集 まって演奏が聴ける場所だが、周囲の治安がよくないので、なるべく大勢で行くようにしよう。

バ ス▶メキシコ有数の大都市なのでバスの便もとてもいい。メキシコ・シティやグアナファトなど各地へのバスが発着する長距離バスターミナルNueva Central Camioneraは、郊外のトラケパケにある。また、テキーラやチャパラ湖など近郊へのバスは市内の旧バスターミナルAntigua Central Camionera（MAP P.141/C3外）から運行している。

グアダラハラから各地へのバス

目的地	1日の本数	所要時間	料金
メキシコ・シティ	Primera Plus、ETN、Omnibus de Méxicoなど毎時2〜5本	7〜8h	M$806〜945
グアナファト	ETN 13本、Primera Plus 9本など	4h	M$479〜570
レオン	ETN 13本、Primera Plus 9本など	3h	M$399〜475
モレーリア	ETN、Primera Plusなど毎時2〜4本	3.5h	M$459〜540
ケレタロ	ETN、Primera Plusなど毎時5〜7本	4.5〜5h	M$588〜700
プエルト・バジャルタ	ETN 16本、Primera Plus 9本など	5h	M$526〜705
トルーカ	ETN 9本、Autovias 2本	5.5〜8h	M$724〜860
ウルアパン	Primera Plus 8本、ETN 3本	4.5h	M$444〜535
パツクアロ	La Linea 1本(8:30発)	5h	M$416
モンテレイ	Omnibus de México 6本、ETN 4本	12h	M$1050〜1075
シウダー・フアレス	Chihuahuenses 4本、Omnibus de México 4本	19〜24h	M$1701〜2080
ティファナ	TAP 11本、Elite 10本など	31〜36h	M$1775〜2105
マサトラン	Elite 14本、TAP 18本など	7h	M$545〜790
ノガレス	TAP 3本(10:15、13:30、15:30)	23〜27h	M$1845
サカテカス	ETN、Omnibus de Méxicoなど毎時1〜2本	4.5〜6h	M$570〜610
ヌエボ・ラレード	Omnibus de México 3本	14h	M$1285
アカプルコ	Futura 4本、ETN 2本	11〜14.5h	M$1118〜1635

歩き方

グアダラハラはメキシコ有数の大都市だが、観光の中心はカテドラルからオスピシオ・カバーニャスへかけてのコロニアル建築群、それにオスピシオ・カバーニャス近くのリベルタ市場の、歩いて回れる範囲にほぼ集中している。ホテルもこの周辺に取っていれば町の散策に便利。

両替所は中心部の歴史風致地区から南側のフアレス通りを越えて、1ブロックほど南に下がったエリアに多い。バスは市内を頻繁に走るが、市内観光だけなら利用することも少ない。現在はメトロ（地下鉄）も2路線走っているが、これも生活者用の側面が強く、観光で利用する機会はあまり多くないだろう。

長距離バスターミナルから市内へ

長距離バスターミナルはトラケパケ市北部にあり、グアダラハラの中心部からは約10km南東。バス会社ごとにいくつかの建物に分かれている。バスターミナルから中心部へは市バスで約30分、料金はM$7〜12。"TUR" と表示されたバスや275番、616番、644番などのバスがトナラ方面からトラケパケ市内を通ってグアダラハラへと向かう。タクシーを利用すればM$110〜130。

バスターミナルの周辺には[H] Vista Junior（TEL 3600-0910 料金 ⓈⒹM$555〜）など、バス利用者に便利なホテルがある。このエリアのホテルを足場にすると、グアダラハラ、トラケパケ、トナラへのアクセスは容易。

長距離バスターミナルのカウンター

観光案内所 MAP P.141/A3
住所 Morelos No.102
TEL 3668-1600
営業 月〜金9:00〜17:00
街キオスクのような案内ブースも、リベラシオン広場、タパティア広場など、市内の主要な観光スポットに設置され、各種資料や情報を得られる(年中無休の案内ブースもある)。

両替事情

Bancomer、Banamexなどの銀行でATMが使える。Maestranza通りには両替所がたくさんある（MAP P.141/B3）。一部日本円も扱っているが、両替レートはあまりよくない。

COLUMNA

ルイス・バラガンの建築物を見学

建築家ルイス・バラガン（→P.32）は1902年にグアダラハラで生まれた。市内にある自由工科大学を卒業して活動を始める。彼がまだ20代のときにデザインした**ゴンサレス・ルナ邸**Casa González Lunaは1929年に完成した建築物で、現在は一般公開されている。部屋に差し込む光と影が緻密に計算されており、パティオには噴水や水鏡を配している。敷地内は無料で入れて自由に見学ができ、併設のカフェでは飲食もできる。

黄色い外壁のゴンサレス・ルナ邸

MAP P.140/C1外
住所 José Guadalupe Zuno No. 2083
TEL 3615-2242
営業 月〜金9:00〜19:00、土10:00〜14:00

はみだし インデペンデンシア大通りには専用道を走るマクロバスMacrobusが運行している。中心街にはSan Juan de Diosに停留所がある。料金はカード代込みでM$15、1回の乗車でM$7。

El Refugio

Ⓢ Mercado IV Centenario

Garibaldi

サンホセ・デ・グラシア教会
San José de Gracia

Ⓡ La Fonda de la Noche

Reforma

レフォルマ庭園
Jardín Reforma

サンフェリペ・ネリ教会
San Felipe Neri

San Felipe

ジャーナリズムとグラフィックアート博物館
Museo del Periodismo y las Artes Gráficas

Ⓐ

Juan Manuel

Sandy's Ⓡ

Independencia

コロナ市場
Mercado Corona Ⓢ

教会 ⛪

観光バス発着所
(Tapatío Tours)

Puebla

Hidalgo

観光バス発着所
(Tranvia)

La Lupita Ⓡ

グアダラハラ広場
Plaza Guadalajara

ℹ

カテドラル
Catedral
▶P.143

Milenarios Ⓡ

Morelos

La Antigua Ⓡ

アルマス広場
Plaza Armas

革命公園
Parque Revolución

Centro Ⓗ

▶P.146 ダリ・プラザ
Dali Plaza Ⓗ

祥龍酒家 Ⓡ

Pedro Moreno

イベロアメリカーナ図書館
Biblioteca Iberoamericana

▶P.145 カフェ・マドカ
Café Madoka Ⓡ

Café Madrid Ⓡ

メトロ1号線

フアレス通り

Juárez

Plaza Universidad

ラ・チャタ
La Chata
▶P.145

Juárez

オロスコ博物館 ▶P.144
へ3km

Ⓗ Portobelo

カルメン庭園
Jardín del Carmen

López Cotilla

Ⓑ

Ⓡ

Vancouver
Wings

Ⓢ OXXO

フェニックス
▶P.146 Fenix

Green Light

▶P.146

La Mutualista Ⓝ

Francisco I. Madero

ポサダ・サンパブロ
Ⓗ Posada San Pablo

Cervantes

Alta Fibra Ⓡ

サンフランシスコ教会
San Francisco

Priciliano Sánchez

Sevilla Ⓗ

La Montana

アランサル教会
Aranzarú

(トラケパケ、トナラ行き)

Miguel Blanco

Libertad

(サポパン行き)

Leandro Valle

ビリエリア・ラスヌエベ・エスキーナス
Birriería las 9 Esquinas Ⓡ

▶P.145

La Havana Vieja Ⓝ

Nueva Galicia

▶P.139
ゴンサレス・ルナ邸
へ1.5km

Ⓒ

ラパス通り

Av. La Paz

José Guadalupe Montenegro

Epigmenio González

140

Mexicaltzingo

❶ Mexicaltzingo

❷

民俗博物館
Museo de las Artes Populares

モレーロス公園
Parqué Morelos
ALAMEDA

Pino Suárez
Belén
Venustiano Carranza
Humbolt
Baeza Alzaga
Calpulapan
Aguaritia
Calz. Independencia
Federación
Cabañas
Prosperidad
Carlos Salazar

A

Industria

H La Rotonda

郵便局
Galería Jorge Martínez

R アンドレ・ブルトン
André Breton **▶P.145**

D デ・メンドーサ De Mendoza **▶P.146**

República

▶P.144
グアダラハラ地方博物館
Museo Regional de Guadalajara

サンタマリア教会
⌂ Santa Maria

デゴジャード劇場
Teatro Degollado **▶P.139**

タパティア広場
Plaza Tapatia Bancomer **S**

オスピシオ・
⊚ カバーニャス
Hospicio
Cabañas **▶P.143**

リベラシオン広場
**Plaza de la
Liberación** **ⓘ**

R Café Boutique **ⓘ**

観光案内所

R ラ・リンコナーダ
La Rinconada

▶P.146
フランセス
Francés **▶P.146**

R プラサ・リベラシオン
Plaza Liberación **▶P.145**

▶P.141

⌂ San Agustín

Sₐ Santander

Magno Centro Joyero

▶P.143
州庁金
Palacio de Gobierno **▶P.143**

R Roma

El Arte **▶P.145**

San Juan de Dios

Diario o Rodríguez

リベルタ市場 **▶P.144**
Mercado Libertad

H Holiday
Inn

チャイ Chai **▶P.145**

オスペダルテ・セントロ
H Hospedarte Centro **▶P.146**

サン・ファン・デ・ディオス教会
⌂ San Juan dé Dios

マリアッチ広場
Plaza de los Mariachi

Albaro Obregón

ハビエル・ミナ通り
Javier Mina

H Ana Isabel

México70

B

両替所多数

H Gran Hotel
Centro Histórico

Degollado
Maestranza
Molina
Huerto
Corona

Ginalán

Antonio Torres
Cabañas

H Morales

フアン・マヌエル人形場

Gómez Farías

インテンデンシア大通り

H Don Quijote Plaza

Misionario

Intendencia

Aldama

Antonio Rosales

Clavel

H Aranzazu

アレナ・コリセオ
Arena Coliseo **▶P.142**

Av. Revolución

28 de Enero

5 de Mayo

Analco

Federico Medrano

Matamoros

BICENTENARIO

N

0   200m
C

20 de Noviembre

Constitución

Cuauhtémoc

旧バスターミナルへ500m
S Casa de las Artesanías **▶P.144** へ500m
チャレアーダ会場 **▶P.142** へ1km

サンセバスチャン・
デ・アナルコ庭園
**Jardín San Sebastián
de Analco**

サンホセ・デ・
アナルコ庭園
**Jardín San José
de Analco**

Guadalupe Victoria

グアダラハラ
Guadalajara

エリア地図 **▶P.135/A1**

141

3   **4**

市内のタクシー

メーター付きタクシーは初乗り M\$8.5 〜。メーターが付いていないタクシーも多く、基本的には乗車前に運賃交渉が必要。

市内観光バス

市内と郊外を巡回する2種類の観光バスが運行している。2階建てバスを利用したTapatío Tourは、市内や郊外のトラケパケ、サポパン、トナラ方面4ルートの観光スポットを、1時間おきに所要2時間で巡回する。カテドラルの北側から毎日10:00〜20:00の間に運行、料金はM\$130〜150。

●Tapatío Tour
TEL 3613-0887
URL www.tapatiotour.com.mx

観光馬車

観光客用の馬車Calandriaは、リベルタ市場前の広場、サンフランシスコ教会前、グアダラハラ地方博物館前の3ヵ所から出ている。セントロ周辺の見どころを1時間ほどで回る。コースは3種類あり、馬車の定員は5人以内で料金は1時間M\$200〜。

交通案内

●市バス Camión

市バスは大きく分けて4種類が運行。エアコン付き "TUR"（M\$12）、"Premier"（M\$12）、エアコンなしの普通バス（M\$6〜7）、Hidalgo通りとJuárez通りを往復している電動バスの "Par Vial"（M\$6）。いずれも毎日6:00から23:00くらいまで頻繁に運行し、フ

エアコン付きのTURのバス

ロントガラスに行き先、その上にはルート番号が表示されている。ほとんどのバスがカテドラル脇を通り、"Par Vial" を除いては16 de Septiembre通りのバス停（**MAP** P.140/B2）を経由することが多い。

●メトロ Metro

地下鉄が2路線ある。フアレス通りAv. Juárezに沿って走るメトロ1号線が市内を東西に横切り、この1号線とフアレス駅Juárezで市内を南北に走るメトロ2号線と交わっている。メトロはM\$7の均一料金。運行時間は6:00〜23:00。

メキシコ・シティのメトロよりも車両も駅構内もきれいと評判

INFORMACIÓN

グアダラハラのエンターテインメント

チャレアーダ

チャロCharroと呼ばれるメキシコの牧畜貴族は、北米のカウボーイの原型。チャロによる曲芸、すなわちロデオのことをメキシコではチャレアーダCharreadaという。

グアダラハラはチャレアーダの本場だ。毎週日曜12:00 〜 16:00 にチャレアーダが開催されて、投げ縄、暴れ牛乗りや荒馬乗り、走りながら馬を乗り換える曲芸などを上演。料金は M\$50 〜 100 で空いている席に自由に座れる。

主催会場であるカンポ・チャロCampo Charro（**MAP** P.141/C3 外）はアグア・アスール公園の南東側にあり、中心部からタクシーで 10 分ほど。

ルチャリブレ

メキシコのプロレスであるルチャリブレ Lucha Libre は、グアダラハラでも人気が高い。

試合は毎週火曜 20:15 〜 22:45 と日曜 18:00 〜22:00に行われており、会場は地元客でにぎわう。料金は曜日、座席によって異なり、火曜は M\$80 〜 165、日曜は M\$40 〜 130。入場の際に荷物検査があり、一眼レフカメラは 1 階の売店へ預ける必要がある（小型カメラやスマートフォンの持ち込みと写真撮影は可能）。

行われる会場のアレナ・コリセオ Arena Coliseo（**MAP** P.141/C3）は、インデペンデンシア通りの近くにある。

走る馬を投げ縄で捕らえる競技

熱気あふれるルチャリブレの試合

はみだし グアダラハラ中心部にあるアルマス広場などでWi-Fiが利用OK。グアダラハラは比較的治安がよい町だが、外でPCやスマートフォンを使用する場合はくれぐれも盗難に注意しよう。

おもな見どころ

▶オロスコの壁画などで飾られた世界遺産　★★★

オスピシオ・カバーニャス
Hospicio Cabañas

1810年にカバーニャス伯爵によって新古典主義の様式で建てられ、1980年まで病院施設をもつ孤児院として機能していた広壮な建造物。現在は礼拝堂、広場、画廊、ホールなどを含むグア

巨大な宮殿のような外観

ダラハラの一大文化センターとして機能している。この建物はグアダラハラ出身の巨匠オロスコが描いた『スペインのメキシコ侵略』と総称される50以上の巨大な壁画や天井画群があることで有名で、1997年には建造物全体がユネスコの世界文化遺産に登録された。また、不定期に地元の舞踊団によるメキシコ伝統舞踊公演が行われている。

▶イダルゴ神父が奴隷解放を叫んだ歴史の舞台　★★

ハリスコ州庁舎
Palacio de Gobierno

17世紀に建てられた威圧的な外観をもつ建造物。メキシコ独立の父イダルゴ神父はこの建物で奴隷解放を宣言した。また、メキシコ史上ただひとりの先住民出身の大統領ベニート・フアレスがあやうく暗殺されかかった場所でもある。中央階段には壁画の巨

アルマス広場の向かいに入口がある

匠オロスコによって『立ち上がる僧侶イダルゴ』が描かれている。さらに2階にある会議堂Congresoの天井には、奴隷がつながれていたチェーンを切断して解放される様子を描いた、やはりオロスコ作の壁画もある。

▶ゴージャスな装飾が施された大聖堂　★★

カテドラル
Catedral

1561年から60年もの歳月をかけて建てられ、当時の植民地予算の約3分の1が費やされた大教会。建築様式もふたつの塔のビザンチン様式をはじめ、コリント、トスカナ、アラビアなど、さまざまな様式が使われている。内部には近世の代表的な宗教画家ムリーリョの絵もある。

独特な形のカテドラルは
見る角度で印象が異なる

World Heritage
世界遺産

オスピシオ・カバーニャス
MAP P.141/A4
TEL 3668-1645
URL hospiciocabanas.jalisco.gob.mx
入場 火〜日10:00〜18:00
料金 M$70(火曜無料)
写真撮影はM$30

壁画で彩られたドーム状の内部

ハリスコ州庁舎
MAP P.141/B3
入場 毎日 8:00〜19:00

オロスコ作の壁画『立ち上がる
僧侶イダルゴ』

カテドラル　MAP P.140/A2
入場 毎日 7:00〜20:00

教会内の装飾も圧巻

▶先史時代から近代まで幅広い展示 ★★
グアダラハラ地方博物館
Museo Regional de Guadalajara

グアダラハラ地方博物館
MAP P.141/A3
TEL 3614-9957
入場 火～日9:00～17:00
料金 M$60

　修道院だった建物を改造した広壮な博物館。ハリスコ州の先住民遺跡からの出土品から、スペイン植民地時代の歴史、そして独立後の歴史を充実した展示で見せる。宗教美術のギャラリーも特設。力を入れているのはハリスコ州の先住民の文化を紹介するコーナーだ。

マンモスの化石を完全な形で展示

▶巨匠オロスコのアトリエを見学できる ★
オロスコ博物館
Museo Taller J. C. Orozco

オロスコ博物館
MAP P.140/B1外
　Juárez通りを走る電動バスPar Vial (400番か500番) か、プラザ・デル・ソルPlaza del Sol行きのバスに乗る。大きなアーチLos Arcosのあるミネルバ交差点Glorieta Minervaで下車する。博物館はアーチの西側にある。
TEL 3616-8329
入場 火～土10:00～18:00
料金 無料

　メキシコ壁画の巨匠オロスコが、グアダラハラで大きな仕事に取り組んでいる時期に使われた工房兼住居。かつてのまま保存されて現在は小さな美術館になっている。常設展示されているのは、1945年の大作『素晴らしき生活』など。そのほか館内のスペースは、地元の画家たちの発表の場ともなっている。

▶グアダラハラ市民の台所 ★
リベルタ市場
Mercado Libertad

リベルタ市場
MAP P.141/B4
TEL 3618-0506
営業 毎日8:00～17:00
※食堂街は18:00頃まで

　オスピシオ・カバーニャスの南西にある巨大な市場。いつも活気にあふれている。生鮮食品、日用品、民芸品などにフロアが分かれていて、1階の東側では多くの民芸品が売られている。あまり清潔な感じはしないが、2階にある安くておいしいメキシコ料理の食堂街に寄ってみるのもいい。

色とりどりの食料品も売られている

INFORMACIÓN

グアダラハラのショッピング事情

　先住民の見事な伝統工芸品を探すなら、まず立ち寄りたいのが S Casa de las Artesanias (MAP P.141/C3外)。セントロの南方アグア・アスール公園前、ゴンサレス・ガジョ通りAv. González Galloに面し、ウィチョール族によるビーズ玉や糸で作られた多彩色の仮面、平面紋様画など、摩訶不思議な世界に触れることができる。営業は毎日9:00～16:00 (ハイシーズンには夜まで営業を続ける)。

　そして各種おみやげ品から素朴な生活雑貨まで取り揃えられているのが、オスピシオ・カバーニャの南側に広がっている S リベルタ市場Mercado Libertad (上記) だ。かばん、バンド、サンダルなど、革製品の店のほか、マリアッチの本場だけに、ギターも種類が充実。さらに衣類、日用雑貨から果物、野菜、そして食堂街と商品は多彩。終日にぎわっていて、見ているだけでも楽しい。

リベルタ市場には多彩な民芸品が並ぶ

はみだし 食の町グアダラハラはB級グルメも充実。トマトソースがかかったサンドイッチTorta Ahogadaや焼きプリンJericallasは、市場の食堂などでも味わえる。

Comida　レストラン

　グアダラハラの中心街には、観光客向けのレストランから地元の人が利用する飲食店まで多様。カフェも多いので、歩き疲れたらひと休みしよう。昼食を安く済ませたいなら、リベルタ市場内にある食堂街を利用するといいだろう。

▶行列のできるグアダラハラの人気店
🍴 ラチャタ
La Chata

　通りからキッチンが見え、できたての大盛り肉料理が食欲を誘うレストラン。人気メニューのポソーレはM\$80でトルティージャも付く。

グアダラハラ名物のポソーレ

MAP P.140/B2
住所 Av. Corona No.126　TEL 3613-1315
URL www.lachata.com.mx
営業 毎日7:00～24:00
税金 込み　カード ADMV　Wi-Fi 無料

▶朝食利用にもおすすめ
🍴 チャイ
Chai

　フアレス通りに面した、明るくモダンなカフェ。メニュー豊富で、地元の人たちが朝から利用している。卵料理など朝食(MS\$51～83)の種類も充実している。紅茶(M\$28)、チャイ(M\$40)、カフェ・ラテ(M\$40)がおすすめ。

MAP P.141/B3
住所 Av. Juárez No.200　TEL 3613-0001
営業 毎日10:00～24:00(土・日8:00～)
税金 込み　カード MV　Wi-Fi 無料

▶人気のギャラリーカフェ
🍴 アンドレ・ブルトン
André Breton

　フランスの詩人の名を冠したこの店には、長居したくなるソファ席やバーカウンターがある。ギャラリーが併設され、地元の若者でにぎわっている。食事はケバブやハンバーガーがM\$70前後。水～土曜の22:00からライブ演奏があり、金・土曜のカバーチャージM\$30～50。

夜になると地元の音楽好きが集まる

MAP P.141/A3
住所 Manuel No.175　TEL 3345-2194
営業 月9:00～20:00、火～土10:00～翌3:00
税金 込み　カード MV　Wi-Fi 無料

▶コロニアル情緒漂うレストラン
🍴 ラリンコナーダ
La Rinconada

　タパティア広場の西にある、バロック建築のゴージャスなレストラン。おすすめメニューはパスタ(M\$61～)、魚料理(M\$134～)など。毎日9:00～12:00の朝食ビュッフェはM\$99。

MAP P.141/A3
住所 Morelos No.86, Plaza Tapatía
TEL 3613-9925　営業 毎日9:00～20:00(日～14:30)
税金 込み　カード MV　Wi-Fi 無料

▶ハリスコの郷土料理ビリアの名店
🍴 ビリエリア・ラスヌエベ・エスキーナス
Birriería las 9 Esquinas

　スパイシーなヤギ肉スープのビリアBirria(M\$127)を食べるならここへ来るとよい。店は小さな広場に面したオープンな雰囲気で、流しの歌手がときおり訪れる。

濃厚なスープ料理のビリア

MAP P.140/C2
住所 Colón No.388　TEL 3613-6260
営業 毎日8:00～23:00(日～21:00)
税金 込み　カード 不可　Wi-Fi 無料

▶休憩にも食事にも便利
🍴 エルアルテ
El Arte

　リベラシオン広場の南側に面したカフェ。オムレツ・スペシャル(M\$76)など値段はやや高めだが、ボリュームはたっぷり。メキシコ料理M\$55～、カプチーノM\$31、コーヒーM\$24～35。

広場を眺めながらゆったり食事ができる

MAP P.141/B3
住所 Maestranza No.1
TEL 3614-0789　営業 毎日8:00～23:00
税金 込み　カード MV　Wi-Fi 無料

はみだし 🄡カフェ・マドカCafé Madoka(**MAP** P.140/B1　TEL 3613-0649　営業 月～金8:00～22:00)は、昔ながらのカフェ。卵料理(M\$72～)やサンドイッチ(M\$86～)などが味わえる。

Estancia ホテル

高級ホテルはカテドラルの近くにあり、中級ホテルはコロナ通り沿いに多い。安宿はリベルタ市場の横のハビエル・ミナJavier Mina通りに集まっている。

▶4つ星の高級ホテル

デ・メンドーサ
De Mendoza

修道院だった建物を改装した全104室のホテル。雰囲気はコロニアル調だが、客室設備は近代的で使い勝手もいい。[Wi-Fi] 客室OK・無料

中心部を代表する高級ホテル

[MAP] P.141/A3 🍴○ 🏊○ 🔒○ ☕△
住所 V. Carranza No.16　TEL 3942-5151
URL www.demendoza.com.mx
税金 +19%　カード [A][M][V]
料金 ⓈⒹM$990～ [AC]○ [TV]○ [TUB]×

▶清潔で近代的な施設

フェニックス
Fenix

カテドラルから4ブロック南にある、全235室の大型ホテル。周囲には飲食店も多く、観光にも便利な立地にある。[Wi-Fi] 客室OK・無料

[MAP] P.140/B2 🍴○ 🏊× 🔒○ ☕△
住所 Corona No.160　TEL 3614-5714
URL www.fenixguadalajara.com.mx
税金 +19%　カード [A][M][V]
料金 ⓈⒹM$940～ [AC]○ [TV]○ [TUB]×

▶設備が整っていて使い勝手がいい

ダリ・プラザ
Dali Plaza

カテドラルから5ブロック西にある、全114室の中級ホテル。Wi-Fiの通信環境もよく、ビジネス利用も便利。[Wi-Fi] 客室OK・無料

部屋の広さは20～50m²

[MAP] P.140/B2 🍴○ 🏊× 🔒○ ☕有料
住所 Pedro Moreno No.570　TEL 3613-0420
URL www.hoteldaliplaza.com
税金 込み　カード [M][V]
料金 ⓈⒹM$895～ [AC]○ [TV]○ [TUB]×

▶カテドラルに近い格式高いホテル

フランセス
Francés

1610年設立の伝統を誇る、全64室のホテル。パティオは美しいステンドグラスで覆われ、部屋もコロニアル調。[Wi-Fi] 客室OK・無料

[MAP] P.141/B3 🍴○ 🏊× 🔒○ ☕△
住所 Maestranza No.35　TEL 3613-2020
URL www.hotelfrances.com
税金 +19%　カード [A][M][V]
料金 ⓈⒹM$635～ [AC]○ [TV]○ [TUB]×

▶ロケーションがよい中級ホテル

プラサ・リベラシオン
Plaza Liberación

リベラシオン広場に面した全15室のプチホテル。広々した共同キッチンが使え、屋上のテラスにも上がれる。[Wi-Fi] 客室OK・無料

[MAP] P.141/B3 🍴× 🏊× 🔒× ☕×
住所 Morelos No.247　TEL 3614-4504
税金 込み　カード [M][V]
料金 ⓈⒹM$630～ [AC]○ [TV]○ [TUB]×

▶くつろげる経済的なホテル

ポサダ・サンパブロ
Posada San Pablo

カテドラルから5ブロック南西にある、全16室のホテル。シングルの部屋は狭いが、公共スペースは広々している。[Wi-Fi] 客室OK・無料

[MAP] P.140/B2 🍴× 🏊× 🔒× ☕×
住所 Madero No.429　TEL 3614-2811
URL www.posadasanpablo.com
税金 +19%　カード [M][V]
料金 ⓈⒹM$430～ [AC]× [TV]○ [TUB]×

▶趣のあるユースホステル

オスペダルテ・セントロ
Hospedarte Centro

19世紀の建物を使った清潔で快適な全6室のユースホステル。キッチン、ランドリー、ロッカーあり。ドミトリーはM$190。[Wi-Fi] 客室OK・無料

[MAP] P.141/B3 🍴× 🏊× 🔒× ☕○
住所 Maestranza No.147
TEL 3562-7520
URL www.hospedartehostel.com
税金 込み　カード [A][M][V]
料金 ⓈⒹM$500～ [AC]× [TV]× [TUB]×

🍴 レストラン　🏊 プール　🔒 金庫　☕ 朝食　[AC] エアコン　[TV] テレビ　[TUB] バスタブ

エクスカーション

▶マリアッチ発祥の地で伝統文化に触れる　★★

トラケパケ
Tlaquepaque

グアダラハラの約8km南東に位置する小さな古都。町の創建はグアダラハラより古い1548年。中心部には、内庭を四方から囲むように客席が造られたハリスコ料理の専門店街 El Parián がある。週末には専属のマリアッチ楽団が客のリクエストに応えて、のどを競っている。町には多種多様な民芸品、革製品などを売る店が200近く軒を並べている。

楽団の演奏が気軽に聴ける

▶さまざまな民芸品に出合える町　★

トナラ
Tonalá

さまざまな民芸品の露店が並んでいる

グアダラハラの約11km東。最初の教会が1530年に創設された古都で、郊外にあるレイナの丘Cerro de la Reinaには広壮な教会が建っている。陶器の産地として有名だが、町には各種民芸品を扱う店が並ぶ。毎週日曜と木曜には近郊の先住民などが工芸品を持ち寄る市も開かれる。

▶地元の信仰を集める巡礼地　★

サポパン
Zapopan

グアダラハラから8kmほど北西にあるサポパン市には、巡礼地として有名なサポパン寺院がある。主祭壇に祀られたラチャパリータLa Chaparitaと呼ばれる聖母像は、数々の奇跡を起こしたことでも知られる。寺院にはウィチョール民芸博物館Casa de Artesanias de los Huicholも併設され、手作りの色鮮やかな毛糸細工、ショルダーバッグ、ビーズ細工などが展示即売されている。毎年10月12日に大巡礼をともなった聖母の大祭が行われており、その前後にウィチョール族が踊りを奉納する。

周辺に住むウィチョール族の信仰を集めるサポパン寺院

トラケパケへのアクセス
MAP P.147
グアダラハラのセントロからタクシーで約20分（M$80）。
市バスは、644番（M$7）、"TUR"のTlaquepaque行き（M$12）などで約30分。

ハリスコ料理の専門店街で待ち受けるダンサーたち

トナラへのアクセス
MAP P.147
グアダラハラのセントロからトナラ行きの"TUR"バスが頻繁に出ている。所要約40分、料金M$12。途中でトラケパケの市街地を通り、バスターミナルに寄るので、距離のわりに時間がかかる。

サポパンへのアクセス
MAP P.147
グアダラハラのセントロから「サポパン」と掲示された275番（M$6）か"TUR"（M$12）のバスで約20分。バスによってはサポパン中心部に入らず、サポパン寺院近くを通過する場合もあるので、降車は大きなアーチを目印に。
メトロ2号線のアビラ・カマチョ駅で下車後、000番の市バスに乗り換え、所要約10分。

ウィチョール民芸博物館
TEL 3636-4430
入場 月～土 10:00～14:00、
　　　　　 15:00～18:00
　　　日 10:00～15:00
料金 M$10

グアダラハラ周辺

0　　　　25km

テキーラ P.148 Tequila
Amatitán
サポパン P.147 Zapopan
グアダラハラ GUADALAJARA
トナラ P.147 Tonalá
トラケパケ P.147 Tlaquepaque
グアダラハラ・バスターミナル
ミゲル・イダルゴ国際空港 Miguel Hidalgo (GDL)
ボラデルビエホ山 Cerro Bora del Viejo
ホコテペック Jocotepec
アヒヒック Ajijic
チャパラ Chapala
チャパラ湖 P.148 Lago de Chapala

はみだし　サポパン市内にあるサポパン美術館Museo de Arte de Zapopan (URL www.mazmuseo.com　営業 火～日10:00～18:00(木～22:00)　料金 無料)はメキシコ有数の現代美術館。

World Heritage
世界遺産

テキーラへのアクセス
MAP P.147
　グアダラハラの旧バスターミナルからQuick社とTequila Plus社のバスが、6:00〜21:00まで毎時5本運行。所要1.5〜2時間（M$96〜189）。
　ツアーバスは下記コラム参照。

▶世界的に有名な蒸留酒「テキーラ」の故郷　★★★

テキーラ
Tequila

　メキシコの酒といえば「テキーラ」。その生産地が、グアダラハラから約50km北西にあるテキーラだ。町の周りは原料のアガベ・アスール（マゲイの一種）の畑で囲まれ、町の中にテキーラの工場がある。ほとんどの工場は内部見学が可能で、醸造や蒸留などテキーラの製造工程を詳しく見て回れる。見学はツアー客かグループにしか対応していない工場も多いので、グアダラハラ発のツアー参加が便利だ。2006年にはアガベ畑の景観と伝統的なテキーラ工房が世界遺産に登録された。

大農園は見学ツアーも催行している

アガベの畑が広がるテキーラの風景

チャパラ湖へのアクセス
MAP P.147
　グアダラハラの旧バスターミナルからChapala社のバスが6:00〜21:30まで毎時2本運行。所要約1時間（M$62）。

▶メキシコで一番大きな湖　★

チャパラ湖
Lago de Chapala

　湖上を遊覧船で周遊できる、グアダラハラの南に広がる湖。湖岸には、民芸品の産地と別荘地として有名なアヒヒック村Ajijicや、織物の産地であるホコテペック村Jocotepecなど小さな村がたくさんある。

COLUMNA

テキーラ・ツアーに参加しよう！

　メキシコを代表する蒸留酒"テキーラ"の里を訪ねる陽気なバスツアーが、グアダラハラから日帰りで催行されている。グアダラハラから約50km北西に位置する町テキーラを訪ね、この酒の原料となるアガベの農園と、収穫したアガベが蒸留される工程を、農園所有の工場で見学する。

　町はテキーラ火山の麓にある標高1200mの谷に位置し、中心部から一歩離れると、砂漠のような乾いた大地に整然と並んだアガベの丘が延々と続いている。5万余りの人口の90％以上が何らかの形でテキーラと関わって生活しており、一帯には大小多数の農園がある。

　ツアーの一例を紹介すると、朝9:00頃にバスでグ

さまざまなテキーラを試飲できる！

テキーラの工場で製造工程も見学できる

アダラハラを出発。40分ほどで最初の蒸留所に着き、テキーラの収穫から蒸留、製品ができるまでの説明（基本はスペイン語だが、英語ができるガイドも）を1時間ほど聴く。その場でテキーラの試飲もできる。11:00頃に2軒目の大きな蒸留所へ。ここでは地下の貯蔵庫や礼拝所も見学。13:00頃にテキーラの町の中心部に到着。1時間ほどの自由行動の後、市場で昼食。帰りは途中で展望台に寄って、アガベの農園を見下ろす。グアダラハラに戻るのは17:00頃で、その頃にはすっかりできあがっているはずだ。

●バスツアー
　Tequila Grand Tour社（TEL 3658-2255　URL www.tequilagrandtour.mx）が毎日9:15にフランシスコ教会前からバスツアーを催行している。所要7時間、料金M$350（ガイド付き）。

アグアスカリエンテス
Aguascalientes

温泉地としても知られる中央高原北部の要衝

人　口	約79万人
高　度	1870m
市外局番	449

町の中心部に建つカテドラル

サカテカスとメキシコ・シティを結ぶ"銀の道Ruta de la Plata"の途中に位置したことから、1575年に宿場町として築かれた。現在は豊かな水資源を利用した農業や工業が盛んで、近郊には日本の自動車メーカーなども進出している。毎年4～5月に行われるサンマルコス祭も有名だ。

歩き方

カテドラルや市庁舎のあるソカロは広々としていて、いつでものんびりとくつろぐことができる。その一帯には露店も多く、ショップやレストランも並んでいる。ソカロから歩いて10分くらいの範囲内には、歴史博物館、アグアスカリエンテス美術館、現代美術館、サンマルコス教会、サンディエゴ教会、サンアントニオ教会など、数々の観光スポットがある。

ソカロに面した市庁舎の壁画ドラル

近郊には温泉場が複数あるが、中心部から3kmほど東にある**オホカリエンテ**Balneario Centro Deportivo Ojocalienteが人気。中には大型のプール、子供プール、飛び込み台などがあり、週末にはかなり混雑する。ただし、温泉を使っているのは個室に大型の風呂が付いたカビナ（Cabina）のみで、プールは普通の水。カビナを利用する際には、入場時に"カビナ"券（6人まで1時間利用可。M$300）を購入する。共同のプールなどを利用するのみの入場券はM$60。

家族連れでにぎわうオホカリエンテ

アグアスカリエンテス
MAP P.135/A2

アグアスカリエンテスへのバス
メキシコ・シティ（所要約7時間、M$600～715）やサカテカス（所要約2時間、M$190～245）、グアダラハラ（所要約4時間、M$356～420）などから頻繁に使われる。

アグアスカリエンテス州政府観光局
URL www.vivaaguascalientes.com

観光案内所
TEL 915-2088
営業 月～金8:00～16:00
ソカロにある市庁舎の入口にある。市庁舎の中に描かれた壁画も有名で、毎日9:00～20:00には一般公開されている。

市内交通
大型バスが市内と近郊を運行している。バスは2種類あり、赤（Rojo）はM$7、緑（Verde）はM$6。

オホカリエンテ
TEL 970-0721
営業 毎日7:00～19:00（夏季は～20:00）
セントロからタクシーで約M$70。市バスは、セントロやバスターミナル周辺から約15分、M$6。

アグアスカリエンテスのホテル
安宿から高級ホテルまで、町の各地に点在している。セントロではカテドラルの隣にある3つ星の**H** Imperial（住所 5 de Mayo No.106　TEL 915-1664　Ⓢ Ⓓ M$520～）や4つ星の**H** Holiday Inn Express（住所 Nieto No.102　TEL 994-6670　Ⓢ Ⓓ M$980～）など。

美しく保存された町並みが中世の世界へと誘う

サカテカス
Zacatecas

人　口	約14万人
高　度	2496m
市外局番	492

必須ポイント！
★ブーファの丘からの光景
★エデン鉱坑を見学
★オルテガ市場で民芸品探し

World Heritage
世界遺産

イベント情報
●8月の第3金～日曜
　ラモリスマ祭La Morismaでは、スペインでのキリスト教徒の勝利を祝う。敵対したイスラム教徒との戦いを路上で再現したり、パレードなどでにぎわう。
●9月上旬～下旬
　9月8日のサカテカス市制記念日の前後に催されるサカテカス祭Feria de Zacatecasでは、闘牛、コンサート、民芸品市などが開かれる。

サカテカス州政府観光局
URL zacatecastravel.com

バスターミナルから市街へ
　バスターミナルは中心部から3kmほど南西にある。"Ruta 7と8"の市バス（所要 約15分、M$7）に乗り、カテドラルで降りる。逆にターミナルへは、オルテガ通りから乗る。タクシー利用はM$50程度。

ロープウエイで美しい町並みを堪能したい

サントドミンゴ教会など荘厳なバロック教会が建ち並ぶ

　16世紀にメキシコ随一の銀鉱として栄えた町サカテカス。銀で巨万の富を得た貴族などが競って豪邸や教会建設に資産をつぎ込み、壮麗なバロック建造物が建ち並ぶ町並みは今もそのまま残っている。古い石畳の小路、噴水のある緑豊かな小広場、そして大きな教会など、町には中世ヨーロッパの雰囲気があふれ、中心部は歴史地区として世界文化遺産にも登録されている。

　この地方の砂岩は赤みがかった色をしており、その石で造られた建物が全体に桃色を帯びているため、ピンクシティという愛称ももっている。高原の町は、空気も澄んでいて、空の青さが美しい。ケーブルカーで丘に登り、トロッコで地下探検、そして瀟洒なピンクの町並みと揃うと、この町自体がよくできたテーマパークのような気がしてくる。1914年にはメキシコ革命の舞台にもなっている。パンチョ・ビージャ率いる革命軍が、ブーファの丘にたてこもる連邦政府軍を死闘の末打ち破り、連邦政府のウエルタ将軍は亡命。この勝利により立憲革命派のひとりカランサが大統領となり、この国に新しい時代が訪れる契機となった。

サカテカスから各地へのバス

目的地	1日の本数	所要時間	料金
メキシコ・シティ	Omnibus de Méxicoなど毎時1～2本	8h	M$945～1025
グアダラハラ	ETN、Futura、Omnibus de Méxicoが毎時1～2本	4.5～6h	M$570～610
アグアスカリエンテス	Chihuahuenses、ETN、Transporte del Norte、Omnibus de Méxicoなど毎時1～2本	2h	M$195～245
レオン	Chihuahuaenses 7本、Omnibus de México 13本	4.5h	M$385～410
チワワ	Chihuahuaensesなど計12本（1:20～18:45）	12h	M$1029～1255
モンテレイ	Omnibus de Méxicoなど計8本	6h	M$585～630

安全情報　サカテカス市街は治安がよく、中心部の歴史地区は夜歩きも問題はない。しかしサカテカス州の一部では麻薬抗争にともなう被害が報告されているので、レンタカーなどでの長距離移動には注意。

アクセス

飛行機▶メキシコ・シティからアエロメヒコ航空が毎日3便運航（所要約1.5時間、M$2508～4466）。ティファナからボラリス航空などが毎週6便（所要約3時間、M$2713～3235）。国際線はロスアンゼルスからボラリス航空が毎週5便、シカゴからボラリス航空が毎週3便運航している。

バス▶国内の主要都市から便が豊富にある。特にグアダラハラやアグアスカリエンテスからは便数が多く、そこで乗り換えてもいい。

歩き方

　町の中心部はカテドラルの周辺。壮麗な教会や博物館などの見どころやホテル、銀行などもここに集まっているので、観光の起点ともなっている。また、**オルテガ市場**Mercado Ortegaの内部には民芸品店やレストラン、観光案内所も入っている。

　サカテカスは谷あいに開けた町なので、急な坂道や曲がりくねった小道が多い。標高も高く空気が薄いので、坂を上ると息が切れるが、散策は徒歩で回って歴史的な風情を味わうといいだろう。また、市内を一望できるブーファの丘にはロープウエイ利用がおすすめだ。

観光スポットのオルテガ市場（右）。
その北側にはカルデロン劇場が建つ

空港から市内へ

　ラカレーラ空港La Calera（ZCL）は中心部から約30km北にある。タクシー（M$200程度）や乗合タクシー（M$100程度）でアクセスできる。

観光案内所　**MAP** P.151/B2

住所 Av. Hidalgo No.401
営業 月～土9:00～21:00
　　 日　9:00～18:00

市内交通

　中央高原北西部の町は、概して「小さい」と言われている。特にサカテカスは徒歩でオッケー。市内バスは日曜のみ運行でM$6、タクシーの最低料金はM$30。

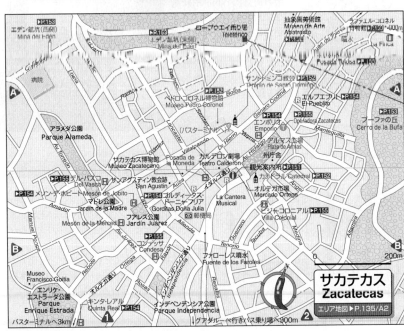

はみだし　不定期だが週末の夜にアルマス広場で、タンボラソという楽団が出演する。管楽器と太鼓による10人くらいの楽団で、メキシコ人観光客に人気がある。出演情報は観光案内所で確認できる。

おもな見どころ

▶ウルトラバロックの華麗なる装飾　★★★

カテドラル
Catedral

カテドラル　MAP P.151/B2
入場 毎日7:00〜20:00

南側から見たカテドラル

銀鉱山で栄華を極めた貴族たちがその富を惜しげもなくつぎ込み、1612年から140年の歳月をかけて建造した、メキシコ・コロニアル調教会の最高峰のひとつ。ピンク色の砂岩で造られた外装には、キリスト教文化とメキシコの土着文化が見事に融合した、華麗で緻密な彫刻が施されている。特に教会北面にある天主と12使徒像などは、チュリゲラ様式彫刻（スペインのホセ・チュリゲラ一族によって始められた過剰なまでに装飾を施すバロック様式のひとつ）の傑作だ。カテドラル内部には金銀の豪華な装飾が施されていたが、残念ながらメキシコ革命の動乱時に略奪されてしまった。

▶黄金の祭壇は必見　★★

サントドミンゴ教会
Templo de Santo Domingo

サントドミンゴ教会
　MAP P.151/A2
入場 毎日 8:00〜13:00、
　　　17:00〜20:00

教会内部の装飾が圧巻

1746年にイエズス会によって建てられたバロック様式の教会。外観は簡素だが、内部の見事な装飾は必見だ。特にチュリゲラ様式で造られた黄金の8つの祭壇の衝立Retablosや壮麗な宗教画は、サカテカスが栄華を極めた時代を彷彿させる。アルマス広場から北西に2ブロックの所に位置し、サカテカスを代表する教会のひとつだ。

サントドミンゴ教会の外観。
左はペドロ・コロネル博物館

▶メキシコ中央高原で最も訪れる価値のある博物館　★★★

ペドロ・コロネル博物館
Museo Pedro Coronel

ペドロ・コロネル博物館
　MAP P.151/A2
TEL 922-8021
入場 火〜日10:00〜17:00
料金 M$30
古代の芸術品からコロネル自身
による現代アートまで展示

サカテカス出身の画家、ペドロ・コロネルが生前に収集した美術品が展示されている。その内容は多岐にわたり、エジプトのミイラやアフリカやオセアニアの木彫品、メキシコ古代文明の出土品などもあるほか、現代アートがかなり充実している。点数が多いのはミロで、ほかにもピカソやダリ、ブラック、そしてペドロ・コロネル本人の作品がある。

はみだし　抽象画美術館Museo de Arte Abstracto（MAP P.151/A2　入場 毎日10:00〜17:00）は、おすすめの現代美術館。1970年の大阪万博に出展したメキシコ人画家たちの作品が豊富。入場料M$30。

▶芸術作品のような町並みを堪能する　★★★

ブーファの丘
Cerro de la Bufa

ロープウエイで上った丘から市内を一望

　ブーファの丘の上は展望が開け、山あいに広がるコロニアルな町並みが一望できるビューポイント。中心部から丘へと向かうテレフェリコTeleféricoと呼ばれるロープウエイでの移動は、世界文化遺産に登録された歴史地区を上空から満喫できる。

　丘の上には天文台や教会とサカテカス占拠博物館Museo Toma de Zacatecasがある。博物館内部では、1914年にこの丘で繰り広げられた連邦政府軍とパンチョ・ビジャらの革命軍による激戦の様子を、当時の武器や新聞、写真などの展示で知ることができる。

▶サカテカスの歴史を知る坑道ツアー　★★

エデン鉱坑
Mina del Edén

　中世にメキシコ最多の産出量を誇った鉱山の一部が、観光用に公開されている。トロッコやエレベーターで坑道に入り、スペイン語のガイドとともに採掘現場を見学する。薄暗い坑内には、坑夫の人形を置いて当時の様子を再現している。過酷な労働条件の下、先住民によって掘り出された金、銀が瀟洒なサカテカスの町をつくり上げていったのだ。

坑内は冷え込むので上着を用意していこう

▶サカテカス出身の画家が収集したコレクション　★★

ラファエル・コロネル博物館
Museo Rafael Coronel

　ペドロ・コロネルと兄弟で、壁画の巨匠ディエゴ・リベラのいとこにも当たる、画家ラファエル・コロネルの収集品を展示した博物館。メキシコ各地の民芸品、土器、アンティークなどが集められている。特に伝統的な宗教儀式やお祭りのダンスに使われる2000種類もの仮面のコレクションで有名。シカ、牛、ジャガーといった動物、老人や角の生えた悪魔、コンキスタドーレス（スペイン人）などをかたどったさまざまな仮面が展示してある。仮面の歴史やサカテカスの町に関するビデオの上映もある。16世紀のフランシスコ修道院だった建物自体も美しく、カフェテリアが併設されている。

仮面の展示も圧巻

ブーファの丘
MAP P.151/A2
　ロープウエイ乗り場は、サントドミンゴ教会を北上した路地にある。運行時間は毎日10:00〜18:00、料金は片道M\$50、所要約7分。ブーファの丘へは、タクシー（片道M\$60）も利用できる。

サカテカス占拠博物館
入場 毎日10:00〜16:30
料金 M\$20

エデン鉱坑　MAP P.151/A1
TEL 922-3002
料金 M\$100
　毎日10:00〜18:00まで15〜30分間隔で、所要45分のスペイン語ガイドによるツアーがある。西側の入口からはトロッコで、東側の入口からはエレベーターで坑道の中に入り、ツアー終了後はどちらからも出られる。

トロッコで鉱坑の奥深くへ

ラファエル・コロネル博物館
MAP P.151/A2外
TEL 922-8116
入場 木〜火10:00〜17:00
料金 M\$30

中央高原北西部　サカテカス

はみだし　エデン鉱坑の東側の入口は、ブーファの丘へのロープウエイ乗り場から徒歩2分ほど。ブーファの丘とエデン鉱坑を合わせて回ると、効率よくサカテカスの町が観光できる。

Comida レストラン

おしゃれなレストランは、オルテガ市場の中やイダルゴ通り沿いにある。インディペンデンシア通り沿いには、ローカルな食堂も多い。

▶古都の情緒とともに料理を楽しむ

🍴エルプエブリト
El Pueblito

カラフルな内装のメキシコ料理店。サカテカス地方の豚肉料理セットReliquia Zacatecana(M$93)がおすすめ。英語のメニューもあり、旅行者にも人気が高い。

色とりどりの内装

[MAP] P.151/A2
住所 Av. Hidalgo No.802　TEL 924-3818
営業 毎日13:00〜22:00(金・土〜23:00)
税金 込み　カード [M][V]　[Wi-Fi] 無料

▶メキシコのファストフードを味わおう

🍴ゴルディータス・ドーニャ・フリア
Gorditas Doña Julia

店名になっているゴルディータとは、厚めのトルティージャを焼いて具を挟んだピタパンのような軽食。具の種類に関係なく、値段は一律M$14。おすすめはひき肉とチレ(トウガラシ)を挟んだピカディージョだ。

名物のゴルディーダがアツアツで味わえる

[MAP] P.151/B1
住所 Av. Hidalgo No.409　TEL 922-7109
営業 毎日8:00〜23:00
税金 込み　カード 不可　[Wi-Fi] なし

Estancia ホテル

おもなホテルはカテドラル周辺、イダルゴ通りAv. Hidalgo沿いに集まっている。料金は少し高いが、ムード満点のプチホテルも多い。オルテガ市場の南側にユースホステルがある以外、手頃な安宿はあまりない。

▶サカテカスの町並みに溶け込んだ名物ホテル

🛏キンタ・レアル
Quinta Real

エンリケ・エストラーダ公園の南東にある全49室の高級ホテル。昔の闘牛場を改装したユニークな設計で、円形のパティオを囲むように階段状に客室やレストランが配されており、背後には水道橋のアーチが優美な姿を見せる。[Wi-Fi] 客室OK・無料

闘牛場跡を利用した施設はコロニアル文化の情緒満点

[MAP] P.151/B1　🍴○ 🏊× 🔒○ ☕△
住所 Av. Ignacio Rayón No.434　TEL 922-9104
URL www.quintareal.com
税金 +19%　カード [A][D][J][M][V]
料金 ⓈⒹM$2100〜　[AC]○ [TV]○ [TUB]○

▶カテドラルを望む高級ホテル

🛏エンポリオ
Emporio

アルマス広場の北西側にある全113室のホテル。上階からは目の前にカテドラルと町並みが一望できる。[Wi-Fi] 客室OK・無料

[MAP] P.151/A2　🍴○ 🏊× 🔒○ ☕△
住所 Av. Hidalgo No.703　TEL 925-6500
URL www.hotelesemporio.com
税金 +19%　カード [A][D][M][V]
料金 ⓈⒹM$1723〜　[AC]○ [TV]○ [TUB]○

▶環境と設備でおすすめ

🛏メソン・デ・ホビート
Mesón de Jobito

フアレス公園の北西側に面し、静かなロケーションにある。ロマンティックな雰囲気で人気が高い。全52室。[Wi-Fi] 客室OK・無料

[MAP] P.151/B1　🍴○ 🏊× 🔒○ ☕△
住所 Jardín Juárez No.143　TEL 924-1722
URL www.mesondejobito.com.mx
税金 +19%　カード [A][M][V]
料金 ⓈⒹM$1230〜　[AC]○ [TV]○ [TUB]×

[はみだし] サカテカスから遺跡巡りツアー(→P.155)で行けるラケマダは300〜1200年頃に栄えた古代都市の遺跡で見応えがある。コロニアル都市のヘレスも、小さいけれど美しい村として有名だ。

▶アンティーク家具がすてき
デル・バスコ
Del Vasco

アラメダ公園の南東側。部屋はこぢんまりと落ち着いており、特に別館は静かに過ごせる。全18室。[Wi-Fi] 客室OK・無料

[MAP] P.151/B1　🍴× 🏊× 🔒○ ☕×
住所 Alameda No.1, esq. Velasco　TEL 922-0428
URL hoteldelvasco.com.mx　税金 込み　カード [M][V]
料金 ⓈⒹM$1437～　[AC]× [TV]○ [TUB]×

▶ロケーションがいい中級ホテル
ポサダ・トロサ
Posada Tolosa

アルマス広場から200mほど北にある。建物は古くひなびた感はあるが、部屋はゆったりして快適。全52室。[Wi-Fi] 客室OK・無料

[MAP] P.151/A2　🍴× 🏊× 🔒× ☕有料
住所 Juan de Tolosa No.811　TEL 922-5105
税金 込み　カード [M][V]
料金 ⓈM$685～、ⒹM$885～　[AC]× [TV]○ [TUB]×

▶手頃な料金で泊まれる中級ホテル
コンデッサ
Condesa

インデペンデンシア公園の通りを挟んだ北側にある全61室のホテル。静かな立地にあるので、落ち着いて過ごせる。[Wi-Fi] 客室OK・無料

[MAP] P.151/B1　🍴○ 🏊× 🔒○ ☕△
住所 Av. Juarez No.102　TEL 922-1160
URL www.hotelcondesa.com.mx
税金 込み　カード [A][D][M][V]
料金 ⓈⒹM$715～　[AC]○ [TV]○ [TUB]×

▶居心地のいいユースホステル
ビジャ・コロニアル
Villa Colonial

カテドラルから1ブロック南。ドミトリー 20ベッドのほか、個室も27室ある。ドミトリーはM$120～。[Wi-Fi] 客室OK・無料

[MAP] P.151/B2　🍴× 🏊× 🔒× ☕×
住所 Primero de Mayo y Callejón Mono Prieto
TEL 922-1980　税金 込み　カード [A][M][V]
料金 ⓈⒹM$250～　[AC]× [TV]△ [TUB]×

エクスカーション

▶フランシスコ修道院が残る古都 ★
グアダルーペ
Guadalupe

サカテカスから約7km東にある町で、1707年にフランシスコ修道会によって造られた**グアダルーペ修道院Convento de Guadalupe**がある。19世紀の半ばまでメキシコ北部への布教活動の一大重要拠点として機能し、現在は教会と**グアダルーペ美術館Museo Virreinal de Guadalupe**になっている。銀鉱山で巨額の富を得た貴族たちが収集した芸術作品を多数所蔵し、コロニアルアートの展示はメキシコでも有数だ。

修道院内にある美術館

グアダルーペへのアクセス
[MAP] P.135/A2
サカテカスのセントロからタクシーでM$60程度。
市バスは所要約30分(M$6.5)で、ファローレス噴水から南へ徒歩7分ほどのBicentenario広場の向かい([MAP] P.151/B1外)から乗車する(ただしグアダルーペ修道院ではなく、町の反対側に行くバスもあるので注意)

●**グアダルーペ美術館**
入場 火～日9:00～18:00
料金 M$55

INFORMACIÓN
サカテカス発のツアー

●**シティ・ツアー** Zacatecas Impresionante
エデン鉱坑、ブーファの丘、カテドラルなどサカテカスの観光スポットを巡るツアー。所要4時間。ブーファの丘へのロープウエイ料金、入場料込みで1名M$400。

●**グアダルーペ・ツアー** Guadalupe Tradicional
サカテカスから約7km東にある近郊の町グアダルーペへ行き、コロニアルアートのコレクションが展示された美術館と歴史博物館を訪ねるツアー。所要4時間。入場料込みで1名M$420。

●**遺跡巡りツアー**
Zacatecas sus Ruinas y sus Rimas
サカテカスから50kmほど南にある古代都市の遺跡が残るラケマダ La Quemada や、16世紀に築かれたコロニアル都市ヘレスなど歴史を顧みるツアー。所要7時間。入場料込みで1名M$450。

サカテカスの旅行会社
● Operadora Zacatecas　[MAP] P.151/A2
住所 Av. Hidalgo No.830　TEL 924-0050
URL www.operadorazacatecas.com.mx

🍴 レストラン　🏊 プール　🔒 金庫　☕ 朝食　[AC] エアコン　[TV] テレビ　[TUB] バスタブ

童話のような中世の風景が残る世界遺産都市

グアナファト
Guanajuato

人口	約17万人
高度	2008m
市外局番	473

必須ポイント!
- ★ピピラ記念像からの光景
- ★ミイラ博物館を見学
- ★夜のセレナータを聴く

World Heritage
世界遺産

イベント情報
●10月上旬〜下旬
　国際セルバンテス祭Festival Internacional Cervantenoでは、市内各所の劇場、広場で多彩なイベントが行われる。音楽、舞踊、演劇、伝統芸能、絵画展、人形劇など、盛りだくさんのプログラムが用意される。

グアナファト州政府観光局
URL www.guanajuato.mx

グアナファト州のジャパンデスク
　グアナファト州の治安当局が、緊急連絡先としてジャパンデスクを2015年に設置した。日本人が犯罪や事故に巻き込まれた場合に、電話で24時間365日サポートしてくれる（グアナファト州内のみの対応）。
●グアナファト州ジャパンデスク
TEL 01-800-9767-486

まるで映画の舞台のようなグアナファトの町並み

　中央高原の山並みの中にたたずむ中世都市グアナファトは、メキシコに数あるコロニアル都市のなかで一番美しい町だ。石畳の道、城郭のような町の造り、丘に広がるコロニアル調の家々……。中世ヨーロッパを彷彿とさせるものが名残をとどめ、現在はユネスコの世界文化遺産（1988年登録）として、町全体が保護、管理されている。グアナファト州の州都ではあるが、こぢんまりとしていてとても落ち着けるところなので、のんびりと滞在してその雰囲気を味わってみたい。

　グアナファトは18世紀に、世界の約3分の1の銀を産出していた。その鉱山ブームでもたらされた富が、メキシコで最も美しい町を造り上げたのである。特に週末の夕刻など、石畳の小道をカンテラの明かりが照らし、あちこちで歌声が聞こえ始める頃に歩いていると、グアナファトのすばらしさがしみじみと感じられる。まるでおとぎ話に出てくるような風景だ。

COLUMNA

セレナータを歌いながら夜の町を歩く楽団

　グアナファトでは夜になると、**エストゥディアンティーナ**Estudiantinaと呼ばれる楽団が出没する。これはスペイン伝来のトゥナと呼ばれるもののひとつで、中世スペインの学生服を着て愛の歌を奏でるロマンティックな楽団だ。サンディエゴ教会を起点に1時間ほどかけて夜の町を演奏しながら歩き、これがツアーになっていて楽団に同行することができる。料金はM$100〜120程度。週末を中心に20:00頃から催行しているが、夏季や繁忙期には平日にも活動している。時期によって異なるので、観光案内所などで確認しよう。

ロマンティックな夜の散策ツアーを体験してみよう

安全情報 歴史地区は観光客も多く、昼夜を問わず人通りが絶えないので、夜のひとり歩きも問題ない。ただしピピラ記念像に上る路地で強盗が出ることもあるので、なるべくケーブルカーを利用しよう。

アクセス

飛行機▶レオンとグアナファトの中間にあるバヒオ国際空港Bajio（BJX）に、メキシコ・シティやティファナからアエロメヒコ航空などが毎日数便運航。国際線もアメリカン航空がダラスから毎日2便、ユナイテッド航空がヒューストンから毎日4便運航。

バ ス▶周辺都市からの直行バスは多くない。グアダラハラやサカテカスからはレオンLeónへ、ケレタロやモレーリアからはイラプアトIrapuatoへ行き、そこからグアナファト行きに乗り換えるといい。グアナファトのバスターミナルは西の郊外（**MAP** P.158/A1外）にあり、中心部へバスが1日中頻繁に運行（所要約20分、M$6）。タクシー利用でM$60前後。

グアナファトから各地へのバス

目 的 地	1日の本数	所要時間	料 金
メキシコ・シティ	ETN 13本、Primera Plus 9本など	4.5h	M$614〜720
グアダラハラ	ETN 9本、Primera Plus 9本など	4h	M$479〜570
レオン	ETN 9本、Primera Plus 15本、Omnibus de México 4本、Flecha Amarilla 毎時3本(5:30〜22:40)	1h	M$90〜100
サンミゲル・デ・アジェンデ	ETN 5本、Primera Plus 9本、Flecha Amarilla 毎時2本など	1.5h	M$110〜190
モレーリア	Primera Plus 2本(7:50、14:00)	4h	M$291
イラプアト	Primera Plus 11本、Flecha Amarilla 毎時3本など	1h	M$70〜77

歩き方

　グアナファトの一番の楽しみは、この美しい町並みの散策。観光のポイントは、ほとんど狭い市街に集中しているので、のんびり歩いて、中世の雰囲気を満喫するといいだろう。ただし、道は複雑に入り組んでいるので、土

夜も人通りが多いバス広場

地勘をつかむために、目抜き通りである**フアレス通り**Av. Juárezに沿ったイダルゴ市場、ラパス広場、ラウニオン公園の3ヵ所の位置を頭に入れてから歩き出そう。

　まずはラパス広場を目指すといい。旅行会社もこの周辺に多く、市内ツアーの申し込みや航空券、バスチケットも購入できてとても便利。そこから南東に歩くと、カフェテリアに囲まれ、音楽があふれるこの町の中心部、ラウニオン公園だ。南側に面して観光案内所があり、地図やコンサートの予定表が手に入る。

グアナファト大学は文化都市のシンボル

交通案内

　中心部から離れた見どころ、ミイラ博物館やバレンシアーナへ行くときはタクシーかバスを使うことになる。フアレス通りのいたるところがバス停になっているので、目的地を確認して乗り込もう。バスの運賃は M$6 の均一料金となっている。ミニバスは M$5.5 〜 6.5。

バヒオ空港からグアナファト市内へのアクセス
　バヒオ国際空港Bajio（BJX）からグアナファトの中心部まで約25km。タクシーで所要約30分、M$400程度。また空港とバスターミナルの間はUnebus社のシャトルバスが1日8往復している。7:00〜22:00に2時間間隔の運行で、片道M$50。

バスチケットは市内で購入可
　バスターミナルは郊外にあるので、事前購入の場合に便利。
●**Viajes Frausto Guanajuato**
MAP P.159/B3
住所 Luis González Obregón
TEL 732-3580
営業 月〜金　9:00〜14:00、
　　　　　　16:30〜20:00
　　　土　　9:00〜13:30

グアナファト市内を巡回するボンネット型の市バス

観光案内所　**MAP** P.159/B3
営業 毎日10:00〜16:00

両替事情
　フアレス通りに銀行が数店並んでいる。

グアナファト発ツアー
　市内にはツアー案内のブースがあり、各コースの案内と料金を書いた表を提示している。ガイドは基本的にスペイン語。
●**市内ツアー**
Ciudad de Guanajuato
出発10:30、13:30、16:30
所要3時間　料金M$150
　ミイラ博物館、ピピラ記念像など見どころを巡るツアー。
●**メキシコ独立の足跡ツアー**
Ruta de la Independencia
出発10:30　所要8時間
料金M$250
　近郊の町ドローレス・イダルゴやサンミゲル・デ・アジェンデなどの独立史の舞台を巡るグアナファト周辺のツアー。

歴史ある地下道
　市街に張り巡らされた地下道はグアナファトの名物のひとつ。これは古くからあった地下水路や銀の坑道を道路代わりに利用しているもので、昔風の石組みアーチをカンテラ灯が照らしだす内部はとても趣がある。地下道の一部には歩道が設けられているが、ここを歩くことは安全上おすすめできない。市街に行くバスやタクシーはこの地下道を通るので、その際に車内から見学できる。

カスティージョ・サンタセシリア ▶P.164へ1km、
バレンシアーナへ2km、ドローレス・イダルゴへ50km

H El Minero

Coppel Alhondiga
(デパート) S

Café Chan
R

Hacienda
de Cobos
H

Comedor Estudiantil
P Pollo R

国道110号

Insurgentes

H El Pollo Non
R

Mega Soriana
(スーパー)

OXXO
S (コンビニ)

Murillo Plaza

Alhondiga H

H Mineral De Rayas

(↔バレンシアーナ)
▶P.165

Deportes

Comercial
Mexicana
S (スーパー)

5 de Mayo

アロンディガ
広場

アロンディガ・デ・グラナディータス
Alhóndiga de Granaditas ▶P.160

La Lotería
Panoramic
House

ディエゴ・リベラ ▶P.165
Diego Rivera
H

ミイラ博物館へ
▶P.162
300m

Casa el Ombligo
de la Luna

Antiguo Vapor

Casa San Roque
H

メスティソ
Mestizo ▶P.163
R

バスターミナルへ6km、
バヒオ国際空港へ25km

インスルヘンテ・アジェンデ
Insurgente Allende

Del Sol (デパート)
S

サンタ・リタ
Santa Rita
▶P.164

Central
(バスターミナルへ)

Hacienda
Dolores

サンフェルナンド広場
Plaza San Fernando

サンロケ教会
Templo de San Roque

レフォルマ公園
Jardin Reforma

▶P.163

デリカ・ミツ
Delica Mitsu

H Mansion Del
Cantador

Cantador

ベレン教会
Templo de Belén

▶P.163

Posada
San Francisco H

H

エルカンタドル庭園
Jardin El Cantador

ファレス通り Juárez

トナリ
学院
▶P.160

ラオレハ・デ・バン・ゴッホ
La Oreja de Van Gogh
▶P.163

イダルゴ市場 食堂街
Mercado Hidalgo
▶P.162

Casa de Las
Manriquez

H Casona del Viszconde

Peñitas

▶P.163 ラカレータ
La Carreta

S Banamex

Rincon de
los Angeles

B

ラクルス寺院
Templo de la Cruz

口づけの小道
Callejón del Beso
▶P.23/P.161

ロサンゼルス広場
Plaza de Los Angeles

Casona de
las Aves

Panoramica Pipila
(衣料品) S

Panorámica

H Casa Grande
Guanajuato

Guanajuato Wings R

R

Enchiladas
de Lupe

H Rincon del Gallo

H Cazona De Las Avez

Panorámica

地下道

ミシオン・グランド・カサ・コロラダ
Mision Grand Casa Colorada H

C

Plaza Pozuelos
(ショッピングモール)
S

Camino Rotario

S La Comer
(スーパー)

Mega Burro

1

Blvd. Guanajuato 2

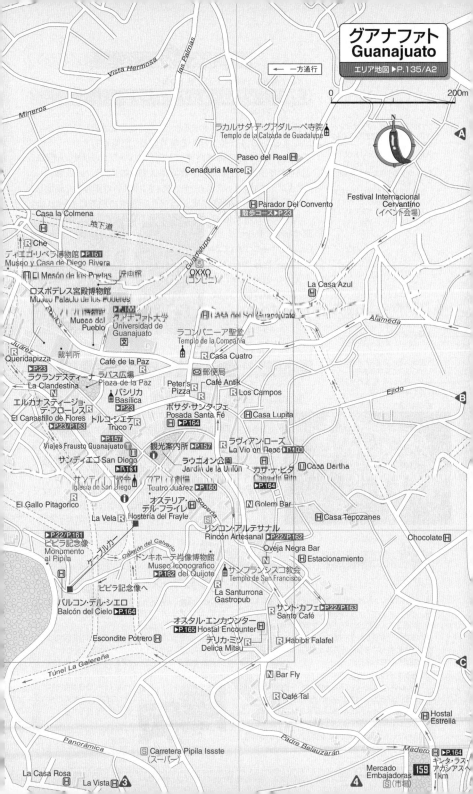

▶初めて解放軍が勝利した独立戦争の舞台　★★

アロンディガ・デ・グラナディータス
Alhóndiga de Granaditas

アロンディガ・デ・グラナディー
タス　MAP P.159/A2
TEL 732-1180
入場 火～土 10:00～18:00
　　 日 10:00～15:00
料金 M$70（写真撮影 M$30、
ビデオ撮影 M$60）
　毎年9月16日の独立記念日前
夜から、ここを舞台として『ドロー
レスの叫び』という独立史の再
現劇が上演されている。

　1810年に独立戦争が始まると、この建物を要塞として立てこもる
政府軍と、イダルゴ神父率いる解放軍との激戦が行われた。解放
軍は坑夫ピピラの活躍で突破口が開け、メキシコの歴史の流れは
大きく変わっていく。しかし、政府軍は翌年にグアナファトを奪回し、
イダルゴ、アルマダ、アジェンデ、ヒメネスの4名の指導者を処刑し、
その首は1821年の独立達成まで、アロンディガの四方にさらされた。

イダルゴ神父を描いた
モラード作の壁画

　現在では、州立博物
館 Museo Reginal de
Guanajuatoとなってお
り、古代遺跡からの出
土品や、独立戦争、メ
キシコ革命に関する展
示が見学できる。

▶メキシコを代表する壮麗な大劇場　★★

フアレス劇場
Teatro Juárez

フアレス劇場　MAP P.159/B3
TEL 732-0183
入場 見学時間
　　 火～日 9:00～13:45
　　　　　17:00～19:45
※夜の公演が開催される日には、
17:00以降の見学は不可。
料金 M$35（写真撮影 M$30、
ビデオ撮影 M$60）

劇場前は散策のひと休みスポット

　建国の父と尊敬される大統領ベニート・フアレスの名を冠した華麗
な劇場。1873年に建設が始まり1903年に完成した劇場の
美しさは、メキシコでも屈指。正面玄関はドリス風の柱にライ
オンのブロンズ像と古代ギリシア風。金を豊富に使った内
部の装飾は、フランス17世紀風のなかにアラブ様式が混交
し、エキゾチックな文様が天井を覆う。

　劇場は国際セルバンテス祭のメイン会場となるが、普段で
も週末にはクラシック音楽、オペラ、演劇などが上演されて
いる。バルコニーに座って、貴族気分を味わうのもおすすめ。

はみだし　アロンディガ・デ・グラナディータスの西側は広場になっており、学生をはじめ地元の人がくつろいで
いる。周囲に軽食や菓子、果物の屋台も出ていて、ひと休みできる。

▶美しい町並みを眺めるなら ★★★

ピピラ記念像
Monumento al Pipila

中世都市グアナファトを一望する、最高のビューポイントがここピピラの丘。昼間は光を浴びてまぶしいほど白く輝き、夜はカンテラの明かりのなかに浮かび上がる景色を堪能することができる。

夕暮れ時の光景は見逃せない

この丘に立つ巨大な彫像になっているピピラは、独立戦争時に政府軍の立てこもるアロンディガに松明を背負って決死の突撃をかけた、若きインディヘナの坑夫。メキシコ独立史の英雄のひとりだ。

▶ロマンティックな雰囲気の路地 ★

口づけの小道
Callejón del Beso

山の斜面に建てられたグアナファト市街。狭い土地を有効に使うために住居地域の建物は軒を接して建てられ、その間道はたいへん狭い。通りに向かい合って建つ家のバルコニーから恋人たちがキスもできたというたとえから、その名が起こった。

恋の伝説が残る口づけの小道

隣同士で犬猿の仲だった3軒の家の息子と娘が恋に落ち、夜ごと2階の家の窓辺から身を乗りだし、路地を隔てて口づけを交したという伝説がある。

▶リベラの生い立ちをしのぶ生家 ★★

ディエゴ・リベラ博物館
Museo y Casa de Diego Rivera

メキシコ壁画運動をシケイロス、オロスコとともに牽引したディエゴ・リベラの生家。1階に当時のリベラ家の営みをうかがわせる家具、調度品がそのままの配置で展示され、2階以上がグアナファト時代の初期から滞欧時代、そしてメキシコの風土に立脚した壁画画家へ飛躍するまでの変遷を、各時代を象徴する作品で構成したギャラリーとなっている。リベラの友人たちの作品も展示されており、メキシコを代表する画家を知るうえで貴重な施設だ。

メキシコの典型的な家屋が博物館となっている

ピピラ記念像
MAP P.159/C3
フアレス劇場裏側からピピラの丘を結ぶケーブルカーが5分おきに運行。運行時間は月〜金曜8:00〜21:50、土曜9:00〜21:50、日曜10:00〜20:50。所要約1分、片道M\$25。
また、中心部のフアレス通りから "Pipila-ISSSTE" と表示されたバスで行くこともできる。

独立戦争の英雄、ピピラ像

ピピラへ歩くときは注意
ピピラ記念像まで徒歩でも行くことができる。フアレス劇場前のSopeña通りから丘に向かい、"ピピラへ(Al Pipila)" と標識が出ているCallejón del Calvarioの路地を上って15分ほどで行ける。
ただし、道中には強盗もしばしば出没するので、歩く場合には、なるべく日中に大人数で出かけること。単独、また夜間の徒歩散策は絶対に避けよう。

口づけの小道
MAP P.158/B2

ディエゴ・リベラ博物館
MAP P.159/B3
TEL 732-1197
入場 火〜土10:00〜18:30
　　 日　 10:00〜14:30
料金 M\$25

リベラ家の暮らしぶりが実感できるような展示

はみだし　グアナファトは映画「リメンバー・ミー」で死者の国のイメージに設定された幻想的な町。エストゥディアンティーナ楽団と一緒に夜の町を歩いて古都の風情を楽しみましょう。（東京都　猫娘　'18）

ドンキホーテ肖像博物館

MAP P.159/C3
サンフランシスコ教会の北隣。
TEL 732-6721
URL museoiconografico.
guanajuato.gob.mx
入場 火～土 9:30～19:00
日 12:00～19:00
料金 M$30

入口のドンキホーテが目印

ミイラ博物館 MAP P.158/A1外
イダルゴ市場前から"Momias"
と表示された市バスに乗って所
要10～15分、M$6。タクシー
を中心部から利用するとM$40
～50。
TEL 732-0639
URL www.momiasdeguana
juato.gob.mx
入場 毎日9:00～18:00
料金 M$60(写真撮影料M$23)

▶文豪セルバンテスが生み出した英雄のコレクション ★

▓ドンキホーテ肖像博物館
Museo Iconografico del Quijote

ドンキホーテに関する作品を収集した博物館。彫像をはじめ、絵画、彫刻、タペストリー、陶器といった美術品から、食器、装飾品、家具、パイプ、切手、絵はがきなど、ドンキホーテをモチーフにしたあらゆる物が集められている。また、無名・無刻の作品と並んで、ピカソ、ダリ、カルロス・メリダといった巨匠の作品も展示されている。ちなみに、グアナファトで毎年開催される国際セルバンテス祭の名は、ドンキホーテの作者に敬意を表したものだ。

▶ちょっと怖いけれど訪ねてみたい観光名所 ★★

▓ミイラ博物館
Museo de las Momias

グアナファト有数の観光スポットとして人気

グアナファトの西外れ、公共墓地の一角に設けられた、100体以上のミイラ(Momias)を陳列した博物館。あまり気持ちのよい施設ではないが、内外からの観光客で終日にぎわっている。エジプトのミイラのように死後特別の措置がとられたものでなく、グアナファトの鉱物質の土壌と乾燥した気候が、普通の埋葬体をミイラ化させてしまう。だから背広姿あり、ドレス姿ありとその種類は多彩で、赤ちゃんから老人まで、さまざまな表情を浮かべたミイラが生々しく並んでいる。

Compra ショッピング

陶器や雑貨などショッピングスポットは、フアレス通りなど中心部の通り沿いに多い。
郊外にはショッピングモールや大型スーパーもある。

▶質のよいセルビン焼きなら

🛍リンコン・アルテサナル
Rincón Artesanal

セルビン焼きの創始者であるハビエル・セルビン氏の作品を扱う専門店。表面がやや盛り上がった繊細な絵柄が特徴で、青や茶系の色味が美しい。プレート(中サイズM$365～)やカップ(M$225～)など、メキシコみやげとして人気が高い。

食卓を彩る陶器が並んでいる

MAP P.159/B3
住所 Sopeña No.5 TEL 732-8632
営業 毎日10:00～18:00
カード MV

▶グアナファト市民の台所

🛍イダルゴ市場
Mercado Hidalgo

1910年に駅舎として建設された建物を使った巨大な市場。1階には生産食品や生活雑貨の店がぎっしりと集まり、2階の回廊には民芸品の専門店が並んでいる。市場の周囲にも露店が多く、グアナファト特産の陶器や革製品などが並んでいる。

東側に併設された
食堂街も人気

MAP P.158/B2
住所 Contra Presa No.3 TEL なし
営業 毎日8:00～21:00
カード 不可

はみだし イダルゴ市場(→P.162)に隣接した食堂街は、ローカル料理が安く食べられてバックパッカーにも人気。呼び込みをする店もあるが、一番高いメニューをすすめてくる場合もあるので注意。

Comida　レストラン

ツーリスト向けのレストランは、ラパス広場の前やラウニオン公園に面したエリアにある。学生向けの手頃なレストランや食堂も充実しており、特にイダルゴ市場の東隣の建物には大衆食堂が軒を並べている。

▶橋の上にある写真映えスポット
サント・カフェ
Santo Café

サンフランシスコ教会から100mほど南東の路地にある穴場カフェ。道にかかる橋の上まで客席が広がり、町並みを眺めながら食事が楽しめる。濃厚なチョコフラン（M$38）やシナモン香るカプチーノ（M$30）などカフェメニューが豊富。

道路を見下ろすユニークな立地

MAP P.159/C4
住所 Campanero No.4 Puente, Del Campanero
TEL 122-2320
営業 毎日10:00〜23:00（日12:30〜19:30）
税金 込み　カード 不可　**Wi-Fi** 無料

▶ヘルシーな和風総菜が味わえる
デリカ・ミツ
Delica Mitsu

サンフェルナンド広場の西側の路地にある、日本人経営のデリカテッセン。新鮮な野菜を使ったヘルシーな総菜は地元客にも人気が高い。生春巻きや揚げ浸しなどから2〜5種選べるプレートBento（M$40〜74）がおすすめだ。

総菜をチョイスして味わうBento

MAP P.158/B2
住所 Callejon de Cantaritos No.37
TEL 732-3881　営業 月〜土12:00〜19:00
税金 込み　カード MV　**Wi-Fi** なし

▶音楽に包まれるナイトスポット
ラオレハ・デ・バン・ゴッホ
La Oreja de Van Gogh

サンフェルナンド広場に面したバー。夜はビール（M$45〜）を飲みながら、20:00頃からのライブ演奏を楽しめる。各種スープはM$75〜。料理提供には時間がかかる。

MAP P.158/B2
住所 Plazuela de San Fernando No.24
TEL 732-0301　営業 毎日14:00〜24:00
税金 込み　カード AMV　**Wi-Fi** 無料

▶評判のフュージョン料理が味わえる
メスティソ
Mestizo

欧米からの旅行者にも人気が高いメキシコ風フュージョン料理店。前菜のマグロのカルパッチョ（M$110）、メインの肉や魚料理（M$125〜175）がおすすめメニュー。とにかく混み合うので、シーズン中の夕食は予約を入れたほうがベター。予算目安はM$400ほど。

絵画が飾られた雰囲気のいい店内

MAP P.158/A2
住所 Pocitos No.69　TEL 732-0612
営業 毎日13:00〜22:00（日〜18:00）
税金 込み　カード MV　**Wi-Fi** 無料

▶バシリカが正面に見える
エルカナスティージョ・デ・フローレス
El Canastillo de Flores

ラパス広場の南側に面したロケーションのいいレストラン。銀鉱山で働く鉱夫に人気があったというボリューム満点のエンチラーダ・ミネラス（M$150）がおすすめ。カプチーノはM$51。

グアナファトの名物料理を提供

MAP P.159/B3
住所 Plaza de la Paz No.32　TEL 732-7198
営業 毎日10:00〜24:00（土〜翌2:00）
税金 込み　カード MV　**Wi-Fi** 無料

▶焼きたての鶏肉がおいしいと評判
ラカレータ
La Carreta

入口で鶏を丸焼きにしている庶民的なレストラン。焼きたての鶏肉を4分の1にして野菜やライスが付いた定食がM$70、モーレ料理はM$70。学生など地元客に人気が高い。

MAP P.158/B2
住所 Av. Juárez No.96　TEL 734-1726
営業 毎日10:00〜20:00頃（なくなり次第終了）
税金 込み　カード 不可　**Wi-Fi** なし

はみだし **R**ラヴィアン・ローズLa Vie en Rose（**MAP** P.159/B3　営業 火〜土10:00〜22:00、日11:00〜20:00）は、フランス人パティシエによる人気のスイーツショップ。2階のカフェで飲食もOK。

Estancia ホテル

国際セルバンテス祭の期間中やセマナサンタの時期は非常に混み合う。ホテルが多いグアナファトでも事前に予約が必要(この期間は料金もアップする)。ラウニオン公園周辺に高級ホテルが集まり、イダルゴ市場周辺にバックパッカーが多く利用するホテルがある。

▶城を改造したコロニアルホテル

カスティージョ・サンタセシリア
Castillo Santa Cecilia

中心部から1kmほど北西にある、17世紀に鉱山で富を得た大地主の城を利用したホテル。外壁やインテリアには建築当時の面影が残り、中世に時間旅行したような気分に浸れる。全85室。
[Wi-Fi] 客室OK・無料

城主気分で滞在してみたい

[MAP] P.158/A1外　🍴○ 🏊○ 🔐○ ☕△
住所 Camino a la Valenciana Km. 1
TEL 732-0485　URL castillosantacecilia.com.mx
税金 +18%　カード [A][D][M][V]
料金 ⓈⒹM$2323～　[AC]○[TV]○[TUB]△

▶1862年創業のクラシックホテル

ポサダ・サンタ・フェ
Posada Santa Fé

ラウニオン広場の北側に面し、夜遅くまでカフェテリアで歌声を楽しめる。ロビー、階段、廊下には歴史を感じさせる調度品や絵画が飾られている。全45室。[Wi-Fi] 客室OK・無料

[MAP] P.159/B3　🍴○ 🏊× 🔐○ ☕△
住所 Jardín de la Unión No.12　TEL 732-0084
URL www.posadasantafe.mx
税金+18%　カード [A][M][V]
料金 ⓈⒹM$1445～　[AC]○[TV]○[TUB]×

▶洗練されたセンスにうっとり

キンタ・ラス・アカシアス
Quinta Las Acacias

中心部から車で5分ほど南東、静かな立地にある全19室のホテル。かつて銀鉱山開発を率いたフランス人の邸宅がセンスよく改装されている。
[Wi-Fi] 客室OK・無料

豪華なベッドルームで貴族気分

[MAP] P.159/C4外　🍴○ 🏊○ 🔐○ ☕○
住所 Paseo de La Presa No.168, Barrio de la Presa
TEL 731-1517　URL www.quintalasacacias.com
税金 込み　カード [A][M][V]
料金 ⓈⒹM$3000～　[AC]○[TV]○[TUB]△

▶広場に面した緑の外観が目印

サンディエゴ
San Diego

ラウニオン広場の西側にある、全55室の中級ホテル。ロビーや室内はコロニアル調。スタッフの対応もていねいだ。[Wi-Fi] 客室OK・無料

[MAP] P.159/B3　🍴○ 🏊× 🔐○ ☕有料
住所 Jardín de la Unión No.1　TEL 732-1300
URL www.hotelsandiegogto.com.mx　税金 +18%
カード [M][V]　料金 ⓈⒹM$928～　[AC]○[TV]○[TUB]×

▶美しい市街が部屋から見える

バルコン・デル・シエロ
Balcón del Cielo

ピピラ記念像に上がるケーブルカーを降りてすぐ右側にある。どの部屋からも町の全景が眺められる。全10室。[Wi-Fi] 客室OK・無料

[MAP] P.159/C3　🍴× 🏊× 🔐○ ☕○
住所 Carretera Pípila S/N　TEL 732-2576
税金 込み　カード [M][V]
料金 ⓈⒹM$1250～　[AC]×[TV]○[TUB]×

▶アットホームで朝食も好評

カサ・デ・ピタ
Casa de Pita

ラウニオン公園から200mほど東の路地にある全9室の宿。客室は部屋ごとにインテリアが異なる。[Wi-Fi] 客室OK・無料

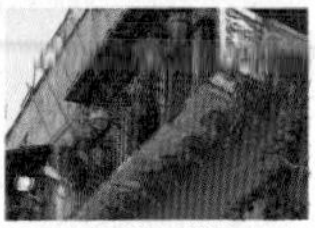

紫の外観が目印

[MAP] P.159/B4　🍴× 🏊× 🔐× ☕○
住所 De La Cabecita No.26　TEL 732-1532
URL casadepita.com　税金 込み　カード 不可
料金 ⓈM$603～、ⒹM$754～　[AC]×[TV]○[TUB]×

▶清潔なおすすめ宿

サンタ・リタ
Santa Rita

イダルゴ市場から100mほど北西にある全20室のホテル。フロントは24時間対応で、夜遊びで遅くなっても大丈夫。[Wi-Fi] 客室OK・無料

[MAP] P.158/A1　🍴× 🏊× 🔐× ☕×
住所 Av. Juárez No.210　TEL 732-3987
URL hotelsantaritagto.com.mx
税金 +18%　カード [M][V]
料金 ⓈⒹM$750～　[AC]×[TV]○[TUB]×

[はみだし] [H]インスルヘンテ・アジェンデInsurgente Allende ([MAP] P.158/A1　TEL 732-2294)は全83室のホテル。イダルゴ市場や各地へのバス停に近くて便利。ⓈM$550～、ⒹM$620～。

▶日本食を提供するカフェバーも併設

オスタル・エンカウンター
Hostal Encounter

サンフランシスコ教会から100mほど南東にある日本人経営のゲストハウス。個室(2室)のほか、ドミトリー(M$200〜)は男女共用と女性専用が各4ベッドある。[Wi-Fi] 客室OK・無料

[MAP] P.159/C4 🍴○ プール× 金庫× 朝食×
住所 Del Campanero No.5 TEL 732-1710
URL guanajuato.cafebar-encounter.com
税金 込み カード [A][D][M][V]
料金 ⓈⒹM$650〜 [AC]× [TV]× [TUB]×

▶静かな場所にある経済的ホテル

ディエゴ・リベラ
Diego Rivera

観光の見どころが徒歩圏内にあって便利。部屋は簡素でやや狭いが、奥まっているので静か。全11室。[Wi-Fi] 客室OK・無料

起伏のある通り沿い

[MAP] P.158/A2 🍴× プール× 金庫× 朝食×
住所 Galarza No.103 TEL 731-2593
税金 込み カード 不可
料金 ⓈⒹM$750〜 [AC]× [TV]○ [TUB]×

エクスカーション

▶銀鉱山の坑道跡が見学できる ★★

バレンシアーナ
Valenciana

バロック様式の主祭壇

グアナファト中心部から3kmほど北にある小さな集落。かつては大量の銀を産出しており、現在も操業している坑道がある。バレンシアーナの中心部にはバロック様式の教会が建っており、内部は金箔で覆われた祭壇と巨大な宗教画で飾られている。

教会に向かって右側の道から、教会の裏側には銀鉱山の坑道跡(=ボカミナBocamina)があり、内部が見学できる。ヘルメットをかぶり、ガイドについて坑道をかなり深くもぐっていく。約20分間の説明はスペイン語のみだが、途中ライトを消してキラキラ輝く鉱物の岩床を見せてくれたりするので、言葉がわからなくても興味深い。

▶独立戦争の歴史を感じさせる古都 ★★

ドローレス・イダルゴ
Dolores Hidalgo

グアナファトから55kmほど北東に位置し、独立運動の発祥地として知られる町。1810年9月16日に教区教会の神父ミゲル・イダルゴは、ミサに集まった人を前に植民地政府とスペイン本国を非難する大演説をした。この演説が引き金となって独立戦争が開始され、農民や労働者などによる解放軍部隊がグアナファトなどを攻略していった。

中心部のプリンシパル広場にはミゲル・イダルゴ像があり、その後ろには彼が独立宣言を発したチュリゲラ様式のドローレス教区教会La Parroquia de Doloresが建っている。広場の周囲には神父が住んでいた家が博物館**イダルゴの家**Casa de Hidalgoとして公開されている。

バレンシアーナ
[MAP] P.135/A2
グアナファトの[illegible]広場前の乗り場([MAP] P.158/A1)から"Valenciana"と表記されたバスが毎時4〜6本運行している。所要約20分、M$6。タクシーでM$50程度。

サンラモン坑道跡
TEL 732-3551
入場 毎日10:30〜19:30
料金 M$40

ドローレス・イダルゴ
[MAP] P.135/A2
グアナファトのバスターミナルからFlecha Amarillaのバスが毎時2本運行。所要約1時間15分、M$70。サン・ミゲル・デ・アジェンデからは毎時4本運行。所要1時間弱、M$55。

イダルゴの家
TEL (418)182-0171
入場 火〜土 10:00〜18:00
日 10:00〜17:00
料金 M$45

中心部のプリンシパル広場はバスターミナルから徒歩5分ほど

🍴 レストラン プール 金庫 朝食 [AC] エアコン [TV] テレビ [TUB] バスタブ

情緒ある町並みが保存されたコロニアル都市

サンミゲル・デ・アジェンデ
San Miguel de Allende

人　　口	約16万人
高　　度	1950m
市外局番	415

必須ポイント！
★サンミゲル教区教会
★民芸品市場でショッピング
★アジェンデ美術学校の内部
　見学

World Heritage
世界遺産

イベント情報
●3〜4月
　セマナサンタSemana Santa
●5月の最終週末
　サンタクルス祭
　Fiesta de la Santa Cruz
●9月中旬〜下旬
　サンミゲル祭
　Festival de San Miguel Arcágel
●12月16〜24日
　音楽祭
　Festival Música

サンミゲル・デ・アジェンデ市観光局
URL www.visitsanmiguel.travel

ケレタロ国際空港からサンミゲル市内へのアクセス
　ケレタロ国際空港（QRO）からサンミゲル・デ・アジェンデまでは、約85km。タクシーで約1.5時間、M$500〜600。もしくはケレタロのバスターミナルまでタクシーで行き、そこでバスに乗り換える。

アトトニルコも訪ねてみよう
　サンミゲル・デ・アジェンデの世界文化遺産は、中心部の景観保護区のほか、10kmほど北にあるアトトニルコAtotonilcoの聖域も含まれている。特に聖堂の天井には宗教画が描かれていて必見。町はあまり観光地化されておらず、門前に十字架などを売る店や食堂がわずかに並ぶ程度。見学は1時間もあれば十分回れる。
　サンミゲル・デ・アジェンデからは市場から北へ延びるAnimas通りを50mほど北上すれば、アトトニルコ行きのバス乗り場がある（MAP P.167/A2外）。バスは毎時1本運行（所要時間30分でM$10）。

サンミゲル教区教会を中心に世界遺産の町並みが広がる

　1542年にフランシスコ会の修道士サンミゲルによって、湿地帯近くの丘にサンミゲル・デ・エルグランデという町が建設された。町の名は20世紀になって、メキシコ独立戦争の英雄アジェンデが生まれた町ということで、サンミゲル・デ・アジェンデに変わった。コロニアル建築が残る町並みは、カラフルな色合いがとても美しい。石畳の細く、くねった道も風情がある。特に夜になってランプがともると、ロマンティックな雰囲気でいっぱいになる。

　町の古い建築物は、18世紀に産業が発展した頃のもの。グアナファトやサカテカスは銀による富で美しい町をつくったが、サンミゲル・デ・アジェンデの町並みは手工業によってもたらされた。そして、好況が終わってしまったため、古い町並みは自然に保存された。1926年には国定コロニアル記念都市に指定され、美しい町並みを壊さないよう新築や改築には政府の認可が必要になっている。2008年には郊外のアトトニルコとともに世界文化遺産にも登録された。

　現在は特に芸術の町として知られ、アジェンデ美術学校には世界中から芸術家や留学生が集まってきている。民芸品、陶器、ガラス細工、銀細工、絵画、サラペなどを売るセンスのいい店も多く、ショッピングが楽しい町でもある。

アクセス

飛行機▶ サンミゲル・デ・アジェンデに空港はない。最も近い空港はケレタロ国際空港（QRO）で、アエロメヒコ航空やボラリス航空などが、メキシコ・シティやモンテレイとの区間を毎日結んでいる。レオンのバヒオ国際空港（BJX）を利用してもいい。

はみだし ケレタロ方面からバスで来る際に、サンミゲル・デ・アジェンデの町が丘の上から見渡せる。またソカロから約500m東へ行き、レアル通りRealを700mほど上ると展望台（MAP P.167/B2）がある。

バス▶国内各地から便があり、メキシコ・シティからの1等バスは、各社合わせると毎時2〜3本は運行している。グアナファトやケレタロからは、毎時1〜3本運行している。

またAutobuses Americanos社がヒューストン、ダラス、シカゴなどへ国際バスを運行している。各方面へ毎日18:00発。

市バスが中心部を頻繁に巡回している

バスターミナルから市内へ
バスターミナルは市内から1〜2kmほど西（**MAP** P.167/A1外）。中心部までは「Centro」と表示された市バスでM$7、タクシーでM$50程度。

雑貨屋の宝庫としても評判
近年は欧米からの観光客が急増し、各方面から注目を浴びているサンミゲル・デ・アジェンデ。特に雑貨店や衣類、インテリア、アクセサリーなどを扱う店が多く、商品のクオリティも高いと評判だ。サンミゲル教区教会の近く、ウマラン通り、カナル通り、イダルゴ通りなどにショップが集まっている。

サンミゲル・デ・アジェンデから各地へのバス

目的地	1日の本数	所要時間	料金
メキシコ・シティ	ETN 15本、Primera Plus 9本、Frecha AmarillaとAutovíasが各40分間隔で運行	3.5〜4h	M$350〜550
ケレタロ	ETN 15本、Pegasso、Corridonasが40分間隔で運行（8:05〜20:05まで）	1.5h	M$90〜130
グアナファト	ETN 4本、Primera Plus 9本、Frecha Amarilla 4本など	1.5h	M$120〜180
グアダラハラ	ETN 4本、Primera Plus 6本	5〜6h	M$620〜725
レオン	ETN 4本、Primera Plus 9本など	2.5h	M$236〜280
ドローレス・イダルゴ	Frecha Amarilla、LIPが毎時4〜5本	1h	M$55

サンミゲル・デ・アジェンデ
San Miguel de Allende
エリア地図▶P.135/A2

（地図内の表記）
▶P.24/▶P.168 民芸品市場 Mercado de Artesanías
イマジナルデ ▶P.168へ
アトニルロ行き ▶P.166 バス乗り場へ100m
▶P.169
オストル アルカトラス Hostal Alcatraz ▶P.171
サンフェリペ・ネリ教会 Oratorio de San Felipe Neri
Homobono
ラサール教会 La Salud・市場 Mercado
Nunez
Aparicio
▶P.170 アキ・エス・メヒコ Aquí es México
▶P.171 カサ・サウット Casa Sautto
Allende Hidalgo
Relox
Insurgentes
シビカ広場 Plaza Cívica
バハ・フィッシュ・タキート ▶P.24/▶P.170 Baja Fish Taquito San Sebastián Vianey
▶P.169 エルニグロマンテ文化会館 Centro Cultural el Nigromante
Mesones
San Francisco
サンフランシスコ教会 San Francisco
Manzana
▶P.171 ポサダ デ ラス モンハス Posada de las Monjas
Hernández Macías
Galería Can Miguel 観光案内所 Itto ▶P.168
San Francisco
カナル通り Canal
ラコンセプシオン教会 Templo de la Concepción
Nuevo Mundo ▶P.170
ソカロ
ママ・ミア Mama Mia
エルスエボムンド ▶P.170 エルペサドン ▶P.170 コレオ通り Correo
ウマラン通り Umarán
バスターミナルへ
Zacateros
エル・トパシオ El Topacio
Vista Hermosa Taboada
ラ・パロキア・デ・サンミゲル La Parroquia de San Miguel ▶P.169
クンパニオ ▶P.170 Cumpanio
Real
サンミゲル・デ・アジェンデ歴史博物館 Museo Historico de San Miguel de Allende ▶P.169
カサ・デル・ティオ Casa del Tio ▶P.171
Chiquitos
Pila Seca
Hernández Macías
Cuadrante
Hospicio
散歩コース▶P.24
Casa Payo
ベルモント・カサ・デ・シエラ・ネバダ Belmond Casa de Sierra Nevada ▶P.171
Montes de Oca
▶P.171 ポサダ・マリア・ルイサ Posada Maria Luisa
Jesús
Aldama
Diez
Recreo
闘牛場 Plaza de Toros
Barranco
Café Zen Teno
Antigua Trattoria
Terraplén
Huertas
Garza
Tenerías
▶P.168 メルカド・セントロ Mercado Centro
Villa Jacaranda
Piedras Chinas
Posada de la Aldea
Ancha de S. Antonio
▶P.166 展望台 Mirador
Diezmo
▶P.168 アジェンデ美術学校 Instituto Allende
Rosewood
フアレス公園 Jardín Juárez
300m
Aristos San Miguel

はみだし サンフランシスコ教会の隣から、旧市街を1時間ほどで周遊できる市内観光バスTranviaが出ています（運賃はM$65）。展望台にもいってくれ、スペイン語のガイド付きでした。（宮城県 NOM '17）['18]

（縦書き）中央高原北西部 サンミゲル・デ・アジェンデ

観光案内所

MAP P.167/A1

ソカロの北側にある。市内地図や町のパンフレットなども入手できる。
TEL 152-7175
営業 月～土 9:00～20:00
　　　日　　9:00～17:00

両替事情

ソカロ周辺に銀行や両替所がたくさん集まっている。ソカロからコレオ通りに入った角にある両替所は、比較的いいレートで米ドルを両替できる。日本円は両替できない。

アジェンデ美術学校へ体験入学

サンミゲル・デ・アジェンデが芸術の町といわれるのは、多くの画家、彫刻家、陶芸家、写真家などがアジェンデ美術学校 Instituto Allende から育ったから。芸術を学ぶために滞在する外国人受講生も多く、スペイン語教室もある。コースは絵画、彫刻、陶芸、彫金、織物、写真、ガラスの絵つけなどに分かれ、数週間の短期間で修了するようになっている。
●アジェンデ美術学校

MAP P.167/B1

TEL 152-0929
URL www.instituto-allende.edu.mx
外国人向けの各種芸術の講座は4週間M\$4900～（別途材料代）。

町の規模は小さく、ゴシック調のサンミゲル教区教会とその前のソカロ（プリンシパル広場）を中心とした1km四方くらいが、旅行者のおもな行動範囲になっている。古い教会や石のアーチ、コロニアル調の

ソカロを中心とした歴史地区

家並みが続くセントロを、ゆっくり歩いて散策しよう。ソカロの周辺は碁盤の目のように整備されているが、少し離れると道は曲がりくねり、ところどころ迷路のようになっている。

工芸品やみやげ物を売る店、それにギャラリーは、ソカロ前のカナル通りのほか、町のいたるところにある。アクセサリー、銅細工の工芸品、家具、セラミック、織物など、若い芸術家のセンスが光る個性的な作品が多い。あちこちの店をのぞいてウインドーショッピングを楽しむのも、この町の楽しみのひとつだ。

また、ここは芸術家と学生たちの町としても知られる。町の顔として全国的に名高いアジェンデ美術学校とエルニグロマンテ文化会館のふたつの芸術学校のほか、語学学校もいくつかあり、スペイン語を勉強するために長期滞在している外国人も少なくない。そのせいか、普通のコロニアル都市というだけではない独特のムードがあって、旅行者にとってもなじみやすい町だ。

アジェンデ美術学校の中庭にあるカフェテリア

COLUMNA

ユニークな雑貨が並ぶ民芸品市場

サンフェリペ・ネリ教会の北側には、約500mにわたり小さな雑貨屋が軒を連ねる民芸品市場がある。ガイコツの置物やカラフルなハンモックなどのメキシコみやげはもちろん、先住民が開く手作りアクセサリーの露店や、伝統的なデザインをリメイクした洋服のセレクトショップ、メキシコアートが並ぶギャラリーなど、個性的なアイテムを扱う店も多いので、じっくり見て回りたい。

市場の北端付近にある **S** イマジナルテ Imaginarte（**MAP** P.167/A2外　住所 Lucas Balderas No.1
TEL 154-4144　営業 毎日10:00～18:00）は、空き缶のプルタブやタイヤの廃材を使ったグッズが評判。コインケース（M\$100）やバッグ（M\$700～）

など、おしゃれで作りもしっかりしている。

●民芸品市場
Mercado de Artesanías　　**MAP** P.167/A2
毎日9:00～19:00

露店がひしめき合っている
イマジナルテのコインケース

はみだし　アジェンデ美術学校の北には **R** メルカド・セントロ Mercado Centro（**MAP** P.167/B1　TEL 154-5415　営業 水～月10:00～22:00）という、在住者でにぎわう洗練されたフードコートがある。

おもな見どころ

▶中心部に鎮座する大教会 ★★
サンミゲル教区教会
La Parroquia de San Miguel

宣教師がヨーロッパから持ってきた絵はがきを頼りに、名もない先住民の職人が設計し、19世紀にフランシスコ会の教会として落成した。メキシコでよく見る素朴で直線的な教会とはスタイルが違い、ゴシック調になっている。青い空に映える塔や壁面の装飾は直線と曲線が微妙に均衡を保っていて、とても美しい。メキシコ産のピンク色の石材も独特の雰囲気を出すのにひと役買っている。

サンミゲル教区教会
MAP P.167/A1
入場 毎日7:00〜14:00、
　　　16:00〜20:30

町のランドマークとなる大教会

▶教会内部の宗教絵画が見もの ★★
サンフェリペ・ネリ教会
Oratorio de San Felipe Neri

1714年に建てられたバロック様式の教会。メキシコの聖母グアダルーペを祀り、別名「農民の家Casa de Capesino」とも呼ばれている。内部には、聖人サンフェリペ・ネリの生涯を描いた33枚の連作絵画が飾られている。

サンフェリペ・ネリ教会
MAP P.167/A2
入場 毎日 8:00〜14:00、
　　　16:00〜20:30

石造りでオレンジ色の
独特な外観が目を引く

▶シケイロスの壁画も見られる文化センター ★
エルニグロマンテ文化会館
Centro Cultural el Nigromante

立体的なシケイロスの壁画

アメリカではかつて修道院だった建物を利用した文化公館で、市民にはベジャス・アルテスBellas Artesの名でも親しまれている。芸術関係の教室を開講しており、利用者のほとんどは年配の欧米人だ。

このセンターで見落とせないのが、**シケイロスの壁画室**。題名を「イグナシオ・アジェンデ将軍の生涯についての計画」というのだが、シケイロスの壁画としては異質な抽象的作品だ。1948年の制作ということだが、あまり知られていないシケイロスの一面を見ることができる。また階段や内壁の各所に、地元の壁画画家ペドロ・マルティネスの風刺に富んだ作品も見られる。

エルニグロマンテ文化会館
MAP P.167/A1
TEL&FAX 152-0289
絵画、彫刻、写真、陶芸、バレエなどの芸術全般を教える文化センター。外国人向けの各種芸術の講座はM$680〜。

シケイロスの壁画室
入場 火〜土 10:00〜17:30
　　　日　　 10:00〜14:00
写真撮影不可

▶英雄アジェンデの生家を訪ねる ★
サンミゲル・デ・アジェンデ歴史博物館
Museo Historico de San Miguel de Allende

メキシコ独立戦争の英雄、イグナシオ・アジェンデの生家を改造した博物館。市民には、「アジェンデの家Casa de Allende」と呼ばれている。アジェンデ自身が暮らした当時の様子を示すものはないが、この地方の歴史、文化を紹介する施設として機能している。

サンミゲル・デ・アジェンデ歴史博物館
MAP P.167/A1
TEL 152-2499
入場 火〜日9:00〜17:00
料金 M$50

先住民の生活を理解できる展示もある

はみだし この町には定年退職したアメリカ人の居住区があるほか、留学などで長期滞在している外国人が多く、英語の通用度が高い。物価は周辺のエリアに比べると全般的にやや高め。

Compra　ショッピング

▶メキシコの民族工芸品専門店
エルヌエボ・ムンド
El Nuevo Mundo

郵便局の北側にある、素朴なハンディクラフトを扱う民芸品店。メキシコ各地の伝統衣装（M$340〜）から革の小銭入れまで、商品構成は幅広い。装飾小物から実用品までのみやげ物を探すことができる。バッグはM$250〜。

扱う商品はバラエティに富んでいる

MAP P.167/A2
住所 San Francisco No.17　**TEL** 152-6180
営業 月〜木 9:00〜20:00、金〜土10:00〜21:00、日10:00〜20:00　カード AMV

▶銀製アクセサリーの宝庫
エルトパシオ
El Topacio

オリジナル作品の多い宝飾店。オニキスやラピスラズリなどの貴石のほか、コハクを用いるなど、バラエティ豊かな作品のなかからお気に入りを探そう。ブレスレット、指輪、ペンダントトップが揃ったセット商品も多く、値段も定価がついている。

多様な宝飾品が売られている

MAP P.167/A1
住所 Umarán No.12　**TEL** 152-4979
営業 月〜土10:00〜14:00、16:00〜20:00、日10:00〜16:00　カード MV

Comida　レストラン

▶おしゃれな雰囲気のレストラン
クンパニオ
Cumpanio

サンミゲル中心部にあるインターナショナル料理のレストラン。料理の予算はひとりM$100〜150程度。ワインと一緒にのんびり食事を楽しみたい。ベーカリーも併設している。

MAP P.167/A2
住所 Correo No.29　**TEL** 152-2327
営業 毎日8:00〜21:00
税金 込み　カード AMV　Wi-Fi 無料

▶ひとりでも気軽に過ごせる
エルペガソ
El Pegaso

郵便局の東側にあるレストランで、内観もかわいらしい雰囲気。朝食セットM$70〜、昼の定食はM$120〜。エンチラーダ（M$95〜）、フィッシュ・タコス（3個入りM$100）、フライドライス（M$77〜）、各種パスタ（M$82〜）などもおすすめ。

民芸雑貨を使ったかわいいインテリア

MAP P.167/A2　住所 Corregidora No. 6
TEL 152-1351　営業 木〜火8:30〜21:30
税金 込み　カード MV　Wi-Fi 無料

▶ソカロ近くの人気レストラン
ママ・ミア
Mama Mia

メニューが豊富なイタリア料理のレストラン。ソカロのすぐ近くという便利な立地にある。毎日8:00〜12:45には朝食ビュッフェ（M$135）があり、夕食の予算はひとりM$200〜300程度。

パティオにテーブル席が並んでいる

MAP P.167/A1
住所 Umarán No.8　**TEL** 152-2063
営業 毎日8:00〜24:00（金・土〜翌2:00）
税金 込み　カード ADMV　Wi-Fi 無料

▶屋上の屋根付きテラス席がおすすめ
バハ・フィッシュ・タキート
Baja Fish Taquito

新鮮なシーフードが味わえるカジュアルレストラン。人気メニューは新鮮なエビやカキがマリネされたミックス・カクテル（M$118〜）。タコスとドリンクのお得なセットもある。

リーズナブルに料理が楽しめる

MAP P.167/A2
住所 Mesones No.11-B　**TEL** 121-0950
営業 毎日11:30〜20:00
税金 込み　カード MV　Wi-Fi 無料

はみだし H アキ・エス・メヒコAquí es México（**MAP**P.167/A1　住所 Hidalgo No.58　TEL 154-4686）は伝統的な民家のようなホテル。シャワールームは清潔。全11室。SDM$585〜。

Estancia ホテル

ソカロから3ブロック以内にホテルが集中している。規模は小さくてもコロニアル建築のデラックスなホテルが豊富。安宿はソカロから離れた場所に少数ある。全般的に安めの料金設定になっており、長期滞在者も多い。

▶世界のVIPも利用する

ベルモンド・カサ・デ・シエラ・ネバダ
Belmond Casa de Sierra Nevada

18世紀の大司教の邸宅を改装した高級ホテル。全37室は、アンティーク家具で飾られ、各部屋に天蓋付きベッドも用意されている。[Wi-Fi] 客室OK・無料

庭園のような敷地内

[MAP] P.167/B2 🍴○ 🏊○ 🔒○ ☕△
住所 Hospicio No.35 TEL 152-7040
URL www.belmond.com
税金 +28% カード [A][D][M][V]
料金 ⓈⒹM$4491～ [AC]○ [TV]○ [TUB]○

▶明るい雰囲気のおしゃれなプチホテル

カサ・デル・ティオ
Casa del Tio

サンミゲル教区教会から2ブロック南東にある全6室のホテル。ピンクやブルーなど部屋ごとにテーマカラーが異なる。[Wi-Fi] 客室OK・無料

アートセンスのいいカラフルな客室

[MAP] P.167/B2 🍴× 🏊× 🔒○ ☕○
住所 Hospicio No.21
TEL 152-1771
税金 込み カード [A][D][J][M][V]
料金 ⓈⒹM$1750～ [AC]○ [TV]○ [TUB]×

▶景色のよい屋上で取る朝食が気持ちいい

ポサダ・マリア・ルイサ
Posada Maria Luisa

サンミゲル教区教会から3ブロック南西にある全6室のホテル。メキシコらしい内装がセンスよく、スタッフも親切。[Wi-Fi] 客室OK・無料

[MAP] P.167/B1 🍴× 🏊× 🔒× ☕○
住所 Hernandez Macias No.142 TEL 152-1091
税金 込み カード [M][V]
料金 ⓈⒹM$720～ [AC]× [TV]○ [TUB]×

▶眺めがよく便利なロケーション

ポサダ・デ・ラスモンハス
Posada de las Monjas

ラコンセプション教会の1ブロック西にある。石をはめ込んだ外壁が特徴的。階上にはテラスがある。全64室。[Wi-Fi] 客室OK・無料

こぢんまりとした中級ホテル

[MAP] P.167/A1 🍴○ 🏊× 🔒○ ☕有料
住所 Canal No.37 TEL 152-0171
URL www.delasmonjas.com 税金 込み カード [M][V]
料金 ⓈⒹM$1000～ [AC]○ [TV]○ [TUB]×

▶メキシコの学生旅行者が集まる

カサ・サウット
Casa Sautto

ソカロから300mほど北西、雰囲気のいい静かなロケーションにある。設備も値段のわりには充実しており、安い個室を探している人向け。全20室。[Wi-Fi] 公共エリアのみ・無料

[MAP] P.167/A1 🍴× 🏊× 🔒× ☕×
住所 Hernández Macias No.59 TEL 152-0052
税金 +18% カード 不可
料金 ⓈM$400～、ⒹM$600～ [AC]× [TV]○ [TUB]×

▶安くて清潔な20ベッドのYH

オスタル・アルカトラス
Hostal Alcatraz

ソカロから北へ2ブロック半にあるユースホステル。全4室の部屋は狭いが、掃除が行き届いて清潔。24時間出入り自由で、設備が充実した共同キッチンも完備。部屋はドミトリーのみ。[Wi-Fi] 客室OK・無料

中心部にある便利な立地

[MAP] P.167/A2 🍴× 🏊× 🔒× ☕×
住所 Relox No.54 TEL 152-8543
税金 込み カード 不可
料金 ドミトリー M$180 [AC]× [TV]× [TUB]×

🍴 レストラン 🏊 プール 🔒 金庫 ☕ 朝食 [AC] エアコン [TV] テレビ [TUB] バスタブ

優雅な曲線を描く水道橋が残る歴史風致地区

ケレタロ
Querétaro

人 口	約80万人
高 度	1762m
市外局番	442

必須ポイント！

★展望台から水道橋を眺める
★ケレタロ地方歴史博物館内の展示と回廊を見学
★ケレタロ風エンチラーダを食べる

World Heritage
世界遺産

イベント情報

●3～4月
セマナサンタのシーズンには町の中心を御輿が練り歩く。

●9月13～15日
サンタクルス・デ・ロスミラグロスの祭り。コンチェロスと呼ばれる踊りが見もの。

●11月下旬～12月上旬
メキシコ最大規模の国際見本市Feria Internacionalで、家畜などが取り引きされる。それに付随して音楽コンサート、サーカス、プロレスなど各種イベントも行われる。

ケレタロ州政府観光局
URL www.queretaro.travel

バスターミナルから市内へ
ケレタロのバスターミナルは中心部から約5km南東にあり、市バスで所要約20分、M$9。タクシー利用でM$50程度。市バスはフロントガラスに行き先が書いてあり "Central" と書いてあるのがケレタロ・バスターミナルの略。

教会内部も見学してみよう

セネア公園に面したサンフランシスコ教会

メキシコ・シティから約200km北西にある、中規模の工業都市ケレタロ。豊かな自然と温暖な気候に恵まれたケレタロ州の州都で、正式名称はサンティアゴ・デ・ケレタロ。北部にはサンルイス・ポトシ、西北部にはグアナファトなどかつての銀山の町があり、メキシコ・シティとを結ぶ交通の要衝として発展し、18世紀頃は国内第3の都市にまで成長した。各地で先住民が奴隷のように扱われたのに対して、ケレタロではスペイン人の入植者と先住民チチメカ族がうまく共存してきたといわれている。

ケレタロの中心部は石畳の道が続くコロニアルな町並みが広がり、バロック様式の教会が随所に建ち、歴史ある石造りの建物が連なる。また中心部の東側には、1km以上に及ぶ水道橋がよい保存状態で残っている。古い町並みを生かしつつも中心部はきれいに整備され、ゴミが少ない町としても知られている。ケレタロの歴史地区は1997年に世界遺産に登録されており、観光客の人気も集めている。

アクセス

飛行機▶町から8kmほど北東にあるケレタロ国際空港（QRO）へ、メキシコ・シティやカンクンからはアエロメヒコ航空やボラリス航空が、グアダラハラからはTAR航空が運航している。
ヒューストンやダラスなどからの国際便も運航している。

バス▶グアナファトやグアダラハラなど、周辺の都市との間に多数の便が発着する。

ケレタロから各地へのバス

目的地	1日の本数	所要時間	料金
メキシコ・シティ	ETN、Primera Plusなど毎時7～8本	3h	M$322～380
グアダラハラ	ETN、Primera Plusなど毎時5～7本	4.5～5h	M$588～700
グアナファト	ETN 4本、Primera Plus 8本	2h	M$228～275
サンミゲル・デ・アジェンデ	ETN 6本	1.5h	M$130
モレーリア	ETN、Primera Plusなど毎時1～2本	3～4h	M$285～335

はみだし ケレタロからバスで1時間ほど東のベルナルBernalにある高さ350mの巨大一枚岩ペーニャ・デ・ベルナル（→P.38）はパワースポットとして有名。特に3月21日の春分の日には数千人が集う。

歩き方

リノノラシンス」教会裏側の遊歩道

ケレタロの旧市街は**セネア公園 Jardín Zenea**を中心として、歴史的な町並みが広がっている。公園の脇を走るコレヒドーラ大通りAv. Corregidoraの西側にはかつてスペイン人入植者が暮らし、大通りの東側は先住民の居住区だった。西側は区画整理されて豪華な装飾の教会が建っているのに対して、東側は細い路地が入り組んでいて教会の造りも比較的地味な感じだ。

旧市街の歴史地区には20以上の教会があり、それに付随した修道院跡の建物は、現在では博物館や学校施設として使用されていて、その一部は旅行者でも見学できる。また教会前の広場や公園には木々が生い茂り、季節によっては花々が咲き乱れる。広場に面したカフェやレストランで休みながら、歴史的な町並みを歩いて楽しもう。

市内を巡回する観光バス

観光案内所
MAP P.173/A1
住所 Pasteur 4 Norte
TEL 238-5067
営業 毎日9:00〜20:00
市内や州内各見どころの無料パンフレットが充実している。

市内観光バス
ケレタロ歴史地区や水道橋など観光スポットを巡る2ルートの観光バスTranviaが、コンスティトゥシオン広場東側から運行している。毎日11:00〜20:00の間に毎時各1本催行され、所要1時間、料金M$85。乗車券は観光案内所、または車内で購入できる。

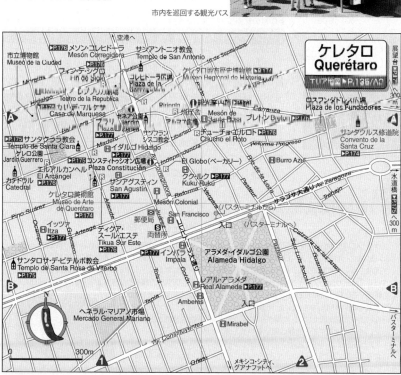

おもな見どころ

ケレタロ地方歴史博物館
MAP P.173/A1

TEL 212-4889
入場 火〜日10:00〜18:00
料金 M$55

サンフランシスコ教会に隣接している博物館

ケレタロ美術館
MAP P.173/A1

TEL 212-3523
入場 火〜日10:00〜18:00
料金 無料

サンタクルス修道院
MAP P.173/A2

入場 火〜土 9:00〜13:30、
　　　　　 16:00〜17:30
　　　日　　9:00〜16:00
料金 M$10(別途ガイドチップにM$10ほど必要)
　30分から1時間おきに出ているガイドツアー(スペイン語)で中を見学。所要25分。

当時の生活ぶりを彷彿とさせる厨房跡

▶第一級の宗教建造物の遺産　　　　★★
ケレタロ地方歴史博物館
Museo Regional de Historia

　セネア公園の南東側に面した、貴重な歴史的遺物や美術品を収集した博物館。建物は1540年に創建されたサンフランシスコ修道院の広壮な施設を利用している。1階はケレタロ周辺の先住民遺跡からの出土品や、イエズス会所有だった絵画などの宗教美術が圧巻。2階ではメキシコ独立にいたるまでの近現代史を豊富な資料で展示・説明している。

▶修道院跡の建物を使用した美術館　　　　★★
ケレタロ美術館
Museo de Arte de Querétaro

　サンアグスティン教会に隣接しており、優雅な装飾の中庭を囲む建物に、展示室が並んでいる。企画展が中心だが、常設展では17〜19世紀にかけての宗教画や肖像画が充実している。

パティオの装飾もじっくりと鑑賞したい

▶中世の修道院の雰囲気を実感できる　　　　★★
サンタクルス修道院
Convento de la Santa Cruz

　旧市街東側の外れ、セネア公園から1kmほど東にある修道院跡。博物館のような解説はないが、修道士の部屋や厨房などは17〜18世紀頃の生活を垣間見ることができる。フランス占領下時代のマキシミリアン皇帝が使用していた部屋もあり、彼が愛用した机や椅子も残っている。緑の中庭も美しく、落ち着いた雰囲気だ。

広場に面して教会と修道院が建つ

INFORMACIÓN

ケレタロを彩るコンチェロスの祭典

　ケレタロでは毎年、独立記念日前の9月13〜15日にサンタクルス・デ・ロスミラグロスの祭典が開催される。サンタクルス修道院前の広場で開催されるこの祭りは、スペイン人と先住民チチメカ族の戦い、その後の融和が題材になっている。
　両者の戦いが激しさを増した1654年のある日、日食によって空が暗くなり、太陽が十字架の形を描いた。それを見たチチメカ族は戦いをやめ、カトリックに改宗してスペイン人との共存の道を歩むようになる。

　この祭りの当日は、アステカ起源の舞踊コンチェロスが広場で踊られる。地元の20ほどの舞踊団が一堂に集まり、それぞれの団体が太鼓に合わせて踊る。アステカ風の衣装をまとったダンサー1000人以上が踊る光景は圧巻で、先住民の力強さを彷彿とさせる。

コンチェロスを踊る人が広場にあふれる

はみだし　ケレタロ郊外にあるテキスキアパンTequisquiapanやベルナルBernalの周辺は、ワイナリーやチーズ工場でも有名。メキシコ・シティからの見学ツアーも出ており、試飲や試食が楽しめる。

中央高原北西部

ケレタロ

▶世界遺産都市のシンボル　★★★

水道橋
Acueducto

　町を横断して郊外の山へと達する、優雅な74のアーチをもつ水道橋はケレタロの象徴的な建造物。1726年から1738年にかけて建造され、全長は1280mにも及ぶ。今は使われていないが、建設当時は衛生的な水の不足に悩んでいた住民の健康を考慮し、メキシコ・シティに住む建築家を呼んで造られた。

優雅な曲線が古都の情緒を
引き立てている

水道橋 〈MAP〉P.173/A2 外
サラゴサ大通りAv. Zaragoza
に沿って建造されており、旧市
街に一番近い水道橋はサンタク
ルス修道院から徒歩約10分。

▶水道橋と市街を一望できる　★★★

展望台
Mirador

　サンタクルス修道院から車に200mほど歩いた場所にある展望台。町の東方向に延びている水道橋が、そして周囲に広がっている新市街の家並みが眺められる。ケレタロに来た観光客は必ず訪れるほどの名所で、民芸品を売る露店などもあり、時間帯を問わず多くの見物客でにぎわっている。ここから水道橋の西端までは徒歩2分ほど。市街を巡回する観光バスもこの場所に10分ほど停車するので、その際に来て写真撮影するのもいいだろう。

観光客に人気の高い場所のひとつ

展望台 〈MAP〉P.173/A2 外
中心部のセネア公園からタク
シーでM$30程度。サンタクル
ス修道院からは徒歩5分ほど。
日中は徒歩で問題ないが、ひと
気が少ないので夜の移動はタク
シーを利用しよう。

COLUMNA

ケレタロの教会巡り

夕方にミサが行われるサンタクララ
教会

　ケレタロ市内には教会が多く、旧市街だけでも30以上建っている。これらをのんびりと巡り歩けば、古都の風情が満喫できるはずだ。

　中心部のセネア公園から東側はかつて先住民の居住区だったエリアで、逆に西側はスペイン人入植者が暮らしていた地区。東側は細い路地が入り組んで教会の造りも比較的地味なのに対し、西側は区画整理され豪華な装飾の教会が建っている。

　セネア公園から2ブロック南西に建つ**サンタクララ教会**（〈MAP〉P.173/A1）は、内部がチュリゲラ様式の装飾で覆われている。正面には黄金の祭壇があり、側面の壁には聖人像も配されていて、緻密で荘厳な装飾が圧巻だ。

　旧市街の西端にある**サンタロサ・デ・ビテルボ教会**（〈MAP〉P.173/B1）は、外観がイスラム寺院を思わせるような独特な造り。白壁にタイルのような青や赤の模様が描かれており、柱の部分も装飾されている。内部は大理石で覆われ、側面全体にはサンタクララ教会にも似た黄金の装飾が施されている。

サンタロサ・デ・ビャルボ教会の外観

はみだし **コンスティトゥシオン広場**（〈MAP〉P.173/A1）では毎日19:00〜22:00、音楽に合わせた噴水ショーが行われている。派手なものではないが、旅行者や地元の人たちがひと休みして見物している。

旧市街には個性的なレストランが点在している。古い建物を利用した店も多く、内部の雰囲気とともに食事が楽しめるのもケレタロの魅力だ。特にコレヒドーラ広場やアルマス広場などに面して、カフェやレストランが多い。

▶ゲレロ公園に面した老舗カフェ
エルアルカンヘル
El Arcángel

ゲレロ公園の西側に面したカフェレストラン。内部は古めかしく、古都ケレタロならではの落ち着いた雰囲気。肉や魚の定食セットはスープやサラダが付いてM$123～171。

MAP P.173/A1	
住所 Guerrero Norte No.1	TEL 212-6542
URL www.restaurantelarcangel.com 営業 毎日 8:00～18:00 税金 込み カード MV WiFi 無料	

▶豪華な邸宅を改装した高級店
カサ・デ・マルケサ
Casa de Marquesa

18世紀に築かれた邸宅の跡が利用されている。ロビーは豪華な内装が施されており、建物に入るだけでもリッチな気分が味わえる。肉料理はM$150～300。よく知られた高級店なので、きちんとした身なりで入店しよう。

ケレタロの名門レストラン

MAP P.173/A1	
住所 Madero No 41	
TEL 227-0500 営業 毎日7:00～22:00	
税金 込み カード MV WiFi 無料	

▶観光客でいつもにぎわう
メソン・コレヒドーラ
Mesón Corregidora

ケレタロの郷土料理メニューが豊富なレストラン。便利な立地で、オープンテラスの席は観光客でいつも満席状態だ。13:00～18:30の昼定食はM$84。流しのミュージシャンも出入りして楽しい雰囲気。

コレヒドーラ広場に面している

MAP P.173/A1	
住所 16 de Septiembre No.10	
TEL 212-0784 営業 毎日8:30～23:00	
税金 込み カード AMV WiFi 無料	

▶メキシコ南東部のローカル料理なら
ティクア・スール・エステ
Tikua Sur Este

オアハカやユカタン地方の郷土料理を提供しており、旅行者に人気が高い。モーレ料理など肉や魚のメインはM$200前後。おすすめはユカタン名物のコチニータ・ピビル(M$136～)。英語メニューも用意されている。

多彩なメキシコの郷土料理が味わえる

MAP P.173/A1	
住所 Allende Sur No.13	TEL 455-3333
営業 毎日13:00～24:00(土・日～21:00)	
税金 込み カード AMV WiFi なし	

▶土・日曜のモーニングビュッフェがおすすめ
フィン・デ・シグロ
Fin de Siglo

レプブリカ劇場の向かいにある明るい雰囲気のレストラン。メインの肉魚料理はM$150～178前後。土・日曜の9:00～13:00にはメキシコ料理が中心のビュッフェ(M$190)があり、約10種類のメイン料理を楽しめる。

MAP P.173/A1	
住所 Hidalgo No.1 esq. Juárez	TEL 224-2548
営業 毎日8:00～20:00(金・土～23:00)	
税金 込み カード AMV WiFi 無料	

▶フランス風のカフェ飯が評判
ブレトン
Breton

アルマス広場から東へ徒歩約1分。1階がカフェ&ベーカリー、2階がレストラン風の造りだが、メニューは同じ。フランス各地のワインや、おいしいパンが味わえる。昼の日替わりメニュー(M$116)がお得。

採光がいい2階席がおすすめ

MAP P.173/A2	
住所 Anador Libertad No.82B	TEL 299-6207
営業 金～水8:00～22:00	
税金 込み カード MV WiFi 無料	

はみだし Rチューチョ・エルロトChucho el Roto (MAP P.173/A1 TEL 212-4295 営業 毎日8:00～23:00)はアルマス広場の南側に面したレストラン。ケレタロ風エンチラーダはM$122。

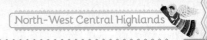

Estancia ホテル

歴史地区のある中心部に各クラスのホテルが集まっているが、どこも客室のキャパシティが少ない小規模ホテルがほとんど。週末やお祭りと重なると満室になることもあるので、予約や早めのチェックインをしよう。

▶観光にも便利な大型ホテル

レアル・アラメダ
Real Alameda

旧市街から南側に少し外れた立地にある近代的な高級ホテル。屋上にはバーがあって、アラメダ・イダルゴ公園が見下ろせる。全120室の部屋は落ち着いた内装で静かにくつろげる。[Wi-Fi] 客室OK・無料

公園に面した大型ホテル

[MAP] P.173/B1 🍴○ 🏊○ [金庫]○ ☕有料
住所 Av. Corregidora No.184
TEL 251-8900
税金 +19% カード [A][M][V]
料金 ⓈⒹM$1125～ [AC]○ [TV]○ [TUB]×

▶ 1825年創業の老舗ホテル

イダルゴ
Hidalgo

セネア公園から徒歩1分ほど。観光や食事にも便利。[illegible]整っている。全48室。[Wi-Fi] 客室OK・無料

[MAP] P.173/A1 🍴× 🏊× [金庫]× ☕有料
住所 Madero No.11 TEL 212-8102
URL www.hotelhidalgo.com.mx
税金 込み カード [M][V]
料金 ⓈM$690～、ⒹM$920～ [AC]× [TV]○ [TUB]×

▶中心部にある手頃なホテル

サンアグスティン
San Agustín

ケレタロの観光スポットが徒歩圏にあり、周囲にはレストランも多くて便利なロケーション。部屋は広めで、特に上階にある部屋は窓も大きく、全体的に明るくゆったりした造りになっている。全37室。[Wi-Fi] 客室OK・無料

[MAP] P.173/A1 🍴× 🏊× [金庫]× ☕×
住所 Pino Súarez No.12 TEL 212-1195
URL www.hotelsanagustin.com.mx
税金 込み カード [M][V]
料金 ⓈⒹM$720～ [AC]× [TV]○ [TUB]×

▶緑豊かな公園の隣にある

インパラ
Impala

サラゴサ通りに面した全112室のホテルで、上階からは眺めもいい。料金のわりに設備が整っている。[Wi-Fi] 客室OK・無料

[MAP] P.173/B1 🍴○ 🏊× [金庫]○ ☕有料
住所 Colón No.1
TEL 212-2570
URL www.hihotel.mx
税金 +19% カード [A][M][V]
料金 ⓈM$528～、ⒹM$581～ [AC]○ [TV]○ [TUB]×

▶手頃な料金と立地のよさで人気

プラサ
Plaza

セネア公園の西側に面した便利な立地。値段のわりに客室も清潔なので、すぐ満室になることが多い。全29室。[Wi-Fi] 客室OK・無料

[MAP] P.173/A1 🍴× 🏊× [金庫]× ☕×
住所 Juárez Norte No.23
TEL&FAX 212-1138 税金 込み カード [M][V]
料金 ⓈⒹM$700～ [AC]× [TV]○ [TUB]×

▶ドミトリーもある[illegible]ホテル

クク・ルク
Kuku Rukú

ケレタロ中心部の便利な立地にある、全10室のホテル。24人収容できる快適なドミトリーはM$200。[Wi-Fi] 客室OK・無料

[MAP] P.173/A1 🍴○ 🏊× [金庫]× ☕○
住所 Vergara No.12 TEL 245-6677
URL www.kukuruku.mx
税金 込み カード [M][V]
料金 ⓈⒹM$820～ [AC]× [TV]○ [TUB]×

▶旅行者が集う経済的な宿

イッツァ
Itza

家族経営で民宿のような雰囲気の全15室のホテル。周辺には教会も多く、バックパッカーの利用も多い。[Wi-Fi] 客室OK・無料

[MAP] P.173/B1 🍴× 🏊× [金庫]× ☕有料
住所 Francisco Fagoaga No.17
TEL 212-4223 URL www.itzahostal.com.mx
税金 込み カード [A][M][V]
料金 ⓈM$450～、ⒹM$530～ [AC]× [TV]○ [TUB]×

🍴 レストラン 🏊 プール [金庫] 金庫 ☕ 朝食 [AC] エアコン [TV] テレビ [TUB] バスタブ

世界遺産にも登録された歴史的なコロニアル都市

モレーリア
Morelia

人　口	約73万人
高　度	1920m
市外局番	443

必須ポイント！

★水道橋沿いを歩く
★夜のカテドラルと州庁舎を見学
★甘味市場で郷土菓子を買う

世界遺産

ミチョアカン州政府観光局
URL michoacan.travel

市内から空港へ
　モレーリア空港Morelia (MLM)は市内中心部から約30km東にあり、タクシー利用で約30分、M$180程度。

アエロマル航空
TEL 313-7632（空港内）

モレーリアの市内観光バス
　ソカロの西側からTranvíaと呼ばれる路面電車型の観光バスが運行している。所要1時間ほどでスペイン語解説を聞きながら歴史地区を巡る。毎日10:00〜18:30の間、毎時1本程度運行（料金M$70）。週末は14人乗りの席がいつも満席になるが、平日に参加者が少ないと運行されないこともあるので注意。

市内を巡回する観光バス

カテドラルに隣接したモレーリアの中心ソカロ

　寒冷な山地から常夏の太平洋沿岸まで広がる、自然に恵まれたミチョアカン州の州都。メキシコ・コロニアル都市でも最古に属するモレーリアには、歴史的に重要な建造物も多く、1991年にユネスコの世界文化遺産に登録されている。赤みを帯びた石材で造られた歴史地区は、古都ならではの趣が感じられる。

モナルカチョウの保護区も訪れたい

　16世紀になって、スペイン人はこの地にあったタラスコ王国を征服し、1541年に町の建設を始めた。創建当時はバジャドリーと呼ばれていたが、メキシコ独立運動の英雄ホセ・マリア・モレーロスが生まれた地であることを記念して、1828年にモレーリアと改名された。また、ミチョアカン州は先住民が作る民芸品でも有名なところ。州都なので、周辺からカラフルでユニークな特産品が集まり、それらのショッピングも楽しめる。

アクセス

飛行機▶メキシコ・シティからアエロメヒコ航空とアエロマル航空が毎日3〜4便（所要約1時間、M$2235〜3566）、ティファナからボラリス航空が毎日2便（所要約3.5時間、M$2452〜3717）運航している。ダラス、ヒューストンなどからの国際線も運航。

バス▶ETN社のデラックスバス、Primera Plus社などの1等バスが各地から乗り入れている。州内の都市間にはRuta Paraisoなどの2等バスが運行。メキシコ・シティからアクセスする場合は、西方面バスターミナルを利用すると、本数が多くて便利。

　バスターミナルは町の北西部にあり、少し遠い。サンニコラス大学（**MAP** P.179／A1）の前から、Roja1のミニバスで所要約30分、料金はM$7。タクシーを利用するとM$50程度。

投稿　モレーリアでは「Makis」の看板の店が目につく。これは海苔や具材をご飯で巻いて、サクッと揚げたスナック料理。不思議な日本風メニューは、2巻でM$60でした。（神奈川県　ラーマ2世　'16）['18]

中央高原北西部

モレーリア

モレーリアから各地へのバス

目的地	1日の本数	所要時間	料金
メキシコ・シティ	ETN 11本、Primera Plus 9本、Autovias 毎時1〜2本など	4〜6h	M$476〜570
グアダラハラ	ETN、Primera Plusなど毎時2〜4本	3.5h	M$459〜540
グアナファト	Primera Plus 3本(7:00、9:20、14:25)	4h	M$291
ケレタロ	ETN、Primera Plusなど毎時1〜2本	3〜4h	M$285〜335
パッツクアロ	Purhépechasなどが毎時6〜9本	1h	M$47〜70
ウルアパン	ETN 4本、Purhépechasなど毎時1〜3本	2h	M$93〜241

歩 き 方

モレーリアの旧市街の建物は、赤みを帯びた石の表面をうまく生かした造りをしていて、重厚で落ち着いた雰囲気だ。このような造りの古い建物は学校や博物館、ホテルやレストランなどに利用されていて、内部が見学できる建物も多い。カテドラルなど市内に点在する教会も見応えがある。旧市街は道が碁盤の目のように整備されていてわかりやすいが、迷ったら中心部のカテドラルに戻ろう。

カテドラルから1kmほど東へ行くと水道橋があり、現在は使用されていないもののモレーリアの象徴として残されている。また独立運動の英雄モレーロスの住んだ家を利用した博物館もあり、その歴史を追った展示物も見逃せない。

市内には市場やショップも多く、ミチョアカン州各地の民芸品が目につく。おみやげ探しには、民芸館や甘味市場などを訪ねてみるといいだろう。

カラフルな郷土菓子が並ぶ甘味市場

観光案内所

MAP P.179/A1
住所 Palacio del Gobierno
営業 月〜金10:00〜18:00
　ミチョアカン州の政府観光局で、州庁舎の中庭にある建物の1階にある。州各地の資料あり。市立案内所(営業 毎日10:00〜18:00)はソカロの北西の端にブースがあり、市内地図がもらえるほか、郊外ツアー(最少催行2名より)の申し込みができる。

市内交通

　モレーリア市内にはCombiと呼ばれるミニバスが頻繁に運行しており、経路は色と番号で表示されている。タクシーでの旧市街の移動はM$35程度。

市内を走るミニバス

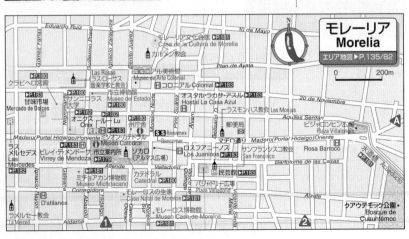

モレーリア
Morelia
エリア地図▶P.135/B2
0　　　　200m

はみだし　モレーリアの中心街には旅行会社が少ない。季節限定でアンガンゲオのモナルカチョウ保護区やハニッツィオ島、パリクティン火山にツアーが出ており、観光案内所やホテルで申し込める。

おもな見どころ

カテドラル
カテドラル　MAP P.179/A1
入場 毎日 6:00～20:30

ふたつの美しい塔をもつカテドラル

▶気品高くそびえるモレーリアの象徴　★★
カテドラル
Catedral

1640年から100年以上の歳月を費やして建てられた、プラテレスコ様式の大聖堂。内部は華麗で気品に満ちた装飾が施され、ドームは青と白のタイルで覆われている。重厚さと優雅さを兼ね備えている。

▶黄昏時のライティングが映える　★★
州庁舎
Palacio de Gobierno

州庁舎　MAP P.179/A1
マデロ通りを挟んでカテドラルの北側にある。
入場 毎日8:00～20:00

18世紀に建てられた庁舎は、当時の時代嗜好を反映したバロック様式の建造物だ。内部の回廊には、メキシコの歴史を描いた地元の画家アルフレッド・サセルの壁画などが飾られている。夜は内部に照明がともり、壁画がより幻想的に見える。

回廊に描かれた壁画は必見

クラビヘロ宮殿　MAP P.179/A1
ソカロからマデロ通りを西へ1ブロック進み、右折。甘味市場と隣接している。
TEL 312-0412
入場 火～日10:00～18:00

▶中心部に残るイエズス会の忘れ形見　★
クラビヘロ宮殿
Palacio Clavijero

18世紀にイエズス会が建造した神学校跡で、モレーリアのコロニアル建築のなかでも有数の美しさだ。広い中庭とその中心にある噴水が、格調高い雰囲気を醸し出している。現在は広い中庭の回廊に沿って現代美術の作家の企画展などが行われているほか、観光案内所や図書館もある。

建物自体が見どころになっている

市立博物館　MAP P.179/A1
TEL 313-0629
入場 月～金9:00～15:00、
　　16:00～20:00
　　土・日10:00～18:00
料金 無料

▶無料ながらユニークな展示　★
市立博物館
Museo del Estado

1階はミチョアカン州各地から発掘された先史時代の土器や石器、石像などを展示した博物館。2階にはカトリックの布教活動を中心としたスペイン植民地時代の史料や、ミチョアカン州の特産品が豊富だ。入館してまず目を引くのは、19世紀の薬局を再現したコーナー。当時のドラッグストアで販売されていた薬品が、ずらりと陳列されている。

19世紀の薬局が再現された展示

サンニコラス大学　MAP P.179/A1
独立の父と呼ばれるイダルゴ神父が教壇に立ったほか、独立の英雄モレーロスも学んだ由緒ある大学。現在の正式名はミチョアカン州立大学。

  はみだし　州庁舎は2階に上がることができて、夜に入館すると2階からライトアップされたカテドラルも見える。高感度設定で写真撮影すると、州庁舎とカテドラルが重なるように写って美しい。

▶各地の舞踊衣装や仮面も展示されている ★★

モレーリア文化会館
Casa de la Cultura de Morelia

カルメン教会に隣接した、重厚な造りの建築物。カルメン修道院だった建物を使用している文化会館は、演劇、ダンス、オーケストラなどの市民の文化活動の中心になっている。文化会館内には常設展示はないが、随時、地元芸術家の企画展示会が開かれている。

修道院を使った歴史的な建造物

モレーリア文化会館
MAP P.179/A1
TEL 317-8900
入場 月〜金 8:00〜21:00
　　　 土　 8:00〜19:00
　　　 日　 10:00〜18:00
料金 無料

▶メキシコ独立の立役者、モレーロスゆかりの場所 ★★

モレーロスの生家／モレーロス博物館
Casa Natal de Morelos / Museo Casa de Morelos

メキシコ独立運動の英雄ホセ・マリア・モレーロスが、1765年に生まれた家。この家と1ブロック離れたモレーロス博物館は連携する歴史施設である。博物館もモレーロスが後に住んだ家を改造したもので、独立とモレーロスの事跡をたどる施設となっている。

モレーロスが誕生した部屋も見られる生家

モレーロスの生家
MAP P.179/A1
TEL 312-2793
入場 毎日9:00〜19:00
料金 無料

モレーロス博物館
MAP P.179/A1
TEL 313-2651
入場 火〜日9:00〜17:00
料金 M$45

馬車などの愛用品も展示されたモレーロス博物館

▶先史時代から近代までの歴史を知る ★

ミチョアカン博物館
Museo Michoacano

ミチョアカン州を代表する博物館で、先史時代の出土品から植民地時代の史料まで数多く展示している。また2階には宗教画や、メキシコ独立戦争にまつわる資料もあり興味深い。

ミチョアカン博物館
MAP P.179/A1
TEL 312-0407
入場 火〜日9:00〜17:00
料金 M$55

▶橋に沿ってのんびり散策してみたい ★★

水道橋
Acueducto

18世紀に造られた1.6kmに及ぶ優美な水道橋。253本の支柱からなる古代ローマ風アーチは、緩やかにカーブを描き、町の景観に独特な印象を与えている。水道橋の西の端には、この地方の先住民女性像のあるタラスカスの泉Fuente de las Tarascasがあり、そこから遊歩道に沿ってしばらく歩くとクアウテモック公園へと出る。

水道橋 MAP P.179/A2
ソカロから徒歩で20分ほど。

中心部の東にあるモレーリアの水道橋

はみだし ソカロ周辺は夜になると、カテドラルや州庁舎の建物がライトアップされて美しい。モレーリアは高地にあって夜間は冷えるので、上着を用意して出かけたほうがいい。

Comida　レストラン

カテドラルの北向かいに並ぶコロニアル調の建物は、その多くにレストランやカフェが入っている。周囲の歴史的な町並みを眺めながら、のんびり食事を楽しめるおすすめエリアだ。

甘味市場北側の通り沿いは、庶民的な食堂街になっており、ランチタイムは日替わり定食などが手頃な値段で食べられる。また、モレーリアは学生の町とあって、若者たちが集まるおしゃれなカフェもあちこちに点在している。

▶格調高いユニークな内装
ラスメルセデス
Las Mercedes

アンティークな装飾品で飾られた、300年以上前に建造された建物を使ったレストラン。インターナショナルメニューが充実しているが、モレーリア風にアレンジされた料理も味わえる。おすすめはトルチャ・ポルトゲサ（チーズを入れたマスのベーコン巻き）M$181や、ソパ・メルセデス（チキン・クリームスープ）M$93など。

コロニアル調の歴史的建築物のパティオで優雅に食事ができる

 P.179/A1
住所 León Guzmán No.47　TEL 312-6113
営業 毎日12:00〜23:00（日〜20:00）
税金 込み　カード MV　Wi-Fi 無料

▶ソカロに面したカフェ＆レストラン
ルー
Lu

ホテル・カシノの1階にあり、テラスは食事をしたり飲み物を飲んだりしている人でにぎわう。屋内席もある。カプチーノはM$40、グラスワインはM$85〜。

エンチラーダ・ケレンダロM$88

MAP P.179/A1
住所 Portal Hidalgo No.229　TEL 313-1328
営業 毎日7:30〜22:00（金・土〜23:00）
税金 込み　カード MV　Wi-Fi 無料

▶カップル向きのおしゃれスポット
オニクス
Onix

道を挟んでソカロの北側に面した多国籍レストラン。歴史的建築物を生かしつつ、ムーディなカウンターで、テキーラ（M$63〜）やビール（M$38）を楽しむのもいい。

MAP P.179/A1　住所 Portal Hidalgo No.261
TEL 317-8290　営業 毎日12:00〜24:00
税金 込み　カード MV　Wi-Fi 無料

COLUMNA

アンガンゲオの蝶の森

モレーリアから約170km東にある**アンガンゲオ** Angangueoは、標高2980mの山間部にある小さな田舎町。その近郊には、毎年11月末に**モナルカチョウ**の群れが北米から飛来する**モナルカチョウ保護区** Santuario de Mariposa Monarca（ MAP P.135/B2　入場 毎日10:00〜18:00　料金 M$50）がある。モナルカチョウの多くは、アンガンゲオの森林で越冬するため、小さな森に数万匹の蝶が群生し、枝が蝶の重さに耐え切れずにたわむ。そして、太陽が森林の中に差し込み、日の当たった枝からいっせいに数千、数万の蝶が舞う光景は圧巻だ。蝶はここで越冬し、3月中旬にまた北に帰っていく。

アンガンゲオまではシタクアロZitacuaro経由でバスを乗り継ぎ、町から保護区までの約10kmはタクシーを利用するのが一般的。11月末〜3月中旬にはモレーリアからツアー（ひとりM$650〜）が出ており、観光案内所や旅行会社（Casa Maya社 TEL314-5738）などで申し込める。

林間を飛び交うモナルカチョウの群れ

世界遺産 World Heritage

 はみだし モナルカチョウの観察地はアンガンゲオ以外にもあり、メキシコ・シティから期間限定でツアーも出ている。メキシコ・シティから約1時間のピエドラ・エラーダPiedra Herradaはアクセスが便利。

中央高原北西部

モレーリア

Estancia ホテル

中級から高級のホテルはソカロの周辺に多く、安宿はカルメン教会周辺にある。エアコンが装備されたホテルは少ないが、涼しい気候のためエアコンなしでも快適に過ごせる。

▶優雅な滞在が楽しめる
ビレイ・デ・メンドーサ
Virrey de Mendoza

ソカロの西隣にある、全55室の高級ホテル。ロビーには絵画や家具が飾られていて荘重な雰囲気。ステンドグラスも美しい。部屋により装飾は異なる。**Wi-Fi** 客室OK・無料

時代がかった調度品に囲まれし過ごしてみたい

MAP P.179/A1 ○○ ○× ○○ ○
住所 Madero Poniente No.310
TEL 312-0045
URL www.hotelvirrey.com
税金 +18% カード AMV
料金 ⑤①M$1613〜 AC○ TV○ TUB○

▶中世の情緒が漂う
ロスフアニーノス
Los Juaninos

カテドラルの東側に建つ17世紀の歴史的建築のホテル。各部屋の大きさや装飾が異なるが、アンティークな調度品や歴史的な写真などが多用され、落ち着きがある。全31室にはミニバーなどを完備している。**Wi-Fi** 客室OK・無料

MAP P.179/A1 ○○ ○× ○○ ○
住所 Morelos Sur No.39 TEL 312-0036
URL www.hoteljuaninos.com.mx
税金 +18% カード ADMV
料金 ⑤①M$1536〜 AC○ TV○ TUB○

▶落ち着いた雰囲気の中級ホテル
ミシオン・カテドラル
Misión Catedral

ソカロの北側に並んだ全60室のホテル。中庭を囲んで造られたコロニアル建築で旅行者に人気が高い。**Wi-Fi** 客室OK・無料

MAP P.179/A1 ○○ ○× ○× ○△
住所 Zaragoza No.37 TEL 313-0406
URL www.hotelesmision.com.mx
税金 +18% カード AMV
料金 ⑤①M$842〜 AC× TV○ TUB×

▶ソカロより徒歩5分の格安ホテル
コロニアル
Colonial

パティオ(中庭)を囲むように26の客室が並ぶ。ホテル内には小さなレストランも併設されている。**Wi-Fi** 客室OK・無料

MAP P.179/A1 ○○ ○× ○× ○△
住所 20 de Noviembre No.15 TEL 312-1897
URL www.novocolonial.com.mx
税金 込み カード MV
料金 ⑤①M$410〜 AC× TV○ TUB×

▶手頃な格安ホテル
オスタル・ラカサ・アスル
Hostal La Casa Azul

全8室、21ベッドの安宿。台所や洗濯機など共同の設備もあって便利だ。ドミトリーはM$170。**Wi-Fi** 公共エリアのみ・無料

MAP P.179/A1 ○× ○× ○× ○○
住所 Aquiles Serdan No.149 TEL 312-4475
税金 込み カード 不可
料金 ⑤①M$400〜 AC× TV× TUB×

INFORMACIÓN

モレーリアのショッピング事情

モレーリアでみやげ物を買うなら、ミチョアカン州の民芸品が第1候補。品質がいいハンドクラフト探しなら、サンフランシスコ教会の中にある民芸館 Casa de las Artesanías (MAP P.179/A2)がおすすめ。州内各地の民芸品が展示されているので、それで目を肥やしてから売店へ。陶器、漆器、銅製品など生産地が明記されていて、ツィンツンツァンのわら細工、オクミチョの陶人形、イチャンの赤陶などでも揃っている。営業は月〜土曜8:30〜20:30、日曜9:00〜16:00。

クラビヘロ宮殿の西側にある市場は、工芸品のほかにお菓子の店も並ぶ甘味市場Mercado de Dolces (MAP P.179/A1)。ミチョアカン州名物のアテ(果物羊羹)やカヘタ(キャラメルソース)など、カラフルな郷土菓子がセットでM$30〜70程度で売られている。営業は毎日10:00〜20:00。

○ レストラン ○ プール ○ 金庫 ○ 朝食 AC エアコン TV テレビ TUB バスタブ

美しい湖が広がり先住民文化が漂う高原の町

パツクアロ
Pátzcuaro

人　　口	約9万人
高　　度	2175m
市外局番	434

必須ポイント！
★民芸博物館と周囲の家並み
★老人の踊りを鑑賞
★ハニッツィオ島

イベント情報
●10月31日～11月2日
　近郊のハニッツィオ島で「死者の日」の行事がある。

ミチョアカン州政府観光局
URL michoacan.travel

パツクアロの先住民市
　毎週金・日曜の8:00～16:00まで、サントゥアリオ広場（**MAP** P.185/B1）で先住民の市（ティアンギス）が立つ。カラフルな民芸品なども並んでいるので、タイミングが合えばのぞいてみよう。

モレーリアからのバスで注意
　モレーリアからパツクアロへは、ウルアパン行きバスで途中下車するケースが一般的。しかしパツクアロの町は幹線道路から離れているためモレーリア～ウルアパン間のバスは、貨物専用の鉄道駅近くの停留所にしか停まらない場合が多い（乗車前にバスターミナルまで行くか運転手に確認しておこう）。パツクアロの鉄道駅前で降りた場合、ボカネグラ広場とパツクアロ湖間を往復しているミニバス（所要約5分、M$7）に乗って町の中心部に行けばいい。

✉ パツクアロのバスターミナル
　モレーリアからパツクアロ行きのバスに乗ったら、幹線道路沿いの鉄道駅跡の近くでほとんどの乗客は降りました。そのあとバスターミナルに行くのかと思って降りなかったら、ウルアパンまで連れて行かれました。モレーリアからパツクアロのバスターミナルへ行くバスは本数が少ないです。
（神奈川県　ラーマ2世　'16）['18]

丘の中腹にある町からパツクアロ湖が望める

　パツクアロ湖の湖畔にあり、ミチョアカン州の美しい自然が楽しめる町。素朴なコロニアル調の町並みには、小さな家や民芸品店が並び、遠く湖の向こうを見渡すと豊かな緑が広がっている。パツクアロの礎を築いたのはスペイン人のバスコ・デ・キロガ神父。先住民蔑視の風潮のあった時代に「メキシコ先住民も優れた人間としての資質がある」と表明し、先住民の人権問題に立ち向かった聖職者。今もメキシコ人の心に強く記憶され、教会や広場などパツクアロのいたるところで、神父の足跡を感じることができる。

　パツクアロ湖周辺には、タラスコ族の村々も散在している。先住民の伝統的な村が残るハニッツィオ島、わら細工を作るツィンツンツァン、銅製品で有名なサンタクララ・デル・コブレ、革工芸のキロガなどがあり、長く滞在しても飽きることがない。

アクセス

バ ス▶メキシコ・シティからの直通バスもあるが、モレーリア経由で行くほうが便利。パツクアロのバスターミナルは市内中心部から約1km南に離れているので、バスターミナルから出て、市内を循環するミニバス（M$7）に乗ってボカネグラ広場へ向かう。タクシーを利用してもM$35程度。

パツクアロから各地へのバス

目 的 地	1日の本数	所要時間	料金
メキシコ・シティ	Autovias 8本、Primera Plus 4本	5～6h	M$573～575
グアダラハラ	La Linea 1本（12:15）	5h	M$416
モレーリア	Purhépechas 毎時3本、Autovias 3本、Primera Plus 3本など	1h	M$48～70
ウルアパン	Primera Plus 3本、Purhépechas 毎時2本（6.05～20.35）	1h	M$65～78

🐴 **はみだし** タラスコ族は現地ではプレペチャ族と呼ばれており、パツクアロのあちこちで彼らの暮らしぶりが散見できる。プレペチャ族の「ラピレクア」と呼ばれる伝統的な音楽は、世界無形文化遺産として登録されている。

歩き方

キロガ神父の像のある**バスコ・デ・キロガ広場**Plaza Vasco de Quirogaが町の中心で、市内の見どころはその東側に集まっている。ホテルやレストランが多いのはキロガ広場から、その北にある**ボカネグラ広場**Plaza Gertrudis Bocanegraにかけて。ボカネグラ広場に面して建つ、古い教会を使った公立図書館には、フアン・オゴルマンの壁画も飾られている。

風光明媚で知られるこの地方では、先住民の伝統文化と豊かな自然を楽しみたい。パツクアロ湖周辺に散らばる先住民の村へはバスを使って訪ねてみるといいだろう。パツクアロとその周辺部は、高度2000mを超える高地なので日中でも肌寒く、夜になるとかなり冷え込む。服装や寝具には、セーターやカーディガンを用意しよう。

町の中心部の建物は白と赤茶色に塗り分けられている。

民芸品村を訪ねてみよう
パツクアロ郊外の工芸村は、すべてバスを使い日帰りで訪れることができる。パツクアロ湖畔にあるツィンツンツァンは、わら細工の籠、陶器、木彫りの人形など、見ているだけで楽しくなる民芸品が豊富。サンタクララ・デル・コブレも銅製品の生産が盛んで、小さな工房がいくつもある。大きな水瓶のような容器から掛け時計、灰皿などの小物まで、いろいろな工芸品がみやげ物屋で売られている。

工芸品を作るタラスコ族

バスコ・デ・キロガ神父
パツクアロの礎を築いたバスコ・デ・キロガ神父(1470年スペイン生まれ)は、メキシコ人の心の中に生き続ける人物。スペイン政府の任命により、メキシコ先住民の現状を調査するために赴任。エルナン・コルテスの先住民に対する強制労働や奴隷化を告発し、メキシコ・シティの郊外に私財を投じて土地を購入し、教会、病院、学校、農場などを設け、地域社会そのものを造り出していった。

1537年にパツクアロ司教に任命されると、この地でもユートピア造りを実践した。パツクアロの歴史的建造物の多くが、キロガ神父との関わりをもつのはそのためだ。さらに神父は、周辺地域の先住民の自立のために、ツルアパンの漆器、パラッチョのギター、テレメンドのなめし革といった各地特産品の育成に貢献している。先住民からタタ・バスコ(タタとはタラスコ語で父を意味する)と呼ばれ敬愛された神父は、1565年ウルアパンにて没した。

パツクアロ Pátzcuaro
エリア地図 ▶P.135/B2

0　200m

パツクアロ湖へ▶

Los Americas
Efren Uricho
Cruz Verde
Niños Pópnos
Industrias

郵便局
ラパロキア
La Parroquia ▶P.187

公立図書館
Biblioteca Pública
Gertrudis Bocanegra

ポサダ・デ・ロスアンヘレス
Posada de los Ángeles ▶P.187

ポサダ・ラ・バシリカ
Posada la Basílica ▶P.187

Liberlad

市場 Mercado
パツクアロ湖・ラ行き乗り場

San Augustin ▶P.187
コンコルディア
Concordia ▶P.187

サントゥアリオ広場
Plaza Santuario

グラングラン
グランGran ▶P.187

B. Juárez

ボカネグラ広場
Plaza Gertrudis Bocanegra

Romas Regules

Bancomer

Buenavista

Ahumada

バシリカ
Basílica ▶P.186

Mansion Iturbe ▶P.187

観光バス発着所▶

Ibarra

民芸博物館
Museo de Artes Populares ▶P.186

Quiroga
Alcantarillas

ラスルティドラ
La Surtidora ▶R ▶P.187

ロスエスクドス
Los Escudos

バスコデ・キロガ広場
Plaza Vasco de Quiroga

ルピータ
Lupita ▶P.187

ラコンパニア寺院
Templo de la Compañia ▶P.186

ラレボルシオン公園
Jardin de la Revolución

Ponce de León

Terán

ミシオン
Mision San Manuel

ポサダ デ
Posada de San Rafael ▶P.186

サンフランシスコ教会
San Francisco

サンフアン・デ・ディオス教会
San Juan de Dios

11の中庭の館 ▶P.186
Casa de los Once Patios

Navarrete

F.Tena

San Gabriel

バスターミナルへ

神父の名を冠したバスコ・デ・キロガ広場には銅像も立つ

はみだし　バスコ・デ・キロガ広場はプラサ・グランデPlaza Grande（大きな広場）、ボカネグラ広場はプラサ・チカPlaza Chica（小さな広場）とパツクアロの地元住民は呼んでいる。

185

中央高原北西部　パツクアロ

バシリカ

MAP P.185/B2

民芸博物館から坂道を左側に上っていくと、行き当たる。
TEL 342-0055
入場 月～土 7:00～20:00
　　　日 　　7:00～21:00

▶ユニークな聖母像が飾られた歴史的な教会　★★

バシリカ
Basílica

1554年に建設された、メキシコで最古の教会施設のひとつ。地元の先住民からの信仰も集める「ビルヘン・デ・ラサル」と呼ばれるトウモロコシの穂で作られた聖母像があることで知られている。教会前の広場には、この地方の特産品を売る露店も並んでいる。

バシリカ周辺には民芸品を扱う店も多い

▶カラフルな伝統工芸品のコレクションが多彩　★★

民芸博物館
Museo de Artes Populares

民芸博物館

MAP P.185/B2

バスコ・デ・キロガ広場の東の角からアルカンタリジャスAlcantarillas通りという名の坂道を上って1ブロック。
TEL 342-1029
入場 火～日9:00～18:00
料金 M$50

パツクアロ周辺の先住民の作った陶器、食器、装飾品が展示されており、祭礼で使われる仮面や衣装、植民地時代に描かれた宗教絵画なども必見。博物館の建物は16世紀に建てられたサンニコラス大学の校舎を改造したもの。

中世の風情が感じられる民芸博物館のパティオ

その校舎の礎石には、先住民が造った神殿の一部を壊して使用していたため、現在も博物館裏の礎石には浮き彫りが見られる。このかつての神殿の上には、トロヘTrojeと呼ばれる先住民の民家などが再現されている。

ラコンパニア寺院

MAP P.185/B2

TEL 342-1979
入場 毎日10:00～13:00、
　　　16:00～18:00

▶16世紀に建造されたキロガ神父ゆかりの寺院　★★

ラコンパニア寺院
Templo de la Compañía

バスコ・デ・キロガ神父によって建てられたミチョアカン州最初のカテドラル。1540年から建設が始められ、1546年に完成した。17世紀中期に再建されたため、オリジナルな形は失われている。

ラコンパニア寺院では結婚式の場面に遭遇することもある

11の中庭の館

MAP P.185/B2

バスコ・デ・キロガ広場の東側から1ブロック南下し、小さな路地を左へ曲がった所。
入場 毎日10:00～20:00
料金 無料

▶伝統芸能も見学できる迷路のような修道院跡　★★

11の中庭の館
Casa de los Once Patios

1742年に建造されたドミニコ会の修道院だった建物。当初、11あった中庭は、建物の増改築によって現在は5つになっているが、その建て増しによって館内は迷路のように入り組んでいる。館内には、この地方の民芸品ギャラリーもある。不定期だが週末や観光シーズンには、中庭で子供による「老人の踊り」の舞踊上演も見られる。

「老人の踊り」の上演

パツクアロでは、老人の踊りDanza de los Viejitosという舞踊が伝わる。老人の仮面をつけて腰を曲げつつ、演奏に合わせて激しいステップを踏む。老人が若ぶって踊るものの、曲の最後には疲れて倒れ込んでしまうというコミカルなものだ。不定期だが、11の中庭の館や、中心部の広場などで週末に上演している。

「老人の踊り」は観光客が多いときに行われている

はみだし　パツクアロ湖は昔ながらの網で取る白魚Pescado Blancoで有名。フライにしてレモンと唐辛子をかけて食べる。ただし、食あたりする観光客もいるので安食堂の利用は避けること。

Comida レストラン

▶広場に面した人気カフェ

🍴ラスルティドラ
La Surtidora

17世紀の歴史的な建物を利用しており、テラス席と奥のレストラン席が用意されている。魚料理はサーモン（M$162）がおすすめ。コーヒーはM$12〜、ビールはM$20。

[MAP] P.185/B1 住所 Plaza Grande, Portal de Hidalgo No.71 TEL 342-2835 営業 毎日7:30〜22:00
税金 込み カード 不可 [Wi-Fi] 無料

▶外国人観光客に人気の店

🍴ルピータ
Lupita

メキシコ料理はもちろんハンバーガーやスパゲティなども食べられるメニューが豊富なレストラン。料理はM$100前後。ワインの種類もたくさんあり、外国人観光客でにぎわっている。

[MAP] P.185/B2 住所 Buena Vista No.7
TEL 345-0659 営業 毎日7:00〜21:00（金・土〜22:00） 税金 込み カード [V] [Wi-Fi] 無料

Estancia ホテル

ボカネグラ広場とバスコ・デ・キロガ広場に面してホテルが多い。ほとんどが歴史あるコロニアル建築だが、暖房設備が整っていないホテルもあるので、冬季には予備の毛布をリクエストしたほうがいい。料金はシーズンによりかなり上下し、年間をとおして週末にはアップする。

▶落ち着いたセンスのいい４つ星ホテル

ラパロキア
La Parroquia

ボカネグラ広場に面したおすすめホテル。中庭を囲んで客室が並び、インテリアにも趣がある。全60室。[Wi-Fi] 客室OK・無料

国内外の旅行者に人気

[MAP] P.185/A2 🍴○ 🏊× 🔒○ ☕有料
住所 Plaza Bocanegra No.24
TEL 342-2516
税金 +18% カード [M][V]
料金 ⓈⒹM$800〜 [AC]○ [TV]○ [TUB]△

▶アットホームな雰囲気が評判

ポサダ・ラ・バシリカ
Posada la Basílica

名前のとおりバシリカの斜め前にある、全12室のこぢんまりと落ち着いたホテル。従業員もフレンドリーだ。[Wi-Fi] 客室OK・無料

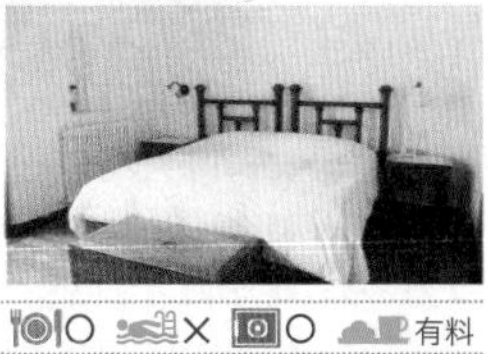

ゆったりした寝室でくつろげる

[MAP] P.185/A2 🍴○ 🏊× 🔒○ ☕有料
住所 Arciga No.6
TEL 342-1108
URL www.posadalabasilica.com.mx
税金 +18% カード [A][M][V]
料金 ⓈⒹM$1187〜 [AC]○ [TV]○ [TUB]×

▶ボカネグラ広場に面したホテル

グラン
Gran

歴史的な建物内にある全25室のホテル。部屋はコンパクトだが、ミネラルウオーターやドライヤーなど備品が充実。[Wi-Fi] 客室OK・無料

[MAP] P.185/B2 🍴○ 🏊× 🔒○ ☕△
住所 Plaza Bocanegra No. 6 TEL 342-3090
税金 込み カード [M][V]
料金 ⓈM$700〜、ⒹM$1000〜 [AC]× [TV]○ [TUB]×

▶バックパッカーに人気の安宿

コンコルディア
Concordia

ボカネグラ広場の西にある全35室の経済的ホテル。料金のわりに清潔で、スタッフの対応もいい。[Wi-Fi] 公共エリアのみ・無料

[MAP] P.185/B1 🍴○ 🏊× 🔒× ☕有料
住所 Portal Juárez No.31 TEL 342-0003
税金 込み カード 不可
料金 ⓈM$550〜、ⒹM$750〜 [AC]× [TV]○ [TUB]×

▶緑あふれる小さなホテル

ポサダ・デ・ロスアンヘレス
Posada de los Ángeles

公立図書館横の路地を入った所にある全11室のホテル。表通りに面していないので静かで、こぢんまりとしている。[Wi-Fi] 客室OK・無料

[MAP] P.185/A2 🍴× 🏊× 🔒× ☕×
住所 Títere No.17 TEL 342-2440
税金 込み カード 不可
料金 ⓈⒹM$380〜 [AC]× [TV]○ [TUB]×

🍴レストラン 🏊プール 🔒金庫 ☕朝食 [AC]エアコン [TV]テレビ [TUB]バスタブ

▶伝統漁を行うタラスコ族の島 ★★

ハニッツィオ島
Isla de Janitzio

ハニッツィオ島へのアクセス
MAP P.135/B2
パツクアロのバス停(MAP P.185/A2)からラゴLago行きのミニバスに乗って約10分(M$7)、ハニッツィオ島行きの船が出る桟橋に到着する。船は桟橋から毎日7:00~18:00まで20~30分間隔で運航(所要約30分、往復M$60)。3つの桟橋があるが、General桟橋が一番大きく、船の発着本数も多い。

パツクアロ湖で村がある島は、ウランデネス島Urandenes、テクエナ島Tecuéna、ユヌエン島Yunuén、ペカンダ島Pecanda、ハラクアロ島Jaracuaroなど。いずれもパツクアロの船着場から船が出ている。

死者の日の宿泊
11月の「死者の日」前後は、パツクアロのホテルは満室状態になり、予約するのも難しい。この時期にハニッツィオ島を訪問する際はモレーリアに宿を取り、日帰りするという手段がいいだろう。ツアーを出しているモレーリアの旅行会社もある。

パツクアロから4kmほど北にあるパツクアロ湖には、先住民のタラスコ族が住む島々が浮かんでいる。ハニッツィオ島もそのなかのひとつで、船の便がいいので観光客もよく訪れている。島の住民は昔からマリポサ(蝶)と

島の頂上にはモレーロスの像が立つ

呼ばれる独特の形をした網を操って、白魚Pescado Blancoをすくい取っている。白魚は島のレストランの名物料理になっている。

島中央部の高台には、独立運動の英雄モレーロスの巨大な像が立ち、頂上からの湖の眺めはすばらしい。巨大像の内部は、らせん階段になっており、独立史をテーマにした壁画も描かれている。

この島を有名にしているのは、10月31日~11月2日の「死者の日Día de Muertos」の行事。女性たちが墓地に詣で、墓に食べ物などを供えて祈り、夜を明かす。墓地には無数のろうそくがともり、独特な雰囲気が醸し出されている。2009年に世界無形文化遺産に登録されている。

死者の日には墓地が花とろうそくで彩られる

▶かつてタラスコ王国の中心地として栄えた湖畔の村 ★★

ツィンツンツァン
Tzintzuntzan

ツィンツンツァンへのアクセス
MAP P.135/B2
パツクアロのバスターミナルからバス(所要約30分、M$10)が頻繁に出ている。

ツィンツンツァン遺跡
入場 毎日10:00~18:00
料金 M$60

パツクアロから11kmほど北、パツクアロ湖の湖畔にある村。村中に民芸品店があり、凝ったデザインのわら細工や陶器が並んでいる。この村は1521年のスペインによる征服が始まるまでは、タラスコ王国の中心

木彫りの工房が並んでいるツィンツンツァン

だった。村の外れの丘の上には**ラスヤカタスLas Yacatas**と呼ばれる方形と円形を組み合わせたピラミッドが残っている。この遺跡は少し小高い所にあるので、パツクアロ湖と村全体を見渡すことができる。

遺跡へは村から歩いて15分ほど

カリブ海とユカタン半島
Caribbean Sea & Yucatan Peninsula

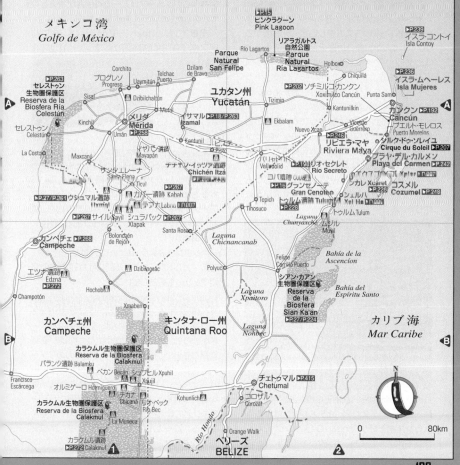

カリブ海とユカタン半島

美しい海でアクティビティを満喫しよう！

ハイライト

カンクンをはじめとするメキシカン・カリブは、世界トップクラスの美しいビーチが広がるリゾートエリア。純白の砂浜と青く透明な海では、ダイビングやフィッシングなど各種マリンスポーツを満喫したい。エンターテインメントやシーフードレストランも充実し、治安もいいので、ひたすらのんびり過ごすといい。

またユカタン半島は数多くのマヤ遺跡が密林の中に眠っている。特にチチェン・イッツァ（→P.230）は、世界遺産にも登録されているメキシコの代表的な遺跡だ。カンクンからもツアーで簡単に行ける。メリダの南には、ウシュマル（→P.264）などプウク様式のマヤ遺跡が点在している。

カンクンからの現地発ツアーも多いチチェン・イッツァ遺跡

旅のヒント

カンクンは世界的なホテルが並ぶ、メキシコ随一のリゾートエリア。ホテルゾーンは優雅なバカンス向けだが、セントロ（ダウンタウン）には格安ホテルもある。カンクンの東沖に浮かぶ

イスラ・ムヘーレスは、ホテルもレストランも長期旅行者向き。ビーチも美しく、アクティビティの施設も充実しているため、のんびりと旅するバックパッカーに人気だ。コスメルは世界的なダイビングスポットで、レストランや各クラスのホテルが充実している。コスメルへのフェリーが発着する静かなプラヤ・デル・カルメンも、ヨーロッパからの旅行者が多い。

5月から10月はオフシーズンのため、高級ホテルが最大でハイシーズンの40％程度割安に泊まれる。ただし、年末年始、3〜4月頃のセマナサンタ、7・8月の夏休み期間はメキシコ国内からのグループツアーの利用者が増えるので、あらかじめホテル予約を入れて行こう。

配車アプリのUber（→P.418）はメリダで利用可能（2018年6月現在カンクンでは利用できない）。

世界的チェーンのホテルが並ぶカンクンのホテルゾーン

アクセス

カンクンやメリダなどに国際空港がある。日本からの直行便こそないが、メキシコ国内やアメリカや中米の主要都市からのアクセスは便利。また、バスもメキシコ各地との間に豊富な便がある。

カンクン〜イスラ・ムヘーレス間と、プラヤ・デル・カルメン〜コスメル間には毎時数本の定期フェリーも運航している。

物価とショッピング

カンクンのホテルゾーンは、世界的なリゾート地なので、メキシコのなかで最も物価が高い場所のひとつ。それでも日本やアメリカのリゾート地に比べると割安。まずはセントロのスーパーマーケットに足を運んで、現地の物価感覚を身につけるといいだろう。カリブ海のリゾートエリアには大型ショッピングセンターが並んでいる。ローカルなグッズを探すなら、民芸品市場を訪ねてみよう。

カリブ海とユカタン半島の
見どころベスト
3

1 カンクンのホテルゾーンのビーチ （→ P.194）

2 チチェン・イッツァ遺跡 （→ P.230）

3 城塞都市カンペチェ （→ P.268）

カラフルなメキシコ雑貨が見つかる！

マヤ先住民の営みは基本的に植民地化以前とさして変わらず、女性たちの多くは伝統衣装を着て暮らしている。急激に変わりつつある場所と、変わらない部分の混在もユカタンの魅力だろう。

ユカタンの伝統
衣装をまとった
女性を各地で
見かける

安全情報

メキシコのカリブ海沿いのリゾートは、治安のいいことでも有名。とはいっても、ひと気のない場所を深夜に歩くのは避けよう。観光化が進んだため、旅行者をターゲットにした詐欺師もまれに出没するので注意すること。

ナイトクラブの帰りは
タクシーを利用しよう

文化と歴史

チチェン・イッツァやウシュマル遺跡に代表される古代マヤ文明が、ユカタン半島の文化的なハイライト。紀元前からマヤ人の営みが始まったユカタンに、巨大建築が集中的に建造されてゆくのは7世紀以降。この地にスペイン征服軍が到達した16世紀初頭にはすでにマヤ文明の盛期は去っており、壮大で華麗な都市は熱帯雨林にのみ込まれて荒廃していた。

マヤ人に代わって巨大建造物を建て始めたのは、スペイン征服者。マヤ神殿を破壊し、その石材で教会を建造した。メリダやカンペチェには、その植民地時代の建造物が残っている。

年間気候とベストシーズン

カリブ海沿いのリゾートエリアは、1年のうち約3分の2が晴天。年間平均気温も27〜28℃なので、「南国でのバケーション」を楽しむのは1年中OKだ。2月から4月はとても乾燥し、5月から11月は雨季のためスコールが多くなる。暑過ぎない12月から3月頃が気候的にはベストシーズンだが、外国からの観光客が多くホテルの料金もピークとなる。

ユカタン半島での服装は、日本の夏を想定したものがピッタリ。11月から1月頃の朝夕など、涼しく感じるときでも薄手のサマーセーターやジャケットで十分だ。高級レストランやナイトクラブでは、ショートパンツやサンダル履きなど、ラフな格好だと入場を断られることがある。男性は長ズボンと襟付きシャツ、女性はワンピースなどを用意しよう。

神秘的なセノーテでのスノーケリングも人気

カンクンの年間気候表

月 別	1月	2月	3月	4月	5月	6月	7月	8月	9月	10月	11月	12月	年間平均
最高気温	27.8	28.4	29.5	30.7	31.8	32.4	32.8	32.9	32.4	31.0	29.4	28.3	30.6℃
最低気温	22.4	22.4	23.3	24.5	25.2	25.7	25.9	26.8	25.4	24.8	24.0	22.8	24.4℃
平均気温	25.1	25.4	26.4	27.6	28.5	29.0	29.3	29.8	28.9	27.9	26.7	25.5	27.5℃
降雨量	20.3	33.0	25.4	25.4	63.5	88.9	63.5	71.1	114.3	177.3	177.3	33.0	74.4mm

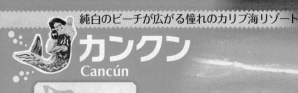

純白のビーチが広がる憧れのカリブ海リゾート

カンクン
Cancún

人　口	約66万人
高　度	0m
市外局番	998

必須ポイント!
★ホテルゾーンのビーチでのんびり過ごす
★ダイビング、またはスノーケリング
★ショッピングセンターで民芸品探し

イベント情報
●2・3月
　例年カーニバルが行われ、パレードや花火などアトラクションが催される。
●9月16日
　メキシコの独立記念日Día de la Independenciaでお祭りのように盛り上がる。前夜の23時頃からセレモニーが始まり、花火も上がり人々は夜どおしパーティのように過ごす。

カンクン政府観光局
URL cancun.travel

空港からのタクシー
　カンクン国際空港Cancún (CUN) は中心部から15～20km南西。ホテルゾーンへは空港出口にあるタクシーカウンターでチケットを購入する。料金はコレクティーボ(乗合タクシー)がひとりM$170、タクシーはM$670。いずれもカード払いで20%割引。
　逆に空港へのタクシーはホテルゾーンから所要15～30分 (M$350～450)。セントロから約20分(M$350程度)。

空港～セントロ間のバス
　空港ビル到着出口付近とセントロのバスターミナル間をADO社のバスが運行(空港発8:15～翌0:40、セントロ発4:30～19:00で各方面とも毎時1～2本、所要約30分、M$78)。

カンクン周辺へのフライト
　マヤエア(7M)はコスメルへ毎日5～6便、メリダとビジャエルモッサ、ベラクルスへ毎日1便運航している。
TEL 881-9413(空港内)
URL www.mayair.com.mx

ホワイトサンドの美しいビーチに沿ってリゾートホテルが並んでいる

　ユカタン半島の突端、カリブ海とラグーンに挟まれた20kmほどの細長い州がリゾートとして開発されたカンクン。澄みきったコバルトブルーのカリブ海は、あたかも太陽のかけらがこぼれ落ちたようにキラキラと反射し、小さな小さな砂となったサンゴは素足に優しい白浜となって海へと誘ってくれる。ヤシの木が風をうけ、深いグリーンの葉を揺らしながらさわやかに潮の匂いを漂わせる、パラダイス。きっと誰もがそう感じるに違いない。

　純白のビーチには大型のリゾートホテルが建ち並び、ショッピングもグルメも満喫できる。アクティビティの施設も充実し、ダイビングをはじめさまざまなマリンスポーツにも最適。周囲にはチチェン・イッツァなど、マヤ文明の古代遺跡が点在している。さらに陽気なナイトライフや新鮮なシーフードなど、カンクンは世界有数のリゾートと呼ばれるにふさわしい魅力をもっている。

アクセス

飛行機▶アエロメヒコ航空(AM)、ボラリス航空(Y4)、インテルジェット航空(4O)などがメキシコ・シティから毎日多数運航。プエブラやグアダラハラからはボラリス航空(Y4)が毎日運航している。モンテレイからはビバ・アエロブス航空(VB)も運航。

　国際線はヒューストンからユナイテッド航空などが毎日8～10便運航している。ニューヨーク、ダラス、ロスアンゼルス、アトランタ、シカゴなどアメリカ各地、キューバのハバナから各社が乗り入れている。

カンクンから各地への飛行機

目 的 地	1日の便数	所要時間	料　金
メキシコ・シティ	AM、4O、Y4、VB、GMT 計50～52便	2～2.5h	M$995～3589
コスメル	7M 毎日4～6便	30分	M$719～997
メリダ	7M 毎日1～2便	1h	M$2864～3818
モンテレイ	VB、4O、Y4、AM 計15～16便	2.5h	M$1026～3942

安全情報 全般的に治安はよく、ホテルゾーンは警備も行き届いていて安心して過ごせる。セントロは昼間は問題ないが、深夜に繁華街から外れた場所を歩くのはあまりおすすめできない。

バス▶メキシコの主要都市間はバスの便もいい。シカレ、トゥルム、チチェン・イッツァなど近郊への日帰り探訪には観光バスも便利。

セントロにある
バスターミナル

バスターミナルから市内へ
　バスターミナルはセントロと呼ばれるダウンタウンにあり、周囲のホテルへは歩いても行ける。ホテルゾーンに泊まる場合には、タクシーを利用しよう。

チチェン・イッツァへのバス
　遺跡のメインゲートまでADO社の1等バスが運行（8:45発、所要約3時間、M$316）。帰路は遺跡から16:30発。
　Oriente社の2等バスは5:00～13:00頃まで毎時運行（所要約4.5時間、M$158）。遺跡から2kmほど西にあるピステPisteの町へは、深夜よし運行したい

目 的 地	1日の本数	所要時間	料 金
メキシコ・シティ	ADO、ADO GL計5本（10:00～18:00）	24～26h	M$2160～2452
プラヤ・デル・カルメン	ADO、Mayabなど毎時数本（4:00～翌0:30）	1～1.5h	M$54～74
シカレ	ADO、Mayabなど毎時1～2本	1.5～2h	M$81～148
トゥルム	ADO、OCC、Mayabなど毎時1～6本（4:00～翌0:30）	2～3h	M$148～218
チチェン・イッツァ	ADO 1本（8:45）、Oriente毎時1本（5:00～13:00）	3～4.5h	M$158～316
メリダ	ADO、Orienteなど毎時1～3本（5:15～翌1:00）	4～7h	M$357～698
チェトゥマル	ADO、Mayabなど毎時1～3本（5:00～翌0:30）	4～7h	M$366～546
カンペチェ	ADO、Orienteなど計12本（7:45～23:55）	7h	M$682～826
ビジャエルモッサ	ADO、SURなど毎時1～3本（7:45～21:15）	12～15h	M$656～1280
ベラクルス	ADO、ADO GLなど計5本（14:00～22:05）	18.5～22h	M$1722～2078
パレンケ	ADO、OCC、Cardesaなど計5本（15:45～20:30）	12.5～15h	M$1060～1398

カンクンから各地へのバス

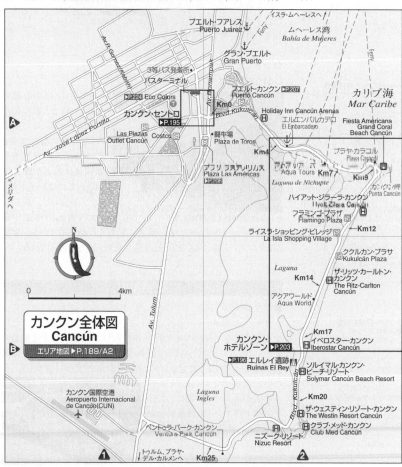

はみだし 2017年末からカンクン空港ターミナル4の運用がスタート。アエロメヒコ航空やインテルジェットなどはターミナル4へ移動している（ハバナ路線などターミナル2から発着する便もあるので注意）。

歩き方

カンクンは、高級ホテルが点在する**ホテルゾーン**Zona Hotelera と観光施設などで働く人々の住む**セントロ**Centro（アメリカ人旅行者が多いため「ダウンタウン」とも称される）のふたつに大きく分けられる。

ホテルゾーン（ソナ・オテレラ）　Zona Hotelera

カリブ海とラグーンに囲まれた約20kmにも及ぶ細長い州を指す。ククルカン大通りBlvd. Kukulcánに沿って、高級ホテル、レストラン、マリーナ、旅行会社などが点在している。特に州の北端にあるカンクン岬周辺は、ホテルゾーンでも最もにぎやかなエリアだ。ナイトスポットも多く、深夜まで出歩く旅行者が目につく。

白砂のビーチが広がるホテルゾーン

セントロ（ダウンタウン）
Centro (Downtown)

トゥルム通りには民芸品市場がある

セントロとは中心部の意味。カンクンの町の中心部は、ホテルゾーンのゴージャスな雰囲気とうってかわって庶民的な雰囲気。おもに観光客が訪れるのはトゥルム通りAv. Tulumで、周辺にはバスターミナル、中級ホテル、スーパーマーケット、商店、銀行などが並んでいる。物価もホテルゾーンほど高くなく、日用品や食料品を安く購入できる。

交通案内

●タクシー

タクシーにはメーターが付いていないので、事前にドライバーと料金交渉をする。セントロでタクシーをひろうと、交渉次第では普通のメキシコの町のタクシー料金と同程度。一方、ホテルゾーンでは区間料金がとても高く設定されていて、ほとんど交渉にはのってくれない。高級ホテル内に区間料金の表があるので参考にしよう。セントロのタクシーの最低料金と比べると、数倍割高となる。

タクシーも気軽に利用できる

観光案内所
MAP P.195/B2
住所 Av. Nader y Coba S/N, Centro
TEL 887-3379
営業 月～金9:00～16:00

観光バス Turibus
ホテルゾーン（エルレイ遺跡）とセントロ（ベインテオーチョ市場）の区間を、2階建て観光バスのTuribusが運行。チケットは乗り降り自由の1日券（US$13）のみで、毎日8:00～19:00に毎時1本ほど。

開放的なオープンルーフ

キャッシングと外貨両替
メキシコ通貨ペソの入手は、現金両替よりもクレジットカードによるキャッシングのほうが得。手数料や返済金利を含めても、米ドルからの現金両替よりも5％ほど有利になる場合が多い（ATM利用の手数料と税金はBancomerが最安）。1日に引き出せる額はM$5000～15000など、銀行によって異なる。
日本国内でもメキシコ国内でも、日本円からペソへの直接両替は20％ほど目減りする。この場合には日本国内で米ドルに両替しておいてから、メキシコでペソに両替したほうがいい。ただし、米ドルの両替には、原則1日US$300、1ヵ月US$1500の両替制限があり、パスポートと滞在許可証（入国カードなど）の提示が必要。

タクシー運賃の目安
●ホテルゾーン内
M$110～300が目安。
●セントロ内
セントロ内はM$40程度で移動できる。夜間、店の前などで待っているシティオ（無線タクシー）はM$55程度。
●セントロからホテルゾーンへ
エルエンバルカデロへM$140、カンクン岬へM$200、アクアワールドへM$240。ホテルゾーンからセントロへ流しのタクシーは割高。

投稿 配車アプリのUberはカンクンでは利用できません。2018年6月の滞在時にアプリを開こうとするとサービス運用外と表示されていました（以前は使えたようです）。（神奈川県　旅する映画監督　'18）

●市内バス

カンクン市内を走るバス

ホテルゾーン南端にある🏨ザ・ウェスティン・リゾート前とセントロの各目的地間を市内バスが頻繁に往復している（エルレイ遺跡より南は運行数が少ない）。バスはR-1、Zona Hotelera、Hotel Zoneなどと表示がある。セントロ内の目的地によって「R〜」の〜の数字が変わる（RはRutaの略）。旅行者もよく利用するのはセントロのトゥルム通りを運行するR-1。R-2はコバ通りを直進する。

●レンタカー

カンクンを起点にして、カリブ海沿いの見どころをレンタカーで回るのも便利。ただし、日本で発行された国際運転免許証では原則メキシコでは運転できず（→P.401）、日本の保険会社の海外自動車保険も適用外。利用する場合はレンタカー会社で内容確認を。

市内バスの料金

Ruta 1の市内バスは、日中は3〜5分間隔、深夜は20〜30分間隔で24時間運行。料金はM$12均一。乗り降りできるバス停は数百m間隔である。

そのほかの市内バスは6:00〜24:00頃まで20分間隔で運行。運賃はM$9.5均一。

レンタカーの料金

空港やホテル内のカウンター、市内の旅行会社で申し込めるほか、ネットからも日本語で申し込める。

料金はUS$45万までの対人・対物の保険料や車両損害補償などを含めて24時間でエアコン付き小型車US$47〜、普通車US$51〜（付帯保険の内容や時期で異なる）。空港や25歳未満の貸し出しは割増料金となる。

カンクン・セントロ
Cancún Centro

エリア地図▶P.193/A1

はみだし 市内バスはバス停以外に停まってくれる場合もあるが、客の少ないバス停では手を挙げてもスルーされたりする。おつりをごまかされたり、米ドル払いでのおつりはチップと見なされるので注意。

おもな見どころ

▶リゾートエリアにあるマヤ文明の忘れ形見　　　　　　　★

エルレイ遺跡
Ruinas El Rey

マヤ時代に創建された小さな遺跡。古代にユカタン半島では、各集落の中心に石造りの建物が造られた。チチェン・イッツァなどの有名で大規模な遺跡以外にも、各地に小さな無名の遺跡が無数にある。

気軽に見学できる
マヤ時代の遺跡

▶マヤ遺跡を訪れる前に立ち寄りたい　　　　　　★★

カンクン・マヤ博物館
Museo Maya de Cancún

マヤ文明を中心としたユカタン半島の歴史を、350点ほどの出土品やパネル展示で紹介している。博物館の奥にはサン・ミゲリート遺跡が広がり、いまだ発掘が続くピラミッドを見ることもできる。

出土品の解説を
モニターにも表示

▶2018年3月オープンのランドマーク　　　　　★★

カンクン観覧車
La Gran Rueda Cancún

Ⓢライスラ・ショッピング・ビレッジ前に登場した高さ60mの観覧車。エアコン完備のゴンドラで上ると、広大なラグーンやカリブ海が望める。回転するスピードが速く、1回の乗車で4回転の遊覧を20分ほどで楽しむ。VIPゴンドラは景色が見やすくシートも革張りとなっている。

夜は色鮮やかにライトアップされる

エルレイ遺跡
MAP P.193/B2
TEL 837-2411（市内のINAHオフィス）
入場 毎日8:00～17:00
料金 M$55（ビデオの撮影はM$45）
英語ガイドは45～60分M$200

カンクン・マヤ博物館
MAP P.203/C1
TEL 885-3842
入場 火～日9:00～18:00
料金 M$70（ビデオの撮影はM$45）

カンクン観覧車
MAP P.203/B2
TEL 313-7330
URL www.granrueda.com
営業 毎日14:00～23:00
料金 1名M$275、5人まで乗車可能なVIPゴンドラM$1818

COLUMNA

人気のフォトジェニックスポット

ホテルゾーンの南側にあるプラヤ・デルフィネス（MAP P.203/C1）は、白砂と青い海が広がるパブリックビーチ。カリブ海が見渡せる展望デッキとカラフルなCANCUNの文字看板（通称カンクン・サイン）が設置されている。この文字看板の前での記念撮影が大人気で、順番待ちで30分以上もかかることもあるほど。撮影はカリブ海の色がバックに映える、晴れた日の午後がおすすめだ。

ビーチには無料のシャワー施設やトイレ（要チップ）も設置されており、週末は地元のファミリー層でにぎわっている。

カンクンで一番人気のインスタ映えスポット

🐴 はみだし カンクンのセントロにあるパラパス公園Parque de Las Palapas（→P.213）は、食堂や露店が多く下町の雰囲気いっぱい。週末の夜にはステージでライブパフォーマンスもある。

カンクンの現地発ツアー

カンクン発着のツアーは種類が豊富。プログラムは各旅行会社で扱っているが、料金は食事の有無やその内容、催行人数などで異なる。催行の曜日やスケジュールなども微妙に異なるので直接問い合わせてみよう。現地旅行会社の格安ツアーには、遺跡や観光施設への入場料や食事代、チップなどは含まれていないことも多い。

ここで紹介するツアーの時間や料金は一般的なプログラム例。詳細はそれぞれ異なる。複数申し込みや12歳以下の子供が参加する場合には、割引があるツアーもある。

●グランセノーテ & チチェン・イッツァ
時間 7:00 ～ 18:30　料金 US$150 ～ 200（日本語ツアー）

人気のグランセノーテでスノーケリングを楽しんだ後、ホテルでランチタイム。2～3時間ほどかけてチチェン・イッツァ遺跡を観光する。ナナエン・イッツァのみ訪問するツアーもある。

●ピンクラグーン & リアラガルトス自然公園
時間 7:30 ～ 18:00　料金 US$180 ～ 210（日本語ツアー）

絶景スポットとして話題のピンクラグーンを訪問し、ボートに乗り換えてフラミンゴ見学 & 天然泥パックを体験する。ランチはリオラガルトスの町のレストランで眺望とともに楽しむ。

ピンクラグーンの色は気象条件により変わる

●トゥルム & シェルハ Tulum & Xel-Ha
時間 7:30 ～ 19:30　料金 US$130 ～ 159（日本語ツアー US$190 ～ 250）

海沿いにあるマヤ遺跡トゥルムと、岩場のラグーンを訪ねる1日ツアー。シェルハはファミリー向きの海洋公園。ラグーンでのスノーケリングで多くの魚に出合える。

●コスメル Cozumel
時間 7:00 ～ 18:00　料金 スノーケリングツアー US$120 ～ 190（日本語ツアー）、体験ダイビングツアー US$165 ～ 240（日本語ツアー）

コスメルへ船で渡り、チャンカナブ国立公園で1日過ごすツアー。ダイビングの聖地として有名なコスメルの海は、世界有数の透明度の高さだ。

日本語ガイドも頼める旅行会社

各社とも日本人スタッフがほぼ常駐し、現地発ツアーの手配などを扱っている。

●メキシコトラベルファクトリー　MAP P.195/B2
住所 Av. Coba No.5, Plaza América A-46,SM4
TEL 898-1303　URL www.mexicotf.com
営業 月～土 9:00 ～ 18:00（土～12:00）

カンクンとメキシコ・シティに拠点をおく旅行会社。現地在住の日本人スタッフがツアーやホテルを手配・アレンジし、最新の生きた情報を提供している。Hグランド・フィエスタ・アメリカーナ・コーラルビーチの外の売店脇で毎日 17:00 ～ 19:00 にツアーデスクを出しており、ツアー販売や相談にも対応している。

●カリビアン・リゾート・サービス・ジャパン　MAP P.195/B2
住所 Av. Donampak M.7, RO Clero, L.40 DAT, SM4
TEL 884-8948　URL crsjapan.com
営業 月 土 9:00 ～ 17:00（土 13:00）

● H.I.S. カンクン　MAP P.195/B2
住所 Av. Coba No.5, Plaza América A-60
TEL 887-9928　URL activities.his-j.com/CityTop/CUN.htm　営業 月～土 9:00～18:00（土～13:00）

●ウオータースポーツ・カンクン　MAP P.195/A1
TEL 267-9778 ／ 044-998-116-6342（日本語携帯）　URL www.watersportscancun.com

●マヤンスカイ
住所 Sisbic No.16 MZ 23 LT 17 SM59
TEL 253-6517 ／ 044 998-135-9479（日本語携帯）　URL mayanskycancun.com

●ルート・ツアーズ
住所 Mza.4 Lote y Hacienda Maria Bonita, S.M.21
TEL 883-9571 ／ 044-998-577-3300（日本語携帯）
URL www.rutotours.com

キューバへのツアー
「カリブ海の真珠」と呼ばれるキューバは、カンクンから距離的に近く、人気の観光ルートのひとつ。ツーリストカードの手配も可能なので、メキシコ旅行のエクスカーションとして訪ねるのもいい。

日系旅行会社では上記の H.I.S. カンクンが、航空券やホテル手配をしており、カンクン発キューバの往復航空券は US$300 ～。ツーリストカード代（US$40、期限 30 日、現地で1ヵ月延長可）が別途必要。

アフリカ伝来の舞踊が見られる

アクティビティの会社

●アクアワールド Aqua World
MAP P.203/C1
住所 Blvd. Kukulcán Km15.2
TEL 689-1013
URL aquaworld.com.mx
営業 毎日7:00〜20:00
ククルカン通り沿いにオフィスがあるほか、大型ショッピングモールやホテルゾーンの高級ホテルにもカウンターがある。カンクンのほぼすべての旅行会社で扱っている。

ダイビング

料金 1タンクUS$62〜、2タンクUS$77〜、体験ダイビングUS$95〜。PADIのCカード取得コースUS$442〜。
●Scuba Cancún
MAP P.203/A1
住所 Blvd. Kukulcán Km 5
TEL 849-7508 / 849-4736
営業 毎日7:00〜20:00
URL scubacancun.com.mx

日本人インストラクターが経営するダイブショップ

クイーンエンジェルは移民局と観光局から認可された、日本人インストラクターたちによるダイビング&スノーケリングサービス。ダイビングボートは**H**ハイアット・ジーバ・カンクン（MAP P.205/A2）のダイブショップSolo Buceoから出る。プライベートツアーのアレンジも可能。
●Queen Angel
TEL 848-3772
URL www.queenangel.com

スノーケリング

料金 器材のレンタルは各ホテルなどで1日US$6〜20。ツアーは2時間〜でUS$50程度。

アクティビティ

　カンクンは世界的な観光地であり、短期間では遊びきれないほどさまざまな設備がある。クルーズなど海に出るものは、主催している会社によってマリーナが異なっている。また、ツアーでも主催している会社によって待ち合わせ場所が異なる。予約時によく確認しておこう。

マリンスポーツ

ダイビング　　　　Diving

　透明度が高く固有魚種が多いカリブ海は、世界中のダイバーの憧れの地。特にカンクンはカリブ海リゾートとしてはかなり優秀な設備を備えているので、安心して潜れる。季節やダイビングポイントによって見られる生き物が異なるので、ショップで自分の希望やスキルなどを伝えて、インストラクターに相談してみるとよい。

ウミガメなどの大物に出合えることも
Photo by Queen Angel

ボートでポイントまで行ってエントリーする

スノーケリング　　　　Snorkeling

　ホテルゾーンのビーチ周辺にも珊瑚礁があり、カラフルな魚も見ることができる。また、アクアワールド（→欄外）では、大型のクルーズ船で珊瑚礁のポイントPunta Nizucまで行き、スノーケリングを楽しむツアーも催行している（毎日9:00から計5回出航）。

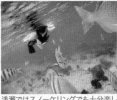
浅瀬ではスノーケリングでも十分楽しめる

はみだし カンクン周辺には沈船のダイブスポットも多い。「Barco C-55」や「Barco C-58」などの沈船は、船室に入ることもできて、冒険心をかきたてられる。ポイントへはボートで15〜20分。

カリブ海の熱帯魚 INDEX

クイーンエンゼルフィッシュ　Queen Angelfish

色鮮やかなカリブ海の女王

スポテッドドラム　Spotted Drum

美しく長い尾ビレで海中を舞う

グレイエンゼルフィッシュ　Gray Angelfish

人懐っこく水中写真も撮りやすい

フェアリーバスレット　Fairy Basslet

紫と黄色の体色でサンゴの影に隠れている

フレンチエンゼルフィッシュ　French Angelfish

黄色い鱗が特徴的

ハニーコムカウフィッシュ　Honeycomb Cowfish

体側に蜂の巣のような模様をもつハコフグ

イエローヘッドジョーフィッシュ　Yellowhead Jawfish

砂底などに巣穴を作って暮らしている

ポークフィッシュ　Porkfish

珊瑚礁域に群れで出没する

スプレンディッドトードフィッシュ　Splendid Toadfish

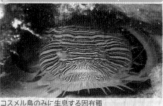

コスメル島のみに生息する固有種

カリビアンスパイニーロブスター　Caribbean Spiny Lobster

海中で目を引く鮮やかな色合い

Photo by Go Cancun Travel (池谷真美)

はみだし　カンクン周辺の海は年間26〜28℃と温かく1年中がベストシーズン。水着でも潜れるが、ダイブショップで3mmのウエットスーツもレンタルOK。カリブ海にのみ生息する固有種がたくさん見られる。

ツアー料金に含まれない支出

ボートで海へ出る場合には桟橋／港使用料Dock Fee（1名US$2～14）、ダイビングやスノーケリングで国立海洋公園内へ行く場合は入域料Reef Tax（1名US$5）、ガイドや船長へのチップ（半日US$5、1日US$10程度）などは、各種のツアー料金には通常含まれていない。また、ツアー代金に税金（+16%）などが含まれているかも事前に確認しよう。

ボブ
料金 アクアワールドで手配してUS$79、海中での所要時間は30分ほど。月～土の10:30、12:00、13:30に出発する。

フィッシング
料金 アクアワールドなどで手配すると、4時間US$165～。チャーターは4時間US$600～、10時間US$900～。ボートの大きさや利用人数により料金は異なる。

パラセイリング
料金 10分間1名US$58～。2名乗りシートもある。アクアワールドなどで申し込める。

ブランコ型のパラセイリング
「スカイライダー」はベンチシート付きのパラセイリング。通常のパラセイリングと異なり、空中でベルトの締め付けがない。所要15分、US$65。各旅行会社のサイトなどから申し込める。

ウエイブランナー
料金 30分でUS$58。アクアワールドなどで申し込める。

フライボード
料金 15分でUS$60、30分でUS$104。アクアワールドなどで申し込める。

アクア・ツイスター
料金 アクアワールドで手配してUS$70、所要時間は30分。月～土10:00から計5回出航する。

ボ　ブ　　Bob

ダイビング感覚で多様な魚が見られる

ダイビングのライセンスがなくても、海中世界を楽しめる水中スクーター。タンクから空気が送り込まれる専用のヘルメットに頭を入れ、椅子にまたがって進んでいく。操作は手元のボタンを押すだけなので簡単。

フィッシング　　Fishing

バラクーダやバスは1年中釣れる。4～8月にはマグロやイエローテイルもかかってくる。当たりは一般的にいいが、運や技術にもよる。キッチンの付いているホテルに泊まっていれば料理も自分でできる。
カリブ海での釣り三昧も楽しい

パラセイリング　　Parasailing

パラシュートを背負い、ボートに引っ張ってもらって空を飛ぶ人気のアクティビティ。空から見るカンクンの海も美しい。
空中散歩ならスカイライダーがおすすめ

ウエイブランナー　　Wave Runner

カンクンのウエイブランナーは大きめのエンジンを搭載しているのでパワー抜群。海原をスポーツ感覚で走り抜けるのは、爽快そのもの。ただし、運転には十分注意しよう。
カンクンでも人気のプログラム

フライボード　　Flyboard

水圧で体を浮かせる器具を装着し、海上を飛ぶことができる人気急上昇のアクティビティ。難易度が高そうに見えるが、少し練習すれば簡単に操作できる。

全身で上手にバランスを取ろう

アクア・ツイスター　　Aqua Twister

カンクン最速のアクティビティとして人気が集まっているボート。時速約90kmで水面をドリフトしながら走るので、海では航行できず、波がほとんどないホテルゾーン西側のラグーンを疾走。レーシングカーのごとく爽快に走り、急カーブもあってスリル満点だ。

高速で航行する専用ボート

  はみだし　カリブ海の日差しは想像以上に強いので、紫外線対策は万全に。肌を焼きたいからといって何もしないでいると、やけどのようにただれてしまうことがあるので、日焼け止めクリームなどを必ず塗ろう。

アクティブツアー

スイム・ウイズ・ドルフィン　Swim with Dolphin

イスラ・ムヘーレスでイルカと遊ぶ人気のプログラム

　イルカと一緒に泳いだり遊べるプログラムは、世界中の旅行者に人気。目指すはカンクンの沖合に浮かぶイスラ・ムヘーレス。プログラムはイルカ2頭とフルコースで遊べるロイヤル・スイム、イルカ1頭と一緒に泳ぐスイム・アドベンチャー、イルカの歌を聴いたりなでたりできるエンカウンターの3コース（各プログラムは30分）。

ジャングルツアー　Jungle Tour

　ボートの運転とスノーケリングを楽しむ爽快なツアー。小型ボートを30分ほど自分たちで操縦し、ホテルゾーンのラグーン側から、カリブ海に浮かぶ人工島イスラ・パライソ付近へ。島で停泊して1時間ほどスノーケリングを楽しみ、マリーナへと戻る。

緑の多いラグーンを航行する

　メキシコでは小型船舶の運転に免許は不要だが、最低でもウエイブランナーを操れる程度の技術は必要。ボートは個人の責任においてレンタルしているため、事故を起こした場合には多額の賠償金を負担することになるので注意。コースのなかには10mほどしかない狭い橋の間や、マングローブの間をすり抜けなければならない所もある。

サブ・シー・エクスプローラー　Sub Sea Explorer

手軽に水中世界が楽しめる

　ラグーンから30分ほどボートで移動し、人工の浮島へ。ここを起点にグラスボトムボートに乗り海中探訪。ふたつの珊瑚礁群とカラフルな魚を見られ、泳ぎが苦手な人や子供も気軽に海中散歩が楽しめる。

ゴルフ

イベロスター・カンクン・ゴルフクラブ　Iberostar Cancún Golf Club

　同名のホテルのククルカン通りを挟んだ反対側にある、広大なゴルフコース。ホテル宿泊者でなくても、正規料金を支払えばプレイ可能。料金には季節による変動があり、5月～12月中旬までがローシーズン。

起伏のほとんどないフラットなコース

スイム・ウイズ・ドルフィン
　10:30～15:30に、各プログラム（30分間）が4～6回行われる。スケジュールはよく変わるので事前に要確認。人数制限があるため、1ヵ月前には予約を入れておきたい（キャンセルがあれば現地参加も可能）。イスラ・ムヘーレスへのフェリーはプラヤ・ランゴスタ桟橋（MAP P.203/A1）を9:00と11:00発など。
　料金はロイヤル・スイムUS$179、スイム・アドベンチャーUS$159、エンカウンターUS$139。
予約先：ドルフィン・ディスカバリー
Dolphin Discovery
TEL 193-3360
URL www.dolphindiscovery.

ジャングルツアー
　アクアワールドなどで申し込める。往復2.5時間で、US$70～。

事故には十分注意を！
　ジャングルツアーは楽しいプログラムだが、衝突事故も少なくない。調子にのって無茶な運転をしないのはもちろん、飛ばしてくるボートにも近づかないようにしよう。通常の海外旅行保険では、船舶での事故で相手にけがをさせたり、ボートを壊したりした場合の損害賠償は含まれていないので要注意。
　ギアの使い方、停まる、速く進む、といった合図についてはあらかじめ英語とスペイン語で説明してくれるのでよく聞いておこう。よくわからない場合、うやむやにしないこと。

サブ・シー・エクスプローラー
　9:00～15:00の間1時間おきにアクアワールドのマリーナから出航。料金はUS$47。

イベロスター・カンクン・ゴルフクラブ　MAP P.203/C1
TEL 881-8000
　18ホールUS$179～、トワイライト・タイム（冬季は13:00～、夏季は14:00～）はUS$119～。クラブレンタルはセットでUS$40程度、シューズUS$20程度。イベロスター・カンクン宿泊者はグリーンフィーが50%ほど割り引き。

クルーズ

カリブ海クルーズは、アクティビティを満喫するデイクルーズと、ディナーやショーを楽しむナイトクルーズがある。ヨット型、クルーザー型、小型客船など、利用する船はそれぞれ異なり、さらに目的地でのアクティビティや食事の内容で料金が変わってくる。

青い海とアクティビティを満喫するデイクルージング

イスラ・ムヘーレス・デイトリップ　Isla Mujeres Day Trip

イスラ・ムヘーレス・デイトリップ
TEL 848-8327（アクアワールド）
URL www.aquaworld.com.mx
料金 US$74（昼食&カヤック付き）

イスラ・ムヘーレスへのデイクルーズで、ゆったりとした雰囲気のビーチでのんびりしたり、カヤックやショッピングでアクティブに過ごすことができる。ウミガメ保護センターの見学も可能。月～土曜9：00に出発し、17：00にカンクン帰着。

キャプテン・フック　Capitan Hook

キャプテン・フック
TEL 849-4452
URL www.capitanhook.com
料金 チキンディナー US$70、ステーキディナー US$95。6～12歳の子供は半額

エルエンバルカデロ El Embarcadero（MAP P.203/A1）から19：00出航。おいしいディナー、デザート、ワインまたはサングリアを味わい、コンテストや、ダンスを楽しめる。船体、従業員の服装とも海賊風。帰港は22：30。

映画のようなアトラクションも楽しめる

ロブスターディナークルーズ　Lobster Dinner Cruise

ロブスターディナークルーズ
●Aqua Tours
MAP P.203/A1
TEL 881-0222
URL www.aquatours.travel
料金 US$109

アクアツアーズAqua Tours社から17：30と20：30発で催行されるロブスターディナークルーズ。晴れていれば船上から美しい夕日も楽しめる。船はコロンブスがアメリカ大陸に到達した頃のものに似せてある。

はみだし　ソチミルコ・カンクン（MAP P.189/A2　URL www.xoximilco.com）は運河を屋形船で巡る郷土料理や音楽を楽しむプログラム。クルーズは月～土19：45スタートで、料金US$89。

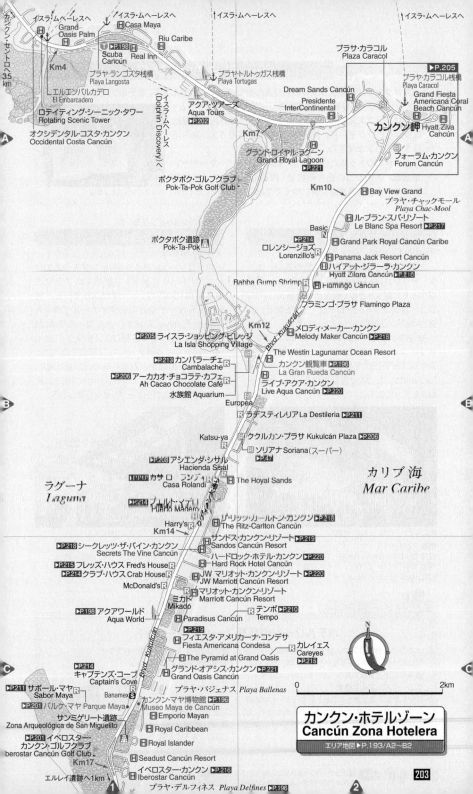

カンクン・セントロへ
35km

イスラ・ムヘーレスへ

グランド・オアシス・パーム
Grand Oasis Palm

Casa Maya

Riu Caribe

イスラ・ムヘーレスへ

イスラ・ムヘーレスへ

イスラ・ムヘーレスへ

プラザ・カラコル
Plaza Caracol ▶P.205

▶P.198 Scuba Cancún

Real Inn

プラザ・カラコル桟橋
Playa Caracol

Km4

プラヤ・ランゴスタ桟橋
Playa Langosta

エルエンバルカデロ
El Embarcadero

プラザ・トルトゥガス桟橋
Playa Tortugas

Dream Sands Cancún

Grand Fiesta
Americana Coral
Beach Cancún

ロティティング・シーニック・タワー
Rotating Scenic Tower

アクア・ツアーズ
Aqua Tours ▶P.202

Presidente
InterContinental

カンクン岬

Hyatt Ziva
Cancún

オクシデンタル・コスタ・カンクン
Occidental Costa Cancún

Km7

フォーラム・カンクン
Forum Cancún

グランド・ロイヤル・ラグーン
Grand Royal Lagoon ▶P.221

Km10

Bay View Grand

ポクタポク・ゴルフクラブ
Pok-Ta-Pok Golf Club

プラヤ・チャックモール
Playa Chac-Mool

ル・ブラン・スパ・リゾート
Le Blanc Spa Resort ▶P.217

ポクタポク遺跡
Pok-Ta-Pok

Basic

▶P.214

Grand Park Royal Cancún Caribe

ロレンシージョズ
Lorenzillo's

Panama Jack Resort Cancún

ハイアット・ジラーラ・カンクン
Hyatt Zilara Cancún ▶P.216

Bubba Gump Shrimp

Flamingo Cancún

フラミンゴ・プラザ Flamingo Plaza

Km12

メロディ・メーカー・カンクン
Melody Maker Cancún ▶P.218

▶P.205 ライスラ・ショッピング・ビレッジ
La Isla Shopping Village

The Westin Lagunamar Ocean Resort

▶P.213 カンバラーチェ
Cambalache

カンクン観覧車 ▶P.196
La Gran Rueda Cancún

▶P.206 アーカカオ・チョコラテ・カフェ
Ah Cacao Chocolate Café

ライブ・アクア・カンクン
Live Aqua Cancún ▶P.220

水族館 Aquarium

Europea

ラデスティレリア La Destileria ▶P.211

Katsu-ya

ククルカン・プラザ Kukulcán Plaza ▶P.206

ソリアナ Soriana (スーパー) ▶P.47

▶P.208 アシエンダ・シサル
Hacienda Sisal

カサ・ロランディ
Casa Rolandi

The Royal Sands

ラグーナ
Laguna

▶P.214 プエルト・マデロ
Puerto Madero

Harry's

カリブ海
Mar Caribe

ザ・リッツ・カールトン・カンクン
The Ritz-Carlton Cancún ▶P.218

Km14

▶P.218 シークレッツ・ザ・バイン・カンクン
Secrets The Vine Cancún

サンドス・カンクン・リゾート
Sandos Cancún Resort ▶P.219

▶P.215 フレッズ・ハウス Fred's House

ハードロック・ホテル・カンクン
Hard Rock Hotel Cancún ▶P.220

▶P.214 クラブ・ハウス Crab House

JW マリオット・カンクン・リゾート
JW Marriott Cancún Resort ▶P.220

McDonald's

マリオット・カンクン・リゾート
Marriott Cancún Resort

ミカド
Mikado

▶P.198 アクアワールド
Aqua World

パラディスス・カンクン
Paradisus Cancún

テンポ ▶P.210
Tempo

▶P.219 フィエスタ・アメリカーナ・コンデサ
Fiesta Americana Condesa

カレイェス
Careyes ▶P.215

The Pyramid at Grand Oasis

N

▶P.214 キャプテンズ・コーブ
Captain's Cove

グランド・オアシス・カンクン
Grand Oasis Cancún ▶P.221

▶P.211 サボール・マヤ
Sabor Maya

プラヤ・バジェナス Playa Ballenas

Banamex

▶P.201 パルケ・マヤ Parque Maya

カンクン・マヤ博物館 ▶P.196
Museo Maya de Cancún

サンミゲリート遺跡
Zona Arqueológica de San Miguelito

エンポリオ・マヤン
Emporio Mayan

0   2km

Royal Caribbean

▶P.201 イベロスター・
カンクン・ゴルフクラブ
Iberostar Cancún Golf Club

Royal Islander

Seadust Cancún Resort

カンクン・ホテルゾーン
Cancún Zona Hotelera

Km17

イベロスター・カンクン ▶P.216
Iberostar Cancún

エリア地図 ▶P.193/A2～B2

エルレイ遺跡へ1km

プラヤ・デル・フィネス Playa Delfines ▶P.196

203

Compra ショッピング

カンクンでは高級ブランドの免税品も格安プライスで手に入る。ホテルゾーンのライスラ・ショッピング・ビレッジ、ククルカン・プラサ、フォーラム・カンクン、プエルト・カンクン、プラサ・カラコルが代表的なショッピングモール。英語も問題なく通じるうえ、米ドル、現金もそのまま使える。

セントロのトゥルム通りには、数軒のスーパーマーケットがある。メキシコの通常価格で、陶器などおみやげ品も売られている。物価感覚が身につくので、ぜひのぞいておこう。

カラフルな民芸品が並ぶ

▶カンクン岬の人気スポット

フォーラム・カンクン
Forum Cancún

ホテルゾーンのなかでも人気の高い、エンターテインメント&ショッピングセンター。周辺はナイトスポットとしても人気のあるエリアで、ココ・ボンゴやハードロック・カフェなど、娯楽性の高い店舗もここに入っている。

女性ウケしそうなシルバーやガラスのアクセサリーショップもあるのでチェックしてみよう。メキシコみやげが充実したチェーン店『Plaza La Fiesta』や、コハク製品を扱う『Ambarte』なども入っている。

巨大なギターのモニュメントが目印

MAP P.205/B1
住所 Blvd. Kukulcán Km 9　TEL 883-4425
営業 毎日10:00〜22:00　カード 店舗により異なる
URL www.forumcancun.mx

▶老舗のショッピングモール

プラサ・カラコル
Plaza Caracol

ホテルゾーンにあるショッピングモールのひとつで1979年に創業。2階建てのプラサの中には約100店のショップが入っている。特にヴェルサーチなどのデザイナーズブランドを扱う『Envy』のほか、アルコールの免税店、欧州ブランドの各種コスメを扱う『Ultra femme』などは要チェック。1階のフロアにはカフェバーのほか、おなじみの『Starbucks Coffee』なども入っている。ショップ巡りに疲れたら、気軽にコーヒーブレイクを楽しもう。

ショップからレストランまで多様な店舗がある

MAP P.205/A1
住所 Blvd. Kukulcán Km 8.5　TEL 883-1395
営業 毎日10:00〜22:00　カード 店舗により異なる
URL www.caracolplaza.com

INFORMACIÓN

ホテルゾーンの高級スーパーマーケット

カンクン岬エリアで人気を集める高級スーパー「セレクト・スーペル・チェドラウイ」は、食品や酒、雑貨などが充実しており、おみやげ探しに最適。アルコールの品揃えも豊富で、ショッピングモールより安く手に入る。メキシコらしいパッケージのお菓子やお茶は小分けになっているものもあるので、ばらまきみやげにもぴったりだ。フードコートには回転寿司のコーナーもある。

Ⓢセレクト・スーペル・チェドラウイ
Selecto Súper Chedraui
MAP P.205/A1
住所 Blvd. Kukulcán
Km 9 Mz. 48 y 49
TEL 830-0866
営業 毎日 7:00 〜
23:00　カード AMV

食品コーナーも充実の品揃え

はみだし Ⓢプラサ・ラ フィエスタ Plaza La Fiesta（MAP P.205/B1）はメキシコ各地のみやげ物が安く買えるショッピングモール。黄色い建物に“MEXICAN OUTLET”と書かれている。

▶エンターテインメント性の高い施設

🛍️ ライ・イスラ・ショッピング・ビレッジ
La Isla Shopping Village

　ホテルゾーン最大規模のショッピングセンター。エレガントな洋服が揃うスペインの有名ブランド『Zara』、南国らしい水着を扱う『Zingara』、香水の専門店『Ultra Femme』など、映画館やディスコ、レストランを合わせ160店舗近くある。小さなみやげ物屋の集まるマーケットプレイスも楽しい。人工の川がデザインされた建物内には、あちこち

に橋が架けられ、まるでテーマパークのような雰囲気。敷地内には、さまざまな熱帯の海の生き物を見たり触ったりできる水族館（入場料US$14）もあり、イルカと遊んだりアシカと記念撮影したりできる。ラグーン側にある遊歩道は夜になるとムーディにライトアップされ、いつも多くの観光客でにぎわっている。

イルカと遊べる水族館も併設している

MAP▶P.203/B2
住所 Blvd. Kukulcán Km 12.5　TEL 883-5025
URL www.laislacancun.mx
営業 毎日11:00～23:00　カード 店舗により異なる

敷地内には水路もあってくつろげる

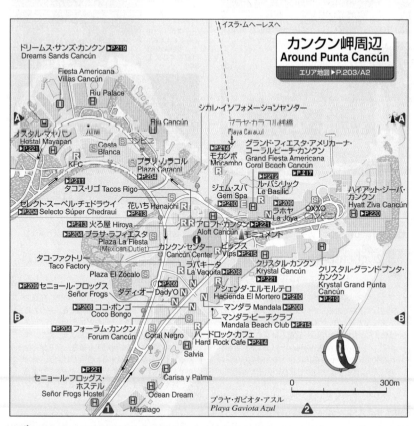

カンクン岬周辺
Around Punta Cancún
エリア地図 ▶P.203/A2

イスラ・ムヘーレスへ

ドリームス・サンズ・カンクン ▶P.219
Dreams Sands Cancún

Fiesta Americana
Villas Cancún

Riu Palace

Riu Cancún

シカレ・インフォメーションセンター

プラヤ・カラコル桟橋
Playa Caracol

オスタル・マヤパン
Hostal Mayapan
▶P.221

Costa
Blanca

コンビニ

KFC

プラザ・カラコル
Plaza Caracol
▶P.204

タコス・リゴ Tacos Rigo ▶P.211

セレクト・スーペル・チェドラウイ
▶P.204 Selecto Súper Chedraui

花いち Hanaichi
▶P.213

▶P.213 火ろ屋 Hiroya

▶P.204 プラザ・ラ・フィエスタ
Plaza La Fiesta
(Mexican Outlet)

タコ・ファクトリー
Taco Factory

Plaza El Zócalo

▶P.209 セニョール・フロッグス
Señor Frogs

ダディ・オー Dady'O
▶P.209

▶P.208 ココ・ボンゴ
Coco Bongo

▶P.204 フォーラム・カンクン
Forum Cancún

Coral Negro

▶P.221
セニョール・フロッグス・
ホステル
Señor Frogs Hostel

Carisa y Palma

Ocean Dream

Maralago

モカンボ
Mocambo
▶P.214

グランド・フィエスタ・アメリカーナ・
コーラルビーチ・カンクン
Grand Fiesta Americana
Coral Beach Cancún

▶P.212　▶P.217

ル・バシリック
Le Basilic

ジェム・スパ
Gem Spa
▶P.210

ラ・ホヤ
La Joya
▶P.209

OXXO
コンビニ

ハイアット・ジーバ・
カンクン
Hyatt Ziva Cancún
▶P.220

アロフト・カンクン ▶P.221
Aloft Cancún

モニュメント

カンクン・センター
Cancún Center

ビップス
Vips ▶P.215

ラ・バキータ
La Vaquita ▶P.208

クリスタル・カンクン
Krystal Cancún
▶P.221

クリスタル・グランド・プンタ・
カンクン
Krystal Grand Punta
Cancún ▶P.219

アシェンダ・エル・モルテロ
Hacienda El Mortero ▶P.210

マンダラ Mandala ▶P.208

マンダラ・ビーチクラブ
Mandala Beach Club ▶P.215

ハードロック・カフェ
Hard Rock Cafe ▶P.214

Salvia

プラヤ・ガビオタ・アスル
Playa Gaviota Azul

0　　　　　　　300m

はみだし 各店には海外ブランドの商品が売られているが、免税品以外は日本と比べて値段はあまり変わらない。メキシコ産の民芸品はたくさん売られていて、ショッピングが楽しめる。

▶何でも揃う巨大ショッピングモール
🛍ククルカン・プラサ
Kukulcán Plaza

　広大な売り場面積を誇る、2階建ての大型ショッピングセンター。ブティック、銀製品、貴金属・宝石、香水、化粧品、薬局、ギフトショップ、メキシコの民芸品店など、約80店が出店している。特に建物の南側に併設された『Luxury Avenue』は、ブルガリやカルティエ、フェラガモなどの高級ブランドがめじろ押し。また、『Taxco』は金銀のアクセサリーが豊富。そのほか品揃え充実のスーパーマーケット『Soriana』も入っている。ファストフード、レストラン、カフェテリアなどの定番ショップも揃っている。

上／おみやげショップも充実している
下／世界的なブランドが集うLuxury Avenueを併設

MAP P.203/B2
住所 Blvd. Kukulcán Km 13　TEL 193-0161
URL www.kukulcanplaza.mx
営業 毎日10:00〜22:00　カード 店舗により異なる

▶楽しい雰囲気のセントロにある大型ショップ
🛍プラサ・ラスアメリカス
Plaza Las Americas

　セントロにある地元の人に人気のショッピングセンター。レストランや広いフードコートやシネコンが併設されているので、若者のデートスポットにもなっている。1階の巨大スーパー『Chedraui』は品揃え豊富で、値段もホテルゾーンよりリーズナブルだ。

　また、各種ブティック、カメラショップ、本屋などテナントもバラエティに富んでいる。おすすめは、カンクン最大級のレコードショップ『Mix up』。店内には、国内外のCDやDVDが充実し、試聴コーナーも用意されているので、現在メキシコではやっている音楽を知るにも便利。CDは1枚M$40〜。ディスカウントされたCDも多く、セントロのショップで買うより安い商品が多い。

上／スポーツ用品も安く買える
下／多様な店舗が混在する大型施設

MAP P.193/A1〜2
住所 Av. Tulum No.260　TEL 887-3863
営業 毎日10:00〜22:00　カード 店舗により異なる

🎩COLUMNA

カンクンでの安全対策

　カンクンはメキシコでも屈指の治安のよさを誇り、安心して滞在できる。ホテルゾーンのナイトスポットで深夜まで遊んでいても、犯罪に巻き込まれることはほとんどない。ただし、貴重品はなるべく持ち歩かず、ホテルの金庫を利用しよう。セントロと呼ばれるダウンタウンも他都市に比べると安全だが、ホテルゾーンほどではないので深夜の外出では周囲に気を配ること。

　カンクン内の移動にはタクシーとバスが一般的。

タクシーにはメーターが付いていないので、発車する前に目的地までの運賃を確認すること。ボラれることもあるので、高級ホテルなどに掲示されている区間運賃表を事前にチェックしておこう。また、ホテルゾーンで市内バスを利用する場合、バスが完全に停車してから乗り降りするよう心がけよう。乗車途中でも運転手が急発車させることもときどきあるので、声かけや挙手で自分が乗ることをしっかりアピールしよう。

はみだし Sライスラ・ショッピング・ビレッジにあるRAh Cacao Chocolate Café（MAP P.203/B2 TEL 883-1927 営業 毎日8:00〜23:30）では、おいしいコーヒーとチョコレートが味わえる。

カリブ海とユカタン半島

カンクン

▶2017年にオープンした複合施設

プエルト・カンクン
Puerto Cancún

セントロとホテルゾーンの中ほど、開発が進むマリーナに面したショッピングモール。扇状にデザインされた2階建てフロアには、120ほどのテナントが入っている。メキシコみやげのセレクトショップ『d Origen』、マヤ人の女性が作るナチュラルな衣類を扱う『Xbaal』、メキシコ限定モデルも扱う『Swatch』、イタリアンダイニング『Cenacolo』などがおすすめ。映画館やゲームセンターも入っている。

上／センスのいいメキシコ雑貨店をチェック
下／セントロからはタクシー利用でM$40～50

MAP P.193/A2
住所 Blvd. Kukulcan Km 1　TEL 313-3128
URL www.marinatowncenter.com
営業 毎日11:00～22:00　カード 店舗により異なる

▶庶民的な雰囲気のマーケット

ベインテオーチョ市場
Mercado 28

セントロの中心部から約500m西に位置する、地元庶民が多く利用する素朴なオープンマーケット。民芸品、日用品、食料品、レストランなど、各種のテナントがあり、いずれも値段はセントロの中心部よりも安く、値段交渉を楽しむこともできる。TシャツM$100～、パレオM$130～、銀のアクセサリー M$170～など。開店時間は店により異なり、飲食店などは閉店時間もマチマチだ（日曜は休みとなる店も多い）。

上／メキシコ風のおみやげがたくさんいろいろ見つけられる
下／地元の人から旅行者まで客層も多様

MAP P.195/A1
住所 Mercado No.28　TEL なし
営業 毎日8:00～21:00（日～18:00）
カード 店舗により異なる

INFORMACIÓN

シルク・ドゥ・ソレイユJOYÀを体験

カンクンから50kmほど南のリビエラ・マヤ地区にある、シルク・ドゥ・ソレイユの専用劇場が話題となっている。少女ホヤ JOYÀ とおじいさんの絆に、メキシコの歴史を織り込んだアクロバティックなショーが体験できる。チケットはショーオンリーM$1463～。食事やお酒を楽しみながら鑑賞できるのもこの劇場の特徴で、シャンパン&ショーM$2508～（オードブル付き）、ディナーシャンパン&ショー M$3458～。

予約は公式サイトや各旅行会社のウェブサイトから可能（開催日時は事前確認を）。ショーの2時間15分前に**S**ライスラ・ショッピング・ビレッジ前から専用の送迎車（往復 M$380）も運行している。カンクンから車で 45 分ほど。

●シルク・ドゥ・ソレイユ　Cirque du Soleil
MAP P.189/A2　住所 Cirque du Soleil Theater, Vidanta, Riviera Maya
TEL 0800-247-7837（メキシコ国内から）
URL www.cirquedusoleil.com/joya
営業 火～
土 20:00
～（時期により18:00
～と21:15
～）

少女ホヤを主人公にした魔法と冒険がいっぱいのプログラム。ショーは75分ほど

カンクンは夜も元気に楽しく遊べるリゾート。陽気な音楽、ダンス、ショーなどで盛り上がるレストランも多い。特に人気が高いのはマリアッチやフォルクロリコなどメキシコの音楽を楽しめる店。中南米からのミュージシャンたちがサルサやレゲトンなどの熱い演奏を聴かせてくれる、本格的なライブスポットも点在している。

▶話題独占の人気クラブ
ココ・ボンゴ
Coco Bongo

Ｓフォーラム・カンクン（→P.204）内にある、カンクンで最も有名なクラブのひとつ。毎晩のようにPVや映画のクリップと各種ライブパフォーマンスを交えたアクロバットなショー（22:30～翌2:30頃）でおおいに盛り上がる。空中アクロバットもあり、観ているだけでも楽しめる内容だ。料金システムは飲み放題のオープンバーのみでUS$70（木～日曜はUS$80）。

カンクンで絶対に訪れてみたいナイトスポット

MAP	P.205/B1

住所 Folum Cancún　TEL 883-5061
URL www.cocobongo.com
営業 開演22:30から翌2:30
税金 込み　カード ＡＭＶ　Wi-Fi 無料

▶週末の夜限定のサルサクラブ
マクンバ
Macumba

バスターミナルから200mほど西にある人気スポット。金～日曜21:00～翌4:00には、サルサの生演奏で地元の人たちが踊りまくっている。カクテルM$20～、ビールM$40、テキーラM$60～。日中のレストラン営業ではビュッフェ（M$150）を提供。
カバーチャージは基本不要。イベント時にはM$100～

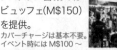

MAP	P.195/A1

住所 Av. Uxmal, Manzana 16 lote 19
TEL 251-5371
営業 毎日12:00～20:00
税金 込み　カード 不可　Wi-Fi 無料

▶夜遊びのホットエリアで盛り上がる
ラバキータ
La Vaquita

人気のナイトスポットが密集するエリアにあり、通りから店内の様子が見えるオープンな雰囲気のクラブ。ヒップホップやレゲトンなどのダンスミュージックを大音響で放ち、入口脇のステージから女性ダンサーたちが客を誘っている。24:00をピークに旅行者が集まり、明け方まで陽気に盛り上がっている。カバーチャージはUS$25、飲み放題はUS$35。テキーラはUS$8～。

牛をキャラクターにした人気スポット

MAP	P.205/B1

住所 Blvd. Kukulcán Km 9　TEL 883-3333 ext.115
URL grupomandala.com.mx
営業 毎日21:30～翌5:00
税金 込み　カード ＡＭＶ　Wi-Fi 無料

▶オープンエアの人気クラブ
マンダラ
Mandala

カンクンのホテルゾーンで夜中に最もにぎわうエリアにある。オープンエアの定員800人の店内には、エキゾチックなインテリアと無数の若者たちが赤くライトアップされて浮かび上がり、ダンスミュージックの大音響が通りにも響き渡っている。カバーチャージはUS$60。アルコールの飲み放題はUS$75。

通りから内部がのぞける。サンダル入場不可

MAP	P.205/B1

住所 Blvd. Kukulcán Km 9　TEL 883-3333 ext.115
URL www.mandalanightclub.com
営業 毎日22:30～翌5:00
税金 込み　カード ＡＭＶ　Wi-Fi 無料

はみだし Ｒアシエンダ・シサルHacienda Sisal（MAP P.203/B1　TEL 848-8220　URL www.haciendasisal.com 営業 月～土14:00～22:30）はメキシコ料理店。水・木曜の夜には音楽演奏も楽しめる。

▶カエルのキャラクターが目印

⑥ セニョール・フロッグス
Señor Frogs

S フォーラム・カンクン前にあり、昼はレストラン、夜はクラブとしてにぎわっている。店内は食事エリアと、ダンスエリアに分かれており、夜にはウエーターまでステージで踊るパーティ状態。食事メニューはタコス（M$220～）などメキシコ料理を中心に、シーフードも各種取り揃えてある。

カエルのマスコットが目印だ

| MAP P.205/B1 |
| 住所 Blvd. Kukulcán Km 9.5　TEL 883-5644 |
| URL www.senorfrogs.com/cancun |
| 営業 毎日12:00～翌2:00 |
| 税金 込み　カード AMV　Wi-Fi 無料 |

▶本格的なメキシコ音楽&ディナー

⑥ ラホヤ
La Joya

H グランド・フィエスタ・アメリカーナ・コーラルビーチ（→P.217）内にある高級レストラン。シーフード&ステーキM$600、アラカルト・メニューから選べる3コース・ディナーはM$720。19:00～19:45にはメキシコ伝統音楽のトリオ演奏（無料）、火・木・金・土曜の20:30～はマリアッチのショーがステージで披露される。

金・土曜21:00～23:00にはユカタンの歴史をプロジェクションマッピングで映したテーブルで、コース料理を楽しめる（1名US$115、16名までの予約制）。

伝統音楽を楽しむスポットとしても有名だ

| MAP P.205/A2 |
| 住所 Blvd. Kukulcán Km 9.5　TEL 881-3200(ext.4200) |
| 営業 火～日18:30～23:00 |
| 税金 込み　カード AMV　Wi-Fi 無料 |

▶ホテルゾーンのおすすめ大型クラブ

⑥ ダディ・オー
Dady' O

ホテルゾーンの北東部、カンクン岬の中心エリアでひときわ目立つ大型のナイトクラブ。周辺に人気クラブが競うように並んでおり、夜には観光客が集まって最高の盛り上がりを見せる。テクノやラテンのDJに加え、週末には人気DJの招待プレイや、ラテンシンガーのライブも行われる。基本チャージはUS$60。アルコールのフリードリンクはUS$20加算となる。

夜には行列もできる人気店

| MAP P.205/B1 |
| 住所 Blvd. Kukulcán Km 9.5 |
| TEL 883-3333　営業 毎日22:00～翌5:00 |
| 税金 込み　カード AMV　Wi-Fi 無料 |

▶輪になって踊り回れ！

⑥ ペリコス
Pericos

セントロを代表する盛り上がりスポット。毎日19:00からマリンバの演奏やショーが始まり、その後はBGMに合わせて客が一緒になって踊りまくる。シーズン中にはツアーバスもやってきて、入口には行列ができるほどの人気ぶり。20:00～24:00にはマリアッチも聴ける。メニューはメインディッシュM$170～、スペシャル・メニュー M$330～540。30cm以上の丈長グラスのマルガリータがM$185（レギュラーサイズはM$100）。

マリンバの演奏が楽しめる

| MAP P.195/A1 |
| 住所 Av. Yaxchilan No.61 S.M.25 |
| TEL 884-3152　営業 毎日12:00～24:00 |
| 税金 込み　カード AMV　Wi-Fi 無料 |

Comida　レストラン

　ホテルゾーン、セントロとも、ファストフードやカフェテリアから本格的なレストランまで、数も種類も豊富。ホテルゾーンの店は料金は高めだが、店内の演出や料理の内容もレベルが高い。セントロには地元の人が集まる穴場的なレストランもあり、ローカルな雰囲気のなかでメキシコ料理を味わいたいならおすすめ。ホテルゾーンではプラザ・カラコル周辺などククルカン通りに、セントロではヤシュチラン通り沿いにレストランが集まっている。

趣向を凝らした料理が楽しめる

🍴 メキシコ料理

▶豪邸のような内装がすてきな

🍴 アシエンダ・エルモルテロ
Hacienda El Mortero

　🅷クリスタル・カンクン（→P.221）内、通りに面した優雅なレストラン。内部には中央に噴水を配し、壁には聖像が飾られている。名物メニューはロブスターや肉をテーブルで網焼きにするパリジャーダ・メヒカーナ（2人前M$1290）。そのほかメキシコ風ステーキのタンピケーニャ（M$455）などメニュー豊富。ワインリストも充実しており、グラスワインはM$80〜。毎晩19:00〜22:30は、マリアッチの演奏も楽しめる。

ニャを味わいたい

MAP P.205/B2	
住所 Blvd. Kukulcán Km 9.5	
TEL 848-9800(ext.777)　営業 毎日18:00〜23:00	
税金 込み　カード A M V　Wi-Fi 無料	

▶炭火焼きが評判のセントロの人気店

🍴 ラパリージャ
La Parrilla

　セントロのヤシュチラン通りにある、地元の人や旅行者でにぎわうレストラン。歩道に出ている巨大な牛のオブジェが目印で、開放的でカラフルに装飾された店内はメキシコ感たっぷり。タコス（5個でM$170〜）、チキンのファヒータ（M$190）など値段も手頃。肉や野菜が鉄板の上に豪快に盛られたメキシカン・グリル（2名分M$475）や、大きなグラスにたっぷり注がれるマルガリータ（M$120〜）もおすすめ。

深夜までにぎわう
人気レストラン

MAP P.195/A1	
住所 Av. Yaxchilan No.51, entre Rosa y Rosas	
TEL 287-8118　URL www.laparrilla.com.mx	
営業 毎日12:00〜翌2:00(日〜翌1:00)	
税金 込み　カード A M V　Wi-Fi 無料	

INFORMACIÓN

カンクン随一のゴージャスなスパ体験

　🅷グランド・フィエスタ・アメリカーナ・コーラルビーチ（→P.217）の西館4階にある🅔ジェム・スパは、カンクン最大のスパ施設。メキシコに古くから伝わる癒しのレシピで心と体をリフレッシュしてくれる。ジェムを使ったリフレクソロジー（50分）US$216、トロピカルアロママッサージ（50分）US$216など。特に自慢のハイドロテラピーは、マッサージの前に1.5〜2時間利用するのがおすすめ。この施設利用にはUS$85が必要だが、50分以上

のマッサージ利用者はこの料金も含まれている。

メキシコ最高峰のスパ施設

🅔ジェム・スパ
Gem Spa
MAP P.205/A2
TEL 881-3200 ext.4750
URL www.gemspacancun.com
営業 毎日7:00〜22:00（月15:00〜）

はみだし 🅡テンポTempo（**MAP** P.203/C1　TEL 881-1790　URL www.tempocancun.com　営業 月〜土18:00〜23:00)はカリスマシェフの創作料理店。魚料理M$555〜、肉料理M$689〜。要予約。

▶テキーラを楽しむなら

ラデスティレリア
La Destileria

テキーラの品揃えが自慢の店。テキーラはM$85〜。食事はM$300〜500前後。テキーラの蒸留所を模した店内はバーラウンジとレストランスペースに分かれている。日本語メニューもある。

テキーラの蒸留所のようなユニークな内観

MAP P.203/B2
住所 Blvd. Kukulcán Km 12.65　TEL 885-1086
営業 毎日13:00〜24:00
税金 込み　カード ＡＭＶ　Wi-Fi 無料

▶大きなパラパの建物が目印

ラパラパ・デル・マヨール
La Palapa del Mayor

セントロのシカレ通りにある人気のローカルレストラン。新鮮な魚介を使ったメキシコ料理が人気だ。おすすめは、石鍋で出されるシーフードスープのカスエラ・デ・マリスコス（M$160）。メニューはどれもボリューム満点。

ハーフリイズでーージ〜しる料理もある

MAP P.195/B2
住所 Av. Xcaret Mza. 1 No. 119, S.M.20
TEL 892-0142　営業 毎日10:00〜21:00
税金 込み　カード ＡＭＶ　Wi-Fi 無料

▶庶民の味をリゾートで

タコス・リゴ
Tacos Rigo

セントロで庶民に利用されてきたタコスの人気店が、ホテルゾーンに出店。コミック調のキャラクターが描かれた看板が目印だ。鶏肉を野菜と炒めた伝統料理ファヒータ・デ・ポージョがトルティージャ付きでM$72と手頃。ビールはM$28〜。

ファヒータ・デ・ポージョがおすすめ

MAP P.205/B1
住所 Blvd. Kukulcán Km 8.5 Plaza El Parian M3L3
TEL 883-1154　営業 毎日10:00〜翌1:30
税金 込み　カード ＭＶ　Wi-Fi 無料

▶海の幸もライブも楽しめる

ロスアルコス
Los Arcos

タコスなど庶民の味が楽しめると同時に、各種シーフード料理が充実している。白身魚のニンニク揚げペスカード・フィレーテ・モホ・デ・アホがM$219と、ホテルゾーンに比べて割安だ。毎晩23:00から音楽ライブが開催されるほか、流しのマリアッチもやってくる。

魚料理が手頃な値段で食べられる

MAP P.195/A1
住所 Av. Yaxchilan esq. Rosas
TEL 846-3409　営業 毎日16:30〜翌3:00
税金 込み　カード ＡＤＭＶ　Wi-Fi 無料

▶セントロの大衆食堂

ロスワラチェス・デ・アルカトラセス
Los Huaraches de Alcatraces

パラパス公園の南東側、メキシコの家庭料理を味わえる店。多彩な料理がカウンターに並んでおり、それを選んで指さすとオバちゃんたちが皿に盛ってくれる。タマレス（M$25〜）、チレ・レジェーノ（M$100）、エンチラーダ・デ・モレ（M$140）など。

夕方に閉まるので朝昼食で利用したい

MAP P.195/A2
住所 Alcatraces No.31　TEL 884-3918
営業 火〜日 8:00〜17:30（土日18:00）
税金 込み　カード 不可　Wi-Fi 無料

▶テーマパーク内のマヤ料理レストラン

サボール・マヤ
Sabor Maya

2018年にオープンした「パルケ・マヤ」の入口にある。豚肉を蒸したコチニータ・ピビル（M$260）、魚料理のティキンシク（M$270）、マヤ料理セットのMayan Tasting（2名分でM$550）などがおすすめ。

多彩なマヤ料理を提供している

MAP P.203/C1
住所 Blvd. Kukulcan Km 16.2
TEL 234-0840　営業 毎日12:00〜20:00
税金 込み　カード ＡＭＶ　Wi-Fi 無料

はみだし　セントロのヤシュチラン通りには、メキシコ料理のレストランが集まっている。マリアッチ楽団をはじめ流しの音楽家が頻繁に店内へ入ってくるので、演奏を聴きながら食事ができるので楽しい。

各国＆インターナショナル料理

▶本格的なフランス＆地中海料理なら
ル・バシリック
Le Basilic

🏨 グランド・フィエスタ・アメリカーナ・コーラルビーチ(→P.217)内にあるAAAのファイブダイヤモンド受賞の高級レストラン。エレガントな店内では19:30〜22:30に、ピアノとコントラバスによるライブ演奏がある。人気メニューはアンガス牛のテンダーロインステーキ(M$585)や、スズキのフィレとキャビア(M$520)、フォアグラと黒トリュフのラビオリ(M$440)など。ワインの種類も豊富でグラスがM$150〜、ボトルはM$800〜。デザートはM$150〜。ビーチサンダルやTシャツ＆短パンなどでの入店は不可なので注意。

演奏もあるムーディなダイニング

MAP P.205/A2
住所 Blvd. Kukulcán km 9.5
TEL 881-3200(内線4220)
営業 月〜土18:30〜23:00
税金 込み　カード ADMV　Wi-Fi 無料

▶地元客に人気の高い大型店
香港（ホンコン）
Hong Kong

セントロの繁華街の南西にある、規模の大きな中華レストラン。スープから肉料理、炒飯や麺類はもちろん、果物やデザートまで種類が多い。10:00〜17:00にビュッフェがあり、金〜水曜はM$168、魚介料理が並ぶ木曜はM$246。車で来店する地元客が大半だが、旅行者にも利用しやすくていつも活気がある。

宮殿風の建物が目を引く

MAP P.195/B1
住所 Av. Xcaret, manzana 2 Lot 6
TEL 881-2777　営業 毎日8:00〜22:00
税金 込み　カード AMV　Wi-Fi 無料

▶カンクンでイタリアンといえば
カサ・ローランディ
Casa Rolandi

ククルカン通りにある眺望のいいイタリアン＆スイス料理の店。シーフードを使ったパスタやリゾットがM$280〜395。定番のイタリア料理のほか、ロブスター料理などカリブの海の幸を使ったメニューも充実している。

潮風が心地いい

MAP P.203/B1
住所 Blvd. Kukulcán Km 13.5　TEL 883-2557
営業 毎日13:00〜翌1:00
税金 込み　カード ADJMV　Wi-Fi 無料

▶肉や野菜をたらふく満喫
ミスター・パンパス
Mr. Pampas

ブラジルの串焼き料理シュラスコのレストラン。男性M$380、女性M$350で時間無制限の食べ放題システム。ビーフやポーク、チキン、ラム、ターキーなどさまざまな肉が堪能でき、サラダバーも充実している。

大きな肉をスタッフが切り分けて回る

MAP P.195/B2
住所 Av. Bonampak 200, S.M. 4A　TEL 884-2004
URL www.mrpampas.com　営業 毎日12:30〜24:00
税金 込み　カード AMV　Wi-Fi 無料

▶下町のおしゃれなイタリアン
エルティグレ・イ・エルトロ
El Tigre y El Toro

居心地のいいオープンエアな空間で、本格的な窯焼きピザが手頃な価格で食べられる。野菜やシーフードを使ったピザは種類も豊富で1枚M$130〜220。ハーフ＆ハーフでも注文できる。パスタやデザートも充実している。

焼きたてのピザがおすすめ

MAP P.195/A2
住所 Av. Nader esq. Rubia　TEL 898-0041
営業 毎日18:00〜翌0:30
税金 込み　カード MV　Wi-Fi 無料

はみだし　ホテルゾーン西側のラグーン沿いには、レストランが建ち並び、サンセットを眺めながらの夕食に最適。このラグーンには多くのワニがすんでいて、なかには餌づけしている店もある。

▶ボリューム満点のステーキを味わう

カンバラーチェ
Cambalache

Ⓢ ライスラ・ショッピング・ビレッジ（→P.205）内にあるアルゼンチン料理のレストラン。日本人がもつステーキの概念を超える肉の塊のようなステーキ（1人前400gから）がオープンキッチンで豪快に焼かれている。前菜はM$72～、リブアイ・ステーキはM$458。ワインも種類豊富で、日本語メニューも用意されている。

ショッピングモール内にある人気店

MAP P.203/B1
住所 Blvd. Kukulcán Km 12.9　TEL 883-0902
営業 毎日13:00～翌1:00
税金 込み　カード MV　Wi-Fi 無料

▶カリブ海で日本料理を堪能

花いち
Hanaichi

カンクンのホテルゾーンで最も人気がある日本料理店。地元の魚介を用いた刺身や天ぷらなど、本格的な日本料理が楽しめる。鉄火巻きがM$135、刺身の盛り合わせがM$310。デザートにはアイスどら焼きM$80もある。日本食が恋しくなったら足を運んでみたい。

メキシコ料理に飽きたら利用したい

MAP P.205/A1
住所 Blvd. Kukulcán Km 9 Mza 48 Lote1 Local1
TEL 883-2804　URL www.hanaichicancun.com
営業 毎日13:00～23:00
税金 込み　カード MV　Wi-Fi 無料

▶和風ラーメンの専門店

火ろ屋
Hiroya

カンクン岬周辺の繁華街にある、日本人が経営するラーメンの店。以前はケーズ・カフェという日本料理店だったが、和風のラーメン専門店へとリニューアルされて、カンクン在住の日本人から観光客まで幅広く親しまれている。人気が高いのはロブスターが丸ごと入ったラーメンでM$395。塩味や味噌味のラーメンもあり、M$185～。カンクンのご当地ラーメンを味わってみよう。

人気のロブスターラーメン

MAP P.205/B1
住所 Blvd. Kukulcán Km 8.5 Plaza El Parian Local 3
TEL 883-2848　営業 毎日12:00～22:00
税金 込み　カード MV　Wi-Fi 無料

▶話題の和食店が2018年に登場

慎
Shin

カンクン・セントロにオープンしたカジュアルな和食店。日本人シェフのいち押しはリアラガルトス産の塩とライム胡椒を使った塩ラーメン（M$129）。カリフォルニアロール（M$129）、鶏の唐揚（M$89）、餃子（M$89）、チャーハン（M$119）など家庭的なメニューも提供している。エアコンの効いた屋内席と、通りを望むテラス席がある。

本格的なラーメンを提供！

MAP P.195/A2
住所 SM 2A M3 L22 Int2 Av. Nader No.42
TEL 044-998-212-0211（携帯）
営業 水～月13:00～22:00（日16:30～）
税金 込み　カード MV　Wi-Fi 無料

INFORMACIÓN

セントロにある格安グルメスポット

パラパス公園 Parque de las Palapas（**MAP** P.195/A1）の北側に10軒ほどある屋台は安くておいしいと評判（にぎわっている店を選ぼう）。定食はスープ、メイン、トルティージャ、ドリンクが付いてM$50～60。営業は毎日7:00～24:00頃まで。
　また、民芸品市場裏の南側角にあるタコス屋のエルポリージャ El Polilla（**MAP** P.195/B2）は、豚肉を煮込んだカルニータス Carnitas のタコスM$17で有名で、地元の人々が列をなすほど。毎日7:00～13:30まで営業しているが、豚1頭分の肉がなくなると閉店してしまうので、早めに訪れよう。

評判のタコスを味わってみよう

はみだし Ⓡ山本Yamamoto（**MAP** P.195/A2　TEL 887-3366　URL yamamoto-cancun.com　営業 月～土13:30～23:00、日13:30～20:00）は老舗の和食店。刺身定食M$400、ラーメンM$180～。　**213**

🍴 シーフード

▶マリーナ横の老舗レストラン
🍴 キャプテンズ・コーブ
Captain's Cove

アクアワールドから1kmほど南、ラグーンに面したシーフードレストラン。吹き抜けになった店内に海からの風が心地いい。メニューも魚料理（M$300〜500）をはじめ、シーフードプラタ（2人前M$1150前後）、ロブスター（M$410〜）など、新鮮な海の幸をたっぷり使ったものばかりだ。毎週日曜には8:00〜12:00まで朝食ビュッフェ（M$265）も楽しめる。海を望むロケーションがとてもすばらしく、優雅な時間を過ごしたいカップルにもおすすめ。

ラグーンを望むロケーションが人気

MAP P.203/C1
住所 Blvd. Kulkulcán Km 15　TEL 885-0016
営業 毎日12:00〜23:00（日8:00〜）
税金 込み　カード AMV　Wi-Fi 無料

▶カリブ海沿いのロケーション
🍴 モカンボ
Mocambo

カンクン岬にある、エビのキャラクターが目印の魚介料理のレストラン。テラス席からは青いカリブ海を存分に楽しめるので、ランチなど日中の利用がおすすめ。カルパッチョ（M$278）やクラムチャウダー（M$268）などが人気。グリル料理はテーブルで自分で焼いて食べることもOK。

海を望む開放的な店内

MAP P.205/A2
住所 Blvd. Kulkulcán Km 9.5
TEL 883-0398　営業 毎日12:00〜23:00
税金 込み　カード AMV　Wi-Fi 無料

▶海の幸とステーキを堪能する
🍴 プエルト・マデロ
Puerto Madero

S ククルカン・プラサから1kmほど南のラグーン側にある。店内は船室風のインテリアで、雰囲気も料金もハイクラスなレストラン。夕焼けが映えるラグーンを望む、オープンデッキの席も用意されている。人気料理はイエローテイル・ツナ（M$385）や、ロブスター（M$660〜）などのシーフードで、オーダーの前にその日の食材を見せてもらえる。

MAP P.203/B1
住所 Blvd. Kulkulcán Km 14.1　TEL 885-2829
営業 毎日13:00〜翌1:00
税金 込み　カード ADMV　Wi-Fi 無料

▶豪快にロブスターを味わう
🍴 ロレンシージョズ
Lorenzillo's

ラグーンに突き出すように建てられたレストラン。生けすの中のロブスター（1kg M$1250〜）を自分で選んで、好みに料理してもらうこともできる。チキン料理（M$300〜）などシーフード以外のメニューも充実。人気がある店なのでシーズン中はかなり混み合う。夕焼け観賞スポットでもあるので、ディナータイムには、なるべく予約を入れていこう。

MAP P.203/A2
住所 Blvd. Kulkulcán Km 10.5　TEL 883-1254
営業 毎日13:00〜24:00
税金 込み　カード AMV　Wi-Fi 無料

▶カニ料理専門のレストラン
🍴 クラブ・ハウス
Crab House

桟橋に面して建てられた店内からは、ラグーンを一望できる。カニ料理をテーマにした魚介レストランで、テラス席で夕日を眺めながらのディナーが人気だ。ロブスターは400gでM$1200程度。グリルやボイルなど調理方法はリクエストOK。

開放的なテラス席

MAP P.203/C1
住所 Blvd. Kulkulcán Km 14.7　TEL 193-0350
URL www.crabhousecancun.com
営業 毎日12:00〜23:30
税金 込み　カード AMV　Wi-Fi 無料

はみだし R ハードロック・カフェ Hard Rock Cafe（MAP P.205/B1　TEL 688-5491　営業 毎日11:00〜翌1:00）ではアメリカ＆メキシコ料理を提供。週末の夜はライブ演奏で盛り上がる。

カリブ海とユカタン半島

カンクン

▶グリル料理をコースで満喫

🍴 カレイェス
Careyes

🇭 ザ・ピラミッド・アット・グランド・オアシスに併設された、ビーチを見渡せるレストラン。シーフードやステーキがメインのコース(M$900〜1000)を日替わりで提供している。ディナータイムにはテーブルをビーチに出してもらうこともできる。

前菜・メイン・デザートなどを数種類からチョイス

MAP P.203/C1
住所 Blvd. Kukulcan Km 16.5　TEL 881-7000
営業 毎日12:00 〜 16:00、18:00 〜 22:00
税金 込み　カード MV　Wi-Fi なし

▶テラス席で海の幸を味わう

🍴 フレッズ・ハウス
Fred's House

ラグーンに面したシーフード専門店。取れたての新鮮な食材をテーブルサイドで選ぶことができる。ロブスター(M$850〜)や魚料理(M$390〜)などは調理法もリクエストOK。店内にはキッズルームも用意されている。

オイスターバーも楽しめる

MAP P.203/C1
住所 Blvd. Kukulcan Km 14.6　TEL 840-6466
営業 毎日11:00 〜 24:00
税金 込み　カード AMV　Wi-Fi 無料

▶カンクン在住者が絶賛する店

🍴 ペスカディートス
Pescaditos

リーズナブルな値段でシーフードが満喫できる穴場店。セビチェ(M$115〜)、魚フライ(M$25)、肉詰め料理のチレ・レジェーノ(M$31〜)がおすすめ。通りに面してオープンな雰囲気で、14:00頃からは生演奏もスタートする。

ボリュームたっぷりのセビチェが名物

MAP P.195/A1
住所 Av. Yaxchilan No.69　TEL 884-0305
営業 毎日12:00 〜 24:00
税金 込み　カード MV　Wi-Fi 無料

▶ローカルの名店はこちら！

🍴 エルセハス
El Cejas

セントロのベインテオーチョ市場内にある、地元で評判のレストラン。エビのニンニク炒めモホ・デ・アホ(M$185)やグリルド・シーフード・ミックス(2名分M$800)など値段も割安だ。セビチェ M$100〜200、魚料理 M$150〜。

市場での買い物がてら立ち寄りたい

MAP P.195/A1
住所 Mercado 28, Av Xel ha　TEL 881-0101
営業 毎日8:00 〜 21:00
税金 込み　カード MV　Wi-Fi 無料

INFORMACIÓN

昼から飲んで踊れるビーチクラブ

🇳マンダラ(→ P.208)の南側にあるビーチクラブは、昼間から踊りたい若者でにぎわうホットなスポット。プールサイドのDJブースでは、常にDJがさまざまなジャンルの音楽をプレイ。プールに入りながら音楽に合わせて踊ってもいいし、大きなビーチベッドでまどろんだりカクテルを楽しむのもOK。大人のみのエリアと子供も入れるファミリーエリアに分かれて

アップテンポな音楽が爆音で流れる

いるので、家族連れでも安心だ。

入場料は使いたいビーチベッドやエリア、人数などによって異なりUS$40 〜 (タオルのレンタル付き)。カクテルや軽食の種類も豊富だ。毎週木曜は22:30から、プールパーティ & ビキニコンテストも開催され、陽気に盛り上がる。

●マンダラ・ビーチクラブ
Mandala Beach Club
MAP P.205/B2
住所 Blvd. Kukulcán Km 12.6
TEL 883-3333　URL grupomandala.com.mx
営業 毎日 9:00 〜 18:00 (木のみ 22:00 〜翌 5:00も営業)　カード AMV

はみだし 🇷ビップスVips (**MAP** P.205/B2)や🇷サンボーンズSanborns (**MAP** P.195/A2)は、エアコンの効いた店内でゆっくりできるファミレス風レストラン。各種メキシコ料理が味わえる。

Estancia ホテル

ホテルエリアは、高級リゾートの並ぶ「ホテルゾーン」と、格安から中級までのホテルが集まる「セントロ(ダウンタウン)」に大別される。ホテルゾーンにある各リゾートは施設も充実しているが、観光局も入っているカンクン・センター([MAP] P.205/B1)の周辺が、ショッピングや食事にも便利。

ホテルの宿泊料金はシーズンによって細かく設定されており、12〜4月の冬季がおおむねカンクンのハイシーズンとなる。そのほかホテルにより年末年始、イースター(セマナサンタ)、7・8月の夏休みにピーク料金が適用される。中〜高級ホテルの予約は、ホテル予約サイト(→P.421)や空港にあるホテル案内を利用すると割安。近年は宿泊料金に食事代などを含んだオールインクルーシブ(→P.218)の設定が増えている。

ホテルゾーン

▶大人向けのオールインクルーシブ

ハイアット・ジラーラ・カンクン
Hyatt Zilara Cancún

全室がオーシャンビュー＆ジャクージ付きのラグジュアリーリゾート。全307室。バルコニーからは大きなプールの先に、白砂のビーチと美しい海が広がる、まるで絵に描いたようなロケーション。宿泊できるのは16歳以上のみなので、落ち着いた雰囲気のなかでホテルライフを満喫できる。宿泊料金にはすべての飲食とアクティビティなどが含まれているオールインクルーシブ。日本人コンシェルジュも常駐している。[Wi-Fi] 客室OK・無料

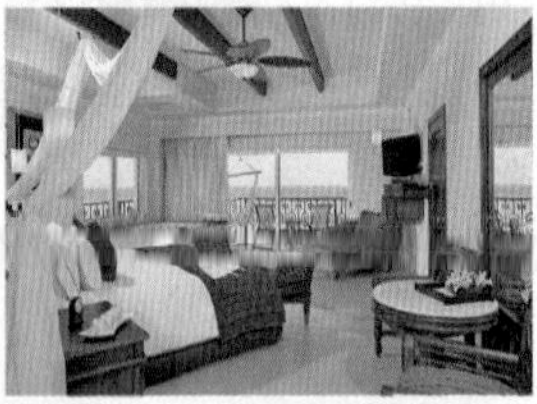

右／海を望むゴージャスなベッドルーム　下／カリブ海に面した白亜の大型ホテル

[MAP] P.203/A2　🍴○ 🏊○ 🔒○ ☕○
住所 Blvd. Kukulcán Km 11.5, Zona Hotelera
TEL 881-5600　FAX 881-7399
URL cancun.zilara.hyatt.com
税金 込み　カード [A][D][M][V]
料金 ⓈM$6260～、ⒹM$7025～　[AC]○ [TV]○ [TUB]○

▶ゴルフコースを併設した人気ホテル

イベロスター・カンクン
Iberostar Cancún

18ホールのゴルフコースを備えた、カンクンの最高級ホテルのひとつ。ゲスト専用のフィットネスセンターは無料で利用でき、アクティビティデスクも充実している。全506室にはすべてコーヒーメーカーを完備。特にデラックスタイプは、ホテルウイングの先端にあり、海が望めバルコニーも広い。内装のランプやベッドの飾りなどの雰囲気もよく、カップルにもファミリーにもおすすめ。料金はシーズンごとに細かく設定されている。3食付きのオールインクルーシブで、3泊のミニマムステイが宿泊条件になっている。
[Wi-Fi] 客室OK・無料

右／バルコニーからの眺めもいい　下／広大な敷地に青いプールが広がる

[MAP] P.203/C1　🍴○ 🏊○ 🔒○ ☕○
住所 Blvd. Kukulcán Km 17, Zona Hotelera
TEL 881-8000　FAX 881-8082
URL www.iberostar.com
税金 込み　カード [A][D][J][M][V]
料金 ⓈM$5123～、ⒹM$6739～　[AC]○ [TV]○ [TUB]○

はみだし 高級ホテルは宿泊のみのプランと、3食と飲み物などがすべて含まれたオールインクルーシブのプランがある。ホテルによってはオールインクルーシブのみの場合があるので予約の際に確認しよう。

▶落ち着いたラグジュアリーな空間

ル・ブラン・スパ・リゾート
Le Blanc Spa Resort

カンクンのホテルゾーンでもひときわ目立つ、白で統一されたモダンな外観。メキシコ資本のホテルでありながら、日本人スタッフが常駐し、日本からの若いハネムーンのカップルに人気が高いホテルだ（18歳以上のアダルトオンリー）。ロビー正面に紺碧のカリブ海が広がり、くつろいだビーチバカンスを楽しめる。全260室の部屋にジャクージが付き、アメニティはブルガリで統一。オールインクルーシブで、個性の異なるレストランとバーがそれぞれ5ヵ所ずつ用意されている。**Wi-Fi** 客室OK・無料

上／オールインクルーシブで食事ができる
下／高級感あふれる客室

MAP P.203/A2	🍽️○ 🏊○ 🔒○ ▲🚍○
住所 Blvd. Kukulcán Km 10.5, Zona Hotelera	
TEL 881-4740　FAX 881-4741	
URL www.leblancsparesort.com	
税金 込み　カード A D J M V	
料金 ⑤DM\$16000〜	AC○ TV○ TUB○

カリブ海に面した最高のロケーション

▶オールスイートの最高級ホテル

グランド・フィエスタ・アメリカーナ・コーラルビーチ・カンクン
Grand Fiesta Americana Coral Beach Cancún

カンクン岬の北側、テラスからは純白のビーチと青い海の眺望が広がる全602室の大型リゾート。周囲には **①** フォーラム カンクンや **S** プラザ・カラコルなどが並び、ショッピングやナイトライフを満喫するにも最適だ。オールスイートの部屋はとても快適で、60％がツインルーム仕様になっている。ジュニアスイートの部屋は広く、大理石のフロア、壁にかけられたメキシコの素朴画、青系の色でコーディネートされたインテリアなど爽快感があり、バルコニーからはカリブ海が望める。ロビーには日本人コンシェルジュも常駐しているので、メキシコ初心者でもバカンスを満喫できるだろう。**Wi-Fi** 客室OK・無料

上／カリブ海を望む絶景が広がる
下／宮殿のように大きな高級ホテル

MAP P.205/A2	🍽️○ 🏊○ 🔒○ ▲🚍△
住所 Blvd. Kukulcán Km 9.5, Zona Hotelera	
TEL 881-3200　FAX 881-3288	
URL www.grandfiestamericana.com	
税金 ＋9％　カード A M V	
料金 ⑤DM\$4045〜	AC○ TV○ TUB○

ジュニアスイートの客室

🍽️ レストラン　🏊 プール　🔒 金庫　▲🚍 朝食　AC エアコン　TV テレビ　TUB バスタブ

▶気品高きラグジュアリーホテル

ザ・リッツ・カールトン・カンクン

The Ritz-Carlton Cancún

「ラテンアメリカの最優秀ホテル」として評価が高い、全365室のホテル。コーラルピンクの外観は、巨大な城のように存在感があり、ロビーや客室もシックなヨーロピアンテイストで重厚な気品を備えている。客室はすべてバルコニー付きのオーシャンビューで、淡いブルーのカーペット、テリー織りの高級バスローブ、高い天井などがくつろぎの時間を演出する。特にカップルにおすすめなのが、モスグリーン＆ベビーピンクの英国調でまとめられたエグゼクティブスイート。全室角部屋にありバルコニーもふたつ付いていて、ため息が出るような眺望をひとり占めにできる。日本人コンシェルジュもいて安心。[Wi-Fi] 客室OK・無料

右／すべての客室から海が望める
下／コロニアルスタイルの優美な外観がバカンス気分を盛り上げる

[MAP] P.203/B1　🍴○ 🏊○ 🔒○ ☕△
住所 Retorno del Rey No.36, Zona Hotelera
TEL 881-0808　FAX 881-0815
URL www.ritzcarlton.com
日本予約 リッツカールトン FD 0120-853-201
税金 +19%　カード [A][D][J][M][V]
料金 ⓈⒹM$6398～　[AC]○ [TV]○ [TUB]○

▶ワイン好きにアピールする大人リゾート

シークレッツ・ザ・バイン・カンクン

Secrets The Vine Cancún

ハイレベルな6つのレストランと7つのバーを完備したラグジュアリーホテル。宿泊プランはオールインクルーシブで、食事と一緒に各種ワインが味わえる。またロビーでは世界中から集めたワインのテイスティング（13:00 ～ 15:00は無料）も楽しめるなど、ワイン好きにはたまらないサービスを提供している（宿泊できるのは18歳以上のアダルトオンリー）。

全497室のゲストルームはスタイリッシュで、大きな窓やプライベートバルコニーからは海やラグーンが見渡せる（バスタブ付きはハネムーン＆マスタースイートのみ）。ハイドロセラピーが体験できるスパや、伝統舞踊のショーなど滞在中のプログラムが充実し、日本人コンシェルジュも常駐している。[Wi-Fi] 客室OK・無料

右／ジュニアスイートのベッドルーム
下／ガラス張りのモダンな外観

[MAP] P.203/C1　🍴○ 🏊○ 🔒○ ☕○
住所 Blvd. Kukulcán Km 14.5, Zona Hotelera
TEL 848-9400
URL www.secretsresorts.com
税金 込み　カード [A][D][J][M][V]
料金 ⓈM$7750 ～、ⒹM$10478 ～　[AC]○ [TV]○ [TUB]△

INFORMACIÓN

オールインクルーシブを上手に利用

オールインクルーシブとは、ホテルの宿泊費のなかにホテル内での食事やドリンク代などが含まれているプランのこと。特に欧米人に人気が高いシステムなので、カンクンの大型ホテルは近年オールインクルーシブ制が主流となりつつある。ジムやキッズクラブなどの施設も無料で利用でき、ホテルによっては各種アクティビティやツアーにも追加料金なしに参加OK。財布を持ち歩く必要もなく、さらにチップも不要なので余分な出費がかさむ心配はなくなる。

各大型のホテルでは敷地内に複数のレストランやバーを所有しているが、食事に飽きたら周辺のレストランや食堂を利用してみよう。ククルカン通り沿いにはシーフードやイタリアンの人気店が多いし、ローカル料理を味わいたいならセントロまで足を延ばすのもおすすめ。事前にホテルのプランをよく比較して、自分のニーズに合う宿泊先を見つけよう。

はみだし [H]メロディ・メーカー・カンクンMelody Maker Cancun（[MAP]P.203/B2　TEL 881-2500　URL www.melodymakercancun.com）は全419室のホテル。オールインクルーシブでⓈM$3875 ～。

▶プールも魅力の快適ホテル

フィエスタ・アメリカーナ・コンデサ
Fiesta Americana Condesa

いかにも南国のリゾートといった感じの美しいプールがステキ。レセプションのあるメインビルディングは、たっぷりの緑と吹き抜けになった天井で、到着早々バカンス気分を盛り上げてくれる。託児所、スパなどの設備も充実している。宿泊プランは3食付きオールインクルーシブのみ。全502室。[Wi-Fi] 客室OK・無料

優美なデザインプール

[MAP] P.203/C1　🍴○ 🏊○ 🔒○ 🏋○
住所 Blvd. Kukulcán Km 16.5, Zona Hotelera
TEL 881-4200　FAX 881-4294
URL www.fiestamericana.com
税金 込み　カード [A][D][J][M][V]
料金 ⓈM$5052～、ⒹM$6336～　[AC]○ [TV]○ [TUB]○

▶スタイリッシュな高級リゾート

サンドス・カンクン・リゾート
Sandos Cancún Resort

白とグリーンの外観が印象的な、全214室の高級ホテル。ラグーンビューとシービューに分かれる客室は、全部で9タイプのカテゴリーに分けられる。スパも併設しているので、マッサージテラピーなど各種トリートメントでのんびり過ごしてみたい。プランはオールインクルーシブのみ。[Wi-Fi] 客室OK・無料

カンクンを代表する人気ホテルのひとつ

[MAP] P.203/C1　🍴○ 🏊○ 🔒○ 🏋○
住所 Retorno del Rey Lote 37-1 Km 14, Zona Hotelera
TEL 881-2200　FAX 881-2201
URL www.sandos.com
税金 込み　カード [A][M][V]
料金 ⓈM$4921～、ⒹM$6519～　[AC]○ [TV]○ [TUB]○

▶充実したバカンスを過ごすならば

クリスタル・グランド・プンタ・カンクン
Krystal Grand Punta Cancún

カンクン岬北側のにぎやかなゾーンにあり、ショッピングや食事に便利。各部屋には、カリブ海や市街、ラグーンを望むプライベートバルコニーが付いており、それぞれ料金が異なる。ホテルゾーンのなかでは比較的リーズナブルなので、アクティブに観光したい人におすすめだ。全295室。[Wi-Fi] 客室OK・無料

円筒形の独特な外観

[MAP] P.205/B2　🍴○ 🏊○ 🔒○ 🏋△
住所 Blvd. Kukulcán Km 8.5, Zona Hotelera
TEL 891-5555　FAX 883-1349
URL www.krystalgrandpuntacancun.com
税金 +19%　カード [A][D][J][M][V]
料金 ⓈⒹM$2253～　[AC]○ [TV]○ [TUB]○

▶人気エリアで快適ステイ

ドリームス・サンズ・カンクン
Dreams Sands Cancún

ビーチに面している全438室の4つ星ホテル。ジム、プールなどの施設を完備。全室オーシャンビューでミニバーやドライヤーなど室内設備も充実。真っ白な砂のプライベートビーチが美しい。料金はオールインクルーシブのみ。[Wi-Fi] 公共エリアのみ・無料

設備の整ったホテル

[MAP] P.205/A1　🍴○ 🏊○ 🔒○ 🏋△
住所 Blvd. Kukulcán Km 8.5, Zona Hotelera
TEL 848-7600
URL www.dreamsresorts.com/sands-cancun
税金 込み　カード [A][D][M][V]
料金 ⓈM$3388～、ⒹM$5115～　[AC]○ [TV]○ [TUB]○

[投稿] 感動的に海が美しいのはプラヤ・ランゴスタ桟橋（[MAP] P.203/A1）より東側。それより西側だと同じホテルゾーンでも、立地的にホテルの価値が下がります。（神奈川県　旅する映画監督　'18）

▶エンタメ好きのための大型リゾート

ハードロック・ホテル・カンクン
Hard Rock Hotel Cancún

世界各国で人気を集めるロックをテーマにしたオールインクルーシブホテル。アクティビティやライブショーなど滞在中のプログラムが盛りだくさん。館内にはロックスターの衣装やギターも飾られ、5つのレストランでは各国料理を提供している。全601室にはカップルで入れる大きなジャクージを完備。[Wi-Fi] 客室OK・無料

カップルでも家族連れでも陽気に楽しめる

[MAP] P.203/C1　🍴○ 🏊○ 🔲○ ☕○
住所 Blvd. Kukulceán Km 14.5, Zona Hotelera
TEL 881-3600
URL www.hrhcancun.com
税金 込み　カード [A][D][M][V]
料金 ⓈM$8031～、ⒹM$9167～　[AC]○ [TV]○ [TUB]○

▶ソフトも充実したスタイリッシュな空間

ライブ・アクア・カンクン
Live Aqua Cancún

ホテルゾーンの中ほどにある全371室のモダンな高級ホテル。道路を隔てて[S]ライスラ・ショッピング・ビレッジもある便利な立地。レストランでは女性シェフが腕を振るい、ロビ階にはワイン&テキーラバーもある。宿泊はオールインクルーシブのみ。[Wi-Fi] 客室OK・無料

モダン感覚いっぱいのベッドルーム

[MAP] P.203/B2　🍴○ 🏊○ 🔲○ ☕○
住所 Blvd. Kukulcán Km.12.5, Zona Hotelera
TEL 881-7600　FAX 881-7601
URL www.liveaqua.com
税金 込み　カード [A][D][M][V]
料金 ⓈⒹM$9400～　[AC]○ [TV]○ [TUB]○

▶日本人にも人気のリゾート

JWマリオット・カンクン・リゾート
JW Marriott Cancún Resort

日本人旅行者にも人気が高い、14階建て全448室の大型ホテル。ロビーも客室も内装は高級感たっぷり。デッキチェアの並ぶプールサイドや目の前に広がるビーチは美しく、のんびり優雅な時間が過ごせる。マヤ遺跡をモチーフにしたスパは多彩なプログラムが用意されている。[Wi-Fi] 客室OK・無料

室内は高級感があってバルコニーもある

[MAP] P.203/C1　🍴○ 🏊○ 🔲○ ☕△
住所 Blvd. Kukulcán, Km 14.5, Lote 40-A, Zona Hotelera
TEL 848-9600　FAX 848-9601
URL www.marriott.com
日本予約 マリオット FD 0120-142-536
税金 +19%　カード [A][D][J][M][V]
料金 ⓈⒹM$5311～　[AC]○ [TV]○ [TUB]○

▶カンクン岬に突き出したリゾート

ハイアット・ジーバ・カンクン
Hyatt Ziva Cancún

カンクン岬の北東、[S]プラサ・カラコルの500mほど東にありショッピングに便利。夜になると細く長く連なるホテルゾーンの美しい夜景を楽しむこともできる。アートなオブジェが置かれたロビーは、まるでギャラリーのような雰囲気。全547室で、プランはオールインクルーシブのみ。[Wi-Fi] 客室OK・無料

カンクン岬の東端にある大型ホテル

[MAP] P.205/A2　🍴○ 🏊○ 🔲○ ☕○
住所 Blvd. Kukulcán, Manzana 51, Lote. 7,
TEL 848-7000　FAX 848-7099
URL cancun.ziva.hyatt.com
税金 込み　カード [A][D][M][V]
料金 ⓈM$5843～　ⒹM$7303～　[AC]○ [TV]○ [TUB]○

はみだし 海に面したカンクンのホテルゾーンにある宿泊施設は、ほとんどが1泊M$1000以上の高級ホテル。宿泊代を節約したいなら、セントロにある中級以下のホテルに泊まるとよい。

▶マヤ遺跡を模したシルエットが印象的

グランド・オアシス・カンクン
Grand Oasis Cancún

ザ・ピラミッド・アット・グランド・オアシスなど3つのホテルで構成された、合計1744室を有する巨大なホテル・コンプレックス。テニスコート、フィットネスセンターなどを完備しており、ループ状のプールも非常に長く泳ぎがいがあり、とにかくすべてが大きい。客室はガーデンビュー、ラグーンビュー、オーシャンビュー、オーシャンフロントの4クラスに分かれており、プランはオールインクルーシブのみ。[Wi-Fi] 公共エリアのみ・有料（1日M$180）

マヤ遺跡を模したグランド・オアシス

[MAP] P.203/C1 🍴○ 🏊○ 🔒○ ☕○
住所 Blvd. Kukulcán Km 16.5, Zona Hotelera
TEL 881-7000
URL grandoasiscancunresort.com
税金 込み カード [A][D][M][V]
料金 ⓈM$3342～、ⒹM$4243～ [AC]○[TV]○[TUB]○

▶夜遊びにも最適のロケーション

クリスタル・カンクン
Krystal Cancún

カンクン岬の中心部にあり、ショッピングにもナイトライフにも便利な立地。陽気なバカンスを満喫するのに最適な、全325室の高級ホテルだ。白で統一された上品なロビーフロアからは南へ延びるビーチを見渡せ、そのままプールサイドへと出られる。室内はカラフルなリネンで飾られ、メキシコ的な色づかいがとても印象的。コンパクトだが機能的で使い勝手もいい。[Wi-Fi] 客室OK・無料

この立地でこの料金は貴重

[MAP] P.205/B2 🍴○ 🏊○ 🔒○ ☕△
住所 Blvd. Kukulcán Km 9 Lotes 9 y 9A, Zona Hotelera
TEL 848-9800
URL www.krystalcancun.com
税金 +19% カード [A][D][M][V]
料金 ⓈⒹM$2100～ [AC]○[TV]○[TUB]△

▶低予算でバカンスを楽しめる

アロフト・カンクン
Aloft Cancún

ホテルゾーン中心部にある全178室の中級ホテル。ビーチフロントでないぶん、割安な料金設定となっている。屋上には見晴らしがよいプールを完備。周囲には人気レストランやナイトクラブ、スーパーマーケットがあり便利に滞在できる。[Wi-Fi] 客室OK・無料

[MAP] P.205/A2 🍴○ 🏊○ 🔒○ ☕△
住所 Blvd. Kukulcán Km 9
TEL 848-9900
URL www.aloftcancun.com
税金 込み カード [A][D][M][V]
料金 ⓈⒹM$1751～ [AC]○[TV]×[TUB]△

▶ラグーンに面した中級ホテル

グランド・ロイヤル・ラグーン
Grand Royal Lagoon

全36室のこぢんまりとしたホテル。レストランが集まるカンクン岬の東端へも歩いて10～15分程度。中庭にはプールがあり、室内は広くはないが設備は整っている。[Wi-Fi] 客室OK・無料

ミニゴルフコースの近くにある

[MAP] P.203/A2 🍴○ 🏊○ 🔒○ ☕○
住所 Blvd. Kukulcán Km 7.5, Zona Hotelera
TEL 883-2740
税金 込み カード [A][M][V]
料金 ⓈⒹM$1000～ [AC]○[TV]○[TUB]×

▶ホテルゾーンにあるユースホステル

オスタル・マヤパン
Hostal Mayapan

カンクン岬の近くにある全6部屋、20ベッドあるユースホステル。ホテルゾーンでは最も安く泊まれて、ドミトリーはM$235～。部屋やベッド数が限られているので、早めに予約しておこう。[Wi-Fi] 客室OK・無料

個室は早めに予約を

[MAP] P.205/A1 🍴× 🏊× 🔒○ ☕○
住所 Blvd. Kukulcán Km 8.5, Zona Hotelera
TEL&FAX 883-3227
URL www.hostalmayapan.com
税金 込み カード [A][D][J][M][V]
料金 ⓈⒹM$872～ [AC]○[TV]○[TUB]×

[はみだし] [H]セニョール・フロッグス・ホステルSenor Frogs Hostel（[MAP]P.205/B1 TEL 688-6448 URL senorfrogshostel.com）はラグーンを望むホテル。ドミトリー M$284～、Ⓓ1824～。全200ベッド。

セントロ（ダウンタウン）

▶中心部でもリゾート気分を満喫

プラサ・カリベ
Plaza Caribe

バスターミナルの目の前に建ち、移動にも便利な全140室の中級ホテル。ラテン音楽のライブが聴けるバーがあり、トロピカルな中庭にはクジャクが優雅に散歩している。[Wi-Fi] 客室OK・無料

バスターミナルの向かいにある

[MAP] P.195/A2　🍴○ 🏊○ 🔒○ ☕△
住所 Av. Tulum con Av. Uxmal Lote 19, S.M.23
TEL 884-1377
URL www.hotelplazacaribe.com
税金 +19%　カード [A][M][V]
料金 ⓈⒹM$1067～　[AC]○ [TV]○ [TUB]×

▶シックな雰囲気でおすすめ

シバランケ
Xbalamque

パラパス公園から約150m西と、セントロのほぼ中央にあり便利。全91室の部屋はとてもきれいで中庭には小さなプールもある。ホテル名はマヤ語でジャガーの意味。ロビーはマヤ様式でデザインされ、雰囲気のいいカフェバーがある。部屋でマッサージが受けられる。[Wi-Fi] 客室OK・無料

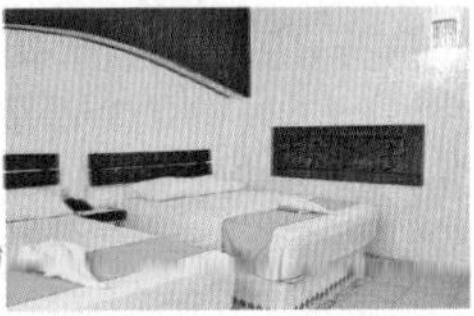

すっきりしたデザインの室内

[MAP] P.195/A1　🍴○ 🏊○ 🔒× ☕△
住所 Av. Yaxchilán No.31　TEL 193-2720
URL www.xbalamque.com
税金 +19%　カード [A][M][V]
料金 ⓈⒹM$580～　[AC]○ [TV]○ [TUB]×

▶ダブルベッドが広々とした

スイーツ・カンクン・センター
Suites Cancún Center

パラパス公園のすぐ南にある全40室のホテル。カンクン・セントロの下町ならではの雰囲気を楽しめるロケーション。ベッドがダブルサイズなのでゆっくり休める。[Wi-Fi] 客室OK・無料

[MAP] P.195/A2　🍴○ 🏊○ 🔒○ ☕有料
住所 Alcatraces No.32, S.M. 22
TEL 884-7270
URL www.suitescancuncenter.com.mx
税金 +19%　カード [M][V]
料金 ⓈⒹM$[illegible]　[AC]○ [TV]○ [TUB]×

▶緑あふれるエコホテル

エルレイ・デル・カリベ
El Rey del Caribe

バスターミナルから300mほど東、教会のようなファサードが目印。噴水やプールのある中庭を、簡易キッチン付きの全31室が囲んでいる。テラスが気持ちいい3階の客室がおすすめ。[Wi-Fi] 客室OK・無料

落ち着いて滞在できるおすすめホテル

[MAP] P.195/A2　🍴○ 🏊○ 🔒○ ☕○
住所 Av. Uxmal No.24　TEL 884-2028
URL www.elreydelcaribe.com
税金 込み　カード [M][V]
料金 ⓈM$1480、ⒹM$1680　[AC]○ [TV]○ [TUB]×

▶お値打ちな中級ホテル

アンティジャーノ
Antillano

民芸品市場の斜め向かい（北西）にあり、周囲にはみやげ物屋やレストランが多い。部屋は全48室で、清潔で明るい感じがいい。[Wi-Fi] 客室OK・無料

観光にも便利な立地

[MAP] P.195/A2　🍴○ 🏊○ 🔒○ ☕○
住所 Av. Tulum y Claveles No.1　TEL 884-1132
URL www.hotelantillano.com
税金 +19%　カード [A][M][V]
料金 ⓈⒹM$560～　[AC]○ [TV]○ [TUB]×

▶駐車場完備の中級ホテル

パラドール
Parador

バスターミナルから約200m南東にある、全66室のホテル。敷地内にはバーを完備。ベビーシッターを頼むことができるなど、サービスも充実している。[Wi-Fi] 客室OK・無料

大通り沿いにあるので奥の部屋が静か

[MAP] P.195/A2　🍴○ 🏊○ 🔒× ☕有料
住所 Av. Tulum No.26
TEL 884-9757
URL www.hotelparadorcancun.com
税金 +19%　カード [M][V]
料金 ⓈⒹM$557～　[AC]○ [TV]○ [TUB]×

投稿　早朝の市内バスでホームレスみたいな人に金をくれと何度か話しかけられました。夜どおし酒を飲んで帰る若者グループもいるので、早朝でもタクシーの利用を。（東京都　メガデス　'17）['18]

▶バスターミナルから歩いて行ける立地

コロニアル
Colonial

パラパス公園から70mほど東。にぎやかで便利なロケーションにある。全46室でバスターミナルからも近い。Wi-Fi 客室OK・無料

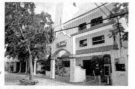

コロニアル調のエントランス

MAP P.195/A2　○ ○ × 有料
住所 Tulipanes No.22 y Av. Tulum
TEL&FAX 884-1535
URL www.hotelcolonialcancun.com
税金 +19%　カード MV
料金 ⓈⒹM$673～　AC○ TV○ TUB×

▶長居したくなる快適さ

ロスヒラソレス
Los Girasoles

パラパス公園から300mほど南西にある家族経営のホテル。大通りから外れた静かな環境にあり、全17室は各種機能を完備。キッチンもほとんどの部屋に付いているので、長期滞在者には機能的だ。Wi-Fi 客室OK・無料

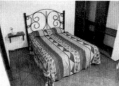

清潔でカラフルなベッドルーム

MAP P.195/B1　× ○ × ×
住所 Calle Piña No.30, S.M.25
TEL 887-3990　FAX 887-3043
URL www.losgirasolescancun.com.mx
税金 +19%　カード MV
料金 ⓈⒹM$505～　AC○ TV○ TUB×

▶広い部屋にエアコンが付く

リベマル
Rivemar

セントロの民芸品市場向かいにある、全36室の格安ホテル。便利な立地にあり、部屋もなかなか清潔だ。Wi-Fi 客室OK・無料

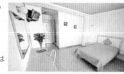

料金のわりに部屋は広々としている

MAP P.195/B2　× × × ×
住所 Av. Tulum No.49-51　TEL&FAX 884-1199
URL www.hotelrivemar.com　税金 込み　カード JMV
料金 ⓈM$430～、ⒹM$480～　AC○ TV○ TUB×

▶コンパクトで清潔な中級ホテル

アルッシュ
Alux

バスターミナルから西へ徒歩1分ほどと、移動には便利な立地。3階建てで全32室だが、エレベーターがないので荷物は階段で運ぶ。Wi-Fi 客室OK・無料

MAP P.195/A1　○ × × 有料
住所 Av. Uxmal No.21　TEL 884-6613
URL www.hotelalux.com　税金 込み　カード V
料金 ⓈM$540～、ⒹM$570～　AC○ TV○ TUB×

▶エアコン付きで清潔なホステル

ラスパルマス
Las Palmas

バスターミナルから徒歩で4分ほど、コンビニ「OXXO」の角を右折する。全13室で各国からの旅行者でにぎわう。Wi-Fi 客室OK・無料

MAP P.195/A1　× ○ × ○
住所 Palmeras No.43, S.M.23
TEL 884-2513　税金 込み　カード MV
料金 ⓈⒹM$380～　AC○ TV○ TUB×

▶日本人バックパッカーの常宿

カサ吉田
Casa Yoshida

バスターミナルから徒歩6分ほどの住宅街にある、日本人の長期旅行者向けホステル。日本語の本や情報ノートがあり、共同キッチンも完備している。Wi-Fi 客室OK・無料

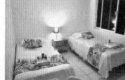

ベッドルームは清潔で快適に過ごせる

MAP P.195/A2　× × × ○
住所 Mero No.4, S.M.3　TEL 884-3131
URL www.casayoshida.com
税金 込み　カード 不可
料金 ⓈUS$27～、ⒹUS$34～　AC○ TV○ TUB×

▶格安の日本人宿

ロサス・シエテ
Rosas 7

バスターミナルから西へ徒歩4分ほど。日本人経営で、バックパッカーたちが集う宿。共同キッチンと冷蔵庫もある。全21ベッドの男女別ドミトリーはM$180。Wi-Fi 客室OK・無料

MAP P.195/A1　× × × ○
住所 Rosas No.7　TEL 265-8564
URL www.geocities.jp/cancunrosas7
税金 込み　カード 不可
料金 ⓈM$330～、ⒹM$420～　AC△ TV× TUB×

はみだし カンクンのセントロはホテルゾーンと比べると、ホテル、レストランともに経済的だ。日中は美しい海岸のホテルゾーンへ行き、食事と宿泊をセントロで済ませると安く滞在できる。

カンクン周辺の
生物圏保護区&海洋公園に行こう！

ユカタン半島のカリブ海沿岸には、南方面に行くとカンクンとはまた違ったおもしろいスポットがある。野鳥を観察したり、各種アクティビティを楽しもう。

> 300種以上の
> 野鳥をはじめ自然を観察！

陸地と海に広がるユカタン半島の世界自然遺産

左／密林の東側にカリブ海が広がる
右上／グンカンドリが群れて羽を休める
右下／ツアーではラグーンをカヤックで遊覧

シアン・カアン生物圏保護区
Reserva de la Biosfera Sian Ka'an

左／白い羽が美しいダイサギ　右／年間を通じて見られるカッショクペリカン

ユカタン半島の東部沿岸にあり、陸地はうっそうとした密林地帯に覆われ、海洋部分はベリーズ国境付近まで広がっている。総面積52万haほどのエリアに300種以上の野鳥が生息し、800種以上の植物が生い茂る広大な生物圏保護区。1987年には世界自然遺産にも登録されている大自然の見どころだ。

野鳥観察が目的ならば、早朝に訪れるのがよい。トゥルムから車で20分ほど移動して**ムジル遺跡Muyil**へ行き、遺跡の裏側からガイドとともにトレイルに入る。すぐにアメリカムシクイなどの小鳥が飛び交い、草陰の中をイグアナが逃げ去っていくような光景が広がる。

トレイルの途中には、高さ20mほどの動物観察台が設置されている。鳴き声を手がかりに双眼鏡をのぞくと、タイランチョウ、ミドリカケス、アカゲラ、オウムなど色鮮やかな野鳥が身近に見られる。沼地の桟橋まで歩いたあとは、そこからボートで海岸へ。グンカンドリ、カモメ、ペリカンのほか、1〜3月にはフラミンゴの群れもやってくる。1日に訪問できる人数を制限しているので、自然に浸りながらじっくり野鳥を観察できる。

ツアーではラグーンをカヤックやボートで遊覧して海鳥を観察。マングローブに覆われた川を進み、遊泳もできる。ツアーのオプションとして、魚やヌマガメなどが観察できるセノーテでのスノーケリングも含まれている。水着は要持参。ジャングル内は蚊が多いので、虫よけスプレーも用意しよう。

シアン・カアン生物圏保護区
MAP P.189/B2

ツアーを利用せずに自力で行く場合、トゥルムからタクシーでムジル遺跡（入場料M$45）へ行くのが一般的。ムジル遺跡近くの街道は、カンクン〜チェトゥマル間のバスも走っているので、2等バスなら遺跡近くで乗り降りできる。

トゥルムからムジル遺跡までタクシーで所要約20分、料金はM$150程度。2等バスでM$21。カンクンからムジル遺跡まではMayab社の2等バスで所要約3.5時間、料金はM$96。

シアン・カアンへのツアー情報
カンクンからは日系の旅行会社（→P.197）が日本語ガイドのツアーを毎週数回催行している。カヤックを含むツアーはUS$250〜。英語かスペイン語のガイドでOKならば、トゥルムを起点とするとオフシーズン（5〜11月）でも毎日ツアーがあって便利。

生物圏保護区1日ツアー
トゥルム発9:00〜16:30／カンクン発7:00〜18:30 ※最少催行人数はともに5〜8人程度。※ランチと飲料水付き。

シアン・カアンへのツアー催行会社
●Eco Colors（スペイン語、英語）
MAP P.193/A1
TEL (998)884-3667
URL www.ecotravelmexico.com
トゥルム発ツアーはUS$150〜、カンクン発ツアーはUS$180〜。

224 はみだし　カメラを持参する場合、野鳥撮影が目的なら望遠レンズを用意したほうがよい。またツアーではカヤックやボートに乗るので、防水のコンパクトカメラが便利。

イルカと遊べる
プログラムも充実

上／ジャングルに囲まれた川を浮き輪に乗って流れていく
左／ハンモックでゆっくり休める　中／熱帯地方の鳥と記
念撮影　右／イルカと遊ぶプログラムも充実している

動物たちと触れ合えるテーマパーク

シェルハ Xel-Ha

カリブ海沿いの美しい入江のシェルハは、観光客が終日アクティビティを満喫できるように整備されたテーマパーク。海水と淡水が混じり合ったラグーンは岩場が多く、スノーケリングで色とりどりの魚が観察できる。浮き輪で流れていける川やセノーテもあり、多様なプログラムが用意されている。広い敷地内には緑があふれており、小さなマヤ遺跡や洞窟もある。

人気が高いプログラムは、イルカと遊ぶアトラクション。イルカにキスする**ドルフィンズ・インテラックス**Dolphins Interax、足を押してもらう**ドルフィンズ・プリマックス**Dolphins Primax、水中で触れ合う**ドルフィンズ・トレック**Dolphins Trekなどがある。また空気が送り込まれる装置を顔に装着して水中を散歩できる**スヌーバ**Snuba、**シートレック**Sea Trekも人気で、これらは別料金となり予約も必要。

シェルハはマヤ語で「水の湧き出る地」を意味し、海岸沿いに石灰岩質のラグーンに囲まれた水の楽園。マングローブに囲まれた川には、地下からの湧き水が流れてくる。浮き輪に乗っての川下りは、まずバスで送ってもらい、レンタルブースでスノーケリング用具をレンタルする。川下りはゆっくり下れば、30〜40分程度。途中でスノーケリングや、神秘的な景観が楽しめる。ほかにも人懐っこい鳥と記念撮影したり、デッキチェアやハンモックで揺られて休むのもいいだろう。

公園内の敷地には更衣室、シャワー、レストラン、みやげ物屋、小さな博物館などが並んでいる。ロッカーやスノーケリング用具は無料でレンタル利用ができる。川下りの送迎バスも無料。

入江にラグーンが広がっていて水遊びができる

シェルハ　　　　MAP P.189/A2
TEL (998)883-0524
URL www.xelha.com
入場 毎日8:30〜18:00
料金 US$89、12歳未満US$44.5(子供は年齢確認のため身分証明書要提示)
　カンクンから約120km南の街道沿いにあり、カンクンのホテルや旅行会社で

送迎込みツアーが申し込めて、料金はUS$130〜。自力で訪問する場合は、カンクンから毎時1〜2本運行しているADO社の1等バスかMayab社などの2等バス(M$81〜148)を利用して街道沿いで降り、公園入口まで1kmほど歩くことになる。

シェルハのアクティビティ
スヌーバ	US$49
シートレック	US$59
ドルフィンズ・インテラックス	US$99
ドルフィンズ・プリマックス	US$159
ドルフィンズ・トレック	US$159

はみだし シカレ(→P.226)は芸能ショーなど多様な内容があるのに対して、シェルハはアクティビティ中心の海洋公園。マリンスポーツのみを楽しみたいのであれば、シェルハのほうがおすすめだ。

マリンスポーツから舞踊上演まで多彩！

上／入江のビーチはにぎやかな雰囲気　左／ビーチは浅瀬なので子供も安心して遊べる　中／水族館ではウミガメも飼育されている　右／マヤの儀式を再現したショー

多様なアクティビティが楽しめる海洋公園

シカレ Xcaret

夜はメキシコ各地の舞踊が上演

カンクンなどに滞在する旅行者のために造られた海洋公園。周辺には同様のコンセプトで開発されたテーマパークが点在しているが、設備や各種アクティビティが整ったシカレはリピーターも多い。イルカと遊ぶプログラムなどが楽しめ、家族連れで終日ビーチで過ごすのにも最適なスポット。夜にはオープンエアの会場で伝統舞踊のショーが開催され、メキシコ各地の踊りも楽しめる。

人気が高いのは、イルカたちと遊ぶプログラム。2頭のイルカに足の裏を押してもらって遊ぶ**ドルフィンズ・スイム**Dolphins Swim、イルカに触れたりキスができる**ドルフィンズ・エデュケーショナル**Dolphins Educationalがある。また水面からチューブで空気を送る**スヌーバ**Snuba、**シートレック**Sea Trekも人気で、これらは別料金とな

り予約も必要。特にイルカのプログラムは欧米人観光客に人気が高いので、ハイシーズンはウェブサイトなどで早めに予約しておこう。

またスノーケリングを楽しむボートツアーが、船の**桟橋**Muelleから出発する。料金は入場料とは別だが、美しい水中世界を満喫できる。ただしシカレの入江にはスノーケリングポイントがあるので、ボートツアーに参加しなくても人間を恐れない熱帯魚と遊べる。

敷地内にはチャレアーダ（ロデオ）の上演が楽しめる**馬場**Caballerizas、カリブ海の生き物を紹介する**水族館**Acuario、さまざまな植物を自然な形で展示した**植物園**Jardín Botánicoなどのほか、2ヵ所の**マヤ遺跡ゾーン**Zonas Arqueológicasなどが点在している。ビーチパラソルが並ぶ入江のビーチでまずはリラックスしたら、いろいろ探索してみよう。

シカレ　　　　　MAP P.189/A2
TEL (998)883-3143
URL www.xcaret.com
入場 毎日8:30 ～ 22:30
料金 US$99、12歳未満US$49.5（子供は年齢確認のため身分証明書要提示）

　カンクンから約100km南の街道沿いにあり、カンクンのホテルや旅行会社で送迎込みツアーが申し込めて、料金はUS$130〜。自力で行く場合はカンクンから8:15、10:00、11:00発のADOの直行1等バスに乗り、所要約1時間30分、料金はM$148。

　入口から公園に入ると最初にたどり着くのが博物館。代表的なマヤ遺跡の模型が置いてある。イルカと遊んだ写真を売るコーナー、ロッカー、シャワー、スナック売り場もある。まずは階段を上って、美しいカリブ海にコスメル島が浮かぶ風景を眺めて、この公園の規模を把握しておくといい。

　メキシコ各地の芸能が楽しめる夜の舞

踊ショーは、毎日19:00 ～ 21:00（冬季は18:00 ～ 20:00）。カンクンからのツアーは、このショー終了後にもバスが出ているので帰りの心配はない。

シカレのアクティビティ

ドルフィンズ・ライド	US$119
スヌーバ	US$59
シートレック	US$59
スノーケリング・ボートツアー	US$39

投稿　カンクンに行くのに水着を忘れて現地調達しました。柄はかわいいのですが、形やサイズがグラマラスなものが多く、自分に合うものを探すのに苦労しました。（東京都　ちゃんどら　'16）['18]

スリル満点の冒険気分が堪能できる!

上/神秘的な洞窟を探検できる　左/ジップラインズはスリル満点　中/つり橋が架かるエクスプロールの入園口　右/四駆車のバギーも人気

アドベンチャー気分が楽しめる

エクスプロール Xplor

ジャングルに覆われた洞窟をうまく利用して、多様なアクティビティが楽しめるアドベンチャーパーク。欧米人の若者に人気があり、冒険気分を味わえるスポットとして知られている。

エクスプロールで人気が高いのは、**ジップラインZip-Lines**のプログラム。塔の間に架かっているロープを、専用具を身につけて滑り下りていく。1.5kmと2.3kmの2コースあり、洞窟の内部を高速で進み、最後は水の中に落ちるのでスリル満点。シーズンや時間帯によっては順番待ちすることもあるほどだ。

また**スタラクタイト・リバー Stalactite River**は、約400mの鍾乳洞の川をライフジャケットを着て流れていくもの。ライトアップされた鍾乳洞は上

左/洞窟内のジップラインズ　右/オールインクルーシブなので飲食は自由

から石柱がつらら状に垂れ下がっており、神秘的な自然の中でアドベンチャー気分を満喫できる。

ほかに全長5kmほどのジャングル内を運転して走る水陸両用バギーの**アンフィビウス Amphibious**、イカダで約500mの洞窟をこいでいく**アンダーグランド・ラフツUnderground Rafts**など、各種アクティビティが楽しめる。自分の体力に合わせて、休憩を入れながら冒険気分を味わいたい。

エクスプロール　　**MAP** P.189/A2
TEL (998) 251-6560
URL www.xplor.travel
入場料 月〜土9:00 〜 17:00
料金 US$139、12歳未満はUS$69.5
(子供は年齢確認のため身分証明書要提示)
全アクティビティ、飲食代などが含まれているオールインクルーシブの料金体系。

カンクンから約100km南の街道沿いにあり、カンクンのホテルや旅行会社で送迎込みツアーが申し込めて、料金はUS$145〜。自力で行く場合はカンクンから8:15、10:00、11:00発のADO社のシカレ行き直行1等バスに乗り、所要1時間30分、料金はM$148。入園口はシカレの向かいにあり、徒歩5分ほど。シカレとエクスプロールを結ぶ、毎時2〜3便運行の無料バスにも乗れる。

園内での注意点
エクスプロールの敷地内では、各種アクティビティに参加する際に、貸し出されたヘルメットを装着することが義務になっている。基本的に水着を着用し、足が固定されるサンダルや水陸両用の靴を履くと便利。また1日あたり1500人までの入場者制限があるので、ハイシーズンはウェブサイトなどで予約しておこう。

はみだし　各種テーマパークでは自然保護に取り組んでおり、日焼け止めローションを塗って水の中に入ったりすることが禁じられている。予約や入園の際に、禁止事項を確認しておこう。

カリブ海に面したマヤ終焉の地

トゥルム ☀Tulum

カンクンから130kmほど南、
カリブ海を望む断崖にたたずむ遺跡トゥルム。
規模は小さいが、三方を城壁に囲まれた城塞都市としての面影を残し、
13〜15世紀のマヤ文明末期に造られたレリーフも見られる。
トゥルムはずっとジャングルで発展したマヤ文化が、
最後にたどり着いた地であり、
スペイン人が最初に目にしたマヤの都市でもある。
青く輝く海を眺めながら、マヤの歴史に思いをはせてみよう。

降臨する神の神殿などにはトゥルムを象徴する「天から降臨する神」のレリーフが刻まれている

カリブ海を見下ろす中央神殿
エルカスティージョ
El Castillo

カスティージョとは「城」の意味。トゥルム遺跡のなかでは最も高い建造物で、海を見下ろす切り立つ断崖の上に建っている。階段の上にある神殿入口の柱は、チチェン・イッツァ同様に蛇のモチーフが刻まれ、トルテカ文明の影響がうかがわれる。

マヤの神殿は古い建物の上に、新しい神殿を構築していく。この神殿も同様の手法がとら

中央神殿と推測されるエルカスティージョ

れ、現在残っている神殿の内部には、さらにふたつの時代の神殿が眠っている。

ユニークな浮き彫りが残る
降臨する神の神殿
Templo del Dios Descendente

　エルカスティージョ北側の小さな神殿。名前の由来は入口上部に「天から降臨する神」を彷彿とさせるレリーフがあるため。この逆立ちするような姿の彫像については、雨の神チャックであるとか、マヤ人のハチに対する畏敬の念を象徴化した姿だ、などと今も諸説がある。同様のモチーフはコバなど周囲のマヤ遺跡でも見ることができる。

マヤの世界観を示すレリーフは必見
フレスコ画の神殿
Templo de Las Pinturas

　15世紀前半に3段階に分けて建てられた2階建ての神殿。降臨する神や仮面のレリーフなど壁画の装飾は、トゥルム遺跡のなかで最大の見どころのひとつだ。3層にわたって描かれた壁画は、死者の住む地下世界、生者の暮らす中間世界、創造神と雨の神チャックがすむ天の世界という3つの領域に分かれる。まさにマヤ人の世界観そのものだろう。

中心の壁に仮面が刻まれているフレスコ画の神殿

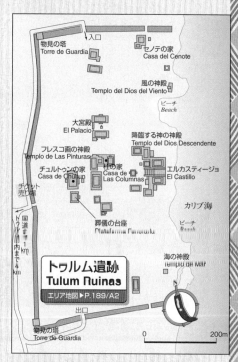

トゥルム遺跡
Tulum Ruinas
エリア地図▶P.189/A2

（地図内ラベル）
入口
物見の塔 Torre de Guardia
セノテの家 Casa del Cenote
風の神殿 Templo del Dios del Viento
ビーチ Beach
大宮殿 El Palacio
降臨する神の神殿 Templo del Dios Descendente
フレスコ画の神殿 Templo de Las Pinturas
チュルトゥンの家 Casa de Chultun
柱の家 Casa de Las Columnas
エルカスティージョ El Castillo
チケット売り場
国道18号遺跡内まで1km
カリブ海
ビーチ Beach
葬儀の台座 Plataforma Funeraria
海の神殿 Templo de Mar
国道18号遺跡内まで4km
物見の塔 Torre de Guardia
出口
0　200m

アクセス　トゥルムの町と遺跡は4kmほど離れており、バスターミナルは町の中心部であるトゥルム・セントロTulum Centroにある。中心部から遺跡へはタクシーでM$45。遺跡に近いのは、幹線道路と遺跡の分岐点となる場所のトゥルム・ルイナスTulum Ruinasのバス停で、ここから遺跡までは約1kmで徒歩圏だ。カンクンなどからのバスは、トゥルム・ルイナス、トゥルム・セントロの順に停まるが、運転手に言わないとトゥルム・ルイナスには停まらないことが多いので注意。
　トゥルム・セントロへはADO社が、カンクンから毎時約2本（料金M$148～218、所要2～2.5時間）とプラヤ・デル・カルメンから毎時1～4本（料金M$56～90、所要1～1.5時間）運行している。カンクンからプラヤ・デル・カルメンまでバスで行き、そこからトゥルム遺跡行きのミニバス（M$40程度）に乗り換えることもできる。

歩き方　遺跡の公開時間は毎日8:00～17:00（入場～16:30）で、入場料M$70（ビデオカメラの撮影は別途M$45）。トゥルム・ルイナスのバス停から200mくらい海側に歩くと、遺跡入口までの機関車を模したシャトルの乗り場がある。シャトルは頻繁に運行し、料金は片道約M$20。遺跡までは600mほどとなり、歩くことも可能だ。
　遺跡自体は小さいので、1時間程度でひととおり見学できる。遺跡の敷地とビーチとは自由に行き来できるので、水着を着ていってのんびり泳ぐのもいい。

遺跡の東側はビーチとしても人気

■ ホテル

　トゥルム遺跡の入口から300mほど南には、🏨 El Paraiso（URL www.elparaisotulum.com　料金 M$2350～ ）や、🏨 Diamante K（URL www.diamantek.com　料金 ⓈⒹM$1840～）などのホテルが並んでいる。
　遺跡から4kmほど西にあるトゥルムの町には、バスターミナル周辺にホテルが数軒ある。

春分と秋分の日にはエルカスティージョの神殿に蛇の影が現れて大勢の見学客でにぎわう

World Heritage
世界遺産

マヤ文明のふたつの時代が交わる聖地

チチェン・イッツァ ※Chichén Itzá

生け贄の心臓をささげるチャック・モール像。戦士の神殿などは中央高原の文化の影響が色濃い

メソアメリカ南部の密林に栄えたマヤ文明。
数々の都市の跡がこの地に点在しているが、
チチェン・イッツァは200年以上にわたって、
ユカタンにおける芸術、宗教、経済の中心地だった。
そして今も、当時の栄華を彷彿とさせる壮大な遺跡が残り、
世界中から旅行者を古代のロマンへと誘い続けている。

チチェン・イッツァの歴史と文化

チチェン・イッツァとはマヤ人の言葉で "泉のほとり" のイッツァ人という意味である。ユカタン半島最大のセノーテ（聖なる泉）を中心にしてこの都市が繁栄したことから、そのように呼ばれたと推察されている。遺跡群はマヤ独自の特徴が顕著な6世紀頃のマヤ古典期に属する「旧チチェン・イッツァ」と、トルテカなど中央高原の文化を取り入れた10世紀以降の後古典期に属する「新チチェン・イッツァ」のふたつのエリアに大別されている。7世紀には隆盛を誇ったチチェン・イッツァだが、その王族は自らこの都から去り、歴史の舞台から一度け完全にその姿を消した。古代のマヤ人は、暦によって定期的に遷都を行っていたと言われる。

10世紀になって、マヤ人は再びこの地に戻り、新たな都を築いていった（中央高原の覇権を握った戦闘部族、トルテカ人の影響が見られ、何らかの文化交流があったことがうかがわれる）。こうして生まれたのが、マヤ・トルテカ文明とも呼ばれるもので、新遺跡のモチーフにその影響がよく表れている。それまでの、カギ鼻の神（雨の神や山の神と考えられている）を祀り上げた素朴なモチーフに、好戦的な兵士の像や、生け贄とされたドクロ、そしてトルテカの象徴であるククルカン（羽のはえた蛇神）が新たに描き加えられるようになっていったのである。その後、軍事国家に変貌し栄華を極めたが、13世紀の初めにマヤパン族によって滅亡させられてしまい、その長い歴史を閉じた。

気高い城をイメージさせる大神殿
エルカスティージョ
El Castillo

スペイン語で「城」あるいは「城壁」と名づけられたチチェン・イッツァの中心的な神殿。9世紀初頭に完成したといわれる神殿は高さ25m、9層の基壇をもつ気宇壮大な建造物だ。メソアメリカのピラミッド様式の神殿は普通、正面に急傾斜の階段をひとつもつのが特徴だが、ここには四面すべてに階段が設けられている。この階段の段数、基壇部の垂直面の浮き彫り、すべてがマヤの農耕暦（ハアブ暦）と、祭事暦（ツォルキン暦）を象徴するように建造されている。しかも、北側階段のククルカン（羽のはえた蛇神）をしつらえた階段側面には、年に2回、春分と秋分（エキノクシオ）の日に蛇神の羽が影となって現れるという巧妙な仕掛けとなっている。マヤの天文学、建築技術の高さが象徴的に示された神殿だ。

神殿の内部には小さな神殿が内包されており、ヒスイの目をもつ赤いジャガー像と生け贄の心臓を置いたチャック・モール像が保管してある。ただし現在は神殿の上に登ることはできず内部も見学不可。

春分と秋分の日には9層の神殿がなす影が、蛇頭をしつらえた中央階段の側面に羽の形となって映し出される。太陽の傾きによって変化する影は、あたかも蛇が動いているかのように見える

敷地内では民芸品を売る屋台が並ぶ

チチェン・イッツァ
Chichén Itzá

エリア地図 ▶ P.189/A1

聖なる泉 セノーテ
Cenote Sagrado
売店・WC
メリダへ

ツォンパントリ（頭蓋骨の台座）
El Tzompantli
100m

ジャガーと鷲の台座
Plataforma de
Jaguares y Águilas

カンクンへ

Plataforma de Venus
(La Danza)

ジャガーの神殿
Templo de
los Jaguares

新チチェン

ピステへ

JUEGO DE PELOTA

戦士の神殿
Templo de
los Guerreros

従業員ゲート

エルカスティージョ
（ククルカン）神殿
El Castillo

駐車場

メイン・ゲート
バスチケット売り場

千本柱の間
Plaza de las
Mil Columnas

ツアーバス発着場

売店

WC

民芸品市場

市場跡
Mercado

スチームバス
El Baño de Vapor

高僧の墳墓
Tumba del Gran
Sacerdote(El Osario)

旧チチェン

鹿の家
La Casa
del Venado

チコストーリー
Choco-Story

赤い家
La Casa Colorada
(Chichén Rojo)

カラコル（天文台）
El Caracol

サブゲート
セノーテ・シトロク
El Cenote Xtoloc

ツアーバス発着場
（駐車場）

マヤ・ランド
Maya Land

尼僧院
Casa de
las Monjas

エルアカブ・ジブ
El Akab Dzib

教会
La Iglesia

ヴィラ・アルケオロヒカ
Villa Arqueológica

N

アシエンダ・チチェン
Hacienda Chichén

ピラミッドは巨大カレンダー

エルカスティージョはそれ全体でマヤの暦を表している。四方の階段は各91段ずつあるので（91×4＝364）、これに頂上の1段を加えると、1年365日になる。また、この神殿は9層の基壇で構成され、それが中央階段で2分されるため（9×2＝18）、これは1年が18ヵ月に分けられていたハアブ暦の月数を表している。さらに、各基壇にはパネル（凹み）部分が1面につき52ある。これは農耕に用いられたハアブ暦（1年365日）と祭事用のツォルキン暦（1年260日）のふたつが重なる、52年の「暦の周期」を正確に示しているのだ。この周期は日本の還暦を思い起こさせる。

戦士の神殿
Templo de los Guerreros

　3層の基壇をもつ神殿の周辺を、戦士の浮き彫りが施された石柱群が囲み「千本柱の神殿」とも呼ばれている。石柱や祭壇を支える19のアトラス人の頭像など、中央高原のトゥーラ遺跡に同じような神殿があるため、チェン・イッツァとトルテカ文明の交流説が強調される要因となっている。

　上壇の入口にはチャック・モールが横臥し、虚空を見つめている。この生け贄の心臓をささげた像もトルテカ色が強く出たものだ。ただ、残念なことにこのチャック・モールのある階段上まで立ち入ることはできない。また、神殿内部にはもうひとつの神殿があり、鮮やかな色彩壁画が残っているが、こちらも公開されていない。

戦士の神殿前に並ぶ石柱群「千本柱の間」

神殿上部に生け贄の台座チャック・モールが横たわる戦士の神殿

ツォンパントリ El Tzompantli

　ツォンパントリとは「頭蓋骨の城」という意味。球戯場の隣にあるこの台座は、生け贄の骸骨を大衆にさらす場所だった。やはりマヤの伝統的な文化とは異質のもので、中央高原の文化の影響が大きい。壁一面には、さまざまな表情の頭蓋骨が、おどろおどろしく彫り込まれている。

ドクロの浮き彫りに中央高原の文化の影響が色濃く漂うツォンパントリ

ジャガーの神殿
Templo de los Jaguares

　球戯場の東壁に造られた小神殿正面にジャガー像が置かれ、壁の内側には戦争の様子が克明に描かれている。これは、10世紀のトルテカ人侵入の際の戦闘風景だといわれている。森にすむジャガーはマヤ人にとって畏怖の対象であり、強さのシンボルでもあった。

球戯場の前に建つジャガーの神殿。森の王者ジャガーは王家の象徴ともいわれる

COLUMNA
セノーテの解明

　ユカタン半島は密林の湿潤地帯であるが、川はどこにも見当たらない。石灰岩質の土壌のため、降った雨はすべて地中にしみ込み、地下に水のたまる空洞を造る。その空洞の上の地面が陥没してできたのがセノーテだ。16世紀に、フランシスコ会のランダ神父が記した『ユカタン事物記』によると、マヤ人たちは、干ばつや疫病が流行すると、わざわざ遠い地方からでも巡礼に訪れ、この泉に生け贄や財宝を投げ入れたという。そして、1911年にアメリカ領事トンプソンが水底を調査した結果、21体の小児、13体の成人男性、8体の女性の骨が出てきた。そして、神父が書き残したように、黄金細工やヒスイも発見された。

球戯場 Juego de Pelota

　全長150mあるメソアメリカ最大の球戯場。マヤ人の球戯は娯楽ではなく、豊穣の神に祈りをささげる宗教儀式だった。ゲームは、生ゴムのボールを壁の上部に取りつけてある輪にくぐらせて競われた。手は使わず、サポーターを装着した上腕や腰でボールを打つ。そして、勝ったチームのキャプテンが栄光をにない、生け贄としてささげられた。内壁の基壇部分には、勝利者が斬首され、流れる血潮が7条の蛇となってほとばしり、その先から植物が芽を出そうとしている図。または、右手に刀、左手に首を持った武人と骸骨が彫られたボール、それを囲む両軍の選手の図などがある。

　ゴールの周壁は、上部になるほど内側にせり出している。これは音が逃げず、選手の声が端から端まで届くように設計されているのだ。試しに手を叩いてみよう。ものすごく反響し、マヤの石組みの技術レベルがわかるはずだ。

上／神聖なる儀式会場となっていた球戯場
中／勝敗が決した後に首をはねられる戦士のレリーフ
下／球戯のゴールとして使用された石の輪

聖なる泉セノーテ
Cenote Sagrado

　チチェン・イッツァの「聖なる泉」セノーテはユカタン半島最大の規模であるだけでなく、神話に彩られた聖域だ。日照りの時期に、ここに若い処女が人身御供として投げ入れられた。また、生け贄と同時にさまざまな貢ぎ物もささげられ、その底が調査された際、多くの貴金属製品が見つかった。なかには南米コロンビアや中米パナマからの渡来品があり、当時の交易状況を知る史料となっている。水底から上げられた出土品の一部は、メリダマヤ博物館（→P.260）に展示されている。現在も泉のあたりには、生け贄が投下された祭壇跡が残り、人の生死をつかさどる独特の雰囲気を感じることができる。

引き込まれるような深い色合いをたたえる聖なる泉セノーテ。財宝や人身御供がこの泉に投げ込まれた

COLUMNA

遺跡見学の帰りに泳げるセノーテ

　チチェン・イッツァの3kmほど南東にある、天然のセノーテが、泳げるよう整備されている。午後にはツアー客で混み合って神聖な雰囲気も薄まるが、更衣室やシャワーなどの設備が整い、ライフジャケットを借りることもできる。チチェン・イッツァ遺跡からタクシーで片道M$90〜。

●イク・キルIk Kil
TEL（985）851-0002　入場　毎日7:00〜18:00（敷地内のレストラン〜17:00）　料金M$80、子供M$40

神秘的なセノーテで泳いでみるのもいい

マヤ人が古代より崇拝していたカギ鼻の神の像で装飾された尼僧院。特にマヤ古典期には最も人々の信仰を集めた

旧チチェン・イッツァ

古代マヤ人の天文台
カラコル El Caracol

旧チチェン・イッツァの区域にあるが、建物はトルテカ・マヤ時代に改築された。上部にある丸いドームは、マヤの天文観測台だったと推測され、9mの露台の上に高さ13mの観測台が載っている。観測室の東と北側は崩れ落ちているが、西と南側は原形をとどめている。

カラコル（カタツムリの意）には観測用の3つの窓が残っている。南には、真南（子午線）に向かう窓、南西には月没の最北線を見る窓、西には角度によって、春分、秋分の日没と月没の最北線を正確に観測できる窓が造られている。また、天文台の台座の正面は、真西から27.5度北に向いている。これは、金星が最も北に沈む方向なのだ。マヤ人たちは、月、太陽、星の運行を肉眼で観測することにより、驚くほど正確な暦を作り上げていた。

カラコルは旧チチェン・イッツァを代表する建築物。上部の形は現代の天文台とも相通じるデザインだ

プウク様式の浮き彫りで壁面が飾られた
尼僧院 Casa de las Monjas

カラコルの南側。この建築物は高さ20mの基壇と、その上にたくさんの部屋がある建物の2層構造。尼僧院と命名されているが、実際の役割は不明のままだ。建物は、トルテカ文化の影響を受けていない純粋なプウク様式のデザインで、おびただしい数の神々の像が目につく。

復元された小型ピラミッド
高僧の墳墓
Tumba del Gran Sacerdote

カスティージョと同じピラミッド型神殿。崩壊が激しく、ほとんど原形をとどめていなかったが、近年修復作業も完了し、在りし日の姿をよみがえらせている。

20世紀初頭にアメリカ人のエドワード・トンプソンがこの遺跡を発掘した際、5つの偽装墓の下に本物の墓を発見した。なかにはヒスイなどが入った雪花石膏の花瓶、真珠付きの貝殻、儀式用の火打ち石の刀などがあった。その後もトンプソンは、セノーテに眠っていた財宝の引き上げにも成功している。

貴重な埋蔵品も発見された高僧の墳墓

アクセス チチェン・イッツァはカンクン〜メリダ間にある。各方面から2等バスは頻繁に運行しているが、悪路を通り所要時間も長い。本数は少ないが、高速道路を利用する1等バスは、料金差以上に快適だ。また、カンクンやメリダからは各種観光ツアーも催行されている。

遺跡メインゲートから各方面のバスは夕方になくなるが、遺跡から約1.5km北西にあるピステPisteの町はずれからはOrienteの2等バスが早朝から深夜24時頃まで毎時約1本運行。メインゲートからタクシーでピステまでM$40〜。

●カンクンから

遺跡のメインゲートまでADO社の1等バスが毎日1便運行(8:45発、所要約3時間、M$316)。またメリダ行きのOriente社の2等バスもカンクン・バスターミナルより早朝から昼過ぎまで毎時1本運行(所要約4時間30分、M$158)。

帰路は遺跡メインゲートからカンクンへ、ADO社の1等バスが16:30発、Oriente社の2等バスが8:35〜17:35まで毎時1本。

●メリダから

ADO社の1等バスが1日3本運行(6:30、8:30、9:15発、所要約2時間、M$178)。また、Oriente社の2等バスが、毎日6:00〜24:00まで毎時1〜2本運行(所要約2時間30分、M$134)。

帰路は遺跡のメインゲートからメリダへ、ADO社の1等バスが17:35に1本運行、Oriente社が9:10〜17:10まで毎時1本運行。

歩き方 日中の公開時間は毎日8:00〜17:00(入場〜16:00)。入場料は大人M$254、13歳以下無料。ビデオの撮影はM$45、英語ガイドは1.5〜2時間M$1000。

メインゲート入場口の建物内にはレストラン、売店、両替所、ATMなどがある。水や食べ物類はここで購入できるが、保管場所に気をつけ、山越し止め休憩前に出し尽していこう。雨季には、午後から1時間はどスコールのような土砂降りになることもあるので雨具も必要だ。そして、チチェン・イッツァの敷地はとても広いので、靴は歩きやすいものを選ぶこと。サンダルは不便。

見学には半日以上は予定しておきたい。日中は暑くなるので、涼しい朝のうちに見学しよう。入場したら、まず中央に建つエルカスティージョの周辺を歩いて、遺跡全体のスケールを感じてみよう。

幻想的にライトアップされる光と音のショー

また遺跡敷地内では、夜になると神秘的な**光と音のショー** Noches de Kukulcánも行われている。日中とは別チケット(M$483)が必要。当日購入も可能だが定員は400名なのでウェブサイト(URL www.nochesdekukulkan.com)から早めに予約しておこう(旅行会社に手配してもらうことも可)。開場時間は季節により異なり、夏季20:00〜、冬季19:00〜(ショーは25分ほど)。ショーが始まるまでは、暗闇にライトアップされ幻想的な神殿エリアを見て回れる。パスポートを預けると英語の解説が聞けるiPodも借りられる。

遺跡の入口にはクロークルーム(毎日8:00〜17:30)があり、サイズによりM$40かM$100で荷物を預かってくれる。カンクンからバスで来て遺跡を見学してその後にメリダ(またはその逆)へ移動することもできる。

敷地内にはみやげ物の露店が多い

ホテル

チチェン・イッツァの遺跡に隣接する敷地に、高級ホテルが数軒ある。**H** Maya Land[TEL (985) 851-0100 URL www.mayaland.com ⓈⒹM$1090〜]や**H** Hacienda Chichén[TEL (985) 851-0045 URL www.haciendachichen.com ⓈⒹM$2460〜]は、プールやレストランなどの施設を完備しており、快適な滞在が期待できる。

また、遺跡から1.5kmほどメリダ寄りのピステPisteという町に、手頃なホテルが7軒ほど集まっている。ピステのバス停周辺には**H** Piramide Inn[TEL (985) 851-0115 URL www.piramideinn.com ⓈⒹM$600〜]や**H** Posada Maya[TEL (985) 851-0211 ⓈⒹM$380〜]などがある。5〜10月のオフシーズンには、値引き交渉も可能だ。

メインゲート脇にはレストランや売店がある

Maya Landなど、遺跡に隣接してホテルが点在している

カリブ海のビーチで静かにカジュアルステイ

イスラ・ムヘーレス
Isla Mujeres

人　　口	約1万9000人
高　　度	0m
市外局番	998

▶必須ポイント！
★プラヤ・ノルテでのんびり過ごす
★ガラフォン・パークでスノーケリング
★ウミガメ保護センター

イベント情報
●11月末〜12月上旬の2週間
聖母マリアの受胎記念日 Celebración de la Virgen Inma-culada Concepción の期間は、中心部でパレードが行われる。

カンクンのホテルゾーンから
イスラ・ムヘーレスへはプエルト・フアレスとグラン・プエルトからおおむね30分間隔で船が運航しているが、ホテルゾーンに宿泊しているなら、以下の港からUltramar社などの高速船でアクセスするのが便利。いずれも所要25分、片道US$14、往復US$19(US$3.5の港使用料別途)。スケジュールは頻繁に変更されるので要確認。
Ultramar社
TEL 881-5890
URL www.ultramarferry.com
●エンバルカデロ発着
イスラ・ムヘーレスへ9:15、10:30、11:45、13:00、14:15、16:30、18:15、19:30、20:45発。イスラ・ムヘーレス発は9:45、11:00、12:15、13:30、16:00、17:15、18:45、20:00発。
●プラヤ・トルトゥガス発着
イスラ・ムヘーレスへ9:00〜20:30に、イスラ・ムヘーレス発は9:30〜21:15に毎時1便ほど運航。
●プラヤ・カラコル発着
イスラ・ムヘーレスへ9:00、10:15、11:30、12:45、14:00、16:45発。プラヤ・カラコル発は9:45、11:00、12:15、13:30、16:00、17:15発。

プエルト・フアレス、グラン・プエルトへの行き方
カンクンのバスターミナル東側からプエルト・フアレス行きのミニバス(M$10)かタクシー(M$40〜)で1U分ほど。

美しいビーチが広がるリゾートアイランド

カンクン沖、約10kmの洋上に浮かぶ全長8kmほどの小さな島。カンクンから定期船で約30分と近く、カンクンに滞在する観光客には、ドルフィンツアーやクルーズなどのデイトリップで人気が高い。

ホテルやマリンスポーツの施設も整っているが、かつてバックパッカーの聖地として売り出した頃の素朴さ、島独特の居心地のよさは相変わらず。すべての施設を完備したカンクンから来ると少々不便だが、ほのぼのとした雰囲気と物価の安さから、各国からの若い長期旅行者に相変わらず人気が高い。透明な海と目の覚めるような青い空の間で、のんびりと過ごすには最高の島だ。

イスラ・ムヘーレスとは「女神の島」という意味だが、アステカ帝国がエルナン・コルテスのスペイン征服軍によって滅亡する以前、カリブ諸島から大陸をうかがったスペイン人がこの島に上陸したとき、多くのイシュチェルというマヤの女神像を発見したことが、名前の由来といわれている。

アクセス

船舶▶カンクンの7つの港からフェリーや小型ボートが運航。最も頻繁に便があるプエルト・フアレスPuerto JuárezからはMarinsa社(所要30分、片道M$160、往復M$300)とNaveganto社(所要45分、片道M$140、往復M$265)が毎時各1〜2便運航(6:05〜22:15)。グラン・プエルトGran PuertoからはUltramar社(所要25分、片道M$160、往復M$300)の快適な高速フェリーが毎時1〜2便運航(5:00〜23:00)。

ホテルゾーンからも、高速船が運航している(欄外参照)。帰路はドルフィン・ディスカバリーからのピックアップも可。

▶カンクン発クルーズ→P.202

はみだし イスラ・ムヘーレスへ行くにはドルフィン・ディスカバリー(→P.201)やガラフォンへのツアーボートに便乗も可能。プラヤ・ランゴスタから9:00、11:00発。復路は15:30、17:30発。往復US$15(片道も同料金)。

歩き方

　港に着くと、ゾロゾロ降りてくる観光客を目当てにした客引きが待ち構えている。島内巡りのゴルフカートや各種ツアーの勧誘が多い。時間のない人はそうした客引きと交渉し利用するのもいいが、時間があれば港周辺にゴルフカートの貸し出し事務所、観光局のオフィスもあるので自分の目で確認してみよう。

　とにかく、イスラ・ムヘーレスに着いてすぐ動き出したとしてもまず

迷うことはない。小さな島だし、標識も親切だ。港周辺には銀行、ホテル、レストラン、ショップ、スノーケリングの案内所などが集まっている。アクティビティ施設のあるプラヤ・ノルテへも歩いて10分ほどだ。

フェリーを降りるとそのまま中心部へ入れる

島内交通

　島内の移動はタクシーが便利。フェリー乗り場からプラヤ・ノルテへM$50、ガラフォン・パークへM$100、ドルフィン・ディスカバリーのSac BajoへM$100。帰りも無線で呼ぶことができる。自由にあちこち行きたいなら、スクーターを借りるのがいい。料金は1時間M$180、1日M$450（ガソリン代込み）。免許証がなくてもパスポートやデポジット（前金）を預ければ借りることができる。ただし、道路にはトペという段差がいくつもあるので、スピードの出し過ぎには注意。詰め込むと4人も乗れてしまうゴルフカートのレンタル料金は1時間M$300〜、1日M$1000〜。貸し自転車は1日M$180程度。

島内を自由に動き回れるゴルフカート

観光案内所　　MAP P.239/B2
住所 Av.Rueda Medina No.130
TEL 877-0307
URL www.isla-mujeres.net
営業 月〜金9:00〜16:00
　フェリー乗り場の斜め向かい。

両替事情
　フェリー乗り場の斜め向かいにあるⓈHSBCにはATMがあり、観光案内所の並びには両替所もある。銀行での両替はカンクン市内のレートとほぼ同じ。

タクシー料金
　メーターはなく、規定料金の表がフロントガラスの右上に通常は張ってある。1時間チャーターでM$000。乗る前にいくら払うか運転手に確認しておいたほうがいい。

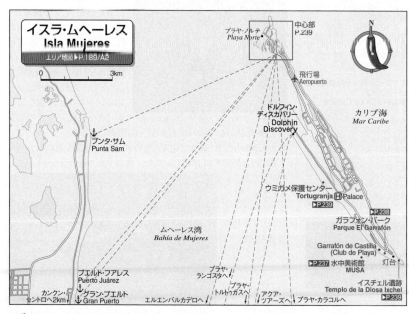

イスラ・ムヘーレス
Isla Mujeres
エリア地図▶P.189/A2

0　　　　3km

N

プンタ・サム
Punta Sam

プラヤ・ノルテ
Playa Norte

中心部
P.239

飛行場
Aeropuerto

ドルフィン・ディスカバリー
Dolphin Discovery

カリブ海
Mar Caribe

ムヘーレス湾
Bahía de Mujeres

ウミガメ保護センター
Tortugranja Ⓗ Palace
▶P.239

ガラフォン・パーク
Parque El Garrafón
▶P.238

Garrafón de Castilla
(Club de Playa)
▶P.237

灯台
水中美術館
MUSA

イスチェル遺跡
Templo de la Diosa Ixchel
▶P.239

プエルト・フアレス
Puerto Juárez
グラン・プエルト
Gran Puerto

カンクン・セントロへ2km

プラヤ・ランコスタヘ

プラヤ・トルトゥガスヘ

エルエンバルカデロヘ

アクア・ツアーズヘ

プラヤ・カラコルヘ

おもな見どころ

▶美しいビーチでのんびり過ごす ★★★

プラヤ・ノルテ
Playa Norte

島の中心部の北側に広がる美しいビーチ。波も穏やかで、プールのようだ。透明な海には熱帯魚がたくさんいるので、スノーケリングも楽しい。砂遊びに興じる子供たち、白い砂浜で日光浴するトップレスの女性。のんびりと時が流れる南の楽園がここにある。

白砂のビーチで日光浴をする観光客

ビーチにはカヤック(1時間、M$350)、パドルボート(1時間、M$350)、スノーケリング器材(2時間、M$300)などのレンタル店があり、各種マリンスポーツが楽しめる。

プラヤ・ノルテ
[MAP] P.239/A1
フェリー乗り場の約500m北西。徒歩10分弱、タクシー(M$50)も利用できる。
デッキチェアやビーチパラソルのレンタルは、それぞれ1日M$100～150。

ダイビングショップ
●Carey
[MAP] P.239/B1
住所 Av. Matamoros 13-A
TEL 877-0763
URL www.careydivecenter.com
営業 毎日8:00～20:00

浅瀬で波も穏やかなので子供にも安心

▶カンクンを対岸に見渡すリゾート公園 ★★

ガラフォン・パーク
Parque El Garrafón

スノーケリングはカンクン発ツアーでも参加できる

島の南端、中心部から7kmほど離れたロケーションにある熱帯魚の保護海岸。スノーケリングで水中に潜れば、カラフルな魚や珊瑚礁が広がる海底パノラマが堪能できる。色を変えながら泳ぐイカや、色鮮やかなクイーンエンゼルなど、魚を追いかけているだけでこの島に来た価値がある。昼の10:00から15:00頃まではカンクンからのツアー客でにぎわうので、静かに過ごしたければその時間を避けるといい。

園内のショップではダイビングや、各種アクティビティを申し込むことができる。レストラン、プール、シャワー、ロッカーなどの設備もある。

スノーケリングエリアと海を見渡すプールもある

ガラフォン・パーク
[MAP] P.237
TEL 193-3360
URL www.garrafon.com.mx
入場 毎日9:00～17:00
料金 US$89(カンクンからのフェリー代、ビュッフェ、タオル、ロッカー、スノーケリング用具代も込み)
フェリー乗り場からタクシーで約10分(M$100)。
カンクンからの公式ツアーは、毎日9:00にプラヤ・トルトゥガス発。朝食・ランチ・ドリンク付き。島内の自転車ツアーやショッピングツアーにも参加できる。

ガラフォン・パークに隣接するビーチクラブ
●Garrafón de Castilla
住所 Carretera Punta Sur, Km.6
TEL 877-0107
入場 毎日9:00～17:00
料金 M$100
ガラフォン・パークのすぐ北側にあるビーチクラブ。プライベートビーチやレストラン、バー、ダイブショップなどがある。併設のホテルは海に面したバルコニー、エアコン、ミニバー、冷蔵庫付きⓈⒹM$1250～。

公園に隣接してホテルがオープンしている

はみだし ガラフォン・パークの施設はドルフィン・ディスカバリー(→P.201)が経営しており、ホームページからドルフィン・スイムと一緒に申し込むと15～25%の割引あり。

カリブ海とユカタン半島

イスラ・ムヘーレス

▶マヤ文明の痕跡を訪ねる

イスチェル遺跡
Templo de la Diosa Ixchel ★

遺跡そのものはたいしたものではないが、こ
こから広がるカリブ海の眺望はすばらしい

ガラフォン・パークから500mほ
ど南、島南端の断崖絶壁にあ
る遺跡。近くの灯台の周りには
カフェやショップがあり、現代彫
刻が建ち並ぶ公園となっている。
遺跡周辺の断崖には遊歩道が
造られ、海に下りたり、ガラフォン・
パーク方面まで歩くこともできる。

▶カリブ海の自然環境を理解する

ウミガメ保護センター
Tortugranja ★

海に大きな生けすをいくつも造り、成長別に分けてウミガメ(トルトゥ
ガス)を飼育している。巨大なウミガメが悠々と泳ぐ様は、
なかなかの見もの。浜には卵が眠る砂地があったり、生
後間もない小さなカメばかり集めた小さなプールがあったり
と、ウミガメの飼育を通じてその生態の研究などを行って
いる環境抜群の施設だ。

付属施設として小さな博物館もあり、アクアリウムなどが
見られる。

海へ帰る日を待つ子ガメたち

イスチェル遺跡
MAP P.237

入場 毎日10:00〜17:00
料金 M$40(ガラフォン・パーク
の入場料に含まれる)
中心部からタクシーで所要約
10分、M$105。

遺跡の周囲は整備されカフェな
ども営業している

ウミガメ保護センター
MAP P.237

フェリー乗り場からタクシーで
約7分、M$75。
TEL (987)888-0705(本部)
入場 毎日9:00〜17:00
料金 M$16

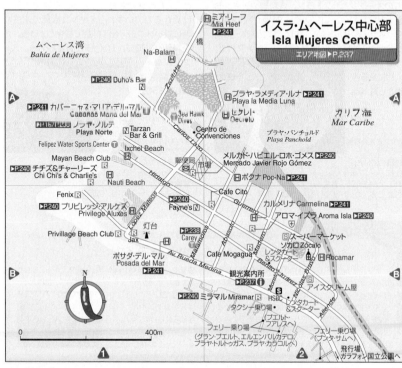

ムヘーレス湾
Bahía de Mujeres

▶P.240 Duho's Bar

▶P.241 カバーニャス・マリア・デル・マル
Cabañas María del Mar

▶P.187/P.240 プラヤ・ノルテ
Playa Norte
Felipez Water Sports Center

Tarzan
Bar & Grill

Mayan Beach Club

▶P.240 チチズ&チャーリーズ
Chi Chi's & Charlie's
Nauti Beach

Ixchel Beach

Fenix

▶P.240 プリビレッジ・アルケズ
Privilege Aluxes

Privillage Beach Club

Jax

ポサダ・デル・マル
Posada del Mar
▶P.241

Na-Balam

3rd Hawk
Divers

Centro de
Convenciones

郵便局 市場

Cafe Cito

▶P.240
Fayne's

灯台

▶P.238
Carey

Cafe Mogagua

観光案内所
▶P.237

▶P.240 ミラマル Miramar

HSBC

タクシー乗り場

フェリー乗り場
(グラン・プエルト、エルエンバルカデロ、
プラヤ・トルトゥガス、プラヤ・カラコルへ)

ミア・リーフ
Mia Reef
▶P.241

橋

プラヤ・ラメディア・ルナ ▶P.241
Playa la Media Luna

セクレト
Secreto

プラヤ・パンチョルド
Playa Panchold

メルカド・ハビエル・ロホ・ゴメス ▶P.240
Mercado Javier Rojo Gómez

ポクナ Poc-Na ▶P.241

カルメリナ Carmelina ▶P.241

アロマ・イスラ Aroma Isla ▶P.240

スーパーマーケット
ソカロ Zócalo
レフタカード
&スクーター
Rocamar

アイスクリーム屋

レフタカード
&スクーター

イスラ・ムヘーレス中心部
Isla Mujeres Centro
エリア地図 ▶P.237

カリブ海
Mar Caribe

フェリー乗り場
(プエルト・
フアレスへ)

フェリー乗り場
(プンタ・サムへ)

飛行場
ガラフォン国立公園へ

0 ─── 400m

N

はみだし イスラ・コントイ (MAP P.189/A2)は野鳥の群生地で多数のグンカンドリが生息。12月頃の繁殖期
になると、グンカンドリのオスがのど元を赤く膨らませてメスに求愛している光景が観察できる。

 Comida　レストラン

▶プラヤ・ノルテのビーチ・バー＆レストラン
チチズ＆チャーリーズ
Chi Chi's & Charlie's

　目の前には白砂のビーチと遠浅の青い海、頭上にはヤシの木々がそよぐ理想的なロケーションにある人気店。デッキチェアとパラソルを借りて（1日M$250）、ゴロゴロと過ごすのもいい。魚料理はM$160
〜、マルガリータ
2杯でM$100。

海を眺めながら過ごせる

MAP P.239/A1
住所 Playa Norte, Av. Rueda Medina No.50
TEL 877-0491　営業 毎日10:00〜20:00
税金 込み　カード MV　Wi-Fi 無料

▶女性に人気のベジカフェ
アロマ・イスラ
Aroma Isla

　中心部の繁華街にあるオープンカフェ。ヘルシーメニューが評判で欧米からの旅行者でにぎわっている。スムージー（M$60〜）、フルーツサラダ（M$65
〜）、朝食セット
（M$90〜）な
どがおすすめ。

のんびり落ち着いて過ごせる

MAP P.239/B2
住所 Av. Hidalgo Lt 11
TEL 877-1878　営業 毎日7:00〜23:30
税金 込み　カード MV　Wi-Fi 無料

▶海を見ながらシーフードを味わう
ミラマル
Miramar

　フェリー乗り場のすぐ西にある、「海の家」風のオープンなレストラン。魚料理やチキン料理がM$160〜、ロブスター料理がM$400、マリネラ・グリルド（魚、エビ、ロブスターの盛り合わせ）はM$750と値段もリーズナブルだ。
好みの食材を
入口にある水
槽から選べる。

軽食から魚介料理まで多様

MAP P.239/B2
住所 Av. Rueda Medina
TEL 274-2595　営業 毎日7:00〜22:00
税金 込み　カード ADJMV　Wi-Fi 無料

▶家庭的な味を体験してみよう
メルカド・ハビエル・ロホ・ゴメス
Mercado Javier Rojo Gómez

　ソカロから400mほど北西にある市場内には、4軒の食堂が並んでいる。それぞれ経営は異なるが、いずれもメキシコ庶民の家庭料理に近いメニューを低料金で提供している。魚介料理M$70〜、セビッチェ M$120〜、スープM$50〜、
目玉焼きと
ハムM$50。

観光客にも地元の人にも人気

MAP P.239/A1
住所 Guerrero　TEL なし
営業 毎日7:00〜17:00（店舗により異なる）
税金 込み　カード 不可　Wi-Fi なし

COLUMNA

イスラ・ムヘーレスのナイトライフ

　イスラ・ムヘーレスには南国ムード満点の陽気なディスコ（Discoteca）が何軒かある。島は小さいので夜もわりと安全。気軽に出かけられるのがうれしい。
　おすすめスポットは、Av. Hidalgoの中ほどにある N Fayne's（MAP P.239/B1）やその周辺のいくつかの店。メキシコのポップスなどで陽気に過ごせる。各ディスコにお客が集まるのは、22:00から翌3:00

頃まで。週末には翌5:00頃まで盛り上がることもある。また、プラヤ・ノルテのオープンバー N Buho's Bar（MAP P.239/A1）では終日レゲエやポップスなどを楽しめる。

夕暮れ時からもうひとつの休日が始まる

  はみだし H プリビレッジ・アルケスPrivilege Aluxes（MAP P.239/B1　TEL 848-8470　URL www.privilegehotels.com）は全124室の高級ホテル。オールインクルーシブで S D M$2950〜。

Estancia　ホテル

カンクンのような大型ホテルはないが、島の中心部は中級ホテルや安宿が多い。ホテルは冬のシーズンは料金が2〜3割アップし、逆に夏のオフシーズンには割引可。クリスマスやイースターの頃は、ホテルが非常に混み合うので、カンクンで予約を入れておいたほうがいいだろう。

▶島の北端にある大型リゾート

ミア・リーフ
Mia Reef

ビーチから延びる桟橋を渡った先にあるオールインクルーシブの高級ホテル。ビーチフロントの全156室は、タワー棟かヴィラを選べる。[Wi-Fi] 客室OK・無料

西岸はプラヤ・ノルテとつながっている

[MAP] P.239/A2　🍴○　🏊○　🔒○　☕△
住所 Calle Zasil-ha s/n Islote El Yunque
TEL 999-2050
URL www.miareefislamujeres.com
税金 込み　カード [A][M][V]
料金 ⓈM$3347〜、ⒹM$5324〜　[AC]○ [TV]○ [TUB]△

▶ビーチライフを満喫する

プラヤ・ラメディア・ルナ
Playa la Media Luna

ソカロから約500m北西のビーチに建つ全18室の快適ホテル。ビーチや自然を静かに満喫するには絶好のロケーションで、家族連れにも人気だ。[Wi-Fi] 客室OK・無料

[MAP] P.239/A2　🍴○　🏊○　🔒○　☕○
住所 Sección Rocas, Lotes 9 y 10, Punta Norte
TEL 877-0759
URL www.playamedialuna.com
税金 込み　カード [A][M][V]
料金 ⓈⒹM$1920〜　[AC]○ [TV]○ [TUB]×

▶快適な４つ星ホテル

カバーニャス・マリア・デル・マル
Cabañas Maria del Mar

プラヤ・ノルテに面する、全73室のホテル。水着のまま美しいカリブ海に出られる。客室はロケーションや室内設備により3つのカテゴリーに分かれ、料金はシーズンにより変動する。[Wi-Fi] 客室OK・無料

[MAP] P.239/A1　🍴○　🏊○　🔒○　☕○
住所 Av. Carlos Lazo No.1
TEL 877-0179　FAX 877-0213
URL www.cabanasdelmar.com
税金 込み　カード [A][M][V]
料金 ⓈⒹM$1390〜　[AC]○ [TV]○ [TUB]×

▶緑豊かなロケーションがすてき

ポサダ・デル・マル
Posada del Mar

フェリー乗り場から400mほど北西、緑のなかに隠れるように建つ。ヤシの木に囲まれたバーなど雰囲気もいい。全61室。[Wi-Fi] 客室OK・無料

プールサイドで静かに過ごせる

[MAP] P.239/B1　🍴○　🏊○　🔒○　☕有料
住所 Av. Rueda Medina No.15-A
TEL 877-0044　FAX 877-0266
URL www.posadadelmar.com
税金 込み　カード [A][M][V]
料金 ⓈⒹM$1200〜　[AC]○ [TV]○ [TUB]×

▶雰囲気のよさで長期滞在客が多い

カルメリナ
Carmelina

フェリー乗り場から300mほど北にある、清潔で雰囲気がよい快適ホテル。屋上でくつろぐことができ、長期滞在者も多い旅の情報交換スポットだ。全29室。[Wi-Fi] 客室OK・無料

[MAP] P.239/B2　🍴×　🏊×　🔒×　☕×
住所 Guerrero No.4　TEL 877-0006
税金 込み　カード 不可
料金 ⓈM$500〜、ⒹM$800〜　[AC]○ [TV]○ [TUB]×

▶バックパッカーに絶大な人気

ポクナ
Poc-Na

フェリー乗り場から400mほど北にある全17室(176ベッド)のユースホステル。男女別のドミトリーはM$195〜220。ファン、ロッカー付き。[Wi-Fi] 客室OK・無料

ドミトリー式の室内

[MAP] P.239/A2　🍴○　🏊×　🔒×　☕○
住所 Matamoros No.15　TEL&FAX 877-0090
URL www.pocna.com　税金 込み　カード [M][V]
料金 ⓈⒹM$420〜　[AC]△ [TV]○ [TUB]×

🍴 レストラン　🏊 プール　🔒 金庫　☕ 朝食　[AC] エアコン　[TV] テレビ　[TUB] バスタブ

ヨーロッパ人に評判のカリブ海リゾート

プラヤ・デル・カルメン
Playa del Carmen

人　口	約21万人
高　度	0m
市外局番	984

必須ポイント!
- ★カリブ海でスノーケリング
- ★レストランでシーフードを満喫
- ★リビエラ・マヤでリゾート

両替事情
Av. JuárezとAv. Quinta沿いに両替所が多数ある。毎日9:00〜21:00までの営業が一般的。米ドルの両替レートはカンクンと変わらない。

カリブ海に面してビーチが続く

カンクンから約65km南。かつては旅行者がコスメルへの通過地点として、ただ通り過ぎてしまうだけの小さな港町だったプラヤ・デル・カルメン。近年は観光スポットの喧騒を逃れて、静かに海を楽しみたいヨーロッパからの旅行者に人気が高まり、大きく発展しつつある。カリブ海を眺めながら、のんびりとバカンスを過ごすのに最高のスポットだ。

コスメルへのフェリー乗り場

アクセス

バ　ス▶バスターミナルは町なかにふたつある。Turisticaバスターミナルはソカロの北側にあり、近郊へのバスが発着。Alternaバスターミナルは中心部の北にあり、国内各地への長距離バスがおもに発着している。カンクン市内やカンクン国際空港へはTuristicaバスターミナル始発の便もAlternaバスターミナルを経由する。

船　舶▶コスメル間を往復するフェリーが5:45〜22:00に毎日計35便運航。所要35〜45分、片道M$135〜162。

プラヤ・デル・カルメンから各地へのバス

目的地	1日の本数	所要時間	料金
カンクン	ADO、Mayabなど毎時6本	1.5h	M$36〜74
カンクン空港	ADO毎時2〜3本(3:00〜22:20)	1.5h	M$190
シカレ、シェルハ	ADO 2本(8:30、9:50)、Mayabなど毎時1〜2本	20〜40分	M$20〜40
トゥルム	ADO、Mayabなど毎時1〜2本(0:30〜23:59)	1.5h	M$44〜108
チェトマル	ADO 7本(1:50〜23:58)、Mayab10本(1:00〜23:20)	5h	M$276〜366
チチェン・イッツァ	ADO 1本(8:00)、Oriente 1本(7:30)	4h	M$165〜332
メリダ	ADO 8本(1:30〜23:59)、ADO GL 2本(14:30、18:45)	5〜6h	M$488〜534
ビジャエルモッサ	ADO 3本(18:25、22:20、22:50)、ADO GL 1本(18:45)	12h	M$1070〜1294
パレンケ	OCC 2本(17:10、21:50)、ADO GL 1本(19:10)	11h	M$986〜1178
サンクリストバル・デ・ラスカサス	OCC 2本(17:15、21:50)、ADO GL 1本(19:10)	16〜20h	M$1216〜1468
ベラクルス	ADO GL1本(18:45)	21h	M$1964
プエブラ	ADO 1本(18:25)、ADO GL 1本(15:25)	22h	M$2094〜2502
メキシコシティ	ADO 2本(12:30、21:30)、ADO GL 1本(15:25)	26h	M$2150〜2650

ショッピングセンター
コスメル行きフェリー桟橋から200mほど西にある[S]パセオ・デル・カルメンは、エリア有数のショッピングセンター。民芸品、アクセサリー、ファッション、水着など多彩なテナントショップが入店し、レストラン&バーも充実している。

[S] パセオ・デル・カルメン
Paseo del Carmen
[MAP] P.243/B1
営業 毎日11:00〜23:00(店舗により異なる)
URL www.paseodelcarmen.com

観光スポットにもなっているショッピングセンター

[はみだし] フリーダ・カーロ博物館Frida Kahlo Museum ([MAP] P.243/A2　営業 毎日9:00〜23:00　料金M$240)は天才画家のアートに触れられる人気スポット。2017年オープン。カフェも併設されている。

涼しげな潮風が吹く町の中心部

歩き方

バスターミナルと港のある中心部はこぢんまりとしており、歩いて散策できる。コスメルへのフェリーが出る桟橋からソカロ周辺には両替所、レンタカーオフィスなどが、町の中心を走るAv. Quinta沿いにはホテル、ショッピングモール、みやげ物屋、レストランが並んでいる。リビエラ・マヤ（→P.246）の高級リゾートは町の周辺に点在しているので、アクセスにはタクシーを利用するといい。

アクティビティ

ダイビング、スノーケリング　　Diving, Snorkeling

対岸に浮かぶコスメル同様に、カリブ海やセノーテの水中世界を楽しめるダイビング、スノーケリングスポットが多い。特にプラヤ・デル・カルメン周辺にも多数のセノーテがあり、所要時間や入園料は異なる（セノーテは水温が低いのでラッシュガードがあると快適）。

プラヤ・デル・カルメン周辺のセノーテで神秘的なダイビングやスノーケリングが楽しめる

タクシー
タクシーにメーターはないが、市内の移動はM$90〜が目安。カンクンの空港へはM$600〜、ホテルゾーンへはM$800〜。ソカロ北側のバスターミナルで客待ちをしている運転手に交渉すれば、近郊へのチャーターにも応じてくれる。

アクティビティの料金
●ウエイブランナー
　30分US$75
●フィッシング
　1艘で半日US$450〜
●ダイビング
　2タンクUS$80〜
●セノーテダイビング
　2タンクUS$115〜
●セノーテスノーケリング
　1時間US$60〜

イグアナダイバーズ
Iguana Divers　MAP P.243/A1
住所 Calle 8, Ave 20 & 25
TEL 146-5114
URL www.iguana-divers.com
　日本人スタッフ常駐のダイブショップ。コスメルの海やセノーテなど多彩なダイビング&スノーケルツアーを催行している。

カリブ海とユカタン半島

プラヤ・デル・カルメン

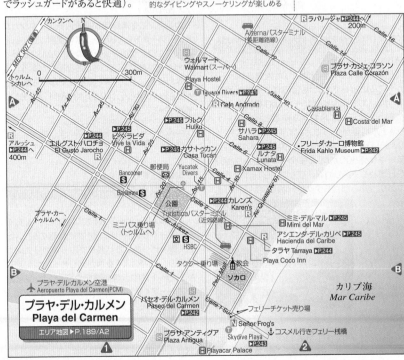

プラヤ・デル・カルメン
Playa del Carmen
エリア地図 ▶P.189/A2

- カンクンへ
- MEX 307（2車線）
- トゥルム、シカレへ
- Alterna／バスターミナル（長距離路線）
- ラバリージャ ▶P.244
- 200m
- ウォルマート Walmart（スーパー）
- プラサ・カジェ・コラソン Plaza Calle Corazón
- Playa Hostel
- Iguana Divers ▶P.241
- Cafe Andrade
- Casablanca
- Costa del Mar
- アルッシュ ▶P.244 400m
- エル・グスト・ハロチョ El Gusto Jarocho ▶P.244
- ビベ・ラビダ Vive la Vida ▶P.245
- フルク Hulku ▶P.245
- サハラ Sahara ▶P.245
- カサ・トゥッカン Casa Tucán ▶P.245
- ルナタ Lunata ▶P.245
- Xamax Hostel
- フリーダ・カーロ博物館 Frida Kahlo Museum ▶P.242
- Bancomer
- 郵便局
- Yucatek Divers
- Banamex
- カレンズ Karen's ▶P.244
- 公園 Turística／バスターミナル（近郊路線）
- ミミ・デル・マル Mimi del Mar ▶P.245
- ミニバス乗り場（トゥルムへ）
- HSBC
- アシエンダ・デル・カリベ Hacienda del Caribe ▶P.245
- タラヤ Tarraya ▶P.244
- Playa Coco Inn
- プラヤ・カー、トゥルムへ
- タクシー乗り場
- 教会
- ソカロ
- カリブ海 Mar Caribe
- プラヤ・デル・カルメン空港 Aeropuerto Playa del Carmen(PCM)
- パセオ・デル・カルメン Paseo del Carmen ▶P.242
- フェリーチケット売り場
- Señor Frog's
- Skydive Playa ▶P.243
- コスメル行きフェリー桟橋
- プラサ・アンティグア Plaza Antigua
- Playacar Palace

Comida レストラン

▶旅行者でにぎわうメキシコ料理店
カレンズ
Karen's

ソカロから2ブロック北、にぎやかな目抜き通り沿いにあるレストラン。バーカウンターはブランコが止まり木になっており、昼間からアルコールを楽しむ旅行者が多い。メキシコ料理のほかパスタなどメニューはいろいろ。スタッフのおすすめはメキシカングリル（2名分M$570）や、アツアツの石臼に肉やチーズを盛りあわせたモルカヘテ（M$350）。トルティージャ、卵料理、フルーツなどボリューム満点の朝食セット（M$120～）も人気。

開放的な店内はカラフルにペイントされている

MAP P.243/B2
住所 Av. 5 entre Calle 2 y 4
TEL 147-7640 　営業 毎日10:00～24:00
税金 込み 　カード A M V 　Wi-Fi 無料

▶弾き語りも聴ける洞窟レストラン
アルッシュ
Alux

地下洞窟をレストランにした人気スポット。カラフルに照らされた洞窟内はまるで迷路のようで、エメラルドグリーンの幻想的な池もある。メニューはメキシコ料理とインターナショナル料理が中心で、おすすめは魚のグリル（M$300）、タコ料理（M$300）、鹿肉のステーキ（M$600）など。ギターの弾き語りとDJが日替わりで楽しめる。ソカロから1kmほど西にあり、中心部からタクシー利用でM$100前後。

神秘的な雰囲気で観光客にも大評判

MAP P.243/A1外
住所 Av. Juárez Mza. 217 Lote. 2 Col. Ejidal entre Diagonal 65 y 70 　TEL 206-1401 　営業 毎日5:30～23:30 　税金 込み 　カード M V 　Wi-Fi 無料

▶陽気なスタッフが歓迎してくれる
エルグスト・ハロチョ
El Gusto Jarocho

開放的な雰囲気で、スタッフの応対も行き届いているシーフードレストラン。地元の人が多く、メニューが豊富。魚介類は、調理方法も好みで選べる。ガーリックシュリンプ（M$225）、シュリンプカクテル（小M$105）と値段もリーズナブル。特にメキシコ料理は値段も安くてボリュームたっぷりだ。

地元の人もおすすめ

MAP P.243/A1
住所 Av. 30 entre Av. Juárez y 2 Norte
TEL 803-0336 　営業 毎日10:00～22:00
税金 込み 　カード M V 　Wi-Fi 無料

▶プラヤ・デル・カルメンでも人気のスポット
ラパリージャ
La Parrilla

カンクンにも姉妹店がある人気のメキシカン＆シーフードのレストラン。常に満席に近いほどの人気ぶり。サボテンや豆のタコスM$125～、ファヒータM$215もいろいろな種類がある。おすすめはジュージューと音をたてながら鉄板ごと出されるメキシカングリルM$654（2名分）。

MAP P.243/A2外
住所 Av. Constituyentes con 5 Av.
TEL 873-0687 　営業 毎日11:30～翌1:00
税金 込み 　カード A V 　Wi-Fi 無料

▶海の幸を味わうならここ！
タラヤ
Tarraya

地元の人とツーリストでにぎわう、人気のシーフードレストラン。開放的な店の前には、白く輝くビーチとコバルトブルーのカリブ海が広がり、気持ちよく食事が楽しめる。魚料理はM$70～110で、魚の種類や目方によって値段が変わってくる。甘辛いソースでからめてアボカドを添えたシュリンプカクテルはM$150。

MAP P.243/B2
住所 Calle 2 Norte Orilla de Playa 101 y 103
TEL 149-4217 　営業 毎日12:00～21:00
税金 込み 　カード 不可 　Wi-Fi 無料

はみだし 市内の繁華街はAv. Quintaの通り沿いにで、ショッピングや食事が楽しめ、経済的なホテルが並んでいる。そして1ブロック歩くとすぐにビーチにも出られて、気軽にリゾート気分が味わえる。

Estancia ホテル

中心部から離れるほど、ホテルのグレードがアップする傾向がある。Av. Quinta沿いとビーチ沿いには、中級以上のホテルがたくさん並んでいる。

プラヤ・デル・カルメン中心部

▶インテリアが雰囲気のいい

ルナタ
Lunata

オレンジ色の外観がひときわ目を引くおしゃれな全10室の中級ホテル。部屋は少し狭いのが難点だが、カラフルなタイルのテーブルや陶器のはめ込まれた壁など、センスのよさがうかがえる。[Wi-Fi] 客室OK・無料

ベッドルームのセンスもいい

[MAP] P.243/A2 🍴× 🏊× 🔒○ ☕○
住所 Av. 5 S/N, entre Calles 6 y 8 TEL 873-0884
URL www.lunata.com 税金 +19% カード [A][M][V]
料金 ⓈⒹUS$100～ [AC]○ [TV]○ [TUB]×

▶のんびり滞在できるパーソナルホテル

ミミ・デル・マル
Mimi del Mar

ビーチ沿いにある全18室のホテルで、海の中を思わせるような室内のインテリアも心地よい。小さいがキッチンや冷蔵庫も付いている。[Wi-Fi] 客室OK・無料

長期滞在者に人気がある

[MAP] P.243/B2 🍴× 🏊○ 🔒○ ☕×
住所 1a Norte. Zona Federal Maritimo, Lane1-A, Mz 2
TEL 873-2595 URL www.mimidelmar.com
税金 +19% カード [A][M][V]
料金 ⓈⒹUS$64～ [AC]○ [TV]○ [TUB]×

▶滞在に便利な中心部のホテル

アシエンダ・デル・カリベ
Hacienda del Caribe

旧バスターミナルより徒歩2分ほど。ビーチや目抜き通りにも近く、ショッピングにも便利だ。全34室。[Wi-Fi] 客室OK・無料

[MAP] P.243/B2 🍴× 🏊○ 🔒○ ☕△
住所 Calle 2 Norte, entre 5 y Av.10
TEL 873-3132 URL www.haciendadelcaribe.com
税金 込み カード [M][V]
料金 ⓈⒹUS$45～ [AC]○ [TV]○ [TUB]×

▶日本人旅行者にも評判

フルク
Hulku

周辺にショッピング施設が多く、便利に滞在できる全39室のホテル。客室も広々としていて快適だ。[Wi-Fi] 客室OK・無料

[MAP] P.243/A1 🍴× 🏊○ 🔒○ ☕○
住所 Av. 20 Norte entre Calle 4 y 6
TEL 873-0021 URL www.hotelhulku.com
税金 +19% カード [A][M][V]
料金 ⓈⒹM$1274 [AC]○ [TV]○ [TUB]×

▶ドイツ人経営の経済的なホテル

カサ・トゥカン
Casa Tucán

全29室の部屋はバンガローからキッチン付きまで多彩。ドイツ人の経営で、ヨーロッパ人客の利用者が多い。[Wi-Fi] 客室OK・無料

[MAP] P.243/A2 🍴○ 🏊○ 🔒○ ☕有料
住所 Calle 4 entre Av.10 y Av.15
TEL 803-5349
税金 込み カード [M][V]
料金 ⓈⒹM$620～ [AC]△ [TV]△ [TUB]×

▶客室は清潔でスタッフも親切

サハラ
Sahara

快適に滞在できる全37室のホテル。冷蔵庫や電子レンジも完備したファミリールームは家族旅行におすすめ。[Wi-Fi] 客室OK・無料

[MAP] P.243/A2 🍴× 🏊○ 🔒○ ☕△
住所 Av. 15 esquina Calle 8 TEL 873-2236
税金 +19% カード [M][V]
料金 ⓈⒹUS$53～ [AC]○ [TV]○ [TUB]×

▶ドミトリー中心のおしゃれな安宿

ビベ・ラビダ
Vive la Vida

中心部の西側にある欧米人の若者に人気の安宿。全10室、60ベッド。共同台所があり、ドミトリーはM$140。[Wi-Fi] 客室OK・無料

[MAP] P.243/A1 🍴× 🏊○ 🔒○ ☕×
住所 Calle 2 Nte entre Av.25 y Av.30
TEL 109-2457 税金 込み カード [A][M][V]
料金 ⓈⒹM$500～ [AC]× [TV]× [TUB]×

🍴 レストラン 🏊 プール 🔒 金庫 ☕ 朝食 [AC] エアコン [TV] テレビ [TUB] バスタブ

▶規模の大きなホテルリゾート

🛏 バイア・プリンシペ
Bahía Principe

リビエラマヤを代表する大規模なホテル施設のひとつで、客室数はなんと全2278室。広い敷地は町のようで、3階建てのアパートメント風の建物が林立している。シャトルバスが随時走っており、ビーチ、レストランやプール、みやげ物屋街へと自由に行動できる。スノーケリングができるビーチエリアも人気。料金はオールインクルーシブになっている。**Wi-Fi** 客室OK・有料（1日M$150）

シャトルバスで移動も便利だ

リゾート気分を満喫できるプールエリア

MAP P.247	🍴○ 🏊○ 📷○ ⛱○
住所 Carretera Chetumal Km. 250	
TEL 875-5000　FAX 875-5004	
URL www.bahia-principe.com	
税金 込み　カード **A D M V**	
料金 Ⓢ M$4056～・Ⓓ M$5341～	**AC**○ **TV**○ **TUB**△

▶周囲の自然と溶け合った空間

🛏 オーシャン・マヤ・ロイヤル
Ocean Maya Royale

プラヤ・デル・カルメンから約18km北に位置する。入口のロビーからビーチまで客室数全320室のホテル施設が点在し、それらをつなぐ道をゴルフカートで行き来する。ラグーンやセノーテに面したヴィラタイプの客室や7つあるダイニングやバーなど、各施設は独自のコンセプトをもつ。熱帯雨林とマングローブ林を切り開いて造られ、野鳥が飛び交う周囲の自然と調和している。スパも併設され、エステメニューはM$2000 ～。18歳未満の宿泊不可となっている。**Wi-Fi** 客室OK・無料

ラグーンに面した部屋のテラス

広くて快適なベッドルーム

MAP P.247	🍴○ 🏊○ 📷○ ⛱○
住所 Carretera Chetumal Km. 299	
TEL 873-4700　FAX 873-4701	
URL www.oceanhoteis.net	
税金 込み　カード **M V**	
料金 Ⓢ Ⓓ M$3390～	**AC**○ **TV**○ **TUB**△

🌵 COLUMNA

リビエラ・マヤのリゾートホテル

プラヤ・デル・カルメン周辺の約100kmに及ぶ海岸線地帯をリビエラ・マヤRiviera Maya（**MAP** P.189/A2）と呼ぶ。これは正式な行政区の地名ではなく、2003年頃から使われ始めた俗称だ。ホテルは町から離れているため、オールインクルーシブ型がほとんどで、宿泊客はホテル内ですべての飲食を済ますのが一般的だ。大半のホテルにはプライベートビーチがあり、静かな環境でカリブ海リゾートが満喫できる。

ホテルにもよるが各種施設が充実しており、プールはもちろん、スパやサウナなどがある。またマリンスポーツやゴルフ、テニスなどを楽しめるようにレンタル器具が用意されていたり、周囲のマングローブ林で野鳥観察ができるところもある。ウェブサイトで施設やサービス内容を調べて、自分に合ったホテルを探してみよう。また料金はシーズンによって大きく異なり、キャンペーンでさらに安くなったりもする。

カリブ海を望むプライベートビーチ

▶カリブ海とマングローブに囲まれた

フェアモント・マヤコバ
Fairmont Mayakoba

幹線道路からゴルフ場を抜けるとレセプションに着く。ラグーンと川に沿って客室の建物が並び、部屋からはカリブ海とマングローブ林が眺められる。フロントには日本人スタッフもおり、全401室の部屋はフェアモント・クイーンが一般的。よりプライベートを重視したいなら一軒家のようなデラックス・カシータがおすすめだ。[Wi-Fi] 客室OK・無料

上／周囲は熱帯雨林やマングローブ林に覆われている
下／ゆったりと過ごせるロビー

[MAP] P.247　🍴○ 🏊○ 🔒○ ☕△
住所 Carretera Chetumal Km. 298
TEL 206-3000　FAX 206-3030
URL www.fairmont.com/mayakoba
税金 +19%　カード [A][D][J][M][V]
料金 ⓈⒹM$5051～　[AC]○ [TV]○ [TUB]△

▶海洋公園に隣接した高級リゾート

オキシデンタル・グラン・シカレ
Occidental Gran Xcaret

観光客に人気のシカレ海洋公園に隣接し、徒歩や小船でアクセスできるリゾートホテル。敷地内にはフラミンゴやオウムなどの鳥が飼い放たれ、自然を体感できる造りになっている。全769室の部屋で構成され、オールインクルーシブでメキシコ料理からイタリア料理まで楽しめる。[Wi-Fi] 客室OK・無料

シカレ海洋公園の入口からホテルへ

[MAP] P.247　🍴○ 🏊○ 🔒○ ☕○
住所 Carretera Chetumal Km. 282
TEL 871-5400　FAX 871-5406
URL www.occidentalhotels.com
税金 込み　カード [A][D][M][V]
料金 ⓈⒹM$5622～　[AC]○ [TV]○ [TUB]△

▶家族向け人気リゾート

ナウ・サファイア・リビエラ・カンクン
Now Sapphire Riviera Cancún

カンクン市内から南へ約32km。リビエラ・マヤに点在するオールインクルーシブ・リゾートの代表的な存在。マヤ様式の13のバンガローからなる全496室の部屋はすべてスイートで、トロピカルビューとオーシャンフロントに分かれている。各種レジャー施設も充実している。宿泊料には評判の高い食事や飲み物はもちろん、ルームサービスやミニバー、スノーケリングツアーやヨットなどのアクティビティまで含まれている。[Wi-Fi] 客室OK・無料

上／広々とした客室
下／プールは家族連れに人気が高い

[MAP] P.247　🍴○ 🏊○ 🔒○ ☕○
住所 SM.11 MZ.-9 Lote10, Puerto Morelos
TEL 872-8383　FAX 872-8384
URL nowresorts.com/sapphire
税金 込み　カード [A][D][J][M][V]
料金 ⓈM$3859～、ⒹM$5513～　[AC]○ [TV]○ [TUB]○

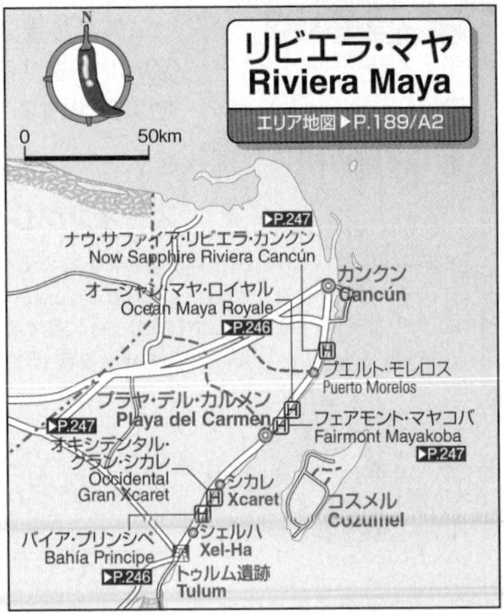
リビエラ・マヤ
Riviera Maya
エリア地図▶P.189/A2
N
0
50km
▶P.247
ナウ・サファイア・リビエラ・カンクン
Now Sapphire Riviera Cancún
オーシャン・マヤ・ロイヤル
Ocean Maya Royale
▶P.246
カンクン
Cancún
プエルト・モレロス
Puerto Morelos
プラヤ・デル・カルメン
Playa del Carmen
▶P.247
オキシデンタル・グラン・シカレ
Occidental Gran Xcaret
フェアモント・マヤコバ
Fairmont Mayakoba
▶P.247
シカレ
Xcaret
コスメル
Cozumel
バイア・プリンシペ
Bahía Principe
▶P.246
シェルハ
Xel-Ha
トゥルム遺跡
Tulum

はみだし リビエラ・マヤのホテル施設は警備が厳しい。予約した宿泊客でないと敷地内に入れないホテルもあるので、レストランやレジャー施設だけの利用の場合は事前予約や入場方法の確認をしておこう。

透明度の高い海が広がるダイバーの楽園

コスメル
Cozumel

人　　口	約8万人
高　　度	5m
市外局番	987

必須ポイント！
★ カリブ海でのダイビング
★ チャンカナブ公園でスノーケリング
★ シーフードグルメを満喫

イベント情報
●2・3月
　コスメルのカーニバルはメキシコ有数のにぎわい。パレードのほか有名歌手のコンサートで盛り上がる。

観光案内所　　MAP P.251/B2
URL www.islacozumel.com.mx
営業 月～金 8:00 ～ 15:00

便利なメキシコみやげの専門店
S Viva Mexico MAP P.251/B1
住所 Rafael Melgar No.199
TEL 872-5466
営業 月～土 8:00～21:00
　　　日 10:00～20:00
メキシコ各地の有名な特産品を一堂に集めた大型店。

ショッピングはまずここへ

カリブ海での休日を満喫できるリゾートアイランド

　長さ約53km、幅約14kmのメキシコでいちばん大きな島コスメルの地名は、マヤ語のAh-Cuzamil-Petin（ツバメの地）に由来している。4世紀頃にはマヤ人が住むようになり、やがて現在のホンジュラスやベラクルスに及ぶ広い範囲の交易の中心地として栄え、人口約4万人の都市に発展した。イスチェルIx-Chelという豊穣の神を祀る祭壇のある重要な巡礼地でもあり、マヤ文明のすべての王国から参拝者が来ていた時代もあった。16世紀になってスペインの勢力に占領されると、マヤの祭壇は破壊されて、代わりに小さな教会が多数造られた。にぎわっていたコスメルも16世紀後半には人口が300人以下に落ち込んでしまった。19世紀後半に軍事的重要性から人が再び住み始め、現在では観光を柱とする約8万人が住む島になっている。

　コスメル周辺の海は、普通で30～40m、いいときには50～60mにも達する世界有数の透明度。ダイビングやスノーケリングをはじめとするマリンスポーツのスポットとして世界的に有名だ。

INFORMACIÓN

スティングレーと遊べるスポット

　コスメル中心部から2kmほど南西にあるスティングレー・ビーチ・コスメルは、浅瀬でエイと遊べるマリンリゾート。プログラムではまずエイに関するレクチャーを受けてから、60匹ものエイが泳ぐビーチ沿いの囲いに入りスノーケリングで一緒に泳ぐことができる。さまざまな大きさのエイが海中を舞うように泳ぐ様はとても幻想的だ。料金にはスノーケルセットのレンタル代込み。施設まではコスメルの桟橋からタクシーで7分ほど（M$80）。

エイとも遊べるマリンリゾート

●スティングレー・ビーチ・コスメル
　Stingray Beach Cozumel MAP P.249/A1
TEL 872-4932　URL www.stingraybeach.com
入場 毎日 9:00 ～ 16:00（日～ 14:00）
※プログラムは 11:00 ～、13:00 ～で各 50 分ほど
料金 US$64、子供 US$29

はみだし コスメル島には国際港が3ヵ所あり、ピークシーズンには1日に約2万人もの旅行者が訪れる。近年はクルーズ船で下船するハネムーナー、シルバー層、学生の卒業旅行など年齢層が広がっている。

アクセス

飛行機▶メキシコ・シティからインテルジェット航空が週4便運航（所要2時間、M$1761〜4926）、カンクンからマヤエアが毎日4〜6便運航（所要30分、N$719〜997）。国際線はダラスやヒューストンからは毎日1〜2便運航。

船舶▶プラヤ・デル・カルメンからサンミゲル・デ・コスメルに、7:00〜23:00まで毎日計31便の運航。スケジュールは季節により変わることもあるので港で確かめよう。所要35〜45分、片道M$135〜162。

カリカからカーフェリーも運航しているが、本数が少なく町から離れた港に着くので観光客向きではない。

プラヤ・デル・カルメンからのフェリーが運航している

インテルジェット航空
TEL 872-3716（空港）

マヤエア
TEL 872-1595（空港）

空港から市内へ
　コスメル国際空港Cozumel（CZM）から中心部まで約3km。空港を出ると乗合タクシーの停留所があり、チケット制になっている。サンミゲル中心部までM$81、北と南の郊外にあるホテルまでM$132〜。

両替事情
　コスメルでは米ドル表記をしていることが多く、米ドルの現金がそのまま使える。ペソに両替しなくても過ごせる。ペソ表記されたレストランやタクシーでも米ドルでの支払いが可能。

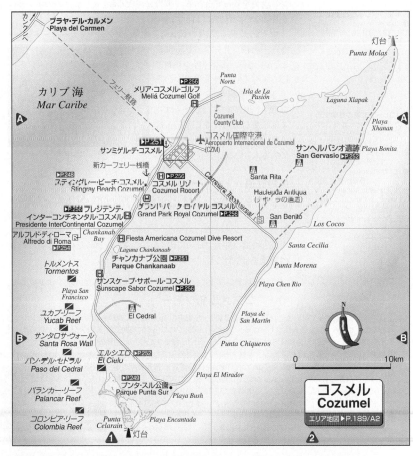

はみだし　プンタ・スル公園Parque Punta Sur（MAP P.249/B1　営業 毎日9:00〜16:00　料金 US$14）は、敷地内にはワニやフラミンゴが生息するラグーンがあり、灯台からの眺めもすばらしい。

コスメル内の移動手段

サンミゲル中部で、車やバイクをレンタルすることも可。レンタカー1日US$50〜、レンタバイク1日US$30〜。保険の有無●●●●●●●●●●●●●●●。

レンタサイクルは中心部で1日US$10程度で借りられる。

コスメルの病院

● Internacional Hospital

MAP P.251/B1

住所 Calle 5 Sur #21-B

TEL 872-1430

24時間対応で、再圧チャンバー完備。中心部にあり、ドクターは英語もOK。

日本語の通じる旅行会社

●Cocos Travel

TEL 987-101-7299(携帯)

e-mail cocostravel@hotmail.com

コスメル在住の渡部さんが、日本人旅行者に優しく対応してくれる。周辺の観光などさまざまなアレンジもOK！

チョコレート工場の見学ツアー

カカオ生産地にある工房で、チョコレート作りを体験できるプログラム（参加費はUS$25）。各種チョコを試食でき、完成させたチョコは持ち帰りもOK。

●カオカオKaokao

MAP P.251/B2外

住所 1a. Bis Sur entre 80 y 85, Av. Sur Flores Magón

TEL 869-4705

URL chocolateskaokao.com

営業 月〜土9:00〜15:00（最終ツアーは14:00発）

ヤシの並木が立つサンミゲルの海岸通り

島の中心地は唯一の町**サンミゲル**San Miguel。安宿から中級の上クラスの宿まで揃っている。ホテル、レストラン、スーパーマーケット、パン屋、銀行、両替所、ダイビングショップ、旅行会社、船着場など、観光に必要な施設はソカロから5ブロック以内のエリアと海岸沿いに集中していて、のんびりと散歩気分で歩いていける。

高級ホテルは、サンミゲルの町から離れた北と南の海沿いに点在している。それぞれ**北ホテルゾーン**Zona Hotelera Norte、**南ホテルゾーン**Zona Hotelera Surと呼ばれている。客室の窓から美しい海を眺められ、きれいで静かな砂浜やホテルのマリンスポーツの設備を使って遊べる。純粋にカリブ海を楽しむためのホテルばかりなので、周囲には何もない。

マヤの遺跡も島内の数ヵ所にあり、タクシーチャーターやレンタカー、島内ツアーなどで訪れることができる。邪教のシンボルとしてスペイン人の手によって破壊された遺跡だが、今日では修復もされている。また、コスメルは海ばかりでなく陸も自然の宝庫で、バードウオッチングに来る人もいる。

カリブ海に沈む美しい夕日が眺められる

島内交通

コスメルのタクシーはゾーンによって料金が決められている。サンミゲルの町なかの移動はM$35、サンミゲルと北ホテルゾーン、南ホテルゾーンとの間はM$95。空港とサンミゲルとの間はM$110。空港との間は距離のわりに高くなっている。念のため乗る前に料金の確認をしておこう。

INFORMACIÓN

コスメル発ツアー

コスメルを起点として周辺各地をツアーなどで訪れることができる。おもな人気ツアーはトゥルムとシェルハ(US$159)、シカレ(US$149)、トゥルム遺跡(US$57)、チチェン・イッツァ&セノーテ(US$89)など。Caribbean Tours Cozumel(TEL 872-4318 URL www.caribbeantourscozumel.com)などで催行している。

●チチェン・イッツァ半日観光（飛行機利用）

朝早くセスナ機のチャーター便でコスメルを出発。

午前中の涼しい時間に遺跡を見学できて、カンクンからのバスツアー客で混雑が始まるのと入れ違いに再びセスナ機でコスメルへ。所要5時間。旅行会社や航空会社が催行している(最少催行4名)。飛行機代と遺跡への送迎費、遺跡入場料を含む。英語ガイド付き。料金はUS$295(＋空港税US$55)。

チチェン・イッツァのピラミッド

はみだし コスメルは毎年2月頃に行われるカーニバルでも有名だ。メイン会場は中心部にあるキンタナロー公園（MAP P.251/A2）の周辺。パレードは海岸通りで行われる。ホテルも混み合うので、この時期は要予約。

おもな見どころ

▶イルカと遊ぶプログラムも人気　★★

チャンカナブ公園
Parque Chankanaab

家族連れに人気の海洋公園

カリブ海を快適に楽しめる自然海洋公園。レストランやみやげ物店があり、ダイビングやスノーケリングの器材レンタル、ジップラインやカヤック、熱帯植物の植物園など、1日中遊ぶのに十分な設備が揃っている。カリブ海各地のリゾートで人気のドルフィンディスカバリーのプログラムも体験できる。

かわいいイルカと楽しく戯れたい

チャンカナブ公園
[MAP] P.249/B1
サンミゲルからタクシーで約15分、M$140。
入場 毎日8:00〜16:00
（オフシーズンの日曜は休み）
料金 US$21（4〜12歳US$14）

●Dolphin Discovery
TEL 872 9700
イルカ、マナティ、アシカと遊ぶ充実プログラムが揃っている。
●ドルフィン・エンカウンター
US$99
●ドルフィン・スイムアドベンチャー US$139
●ドルフィン・ロイヤルスイム
US$189
上記のプログラムには入園料、昼食、帰路のタクシークーポンなどが含まれている。

公園内はダイビングの穴場！

公園内のビーチは特色があって、ダイバーにもおすすめ。流れの緩やかな深さ5〜7mの白い砂地の海底には、キリスト受難像、マリア像、大砲などが立ち、スノーケリングでも見られる。さらにマヤの絵文字が刻まれた石碑が見られるほか、水中洞窟に入れる神秘的な人気スポットで、カンクンから日帰りで訪れることもできる。

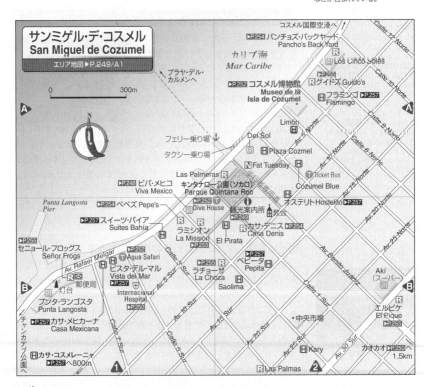

サンミゲル・デ・コスメル
San Miguel de Cozumel
エリア地図▶P.249/A1

0　　　300m

Ⓐ

コスメル国際空港へ
カリブ海
Mar Caribe
▶P254 パンチョズ・バックヤード
Pancho's Back Yard
Ⓡ Los Cinco Soles
▶P254
Ⓡ グイドズ Guido's
▶P257 フラミンゴ ▶P257
Flamingo

プラヤ・デル・カルメンへ
▶P252 コスメル博物館
Museo de la
Isla de Cozumel

Limón

フェリー乗り場↓
タクシー乗り場
Ⓢ Del Sol
Ⓢ Plaza Cozmel
Ⓝ Fat Tuesday
Ⓣ Ticket Bus
Cozumel Blue

Ⓡ Las Palmeras
▶P248 ビバ・メヒコ
Viva Mexico
キンタナロー公園（ソカロ）
Parque Quintana Roo
オステリト Hostelito ▶P257

Punta Langosta
Pier
▶P254 ペペズ Pepe's
Ⓢ Dive House
観光案内所
▶P249
教会
カサ・デニス ▶P254
Casa Denis

▶P257 スイーツ・バイア
Suites Bahia
ラミシオン
La Mission
El Pirata
▶P255

▶P255
セニョール・フロッグス
Señor Frogs
▶P252 Aqua Safari
ビスタ・デル・マル
Vista del Mar
▶P257
ラチョーサ
La Choza
Saolima
▶P257
ペピータ
Pepita

Ⓑ
灯台
郵便局
プンタ・ランゴスタ
Punta Langosta
Internacional
Hospital
▶P250
カサ・メヒカーナ
Casa Mexicana
カサ・コスメレーニャ
▶P257へ800m

Aki
（スーパー）

エル・ピケ
El Rique
▶P255

・中央市場

Ⓡ Kary
カオカオ ▶P250 へ
1.5km

Ⓑ

① ②

Ⓡ Las Palmas

左サイドバー

コスメル博物館
MAP P.251/A2
入場 月～土 9:00～16:00
料金 US$4
※改装工事のため2019年末まで休業予定。

古代マヤ人の住居跡

サンヘルバシオ遺跡
MAP P.249/A2
入場 毎日8:00～15:45
料金 US$9.5

各種アクティビティ料金
●潜水艦アトランティス
US$105（子供US$97）
●ディープシーフィッシング
US$350～450（半日ボートを
チャーターした場合）
●スノーケリング
2時間US$35
●エルシエロでのスノーケリング
4時間US$65

コスメルのダイビングショップ
● Dive House MAP P.251/B2
住所 Main Plaza P.O.Box246
TEL 872-1953
URL divehouse.com
　ソカロの西側に面している。
● Aqua Safari MAP P.251/B1
住所 Av. Rafael Malgar No.429
TEL 869-0610
URL www.aquasafari.com
　コスメルで最も実績があり、
信頼できるダイビングショッ
プ。

岩場で見かけるトード・フィッシュはコスメルの固有種

本文

▶小さな島の小さなミュージアム

コスメル博物館
Museo de la Isla de Cozumel

　珊瑚礁のできる過程などを展示した、学術的な博物館。2階はマヤ文明とコスメルの歴史を説明する展示があり、1階奥の敷地にはマヤ人の住居が復元してある。サンミゲルの町なか、ソカロから海沿いに300mほど北側。

マヤ人住居の様子もわかる展示

▶コスメル最大のマヤ時代の遺構

サンヘルバシオ遺跡
San Gervasio

　島の北東にあるマヤ時代の遺跡。敷地内には大きな神殿などはないが、古代マヤ人の住居と考えられる遺構が残っている。

アクティビティ

　ダイビングやスノーケリングをはじめ、ディープシーフィッシングなども楽しめる。海洋公園を水中散策する潜水艦アトランティス号なども人気が高い。

ダイビング
Diving

　コスメルは世界的に有名なダイビングスポット。欧米から押し寄せるダイバーでいつもにぎわっている。海の中は、とにかくすばらしいのひと言に尽きる。透明度は25～60m。どこまでも落ちるドロップオフもあれば浅い砂地もある。1mもある、人に慣れたグルー

ダイビングでイルカと触れ合える

パーを相手に遊んでみるのもいい。魚の数はカンクンも多いが、地形のダイナミックさと潮流の速い所でしかできないドリフトダイブはコスメルのほうがいい。カリブ海生息の固有種はぜひ見ておきたい。水温は25～30℃くらい。夏のシーズンは3mmのハーフスーツで十分だが、冬季は5mmのウエットスーツを用意したい。船上では風が冷たいことがあるので、パーカーとタオルなども忘れずに。

ダイビング、マリンスポーツの申し込み方法

　主要なホテルには申し込みカウンターが必ずある。サンミゲルの町では、あちこちにあるダイブショップのほか旅行会社で申し込むことができる（ライセンスの提示は必須）。
　ダイビングは2タンクでUS$90～。店によって多少料金は異なるが、命にかかわることなので信用できる店を選ぼう。PADIやSSIの表示のある店は、コスメル・ダイブ・オペレーター協会が定めた無線、エンジン、酸素などの基準をクリアしている。

はみだし　島の南西部にあるエルシエロEl Cielo（MAP P.249/B1）は、透明度が高くヒトデも生息するポイント。スノーケリングツアーに参加するならエルシエロが行程に含まれているのがおすすめだ。

コスメルのダイビングスポット

　コスメルの最大の魅力は透明度の高い海と、そこにすむカリブ海の固有魚と美しい珊瑚礁。数あるダイブスポットのなかから、特におすすめのポイントを紹介しよう。

サンタロサ・ウオール　Santa Rosa Wall
最大水深 25m ／平均水深 18m

12〜15mのリーフエッジから急角度に落ち込むウオールを速い潮流にのってドリフトする人気ポイント。ケーブやトンネルも多く、中級〜上級者向き。ホースアイジャックの群れやバラクーダなど大物にも高確率で合える。サンミゲルから30〜40分。

コーラルも美しいサンタロサ・ウオール

コロンビア・リーフ　Colombia Reef
最大水深 25m ／平均水深 20m

16〜20mの傾斜する砂地をせきとめるように巨大な岩塊状のリーフが立ち上がり、複雑に入り組んだウオールを形成する。大小さまざまなケーブやトンネルがあって透明度も高く、ダイナミックなドロップオフを堪能できる。ホースアイジャックやカメもよく見られ、ケーブ内にはナースシャークも多い。サンミゲルから50〜60分。

コロンビア・リーフのホースアイジャックの群れ

パランカー・リーフ　Palancar Reef
最大水深 24m ／平均水深 18m

島の南西の端におよそ5kmにわたって続くウオールで、パランカーケーブ、パランカーホースシュー、パランカーガーデン、パランカーラドリオスの4つのダイブスポットの総称。どのポイントに潜っても、カリブ固有の色とりどりのチューブスポンジやシーファンが見事なうえ、ケーブやオーバーハングも多数あって地形派にもおすすめ。サンミゲルから40〜50分。

カラフルな地形が楽しめる

トルメントス　Tormentos
最大水深 19m ／平均水深 15m

コスメルではどこでも見られる白い砂地だが、ここのボトムの輝くような白さは格別で、上を移動する魚やダイバーの影がくっきり落ちる。約350mにわたって南北に延びる帯状のリーフはトップ-10m、ボトムが-16mほどで、ソフトコーラル、チューブスポンジも豊か。スポテッドドラムなど固有種も多い。エンゼルフィッシュ3種(クイーン、グレイ、フレンチ)、ブラックグルーパー、バラクーダも普通に見られる。サンミゲルから約20分。

海底の美しさが神秘的

ユカブ・リーフ　Yucab Reef
最大水深 18m ／平均水深 15m

緩やかに傾斜する砂地の上、南北に延びるリーフは全長約400m。砂地の白さはトルメントスのほうが美しいが、魚はこちらが多い。ここでもブラックグルーパー、フレンチエンゼルフィッシュ、イエローテールスナッパーなどがダイバーにつきまとって一緒にドリフトしてくれる。人気のコスメル固有種トードフィッシュを見かける可能性も高い。サンミゲルから約30分。

ユカブ・リーフでよく見かけるフレンチエンゼルフィッシュ

パソ・デル・セドラル　Paso del Cedral
最大水深 18m ／平均水深 14m

やや粗い平坦な砂地に、トップ-10m、ボトム-14mほどの幅広なリーフが約250m続き、ところどころにオーバーハングやトンネルがあって地形もおもしろい。ホワイトグラント、ブルーストライプトグラント、ポークフィッシュなどの群れがあまり動かずじっとしている。大型のブラックグルーパーが常時顔を出し、ダイバーを取り囲んで楽しませてくれる。特大のウツボ(グリーンモレイイール)やバラクーダも常連。サンミゲルから40〜50分。

グラントの群遊

写真撮影：渋谷晴美

Comida　レストラン

　コスメルにはユカタン地方の伝統料理やシーフードが食べられる店が多い。また、世界的なダイビングリゾートだけに、イタリアンや地中海料理のレストランなども本格的。美しい海とともに、おいしい料理も楽しめる島だ。料金は店によりメキシコペソと米ドルが混在している（スペイン語メニューはペソ表示、英語メニューは米ドル表示）。

▶ロマンティックなイタリアン

アルフレド・ディ・ローマ
Alfredo di Roma

　南ホテルゾーンのⒽプレジデンテ・インターコンチネンタル・コスメル（→P.256）内にある高級レストラン。ビーチに面しているので、早めにディナーを取ると、カリブ海に沈む夕日も堪能できる。テーブルにもキャンドルが配されたムーディな演出も見事。レストラン名はフェットチーネを生み出したイタリア人「アルフレド・フェットチーネ」に由来しており、本格的なイタリア料理が味わえる。おすすめはフェットチーネ（M$240）など。デザートメニューやワインリストも充実している。

高級ホテルの優雅なダイニングルーム

MAP P.249/A1
住所 Hotel Presidente InterContinental
TEL 872-9500　営業 毎日 18:00 ～ 23:00
税金 込み　カード ＡＭＶ　Wi-Fi 無料

▶多彩なメキシコ料理が楽しめる

カサ・デニス
Casa Denis

　ソカロから100mほど南、現地の人たちにもツーリストにも人気の高いカジュアルなレストラン。オープンテラスになっていて、気軽に入れる雰囲気。各種メキシコ料理を中心にメニューも豊富で、地元ユカタン料理も提供している。ライムのスープ（M$60）、チキンファヒータ（M$160）、メキシカン・コンビネーション（M$190）など。

町歩きの途中でひと休みするにもいい

MAP P.251/B2
住所 Calle 1 Sur entre 5 y 10　TEL 872-0067
営業 毎日 7:00 ～ 23:00（日 17:00 ～ 22:00）
税金 込み　カード 不可　Wi-Fi 無料

▶木目調が高級感ある内装

ペペズ
Pepe's

　海岸沿いのメインストリートに面しているが、一歩中へと入ると重厚な別世界。木をふんだんに使った落ち着いた内装で、ロマンティックにキャンドルが揺れる。チキングリル（M$245）やリブアイステーキ（M$525）など、コスメルでも高いほうだが、そのぶん、味と雰囲気は格別。アルコール類やドリンクメニューも幅広いラインアップ。

シックでモダンな雰囲気の店内

MAP P.251/B1
住所 Av. Rafael Melgar No.6　TEL 872-0213
営業 毎日 12:00 ～ 23:00（日 11:00 ～）
税金 込み　カード ＡＭＶ　Wi-Fi 無料

▶ガーデンレストランならココ！

パンチョズ・バックヤード
Pancho's Back Yard

　ソカロから5ブロック北東、メインストリートに面している。レストランの敷地は奥まった中庭にあり、静寂が楽しめる。ランチメニューは前菜でUS$6～、メインでUS$15～。ディナータイムにはメニューが替わり、ビーフやチキン料理などを盛り合わせたメキシカンコンビネーション（US$15）や、牛ステーキのカルネ・アサーダ（US$18）がおすすめ。民芸品ショップやテキーラ専門店も併設されている。

涼しげなパティオでのんびり過ごしたい

MAP P.251/A2
住所 Av. Rafael Melgar No.27　TEL 872-2141
営業 毎日 9:00 ～ 23:30（日 16:00 ～）
税金 込み　カード ＡＭＶ　Wi-Fi 無料

はみだし Ⓡパンチョズ・バックヤードの敷地内にはみやげ物屋の「ロス・シンコソレス」と、テキーラの専門店も営業している。テキーラは250種類もの品揃えを誇り、試飲も楽しめる。

▶中心部にある人気スポット

🍴ラミシオン

La Mission

ソカロから1ブロック南西にある、オープンエアの開放的なレストラン。昼過ぎから開いているので現地の人たちはもとより、旅行者にもよく利用されている。また、夜のメニューにはガーリックパン、ワカモーレ、ライムスープが付くのでお得感がある。店の人気メニューはシーフードプレート(US$21)と、メキシカンコンビネーション(US$13)。そのほか新鮮なロブスター(US$19)も絶品だ。コスメル中心部には姉妹店の「ラパリージャ・ミシオン」や「カサ・ミシオン」があり、どちらもメキシコ郷土料理のおいしい店として評判が高い。

店内を吹き抜ける風も心地いい

[MAP] P.251/B1
住所 Rosado Salas, entre Av. Rafael Melgar y Av. 5
TEL 872-6340　営業 毎日12:00～22:00
税金 込み　カード [A][M][V]　[Wi-Fi] 無料

▶地元料理が堪能できる

🍴ラチョーサ

La Choza

コスメル在住の人もよく利用するメキシコ料理店。朝の7:30から開いているレストランはサンミゲルの町なかでは少ないので、ありがたい存在。朝早くから旅行者と現地のメキシコ人客でにぎわっている。トルティージャがお代わり自由の、ボリュームたっぷりのモーニングメニューはM$69～。ポージョ・エン・モーレ(M$171)など定番のメキシコ料理もおいしいと評判。

スタッフの対応もいいおすすめレストラン

[MAP] P.251/B2
住所 Rosado Salas No.216　TEL 872-0958
営業 毎日7:30～22:30　税金 込み
カード [A][J][M][V]　[Wi-Fi] 無料

▶コスメルの夜の定番

🍴セニョール・フロッグス

Señor Frogs

ソカロから800mほど南西にあるショッピングセンター、[S]プンタ・ランゴスタの中にある人気スポット。アルコールとともに陽気に夜更かしするのにピッタリ。愉快なスタッフが昼間から深夜までパワフルに歓迎してくれる。スペアリブのバーベキュー(M$340)、エビのバーベキュー(M$295)など、食事も楽しめる。

朝から深夜まで営業している

[MAP] P.251/B1
住所 Av. Rafael Melgar No.551　TEL 869-1646
営業 毎日10:00～翌1:00（日12:00～）
税金 込み　カード [A][M][V]　[Wi-Fi] 無料

▶カジュアルなイタリア料理店

🍴グイドズ

Guido's

通りに面した入口は小さくシンプルだが、奥に入ると太陽の光がたっぷり入るパティオに黄色いテーブルと椅子が並ぶ、すてきな空間が広がる。ディナータイムもキャンドルで色づいて、ロマンティックな雰囲気。大きな木の板に書かれたスペシャルメニューがおすすめ。何を頼んでもレベルが高くおいしいので、旅行者だけでなく地元の人にも人気。おすすめはチーズをたっぷり使ったフェットチーネやパスタ(M$210～325)など。グイドス・カルツオーネ(M$230)もぜひ試してみたい。

パティオでのんびり過ごしたい

[MAP] P.251/A2
住所 Av. Rafael Melgar No.23　TEL 872-0946
営業 毎日11:00～23:00（日15:00～）
税金 込み　カード [M][V]　[Wi-Fi] 無料

はみだし [R]エルピケEl Pique（[MAP] P.251/B2　営業 毎日18:00～翌1:00）はビールも飲めるタコスの専門店。タコスは1個M$15～で、安くておいしいと大評判！ 通りを挟んでスーパー Akiの東側にある。

Estancia ホテル

サンミゲル・デ・コスメルの町の中に中級の上クラスのホテルから安宿まで揃っているが、同じようなグレードでも、ソカロから離れれば離れるほど安くなる傾向にある。

高級ホテルはサンミゲル・デ・コスメルの郊外、北側と南側の海岸沿いに並んでいる。ダイブショップを併設した快適なリゾートも人気が高い。

郊外エリアのホテル

▶コスメルを代表する老舗リゾート

プレジデンテ・インターコンチネンタル・コスメル
Presidente InterContinental Cozumel

オンザビーチの広い敷地内に、ゆったりと建物が配置された全218室の高級リゾート。約800mにも及ぶ白砂のプライベートビーチや洗練されたスタッフの対応、大理石が贅沢に使われている室内などいたるところに品格が漂う。
[Wi-Fi] 客室OK・無料

2016年5月にリニューアルされた

[MAP] P.249/A1　🍴○　🏊○　🔐○　🅿△
住所 Carretera. A Chankanaab Km 6.5
TEL 872-9500
URL www.presidenteiccozumel.com
日本予約 インターコンチネンタル FD 0120-455-655
税金 +19%　カード [A][M][V]
料金 ⓈⒹ US$340～　[AC]○ [TV]○ [TUB]△

▶カジュアルなオールインクルーシブ

グランド・パーク・ロイヤル・コスメル
Grand Park Royal Cozumel

ロビーの茅葺き屋根が目立つ、全342室のリゾートホテル。目の前にはカリブ海と寄港している豪華客船を眺めることができる。同グループ経営のショッピングモールへは敷地内から行けて便利。オールインクルーシブなので滞在中はお財布を気にせず過ごせるので楽だ。ディナーのメキシコ料理とイタリア料理は予約制になっているので15:00までに予約をしよう。
[Wi-Fi]公共エリアのみ・無料(客室は1日US$15)

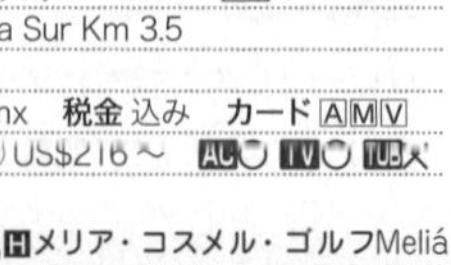

落ち着いた雰囲気の客室

[MAP] P.249/A1　🍴○　🏊○　🔐○　🅿○
住所 Carretera Costera Sur Km 3.5
TEL 872-0700
URL www.parkroyal.mx　税金 込み　カード [A][M][V]
料金 Ⓢ US$164～、Ⓓ US$216～　[AC]○ [TV]○ [TUB]×

▶ファミリー旅行にも人気のホテル

サンスケープ・サボール・コスメル
Sunscape Sabor Cozumel

島の南西部に位置する全218室あるオールインクルーシブのホテル。周囲は静かで徒歩でビーチに行けて、落ち着いてリゾート気分を満喫できる。敷地内にあるスパも人気だ。ダイビングショップがホテル内にあり、ダイビングポイントも近い。
[Wi-Fi] 公共エリアのみ・無料(客室は1日US$39)

ホテルのプールでのんびりできる

[MAP] P.249/B1　🍴○　🏊○　🔐○　🅿○
住所 Carretera Costera Sur Km 12.9
TEL (998)287-5901（カンクン事務所）
URL www.sunscaperesorts.com
税金 込み　カード [A][M][V]
料金 Ⓢ US$157～、Ⓓ US$188～　[AC]○ [TV]○ [TUB]△

▶世界中のダイバーが集う

コスメル・リゾート
Cozumel Resort

サンミゲル中心部から2kmほど南西にある、全180室の快適な中級ホテル。ダイビングショップのあるビーチには、メインストリート下のトンネルをくぐってアクセスできる。中庭にあるプールもコスメル最大級。
[Wi-Fi] 客室OK・無料

ダイビング三昧の休日におすすめ

[MAP] P.249/A1　🍴○　🏊○　🔐○　🅿○
住所 Costera Sur Km 1.7
TEL 872-9020
URL www.hotelcozumel.com.mx
税金 +19%　カード [M][V]
料金 ⓈⒹ US$112　[AC]○ [TV]○ [TUB]○

はみだし [H]メリア・コスメル・ゴルフMeliá Cozumel Golf（[MAP]P.249/A1　TEL 872-9870　URL www.melia.com）はサンミゲル中心部から6kmほど北東にある全140室の高級ホテルで、料金はⒹUS$139～。

サンミゲル・デ・コスメルのホテル

▶海沿いにありコストパフォーマンスが抜群

ビスタ・デル・マル
Vista del Mar

フェリー乗り場から南西へ4ブロック、海に面して建つ中級ホテル。全20室はミニバー、ホットシャワーを完備している。中庭にあるプールはジャクージサイズ。設備のわりに値段も手頃なので、満室になることが多い。[Wi-Fi]客室OK・無料

部屋も快適そのもの！

[MAP] P.251/B1　🍴× 🏊○ 🔒○ ☕×
住所 Av. Rafael Melgar No.453
TEL 872-0545　税金 込み　カード [A][M][V]
料金 ⓈⒹ US$98～　[AC]○ [TV]○ [TUB]×

▶人気のおすすめホテル

カサ・メヒカーナ
Casa Mexicana

フェリー乗り場から5ブロック南西にある快適な4つ星クラスのホテル。オーシャンビュールームからは青い海を望める。全88室にはバスタブ、ミニバー、バルコニーを完備している。[Wi-Fi]客室OK・無料

海に面した人気ホテル

[MAP] P.251/B1　🍴○ 🏊○ 🔒○ ☕○
住所 Av. Rafael Melgar No.457 Sur
TEL 872-0090
URL www.casamexicanacozumel.com
税金 込み　カード [A][M][V]
料金 ⓈⒹ US$173～　[AC]○ [TV]○ [TUB]○

▶家庭的な雰囲気でのんびりできる

フラミンゴ
Flamingo

コスメル博物館の1ブロック東にある、全18室の小さなホテル。1階はバーになっている。部屋はシンプルだが明るくて清潔だ。[Wi-Fi] 客室OK・無料

清潔なベッドルーム

[MAP] P.251/A2　🍴× 🏊× 🔒○ ☕△
住所 Calle 6 Norte No.81　TEL 872-1264
URL www.hotelflamingo.com
税金 +19%　カード [M][V]
料金 ⓈⒹ US$82～　[AC]○ [TV]○ [TUB]×

▶日本人旅行者もよく利用する

スイーツ・バイア
Suites Bahía

フェリー乗り場から3ブロック南西にあり、どこへ行くにも便利だ。部屋ごとに造りが違うので、料金を見て検討しよう。全27室で、23室はキッチン付き。[Wi-Fi] 客室OK・無料

[MAP] P.251/B1　🍴× 🏊× 🔒○ ☕○
住所 Av. Rafael Melgar, esq. Calle 3 Sur
TEL 872-1791
URL www.suitesbahia.com
税金 込み　カード [A][M][V]
料金 ⓈⒹ US$98～　[AC]○ [TV]○ [TUB]×

▶気軽に滞在できるおすすめの安宿

ペピータ
Pepita

ソカロから2ブロック南にあり、中心部やフェリー乗り場にも近くて便利。全26室の部屋も値段のわりには設備が整い、各国からの旅行者に人気。[Wi-Fi] 客室OK・無料

[MAP] P.251/B2　🍴× 🏊× 🔒○ ☕×
住所 Av.15 Sur No.120　TEL 872-0098
URL www.hotelpepitacozumel.com
税金 込み　カード 不可
料金 ⓈⒹ M$600　[AC]○ [TV]○ [TUB]×

▶サンミゲルのバックパッカー宿

オステリト
Hostelito

ソカロから1ブロック東にあるホステル。個室(20室)のほか、エアコン完備のドミトリーは男女兼用でM$220。[Wi-Fi] 客室OK・無料

[MAP] P.251/A2　🍴× 🏊○ 🔒○ ☕×
住所 10 Av. Norte. Av. Juáez y Calle 2 Norte.
TEL 869-8157　URL www.hostelcozumel.com
税金 込み　カード [A][M][V]
料金 ⓈⒹ M$750　[AC]○ [TV]○ [TUB]×

▶日本人が経営する快適な安宿

カサ・コスメレーニャ
Casa Cozumeleña

フェリー乗り場から徒歩約15分。清潔なキッチン完備の宿。全6ベッドのドミトリーはUS$13。数ヵ月クローズすることがあるので、事前に確認を。[Wi-Fi] 客室OK・無料

[MAP] P.251/B1外　🍴× 🏊× 🔒○ ☕×
住所 Av. 5 Bis No.900, esq. Calle 13
TEL 872-7089
URL www.geocities.jp/casacozumelena
税金 込み　カード 不可
料金 Ⓢ US$40～、Ⓓ US$50～　[AC]△ [TV]× [TUB]×

🍴 レストラン　🏊 プール　🔒 金庫　☕ 朝食　[AC] エアコン　[TV] テレビ　[TUB] バスタブ

密林に眠る遺跡への起点となるユカタンの州都

メリダ
Mérida

人 口	約83万人
高 度	10m
市外局番	999

必須ポイント！
★メリダマヤ博物館
★セレストゥン生物圏保護区
★ユカタン舞踊を鑑賞

イベント情報
●1月5〜30日
　国際アート・フェスティバル
Festival Internacional de Las
Artesが開かれ、町の中心部で
は世界中から集められたアート
作品が展示され、映画や演劇、
ミュージカルなども楽しめる。
●2・3月
　メリダのカーニバルは盛大で、
数週間前から各種イベントの告
知がなされ、前売り券なども発
売される。詳細は下記のメリダ
政府観光局のサイトをチェック。

メリダ政府観光局
URL www.merida.gob.mx/
turismo

ユカタン州政府観光局
URL yucatan.travel

旅の情報収集
Yucatan Today
URL yucatantoday.com
Yucatan Living
URL www.yucatanliving.com
　Yucatan Todayは無料情報
誌も発行しており、おもなホテル
やレストラン、観光案内所、旅
行会社などに置いてある。

市内から空港へ
　市内から空港までのタクシー
はM$70〜。所要 約20分。バ
スで空港に向かう場合、長距離
バスターミナル前か、Calle 60
y 67にあるバス停から79番のバ
ス「Aviación」行きに乗る。所
要40〜60分、料金はM$8。

アエロメヒコ航空
住所 Calle 56-A
TEL 920-5998

プロジェクションマッピングで彩られた夜のカテドラル

　無数のマヤ遺跡が散在するユカタン州の州都。町の中心部は植
民地時代の面影を色濃く残していて味わい深い。市民も観光客も、
暑い日中は避けて、夕暮れとともに州庁舎やカテドラルのある中央
公園を中心にした美観地区に繰り出してくる。そんな夕涼み客を目
当てに露店も並ぶ。かつてマヤ人にティホと呼ばれていたこの町は、
1542年にフランシスコ・モンテホ率いるスペイン軍に占領されて
以来、内陸部の先住民を制圧する基地、そして先住民に対するカ
トリック改宗の基地として機能した。ソカロにあるカテドラルは今
でもユカタン半島最大の規模を誇り、ローマ法王が訪れたときにこ
こで先住民とともに祈りをささげて
いる。また、メリダは黄熱病の研
究で有名な野口英世が足跡を残し
た地でもある。黄熱病の研究を行っ
たオーラン病院には、今も博士の
銅像が立っている。

広場や公園で郷土舞踊
が上演される

メリダから各地へのバス

目 的 地	1日の本数	所要時間	料 金
カンクン	ADO、Orienteなど 毎時1〜3本	4〜7h	M$357〜698
プラヤ・デル・カルメン	ADO、Mayabなど毎時1〜2本(23:40〜翌7:40)	5〜6h	M$488〜624
トゥルム	ADOとMayab計11本(6:00〜23:55)など	4〜7h	M$338〜356
チチェン・イッツァ	ADO、Orienteなど毎時1〜2本(6:00〜24:00)	1.5〜2.5h	M$134〜178
ウシュマル	SURとATSが計6本(6:00〜17:05)	1.5h	M$63〜96
カンペチェ	ADO、ATSなど毎時1〜3本(1:30〜23:55)	2.5〜3h	M$240〜308
ベラクルス	ADO、ADO GLなど計7本(17:45〜翌0:35)	14〜15.5h	M$1326〜1586
ビジャエルモッサ	ADO、SURなど計20本(7:15〜翌1:30)	8〜9h	M$620〜1280
チェトゥマル	ADO、Mayabなど計7本(7:00〜23:15)	5.5〜6.5h	M$271〜446
パレンケ	ADO、OCC計4本(8:30、19:15〜23:50)	7.5〜9h	M$652〜662
サンクリストバル・デ・ラスカサス	OCC 1本(19:45)	12.5h	M$976
プエブラ	ADOとADO GL計3本(14:00〜18:30)	17h	M$1746〜2094
メキシコ・シティ	ADO、ADO CL計6本(10:01〜21:15)	19〜20h	M$1956〜2196

　安全情報　ホテルやレストランなどが集まっている中心街は犯罪が少なく比較的治安がよい。早朝や夜に出かけ
る際にタクシーを利用するなどして安全面に留意すれば、問題なく過ごせる。

左／ソカロに面した市庁舎
右／モンテホの家の装飾

空港から市内へ

　レホン国際空港Rejón (MID) は市内中心部から約10km南西。タクシーで所要約20分、M$250。また79番の市バスも空港と市内を往復している。毎時2本、所要40～60分、片道M$8。

メリダのバスターミナル

　メリダの1等バスターミナルは通称「CAME (カメと読む)」。東隣の2等バスターミナル (TAME) からは、周辺の遺跡へのバスをOriente社やSUR社などが午前、午後とも数本ずつ運行。バスターミナルは市街の南西にあり徒歩で15分ほど。タクシーでM$40～、中心部への市バス(M$7)はCalle 68から出ている。

アクセス

飛行機▶ アエロメヒコ航空、インテルジェット航空などがメキシコ・シティから毎日計18～21便運航（所要約2時間、M$1067～4659)。マヤエアがカンクン、ビジャエルモッサ、ベラクルスから毎日1～2便運航。

バス▶ 近郊の町やメキシコ・シティなど主要都市から、バスが頻繁に運行している。

バスターミナルのチケット窓口

メリダ
Mérida

エリア地図▶P.189/A1

0　　　200m

はみだし　車上にTaxi Metroと書かれた流しのタクシーは初乗りM$5から（ただしM$20は最低料金として支払うシステム）。タクシーのたまり場は、ヘスス教会の前など。メリダではUber(→P.418)も利用可。

観光案内所

●州立案内所　MAP P.259/B1
住所 Calle 61, 60 y 62
TEL 930-3101
営業 毎日8:00〜20:00
●市立案内所　MAP P.259/B1
住所 Calle 60, 57 y 59
TEL 924-9290
営業 毎日 8:00〜20:00
　どちらもスタッフが親切に対応してくれる。

両替事情

　ソカロの1ブロック南にBancomer、Banamexなどがあって ATMが24時間利用可能。
　便利なのはユカタン現代美術館（MAP P.259/B1）の入口脇にある両替所（営業 毎日8:00〜20:00）。

州庁舎　MAP P.259/B1

　2階の絵画ギャラリーでは、マヤ文明をテーマとした27の壁画が見学できる。階段の壁に描かれた『トウモロコシからの人類の誕生』が有名。
TEL 930-3101
入場 毎日8:00〜21:00
料金 無料

ユカタン現代美術館MACAY　MAP P.259/B1

　ソカロの東側の歴史的な建造物内にある美術館。おもにユカタン地方出身の画家や彫刻家の作品が展示されている。
住所 Calle 60
TEL 928-3258
URL www.macay.org
入場 水〜月 10:00〜18:00
料金 無料

メリダマヤ博物館　MAP 259/A2外

住所 Calle 60 No.299 E
TEL 341-0435
URL granmuseodelmundo
maya.com.mx
入場 水〜月8:00〜17:00
料金 M$150
　中心部から8kmほど北。Calle 58と61からTapetes行きの市バスで所要30分、M$8。

カントン宮殿　MAP P.259/A2

住所 Palacio G. Canton Paseo de Montejo No.485
TEL 923-0557
入場 火〜日8:00〜17:00
料金 M$60

歩き方

　メリダの見どころは中世の雰囲気が漂うソカロ周辺に集まっている。東側に面している**カテドラル**はユカタン半島最大の規模を誇り、左奥の礼拝堂には有名な火膨れのキリスト像が飾られている。ソカロの南側には**モンテホの家**Casa de Montejoがあり、市内最古の建築物（1549年建造）として知られている。ユカタンの征服者F.モンテホがその富をつぎ込んだ豪邸だ（現在は銀行として使用されている）。入口の上を飾っている征服者が先住民の頭を踏みつけている彫刻は、過去の歴史を生々しく感じさせる。カテドラルの北西には壁画ギャラリーを併設する**州庁舎**、南には**ユカタン現代美術館**MACAYもある。

ソカロにはメリダの文字看板が建つ

　ソカロの南東方面にはいつもにぎやかな、**ルーカス・デ・ガルベス市場**がある。メリダの名産パナマ帽や刺繍の美しい伝統衣装ウイピル（テルノ）など、買い物を楽しむのもいい。

おもな見どころ

▶マヤ文明の遺産を多角的に展示　★★

メリダマヤ博物館
Gran Museo del Mundo Maya de Mérida

　古代遺跡からの出土品など1100点以上の所蔵を誇る博物館。チチェン・イッツァ遺跡のチャックモール像、権威の象徴だったヒスイの首飾り、天井部に展示されたマヤカレンダーなどは必見。マヤ文明の多様な文化を模型や映像なども交えて見学できる。博物館の建物はセイバの木を模している。

チチェン・イッツァ遺跡から出土したジャガーの玉座

▶総督の邸宅を使った人類学の博物館　★★

カントン宮殿
Palacio Canton

博物館として内部見学できるカントン将軍の邸宅

　ボザール様式で建造された、ユカタン総督も務めたカントン将軍の邸宅（旧ユカタン人類学博物館）。1階にはチャックモール像、鹿を運ぶ場面を岩に彫り抜いた立像、土器や装飾品などが常設展示されている。2階は企画展示室。

はみだし　メリダのソカロ周辺ではプロジェクションマッピングが鑑賞できる。水曜20:30〜22:00はカサ・デ・モンテホ、金曜20:30〜21:00はカテドラルで、スペイン統治や宗教などをテーマにしている。

Comida レストラン

▶本格的なユカタン料理を！

ロスアルメンドロス
Los Almendros

本格的なメキシコ料理を味わえる、旅行者にも人気のレストラン。名物メニューは豚肉をバナナの葉で巻いて窯で焼いたコチニータ（M$122）や、鶏のオレンジ蒸しポジョ・ピビル（M$96）など。14:00～17:00には、音楽演奏もある。

郷土料理を満喫するならここ！

MAP P.259/B2	
住所 Calle 50 A No.193, entre 57 y 59	
TEL 928-5459 営業 毎日11:00～22:00（日～21:00）	
税金 込み カード AMV Wi-Fi 無料	

▶気軽に入れる人気店

ラパリージャ
La Parrilla

金・土曜の夜には、店の前の道路が歩行者天国となり、テーブル席を道に広げて活気にあふれる。ユカタンの名物料理のコンボプレートがM$181。マルガリータなどカクテルも種類が充実している。

MAP P.259/B1	住所 Calle 60.entre Calle 59 y 61
TEL 928-1691	営業 毎日11:00～翌1:00
税金 込み カード AMV Wi-Fi 無料	

▶バンド演奏で陽気な夜を満喫

ラネグリータ
La Negrita

毎晩18:00頃からサルサやキューバ音楽のライブがスタートする陽気なカンティーナ（居酒屋）。コチニータ・ピビルのトスターダス（M$60）など料理メニューも多く、カクテル（M$30～）にはポップコーンが無料で付いてくる。

演奏が始まるとダンスホールに！

MAP P.259/A1	
住所 Calle 62 y 49	
TEL 201-0601 営業 毎日12:00 - 22:00	
税金 込み カード MV Wi-Fi なし	

▶いろいろなユカタンの味覚を試せる

ラチャヤ・マヤ
La Chaya Maya

地元で圧倒的人気を誇るレストラン。ターキーのクレープ包みのロス・トレス・モスケテロス・ユカテコス（M$111）は、ユカタンの代表的な3種のソースで味わえる。郷土料理が少しずつ楽しめるメニューもうれしい。

ボリューム満点でおなかも大満足

MAP P.259/B1	住所 Calle 62 y 57
TEL 928-4780 営業 毎日7:00～23:00	
税金 込み カード AMV Wi-Fi 無料	

INFORMACIÓN

メリダで伝統舞踊と音楽に触れる

メリダでは毎晩のように、伝統的なパフォーマンスが繰り広げられている。以下の上演時間はいずれも1時間ほどで、鑑賞は無料。

●日 曜
8:00～21:00頃までソカロで生演奏や大道芸のパフォーマンスが楽しめる（15:00からは民族舞踊バケーリアも披露される）。

●月 曜
21:00から市庁舎前で、ユカタン独自の伝統的なメロディに乗せて踊るバケリーアのショー。

●火 曜
20:30からサンティアゴ公園（MAP P.259/B1 住所 Calles 59 y 72）で1940年代音楽のビッグバンドの演奏があり、それに合わせて踊るカップルも多い。

●木 曜
21:00からサンタルシア公園（MAP P.259/A1 住所 Calles 60 y 55）でユカタンの郷土舞踊や伝統音楽のコンサート（Serenata Yucateca）。

●土 曜
20:00からカテドラル前で、マヤ時代に行われていた儀式的な球技 Juego de Pelota Maya のショーが繰り広げられる。

市庁舎前のバケーリア

サンタルシア公園の舞踊上演

はみだし サンティアゴ公園に面した市場（MAP P.259/B1）には簡易食堂が10軒ほど並んでおり、毎晩23:00頃まで営業している店もある。火曜の夜は音楽を楽しみながら、ユカタン料理を食べることができる。

Estancia ホテル

高級ホテルの多くは中心部から2km北、ソカロから北に延びるCalle 60とPaseo de MontejoがAv. Colón (Calle 33)と交差する付近に多い。中級や安宿はソカロを中心に町なかにあり、歩いて探すのにも便利。メリダはリーズナブルな値段のホテルが多い。

▶旅行者に好評の大型施設

ハイアット・リージェンシー・メリダ
Hyatt Regency Mérida

中心部から約2km北にある全289室の大型ホテル。ショッピングセンターやモンテホ通りも近く、ビジネスセンターなど施設も充実。 **Wi-Fi** 客室OK・無料

高級ホテル街を形成している

MAP P.259/A2外	IO	⊠O	⊡O	⚑⚐△

住所 Av. Colón esq. Calle 60
TEL 942-1234　FAX 925-7002
URL www.merida.regency.hyatt.com
税金 +19%　カード ADMV
料金 ⓈⒹM$1540～　ACO TVO TUBO

▶モンテホ地区のコロニアルホテル

ホリデイ・イン・メリダ
Holiday Inn Mérida

中心部から約2km北にある高級ホテルで、ショッピングセンターの向かいにあるので何かと便利。室内にはドライヤー、アイロンなど完備している。全213室。 **Wi-Fi** 客室OK・無料

MAP P.259/A2外	IO	⊠O	⊡O	⚑⚐△

住所 Av. Colón No.498
TEL 942-8800　FAX 942-8811　URL www.ihg.com
日本予約 インターコンチネンタル FD 0120-677-651
税金 +19%　カード ADMV
料金 ⓈⒹM$1455～　ACO TVO TUBO

▶サービスも評判のスモールホテル

ルス・エン・ユカタン
Luz en Yucatán

修道院の建物を改装した全15室のホテル。部屋ごとに内装が異なるので要チェック。無料でテキーラも提供している。 **Wi-Fi** 客室OK・無料

プールに面した中庭もある

MAP P.259/A2	IX	⊠O	⊡O	⚑⚐X

住所 Calle 55 No.499, entre 60 y 58
TEL 924-0035
URL www.luzenyucatan.com
税金 +19%　カード ADJMV
料金 ⓈⒹM$998～　ALO TVO TUBX

▶趣あるコロニアル建築

グランホテル・デ・メリダ
Gran Hotel de Mérida

イダルゴ広場に面しており、夜遅くまで音楽演奏を聴いていても安心。長期旅行者にもおすすめ。全25室。 **Wi-Fi** 客室OK・無料

MAP P.259/B1	IO	⊠X	⊡O	⚑⚐有料

住所 Calle 60 No.496, esq. Calle 59
TEL 924-7622　URL www.granhoteldemerida.com
税金 込み　カード MV
料金 ⓈⒹM$830～　ACO TVO TUBX

▶静かな立地で居心地のいいホテル

サンタアナ
Santa Ana

サンタアナ教会の近くにある全18室のコンパクトなホテル。部屋は清潔でインテリアもかわいらしい。 **Wi-Fi** 客室OK・無料

MAP P.259/A1	IO	⊠O	⊡X	⚑有料

住所 Calle 45 No. 503, entre 60 y 62
TEL 923-3331　URL hotelsanta-ana.com.mx
税金 +19%　カード MV
料金 ⓈM$400～、ⒹM$500～　ACO TVO TUBX

▶個室も安い人気スポット

オスタル・ソカロ
Hostal Zócalo

ソカロの南に面した全22室の格安ホステル。共同スペースにはキッチンもある。ドミトリーはM$180。 **Wi-Fi** 客室OK・無料

MAP P.259/B1	IX	⊠X	⊡X	⚑O

住所 Calle 63 No.508, entre Calles 60 y 62
TEL 930-9562　URL www.hostalzocalo.com
税金 込み　カード MV
料金 ⓈⒹM$440～　ACX TVO TUBX

▶若者が集うにぎやかなホステル

ノマダス・ホステル
Nómadas Hostel

ロッカー、共同ホットシャワー、キッチンあり。各種ツアーの手配OK。ドミトリーはM$200～。全50ベッド。 **Wi-Fi** 客室OK・無料

MAP P.259/A1	IO	⊠O	⊡X	⚑O

住所 Calle 62 No.433, esq. Calle 51
TEL&FAX 924-5223
URL www.nomadashostel.mx
税金 込み　カード MV
料金 ⓈⒹM$420～　AC△ TVO TUBX

はみだし ウシュマルからの2等バスはメリダの1等／2等バスターミナルの近くを通り、Oriente社バスターミナル（MAP P.259/B2）まで行くことがある。市内に入ったら降りる場所を要確認。

エクスカーション

▶写真映えする黄色い町
イサマル
Izamal ★★

メリダから67km東にある小さなコロニアル都市で、メキシコ政府観光局によって「プエブロ・マヒコ（魔法のように魅力的な自治体）」に指定されている。美しく黄色で統一された町並みは、徒歩や馬車で巡ることができる。町の中心部にあるカトリック修道院は南北アメリカ大陸最古とされている。

ロマンティックな町をのんびり散策したい

▶フラミンゴの群生地を訪れる
ヤレストゥン生物圏保護区
Reserva de la Biosfera Ría Celestún ★★

メリダから100kmほど西にある、メキシコ湾に面した小さな漁村セレストゥン。この村の周辺にはマングローブの林が広がっており、そこを流れる川のような入江はフラミンゴの群生地になっている。

セレストゥンの村から2kmほど手前に川の船着場があり、ここから10人乗りのツアーボートに乗ってゆっくりとフラミンゴのいる場所に近づく。例年10月〜3月頃までこのポイントで観察できるが、1〜2月前後が観察のベストシーズンだ。この一帯はフラミンゴのほか、ヒメウ、ダイサギ、カワセミなど大小さまざまな野鳥が200種類以上も生息している。

フラミンゴの生息地として有名

イサマル　MAP P.189/A1
　メリダからのバスはOriente社（MAP P.259/B2）やCentro社（MAP P.259/B2）が、6:00〜21:00頃に毎時各1本運行。所要1.5〜2時間、料金M$31〜42。
　イサマルには快適なホテルも多い。**H**Casa Colonial [TEL (988)954-0272　⑤⑩M$657〜] は全7室でプール付き。**H** San Miguel Arcángel [TEL (988)954-0109　URL www.sanmiguelhotel.com.mx　⑤⑩M$730〜] は全14室の中級ホテル。

セレストゥン生物圏保護区　MAP P.189/A1
　ノレステ・バスターミナル（MAP P.259/B2）から、5:15〜20:30に毎時1本程度運行するセレストゥン行きバスで所要約2時間30分、料金M$58。
　セレストゥン村の約2km手前の入江に橋があり、ここから遊覧ボートが発着している。ボートはひとりM$200〜300（4人以上で運航）。
　メリダの旅行会社からはミニバスによるツアーも出ており、ボート代や入域料込みでM$650〜665。

INFORMACION

メリダ発ツアー

　市内には遺跡ツアーなどを催行する旅行会社が多い。ガイド付き、食事付きなどで料金が異なる。

●**チチェン・イッツァ遺跡**
時間 9:00〜17:30　料金 M$500〜700
　マヤ最大級の遺跡を見学する1日ツアー。

●**ウシュマル & カバー遺跡**
時間 9:00〜17:00　料金 M$665〜900
　マヤ・プーク様式の代表的なふたつの遺跡を訪ねるツアー。

●**ウシュマル音と光のショー**
時間 13:00〜22:30（冬季〜21:30）　料金 M$600〜700
　午後からウシュマル遺跡をガイドとともに見学し、夜には幻想的なレーザーショーを堪能する。

●**フラミンゴ・ツアー**
時間 8:00〜17:00　料金 M$700〜950

　セレストゥン生物圏保護区の入江に生息するフラミンゴをボートから観察する。

●**セノーテ・ツアー**
時間 9:00〜17:00　料金 M$550〜750
　石灰岩台地の大きな洞窟に地下水がたまった泉セノーテを回るツアー。地上から洞窟内に差し込む光で、泉の底が青く輝いてとても幻想的な雰囲気。

メリダの旅行会社

● **Nomadas Travel**　MAP P.259/A1
住所 Calle 62 No.433 (Nomadas Hostel 内)
TEL 924-5223　URL www.nomadastravel.com

● **Carmen Travel**
住所 Calle 27 No.151, esq. Calle 34 (Fiesta Americana 内)
TEL 927-2027　URL carmentravel.com.mx

グラン・ピラミッドから魔法使いのピラミッドや尼僧院を望む

World Heritage
世界
遺産

マヤ・プウク様式の装飾的な遺跡

ウシュマル ※ Uxmal

メリダから南へ80kmほど。
うっそうとした森の中にある、
チチェン・イッツアと並び称されるマヤ文明を代表する遺跡。
都市国家はこの地に7世紀頃に創建され、
建築スタイルや装飾に優れたアートの都としても有名。
遺跡の各神殿は神々の像で飾り立てられている。

ウシュマルの各神殿に施された「カギ鼻の神」の像。近年は山の神ウィツと解釈する学説も有力

ウシュマルの歴史と文化

　7世紀初頭のマヤ古典期に栄えたこの遺跡は、プウク様式（Puuc=マヤの言葉で、ユカタン半島中央の丘陵地帯のこと）と呼ばれるマヤ文明のオリジナル色濃い建造物で知られる。プウク様式の特色は、建築物の壁一面に彫刻を施した石を組み合わせ、複雑なモザイク（幾何学模様）や蛇など、数々のモチーフで華麗に、そして過剰に装飾している点だ。特にウシュマルで目につくのが、魔法使いのピラミッドなどを飾る、おびただしい数のカギ鼻の神の像だ。

この地方はカルスト台地のため河川がなく、生活用水は雨水が頼り。そのため、このユーモラスな顔の神は雨神チャックと考えられてきた。
　尼僧院などで見られる疑似アーチもプウク様式に多く見られる特徴で、この建築法はマヤの技術水準の高さを物語っている。
　10世紀頃になると、中央高原地帯から進出してきたシウ人によりウシュマルは占拠され、それ以降はククルカン（羽のはえた蛇神）も崇拝するようになった。

魔法使いのピラミッド
Pirámide del Adivino

　この高さ38mの巨大な建築物は、マヤ遺跡としては珍しく小判形の石組みで造られ、側壁部が丸みを帯びている。優雅で女性的で柔らかな印象を与える美しい神殿だ。内部には4つの神殿が隠されており、そのなかの1号神殿から、「ウシュマルの女王」と名づけられた、蛇の口から人の顔が出ている石彫りが発見された。この像は、現在メキシコ・シティの国立人類学博物館(→P.78)に展示されている。

　小人が一夜のうちに造り上げたという伝説から、「魔法使い」という名称がついている。実際には8〜11世紀のおよそ300年の間に5つの神殿を順番に造り上げたもの。正面の尼僧院側(西側)の階段には、カギ鼻の神の奇怪な顔が頂上まで続き、圧巻。

夜にはライトアップされる

尼僧院
Cuadrángulo de las Monjas

　魔法使いのピラミッドの西にあるこの建物群は、広大な中庭を4つの矩形(くけい)の建物が取り囲む構成になっている。それぞれ、たくさんの小部屋をもつことから、尼僧院と名づけられた。実際には、宮殿であったとも推測されている。

　内部の天井は、すべてプウクの特色であるマヤ・アーチで造られている。外壁には切り石をはめ込んだモザイクと蛇神ククルカン、雨神チャックなどのレリーフが過剰なまでに施されている。特に、上部で羽を広げているククルカンは、この建造物がトルテカ文化の影響も受けていることを物語る装飾だ。建物南側の中央では大きなマヤ・アーチが通路を形づくっている。外側からこのアーチ越しに中庭を見ると美しい。

修復状態のよい尼僧院

球戯場として使われていた遺構

球戯場 Juego de Pelota

　尼僧院南側のアーチをくぐり、総督の宮殿へ向かう途中にある遺構。石壁は破損がひどいが、中央の石の輪にはレリーフが残っている。宗教的な意味合いが強い球戯は、サッカーのように手が使えなかった。そして、この石の輪に球を打ち込むと勝ち、となるルールで行われていた。

球戯場ゴールの輪のレリーフ

メリダへ

北のグループ
El Grupo del Norte

Hacienda Uxmal

カバー遺跡へ

バス停
P.27/P.266 チョコ・ストーリー
Choco-Story

記念碑の壇
El Grupo de las Columnas

Villa Arqueológica

The Lodge at Uxmal

尼僧院
Cuadrángulo de las Monjas

墓のグループ
El Grupo del Cementerio

魔法使いのピラミッド
Pirámide del Adivino

駐車場

球戯場
Juego de Pelota

メインゲート

亀の家
Casa de las Tortugas

鳩の家
El Palomar

総督の宮殿
Palacio del Gobernador

ジャガー像

グラン・ピラミッド
La Gran Pirámide

南の神殿
El Templo del Sur

0　　　100m

ウシュマル
Uxmal

エリア地図▶P.189/A1

マヤ古典期の最も美しい建物
総督の宮殿
Palacio del Gobernador

　壮麗に飾られた外壁と、建物中央に見事な大アーチをもつ、マヤ建築のなかで最も調和の取れた建築物のひとつ。総督の宮殿と名づけられているのも、その気品のある外観から。貴族の住居、あるいは行政府だったと諸説あるが、実際はどんな役割を果たしていたのかわかっていない。

　建物は横187m、縦170m、高さ8～12mのテラスを基壇とし、上にさらに3層のテラスが重なる。内部には横18m、奥行き5mの大部屋をはじめとして、たくさんの部屋が造られている。東側正面は、これもまた目を見張るような複雑さ、美しさのプウク様式の装飾がぎっしり。石造りの格子文様、雷文、カギ鼻の神の顔、頭飾りをつけた人物像など、2万個以上の切り石を利用している。尼僧院同様、切り石細工がユカタンの強烈な太陽を浴びて、明暗のコントラストをくっきりと浮かび上がらせている。

壁面上部の芸術的な装飾は必見

360度のジャングルを望むことができる
グラン・ピラミッド
La Gran Pirámide

　上部にレリーフが施されている高さ30mの大神殿。現在、北側の階段だけが修復されている。足元には十分注意して、頂上への階段を上ろう。遺跡のなかで最も高い位置にあるため、緑の地平線が見渡せる。

頂上から見渡すと密林の中に主要遺跡が浮かび上がる

ユニークな飾り窓が見られる
鳩の家
El Palomar

　グラン・ピラミッドのさらに西にある、上部にハトの巣のような格子窓が付いた建築物。丘の上に見事な壁だけが残り、ほかには何もない。どんな役割をもつ建物であるのか、まったく見当がついていない。

屋根上部に格子窓が残る鳩の家

建物上部にアニミズム的な装飾が残る
亀の家 Casa de las Tortugas

　総督の宮殿の北西にある、こぢんまりとしたプウク様式の建物。上部にカメの石彫りが飾られているので、この名がつけられた。
　マヤ神話でカメは、雨神チャック同様、水の使者とされていた。やはり雨乞いのために祀られたと考えられている。

亀の家上部の石彫り。水を象徴するアニミズム的なモチーフだ

COLUMNA
古代からの
チョコレート文化を知る

　ウシュマル観光にあわせて訪れたいのが、遺跡の向かいにオープンしたチョコレートの博物館「チョコ・ストーリー」。カカオはマヤの時代から神聖な薬として用いられており、そんな文化や歴史をさまざまな展示で理解できる。当時に飲まれていたスタイルのココアの試飲や、カカオを用いたマヤの儀式なども見学できる。ショップやカフェも併設している。

●チョコ・ストーリー Choco-Story
TEL (999)289-9914　MAP P.265
URL www.choco-storymexico.com
営業 毎日9:00 ～ 19:00
料金 M$120

[アクセス] メリダとカンペチェ間を走る2等バスがウシュマルを1日5本経由する。メリダから所要約1時間20分(M$63)。ウシュマルからメリダへはSURバスが9:20、12:30、15:15、17:40、20:15に通る。カンペチェへは7:20〜18:20までに1日5本。SURバスは遺跡駐車場には寄らないので、国道から遺跡入口まで2分ほど歩く。

メリダ発のツアーは、ウシュマルとカバー遺跡を1日で回ってM$700〜900。

[歩き方] 遺跡の公開時間は毎日8:00〜17:00、入場料M$223。ビデオカメラでの撮影はM$45、英語ガイドはM$700(1.5〜2時間)。チケット窓口［TEL (997)976-2121］がある建物には、レストランやショップのほか、マヤ遺跡の解説ビデオを観せるホールも完備。荷物も無料で預かってもらえる。

遺跡全体の規模は、チチェン・イッツァに比べると小さいが、起伏が多く、歩き回るのはけっこう疲れる。2時間あればひととおり見学できるが、なるべく時間に余裕をもとう。また、帽子、日焼け止め、水など暑さ対策も忘れずに。遺跡をライトアップしての光と音のショーLuz y Sonidoも毎晩45分間上演される。夏季20:00〜、冬季19:00〜。料金M$95。ナレーションはスペイン語のみ。

チョコ・ストーリーは食文化を知るための博物館

ホテル

ウシュマルはジャングルの中にぽつんとあり周辺に町はない。日帰りでの訪問が一般的だが、遺跡の周辺には [H] The Lodge at Uxmal［予約 TEL (997)976-2031 URL www.mayaland.com 料金ⓈⒹM$1730〜］や [H] Hacienda Uxmal[予約 TEL (998)887-2495 料金ⓈⒹM$1380〜]などのプールやレストラン付きのホテルが点在している。宿泊客以外でも利用できて、ユカタン伝統料理が食べられる。

快適なホテルが遺跡周囲にある

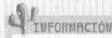

INFORMACIÓN

ウシュマル周辺のプウク様式の遺跡へ

ウシュマル周辺には、プウク様式の遺跡が数多く点在している。丸1日かけて、ほかの小さいが興味深い遺跡群を訪ねてみるのも楽しい。カバー遺跡はウシュマル見学ツアーに含まれることが多いが、サイル、シュラパック、ラブナへは公共交通がない。現地ツアー会社で車をチャーターしてアクセスしよう。各遺跡とも入場時間8:00 〜 17:00、入場料M$55(シュラパックのみ入場無料)。

カバー Kabah [MAP] P.189/A1

ウシュマルから23km ほど東南。このウシュマルの姉妹都市では外壁が 300 近くのカギ鼻の神の顔で飾られたコズ・ポープ Coz Poop が圧巻で、仮面の宮殿の異名をもつ。北側には緻密なモザイクが施され、上部に人物像もある。

また、道路の反対側には凱旋門だといわれている、巨大な疑似アーチがそびえている。メリダからのウシュマル・ツアーは、この遺跡も一緒に訪れる。ローカルバスも１日数本ある。

サイル Sayil [MAP] P.189/A1

カバーから 10km ほど南東に位置する。3 層構造の巨大な王宮 El Palacio の正面にある雌雄1対になった円柱が優美。雄柱は直立し、雌柱は胴がくびれている。建物の上部も、ユニークなモチーフで埋め尽くされている。南の外れには、上層に小さな格子窓をいくつももつ展望台のエルミラドール El Mirador が建っている。

シュラパック Xlapak [MAP] P.189/A1

サイルから 5km ほど東。小さな王宮が残っている。2 層構造の上部で四方をカギ鼻の神が睨み、内部はマヤ・アーチの構造をもつ、典型的なプウク様式でできている。

カギ鼻の神で飾られたシュラパック遺跡の王宮跡

ラブナ Labna [MAP] P.189/A1

シュラパックから 4km ほど北東。疑似アーチ Arco をもつ巨大な門、その名のとおり周囲を見渡せる展望台 El Mirador、神々や蛇などの装飾で覆われた王宮 El Palacio など、広い敷地に見どころが散在している。特に、王宮にある、蛇の口にのみ込まれている人面像は、異様な作品。

海辺にたたずむ風光明媚なコロニアル都市

カンペチェ
Campeche

人 口	約26万人
高 度	5m
市外局番	981

必須ポイント！
- ★カテドラル
- ★光と音のスペクタクルショー
- ★カラクムル遺跡

World Heritage
世界遺産

カンペチェ州政府観光局
URL www.campeche.travel

カンペチェの旅行会社
●Xtampak　MAP P.269/A1
住所 Calle 12 No.207
TEL 750-1063

散策も楽しいカラフルな町並み

　メキシコ湾に面するカンペチェは、スペインによって造られた要塞都市。城門の一部や砦がそのまま残り、植民地時代の面影を残している。旅の合間の休息地としても格好の町だろう。

　1540年、F・モンテホ率いるスペイン軍によって征服され、マヤ人の都はメキシコ有数の貿易港に大変身を遂げた。それと同時に海賊の襲撃がたび重なるようになったため、1686年から18年の歳月をかけて、大要塞が造られた。300年以上たった今もその偉容は健在。1999年にはその町並みが世界文化遺産に登録されている。要塞完成後、スペイン国王から自治都市として認められ、発展を続け、現在はカンペチェ州の州都になっている。

市内から空港へ
　カンペチェ国際空港Campeche（CPE）は中心部から5kmほど南。市内からタクシーでM$130程度。空港から市内へはタクシーでM$150。

アエロメヒコ航空
TEL 816-6656
　カンペチェ国際空港内。

カンペチェのバスターミナル
　1等バスターミナルは中心部から約3km南。"Centro"と書かれた市バス（M$7）がターミナル前からアラメダ公園へ運行。タクシーで中心部までM$35程度。
　2等バスターミナルは中心部から約1km東（MAP P.269/A2）。中心部へは西へ向かう市バスか、タクシーでM$30〜40。

両替事情
　ソカロの周辺にはBanamex、Santanderなど主要な銀行があり、ATMが利用できる。

アクセス

飛行機▶メキシコ・シティからアエロメヒコ航空とインテルジェット航空が毎日計3便運航（所要1.5〜2時間、M$1915〜4766）。

バス▶メキシコ各地の主要都市間のほか、パレンケなどチアパス州の町との間にもバスが運行している。

カンペチェから各地へのバス

目的地	1日の本数	所要時間	料金
メリダ	ADO、ATS、SURなど毎時1〜3本	2.5〜3h	M$240〜308
ウシュマル	SUR 5本(6:00、9:15、12:00、14:30、17:00)	3.5h	M$151
カンクン	ADO、OCCなど計9本(23:00〜翌13:50)	6.5〜7.5h	M$682〜826
テノシケ	ADO 1本(23:30)	6h	M$526
ビジャエルモッサ	ADO、ATSなど計21本(9:45〜翌4:00)	5.5〜7h	M$434〜696
ベラクルス	ADO 1本(20:10)、ADO GL 1本(22:15)	11.5〜13h	M$1192〜1374
パレンケ	ADO、OCC計4本(0:30、2:20、11:00、21:45)	5.5〜6.5h	M$458〜460
サンクリストバル・デ・ラス・カサス	OCC 1本(23:10)	10h	M$664
プエブラ	ADO、ADO GL計3本(14:30、15:30、21:00)	14.5〜15h	M$1570〜1882
メキシコ・シティ	ADO、ADO GL計5本(12:01、23:45)	17〜19h	M$1734〜2092

　安全情報 カンペチェは治安がよい小さな町。日中に市内を観光するには問題ない。ただ夜に出歩く場合は、城壁や砦に囲まれた旧市街から外に出ないほうが無難に。

歩き方

カンペチェの見どころは、城壁と砦に囲まれたコロニアル調の旧市街。まるで絵画のように美しい町並みを気ままに歩いてみよう。中心部のソカロ前にはカテドラルCatedralが建ち、周囲には植民地時代からの建物が残る。縦横に整備された通りには伝統衣装を着た売り子が行き交い、とてものんびりした雰囲気がある。

週末のソカロはイベントいろいろ

町を囲む砦が7つ昔のまま残り、そのうち4つが博物館として内部見学できるようになっている。まずはソカロ北西側に建つラソレダー砦Baluarte de la Soledadへ行ってみよう。内部にはマヤの石碑などが展示されている。ここから海門を通り過ぎて、南西に行くとサンカルロス砦Baluarte de San Carlosに出る。ここには中世の航海ルートや武器、それに18世紀のカンペチェ市街の模型が展示され、都市防備の歴史を知ることができる。

かつて城壁は全長2.5kmの長さで市街を囲んでいたが、その面影が完璧に残るのが、サンフアン砦Baluarte de San Juanからサンフランシスコ砦Baluarte de San Franciscoにかけてだ。サ

ンフランシスコ砦から内部に入ると、昔のまま保存されている城壁内を見学でき、当時の様子をうかがい知ることができる。また20:00からは光と音のスペクタクルショー（→P.270）が行われている。

美しい夕日が眺められる海岸沿いの遊歩道

観光案内所　MAP P.269/A1
住所 Calle 57 No.6
TEL 816-1782
営業 毎日9:00～21:00
　そのほか案内カウンターが、海門の南側などにもある。

ラソレダー砦　MAP P.269/A1
入場 火～日9:00～17:30
料金 M$45

サンカルロス砦　MAP P.269/A1
TEL 816-1782
入場 毎日8:00～20:00
料金 M$20

サンフランシスコ砦　MAP P.269/A1
TEL 816-1782
入場 月～金8:00～21:00
　　　土・日9:00～21:00
料金 M$15
　城壁の上を陸門やサンフアン砦まで歩いていける（出入口があるのはサンフランシスコ砦のみ）。

週末のプロジェクションマッピング
金～日20:00～21:00にEl Palacio Centro Cultural（MAP P.269/A1）の壁面でカンペチェの歴史物語が鑑賞できる。

ソカロ北側の壁面に投影される

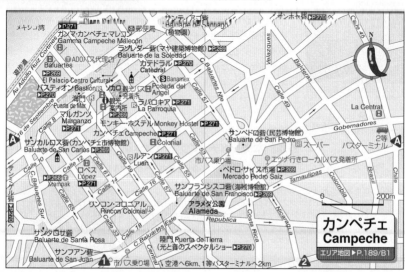

はみだし　ソカロから南東500mほどの所に、地元の人たちが利用するペドロ・サイス市場（MAP P.269/A2）がある。青果や日用品などが売られる市場で、内部の簡易食堂では郷土料理が安く食べられる。

▶コロニアル都市のシンボル ★★
カテドラル
Catedral

カテドラル MAP P.269/A1

入場 毎日 8:00～12:00、
16:00～20:00

1540年に聖母マリアを祀るために造られた教会で、1世紀半以上もかけて18世紀の初頭に完成した。カンペチェの代表的な建造物として知られ、ソカロの東側に建つ白亜の塔には4つの彫像が飾られている。

ソカロ前に建つ大教会

市内観光バス

ソカロの南側からトランビアTranviaと呼ばれる、路面電車を改造したような観光バスが運行している。赤（Tranvia Rojo）と緑（Tranvia Verde）の2種類があり、サンフランシスコ砦やグアダルーペなど町の歴史地区を回る。所要約45分、M$100。案内はスペイン語と英語。運行時間は、毎日9:00～20:00だが、集客状態により発着時間は不定期（6人以上で催行）。

▶要塞都市カンペチェの歴史を知る ★★
サンホセ砦
Fuerte de San José

サンホセ砦 MAP P.269/A2外
TEL 816-9111
入場 火～日8:00～17:00
料金 M$45、ビデオ撮影M$45
タクシーで所要約10分、片道
M$40。

ソカロから北東へ5kmほど行った丘の上に、海賊の攻撃から市内を守るため18世紀に建てられた30m四方の砦。周囲は壕で囲まれ、出入口はその上にチェーンで開閉式の扉がつり橋状に渡されている。

かつて、教会や共同寝室、火薬庫などに使われた室内は、銃やサーベルなど、往時の武器が展示されている。砦の上からは遠く市内を見渡せる。

絶好の夕焼け観賞スポットとしても有名

▶博物館も併設されたビューポイント ★★
サンミゲル砦
Fuerte de San Miguel

サンミゲル砦 MAP P.269/A1外
入場 火～日8:30～17:30
料金 M$55、ビデオ撮影M$45
タクシーで所要約10分、片道
M$50。タクシーのチャーター
は1時間M$130～。

カラクムル遺跡から発掘されたミイラの展示

ソカロから南西へ5kmほどの丘の上に、やはり海賊の攻撃から市内を守るため18世紀に建てられた砦。共同寝室や倉庫として使われていた広いスペースは考古学博物館となっており、エツナ遺跡から出土した石碑や州南部のカラクムル遺跡から出土したミイラやヒスイの仮面を展示している。砦の上部には3つの見張り台と大砲が備わっている。

COLUMNA

幻想的なカンペチェのアトラクション

陸門Puerta de Tierraで光と音のスペクタクルショー Espectáculo de Luz y Sonidoが体験できる。まず海賊の扮装をしたガイドによる砦の解説から始まり、城壁の上をサンフランシスコ砦まで歩き、町の歴史を解説したビデオを見学。その後、陸門前のステージに戻って、昔の様子を再現した寸劇や光と音のショーでフィナーレとなる。曜日が合えば参加してみよう。

●光と音のスペクタクルショー MAP P.269/A1
入場 木～日20:00
～21:00 ※2/20～
4/20、7/5～8/20
は毎日開演（要確認）
料金 M$60

伝統衣装をまとったガイドと記念撮影できる

はみだし ®バスティオンBastión（MAP P.269/A1 TEL 816-2128 営業 毎日7:00～24:00）はシーフード＆郷土料理の店。窓側の席からはソカロの風景を満喫できる。メイン料理はM$100前後～。

Comida レストラン

▶地元でも人気の上品なレストラン

🍴マルガンソ
Marganzo

ソカロと海門の間にあり、観光客などでいつもにぎわっている。カンペチェの名物料理のパン・デ・カソン(M$141)をはじめ、エビ料理(M$178〜)などシーフードも評判。火〜土曜19:30〜と日曜12:00〜は音楽演奏もある。

リメの肉とトルティージャを重ねてトマトソースをかけたパン・デ・カソン

[MAP] P.269/A1
住所 Calle 8 No.267, entre Calles 57 y 59
TEL 811-3899　営業 毎日7:00〜22:30
税金 込み　カード [M][V]　[Wi-Fi] 無料

▶24時間営業の大衆食堂

🍴ラパロキア
La Parroquia

カテドラルのすぐ南にある庶民的なレストラン。朝食セットM$65〜92、日替わり定食Comida del Día はM$88〜100。

[MAP] P.269/A1　住所 Calle 55 No.8, entre Calles 10 y 12
TEL 816-2530　営業 毎日24時間
税金 込み　カード [M][V]　[Wi-Fi] 無料

▶エアコンの効いた人気カフェ

🍴ルアン
Luan

陸門と海門の間にあり休息に便利なスポット。揚げトルティージャのソースがけチラキレス(M$95 〜)やウエボス・ランチェロス(M$90 〜)など食べ応え十分。フラペチーノはM$45。

[MAP] P.269/A1　住所 Calle 59 No.35
TEL 811-5205　営業 毎日8:00 〜 15:00
税金 込み　カード [M][V]　[Wi-Fi] 無料

Estancia ホテル

旧市街のソカロ周辺にたくさん集まっている。手頃なホテルは、夕方には満室になるので、早めにチェックインしよう。

▶モダンで快適な5つ星ホテル

🛏ガンマ・カンペチェ・マレコン
Gamma Campeche Malecón

海門から200mほど北西にある、全146室の高級ホテル。観光に便利な立地で、海を見渡す雰囲気は最高。施設が整い、ビジネス利用も多い。[Wi-Fi] 客室OK・無料

[MAP] P.269/A1　🍴○ 🏊○ 🔒○ ☕○
住所 Av. Adolfo Ruiz Cortinez No.51
TEL&FAX 811-9191　URL gammahoteles.com
税金 込み　カード [A][M][V]
料金 ⓈⒹM$1493〜　[AC]○ [TV]○ [TUB]×

▶プールでくつろげる

🛏ロペス
López

ソカロから徒歩5分ほどの所に建つ、全35室あるコロニアル調の中級ホテル。吹き抜けの廊下を歩いていくと奥に中庭があり、暑い日にくつろげる。[Wi-Fi] 客室OK・無料

[MAP] P.269/A1　🍴○ 🏊○ 🔒○ ☕○
住所 Calle 12 No.189, entre Calles 61 y 63
TEL 816-3344　URL www.hotellopezcampeche.com.mx
税金 +18%　カード [A][M][V]
料金 ⓈⒹM$693〜　[AC]○ [TV]○ [TUB]×

▶いろいろなタイプの部屋がある

🛏カンペチェ
Campeche

ソカロ西側に建つ全40室の経済的なホテルで、市内散策に便利な立地だ。部屋はファン付きかエアコン付きから選べる。[Wi-Fi] 公共エリアのみ・無料

[MAP] P.269/A1　🍴× 🏊× 🔒× ☕×
住所 Calle 57 No.2, entre 8 y 10
TEL&FAX 816-5183　税金 込み　カード 不可
料金 ⓈM$285〜、ⒹM$335〜　[AC]△ [TV]○ [TUB]×

▶フレンドリーなユースホステル

🛏モンキー・ホステル
Monkey Hostel

ソカロ近くにある居心地のいい全25ベッドのホステル。共同キッチンも完備しており、エツナ遺跡へのツアー手配も頼める。ドミトリーはM$120〜。[Wi-Fi] 客室OK・無料

[MAP] P.269/A1　🍴× 🏊× 🔒× ☕×
住所 Calle 10 No.244, entre Calles 57 y 59
TEL 811-0998　税金 込み　カード 不可
料金 ⓈⒹM$350〜　[AC]△ [TV]○ [TUB]×

🍴 レストラン　🏊 プール　🔒 金庫　☕ 朝食　[AC] エアコン　[TV] テレビ　[TUB] バスタブ

エツナ遺跡

MAP P.189/B1

ペドロ・サイス市場から100mほど東にあるローカルバス発着所（MAP P.269/A2）から「Bonfil行き」のバスで約1時間、M$45。エツナへは1日数本（7:00〜13:00発）、エツナから1日数本（7:00〜16:00発）運行。午後の便は集客状況により変更もある。あらかじめ運転手に遺跡の手前約100mにある分岐点で降ろしてくれるよう頼むこと。
入場 毎日8:00〜17:00
料金 M$60

エツナ遺跡へのツアー

カンペチェ市内の旅行会社やホテルで扱っている。8:00〜12:00か、13:30〜17:30の半日ツアーで、料金はガイド付きM$350〜（ガイドなしM$240〜）。旅行シーズン中には7:00〜14:00まで毎時出発する。

世界遺産

カラクムル遺跡

MAP P.189/B1

入場 毎日8:00〜17:00
料金 M$70（通行料M$30、自然保護区入域料M$75別途）

カラクムル遺跡群へのツアー

カンペチェの旅行会社Xtampakがツアーを出している。日帰りツアーはカラクムルをはじめ計3ヵ所を巡ってひとりM$1600、1泊2日のツアーは計5ヵ所の遺跡と野鳥観察を含めてひとりM$3800。ただし催行人数が5人以上なので注意。

神殿の上からジャングルを眺める

▶カンペチェ郊外にあるマヤの都市遺跡　★★

エツナ遺跡
Edzná

神殿や寺院が美しく復元されている

カンペチェから約52km南東にある、マヤ文明の代表的な遺跡のひとつ。高さ30mの5層寺院が残り、内部には蛇やジャガーの彫刻が美しく飾られている。1907年に発見されたが、初めて実地踏査が始まったのは1958年から。数千人の共同体にすぎなかった紀元前600〜300年頃から、おもな建物ができた600〜900年を経て15世紀まで、周囲約6kmにわたって都市が形成されていたと考えられている。

▶広大な敷地にピラミッドが点在する世界遺産　★★

カラクムル遺跡
Calakmul

カンペチェから約350km南東のジャングルで1931年に発見された、マヤ文明最大級の遺跡群。その規模のわりに知名度は低かったが、近年整備され、「カンペチェ州の古代マヤ都市カラクムル」として2002年に世界文化遺産に登録された。

遺跡全体の雄大な規模がわかるカラクムルの大神殿

神殿のたたずまいはグアテマラのティカルを思わせる雰囲気だが、西暦250〜695年の古典期にはそのティカルやパレンケなどとも並ぶ勢力を誇っていた。複数の大きな神殿と、その前に立ち並ぶステラ（石碑）が印象的。主要部は4km四方ほどで、1周2〜3時間ほどで見て回れる。ジャガーも生息する自然保護区にあるだけあって、遺跡内でもトゥカンなどの野鳥やサルが見られる。

🎵 COLUMNA

カラクムル遺跡を訪ねてみよう

カラクムル遺跡を個人旅行で訪れる際は、まずバスでシュプヒルXpujilの町まで行く。カンペチェの2等バスターミナルからSURバスが5:15、8:15、18:15、22:00発、所要約5時間、M$256。1等バスターミナルからADOバスが14:00発、所要約4時間、M$382。そこからタクシーをチャーターして遺跡までの往復約5時間でM$1000ほど。タクシーで30分ほど行くと自然道に到着する。そこで通行料M$50を払い、車でさらに林道を進む。このゲートが遺跡の入口と勘違いしてしまいそうだが、遺跡はここから約55km先なので、決してタクシーを降りないように。ゲートから約15km進むと博物館と雑貨売り場があるので、ここで飲料水を調達す

るといいだろう。そこから約40km行くとようやくカラクムル遺跡にたどり着く。この行程が面倒なら、ツアーで行くのが無難だ。

ツアーでは美しいジャガーのレリーフが残るバランク遺跡Balamku（カラクムルから約60km北）や、リオ・ベックスタイルと呼ばれる建築様式の遺跡群（カラクムルから約60km北東）も訪ねる。横一列に並ぶ3つの塔が印象的なシュプヒルXpuhil、堀に囲まれているベカンBecán、門や神殿を飾るモザイクの装飾がきれいなチカナChicaná、オルミゲーロHormiguero、リオ・ベックRio Becなどはいずれもファサードの装飾や塔の形などに特徴があり、ぜひ訪ねてみたい。

🕊 🉐 ユカタン半島の遺跡をいろいろ訪問しましたがカラクムルが最もよかったです。ジャングル内の巨大ピラミッドに登壇できるのもこの遺跡ならではの醍醐味。（栃木県　HIROKI-H '17）['18]

オアハカ州・チアパス州
Oaxaca & Chiapas State

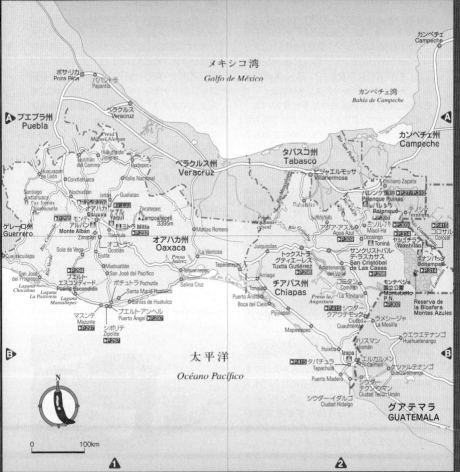

メキシコ湾
Galfo de México

カンペチェ
Campeche

カンペチェ湾
Bahía de Campeche

ボサ・リカ
Poza Rica

パパントラ
Papantla

ベラクルス
Veracruz

A プエブラ州
Puebla

カンペチェ州
Campeche

タバスコ州
Tabasco

Presa
Miguel Alemán

ベラクルス州
Veracruz

ビジャエルモッサ
Villahermosa

Río San Pedro

Emiliano Zapata

Huajuapan
de León

Teotitlán
del Camino

Rixtepec

▶P.27/P.310
パレンケ
Palenque Ruinas

Santiago
Juxtlahuaca

Coixtlahuaca

Valle Nacional

パレンケ
Palenque

▶P.309
テノシケ

San Juan
Chicoméxtla

Nochixtlán

Ixtlán
Guelatao

▶P.415
コロサル
Corozal

ゲレーロ州
Guerrero

▶P.301 モンテ・
アルバン

オアハカ
▶P.(JU)

Zacatepec

Zempoaltépetl
3395m

ミソル・ハ
Misol-Ha

▶P.314
ヤシチラン
Yaxchilán

Yagul

ミトラ Mitla
▶P.292

アグア・アスル
Agua Azul

サンクリストバル・
デ・ラスカサス

サンイパッタ
Bonampak

Monte Albán

Tlacolula

▶P.309

▶P.314

Sola de Vega

オアハカ州
Oaxaca

Matías Romero

▶P.303

Ocotlán

La Ventosa

Presa
Juárez

Juquipilas

トゥクストラ・
グティエーレス
Tuxtla Gutiérrez

San Cristóbal
de Las Casas

▶P.298

Reserva de
la Biosfera
Montes Azules

A

Cuajinicuilapa

Miahuatlán

San José del Pacífico

Tehuantepec

Tapanatepec

Amatenango
del Valle

La Trinitaria

▶P.298

Lacanjá

San José
del Progreso

▶P.294
プエルト・
エスコンディード
Puerto Escondido

Santa María Huatulco

ポチュトラ Pochutla

Salina Cruz

Arriaga

チアパス州
Chiapas

コミタン
Comitán

モンテベジョ
国立公園
Montebello
P.N.

▶P.302

Laguna
Chacahua

Laguna
La Pastoria

Bahías de Huatulco

Tonalá

Presa la
Angostura

Reserva de
la Biosfera
Montes Azules

Laguna
Manialtepec

Boca del Cielo

Puerto Arista

ラ・メシージャ
La Mesilla

ウエウエテナンゴ
Huehuetenango

マスンテ
Mazunte
▶P.297

プエルト・アンヘル
Puerto Ángel ▶P.237

シポリテ
Zipolite
▶P.297

Pijijiapan

▶P.415 シウダー
クアウテモック
Ciudad
Cuauhtémoc

ラメシージャ
La Mesilla

Mapastepec

リスマン
Talismán

ケツァルテナンゴ
Quetzaltenango

B

太平洋
Océano Pacífico

Huixtla

Izapa

エルカルメン
El Carmen

▶P.415 タパチュラ
Tapachula

Puerto Madero

シウダー
テクンウマン
Ciudad Tecún Umán

B

シウダー・イダルゴ
Ciudad Hidalgo

グアテマラ
GUATEMALA

N

0 — 100km

①

②

オアハカ州・チアパス州

青空市では伝統衣装を着た先住民が見られる

ハイライト

マヤ人が築いたパレンケ遺跡（→P.310）やサポテコ族が築いたモンテ・アルバン（→P.290）など、世界遺産にも登録されている大遺跡が見どころだ。特にパレンケは、メキシコ・マヤ最大級の遺跡で、建造物の保存状態もいい。

オアハカやサンクリストバル・デ・ラスカサスなどの、風情あるコロニアル調の町並みも見もの。これらの町を起点にして、古くからの生活を守り続けているインディヘナの村々も訪ねてみたい。

オアハカの中心部にあるカテドラル

旅のヒント

オアハカ州やチアパス州は、メキシコでも最も先住民文化が色濃く残るエリア。オアハカなど主要都市の周辺でも、ティアンギス（→P.289）と呼ばれる青空市が毎週定期的に開かれている。売り手も買い手もカラフルな伝統衣装をまとい、観光客も多く集まる。アクセスは不便な場合が多いが、近郊ツアーなど

で処地に立ち寄ることもできる。

ゲラゲッツァ祭（→P.276）など、伝統色豊かなフェスティバルも多いので、あらかじめ祭礼やティアンギスの日程を確認して、先住民の独特な文化に触れてみたい。

ゲラゲッツァ祭での華やかな踊り

アクセス

オアハカ州の州都オアハカは、バスや飛行機の便が多い。特に、メキシコ・シティとの間の交通は密で、新しい道路の開通により所要時間も以前より短くなっている。しかし、この地方全体ではバスの便も少なく、道路の路面状態もよくない。例えばオアハカと太平洋岸のプエルト・エスコンディード間などは、曲がりくねった山道で起伏が激しい。特に雨季のバス運行は大幅に遅れる場合もあるので、日程には余裕が必要。

また、チアパス州ではサンクリストバル・デ・ラスカサスが観光の起点となるが、山道が多いため経路によっては移動に時間がかかる。

そのほか、観光シーズンやフェスティバルがある時期には、交通機関は予約でいっぱいになって、身動きがとれないこともあるので注意。日中の移動を心がけ、トラブルに遭遇する確率を減らすように努力しよう。また、各交通の起点から遺跡を見学する場合には、ローカルバスよりも便利なツアーがおすすめだ。

バスをうまく利用して旅を続けよう

オアハカ州・チアパス州の 見どころベスト3	**1** パレンケ遺跡 （→ P.310）
	2 オアハカのサントドミンゴ教会 （→ P.281）
	3 サンクリストバル・デ・ラスカサスの町歩き （→ P.298）

オアハカ州・チアパス州 エリアインフォメーション

物価とショッピング

　オアハカ州とチアパス州は、観光地だが物価は概して安い。先住民が多いので、おみやげには織物や陶器など、豊富な民芸品がおすすめだ。特にオアハカ州の織物は細かい刺繍などが見事。女性用の伝統衣装ウイピルは村ごとに違った色やデザインが施されている。織物では厚手で純毛のサラッペも有名だ。

地酒メスカルもおみやげの定番

安全情報

　オアハカやサンクリストバル・デ・ラスカサスからは、比較的容易に先住民の村を訪問できるが、人々は独特の文化を維持している。例えば、写真を撮ろうとすると、怒られてトラブルのもとになることもある。社会風習の違いと強盗への用心のため、単独での探索や村外れの散歩は避けたほうがいい。現地発ツアーに参加すると安心。

　オアハカ～プエルト・エスコンディードの山道でバス強盗の被害も報告されている。この区間はなるべく2等バスの利用を避け、飛行機か1等バスで日中の移動を心がけたほうがいい。

　またオアハカ州とチアパス州の都市ではときおり、賃上げを求める労働組合などのデモが起きるので、旅行中に出くわした場合は注意しよう。

手作りの民芸品は味わいがある

文化と歴史

　オアハカ州とチアパス州は、先住民文化が色濃く残る地方として知られている。特に現在のオアハカ近郊には紀元前からサポテコ族が住み着き、モンテ・アルバン遺跡など高度な文明を誇っていた。現在オアハカ州の人口は390万人ほどだが、うち100万人以上が先住民系といわれ、ほかの地域より高い割合となっている。メキシコ史上唯一の先住民出身の大統領ベニート・フアレスはサポテカ族で、10代のときにオアハカで勉学に勤しんでいた。

　また、ひと口に先住民（インディヘナ）といってもさまざまで、現在オアハカ州にはクイカテコCuicateco、チナンテコChinanteco、アヨオックAyook、ミステコMixteco、トゥリックTrique、サポテコZapotecoなどの民族が住み、チアパス州にはラカンドンLacandon、ツェルタルTzeltal、ツォツィルTzotzilなどの先住民が住んでいる。

パレンケの碑文の神殿

年間気候とベストシーズン

　オアハカ市などの高原地帯は乾燥し、夏でも夜間は涼しい。6～9月は雨が多いが、7月はゲラゲッツァなどお祭りのシーズンでもある。低地と太平洋沿岸地域は高温多湿で、太平洋岸は8～10月にハリケーンの影響を受けることも多い。

太平洋岸では高波に注意して遊泳しよう

オアハカの年間気候表

月 別	1月	2月	3月	4月	5月	6月	7月	8月	9月	10月	11月	12月	年間平均
最高気温	28.0	29.7	31.8	32.7	32.1	29.5	28.5	28.8	27.5	27.6	28.1	27.7	29.3℃
最低気温	8.4	9.8	12.1	14.3	15.3	15.7	14.8	14.8	14.8	12.6	10.0	8.5	12.6℃
平均気温	17.2	18.9	21.1	22.2	22.7	21.6	21.1	20.5	20.5	19.4	18.3	17.7	20.1℃
降 雨 量	0.2	0.2	10.1	25.4	60.9	124	93.9	104	170	40.6	7.6	10.1	53.9 mm

先住民文化を体験できるコロニアル都市

オアハカ
Oaxaca

人　口	約26万人
高　度	1550m
市外局番	951

必須ポイント！
★サントドミンゴ教会
★モンテ・アルバン遺跡
★郊外の村でのティアンギス

World Heritage
世界遺産

イベント情報
●7月上旬～8月上旬
ゲラゲッツァ祭Guelaguetzaは、郷土舞踊が堪能できるため旅行者にも人気が高い。
●11月1、2日
死者の日Día de Muertosは骸骨メークでのパレードや墓地の飾り付けコンテストが行われる（前後の週末に移動開催もあり）。
●12月16～24日
クリスマスの9日前の夜から、御輿行列や舞踊が楽しめる。23日は「大根の夜Noche de los Rabanos」と呼ばれソカロに装飾された大根が飾られる。

オアハカ州政府観光局
URL oaxaca.travel

パフォーマンスも見学できるサントドミンゴ教会前

　オアハカ州の州都オアハカは、メキシコの魅力を凝縮したような町。瀟洒なコロニアル建築が並ぶ歴史地区と先住民が残したモンテ・アルバン遺跡などが、世界文化遺産に登録され、メキシコ観光の目玉スポットになっている。穏やかな気候に恵まれ、気さくでのんびりした独特の雰囲気も楽しい。

　オアハカの近郊では、昔ながらの文化や風習を守るインディヘナの生活も垣間見ることができる。オアハカ州は先住民人口の比率が一番高い州で、伝統衣装や民芸品など先住民文化の宝庫。特に女性用ショールの"レボソ"、敷物"タペテ"、インディヘナの世界観を刺繍で表現したかのような伝統衣装"ウイピル"など、色鮮やかな織物は眺めているだけでも楽しい。また、ゲラゲッツァ祭など、古来からのお祭りFestivalも毎年盛大に開かれている。

COLUMNA

郷土舞踊を堪能できるゲラゲッツァ祭

　毎年7月16日以降、2回の月曜（ベニート・フアレスの逝去した7月18日が月曜の年は、7月25日と8月1日）に行われるゲラゲッツァ祭Guelaguetzaは、色鮮やかな伝統衣装をまとった舞踊を楽しめる祭り。元来は先住民がトウモロコシの神に豊作を祈る祭りだったが、カトリック教会の指導により、聖母カルメンの祝祭行事（7月16日）となった。近年では、宗教行事というよりも舞踊フェスティバルの要素が強い。

　町の北西にあるフォルティンの丘のゲラゲッツァ観覧場Auditorio de la Guelaguetzaが会場となる。1万1000人を収容できるこの会場には、基本的にはオアハカの7つの地域のグループダンスが演じられるが、それぞれ踊りにも衣装にも特徴があっておもしろい。特にパパロアパン地域のパイナップル

の花の踊りFlor de Piñaと、サポテコの羽毛の踊りDanza de las Plumasは有名だ。また各グループの上演が終わるたびに、特産品や踊りに使った小道具を客席に投げ入れる。麦わら帽子、メスカルやプルケなどのボトル、パイナップルなどの果物……。さまざまな物が投げ入れられるので、ほかの観客に負けずに手を伸ばして受け取ろう。開場は7時頃、前座の楽団が8時頃から演奏を始め、各地方の踊りの上演は10～13時と17～20時の2回。

　客席はPalco A～Dの4層に分かれており、A入場券M$1121、B入場券M$908（C～Dは無料）。毎年5月から現地の観光案内所や旅行会社のほか、チケットマスター（URL www.ticketmaster.com.mx）でも購入可能。

　安全情報　オアハカ市内は全般的に犯罪は少なく、観光地は警備も行き届いているので治安面ではあまり問題ない。ただ貧困層が多く、旅行者を目当てに物乞いをする人がいるので、かかわらないほうがよい。

アクセス

飛行機▶メキシコ・シティ間はアエロメヒコ航空（AM）、インテルジェット航空（4O）、アエロマル航空（VW）が毎日運航。プエルト・エスコンディード間にはアエロトゥカン航空（RTU）が運航。国際線はヒューストンからユナイテッド航空が毎日1便。

オアハカから各地への飛行機

目的地	1日の便数	所要時間	料金
メキシコ・シティ	AM、4O、VW、Y4　計10〜12便	1h	M$851〜4423
プエルト・エスコンディード	Aerotucán　1便	1h	M$2350〜2600
ティファナ	Y4　1便	4h	M$4287〜6168

バス▶メキシコ・シティからの運行があるほか、ビジャエルモッサ、ベラクルス、グアテマラ国境の町からも運行がある。

　オアハカの主要バスターミナルはふたつ。ソカロの北東にある1等バスターミナルからは長距離バスが、ソカロの西にある2等バスターミナルからは長距離バスとミトラ遺跡など近郊へのバスが発着している。

　そのほかソカロから400mほど南にあるExpress Service社のターミナル（プエルト・エスコンディード行きミニバス）など、小さな乗り場もたくさんある。

オアハカから各地へのバス

目的地	1日の本数	所要時間	料金
メキシコ・シティ	ADO、AU、Fypsaなど毎時1〜3本	6.5〜10h	M$300〜1098
プエブラ	ADO、AU、Fypsaなど毎時1〜2本	4.5〜8h	M$250〜816
ベラクルス	ADO　6本(8:00〜23:59)など	6〜8h	M$544〜834
プエルト・エスコンディード	OCC　3本(21:30〜翌9:30)	11h	M$480
サンクリストバル・デ・ラスカサス	OCC　3本(19:00、21:00、22:30)	12h	M$710
ビジャエルモッサ	ADO　3本(17:00〜21:30)	12〜12.5h	M$846
パレンケ	ADO　1本(17:00)	15h	M$998
ポチュトラ	OCC　4本(21:30〜翌9:30)	9〜10h	M$464
トゥクストラ・グティエーレス	OCC　3本(19:00〜22:30)	9〜10h	M$646
タパチュラ	OCC　1本(19:10)	12h	M$640

空港から市内へ

　オアハカのソソコトラン国際空港 Xoxocotlán（OAX）は市内から7kmほど南。タクシー（M$330）か乗合のミニバス（M$85）で約20分。

　オアハカ市内から空港へはカテドラル西側にある空港タクシーのオフィス（MAP P.278/B2　TEL 514-1071　営業 月〜土9:00〜19:00、日9:00〜14:00）で申し込み、料金はM$200（乗合のミニバスM$85）。送迎は日曜も含め飛行機のある時間帯。航空便名を告げて予約すればホテルまで迎えに来てくれる。

バスチケットの売り場　MAP P.278/B2

　バスターミナル以外でもチケット購入可。「Ticket Bus」はソカロから近く、手数料M$7。
住所 20 de Noviembre No.103
TEL 501-1208
営業 毎日8:00〜22:00（日〜21:00）
※ソカロの北東側にも窓口あり。

バスターミナルから市内へ

　1等バスターミナル（MAP P.279/A4）からソカロまで約2km。通りを渡ったバス停から"Centro"と表示のあるバス（M$7）が中心部を通る。車体のフロントに表示されている名前の道路を2ブロックずつ停車しながら行くが、行き先はわかりにくいので、運転手に前もって確認しておこう。タクシーを使ってもM$50程度。

　2等バスターミナル（MAP P.278/C1）からソカロまでは約1km。プエルト・エスコンディード（1日約10本運行、7〜9時間、料金M$210〜）やポチュトラ（毎時数本運行、6〜8時間、料金M$200）へはこちらが速い。

オアハカの市場巡り

　ソカロの2ブロック南西にあるベニート・フアレス市場Mercado Benito Juárez（MAP P.278/C2　毎日6:00〜20:00）は、地元の人でにぎわう食料品、日用品が中心の市場。いわば市民の台所で、買い物よりもローカルな雰囲気を味わうといい。南側に隣接するベインテ・デ・ノビエンブレ市場Mercado 20 de Noviembre（MAP P.278/C2　毎日6:00〜22:00）は食堂街が充実している。

　ソカロから南へ2ブロック、西へ2ブロックの所にあるのが観光客用の民芸品市場Mercado de Artesanías（MAP P.278/C2　毎日10:00〜19:30）。地元の人の入りが少なくさびしい感じだが、じっくりと品定めができる。

　さらにソカロから約1km南西には、オアハカ最大のアバストス中央市場Mercado Central de Abastos（MAP P.278/C1　毎日8:00〜21:00）がある。天幕が張り巡らされた市場内には、多くの人と品物があふれ（土曜がピーク）、民芸品なども充実している。先住民の人たちもたくさん集まるので、郊外のティアンギス（青空市）へ行けない人は、ここで雰囲気を味わうといい。ただし、スリも出没するのでカメラや荷物にはいつも気をつけておくこと。

中心街の市場で売られるオアハカ特産のチーズ

はみだし　Línea Dorada社（MAP P.279/C3）はバックパッカーに人気の激安バス。メキシコ・シティまで毎日22:00発、所要7〜8時間、M$250。メキシコ・シティでは革命記念塔の1ブロック南（MAP P.68/B2）から発着。

277

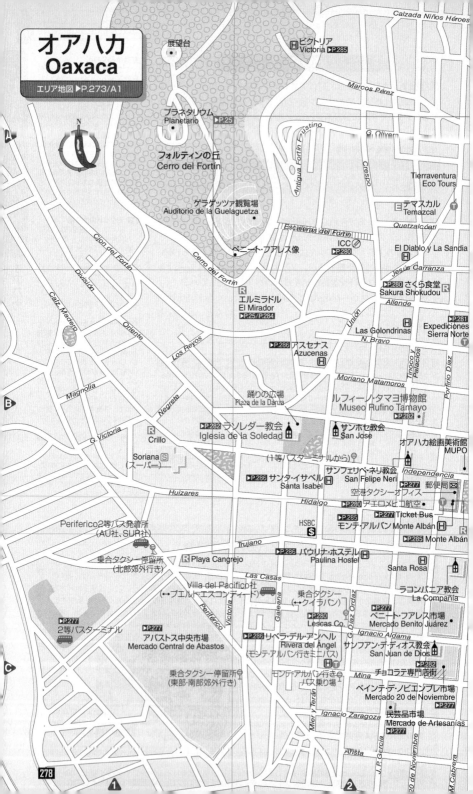

観光案内所 `MAP` P.279/B3
住所 Moriano Matamoros
No.102
TEL 514-4161
営業 月～土　9:00～18:00
　　　日　　9:00～14:00
　このほか観光案内のブースは、1等バスターミナルや、サントドミンゴ教会前、カテドラルの西側などにもある。

両替事情
　米ドルの現金を扱う両替所は、ソカロから東へ延びるイダルゴHidalgo通り沿いの1ブロックに集まっている。概して銀行のほうがレートはいいが、営業時間は短く、混み合っていることが多い。
　ソカロの2ブロック北にあるBancomer銀行は月～金曜8:30～16:00、土曜9:00～14:00まで営業している。ATMは24時間利用できる。

アエロメヒコ航空 `MAP` P.278/B2
住所 Hidalgo No.513
TEL 516-1066

歩き方

　州都オアハカは大きな町だが、おもな見どころは歩いて回れる範囲にあり、道路も碁盤の目のように整備されているのでわかりやすい。中心部のソカロから6ブロック北にあるサントドミンゴ教会まで、**マセドニオ・アルカラ**Macedonio Alcalá通りは歩行者天国になっている。ここが旅行者にとっての目抜き通りで、ショップ、レストラン、民芸品の露店などはこの道路周辺に多い。

ソカロ周辺には民芸品の屋台が並んでいる

　ソカロから南に2ブロック下がると、**ベニート・フアレス市場**Mercado Benito Juárezや**ベインテ・デ・ノビエンブレ市場**Mercado 20 de Noviembreなど大きな市場がある。中では庶民の生活感が漂うさまざまな品物が売られているほか、ローカルな食事が楽しめる簡易食堂も集まっている。さらに西へ500mほど行くと、2等バスターミナルに隣接するオアハカ最大の**アバストス中央市場**Mercado Central de Abastosに出る。食品や生活用品のほかにさまざまな民芸品も並んでいるので、ここも一度のぞいてみるといい。

　オアハカ市内の移動にはタクシーが便利。基本料金はM$40で、ソカロから1等バスターミナルまではM$50前後。市内バス（料金M$7）もあるが、路線が多く複雑だ。

INFORMACIÓN

ユースフルインフォメーション

オアハカ発ツアー

●モンテ・アルバン遺跡&周辺ツアー
　モンテ・アルバン、サアチーラ遺跡、クイラパン修道院、アレブリへス（木工の民芸品）の工房を訪ねる。10:00～18:00、M$200～387。

●イエルベ・エルアグア、ミトラ遺跡ツアー
　エルトゥーレ、ミトラ遺跡を見学したあと、イエルベ・エルアグアに行き、帰りにメスカルの工房にも寄る。10:00～18:00、M$200～387。

●近郊のティアンギス巡りツアー
　ティアンギス（青空市）が開催されている村と、その周辺の見どころを訪れる。10:00～14:00、M$200～280。

※上記のツアー料金には、遺跡などの入場料やランチ代などは含まれていない。
※近郊のモンテ・アルバンやミトラ遺跡などへのツアーを数社が催行している。いずれもスペイン語と英語のガイド付き。

●Turismo Marqués del Valle `MAP` P.279/B3
TEL 514-6962
　カテドラル隣のⒽMarqués del Valle内。

●Lescas Co. `MAP` P.278/C2
住所 Mina No.518　TEL 516-0666
URL www.montealbanoaxaca.com
　ⒽRivera del Ángel内。毎日8:30～19:00。モンテ・アルバンへのミニバス（往復M$50～）も運行。

オアハカのスペイン語コース

　オアハカにも多くの語学研修学校がある。ほとんどの学校は1週間単位（平日のみ）で、月曜にコースが始まる。

●ICC (Instituto de Comunicación y Cultura)
`MAP` P.278/A2
住所 Escaleras del Fortín No.105
TEL 501-2359　URL www.iccoax.com
　5人までの少人数のクラスで、指導方法にも定評がある。1日3時間のクラスで1週間US$150。

●Don Quijote `MAP` P.279/B3
住所 Abasolo No.217, entre Juárez y Reforma
TEL & FAX 516-5680
URL www.donquijote.org
　組織がしっかりして評判もよい学校で、5人までの少人数制。1日3～5時間で1週間US$185～230、ホームステイは1週間US$200～。

●Becari `MAP` P.279/B3
住　所 M Bravo 210,
Plaza San Cristóbal
TEL & FAX 514-6076
URL www.becari.com.
mx

織物製作も受講できる

　少人数クラスの学校で、語学以外では織物、陶芸、料理、サルサなどのプログラムも用意されている。1日3～6時間のコースで1週間US$150～320。

はみだし　Ⓡさくら食堂Sakura Shokudou（`MAP`P.278/B2 TEL 145-6261　営業 月～土12:00～20:00）は日本人オーナーシェフが作る照焼丼（M$80）が人気。パスタ麺のラーメンM$70～85。

オアハカ州・チアパス州　オアハカ

おもな見どころ

▶メキシコ風バロック建築の代表作　★★★

サントドミンゴ教会
Iglesia de Santo Domingo

　1575年から約1世紀の歳月をかけて建造された大教会。ふたつの鐘楼をもつ外観の気品と、華麗な装飾が施された内部の重厚感は、世界文化遺産に登録されている歴史地区の象徴的建造物だ。

黄金の装飾が内部に施されていて圧巻

　入口を入ってすぐの天井には、1221年に没した聖ドミンゴを中心に聖者の相関図ともいえる生命の木が、金箔と木彫レリーフで立体的に描かれている。そして正面に主祭壇、右側にはサンタロサリア礼拝堂と、ふたつの祭壇が並ぶ。全体が金泊で包まれ、アクセントに玉石からりはあのられた豪華さには、宗教美術に関心がない人でも感動するはずだ。

▶オアハカ地方のさまざまな展示が充実　★★

オアハカ文化博物館
Museo de las Culturas de Oaxaca

パティオをもつ建物自体も美しい

　モンテ・アルバンやミトラなど近郊の遺跡からの出土品が、豊富に展示された博物館。特に見ておきたいのは、モンテ・アルバン7号墳墓から発見された宝物類。金銀を使ったアクセサリー、宝石がちりばめられた王冠、高度な技術によって1mmの薄さにまで磨き上げられたガ

リ人細工ワフ、着内十神にも価値あるものばかり。広い展示室からあふれんばかりの宝物は、すべてひとつの墓から出土したもの。

　オアハカ州の伝統文化に関する展示も興味深い。この地の先住民は多くの民族に分かれるが、それぞれの文化の違いが手織物などからもわかる。長老を中心とした先住民社会の構造を説明した展示や日常の生活用品の展示もある。

サントドミンゴ教会
MAP P.279/B3
入場 毎日 7:00〜13:00、
　　　16:00〜20:00

教会での注意
　サントドミンゴ教会はオアハカ第1の観光ポイントではあるが、元来、厳粛な信仰の場所。静かに見学し、礼拝に訪れる人のじゃまにならないように心がけよう。フラッシュを用いての撮影も禁止されている。

正面から見たサントドミンゴ教会

オアハカ文化博物館
MAP P.279/B3
サントドミンゴ教会の北側に隣接している。
TEL 516-2991
入場 火〜日10:00〜18:15
料金 M$70、ビデオ撮影M$45。

モンテ・アルバンから発掘されたヒスイの頭蓋骨

COLUMNA

シエラ・ノルテのエコツアー

　オアハカ北東部のシエラ・ノルテ（MAP P.287）は、豊かな自然が残るエリア。森にはハチドリやムシクイなど数百種の鳥や蝶をはじめ、ジャガーやクモザルなども生息し、トレッキングやバードウォッチングも楽しめる。オアハカ市内からのガイド＆車のチャーターは1日M$1500が目安。

■オアハカからのエコツアー
● Expediciones Sierra Norte　MAP P.278/B2
住所 Bravo No.210
TEL 514-8271
URL www.sierranorte.org.mx

大きなつり橋があるベニート・フアレス周辺の散策がおすすめ

ラソレダー教会
MAP P.278/B2
　教会内には宗教博物館も併設
されている。
●宗教博物館
入場 火～日 10:00～14:00、
　　　15:00～19:00
料金 M$5程度の寄進

教会内も静かに見学してみよう

ルフィーノ・タマヨ博物館
MAP P.278/B2
TEL 516-4750
入場 月・水～土10:00～14:00、
　　　　16:00～19:00
　　　日　　10:00～15:00
料金 M$90

ベニート・フアレスの家
MAP P.279/A3
TEL 516-1860
入場 火～日 10:00 ～ 19:00
料金 M$55　ビデオ撮影 M$45

内部に残るリビングだった部屋

▶伝説に彩られた信仰の中心地　　　　　　　　　　　★★

ラソレダー教会
Iglesia de la Soledad

威厳あるバロック調の教会

　　　　　　　　　　　1682～90年にかけて建
てられたバロック様式の教
会で、外壁に施された装飾
は圧巻。内部にはオアハカ
の守護聖母Virgen de la
Soledad像が飾られている
（かつては数百のダイヤモン
ドと大きな真珠で装飾されて
いたが、1990年代半ばに宝石は盗難に遭った）。

　この教会は、聖母が現れた奇跡の跡地に建てられているとい
われ、この地方で最も重要な教会として多くの信仰を集めている。
毎年12月18日のラソレダー聖母の日には祝賀行事が行われ、教会
前で盛大に先住民の踊りやパレードが繰り広げられる。

▶メキシコ各地の遺跡発掘品が見られる　　　　　　　　★

ルフィーノ・タマヨ博物館
Museo Rufino Tamayo

　壁画家として高名なルフィーノ・タマヨ（1899～1991）の名が冠さ
れているが、美術館ではなく、タマヨが個人所有していた考古学
コレクションの博物館。オアハカ盆地に栄えた
サポテコ、ミステコの文化を中心に、それら
に大きな影響を与えたベラクルス州のトトナカ、
オルメカの出土品、テオティワカン文明の出
土品が展示されている。　　考古学的な展示物が多い

▶大統領が青年時代を過ごした　　　　　　　　　　　★

ベニート・フアレスの家
Museo de Sitio Casa Juárez

　ベニート・フアレス（1806～1872）はメキシコ史上唯一の先住民
の大統領。フアレスはオアハカの近郊にサポテコ族として生まれ、
まだスペイン語がほとんど話せない12歳のときにオアハカの有力者
の書生として勉学に励み、弁護士となり、政治の世界に踏み出し
ていった。その書生として約10年間を過ごしたのがこの家だ。当
時の様子をよく残し、19世紀の典型的な民家を見ることができる。

COLUMNA

ベニート・フアレスとその時代

　フアレスが生きた時代は、メキシコが独立して間
もなく、反動派と自由主義派が対立する混沌とした
情勢だった。フアレスは自由主義派のリーダーとし
てオアハカ州知事を務めたあと、1853年には中央
政府によって国外追放されるが、1855年のアユト
ラ革命により帰国し、新政府の法務大臣として活躍
する。

　1858年には大統領に選ばれ、裕福になり過ぎ
た教会の財産没収、自作農の育成などを盛り込ん
だ画期的な改革「レフォルマReforma」を行った。
町の北西にあるフォルティンの丘の中腹には、大き
なフアレスの銅像が立ち、今もオアハカの町を見守っ
ている。メキシコ各地の道路にも彼の名前が冠され、
今も人々からの信望があつい。

  はみだし　ベインテ・デ・ノビエンブレ市場の南側にはチョコラテ専門店街（MAP P.278/C2）がある。中南米
ではチョコラテ（チョコレート）を牛乳に溶かして飲むのが一般的だ。

Compra ショッピング

先住民の多いオアハカ州は、織物や陶器など民芸品の宝庫。サントドミンゴ教会向かいのショッピングセンターから、路上や市場など品物はいたるところに並んでいる。きちんとしたクオリティを求めるなら、多少高くてもショップでの購入がベター。値札の貼ってある店もあるが、大量に購入する場合は積極的に値引きに応じてくれる。

▶オアハカ州直営の民芸品店
アリポ
Aripo

木製の小物雑貨から綿や絹の刺繍や織物、陶磁器、革工芸品など、先住民による地元の特産物が部屋ごとに並んでいて、質のよさと品揃えはピカイチ。毛織のハンドバッグ（M$650～）、素焼きの動物人形（M$29～）など、すべて定価で販売している。一点物の手作りウイピルも入手できる。

カラフルな民芸品の宝庫

MAP P.279/A3
住所 Garcia Vigil No.809 **TEL** 514-4030
営業 月～金9:00～19:00、11:00～15:00
カード MV

▶民芸品の直売店
マ ロ
MARO

オアハカ地方で民芸品を製作する女性職人組合が直営するアートショップ。芸術性の高い民芸品を幅広く扱っており、特に織物や陶器は品揃えもいい。値段も良心的だ。

MAP P.279/B3
住所 5 de Mayo No.204 **TEL&FAX** 516-0670
営業 月10:00～10:30 **カード** 不可

▶金製品が充実した
オロ・デ・モンテ・アルバン
Oro de Monte Albán

サントドミンゴ教会の西向かいなど市内に4店舗ある宝石店。オアハカ特産の金製品を中心に、タスコの銀や、サンクリストバル・デ・ラスカサスのコハクのアクセサリーなど種類も豊富。ハンドメイド製品が多い。

MAP P.279/B3
住所 Macedonio Alcalá No.403/503 **TEL** 516 7294
営業 毎日10:00～20:00（日～18:00） **カード** AMV

INFORMATION

オアハカの特産品

伝統衣装、織物

オアハカ州の民芸品は目を楽しませてくれる色鮮やかなものが多い。女性用の伝統衣装**ウイピル**はアムスゴ風（エンジの色調）、ヤララ一風（白をベースにした花柄）など村ごとに違った色や刺繍が施されている。また、織物には厚手で純毛のサラペと、薄手でテーブルクロスなどに使われるパラメサがある。**サラペ**の高級品は自然染色がなされ、化学染色剤のものと比較すると渋めの色調だ。コースター用の小さい品はおみやげにいい。**パラメサ**は機械的な模様より手で刺繍されたもの（裏の縫った跡に特徴がある）が人気だ。良質のパラメサのチェックポイントは、透かしてみて縫い目がしっかりしていてムラがないか、指で表面をこすっても毛玉ができないかなど。

ウイピルを買うなら民芸品市場もおすすめ

陶器、木工品

陶器類は、近郊のサンバルトロ・コヨテペックで作られる**バロ・ネグロ**と呼ばれる神秘的な光沢の黒い陶器が全国的に有名だ。ほかには**カルス**というフチタンの緑色の陶器もある。カルスは実用的なデザインの製品が、アバストス中央市場などで販売されている。

アレブリーヘスという木製のカラフルな動物の置物もみやげ物屋でよく売られているが、これはオアハカの伝統的な工芸品だ。極彩色のトゥカンやワニなど、題材もおもしろい。

金製品

オアハカは金の産地なので、金製品をはじめ、淡水真珠やトルコ石などの宝石も豊富にある。この地方の女性のおしゃれのポイントは耳飾り。だからイヤリングやピアス類が充実している。モンテ・アルバン遺跡の出土品からヒントを得たデザインも見かける。

はみだし オアハカのチーズ（Queso Oaxaquerto）は球状に巻かれた白く細長いチーズで、あっさりした塩味とモチモチした歯応えが特徴。市場で量り売りされているできたてのチーズはまた格別においしい。

Comida レストラン

観光地なのでレストランも充実。おしゃれな店はソカロやサントドミンゴ教会周辺に、地元庶民の味を楽しみたいならベインテ・デ・ノビエンブレ市場などに簡易食堂がたくさんある。

オアハカの郷土料理は、名物のチーズを土鍋で溶かしたカスエラ・デ・ケソのほか、モーレソースを使った鶏料理が有名。オアハカのモーレソースは黒、赤、黄色などいくつもの種類があり、それぞれ微妙に味が違う。

▶オアハカ伝統の味なら
🍴 エルメソン
El Mesón

オープンキッチンの気軽な店だが、オアハカ特産のチーズとトルティージャを使ったケサディージャ・コン・チョリソ（M$49）など郷土料理が楽しめる。朝食M$99、昼・夕食M$105でビュッフェ形式の食べ放題は旅行者にも好評。

ビュッフェが評判

| MAP P.279/B3 |
| 住所 Hidalgo No.805　TEL 516-2729 |
| 営業 毎日8:00〜23:30　税金 込み |
| カード MV　Wi-Fi 無料 |

▶ディナーは予約必須の人気店
🍴 ロスダンサンテス
Los Danzantes

話題のメキシコ・フュージョン料理が食べられる洗練されたレストラン。チキンのモーレソース煮込み（M$175）や、新鮮な野菜たっぷりのサラダ（M$85〜）がおすすめ。§オロ・デ・モンテ・アルバン入口を入った奥にあり、間接照明を使った空間もすばらしい。

盛りつけも美しい

| MAP P.279/B3　住所 Macedonio Alcalá No.403 |
| TEL 501-1187　URL www.losdanzantes.com |
| 営業 毎日13:00〜22:30（金・土〜23:00） |
| 税金 込み　カード AMV　Wi-Fi 無料 |

▶メキシコ・ロックで盛り上がる
🍴 エルパセオ
El Paseo

夜にはライブも楽しめるカンティーナ（メキシコ風の居酒屋）。バースペース奥のテーブル席では牛ハラミステーキのアラチュラ（M$178）などグリル料理が味わえる。ビールはM$40でポソレと生野菜が無料で付く。

| MAP P.279/A3 |
| 住所 Juarez No.605 |
| TEL 514-8033　営業 月〜土13:00〜翌1:00 |
| 税金 込み　カード AMV　Wi-Fi 無料 |

▶オアハカ料理が豊富に揃う
🍴 ロスパコス
Los Pacos

観光客に人気の郷土料理レストラン。モーレ・コンビナート（M$216）は、オアハカ名物のモーレソースが7種類も食べ比べできる。オアハカ版チーズフォンデュのケシージョ・フンディド（M$108〜）も味わえる。

モーレ料理を堪能できるモーレ・コンビナート

| MAP P.279/B3　住所 Abasolo No.121 |
| TEL 516-1704　URL lospacosoaxaca.com |
| restaurantes.html　営業 毎日11:00〜22:00 |
| 税金 込み　カード MV　Wi-Fi 無料 |

▶外国人客でにぎわう郷土料理店
🍴 ラオジャ
La Olla

店内には絵画が飾られ、おしゃれな雰囲気のレストラン。数種類のモーレ料理（M$185〜220）、大きなトルティージャに肉やチーズをのせて焼いたTlayuda Tradicional（M$85）など郷土料理が充実。

| MAP P.279/B3　住所 Reforma No.402 |
| TEL 516-6668　営業 月〜土 8:00〜22:00 |
| 税金 込み　カード AMV　Wi-Fi 無料 |

▶オアハカを見渡せる展望レストラン
🍴 エルミラドル
El Mirador

フォルティンの丘にあり、夕暮れどきの眺望がすばらしい。肉や野菜の炭火焼きのParrillada（3〜4人前M$480〜）、トルティージャ料理のTlayudas（M$57〜）、メスカル（M$51〜75）などがおすすめ。

ロマンティックな夜景を満喫

| MAP P.278/B2 |
| 住所 Cerro del Fortín　TEL 516-5150 |
| 営業 毎日8:00〜24:00 |
| 税金 込み　カード MV　Wi-Fi 無料 |

Estancia ホテル

ホテルの数は多く全体的に料金は安めだが、古いホテルも目立つ。チェックインする前に内装を見比べてみよう。中心部には車の往来が気になるホテルもあるので、車道から離れた静かな部屋選びがポイント。ソカロやサントドミンゴ教会周辺の歩行者専用道沿いは、比較的静かなロケーションだ。安宿はソカロから南のベニート・フアレス市場周辺に多い。

▶オアハカいちの格式を誇る

キンタ・レアル・オアハカ
Quinta Real Oaxaca

サントドミンゴ教会の2ブロック南にある全91室の高級ホテル。16世紀に造られた修道院を改装した建物なので、ロマンティックな雰囲気たっぷり。施設も充実しており、リピーターにも人気が高い。
[Wi-Fi] 客室OK・無料

右／広々としたベッドルーム
下／ホテル内のプールでゆっくりくつろげる

[MAP] P.279/B3　🍴○ 🏊○ 🔒○ ☕△
住所 5 de Mayo No.300
TEL 510 0011　FAX 510 0732
URL www.quintareal.com
税金 +19%　カード [A][D][M][V]
料金 ⓈⒹM$2650～　[AC]○ [TV]○ [TUB]△

▶毎晩ショーが楽しめる

モンテ・アルバン
Monte Albán

カテドラルの西向かいにある中級ホテル。観光案内所なども近くて便利。併設のレストラン（→P.285）ではゲラゲッツァ祭のショーが毎週数回上演されており、宿泊者は無料で鑑賞できる。全17室。[Wi-Fi] 客室OK・無料

ベッドは大きく部屋は快適

[MAP] P.278/B2　🍴○ 🏊× 🔒○ ☕有料
住所 Alameda de León No. 1　TEL 516-2777
URL www.hotelmontealban.com
税金 +19%　カード [M][V]
料金 ⓈM$840～、ⒹM$930～　[AC]× [TV]○ [TUB]×

▶町を見下ろす快適ホテル

ビクトリア
Victoria

フォルティンの丘の上にあり、建物まで上り坂だが、周囲は静かでプールも中庭も広々としている。全150室。中心部へは無料シャトルが運行。[Wi-Fi] 客室OK・無料

[MAP] P.278/A2　🍴○ 🏊○ 🔒○ ☕△
住所 Lomas del Fortín No.1
TEL 502-0850
URL www.hotelvictoriaoax.com.mx
税金 +19%　カード [A][D][J][M][V]
料金 ⓈⒹM$1100～　[AC]○ [TV]○ [TUB]△

INFORMACIÓN

舞踊を楽しむレストラン

ゲラゲッツァ祭の期間にオアハカを訪れなくても、市内のレストランで毎晩踊りが楽しめる。テーブル席で食事やドリンクを取りながら、ショーを間近で楽しめ、写真やビデオの撮影も自由だ。

[R] Monte Albán　[MAP] P.278/B2
オアハカ中心部の[H] Monte Albán内にあり、毎週数回 20:30～22:00に上演。カバーチャージはM$120、ドリンクだけの注文でも可。

[R] Quinta Real Oaxaca　[MAP] P.279/B3
同名の[H] Quinta Real Oaxaca内。毎週金曜（観光シーズンは水曜も開催）18:30～21:30にビュッフェ形式の豪華なディナーショーが開催されている（ショーは19:30～）。料金は食事込みでM$460。

左／祭りの華やかさが伝わってくる
右／色鮮やかな踊り子の衣装

🍴 レストラン　🏊 プール　🔒 金庫　☕ 朝食　[AC] エアコン　[TV] テレビ　[TUB] バスタブ

▶立地と室内の雰囲気がいい

マルケス・デル・バジェ

Marqués del Valle

ソカロの北側に面したコロニアルホテルで、「HMV」と書いたドアが目印。客室の造りがよくてお値打ち。全95室。[Wi-Fi] 客室OK・無料

[MAP] P.279/B3　🍴○ 🏊○ 🔒○ ☕有料
住所 Portal de Claveria
TEL 514-0688
URL www.hotelmarquesdelvalle.com.mx
税金 +19%　カード [A][M][V]
料金 ⓈⒹM$1010～　[AC]○ [TV]○ [TUB]×

▶遺跡ツアーのミニバスもここから出る

リベラ・デル・アンヘル

Rivera del Ángel

モンテ・アルバン遺跡行きのミニバスが出るホテル。内部の旅行会社では各種ツアーも扱っている。全79室。[Wi-Fi] 客室OK・無料

[MAP] P.278/C2　🍴○ 🏊○ 🔒○ ☕○
住所 Mina No.518
TEL 516-6666　FAX 514-5405
URL www.hotelriveradelangel.com
税金 込み　カード [M][V]
料金 ⓈM$900～、ⒹM$1000～　[AC]○ [TV]○ [TUB]×

▶大通り沿いの便利な場所に建つ

カレンダ

Calenda

1等バスターミナルから徒歩8分ほど。全30室の中規模なホテルだが、ロビーが広々としていてくつろげる。[Wi-Fi] 客室OK・無料

[MAP] P.279/A3　🍴× 🏊× 🔒○ ☕×
住所 Calzada Niños Héroes de Chapultepec No.521-A
TEL 516 1576
税金 +19%　カード [M][V]
料金 ⓈⒹM$650～　[AC]× [TV]○ [TUB]×

▶アットホームな雰囲気

アスセナス

Azucenas

ラソレダー教会の2ブロック北にあり、静かな環境で落ち着いて滞在できる。全10室の部屋はどれもメキシコならではのカラフルでかわいらしい内装。フルーツたっぷりの朝食(M$50)も味わえる。[Wi-Fi] 客室OK・無料

見晴らしのよいテラスが自慢

[MAP] P.278/B2　🍴× 🏊× 🔒× ☕有料
住所 Calle Prof, M. Aranda No.203
TEL 514-7918
URL www.hotelazucenas.com
税金 +19%　カード [M][V]
料金 ⓈM$600～、ⒹM$650～　[AC]× [TV]× [TUB]×

▶コスパのよいおすすめ宿

ラスマリポーサス

Las Mariposas

サントドミンゴ教会から2ブロック北東にある人気の宿。センスよくまとめられた部屋は広々としており、窓や天井から入る自然光が気持ちいい。スタッフの対応もていねいで、長期滞在する外国人も多い。全22室。[Wi-Fi] 客室OK・無料

テラスで気持ちよく朝食が取れる

[MAP] P.279/A3　🍴× 🏊× 🔒× ☕○
住所 Pino Suárez No.517　TEL 515-5854
URL www.hotellasmariposas.com
税金 込み　カード [M][V]
料金 ⓈⒹM$720～　[AC]× [TV]× [TUB]×

▶ホームステイ感覚の快適な日本人宿

たなばた

Tanabata

1等バスターミナルから徒歩7分ほど、治安のいい住宅地にある宿泊施設。共同キッチンや個人ロッカーを完備し、日本語の本や情報ノートも置かれている。日替わりの手作り朝食は無料。ドミトリー M$195で個室も2室ある(全13ベッド)。[Wi-Fi] 客室OK・無料

情報収集にも便利なおすすめ宿

[MAP] P.279/A3　🍴× 🏊× 🔒○ ☕○
住所 Margarita Maza de Juárez No.203
TEL 518-7017　URL tanabata-oaxaca.jimdo.com
税金 込み　カード 不可
料金 ⓈM$300、ⒹM$450　[AC]× [TV]× [TUB]×

▶旧市街にある格安ホステル

サンタ・イサベル

Santa Isabel

ラソレダー教会の南東にある全14室のホステル。部屋には2段ベッドが3～6つ並ぶ。共同バスと台所、ロッカーがある。ドミトリー M$100。[Wi-Fi] 客室OK・無料

中庭では食事や旅行者との交流もできる

[MAP] P.278/B2　🍴× 🏊× 🔒× ☕×
住所 Mier y Terán No.103
TEL 351-5763　税金 込み　カード 不可
料金 ⓈM$190～、ⒹM$250～　[AC]× [TV]× [TUB]×

はみだし [R]パウリナ・ホステルPaulina Hostel ([MAP]P.278/C2 TEL 516-2005)は全100ベッドのユースホステル。近郊の見どころへのバス停に近く、移動に便利。ドミトリー M$230～、ⓈⒹM$480～。

エクスカーション

▶漆黒の陶器作りで知られる村 ★★
サンバルトロ・コヨテペック
San Bartolo Coyotepec

バロ・ネグロの工房

　サンバルトロ・コヨテペックは、バロ・ネグロ Barro Negroと呼ばれる神秘的な光沢をもつ黒い陶器で有名だ。従来のオアハカ焼きから、この村のロサという女性が独特の技法を1930年代に生み出し、村中で作られるようになった。ロサが亡くなったあとも家族が工房を引き継ぎ、現在では観光客向けに制作の実演もしている。

　ゲラゲッツァ祭で黒い壺を持った女性が現れる場面があるが、これはこの地方の踊りのひとつ。

▶金曜のティアンギスが華やかな ★
オコトラン・デ・モレーロス
Ocotlán de Morelos

　国道175号線沿いにある人口2万人ほどの村で、一般的にオコトランと呼ばれている。毎週金曜には中央広場とその周囲に多くの露店が並び、村の内外からたくさんの人たちが集まってくる。この周辺は牧畜業が盛んで、市場では豚やヤギなど生きた家畜や、剝いだばかりの皮が売られている。村の中心部には16世紀に建てられたドミニコ会の教会があり、水色と黄色で塗装された外観は独特の美しさを見せている。

毎週金曜には青空市が開催

オアハカ郊外の村へのアクセス
　オアハカ郊外へのバスは、2等バスターミナルから運行。その多くはアバストス中央市場（**MAP** P.278/C1）前にも停車する。路線によっては、土日に本数が減る。また、乗合タクシーのコレクティーボもアバストス中央市場の北側や東側から方面別に出ている。

　効率的に周辺の見どころを巡るには現地発ツアー（→P.280）や車をチャーターしての訪問が便利だ。Viajeologia（**MAP** P.279/B3　**TEL** 206-0402　**URL** viajeologia.mx）では、英語ガイドと車を1時間M$250で手配可。

サンバルトロ・コヨテペック
MAP P.287
　オアハカの中心部から約16km南。バスでM$10、乗合タクシーでM$12。オコトラン・デ・モレーロス行きバスの途中下車も可。

バロ・ネグロの工房
●Doña Rosa
住所 Benito Juárez No.24
TEL 551-0011
営業 毎日9:00 ～ 19:00
　バスの停まる大通りから東へ真っすぐ徒歩3分ほど。

オコトラン・デ・モレーロス
MAP P.287
　オアハカの中心部から約40km南。2等バスがOaxaca Pacifico社のターミナルから毎時3～6本運行（所要約1時間、M$25）。乗合タクシーはM$30。

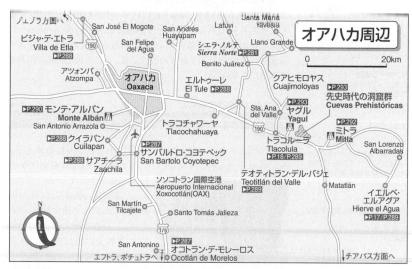

オアハカ周辺

プエブラ方面
San José El Mogote
ビジャ・デ・エトラ Villa de Etla ▶P.288
190
San Felipe del Agua
San Andrés Huayapam
Latuvi
Santa María Yavesía
アツォンパ Atzompa
オアハカ Oaxaca
シエラ・ノルテ Sierra Norte ▶P.281
Benito Juárez
Llano Grande
0　　　　20km
▶P.290 モンテ・アルバン Monte Albán
San Antonio Arrazola
エルトゥーレ El Tule ▶P.288
クアヒモロヤス Cuajimoloyas ▶P.293
先史時代の洞窟群 Cuevas Prehistóricas
▶P.288 クイラパン Cuilapan
トラコチャワーヤ Tlacochahuaya
Sta. Ana del Valle
▶P.293 ヤグル Yagul
▶P.292 ミトラ Mitla
▶P.287 サンバルトロ・コヨテペック San Bartolo Coyotepec
▶P.288 サアチーラ Zaachila
トラコルーラ Tlacolula ▶P.18/P.289
San Lorenzo Albarradas
ソソコトラン国際空港 Aeropuerto Internacional Xoxocotlán(OAX)
テオティトラン・デル・バジェ Teotitlán del Valle ▶P.289
Matatlán
イエルベ・エルアグア Hierve el Agua ▶P.17/P.289
San Martín Tilcajete
Santo Tomás Jalieza
N
San Antonino
▶P.287 オコトラン・デ・モレーロス Ocotlán de Morelos
エフトラ、ポチュトラ方面
チアパス方面へ
175

側注（左カラム）

ビジャ・デ・エトラ
MAP P.287
オアハカから20kmほど北西。
乗合タクシーで所要約40分、
M$20。

クイラパン
MAP P.287
オアハカから10kmほど南西。
2等バスターミナルから出ている
サアチーラ行きのバスが毎時数
本運行（所要約40分、M$8）。
乗合タクシーはM$13。

クイラパン修道院
入場 火〜日9:00〜17:00
料金 M$45

クイラパン修道院は必見

サアチーラ
MAP P.287
オアハカから17kmほど南
西。2等バスターミナルからサア
チーラ行きのバスが毎時数本運行
（所要約50分、M$8）している。
乗合タクシーでM$15。

サアチーラ遺跡
入場 火〜日10:00〜17:00
料金 M$45

エルトゥーレ
MAP P.287
オアハカの中心部から約
10km東。2等バスターミナルか
ら出るミトラ、トラコルーラ行き
のバスが毎時数本運行（所要約
40分、M$10）。乗合タクシー
で M$15。

**トゥーレの木があるサンタマリ
ア教会**
入場 毎日8:00〜19:30
料金 M$10

柵に囲まれた樹木は
とても巨大だ

本文（右カラム）

▶ローカルな光景が広がる素朴な村　★★

ビジャ・デ・エトラ
Villa de Etla

　国道190号線をプエブラ方面に20kmほど行き、右側に少し入った所にある小さな村。毎週水曜にティアンギス（青空市）が開かれ、村の中心部にある常設の市場の周りには数多くの露店が並ぶ。国道から村に向かう途中では家畜市も開かれており、牛や豚、ヤギなどが取り引きされている光景も見られる。

食材を売る露店も並ぶ

▶ギリシャ神殿のような修道院跡が見学できる　★

クイラパン
Cuilapan

　村の外れに残る**クイラパン修道院**Convento de Cuilapanは、小さな村には不釣り合いなほど立派な教会施設。正面部分は廃墟になっているが、そのたたずまいはギリシャ神殿の遺跡を連想させる。礼拝堂と修道院の一部は博物館として公開され、内部が見学できる。ちなみにゲラゲッツァ祭で上演される最後の演目ダンサ・デ・ラス・プルーマスDanza de las Plumasは、この村に伝わる踊り。

▶小さな遺跡が残るサポテコ族の村　★

サアチーラ
Zaachila

　先住民サポテコ族が多く暮らす人口3万人ほどの村。1520年代にスペイン人に占領されるまでは古代サポテコ族の居住区として栄え、その名残である**サアチーラ遺跡**Ruinas Arqueológico de Zaachilaが村の中心部近くにある。毎週木曜にはティアンギスが開催され、中央公園と周囲の路上には、ところ狭しと露店が並んで活気にあふれる。

▶高さ 42 mの巨木で有名な　★★

エルトゥーレ
El Tule

　「アメリカ大陸最大の木」として知られる**トゥーレの木**Árbol del Tuleがある村。イトスギの一種であるこの木は樹齢2000年以上と推測されている。高さは42m、幹回りは60m近くにもなり、総重量は600tにも達するといわれている。現在は柵に囲まれたサンタマリア教会の敷地内にあり、多くの巡礼者でにぎわっている。

投稿　イエルベ・エルアグアにはトルコのパムッカレのように石灰棚があり、プールのように泳げます（崖にあってスリル満点）。メキシコ人は水着を持ってきていました。（栃木県　HIROKI-H　'17）['18]

▶毛織物の工房を訪ねてみたい ★
テオティトラン・デル・バジェ
Teotitlán del Valle

　毛布やサラペなど、羊毛製品の生産が盛んな村。羊毛を紡いで色を染め、織る工程までほとんどこの村で行っている。伝統的な手作りの物が多く、製品の質が高いので、比較的高級品が多い。村には数百もの毛織物の工房があり、販売店を兼ねている工房では製作風景も見られる。中心部には17世紀に築かれた教会があるが、これはサポテコの遺跡の石材を利用して建てられたもの。教会の裏側に回ると、ミトラと同様に遺跡が土台になっていることが理解できる。毎週月曜にティアンギスが開かれている。

▶日曜のティアンギスは必見 ★
トラコルーラ
Tlacolula

　チアパス方面に向かう国道190号線沿いにある村で、サポテコ族を中心に約2万人が住んでいる。毎週日曜には周辺の村からも多くの人たちが集まってきて、大規模なティアンギスが開催される。この村には16世紀に建てられたサントクリスト礼拝堂があり、内部は土着色の感じられるチュリゲラ様式の装飾が施されている。

▶この地でしか見られない独特のパノラマが圧巻 ★★★
イエルベ・エルアグア
Hierve el Agua

　オアハカからトラコルーラやミトラを通り、山道を越えた渓谷地帯にイエルベ・エルアグアと呼ばれる場所がある。「沸騰した水」という意味だが、ここはミネラル濃度の高い冷水が湧き出ており、岩を溶かしつつ流れ落ちながら長い年月をかけて固まり、滝が石化したような独特の景観を造り出している。1周約2kmの見学コースが設けられていて、断崖絶壁の石化した滝を上から眺めたり下から仰いだりと、さまざまな角度からその景観を楽しむことができる。

テオティトラン・デル・バジェ
MAP P.287
　オアハカの中心部から25kmほど東。2等バスターミナルから毎時数本運行のミトラ、トラコルーラ方面行きバスで、テオティトランへの分岐点まで所要約50分、M$15。乗合タクシーでM$15。そこで乗合タクシー（M$8）やバイクタクシー（M$8）に乗り換える。

タペストリーなど羊毛製品の作業工程も見学できる

トラコルーラ
MAP P.287
　オアハカの中心部から32kmほど東。2等バスターミナルからミトラ、トラコルーラ方面行きのバスが毎時数本運行（所要約1時間、M$20）。乗合タクシーでM$25。

トラコルーラの中心部にあるチュリゲラ様式の教会

イエルベ・エルアグア
MAP P.287
入場 毎日8:00～18:00
料金 入域料M$10＋入場料M$25
　オアハカの中心部から70kmほど東南。ミトラにあるバス発着所から、ミニバスや乗合トラックが毎時1～2本運行（所要約1時間、M$60）。オアハカからのツアー利用（→P.280）が便利。

滝が石化したような不思議な景観が魅力

COLUMNA

ティアンギスを見に行こう

　オアハカ近郊では、ティアンギスTianguisと呼ばれる青空市が毎週定期的に開かれている（9:00～17:00頃まで）。先住民のサポテコ族やミステコ族の伝統的な市で、500年以上前から存在していたといわれている。さまざまな食材や日用品が売られており、民芸品も並んでいる。売り手も買い手も色鮮やかな

伝統衣装を身にまとっており、その光景を見に観光客も多く集まる。現地

先住民の生活風景は興味深い

発ツアー（→P.280）を利用して訪れるのもいい。
●ティアンギス開催日
日曜	トラコルーラ Tlacolula
月曜	テオティトラン・デル・バジェ
	Teotitlán del Valle
火曜	アツォンパ Atzompa
水曜	ビジャ・デ・エトラ Villa de Etla
木曜	サアチーラ Zaachila
金曜	オコトラン・デ・モレーロス
	Ocotlán de Morelos
土曜	オアハカのアバストス中央市場がにぎわう

はみだし テオティトラン中心部に近い**R**Tlamanalli（住所 Av. Juárez No.39 TEL 524-4006 営業 火～日13:00～16:00）ではオアハカ地方の伝統料理が食べられる。調理方法も昔風だ。

特集 遺跡探訪 ※ Monte Albán

World Heritage
世界遺産

古代サポテコの祭礼センター

モンテ・アルバン ※ Monte Albán

モンテ・アルバンの象徴的な浮き彫り「踊る人」。ピラミッド脇や博物館に展示されている

紀元前500年頃から建設が始まったモンテ・アルバンは、
中央アメリカ最古の遺跡だ。
遺跡は基壇部分のみの復旧で規模がわかる程度だが、
踊る人々のピラミッドに残るレリーフなど、
考古学的な価値も高く、世界文化遺産に登録されている。

モンテ・アルバンの歴史と文化

サポテコ族が山の頂上を平坦にして造った祭礼センターは、最盛期（500〜750年）に人口は2万5000人にまで増加し、マヤ文明が全盛期を迎える前に、中央アメリカで最も高度な文化的水準を誇っていた。現在残っている建造物も、ほとんどこの時代のものだ。850年頃からサポテコ族は、ミトラなどへ新たな都市を築き、モンテ・アルバンは段階的に放棄されていった。その後にこの土地へやってきたミステコ族は、モンテ・アルバンを埋葬の場として利用した。現在まで170ほどの墳墓が発掘され、いくつかの墳墓からは金銀の財宝が発見されている。この古代都市が放棄された要因としては地震、疫病の流行、高地のため水の確保が困難なことなどが考えられているが、決定的な理由は、いまだ謎に包まれている。

サポテコ族の天体観測所

天文台 Observatorio(Edificio J)

この建造物だけが、ほかの建物より45度斜めの角度に建てられていることから、天文台として使われたといわれている。春分、秋分には、宮殿Palacioから見ると、ちょうどこの天文台に日が沈む。

遺跡の中心部にある天文台

古代の宗教儀式の場だったスタジアム
球戯場 Juego de Pelota

　上から見ると平べったいHの形をしていて、マヤ文明やトルテカ文明の遺跡と同じ形式。球戯のルールは、革製の防具を備えた選手が、壁に取りつけた石の輪にボールを入れ合うが、モンテ・アルバンではこの石の輪が見つかっていない。

豊作を願う宗教儀式の場だった球戯場

ユニークな壁画が描かれていた
踊る人々のピラミッド
Danzantes(Edificio L)

　モンテ・アルバン最古の建造物のひとつで、壁面には300枚の巨石平板に、踊る人のレリーフがあった。コミカルに踊っているようにも見えるが、それらはほとんど裸人で目を閉じ、口を開けて、局部から血をほとばしらせているため、捕虜の拷問や死体を意味するといわれている。なかには階段の石にされて、踏み絵になっていたものもある。モンテ・アルバンでは、これで権力や軍事力を誇示していたようだ。現在ピラミッドの前に飾ってあるものは複製で、オリジナルは入口にある博物館やオアハカ文化博物館、メキシコ・シティの国立人類学博物館(→P.78)に保存されている。

遺跡のビューポイント
南の大基壇 Plataforma Sur

　名前のとおり遺跡の南側にある遺跡最大のピラミッド。基壇頂上からはモンテ・アルバンの全景とともに、遠くオアハカ盆地や空港なども見渡すことができる。

神々の浮き彫りが残されていた
第104号墳墓 Tumba No.104

　建物自体は6～8世紀頃に造られたもので、内部からは男性の遺骸と壺が発見された。墳墓の壁には、テオティワカンのスタイルに似た、サポテコの神々をテーマにしたレリーフが施されていた。遺跡の北側にほかの墳墓とともにあるが、地上には何も建造物がないので、注意して案内標識を探すこと。

貴重な埋葬品が発見された
第7号墳墓 Tumba No.7

　14～15世紀頃に、ミステコ族の埋葬地となっていた7号墳墓からは、貴人と従者の遺骸が、数百点の宝石や金銀の財宝とともに発見された。
　場所は博物館の北側にあるが、その財宝は現在、オアハカ文化博物館(→P.281)に展示されている。

アクセス　オアハカにある**H**リベラ・デル・アンヘル(→P.286、**MAP** P.278/C2)から、8:30～15:30(帰路は12:00～17:00)に毎時1～2本程度、遺跡往復のミニバスが運行している。所要約30分、往復M$50～70。
　帰りは2時間後が前提だが、違う時間の便も利用できる。オアハカからタクシーで片道M$150程度。ガイド付きのツアーも数社が催行している。10:00～18:00のツアーで、料金はM$200～387(入場料・ランチ代別途)。

歩き方　遺跡の公開時間は毎日8:00～17:00、入場料はM$70(博物館見学料も含む)。ビデオ撮影はM$45。遺跡は1～2時間あれば、十分回れる。チケット売り場で英語ガイド(M$350程度)を雇うこともできる。遺跡入口[TEL (951)516-1215]には博物館が併設され、カフェや本屋もあるので、見学がてらにゆっくり過ごせる。
　遺跡入口から入ってすぐ右側に、北の大基壇Plataforma Norteが見える。とりあえず上に登り、遺跡全体を俯瞰してみよう。

モンテ・アルバン
Monte Albán
エリア地図 ▶P.287

細かい石の装飾が施されたモザイクの中庭

緻密なモザイクで飾られたサポテコ遺跡

ミトラ ☀ Mitla

ミトラは、サポテコ族がモンテ・アルバンを放棄したあと、
宗教の中心地となり、高僧が居住した遺跡。
最初の建設は100年頃だったが、
9〜12世紀になってサポテコの祭祀センターとして栄え、
生け贄の儀式なども行われていた。
壁面には幾何学的なモザイクの装飾が残り、
サポテコ族の建築技術や芸術的才能の高さもうかがい知れる。

切石を組み合わせた緻密なモザイク装飾。オアハカの伝統的な織物のモチーフともなっている

ミトラの歴史と文化

　"Mitla" という名称は古代ナワトル語の "Mictitlan（死者の場所の意）" から派生したもので、14世紀頃の一時期に、ミステコ族も埋葬地として利用したため、多くの墳墓が発見されている。17世紀にスペイン人宣教師が地中からサポテコの王たちの墓を見つけたが、多くの生け贄の死体に驚いて、再度封印して埋めてしまったと、当時の修道僧ブルゴアは記している。

北の中庭にある建築跡
石柱のホール Sala de las Columnas

38mほどの細長いホールに、6本の石柱が等間隔で建っている遺跡で、北の中庭Patio de Norteにある。建物は、もろくて比重が重い石灰岩の一種で造られ、屋根には竹やシュロなど取り外しのできる素材が使われていたと推定される。中庭に面した壁の下部にオリジナルの赤い色が残っている。

壮麗な壁飾りがすばらしい
モザイクの中庭 Patio de Mosaicos

石柱のホールの北側には、壁に壮麗な幾何学模様の石細工が施された建築物が残っている。大地や空など14種類ものデザインを、小さく切断した石をモザイク調にはめ込んで見事に表現している。ミトラ遺跡のなかで最高の見どころだ。

石柱にユニークな言い伝えが残る
南の中庭 Patio de Sur

北の中庭の南側に隣接している。ここには地下墳墓内に生命の石柱Columna de la Vidaがある。生命の石柱は、抱きついて両手が届かなかった長さで余命を測るもので、短いほど長寿とされた。

南の中庭の外壁

敷地から足を延ばしてみたい
教会地域の建物群
Grupo de la Iglesia

チケット売り場の西側、1590年に建てられたサンパブロ教会の裏側にも、モザイク模様の遺跡が残っているが、保存状態はよくない。このコロニアル調の教会は、遺跡の石材を利用して、遺跡の上に造られている。キリスト教布教のために、先住民の文化が破壊され、放棄されたメキシコの歴史の一端を、うかがい知ることができる。

遺跡の北端にある教会地域のグループ

アクセス　オアハカの中心部から60kmほど東。オアハカの2等バスターミナルからミトラ村まで、毎時3〜5本のバスで所要約1時間40分、M$25。乗合タクシーでM$25。ミトラ村入口で下車し、そこから"Ruinas"の案内標識に従って徒歩約15分。

また、オアハカからはエルトゥーレなどにも立ち寄る、ガイド付きツアーが出ている。10:00〜18:00のツアーで料金M$200〜387（入場料・ランチ代別）。そのほかオアハカからタクシーをチャーターすることも可能（料金は1時間でM$150前後）。

歩き方　遺跡の公開時間は毎日8:00〜17:00。入場料M$70。ミトラの遺跡は5つのエリアに分かれているが、サンパブロ教会南側の、石柱建造物のグループGrupo de las Columnasに重要な遺跡が集まっている。時間があれば、サンパブロ教会北側の遺跡も見学しよう。

ミステコ族の中心地として栄えたヤグル遺跡

ヤグルYagul（MAP P.287）は8〜12世紀頃にミステコ族の支配地の中心となり、寺院などの宗教的建造物や球戯場、墳墓などが残る小さな遺跡。もともとはミステコ族の影響下、サポテコ族によって造られたと推察されている。遺跡中心部にある球戯場は、チチェン・イッツァ遺跡に次ぐ、中米で2番目に大きい規模だ。3重墳墓のパティオや、ジャガーの石像なども残っている。また、遺跡の東側にある丘に登ると、オアハカ盆地を一望できる。遺跡の公開時間は毎日8:00〜17:00。入場料M$70。

オアハカの中心部から約36km東。2等バスターミナルからミトラ行きバスで約1時間、遺跡の標識のある岐路で途中下車。そこから約1.5kmの1本道を徒歩で。

2010年にはヤグルとともにミトラ周辺に点在する先史時代の洞窟群Cuevas Prehistóricas（MAP P.287）がユネスコの世界文化遺産に登録された。洞窟の一部には、遊牧民が定住して農業を営むようになったことを示す岩絵が残っている。また洞窟からは、数千年前のトウモロコシの断片も発見され、北米大陸で最古の栽培植物の痕跡と考えられている。ヤグル遺跡や洞窟群はアクセスが不便なので、旅行会社で車とガイドの手配を頼もう。

ヤグルから東側に岩絵の残る洞窟群が広がる

世界中のサーファーたちが集うビーチエリア

プエルト・エスコンディード
Puerto Escondido

人 口	約3万人
高 度	60m
市外局番	954

イベント情報
●2〜3月中の1週間
　カーニバルCarnivalで、町全体が祭り一色になると同時に、オアハカ州主催のサーフィンカーニバルも行われる。
●11月1〜30日
　プエルト・エスコンディード祭Puerto Escondido Fiestaと合わせ、サーフィン選手権Nacional Surfing Championshipが開催され、期間中はミス・コンテストやフィッシング大会なども行われる。
●12月18日
　聖母ソレダー Soledad像を船に乗せて海に出し、御輿（みこし）のようにボートが行進する宗教儀式が行われる。

オアハカ州政府観光局
URL oaxaca.travel

アエロマル航空
TEL 582-0977

アエロトゥッカン航空
TEL 582-3461

安全情報
　メキシコ太平洋沿岸は、海流が速くて基本的に遊泳には不向き。ペレス・ガスガ通り南側にあるプラヤ・プリンシパルPlaya Principalやプラヤ・マリネロPlaya Marinero、その西にあるプエルト・アンヘリトPuerto Angelito、カリサリージョ Carrizalilloなどのビーチで泳ぐときには、十分に注意しよう。

ビーチ沿いで乗馬が楽しめる

　アカプルコの東約400kmに位置するプエルト・エスコンディード（『隠された港』の意味）は、小さな入江を囲んで広がる静かなビーチリゾート。かつては、その名にふさわしくバックパッカーの隠れ家的な漁村だったが、オアハカ州沿岸で最初の観光開発が進められ、今では行楽地としての趣も強い。沿岸部は波が荒く、サーフィンのメッカとしても知られている。メキシコの国内大会はもとより、国際大会も毎年開かれている（7〜9月、11月）。

太平洋に沈む夕日も美しい

アクセス

飛行機▶メキシコ・シティからアエロマル航空やビバ・アエロブス航空などが毎日計3〜5便運航。オアハカからアエロトゥッカン航空が毎日1便運航。プエルト・エスコンディード空港Puerto Escondido（PXM）は中心部から4kmほど西にあり、空港からはタクシーでM$285ほど。
バス▶OCC、Estrella Valle、Futuraなど各社のバスが、メキシコ各地を結んでいる。1等のOCCバスターミナルは中心部から1kmほど北の丘に、2等のTuristicaバスターミナルは2kmほど北西にある。

プエルト・エスコンディードから各地へのバス

目 的 地	1日の本数	所要時間	料 金
メキシコ・シティ	OCC 2本(15:30、18:00)	18h	M$1200
オアハカ	OCC 3本(7:00、14:30、20:45)	11h	M$480
サンクリストバルデ・ラスカサス	OCC 2本(18:30、21:30)	12〜13h	M$778
アカプルコ	Futura、Costa Lineなど計10本(7:00〜23:00)	7〜8h	M$476
ポチュトラ	OCC、SURなど毎時約4本(5:30〜翌0:35)	1.5h	M$86〜110

はみだし　プエルト・エスコンディードにはサーフショップが多く、サーフボードは1日M$200程度と安く借りられる。サーフィンのレッスンを受けられるので、メキシコでサーファーデビューするのもいい。

歩き方

いい波が立つプラヤ・シカテラ

ホテルエリアは3つ。旅行者にとっての中心部はOCCバスターミナルのある丘を南下した、**ペレス・ガスガ通り**Av. Pérez Gasga沿い。ホテル、レストラン、ショップ、ディスコ、両替所などが並び、午後には歩行者天国になって観光客でにぎわうエリアだ。そのペレス・ガスガ通りから、1kmほど南東にある**プラヤ・シカテラ**Playa Zicatelaは、強い波が立つサーフポイントとして有名。経済的な宿カバーニャが並び、世界中からサーファーが集まっている。また中心部から3kmほど西には、高級ホテルエリアの**バコーチョ**Bacocho地区がある。

丘の中腹にあるOCCバスターミナルから中心部までは簡単に歩ける。逆に、ターミナルへの坂を上る場合やバコーチョ地区へ遊びに行くときには、タクシー利用も考えよう。年間をとおして日差しが強烈で、湿度も高く、町歩きは思いのほか体力を消耗する。また夜間のひと気のないビーチは危険なので、明かりのある道路を歩こう。

アクティビティ

サーフィン　　Surfing

プラヤ・シカテラは、世界でも10指に数えられるサーフィンの本場。1年をとおしていい波が立つが、ベストシーズンは5～11月頃（ただし5～7月は雨が多く、波も危険なほど高くなることがある）。

ボードのレンタルや購入はプラヤ・シカテラの**H**Acuario内の**S**Central Surf（**TEL** 582-2285　**営業** 毎日9:00～21:00）がおすすめ。ボードのレンタル相場は1日でM$200程度。販売は中古ボードでM$1400～、新品ボードでM$4000程度～。

プエルト・エスコンディード
Puerto Escondido
エリア地図 ▶P.273/B1

Turistica(2等)バスターミナルへ
1.4km

HSBC
空港、Hポサダ・レアルへ

OCC(1等)ターミナル
ポチュトラ方面へのミニバス乗り場

Carretera Costero
San Juan
Banamex
Av. Pérez Gasga

観光案内所
▶P.295

メイフラワー
Mayflower
▶P.296

ロスクロトス
Los Crotos
▶P.296

Las Palmas

サンタフェ
Santa Fe

プラヤ・プリンシパル
Playa Principal

展望台

フント・アルマル
Junto al Mar
▶P.296

灯台

プラヤ・マリネロ
Playa Marinero

プラヤ・シカテラ
Playa Zicatela

太平洋

0　200m

観光案内所　MAP P.295
住所 Av. Pérez Gasga
TEL 582-1186
営業 月～金　9:00～14:00、
　　　　　　　16:00～18:00
　　　　土　　10:00～14:00

窓口は英語も通じる

交通案内
タクシーの市内移動はM$30程度。町から郊外へは、小型の市バスも運行している。

両替事情
ペレス・ガスガ通りには両替所があり、米ドルやユーロからの両替ができる。手数料がなく、レートもいい。

乗馬ツアー
太平洋に面したビーチを馬に乗って巡るツアー。料金は1時間M$500程度で、ホテルや旅行会社で申し込める。

野鳥観察ツアー
プエルト・エスコンディードの14kmほど西には、マングローブの林に囲まれたラグーンが約7kmにわたって広がっている。帯にはサギやサギ、ペリカン、カワセミなど約2，30種の鳥が生息しており、それらをボートに乗り3時間ほど観察するツアーがある。7:00～12:00、料金M$750～。
●Lalo Ecotours
TEL 588-9164
URL www.lalo-ecotours.com

樹間に姿を現したヒロハシサギ

Comida レストラン

観光客の集まるペレス・ガスガ通り周辺に、立地条件のよい魚介料理レストランから地元客向けの食堂まで集まっている。ビーチ沿いにある店は、エアコンのない開放的な構造のものが多く、水着でも気軽に入れる雰囲気。

▶幅広いメニューが楽しめる

🍴ロスクロトス

Los Crotos

中心部のビーチに面しており、休憩がてらにドリンクメニューだけでも楽しめる。スープ各種(M$55～)、ツナのフィレ(M$131)、エビのグリル(M$152)など、手頃な料金の各種メニューが揃っている。タコ、貝、エビ、カニ、魚の盛り合わせMariscada (M$295)がおすすめ。

[MAP] P.295
住所 Av. Pérez Gasga S/N
TEL 582-0025　営業 毎日8:00～23:00
税金 込み　カード [M][V]　[Wi-Fi] 無料

▶ビーチでシーフードを満喫

🍴フント・アルマル

Junto al Mar

波のざわめきをBGMに、ロマンティックに食事が楽しめる、中心部のビーチ沿いのレストラン。さまざまなシーフード料理が、旅行者にも地元の人たちにも評判だ。おすすめメニューは、エビを詰めた魚のフィレ・フライ(M$206)。タコの各種ソース添え(M$166)もおいしい。

[MAP] P.295
住所 Av. Pérez Gasga No.502
TEL 582-0286　営業 毎日8:00～23:00
税金 込み　カード [M][V]　[Wi-Fi] 無料

Estancia ホテル

ペレス・ガスガ通り周辺と東に延びるプラヤ・シカテラ沿いに、中級から格安ホテルが集まっている。周囲にはレストランや商店が多いので、何かと便利だ。また、中心部から3kmほど西には、モダンな大型ホテルが並ぶバコーチョ地区があり、静かに過ごせる。

▶ビーチに隣接した開放的なホテル

ポサダ・レアル

Posada Real

バコーチョ地区のビーチ沿い。客室は緑と白を基調として明るい内装。ホテル前のビーチは、波が荒いが、中庭でのんびりできる。オールインクルーシブの宿泊プランも用意されている。全100室。
[Wi-Fi] 客室OK・無料

右／落ち着きのある客室
下／旅行客に人気が高い

[MAP] P.295外　🍴○　🏊○　🔒○　☕△
住所 Bacocho　TEL 582-0133
URL www.posadareal-hotels.com
税金 +19%　カード [A][D][M][V]
料金 ⓈⒹM$2230～　[AC]○ [TV]○ [TUB]×

▶静かな立地で人気

サンタフェ

Santa Fe

プラヤ・シカテラの北端にあるホテル。客室は窓枠や調度品などに重厚な木を使い、落ち着きがある。海辺を望むレストランも評判が高い。全60室。[Wi-Fi] 公共エリアのみ・無料

[MAP] P.295　🍴○　🏊○　🔒×　☕△
住所 Morro S/N, Colonia Marinero　TEL 582-0170
URL www.hotelsantafe.com.mx
税金 +19%　カード [A][M][V]
料金 ⓈⒹM$1630～　[AC]○ [TV]○ [TUB]×

▶ドミトリーのある清潔な安宿

メイフラワー

Mayflower

ペレス・ガスガ通りから1本入った階段の手前。安宿にしては清潔感があり、ホットシャワーも完備。バックパッカーが多く、旅の情報収集もできる。4～7人部屋のドミトリー M$140～もある。全17室。[Wi-Fi] 客室OK・無料

[MAP] P.295　🍴×　🏊×　🔒×　☕有料
住所 Andador Libertad S/N　TEL 582-0367
URL www.mayflowerpuertoescondido.com
税金 込み　カード [M][V]
料金 ⓈM$350～、ⒹM$500～　[AC]○ [TV]× [TUB]×

エクスカーション

▶素朴な雰囲気が漂うビーチ
プエルト・アンヘル ★★
Puerto Angel

こぢんまりとしたビーチで楽園気分を満喫

オアハカから約200km南、プエルト・エスコンディードから約80km東にある。もともと小さな漁村だったこの地に、1960年代になってから欧米人のヒッピーたちが集まり始め、都市の喧騒や文明から離れた、心と体を解放できる楽園として知られていった。現在、小さなホテルが30軒ほど建っているものの、開発の進んだプエルト・エスコンディードに比べると、のどかな雰囲気が感じられる。

旅行者に人気の高いのが、近くの4つのビーチをボートで回るスノーケリングツアー。途中でイルカの群れが見られるほか、6～12月の産卵期には泳いでいるウミガメに出合えることもある。ビーチにあるオフィスで申し込む。

▶長期旅行者が集う静かな漁村
シポリテ ★★
Zipolite

プエルト・アンヘルから約3km西、長く延びる海岸線が美しい村。波が高くて遊泳には不向きだが、サーフポイントとしてサーファーたちの人気を集めている。カバーニャと呼ばれるバンガロー風の民宿がビーチ沿いにあり、その多くはハンモックタイプの寝室。1泊M$100～300くらいで宿泊できる。

シポリテ海岸からプエルト・アンヘル方面に戻った入江には、ヌーディストビーチとして有名なプラヤ・アモールPlaya Amorもある。

のんびり波を眺めて過ごす休日もいい

▶ウミガメの生態を見学できる
マスンテ ★
Mazunte

プエルト・アンヘルから8kmほど西にあり、シポリテと並んでサーファーやバックパッカーに人気。このビーチにはウミガメ博物館Centro Mexicano de la Tortugaもあり、カメの調査研究で世界的に知られている。敷地内の見学コースには、ウミガメが飼われている水族館や屋外の水槽、写真展示コーナーやみやげ物屋などがある。プエルト・エスコンディードからのツアーも催行されている。

ウミガメが飼育されている

プエルト・エスコンディード近郊への交通
プエルト・アンヘル、シポリテ、マスンテへのアクセスは、ポチュトラPochutlaという町が起点となる。ポチュトラのバスターミナル近くには手頃なホテル（M$100～300程度）も数軒ある。
ポチュトラへは、プエルト・エスコンディードからはバスが毎時4本運行（所要1～2時間、M$86～110）、オアハカからは毎時数本運行（所要6～8時間、M$144～464）、メキシコ・シティからは毎日8本運行（所要14～16時間、M$1208）。

プエルト・アンヘル MAP P.273/B1
ポチュトラからバスで所要約15分（M$10）。乗合タクシー（M$12）や乗合トラック（M$10）も利用できる。

スノーケリングツアー
TEL (958)584-3109
10:00、14:00出発で約4時間、M$200。

シポリテ MAP P.273/B1
ポチュトラからプエルト・アンヘル経由の乗合タクシー（M$18）で約20分。

マスンテ MAP P.273/B1
ポチュトラからバス（M$18）か、乗合タクシー（M$22）で約30分。

ウミガメ博物館
TEL (958)584-3376
入場 水～土 10:00～16:30
　　　日 10:00～14:30
料金 M$30

はみだし マスンテはサーファーをはじめ若者客に人気があり、海岸沿いにはひとりM$100程度の安宿が並んでいる。季節によっては蚊が多いので、宿泊には虫対策をしたほうがいいだろう。

メキシコの原風景が広がるチアパス高原の中心地

サンクリストバル・デ・ラスカサス
San Cristóbal de Las Casas

人　口	約20万人
高　度	2200m
市外局番	967

必須ポイント！
★サントドミンゴ寺院
★サンクリストバル教会からの眺め
★サンフアン・チャムラ

イベント情報
●3〜4月
　セマナサンタSemana Santaには、御輿、パレード、闘牛などが催される。
●7月15〜25日
　サンクリストバル祭Fiesta de San Cristobalでは、サンクリストバル教会周辺が各種イベントで盛り上がる。
※そのほか、サンクリストバル・デ・ラスカサス市創立記念日（3月31日）、チアパス統合記念日（9月14日）、死者の日（11月2日）、聖母グアダルーペ祭（12月10〜12日）などにイベントが行われる。

チアパス州政府観光局
URL www.turismochiapas.gob.mx

チアパス州の州都トゥクストラ・グティエーレス
　トゥクストラ・グティエーレスTuxtla Gutiérrez（MAP P.273/B2）は、サンクリストバル・デ・ラスカサスから約60km西にある州都で、人口約57万人の商業都市。周りを山々に囲まれた盆地にあり、低地のためサンクリストバル・デ・ラスカサスに比べて蒸し暑く感じる。交通の要衝になっており、各地からの航空路線やバスの便が充実している。市内には際立った観光名所はあまりないが、約12km西には歴史的な建物が残る古都チアパ・デ・コルソがあり、そこから大自然の広がるスミデロ渓谷へ観光船でアクセスすることができる。

メキシコならではの情緒が漂うコロニアル都市

　周囲を山に囲まれたチアパス州の美しい高原都市は、もともとマヤ文明崩壊後に先住民が低地から移り住んだ土地だった。1528年にスペイン人征服者マサリゴスがこの地方を統括する中心地として、コロニアル調の町を建設し、1893年にトゥクストラ・グティエーレスに州都が移るまで、政治や経済の中心地として栄えた。

　近郊には昔ながらの暮らしを営む先住民の村がたくさんあり、現在もこの町は彼らの交易センターになっている。鮮やかな伝統衣装を着た先住民がコロニアル調の町の中を行き交う姿は、いかにもメキシコ的な風情が感じられる。また、見事な刺繍の織物などすばらしい民芸品の産地としても知られている。グアテマラやパレンケ遺跡などへの交通の要衝だが、できればのんびりと滞在してメキシコ南部の雰囲気を味わってみたい。

カラフルな織物はおみやげに人気

サンクリストバル・デ・ラスカサスから各地へのバス

目 的 地	1日の本数	所要時間	料　金
メキシコ・シティ	OCC、ADO GL、Lacandonia計16本（16:30〜翌5:30）	13〜14h	M$1460〜1790
オアハカ	OCC 3本（18:05、20:00、22:45）	11.5h	M$710
トゥクストラ・グティエーレス	OCC、ADO GL、O.Chiapasなど毎時数本	1h	M$62〜82
プエルト・エスコンディード	OCC 2本（19:15、22:00）	12〜13h	M$778
パレンケ	OCC、AEXAなど毎時1〜2本	6〜6.5h	M$418〜732
ビジャエルモッサ	OCC 5本（6:00〜22:30）	8h	M$492
カンクン	OCC、ADO GL計5本（12:00〜15:30）	17.5〜19h	M$1432〜1496
シウダークアウテモック	OCC 5本（7:00〜17:30）	3h	M$166
コミタン	OCC、ADO GLなど毎時1〜2本（5:45〜翌1:35）	1.5〜2h	M$84〜96
タパチュラ	OCC 7本（7:45〜23:20）	7.5h	M$406〜508
チェトゥマル	OCC、ADO GL計3本（12:15〜16:00）	11.5〜13h	M$882〜1028

安全情報 中心街の歴史地区は警備もしっかりしていて、安心して町歩きができる。ただ町の周囲の傾斜地には貧困層の住むスラム街があって治安が悪いので、立ち入らないようにしよう。

オアハカ州・チアパス州

サンクリストバル・デ・ラスカサス

アクセス

飛行機▶85kmほど西にある州都トゥクストラ・グティエーレスのアンヘル・アルビノ・コルソ空港Angel Álbino Corzo（TGZ）へ、メキシコ・シティからアエロメヒコ航空、インテルジェット航空などが毎日計12便運航（所要約1.5時間、M\$848〜3482）。

バス▶中心部南側の街道沿いに、各社のバスターミナルが並んでいる。1等バスターミナルはInsurgentes通り入口付近にあり、OCC、ADO GLなどのバスが各地から運行。その周辺には乗合ミニバス、AEXAなどのターミナルが集中している。左ページの表以外にも2等バスがあり、Ruta Maya、Eliteなどのバスが各地から運行している。

トゥクストラ・グティエーレスのアンヘル・アルビノ・コルソ空港からサンクリストバルへ

空港からサンクリストバルへの直行バスをOCC社が1日7〜8便運行（所要約1時間30分、料金M\$242）。もしくは、空港からタクシーで市内にあるバスターミナル（所要約30分、M\$350）まで行き、サンクリストバル行きのバス（所要約1時間、M\$62〜82）やコレクティーボと呼ばれるミニバス（M\$50）に乗り換える。

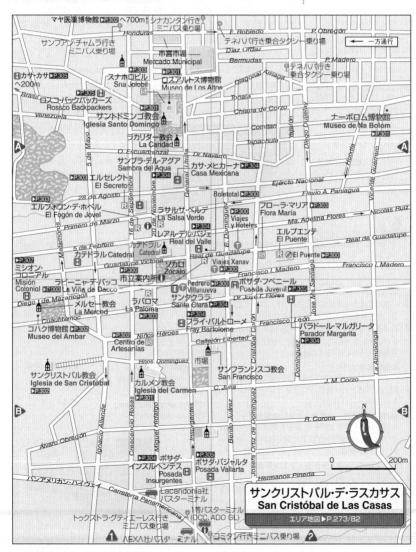

サンクリストバル・デ・ラスカサス
San Cristóbal de Las Casas

エリア地図▶P.273/B2

はみだし サンクリストバル市内からグアテマラのティカル遺跡に近いフローレスへは、旅行会社が運行する6:00発のミニバスとボートを乗り継いで、所要計8時間ほど、M\$600。

歩き方

ソカロが町の中心部。北側にバロック様式のカテドラルが建ち、ホテルやレストラン、ショップなどもこの周辺に集まっている。国道190号線（パンアメリカン・ハイウエイ）沿いにある長距離バスターミナルからは、インスルヘンテスInsurgentes通りを北へ9ブロック、徒歩で約10分。道

旅行者と売り子でにぎわうカテドラル前

路はあまり起伏もなく、見どころも中心部に集まっていて、徒歩でのんびりと観光ができる。

ソカロから600mほど北には、近郊から先住民が集まってさまざまな品物を売買する市営市場Mercado Municipalがある。市が立つのは毎日7:00〜16:00で、いつもカラフルな伝統衣装の人であふれている。また、近郊の村へ向かうミニバスはこの市場の北側の通りから発着している。町にはタクシーも多く、市内移動でM$30〜35が目安。1時間M$140程度で、タクシーのチャーターも可能だ。

市場では青果が売られていて素朴な雰囲気

高地にあるため、日中は日差しが強いが夜はかなり冷え込む。夏でもトレーナーなどの防寒着を用意しよう。

観光案内所
●市立案内所 MAP P.299/A1

TEL 678-6570
営業 毎日8:00〜19:00

両替事情
ソカロの周辺に集中している銀行や両替所で、米ドルの現金の両替が可能。

スペイン語学校
●El Puente MAP P.299/A2
住所 Real de Guadalupe No.55
TEL 678-3723
URL elpuente.galeon.com
カード MV
グループ授業は1時間US$10、3時間US$30、1週間（15時間）US$140。ホームステイプログラム（3食付き）は、グループ授業で1週間US$230。個人授業もある。館内には映画上映室やヨガ教室、カフェテリア（営業 月〜土8:00〜22:30、日9:00〜17:00）もあり、夜中までにぎわっている。

1等バスチケット売り場
Boletotal
MAP P.299/A1
住所 Real de Guadalupe No.16
TEL 678-0291
営業 毎日7:30〜22:00

はみだし 中心部には外国人経営のおしゃれなレストラン、カフェ、ショップが増加中。通りの交通量や旅行者の増加とともに、ソカロから延びる歩行者専用道路の範囲も広がってきている。

おもな見どころ

▶豪華な祭壇をもつバロック建築 ★★

サントドミンゴ教会
Iglesia Santo Domingo

教会前にも露天市が立つ

ソカロから5ブロック北にある、サンクリストバル・デ・ラスカサスで最大の教会。荘厳なこの建造物は1560年に完成したが、バロック様式の壁面装飾は17世紀になって施されたもの。内部も黄金で飾られた祭壇など、ゴージャスに装飾されている。

北隣にはもと修道院を改装した**ロスアルトス博物館**Museo de Los Altosがあり、チアパス州の先住民村の歴史を解説した展示がある。

ファサードの装飾もすばらしい

サントドミンゴ教会 [MAP] P.299/A1

ロスアルトス博物館 [MAP] P.299/A1
TEL 678-2809
入場 火～日9:00～18:00
料金 M$60

▶エキゾチックなシルエットが印象的 ★

カルメン教会
Iglesia del Carmen

ソカロの4ブロック南にある16世紀に建てられた教会。正面のアーチをあしらった鐘楼はメキシコの他の教会ではあまり見られず、グアテマラ風の意匠が散見できる。教会の東隣には、ギャラリーや図書館をもつ文化会館Casa de Culturaが建っている。

照明がともるカルメン教会の鐘楼

カルメン教会 [MAP] P.299/B1
TEL 631-6018
入場 毎日 10:00～12:00、16:00～18:00

特産品の購入
チアパス特産のヒスイやコハクの装飾品は、町なかにある宝石店やアクセサリーショップで購入しよう。路上の売り子や広場にいる露天商が扱う商品は、値切れば安くなるが品質もそれなりだ。

▶先住民ラカンドン族の文化を知る写真は必見 ★

ナーボロム博物館
Museo de Na Bolom

デンマーク人考古学者とスイス人人類学者の夫妻が住んでいた家が、彼らの残したチアパスのマヤ文明や先住民ラカンドン族の研究資料とともに博物館として公開されている。ナーボロムとはツォツィル語で「ジャガーの家」の意味。夫妻は外部の者を寄せつけないラカンドン族の村を13年にわたって訪れ続け、貴重な写真資料などを残している。また、図書館には1万3000冊の蔵書が保管されている。

ホテルやレストランとしても営業している博物館

ナーボロム博物館 [MAP] P.299/A2
TEL 678-1418
入場 毎日10:00～19:00
料金 M$45(西側の庭のショップで購入)
16:30からは英語とスペイン語のガイドツアーで見学可(所要2時間、M$60)。15分の英語解説ビデオ上映あり。

博物館でディナー
ナーボロム博物館は、建物の一部をホテルとして営業。料金はⓈⒹM$1150～。部屋は全16室。
また古めかしいダイニングルームでは、優雅なディナーを味わうこともできる(17:00までの予約必須。ディナーは19:00～、M$280)。

[はみだし] サントドミンゴ教会の周辺には、先住民の女性たちが露天市を出している。刺繍の布地を使ったテーブルランナー、手縫いのぬいぐるみ、陶器の置物など素朴な商品が多い。値引き交渉は必須だ。

サンクリストバル教会

MAP P.299/B1

高台にあるので町を見下ろすことができる

民芸品の購入スポット

ソカロから3ブロック南に、チアパス州公認の民芸品店がある。刺繍小物や衣類、陶器など、州の物産を広く取り揃え、定価販売している。

●Centro de Artesanías

MAP P.299/B1

住所 Av. Miguel Hidalgo, esq. Niños Héroes

TEL 678-1180

営業 火～日9:00～20:00

マヤ医薬博物館

町の北外れに、チアパス州インディヘナ医薬協会が建てたマヤ医薬博物館がある。先住民の伝統的な信仰や医薬療法の様子を実物大の人形やセット、ビデオで観られる。

●Museo de la Medicina Maya

MAP P.299/A1外

住所 Av. Salomón González Blanco No.10

TEL 678-5438

URL www.medicinamaya.org

入場 毎日9:00～18:00

（土・日10:00～17:00）

料金 M$20

コハク博物館　MAP P.299/B1

TEL 678-9716

URL www.museodelambar.com

入場 火～日10:00～14:00、16:00～19:30

料金 M$25

▶町を見下ろす高台に建つ　★

サンクリストバル教会

Iglesia de San Cristóbal

丘の頂上に建つ白亜の教会

ソカロの南西に位置する丘の上に建つ教会。木に覆われた階段を上ると、頂上で待つ教会の外壁は白を基調に朱色で縁取られており、午前中は朝日が映えてことに美しい。丘の上からはサンクリストバルの町を一望することもできる。教会の裏側には広場があり、7月下旬のサンクリストバル祭には屋台が並び、マリンバの楽団などが出演してにぎわいを見せる。ソカロからゆっくり歩いても15分ほど、西側には車道もあってタクシーで行くこともできる。

▶メキシコ古代文明の装飾品を展示　★

コハク博物館

Museo del Ambar

メルセー教会に隣接する、修道院跡の建物を修復改造した博物館。チアパス州には世界で3番目に大きいコハクの鉱脈が存在し、古代マヤの時代から装飾品として使用されてきた。館内には加工されたさまざまな色や形のコハクが展示されているほか、採掘の様子やその歴史に関するものもあり、またビデオを観てより知識を深めることもできる。

コハクが展示された博物館

COLUMNA

モンテベジョ国立公園の湖巡り

サンクリストバルから100kmほど南東、モンテベジョ国立公園Montebello P.N.（MAP P.273/B2）は豊かな森林が広がる自然保護区。グアテマラの国境にも接するこの一帯には、美しく神秘的な大小さまざまな湖がある。周囲の森林は保全管理が行き届いているので、湖を巡り歩きながら森林浴を楽しむのがいい。バスなど公共交通でのアクセスは困難だが、サンクリストバルからツアー（→P.300）が出ており、マヤ遺跡であるテナム・プエンテやアマテナンゴ・デル・バジェ村の見学を含めてM$350。

先住民村とともにツアーで訪れてみたい

投稿　コハク美術館の北側にあるH　ミシオン・コロニアルMision Colonial（MAP P.299/B1）にはチアパス州の伝統衣装が20点以上も展示されていて無料で見学できます。（愛知県　yangjie　'17）['18]

Compra ショッピング

チアパス州は織物、陶器、革製品など民芸品の宝庫。特にウイピルや毛布などの織物は、旅行者にも人気が高い。民芸品を扱うショップはソカロ周辺に多いほか、サントドミンゴ教会の前などでも売られている。ヒスイやコハクなどのアクセサリーも、この地方の名産品だ。

▶民芸品が何でも揃う

スナホロビル
Sna Jolobil

サントドミンゴ教会の建物内にある民芸品店。産地の村ごとの特徴あるデザインを用いた織物が充実している。ウイピル、ポンチョなどの伝統衣装から帽子や工芸品まで、品揃えも豊富で、産地がわかるように展示している。

`MAP` P.299/A1

住所 Lázaro Cárdenas No.42　TEL 678-7178
営業 火～日9:00～14:00、16:00～18:00　カード AMV

▶ジュエリーの専門店

フローラ・マリア
Flora María

ソカロの3ブロック東にある大型宝石店。店内の一角にはチアパス産のコハクが展示されている。ほかにタスコ産の銀やヒスイなどの装飾品も扱っている。

`MAP` P.299/A2

住所 Real de Guadalupe No.27　TEL 678-5050
営業 毎日9:00～21:00　カード AMV

Comida レストラン

レストランはソカロ周辺に多い。ソカロの東側には安いカフェテリア、市場とバスターミナルの周辺には地元の人向けの簡易食堂もあり、経済的な旅行者にもおすすめだ。

▶郷土料理ならこちら！

エルフォゴン・デ・ホベル
El Fogón de Jovel

チアパスの郷土料理が楽しめ、毎日14:00～、20:00～にはマリンバ演奏を聴くこともできる。チアパス風の炭火焼きParrillada Chiapaneca（M$235～）がおすすめ。

とろりとチーズがかかったチアパス風の炭火焼き

`MAP` P.299/A1

住所 Av.16 de Septiembre No.11　TEL 678-1153
営業 毎日13:00～22:00
税金 込み　カード 不可　WiFi なし

▶おしゃれな雰囲気で料理を楽しむ

ラパロマ
La Paloma

ギャラリーもあるカフェ、レストランで、系列のギフトショップと隣り合わせになっている。メニューはメキシコ料理からコンチネンタル料理（M$55前後）までバラエティに富み、盛りつけも凝っている。コーヒーはM$25～。

`MAP` P.299/B1

住所 Miguel Hidalgo No.3
TEL 678-1547　営業 毎日9:00～23:30
税金 込み　カード MV　WiFi 無料

▶各国からの旅行者でにぎわう高級店

エルセクレト
El Secreto

郷土料理を独自にアレンジしたメニューが評判のレストラン。ディナータイムの予算はひとりM$300～500。高級感ある店内はムードもよく、スタッフの対応もしっかりしている。

`MAP` P.299/A1

住所 16 de Septiembre No.24　TEL 674-7785
営業 毎日7:00～23:00
税金 込み　カード MV　WiFi 無料

▶ワインを満喫するタパスバー

ラビーニャ・デ・バッコ
La Viña de Bacco

カジュアルな雰囲気でワインが楽しめるバー。グラスワイン（M$20～）は10種類ほど用意され、3種のタパスが無料で提供される。開放的な雰囲気で旅行者にも人気が高く、入店待ちの行列ができることもある。

ストリートウオッチングしながらワインを満喫

`MAP` P.299/A1

住所 Real de Guadalupe No.7
TEL 119-1985　営業 毎日13:00～24:00
税金 込み　カード MV　WiFi 無料

 投稿 古風な町並みを伝統衣装をまとった女性たちが歩くサンクリストバルは写真映えする町です。通りに席を出したオープンカフェやバーは旅行者で毎晩にぎわっていました。（東京都 ネコの森 '18）

Estancia ホテル

中心部には各クラスのホテルが充実している。料金のわりに内容が優れたところが多い。夜は冷え込むので、シャワーのお湯が出るかどうかよく確認しておこう。

▶ウッディな内装がすてきな

カサ・メヒカーナ
Casa Mexicana

サントドミンゴ教会の1ブロック南にある、全54室の4つ星ホテル。コロニアル調の外観が美しく、パティオも箱庭のようでしゃれている。室内は黄色を基調としており、木材独特のあたたかみが感じられる。[Wi-Fi] 客室OK・無料

[MAP] P.299/A1　🍴○ 🏊○ 🔒○ 🚗有料
住所 28 de Agosto No.1　TEL 678-0698
URL www.hotelcasamexicana.com
税金 +18%　カード [A][M][V]
料金 ⓈⒹM$805～　[AC]○ [TV]○ [TUB]○

▶コロニアル調ホテルの決定版

サンブラ・デル・アグア
Sombra del Agua

ソカロの3ブロック北にある4つ星ホテル。コロニアル調の建物が広い敷地に建ち、客室によってデザインなどは異なるので、何室か見せてもらうといい。ヒーターや暖炉完備で、全79室。[Wi-Fi] 客室OK・無料

[MAP] P.299/A1　🍴○ 🏊× 🔒○ 🚗有料
住所 Primero de Marzo No.15
TEL 674-9090
税金 +18%　カード [A][D][M][V]
料金 ⓈⒹM$994～　[AC]○ [TV]○ [TUB]×

▶ゆったりとした時間が流れる

パラドール・マルガリータ
Parador Margarita

ソカロから歩いて5分ほど東の静かな場所にある。きれいに手入れされた中庭を囲むようにして造られた客室は、広々としていて明るい雰囲気。暖炉を囲むレストランでチアパス料理も楽しめる。全27室。
[Wi-Fi] 客室OK・無料

優しい風合いのインテリア

[MAP] P.299/B2　🍴○ 🏊× 🔒○ 🚗○
住所 Dr. José F. Flores No.39　TEL 116-0164
URL www.hotelparadormargarita.mx
税金 +20%　カード [M][V]
料金 ⓈM$650～、ⒹM$747～　[AC]× [TV]× [TUB]×

▶ソカロに面した歴史的建築物

サンタクララ
Santa Clara

1530年代にスペイン人征服者のマサリゴスによって築かれた、ソカロの前に建つ全38室のコロニアル調ホテル。1982年からホテルとして営業を始めるまで、長年アシエンダ（地主の豪邸）として使用されており、客室では貴族の暮らしぶりが感じられる。[Wi-Fi] 客室OK・無料

[MAP] P.299/B1　🍴○ 🏊× 🔒○ 🚗有料
住所 Av. Insurgentes No.1　TEL 678-1140
URL www.hotelsantaclara.mx　税金 込み
カード [M][V]　料金 ⓈⒹM$900～　[AC]× [TV]○ [TUB]×

▶観光にも便利なおすすめホテル

レアル・デル・バジェ
Real del Valle

ソカロの北側から1ブロック東、みやげ物屋や旅行会社が多く集まる便利なロケーションにある。入口は夜24:00頃には閉まってしまうので注意。全40室。
[Wi-Fi] 客室OK・無料

中庭にロビーがある

[MAP] P.299/A1　🍴× 🏊× 🔒× 🚗×
住所 Real de Guadalupe No.14
TEL 678-0680
税金 +18%　カード 不可
料金 ⓈⒹM$500～　[AC]× [TV]○ [TUB]×

▶コロニアル調お手頃ホテル

フライ・バルトローメ
Fray Bartolome

ソカロの東側から2ブロック南にある中級ホテル。入口は狭いが、内部はゆったりとした造りで、客室の天井も高い。全37室。
[Wi-Fi] 客室OK・無料

情緒あるパティオでのんびりと過ごすのもいい

[MAP] P.299/B1　🍴× 🏊× 🔒× 🚗×
住所 Niños Héroes No.2 esq. Insurgentes
TEL 678-0932　FAX 678-3510
税金 込み　カード 不可
料金 ⓈⒹM$370～　[AC]× [TV]○ [TUB]×

はみだし [H]ポサダ・インスルヘンテスPosada Insurgentes（[MAP]P.299/B1　住所 Av. Insurgentes No.73　TEL 678-2435）は1等バスターミナルから1ブロック北にある安宿。ⓈM$140～、ⒹM$240～。

▶設備も整っている清潔な宿

ポサダ・バジャルタ

Posada Vallarta

1等バスターミナルから、北へ1ブロック歩いて右折。安食堂街にも近いが、静かな環境。部屋は広々として清潔だ。全33室。

[Wi-Fi] 客室OK・無料

簡素だが広く清潔な部屋内

[MAP] P.299/B1　🍴× 🏊× 🔒× ☕×
住所 Hermanos Pineda No.10
TEL 678-0465　税金 込み　カード 不可
料金 ⓈM$400～、ⒹM$450～　[AC]× [TV]○ [TUB]×

▶中心部の格安ユースホステル

ポサダ・フベニール

Posada Juvenil

ソカロの2ブロック東にある全14室のホテル。ロビーでくつろげ、共同キッチンとロッカーもある。4～8人部屋ドミトリーが基本で料金はM$80～100。

[Wi-Fi] 公共エリアのみ・無料

バックパッカーに人気が高い

[MAP] P.299/B2　🍴× 🏊× 🔒× ☕×
住所 B. Juárez No.2　TEL 678-7655
税金 込み　カード 不可
料金 ⓈⒹM$200～　[AC]× [TV]× [TUB]×

▶アクティビティも充実している

ロスコ・バックパッカーズ

Rossco Backpackers

ソカロから700mほど北西。共同のバス・キッチンのほか、ラウンジにはTVやDVDプレーヤーもある。緑の多い中庭では、ハンモックでゆっくりするのもいい。4～14人部屋ドミトリーM$150～180。全50ベッド。

[Wi-Fi] 客室OK・無料

設備の整った格安ホテル

[MAP] P.299/A1　🍴× 🏊× 🔒× ☕○
住所 Real de Mexicanos No.16　TEL 674-0525
URL backpackershostel.com.mx　税金 込み
カード 不可　料金 ⓈⒹM$320～　[AC]× [TV]× [TUB]×

▶長居したくなる居心地のよさ

カサ・カサ

Casa Kasa

長期旅行者が集う日本人経営のホステル。宿の前からグアテマラ行きのシャトルバスも出ている。場所がわかりづらいのでHPで事前に確認しよう。全12ベッドで、ドミトリーはM$100。

[Wi-Fi] 客室OK・無料

Facebook「CASA KASA」から予約できる

[MAP] P.299/A1外　🍴× 🏊× 🔒× ☕×
住所 Cerroda Brasil No.6B, entre calle Brasil y Rio Barrio Mexicanos　TEL 674-5080
URL perosatoshi.wixsite.com/casakasa
税金 込み　カード 不可
料金 ⓈⒹM$200　[AC]× [TV]× [TUB]×

COLUMNA

先住民村の生活と習慣

サンクリストバル・デ・ラスカサスの周辺には、ツォツィル系とツェルタル系の先住民村が多く、昔ながらの生活を守っている。伝統衣装をまとい、カヤ葺き屋根と泥れんがの家に住む。そして、女性たちは野良仕事のかたわら、手織の布を織る……。

宗教においても、キリスト教と伝承宗教が渾然一体となった、独特の信仰生活が営まれている。日曜の早朝には、独特のミサも行われ、青空市(ティアンギス)も開かれる。

サンフアン・チャムラ村では、伝統的な医療や埋葬方法も残っている。村人が心や体に異変をきたすと、病気を治癒する能力をもって生まれてきたとされるイロールといわれる女性のところに連れていき、そこで祈祷を受ける。そして、疾病には炭酸ガスと卵が効能があると信じられているので、病気の治療薬として教会に供える。家族はひとつの墓に埋葬されるのが村の掟だが、立てられる十字架の色が白は子供、青または緑は成人、黒の場合は老人と分けられている。また、埋葬は天国に行けるという言い伝えから、日没時に行われている。

村を訪れる場合、なるべく単独行動はせずに、ツアーに参加すると安全性は増す。単に珍しい風習を見に行こうという態度でなく、先住民の生活を理解し、敬意をもって接することが大切。特に写真撮影はトラブルのもとになるので必ず許可を得よう。ただし、撮影は拒否されるかお金を請求されることが多い。もともと写真撮影に不信感をもっているので、よい表情はしてくれない。

独自の信仰形態が保たれているシナカンタンの教会

▶マヤの風景へタイムトリップ ★★
サンフアン・チャムラ
San Juan Chamula

サンフアン・チャムラ
MAP P.307
サンクリストバルから約10km
北西にある。市営市場の西側
にある乗り場（**MAP** P.299/A1）
から5:00〜17:00に15〜30分
ごとに出るミニバスで所要約25
分、M\$15。タクシーを使うと1
時間M\$150払う。
村の教会に入るには入口で
M\$20払う。内部の写真撮影は
厳禁。

サンフアン・チャムラ村の祭り
●1月18〜22日
サンセバスティアン祭
●2月頃
謝肉祭（年により日が違う）
●6月22〜25日
サンフアン・バウティスタ祭
●8月29・30日
サンタロサ祭
●9月19〜21日
サンマテオ祭
●10月5〜7日
ロサリオの聖処女祭

ツォツィル系の先住民村
で、この周辺では比較的
大きな村。日曜には早朝か
ら夕刻まで市が立ち、マ
ヤの昔を思わせる風景に出
合える。男は白いシャツと
ズボンに純毛の黒い外套
Gabánをはおり、女は白地
に刺繍入りのブラウスと腰
巻きのような黒い布を赤い

独特の衣装をまとった女性たちが青果を売る

帯で押さえている。また、功徳を重ねると特別の日に着用できる衣
装を与えられる。70人ほどいる村の評議員はすべて男性で、日曜
に黒いベストに白い短めのパンツを着用して教会前の広場で集会
を行う。集会といっても何かを話し合う場合もあれば、マーケットの
立っている広場を見守るように椅子に腰をかけているときもある。
村人が信仰するのは伝承宗教とキリスト教が融合したもので、と

ても個性的だ。村の中心にある教会
に入ると、薄暗い室内にはもうもうと香
がたちこめ、松の葉が敷き詰められた
床の上では村人が何本もろうそくを立
ててひざまずき、頭を床につけてとりつ
かれたようにチャムラの言葉で祈りをさ
さげている。ろうそくの色も祈りの内容
によって異なるが、健康を祈願する白
が最も多い。お供えには卵と炭酸飲
料が使われている。

村の中心に建つ教会

▶民芸品作りで知られる先住民村 ★
アマテナンゴ・デル・バジェ
Amatenango del Valle

アマテナンゴ・デル・バジェ
MAP P.307
サンクリストバルから約37km
南東にある。1等バスターミナル
のそばからコミタン行きのミニバ
ス（**MAP** P.299/B1）で約50分、
M\$50。

コミタンへ向かう街道沿いにあるツェ
ルタン系の先住民村。壺や花瓶など陶
器の生産が盛んで、メキ
シコ各地から買いつけに
やってくる人も多い。女性
たちは赤や黄色の刺繍の
ある白いウイピルを着て、
下は青や赤のスカートを身
につけている。

ていねいな手作業で
民芸品を仕上げる

カラフルな焼き物が並ぶ

▶カラフルな伝統衣装に出合える先住民村 ★★

シナカンタン
Zinacantán

昔ながらの機織りの工程が見学できる

ツォツィル系の先住民村。まず目に飛び込んでくるのは色鮮やかな伝統衣装。村の女性の手作りによる赤を基調とした服装は、この地方の花がモチーフとなっていて美しい。男性もジーンズ姿でシャツの上に花柄の赤いちゃんちゃんこのようなGabánを身につけている。女のRebozo(肩掛け)は濃い水色もあり、紺色の巻きスカートを赤い帯で留めている。

教会はサンフアン・チャムラの教会以上に独特で、内部にはたくさんの花が供えられ、その中に横たわるキリストの像や聖人像も、赤い伝統衣装を着ている。教会の守護神は動物で、床に立てられたろうそくの前には、シカ、トラ、牛などのはりこが祀られている。日曜には教会の隣にある礼拝堂に、34人の村の指導者の姿も見かけられる。頭には灰色のずきん、白い長袖シャツ、白の半ズボンにマントのような黒いコートを着て、奇妙なステップで踊ったり、話し合ったりしている。

▶ユニークな刺繍の織物村 ★

サンアンドレス・ララインサール
San Andres Larrainzar

チアパス州には織物の魅力にひかれてやってくる人も多い。周辺の各村には、それぞれ特徴のある刺繍や織物があるが、特にサンアンドレス・ララインサールのものはすばらしい。また連邦政府とサパティスタ民族解放軍の間で、先住民の権利と文化についてのサンアンドレス合意が1996年に結ばれた所としても知られる。

幾何学的な模様の刺繍

▶隠れ里のような雰囲気が楽しめる ★

テネハパ
Tenejapa

テネハパは周りを山に囲まれた狭い盆地にある村。周囲は緑が深く谷間に川が流れていて、美しい田園風景が広がっており、小さな礼拝堂がある丘からは、箱庭のような小さなこの村が見下ろせる。女性は赤が基調のウイピル、男性は黒い外套という姿が村の伝統衣装だ。2月のカーニバルの時期、および7月25日前後に祭りが開催され、踊りの上演やパレードなどが行われる。

この村の雰囲気はまるで桃源郷のようだ

シナカンタン MAP P.307
サンクリストバルから約11km北西にある。市営市場の北にある乗り場(MAP P.299/A1)から5:00~19:00まで30分ごとに出るミニバスで所要約25分、M$26。
観光案内所(営業 毎日8:30~18:00)は教会すぐ横にあり、3つある教会への入場許可書(M$15)はここで入手できる。

シナカンタンの祭り
●1月20~22日
サンセバスティアン祭
●4月29日
サンペドロ・マルティル祭
●8月8~10日
リンロレンソ祭
●10月8日
ラナティビダの聖母祭
●10月の第1日曜
ロサリオの聖処女祭

サンアンドレス・ララインサール
MAP P.307
サンクリストバルから約28km北西にある。市営市場から150mほど北にある乗り場から乗合タクシー(M$30)で約40分。

テネハパ MAP P.307
サンクリストバルから約28km北東にある。市営市場から150mほど北にある乗り場(MAP P.299/A2)から乗合タクシー(M$30)かタクシー(M$300)で約40分。

サンクリストバル・デ・ラスカサス周辺

ビジャエルモッサヘ
サンアンドレス・ララインサール
San Andres Larrainzar ▶P.306
サンフアン・チャムラ
San Juan Chamula ▶P.306
テネハパ
Tenejapa ▶P.307
シナカンタン
Zinacantán ▶P.307
トゥクストラグティエーレスへ
サンクリストバル・デ・ラスカサス
San Cristóbal de Las Casas
パレンケへ
▶P.306
アマテナンゴ・デル・バジェ
Amatenango del Valle
コミタンへ
0　　15km

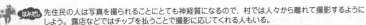

はみだし 先住民の人は写真を撮られることにとても神経質になるので、村では人々から離れて撮影するようにしよう。露店などではチップを払うことで撮影に応じてくれる人もいる。

壮大なパレンケ遺跡への起点となる小さな町

パレンケ
Palenque

人 口	約4万人
高 度	60m
市外局番	916

イベント情報
●8月1〜5日
サントドミンゴ祭Feria Santo Domingoでは、ソカロ北側の市民ホールで舞踊や音楽を上演。

チアパス州政府観光局
URL www.turismochiapas.gob.mx

観光案内所
●州立案内所　MAP P.309
住所 Av. Juárez
TEL 345-0356(本部)
営業 毎日9:00〜21:00(日〜13:00)

パレンケ遺跡へのアクセス
　2社の乗合ミニバスが、6:30〜18:00まで10〜15分間隔で運行。所要約20分、片道M$26。

パレンケ発ツアー
　町の中心部には近郊ツアーを催す旅行会社も多い。ボナンパックとヤシュチラン遺跡への1日ツアーがM$930〜。
●Servicio Turistico de Palenque
TEL 345-1340
URL www.stpalenque.com

グアテマラへのアクセス
　ティカル観光の拠点フローレスへ、シャトルバス&ボートが運行している。6:00発で15:00着、M$520〜。市内の旅行会社やホテルで申し込める。
　メキシコ側のイミグレーションで村の通過税(M$30)を支払ってから、国境は渡し船に乗って川を越える。グアテマラ側の入国管理所では、入出国カードに記入して入国の際に手数料(US$5)を支払う。

　ジャングルの真ん中にポツンとある小さな町。約8km西にあるパレンケ遺跡へのアクセス基地として旅行者も訪れるので、中心部には現地発ツアーを扱う旅行会社や手頃なホテルが多い。町自体に見どころはないが、のんびりとした田舎町の風情が漂っている。

ソカロに通じるフアレス通りを人々が行き交う

アクセス

飛行機▶パレンケ空港(PQM)は中心部からタクシーで約10分の所にあり、インテルジェット航空が週2便運航(所要約1.5時間、M$2402〜3431)。バスで約2時間のビジャエルモッサ(→P.332)にあるカルロス・ペレス空港Carlos Pérez (VSA)の利用が便利だ。
バ ス▶ADO、OCCなどが各地から長距離バスを運行。1等と2等のバスターミナルは、中心部から500mほど西にある。パレンケからの長距離バスは本数が少ないので、早めに予約を入れるといい。

歩 き 方

　バスターミナルからソカロへ延びるフアレス通りAv. Juárez沿いに、レストラン、ホテル、各遺跡へのツアーを扱う旅行会社が多く、観光案内所もある。またパレンケ遺跡や郊外の観光地へは、コレクティーボと呼ばれるミニバスが安くて便利だ。

パレンケ遺跡へ向かうコレクティーボ(ミニバス)

パレンケから各地へのバス

目 的 地		1日の本数	所要時間	料 金
メキシコ・シティ	ADO	1本(18:30)	13h	M$1156
オアハカ	ADO	1本(17:30)	15h	M$998
サンクリストバル・デ・ラスカサス	OCC	AEXAなど毎時1〜2本	6〜6.5h	M$324〜374
チェトゥマル	OCC、ADOなど計6本(14:00〜21:30)		6.5〜7h	M$418〜732
ビジャエルモッサ	ADO、Cardesaなどほぼ毎時1〜2本(5:30〜21:35)		2〜2.5h	M$204〜220
カンペチェ	ADO、OCC 計5本(8:00、21:30〜23:25)		5〜5.5h	M$458〜460
メリダ	ADO、OCC 計5本(8:00、21:30〜23:25)		7.5〜8.5h	M$652〜662
カンクン	ADO、OCC、ADO GLなど計4本(17:00〜21:30)		12.5〜15h	M$1060〜1398

はみだし　Rラスティナハス Las Tinajas (MAP P.309 TEL 345-4970 営業 毎日7:00〜22:00)は、郷土料理とシーフードが人気のレストラン。朝食セットM$40〜、コースメニューは2人前でM$300〜。

Estancia　ホテル

オアハカ州・チアパス州　パレンケ

▶郊外にある1級ホテル

チャンカー・リゾート・ビレッジ
Chan-Kah Resort Village

パレンケ遺跡と町の間にあるロッジタイプの高級ホテル。マホガニーと石を使ったロッジはマヤの伝統的な雰囲気が感じられる。全76室。
Wi-Fi 公共エリアのみ・無料

MAP P.309外	IOIO	プールO	金庫O	朝食有料
住所 Carretera Palenque-Ruinas km 3
TEL 345-1134
URL www.chan-kah.com.mx
税金 +18%　カード MV
料金 SⒹM\$1230〜　AC○ TV○ TUB×

▶遺跡へのアクセスが便利な

カシュラン
Kashlan

1等バスターミナルから300mほど中心部寄りにある全46室の中規模なホテル。1階には旅行会社や民芸品店も入っており、ミニバス乗り場にも近くて便利だ。Wi-Fi 客室OK・無料

MAP P.309	IOIO	プール×	金庫O	朝食×
住所 Av. 5 de Mayo No.117
TEL 345-0297　税金 込み　カード 不可
料金 SⒹM\$560〜　AC○ TV○ TUB×

▶清潔感がありおすすめ

ラカンドニア
Lacandonia

全22室の客室は清潔で、女性にもおすすめの中級ホテル。遺跡行きバス停の前にあり立地も便利だ。Wi-Fi 客室OK・無料

中庭を囲んで部屋が並ぶ

MAP P.309	IOI×	プール×	金庫×	朝食×
住所 Allende No.77
TEL 345-0057　税金 込み　カード 不可
料金 S M\$470〜、ⒹM\$540〜　AC○ TV○ TUB×

▶バスターミナルに近い宿

ポサダ・ロスアンヘレス
Posada Los Angeles

1等バスターミナルから徒歩2分ほど。着いてすぐに泊まりたい人に便利だ。旧館と新館で全36室あるが、清潔感のある新館のほうがおすすめ。Wi-Fi 公共エリアのみ・無料

MAP P.309	IOI×	プール×	金庫×	朝食×
住所 Av. Juárez S/N　TEL 345-1738
税金 込み　カード 不可
料金 SⒹM\$300〜　AC△ TV○ TUB×

エクスカーション

▶近郊の景勝地でひと休み　★

ミソル・ハ＆アグア・アスル
Misol Ha & Agua Azul

パレンケ周辺のジャングル地帯には大小さまざまな滝がある。パレンケの20kmほど南にあるミソル・ハは、30mほどの高さの迫力のある滝。

一方のアグア・アスルはパレンケの60kmほど南にあり、低い滝がいくつも連なっていて、青く澄んだ水が美しい。夏季には遊泳も可能なので、水着を持参していこう。

ミソル・ハ＆アグア・アスル
MAP P.273/A2
パレンケからツアーが催行されており料金はM\$200〜200。パレンケ遺跡の見学が含まれているツアー（M\$360〜）や、サンクリストバル・デ・ラスカサスまで送ってくれるツアー（M\$450〜）もある。入場料やランチ代がツアー料金に含まれるかを事前に確認しよう。

パレンケ
Palenque
エリア地図▶P.273/A2

特集 遺跡探訪 ✸ *Palenque Ruinas*

World Heritage
世界遺産

古代へのロマンをかきたてるマヤの聖域

パレンケ遺跡 ✸ *Palenque Ruinas*

宮殿内に飾られたパカル
王の王位継承のレリーフ。
615年にわずか12歳で即
位したと推測されている

パカル王が統治した7世紀に繁栄したパレンケは、
世界文化遺産にも登録されたマヤ古典期後期を代表する遺跡だ。
およそ800年間もの時間を、人知れずジャングルに眠っていたが、
18世紀になってスペイン人宣教師によってその存在を報告され、
マヤの歴史的な碑文やパカル王の地下墳墓など
センセーショナルな発見が相次いだ。
現在もうっそうと茂る熱帯雨林の中、
『碑文の神殿』や『宮殿』が美しく復元され、
遺跡ファンにはメキシコ旅行のハイライトになっている。

パレンケの歴史と文化

この地域には紀元前から人が住み着いたとされているが、7世紀に統治したパカル王とその息子チャン・バールム王の時代に急速に成長し、最盛期を迎えた。現在見られる重要な建造物のほとんどは、この時代のもの。しかし、その繁栄も長くは続かず、9世紀から都市は段階的に放棄され、10世紀の末にトルテカ族と思われる異民族が侵入したときにはすでに廃墟状態で、そのままジャングルに覆われて長い眠りに入った。

しかし、1746年にデ・ソリス神父がここを訪れ、パレンケは世界にその名を知られる遺跡となる。発見時には大半の建造物には飾り屋根が残り、壁には漆喰彫刻が施されて赤や青色で鮮やかに彩色されていた。しかし、その後訪れたスペイン人調査団の略奪や失火により、多くの装飾壁やマヤ文字の石板などを失った。

パレンケの建物は500棟以上あるが、発掘、修復されているのはその一部。1993年にも、13号神殿から「赤の女王」の墓室が発見されるなど、いまだ未知の部分が多い。都市が放棄された理由も不明だし、車輪が存在しなかったのに巨大なピラミッドが建設できた方法も解明されていない。

優美なマヤ建築でデザインされた

宮殿 El Palacio

パレンケ遺跡の中心部にあり、最も立派な建造物なので王が住んでいた所と推定され、宮殿と名づけられた。最初の部分は7世紀に建てられたが、120年ほどかけて増築され、4つの中庭の建物がアーケードや地下通路でつながる複雑な形となった。深さ3mの水路が引かれた建物の地下に、建築当時水洗トイレやスチームバスもあった。

宮殿の最大の特徴は、マヤ建築でもほかに例がない高さ15mの4階建ての塔だ。塔の壁面は東西南北を指していることから、天体観測に利用されたと推定され『天体観測塔』と呼ばれている。塔の踊り場のひとつには金星を表す絵文字があり、塔の最上階には星の観測に使ったと思われるテーブルもある。この塔から見ると、冬至には太陽がちょうど碑文の神殿に沈む。

また天井部がマヤ・アーチになったE棟の通路には、双頭のジャガーに座り母親から王冠を受け取るパカル王のレリーフが残っている。パカル王は、615年に12歳で母親のサック・クク夫人から王位を継承し、死ぬまでの68年間の統治でパレンケは隆盛を極めた。

天体観測塔といわれている宮殿の塔

壁面にユニークな浮き彫りが残る

頭蓋骨の神殿
Templo de la Calavera

碑文の神殿の向かって右にある、入口から最も近い神殿。中央に疑似アーチの入口があり、柱の根元にはウサギの頭蓋骨のレリーフが施されている。かつては赤と青で彩色されていた。

ウサギの浮き彫りが不気味な頭蓋骨の神殿

内部には見事なマヤ・アーチの回廊が残っている

パレンケ遺跡
Palenque Ruinas

エリア地図 ▶P.273/A2

博物館へ↑1km
WC
北の建物群
Grupo del Norte
X神殿
Templo X
バス乗り場
売店
宮殿
El Palacio
神殿 13
Templo 13
十字架の神殿
Templo de la Cruz
WC 入口
チケット
売り場
碑文の神殿
Templo de las
Inscriciones
太陽の神殿
Templo del Sol
頭蓋骨の神殿
Templo de la Calavera
葉の十字架の神殿
Templo de la
Cruz Foliada
0 100m
ジャガー
の神殿

碑文の神殿
Templo de las Inscripciones

パレンケ最盛期の675年に、パカル王(マヤ語で盾を意味する)によって着工され、王の死後692年に息子のチャン・バールム王によって完成された高さ23mの神殿。最上部に600以上の碑文が刻まれた石板があったことからこの名がついた。マヤ文字でつづられた碑文の内容は、2世紀にわたるパレンケ王家の歴史で、マヤ文明研究の重要な資料になっている。神殿正面には69段の急な階段があり、最上部は5つの部屋に分かれ、中央の部屋に碑文の刻まれた石板がある。各部屋の門柱にはパカル王のレリーフなども刻まれている。この神殿から出土した埋葬品などは、メキシコ・シティの国立人類学博物館(→P.78)のマヤ室に展示されている(レプリカは遺跡内の博物館でも見学できる)。

碑文の神殿は発掘調査中のため内部見学はできない

十字架の神殿
Templo de la Cruz

川を渡った小高い丘の上にある十字グループと呼ばれるエリアの神殿。太陽の神殿、葉の十字架の神殿などとともに、パカル王の息子チャン・バールム王時代に建造された。

内部パネルの中心に十字架の図が見られることからこの名がついたが、現在パネルはメキシコ・シティの国立人類学博物館に移されている。ふたつの部屋の上にあるマヤ・アーチの飾り櫛のような屋根やたばこを吸う老人の浮き彫りが、美しい状態で復元されている。

十字架の神殿は頂上部からの眺めがいい

太陽の神殿
Templo del Sol

神殿内部の壁面に太陽のシンボルとされた盾と槍からなる戦いの神(L神)が彫刻されていたことから、その名がある。神殿上部の屋根の飾りの保存状態がよい。内部には642年と日付が記されたパカル王を称賛する碑銘がある。チャン・バールム王は18年しか王座に君臨しなかったが、そのほとんどの時間と精力を父パカル王をたたえる神殿造りに費やしたのであろう。この建物と向かいの葉の十字架の神殿とはエコールームになっていて、声や音が反響する。

上部の屋根飾りが見事な太陽の神殿

葉の十字架の神殿
Templo de la Cruz Foliada

太陽の神殿の向かい側の丘の上にある小さな神殿。疑似アーチの入口と、上部の左右にある、トウモロコシの葉と人間の首を表す窓が特徴。十字架の図の上に、太陽神の顔や雨神の面をかぶったケツァルの姿も見られる。十字架は萌え生ずるトウモロコシを様式化したもので、大地の生成・豊穣・力の象徴であり、世界樹を表していると考えられている。

入口上部にある窓の形が興味深い

アクセス 遺跡から8 kmほど東にあるパレンケの町の中心部から、ミニバスが6:30〜18:00まで10〜15分間隔で運行。所要約20分、M$26。パレンケ、サンクリストバル・デ・ラスカサス、ビジャエルモッサからツアーもある。

敷地内では多様な民芸品が売られている

歩き方 遺跡の公開時間は毎日8:00〜17:00(入場は〜16:30)、入場料はM$70(自然保護区入域料M$30別途)。英語のガイドも入口で雇える(M$500〜)。

暑い地域なので帽子やローションなどで日焼け対策をし、なるべく午前中に見学したほうがいい。また、この一帯はマラリアの心配があるので虫よけスプレーなども用意すること。遺跡の階段などすべりやすい所も多いので、歩きやすい靴が必要。

遺跡の入口から約1.5kmの道路沿いには博物館Museo(入場 火〜日9:00〜16:30)もあり、神殿の浮き彫りなどが展示されている。ギフトショップ併設。遺跡の北側から15分ほどジャングルを歩いて行けるが、入口に戻ってミニバスも利用できる。

遺跡から博物館へ水路に沿って歩くとジャングルの雰囲気が味わえる

COLUMNA

碑文の神殿から発見されたパカル王の墳墓

碑文の神殿の地下で、パカル王の墓室が発見されたのは1952年のこと。遺跡の研究をしていた考古学者が神殿上部の床石を持ち上げると、地下室への階段が現れた。3年かけて土砂を取り除きながら掘り進んでいくと、偽装墓室で6人の若い男女の殉死体を発見し、さらにその奥からパカル王の墓室が出現した。墓室は36m²、高さ7mで、中央に安置された20tの巨大な石棺の中には、パカル王の遺骸とヒスイの仮面などの副葬品があった。1枚岩で造られた重さ5tの蓋には、人、神、植物、およびマヤ文字が刻まれていた。墓室から階段に沿って細い管が延びているが、これは亡君の魂と地下界をつなぐものと考えられている。この地下墳墓が発見されるまではエジプトなどの「ピラミッド=王家の墓」とは異なり、マヤ地域のピラミッドは『神殿の台座』だという通説が一般的だった。

天文学の知識に秀でたパレンケの王たちは、宇宙人だという説もある。碑文の神殿から発見された、石棺の蓋に描かれたレリーフを横に見ると、さもマヤの神官が宇宙船を操縦しているかのようにも見えるためだ。突飛な話だが、古代マヤ人が高度な天体観測技術をもち、正確な暦を使っていた事実もある。謎めいた文明の遺跡は、子供のように想像力を高めて見学してみたい。

遺跡北側の博物館にはパカル王の仮面のレプリカも展示されている

色鮮やかな壁画が残るマヤ遺跡
ボナンパック
※ Bonampak　　MAP P.273/B2

マラカスを演奏して勝利を祝う壁画

　パレンケ遺跡の約150km南東、グアテマラ国境沿いに広がるラカンドン熱帯雨林には、ボナンパックとヤシュチランのふたつの興味深いマヤの遺跡がある。どちらも深い密林の中にあるため、パレンケからのツアー利用がおすすめ。

　ボナンパックはマヤ語で「彩られた壁」という意味で、800年頃に描かれた優れた彩色壁画が建物の中にある。東側の部屋には戦闘前の儀式と楽団が演奏する場面、中央の部屋には着飾った王や捕虜が拷問にあって指の爪をはがされる場面、西側の部屋には勝利を祝してラッパやマラカスなどの演奏をバックに踊っている場面が、原色を使って鮮やかに表現されている。また、広場中央にある巨大な石碑も、マヤ遺跡で有数の美しさだ。遺跡の公開時間は毎日8:00〜17:00、入場料はM$70。

熱帯雨林に眠る宗教都市
ヤシュチラン
※ Yaxchilán　　MAP P.273/B2

往時の規模が想像できるヤシュチラン遺跡

　ヤシュチランはマヤ語で「緑の石の場所」の意味。8世紀頃に最盛期を迎えた重要な祭祀センターで、近郊のボナンパックもその支配下に治めていた。建造物にはマグサ（出入口の上部に渡す水平材）が多く使われ、それらには戦争や儀式の様子に加えて日付と文字も刻まれていたので、マヤの碑銘文の解明の糸口となったことでも知られている。建物23には刺の付いたロープを舌にとおす儀式をしている豪華な衣装をまとった人物の浮き彫りがあり、神への供物として自分の血をささげる習慣があったことがわかる。広場から徒歩で20分ほど南へ行くと、この遺跡で最も高い場所にある建物41に到着する。見晴らしはいいが、ジャングルの中を歩き続けるため、途中で迷わないようガイドとともに行動しよう。遺跡の公開時間は毎日8:00〜17:00、入場料はM$70。

INFORMACIÓN

ボナンパック＆ヤシュチランへのツアー

　パレンケの町からは、ボナンパックとヤシュチランを訪ねる1日および1泊2日のツアーが催行されている（※1日ツアーは日が短い冬季になると安全確保が難しく、催行されないケースもある）。これらの遺跡は、まだ修復が不十分でアクセスや安全面にも問題があるので、訪問前に現地の状況をよく確認すること。

　ツアーは、旅行会社によって料金や条件（食事や飲み物の有無など）が違うので、予約する前に確認すること。おおむね1日ツアーはM$930〜、ラカンドン族の居住区も訪れる1泊2日ツアーはM$1650〜。

　食事の時間は遅れがちになるので、飲料水と簡単な食料を持参したほうがいい。1日ツアーの概要は、早朝6:00頃にパレンケをバスで出発し、ジャングルの道を進みボナンパックへ。途中には検問所があり、パスポートやツーリストカードがチェックされる。さらに川辺から、船に1時間ほど乗ってヤシュチランへ。2時間ほどヤシュチランを見学したあと船とバスで引き返し、パレンケには19:00頃に戻る。ボナンパックとヤシュチラン見学後に1泊し、グアテマラのフローレスへ行くツアー（M$1320〜）もある。パレンケ市内にはツアー会社（→P.308）が多数ある。

川下りも楽しむ探検気分のツアー

メキシコ湾岸
Gulf Coast

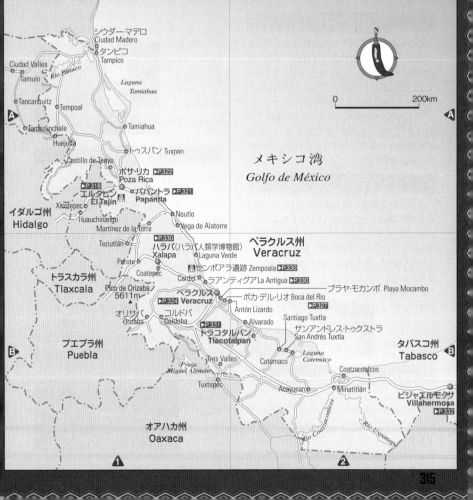

シウダー・マデロ
Ciudad Madero
タンピコ
Tampico
Ciudad Valles
Tamuín
Río Pánuco
Tancanhuitz
Laguna
Tamiahua
Tamazunchale
Tempoal
Huejutla
Tamiahua
Castillo de Teayo
トゥスパン Tuxpan
ポサ・リカ ▶P322
Poza Rica
イダルゴ州
Hidalgo
▶P318
エルタヒン
El Tajín
▶P321
パパントラ
Papantla
Xicotepec
Huauchinango
Nautla
Martínez de la Torre
Vega de Alatorre
Teziutlán
▶P330
ハラパ(ハラパ人類学博物館)
Xalapa
Laguna Verde
ベラクルス州
Veracruz
Perote
センポアラ遺跡 Zempoala ▶P330
トラスカラ州
Tlaxcala
Coatepec
Cardel
ラアンティグア La Antigua ▶P330
Pico de Orizaba
5611m
ベラクルス
▶P324 Veracruz
ボカ・デル・リオ Boca del Río
▶P327
プラヤ・モカンボ Playa Mocambo
オリサバ
Orizaba
コルドバ
Córdoba
Antón Lizardo
プエブラ州
Puebla
▶P331
トラコタルパン
Tlacotalpan
Alvarado
サンティアゴ・トゥクストラ
Santiago Tuxtla
サンアンドレス・トゥクストラ
San Andrés Tuxtla
タバスコ州
Tabasco
Presa
Miguel Alemán
Tres Valles
Catemaco
Laguna
Catemaco
Coatzacoalcos
ビジャエルモッサ
Villahermosa
▶P332
Tuxtepec
Acayucan
Minatitlán
オアハカ州
Oaxaca
Río Coatzacoalcos
Río Uxpanapa

メキシコ湾
Golfo de México

0   200km

315

トトナカ族の伝統儀式がもとになったボラドーレス

ハイライト

この湾岸地方に栄えた、神秘的なエルタヒン遺跡(→P.318)やオルメカ文化(→P.317)の史跡が最大の見どころ。また港町ベラクルスでは、毎夜のように繰り広げられる熱狂的なダンスや、新鮮な海の幸を堪能したい。

ベラクルス州とタバスコ州だけで1000万人近い人々が住んでいる。先住民も多く、各地で伝統的な衣服や、古来からの舞踊や儀式を目にする機会も多い。

旅のヒント

エルタヒン遺跡の起点となるパパントラや、世界文化遺産にも登録されているトラコタルパンなど、風情あふれる小さな町が点在している。メキシコ・シティから湾岸地方各地へは、バスの便もいいが、できればこの地方ならではの小都市にのんびりと滞在してみたい。

エルタヒン遺跡は
見逃せない

アクセス

◎飛行機

ベラクルス、ポサ・リカ、ビジャエルモッサに空港があり、メキシコ・シティなど主要都市間を結んでいる。また、ユナイテッド航空がヒューストンからベラクルスとビジャエルモッサ

へそれぞれ毎日1便運航している。

◎バス

おおまかに、メキシコ北部からメキシコ湾岸沿いに延びるルート、メキシコ湾岸沿いにユカタン半島へと延びるルート、メキシコ・シティなど高原地帯の主要な都市とを結ぶルートがある。また、わずかではあるが太平洋岸のワトゥルコへの便や、エルパソなどアメリカへの直行便もある。

物価とショッピング

概して、メキシコ・シティやユカタン半島のリゾートエリアより、旅行者物価は安く感じられる。おみやげ品として人気があるのは、パパントラ名産のバニラ製品や、ベラクルス周辺の伝統衣装など。

ベラクルスの民芸品
市場

安全情報

パパントラやトラコタルパンなどの小さな町は、あまり犯罪はない。メキシコ湾岸有数の都市ベラクルスは、麻薬抗争の影響で治安が悪化しているので、観光地やビーチエリア以外へは行かないようにしよう。また普段ほかの町でも貴重品の管理を怠らず、夜のひとり歩きやひと気のない路地への立ち入りは避けよう。

メキシコ湾岸に点在するリゾートエリアは、人々がフレンドリーで治安もいい。ただし各ビーチでは荷物の盗難などに注意。また、各ビーチでは海水浴場に指定されたエリアを確認しよう。太平洋岸と同様にリゾートエリアでも波が高く、遊泳に適していないビーチもある。

波が荒いので遊泳には注意

メキシコ湾岸の見どころベスト 3

1 エルタヒン遺跡 （→ P.318）

2 ベラクルスのアルマス広場での舞踊上演 （→ P.326）

3 ビジャエルモッサのラベンタ遺跡公園にある巨石人頭像 （→ P.333）

文化と歴史

オルメカ文化

湾岸周辺は古くから河川や湖沼が多く、緑と水が豊富な湿地だった。この熱帯密林地帯に、メキシコ文明の母体となったオルメカ族（ゴムの国の人の意）が足跡を残したのは、紀元前10世紀よりも前のことである。しかしオルメカ族自体、非常に謎に包まれた民族で、周辺の先住民との類似性が極めて少ない。彼らの残した巨石人頭像の風貌も、アフリカ系の黒人に少し似たものだ。

オルメカ文化は紀元前1200〜900年頃、サンロレンソを中心に始まり、その崩壊後の紀元前400年頃にはラベンタを中心に栄えていった。そのオルメカ文化の遺産は、ビジャエルモッサのラベンタ遺跡公園（→P.333）やハラパの人類学博物館（→P.330）で見ることができる。

オルメカの巨大人頭像が展示されたラベンタ遺跡公園

エルタヒン文化

オルメカのあとを受け、300〜1000年頃に栄えたのが古代ベラクルス文明だ。この時代の特徴はカカオ、綿、ゴムなどの交易を通じて、周辺のテオティワカン文明やマヤ文明とも深く関係をもったことで、お互いの遺跡に影響された痕跡を見ることができる。とりわけ、エルタヒンにはその時代を代表する見事な遺跡が残っている。

古代期後の文化

1000年前後には、各地で独自の文化が起こった。エルタヒン滅亡後そこに居を構え、センポアラにも古代都市を築いたトトナカ族。トゥスパンの北部で綿花栽培で栄えたワステコ族。そして中央高原で生まれた戦闘集団トルテカ族もこの時期に湾岸に流入し、ワステコ族、さらにはマヤ人にまで影響力を及ぼしていった。

そして、14世紀になるとアステカ帝国の力が強大になり、この湾岸地方のほとんどが支配下に入った。

植民地文化

1519年、エルナン・コルテス率いる征服軍がこの地にやってきて、メキシコの歴史は大きく変わっていく。征服者たちはセンポアラのトトナカ族など、アステカ人に反感をもつ部族の力も利用して、1523年までに湾岸地方の大部分を占領し、植民地化していった。コルテスが建てた最初の政庁は、ベラクルス郊外のラアンティグアに廃墟として今も残っている。

ベラクルス郊外のコルテスの家

年間気候とベストシーズン

全体に熱帯気候下にある。メキシコ湾岸の中心地であるベラクルスでは、年間をとおして平均気温が25℃以上。最も暑くなるのは8月で、1日の平均気温が27.7℃。逆に最も寒いのは1月で平均気温が21.5℃。雨季には降雨量も多く、7〜9月は300mmを超える。

ほかの観光地同様、メキシコの休暇期間にはホテルや交通機関をはじめすべてが混み合うので、混雑を避けたいならセマナサンタ（3〜4月）や夏休みの時期は避けたほうがいいだろう。

ベラクルスの年間気候表

月　　別	1月	2月	3月	4月	5月	6月	7月	8月	9月	10月	11月	12月	年間平均
最高気温	24.5	25.0	26.3	28.5	30.1	30.7	30.7	31.2	30.7	29.6	27.5	25.6	28.4℃
最低気温	18.4	18.9	20.6	23.0	24.6	24.8	23.9	24.2	23.9	23.0	19.9	19.4	22.0℃
平均気温	21.5	21.9	23.4	25.7	27.3	27.8	27.3	27.7	27.3	26.3	23.7	22.5	25.2℃
降 雨 量	30.4	15.2	5.1	17.8	38.1	299.7	307.3	332.7	353.1	157.5	53.3	22.9	136.1mm

World Heritage
世界遺産

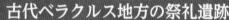

古代ベラクルス地方の祭礼遺跡

エルタヒン ◎ El Tajín

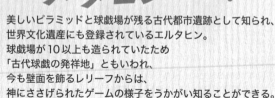

美しいピラミッドと球戯場が残る古代都市遺跡として知られ、
世界文化遺産にも登録されているエルタヒン。
球戯場が10以上も造られていたため
「古代球戯の発祥地」ともいわれ、
今も壁面を飾るレリーフからは、
神にささげられたゲームの様子をうかがい知ることができる。

伝統儀式ボラドーレスも遺跡ゲート
前で見学できる。1000年以上前
から雨乞いのために行われてきた

エルタヒンの歴史と文化

　"タヒン" とは、この地に住むトトナカ族の言語で、雷や稲妻を意味する（"エル" はスペイン語の定冠詞）。昔ここに12人の老人が住み、彼らが雨の神だったというトトナカ族の伝説に由来しているという。この地の雨季には、天が割れんばかりの稲妻が走り、地が裂けたような轟音が響き渡る。すると、いつもは甲高い声を響かせるパパン（この一帯に生息する野鳥）は巣に帰り、獲物を狙って目を光らせていたジャガーは身を潜める。まるでジャングルそのものが息を潜めて、天のご機嫌をうかがっているかのように神妙になる。ジャングルの中で生活を営んでいた先住民が、そんな雷を神のようにあがめ祀っていたとしても不思議はない

だろう。

　この一帯は、古くからベラクルス地方に強い影響力をもつ祭儀、宗儀の中心地として栄えていた。エルタヒンは、600〜700年に建設され、1200年頃に何らかの理由で滅びたと考えられている。しかし、誰によって造られたのか、またトトナカ族との関係などは、依然謎のまま。「エルタヒンを築いたのは、マヤ人と血縁関係があったワステコ族」との説が、近年は有力だ。1785年に、ジャングルを調査していたスペイン人エンジニアによって偶然発見され、数々のピラミッドや球戯場が復元されたものの、現在までに発掘されたのは全体の約10分の1ほどで、ジャングルの中にはまだまだ多くの建造物が隠されている。

南の球戯場 Juego de Pelota Sur

規模は大きくはないが、レリーフが両壁の6つのパネルに施されている有名な球戯場。球戯選手をはじめ雨の神、ワシ、カメ、コヨーテなどさまざまなモチーフが絵巻物のように彫られ、当時の様子を再現している。

北東のレリーフは、中央の選手をふたりで押さえナイフを胸に突き刺している「人身供犠の図」で、左側には黄泉の国を意味する骸骨（死神）が彫られている。また、北西のパネルには、試合前に選手同士が会話をする場面が彫られている。口元にある吹き出しは今の漫画と同じ。選手の右側にいるコヨーテは黄泉の国への案内役といわれている。

南の球戯場に残る「人身供犠の図」

中央広場の周辺に多くの遺構が残る

中央広場 Zona Central Ceremonial

この遺跡の中心部で、おもな宗教行事はこの広場で行われていた。周辺の建物は数字で番号がつけられて、建物5にはエルタヒンの主神である雨の神の石像が残っている。

壁龕のピラミッド
Pirámide de Nichos

壁龕（へきがん）のピラミッドは6〜7世紀頃の建造物。枯れた色合いの壁面は、創建時には赤と青色の漆喰で鮮やかに塗られていた。高さ約25m、6層の基壇上には、祭壇とされる建物が載り、各基壇には窓のような窪みが合計365、ちょうど1年の日数ぶん付いている。建物自体が宗教用のカレンダーとしての役割をもっていたのだ。そして、かつてこの壁龕には、それぞれ神像が置かれていたと推測されている。

東側の階段は、後年に付け足された装飾用のもの。5列の壁龕が小部屋のように付き、両脇には渦巻き状のモザイクが施されている。

6層の基壇が美しい姿で残る壁龕のピラミッド

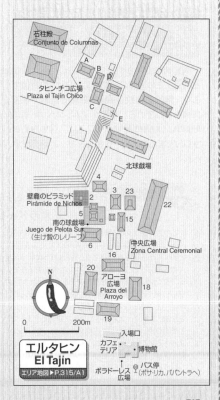

石柱殿
Conjunto de Columnas

A
B D

タヒン・チコ広場
Plaza el Tajín Chico
C

E

北球戯場

4

壁龕のピラミッド
Pirámide de Nichos
2
3 23
5
22
南の球戯場
Juego de Pelota Sur
（生け贄のレリーフ）
15
6
中央広場
Zona Central Ceremonial
16
20
アローヨ
広場
Plaza del
Arroyo
18

N
19

0   200m

入場口

カフェ・
テリア   博物館

エルタヒン
El Tajin
エリア地図▶P.315/A1
ポラドーレス
広場
バス停
（ポサ・リカ、パパントラヘ）

建物Aのマヤ・アーチは必見

石柱殿 Conjunto de Columnas

タヒン・チコ広場のさらに上部分には石柱殿がある。装飾用の階段をはじめ、円柱には翼のある踊り子、牛け贄の図、ワシの戦士、マヤ数字などのレリーフが残り、タヒン文化が文字をもっていたことを証明している。

アクセス パパントラのカテドラルから200mほど西にあるバス乗り場（**MAP** P.321）から、エルタヒン行きのバスで約30分、M$23。ポサ・リカ（→P.322）からは中心部にあるMonumento a la Madreか、2等バス

スターミナルから、エルタヒン行きバスで約30分、M$23。どちらの町からも市バスが15～20分ごとに運行している。

パパントラ間を運行する2等バス

歩き方 遺跡の見学時間は毎日9:00～17:00、入場料M$70（ビデオ持ち込みはM$45）。入場口前の広場には、みやげ物屋や露店とともに国旗掲揚のポールのようなものが立っている。これが、トトナカ族の伝統儀式ボラドーレスVoladoresの舞台。観光客向けのアトラクションだが、太鼓や笛で開演を告げる演奏が始まったら、こちらも見物してみよう。見学料として、チップ（M$10程度）を徴収される。

遺跡見学には最低1時間は必要。日差しが強い場合には水のボトルや帽子を準備したほうがいい。また、遺跡には表示や説明がほとんどないので、入場口で待機しているガイドに案内してもらうのもいい。1時間30分でM$200程度。ただし、ほとんどはスペイン語だ。入場口の建物には、荷物ロッカー（無料）、トイレ、レストランがある。博物館も併設され、発掘されたテラコッタや壁画の一部などが展示されている。

独特のデザインで飾られた建造物が残る

タヒン・チコ広場 Plaza el Tajín Chico

遺跡のなかでも特に年代が古いものに属する広場。この周辺の建物もエルタヒンの特徴である、階段状雷紋（渦巻き模様）と壁龕で華麗に装飾されている。建物はアルファベット順に呼ばれ、北側の建物A入口では、石を内側にずらして積んでいく、見事なマヤ・アーチが見られる。

COLUMNA

ボラドーレスの儀式

この地方最大のトトナカ族は、ボラドーレス（空飛ぶ人）の宗教行事で有名。高さ30m以上の支柱のてっぺんから綱を足に結わえ、逆さづりになった4人の人間が、クルクル回転しつつ地面まで下りてくる。古くから伝わる宗教行事であるため、かつては支柱の切り出しなどにも細かな決まりごとがあった。森の中で神木となるものを探し出すと、神酒プルケをささげて祈り、大地からの恵みに感謝したあとで、木を切り倒し支柱として広場に立てる。そして、パフォーマンスを始める前に、笛と太鼓で東西南北の風を呼び、鏡を反射させて神に開演を告げる。

ボラドーレスの本質は、演者が獲物を狙って舞い降りるワシのように、人間の心臓を求めて降臨する太陽神を象徴しているというもの。衣装もワシをモチーフに赤を基調にしており、とても艶やか。現在もこの祭祀はエルタヒン遺跡をはじめとして、

アクロバティックな祭祀だ

ベラクルス地方一帯で見ることができる。近年は観光客目当ての空中ショーといった趣で、神木の支柱も鉄筋に変わってしまってはいるが、古来の先住民文化に触れるいい機会となっている。

エルタヒン遺跡の観光起点となる情緒漂う町

パパントラ
Papantla

テジェス公園を中心とした落ちついた町並み

人　口	約15万人
高　度	198m
市外局番	784

イベント情報
●Corpus Christi
　5月最終の1週間と6月の最初の2日間。パレードやダンスなどのほか、期間中毎日2〜3回ボラドーレスのパフォーマンスが行われる。

**パパントラから各地への
1等バス**
●メキシコ・シティへ
　1日7本、5h、M$382
●ベラクルスへ
　1日9本、3.5h、M$318
●ハラパへ
　1日14本、4h、M$332
●ポサ・リカへ
　毎時1〜2本、0.5h、M$36

　メキシコ湾岸から30kmほど内陸にある、小高い山に囲まれた牧歌的な町。スペイン人が入植するまではトトナカ族が支配していた土地の一部で、現在でもトトナカ族独特の文化や習慣が色濃く見られる。町全体としては農業が中心で、かつてはバニラ栽培で有名だったが、現在では養鶏が盛んだ。

　町の中に特別な観光スポットはないが、こぢんまりとまとまった町並みには、中世の落ち着いた雰囲気が漂う。エルタヒン観光の拠点としても便利なロケーションだ。

アクセス

飛行機▶パパントラから約21km北西にあるポサ・リカ空港Poza Rica（PAZ）へ、アエロマル航空がメキシコ・シティから直行便を毎日1便運航（所要約1時間）。空港からパパントラへは、タクシーで直接行くか、タクシーでポサ・リカ市内に出てそこからバスで向かう方法もある。

バ ス▶メキシコ・シティやベラクルスから、ADO社のバスが1日7〜9本程度運行している。近郊の都市ポサ・リカとの連絡は密なので、各地からポサ・リカ経由で入るのもいい。

　1等バスターミナルはテジェス公園から約800m北にあり、中心部までは徒歩約15分（タクシー利用でM$20程度）。また2等バスターミナルはテジェス公園の約200m北にある。1等バスのパパントラ発着便は少ないので、予約を入れたほうが無難。

パパントラ
Papantla
エリア地図▶P.315/A1

はみだし パパントラはバニラの栽培が盛ん。町なかにある民芸品店にはバニラの葉を使った装飾品が売られている。ただしバニラの工芸品は壊れやすいので、持ち帰りの扱いには注意したい。

歩き方

テジェス公園周辺でも伝統衣装をまとった人々がパフォーマンスを披露している

町の中心部には、カテドラルと広場を囲むように、ホテル、レストラン、市場、銀行などが集まっている。このテジェス公園(ソカロ)一帯が町の見どころ。樹木がいっぱいに植えられ、一面にコンクリート製のベンチが据えつけられているテジェス公園Parque Tellezは南側にカテドラルが建ち、市民の憩いの場になっている。朝にはズラリと並んだ靴磨き屋台が忙しく、昼には風船やシャボン玉が緑の空間に彩りを添え、午後にはトウモロコシやかき氷を手に涼む市民でいっぱいになる。

市民のなかには、花の刺繍をあしらった白いワンピースを着た女性や、白いシャツとズボンに麦わら帽子を載せた男性の姿が目立つ。いずれもトトナカ族の伝統衣装で、広場の角にあるイダルゴ市場などへ行けば、旅行者でも伝統衣装を購入できる。またカテドラルの向かいにあるフアレス市場では生鮮食料品が山と積まれ、眺めているだけでも楽しい。

町全体の景色を眺めるには、白いカテドラルの背後にそびえる丘の頂上を目指すといい。カテドラルとフアレス市場の間の坂道を上がり、頂上で左にある急勾配の道を上ると、テジェス公園からも見える巨大なボラドーレス像が立っている。町を見渡しながら天に向かって笛を掲げる姿は、まるで陸の灯台のようだ。

丘の上に立つボラドーレス像

観光案内所 [MAP] P.321
市庁舎の建物内にあり、入口はエンリケス通りEnriquez側。ベラクルス州の観光パンフレットが入手できる。
TEL 842-3837
営業 月～金8:00～20:00

テオドロ・カノ美術館
Museo Teodoro Cano
[MAP] P.321
パパントラ生まれのメキシコを代表する画家テオドロ・カノの小さな美術館。館内にはテオドロが描いた大きな絵画や彫刻作品が展示されているほか、トトナカ地方の伝統衣装や貴重な出土品などを見ることもできる。
TEL 842-4751
入場 火～日10:00～19:00
料金 M$10

作品の迫力を間近に感じることができる

干したバニラを使った装飾品がパパントラの名産

エクスカーション

▶交通の便のいい石油産業都市 ★

ポサ・リカ
Poza Rica

パパントラの約20km北西に位置し、メキシコ・シティからエルタヒン遺跡やパパントラへ陸路で向かう場合のバスの乗り換え地にもなっている。石油産業が盛んで人口は17万人を超え、市場周辺はかなりの活気を呈している。

観光スポットは特にないので、あえてここを観光拠点にすることはないが、中央広場の一帯には経済的なホテルが密集し、市場周辺には低予算でも満足できる食堂が並ぶ。観光が盛んでないぶん、概して物価が安く、メキシコ・シティとのバスの連絡もパパントラより便利。

ポサ・リカ中心部の市場

ポサ・リカ [MAP] P.315/A1

ポサ・リカへの行き方
飛行機：ポサ・リカ空港Poza Rica (PAZ)へアエロマル航空などがメキシコ・シティから1日1便。ほかの都市からはメキシコ・シティで接続便。
バス：メキシコ・シティやベラクルスなどから、ADOなどのバスが毎時3～4本以上運行している。ADO社の1等バスターミナルは、中心部から市バスで10分ほど北。

はみだし [H]プリードPulido ([MAP] P.321 住所 Enríquez No.205 TEL 842-0036)は、全23室の設備の整ったホテル。ⓈⒹM$220～。公共エリアでのWi-Fi無料利用もOK。

Comida レストラン

多くのレストランがテジェス公園(ソカロ)一帯に集まっている。いずれも地元の人たちも利用するカジュアルな雰囲気の店ばかりで、料金も手頃。市場内の食堂も格安だ。

▶ソカロを眺めながら食事を楽しめる

🍴プラサ・パルド
Plaza Pardo

テラスからテジェス公園を見下ろすことができて気持ちがいい。肉や魚料理(M$93～151)は種類が多く、朝食セット(M$66～102)やサンドイッチ(M$38～50)などもある。

メインが選べる朝食セット

[MAP] P.321
住所 Enriquez No.105　TEL 842-0059
営業 毎日7:30～23:30　カード [M][V]　[Wi-Fi] 無料

▶便利な大衆食堂

🍴ソレント
Sorrento

テジェス公園北側にあるローカルな雰囲気のレストラン。肉や魚の一品料理(M$90～152)のほか、朝食セット(M$50～72)、日替わり定食(M$70)などが揃う。肉類からエビやイモ料理などメニュー豊富で、ボリュームもたっぷりなのがうれしい。

[MAP] P.321
住所 Enriquez No.105　TEL 842-0067
営業 毎日7:00～24:00　カード 不可　[Wi-Fi] なし

▶市庁舎の並びにある人気店

🍴アルソン・デル・チャパラ
Al Son del Chapala

テジェス公園を望むメキシコ料理店。おすすめはシーフード(M$60～)、ステーキ(M$90～)、朝食セット(M$70～)など。店内の雰囲気がよく、スタッフの対応もしっかりしている。

[MAP] P.321
住所 Reforma No.100　TEL 842-2267
営業 毎日8:00～23:00　カード [M][V]　[Wi-Fi] なし

Estancia ホテル

パパントラには経済的な宿泊施設が10軒以上ある。レストランが集まるテジェス公園近くがおすすめ。また、20kmほど北西のポサ・リカに宿泊すると、メキシコ・シティへの移動にも便利。

▶歴史ある建築で落ち着いて滞在できる

🛏タヒン
Tajín

カテドラルの隣にある、全72室を有するパパントラ最大規模のホテル。歴史を感じさせる建物は、家具や装飾にさりげない味わいを醸し出している。[Wi-Fi] 客室OK・無料

中心部の便利な立地にある

[MAP] P.321　🍴○ 🏊○ 🔒○ ☕有料
住所 José de J. Nuñez y Dominguez No.104
TEL 842-0121
税金 込み　カード [M][V]
料金 ⓈⒹM$498～　[AC]○ [TV]○ [TUB]×

▶ソカロに面して建つ快適なホテル

🛏プロビンシア・エクスプレス
Provincia Express

パパントラ中心部にある全20室のホテルで、内部はコンパクトにまとまっている。ソカロに面する部屋からの眺めはいいが、安眠には奥の部屋のほうがおすすめ。スタッフの対応もフレンドリーだ。[Wi-Fi] 客室OK・無料

[MAP] P.321　🍴× 🏊× 🔒× ☕×
住所 Enriquez No.103　TEL&FAX 842-1645
税金 込み　カード [M][V]
料金 ⓈⒹM$540～　[AC]○ [TV]○ [TUB]×

▶食堂もある家族経営の宿

🛏カサ・ブランチ
Casa Blanch

1等バスターミナルから中心部のテジェス公園に向かう道沿いにある全19室のホテル。手頃な料金ながら部屋は広くて清潔だ。
[Wi-Fi] 客室OK・無料

[MAP] P.321　🍴× 🏊× 🔒× ☕△
住所 Benito Juárez No.305　TEL 842-4020
URL hotelblanch.com.mx　税金 込み　カード 不可
料金 ⓈM$300～、ⒹM$350～　[AC]△ [TV]○ [TUB]×

🍴レストラン　🏊プール　🔒金庫　☕朝食　[AC] エアコン　[TV] テレビ　[TUB] バスタブ

陽気な音楽&舞踊を満喫して海の幸に舌鼓

ベラクルス
Veracruz

人　　口	約55万人
高　　度	10m
市外局番	229

必須ポイント！
★アルマス広場での音楽や舞踊上演
★サンフアン・デ・ウルア要塞
★センポアラ遺跡

イベント情報
●2～3月
セマナサンタの40日前に当たる日に、メキシコ最大級のカーニバルが催される。約10日間にわたって市内でパレードや音楽舞踊の上演など、各種イベントが行われる。
●7～8月の5日間
夏季にはアフロカリベーニョAfrocaribeñoという、カリブ海諸国の音楽やダンスなどが観られる国際的なイベントが開催。

ベラクルス州政府観光局
URL www.veracruz.gob.mx /turismo

カーニバル時期の天候
12～3月はノルテNorteと呼ばれる暴風の北風が吹き、天候が乱れることがよくある。カーニバルの時期も天候が乱れることが多いので、日程は余裕をもって組もう。

アエロメヒコ航空
住所 Blvd. Adolfo Ruíz Cortines Lote 6
TEL 925-2254

ユナイテッド航空
住所 Blvd. Adolfo Ruíz Cortines No.1600
TEL 922-5801

週末は行楽客でにぎわうビーチエリア

ベラクルスはメキシコ最古の植民都市。音楽や踊りもとても盛んで、ヒット曲『ラ・バンバ』の原曲はこの地方のソン・ハローチョという伝統音楽で、この音楽に合わせて小刻みなステップの舞踊が上演される。キューバから伝わったダンソンという踊りも人気が高く、年配の人々に広く親しまれている。また毎年2～3月に開催されるカーニバルはメキシコ最大級の祭りで、市内各地でパレードが開催されて大勢の観光客が押し寄せる。行楽地だけあって人々はとても陽気で、普段でも市街やビーチでは絶えず音楽や踊りがあふれている。メキシコ・シティから車で4～5時間で来られる都市なので、特に週末はビーチリゾートや音楽、魚介類の料理を楽しむ人々で大にぎわいとなる。

アルマス広場で食事と音楽を楽しみたい

アクセス

飛行機▶メキシコ・シティ、モンテレイ、カンクンからはアエロメヒコ航空（AM）、アエロマル（VW）、インテルジェット航空（4O）が、ビジャエルモッサからはマヤ航空（7M）が運航。国際線はヒューストンからユナイテッド航空が毎日1便運航。

ベラクルスのバハダス国際空港Bajadas（VER）は、中心部から約15km南西にある。バスはなく、市内へはタクシー（M$170）を利用する。

ベラクルスから各地への飛行機
目　的　地	1日の便数	所要時間	料　金
メキシコ・シティ	AM、4O、VW 計9～11便	1h	M$1323～3144
ビジャエルモッサ	7M 1便	1h	M$3292～4124

安全情報 セントロの繁華街やビーチエリアなどの観光地は警備がしっかりしている。麻薬抗争の影響で治安が悪化している地区があるので、観光地以外には行かないようにしよう。

ベラクルスの市内観光バス

バス▶交通の要衝なので各地からのバス路線が充実している。1等バスターミナルにADOやADO GLなどが、2等バスターミナルにAUやTRVのバスが発着。1等と2等のバスターミナルは同じ敷地内にあるが、乗り場は分かれている。バスターミナルは町の中心部から約2km南。中心部までは"Centro"と表示された市バス（M$9）で15分ほど。タクシーを利用してM$30程度。

人々でにぎわうアルマス広場

両替事情
アルマス広場の北側に両替所が集まっている。手数料はそれぞれ異なる。

ベラクルスの歴史
スペイン人征服者のエルナン・コルテスがキューバからメキシコへ渡ってきたのは1519年のこと。第一歩となったのが、ベラクルス市街からも見える沖合のサクリフィシオス島だ。その後、コルテス率いるスペイン人入植者はトトナカ族の土地だったこの一帯を開拓し、アメリカ大陸初のヨーロッパ人による植民都市が建設された。以来約150年にわたって、1760年までスペインとの貿易を許可されたメキシコ植民政府唯一の港として繁栄した。この間、労働力を補うために少数ながらアフリカ人奴隷が連れて来られ、キューバやコロンビアなどカリブ海沿岸の町からも移住者がやってきた。現在でもメキシコの重要な港湾都市として役割を果たしている。

ベラクルスから各地へのバス

目的地	1日の本数	所要時間	料金
メキシコ・シティ	ADO、AUなど毎時5〜6本	5〜7h	M$585〜850
プエブラ	ADO、AUなど毎時1〜3本	3.5〜4h	M$396〜510
パパントラ	ADO 9本	3.5h	M$318
ハラパ	ADO、AU、TRVなど毎時約10本	2〜3h	M$144〜168
ビジャエルモッサ	ADO、ADO GLなど毎時1〜2本	7〜8h	M$642〜732
メリダ	ADO、ADO GLなど計5本	14〜16h	M$1326〜1586
オアハカ	ADOなど計6本	6〜8h	M$544〜834

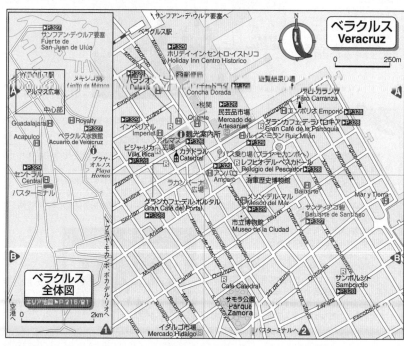

ベラクルス
Veracruz

 はみだし ベラクルスでは2〜3月に、メキシコ最大級のカーニバルが行われる。パレードは海岸沿いのマレコン通りであり、山車が出て音楽演奏や舞踊が上演される。URL carnavaldeveracruz.com.mx

325

遊覧船での観光も楽しめる

この町での第一歩は、**アルマス広場**Plaza de Armasから始めたい。観光案内所やホテル、数々のカフェテリアに囲まれた広場には、1日中音楽があふれて陽気な雰囲気。日中からいくつもの楽団が繰り出し、夜にはハローチョの踊りが上演され、広場もダンソンを踊る人たちで埋め尽くされる。ベラクルスらしさを実感できる絶好の場所だ。

昼に夜に音楽演奏とダンスが繰り広げられるアルマス広場

アルマス広場の2ブロック北東には民芸品市場が広がり、その先の港周辺は夕方の散歩コース。ひときわ目を引く白い灯台**ファロ・カランサ**Faro Carranzaは、古い歴史をもつ港の面影を今もとどめている。かき氷屋台やみやげ物の露店が並ぶなか、日焼けした水夫が行き交い、港町ベラクルスの風情を満喫できるスポットだ。

中心部の南東には**プラヤ・オルノス**Playa Hornosという浜辺があり、岬の先端にはベラクルス水族館もオープンしている。このあたりから**ボカ・デル・リオ**Boca del Ríoまで約10kmにわたって、海水浴向きのビーチが続いている。海岸沿いにはレストランが建ち並んでいるので、海を眺めながらシーフードを楽しむのもいい。

中心街近くの港にある白い灯台ファロ・カランサ

ベラクルスで音楽&舞踊を楽しもう！

港町ベラクルスは音楽や踊りに満ちあふれており、アルマス広場などで楽しむことができる。ソン・ハローチョはベラクルスで生まれた音楽で、ギターやアルパ（ハープのような弦楽器）などで演奏され、比較的テンポが速い。この音楽に合わせて、小刻みなステップでハローチョの踊りが上演される。上下白の衣装を着た踊り子たちが、陽気にそして華麗に踊る姿はベラクルスの風物詩でもある。

ダンソンという踊りも盛んだ。キューバから伝わったこの踊りはテンポがゆったりとしており、年配の人たちに広く好まれている。公園や広場に管弦楽団が出演し、その演奏に合わせて一般の人々が踊るもので、観光客でも自由に参加して楽しむことができる。

ハローチョの踊りはアルマス広場や民芸品市場前などで、合わせて週3回ほど上演されている。またダンソンの催しはサモラ公園、アルマス広場、ラカンパーナ広場などで、合わせて週5回ほど開かれ、いずれも19〜20時頃から始まる。毎月予定が組まれているので、詳しい日時や場所は観光案内所で確認を。

楽団の音楽に合わせてダンソンの楽しさを体験してみたい

おもな見どころ

▶メキシコ植民地の歴史を肌で感じる　★★

サンフアン・デ・ウルア要塞
Fuerte de San Juan de Ulúa

　1582年に島の上に築かれた要塞。当初はサンゴや砂などで固めた四角形の壁のみだったが、後に城が築かれ、現在も見られる原型は18世紀頃にできあがった。要塞は歴史を区切る場所でもある。この港にキューバからのスペイン船が寄港した1518年、メキシコの植民地時代が始まり、独立戦争終結後の1825年に、この要塞に立てこもっていたスペインの守備隊が降伏して長い支配が終わった。

敷地内には博物館もある

サンフアン・デ・ウルア要塞
MAP P.325/A1
アルマス広場からタクシーを利用するとM$60程度。
TEL 938-5151
入場 火〜日9:00〜16:30
料金 M$58

▶大航海時代の雰囲気を味わえる史跡　★

サンティアゴ砦
Baluarte de Santiago

　16世紀から海賊の攻撃にさらされていたこの町には、9つの砦と要塞が建造された。現在、そのほとんどは姿を消したが、1635年に建造されたサンティアゴ砦は当時の面影を残している。

内部には金製品や鉄カブトの展示室もある

サンティアゴ砦
MAP P.325/B2
アルマス広場からZaragoza通りを南東へ5ブロック、港の方向へ2ブロックの場所にある。徒歩10分。
TEL 931-1059
入場 火〜日10:00〜17:00
料金 M$50

色鮮やかな魚にも出合える

▶ビーチエリアにあるアクアリウム　★

ベラクルス水族館
Acuario de Veracruz

　バラクーダやウミガメなど、メキシコ湾に生息する約3000種もの生物が見られる大水族館。映像室やクジラの骨格展示もある。ショップやレストランが入った建物内にあり、アルマス広場から2kmほど南東。この水族館の周辺には、プラヤ・オルノスPlaya Hornosや、プラヤ・ビジャ・デル・マルPlaya Villa del Marがあり、レストランが並ぶ遊歩道は陽気で楽しい雰囲気。

ベラクルス水族館
MAP P.325/A1
アルマス広場から南東へ延びるZaragoza通りから、"Playa Villa del Mar"、"Boca del Río" 行きなどのバスで約10分（M$9）。タクシー利用でM$30程度。
TEL 931-1020
URL www.acuariodeveracruz.com
入場 毎日10:00〜19:00（金〜日〜19:30）
料金 M$135

▶南国の雰囲気を楽しみたい　★

ボカ・デル・リオ
Boca del Río

　ボカ・デル・リオはベラクルス中心部から12kmほど南東にあるビーチエリア。ハンバ川Río Jambaの河口にあり、ボートでの遊覧や海水浴が楽しめる。魚介料理が安く食べられる地域としても有名で、レストランが軒を連ねている。近年は治安が悪化しているので注意。

ボカ・デル・リオ
MAP P.315/B1
アルマス広場から南東へ延びるZaragoza通りから、"Boca del Río"行きのバスで約30分（M$9）。タクシー利用でM$100程度。

 はみだし　プラヤ・オルノスなど市街に近いビーチは、週末はいつも地元客で混雑している。平日は比較的すいているので、ゆっくりビーチで過ごしたいなら平日に行くほうがいいだろう。

Comida レストラン

アルマス広場をたくさんのカフェやレストランが取り囲んでおり、深夜まで音楽を聴きながら陽気に盛り上がれる。郊外ビーチエリアのボカ・デル・リオやプラヤ・モカンボまで足を延ばせば、浜辺の雰囲気を楽しみながら、新鮮なシーフードを堪能できる。

▶多彩な魚料理が楽しめる

🍴ビジャ・リカ

Villa Rica

アルマス広場に面したシーフードレストラン。エビ、タコ、カニのほか、季節ごとの旬な魚料理が味わえる。シェフのおすすめは新鮮なシーフードを使ったサルピコン・デ・マスコスやセビーチェ・ニッケイなど。魚介のタコスやトスターダスもおすすめ。ディナーでの予算はひとりM$200程度。

週末の夜は混み合うので注意

[MAP] P.325/A1
住所 Independencia No.1115　TEL 923-0280
URL www.villa-rica.com　営業 毎日7:00〜24:00(日・月〜23:00)　税金 込み　カード [M][V]　[Wi-Fi] 無料

▶朝食に食べたい人気のスナック

🍴サンボルシト

Samborcito

地元の人たちに人気のカジュアルなレストラン。名物は揚げパンGorda (M$20〜41)と手のひらサイズのピザPicada (M$20〜52)。甘いものから総菜系まで種類豊富で小腹がすいたときにぴったりだ。

Gorda(右)とPicada(左)がおすすめ

[MAP] P.325/B2
住所 16 de Septiembre No.727　TEL 931-4939
営業 毎日7:00〜19:00　税金 込み
カード 不可　[Wi-Fi] 無料

▶カテドラル前にある老舗カフェ

🍴グランカフェ・デル・ポルタル

Gran Café del Portal

アルマス広場の1ブロック南、カテドラルの向かいにあるカフェ。魚料理はM$200前後、朝食セットはM$105〜130、コーヒー M$33〜。マリンバやハローチョを演奏するミュージシャンもいる。

[MAP] P.325/A1
住所 Independencia No.1187　TEL 931-2759
営業 毎日7:00〜24:00　カード [M][V]　[Wi-Fi] 無料

▶観光スポット的なベラクルスの有名店

🍴グランカフェ・デ・ラパロキア

Gran Café de la Parroquia

民芸品市場の東端に面したベラクルスの名物カフェ。同じブロックに兄弟でそれぞれ経営する2店舗がある。コーヒーの味が評判で、1日中にぎわっている。人気のメニューはカプチーノ(M$46)、スープ(M$41〜)、肉魚料理(M$200〜)など。

のんびりコーヒータイムを楽しみたい

[MAP] P.325/A2
住所 Gómez Farías No.34　TEL 932-2584
URL www.laparroquia.com
営業 毎日6:00〜24:00　カード [A][M][V]　[Wi-Fi] 無料

▶中心部の人気レストラン

🍴パラシオ

Palacio

アルマス広場の北側に面し、このエリアでは最も人気がある店のひとつ。店内ではマリンバなどのバンド演奏をいつでも楽しめる。フィレテ・デ・ペスカド(M$142)などシーフード料理がおいしい。

オープンカフェでシーフードを満喫したい

[MAP] P.325/A1
住所 Miguel Lerdo No.127　TEL 931-0720
営業 毎日9:00〜24:00　カード [M][V]　[Wi-Fi] 無料

▶いろいろな店が入っている

🍴レフヒオ・デル・ペスカドール

Refugio del Pescador

旧魚市場で営業している簡易食堂街。約30の魚介料理店がしのぎを削っていて、値段も経済的に済ませられる。昼の定食はM$50程度、魚介類を使ったカクテルはM$40程度。定食が売り切れると閉めてしまう店が多いので、夕食よりもランチにおすすめ。

魚介のカクテルは人気が高い

[MAP] P.325/A2
住所 Francisco Landero y Coss　TEL なし
営業 毎日7:00〜20:00　カード 不可　[Wi-Fi] なし

はみだし [H]エンポリオEmporio ([MAP] P.325/A2)は海を一望できる人気ホテル。朝夕にベラクルスならではの景観が楽しめる。料金はⓈⒹM$1270〜。

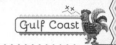

Estancia ホテル

中心部一帯に格安～中級のホテルが集まり、南の海岸沿いに高級リゾートが点在する。アルマス広場に面するホテルにはバルコニー付きの部屋があり、音楽演奏を上から眺められるが、料金設定も高め。また中心部のホテルは、週末だと昼頃までに満室になってしまうことが多いので注意。

▶歴史的建築がすばらしい

ホリデイ・イン・セントロ・イストリコ
Holiday Inn Centro Historico

アルマス広場から2ブロック北西にある、サンフランシスコ修道院を改修した全41室のコロニアルホテル。18世紀の建造物は情緒に満ち、中庭はリゾート感があふれている。

[Wi-Fi] 客室OK・無料

コロニアルの情緒をたっぷり味わえるおすすめホテル

[MAP] P.325/A1　🍴○ 🏊○ 🔒○ ☕△
住所 Av. Morelos No.225
TEL 932-4052　URL www.ihg.com
日本予約　インターコンチネンタル FD 0120-677-651
税金 +18%　カード [A][D][J][M][V]
料金 ⓈⒹM$900～ [AC]○ [TV]○ [TUB]×

▶ベラクルス港を望む

ルイス・ミラン
Ruiz Milán

ベラクルス湾にほど近い全98室の4つ星ホテル。アルマス広場も徒歩圏内で観光に便利なロケーション。施設はやや古びているが、スタッフの対応はフレンドリーでリピーターも多い。

[Wi-Fi] 客室OK・無料

[MAP] P.325/A2　🍴○ 🏊○ 🔒○ ☕有料
住所 Paseo del Malecón, esq. Gómez Farías
TEL 932-6707　URL www.ruizmilan.com.mx
税金 込み　カード [A][D][J][M][V]
料金 ⓈⒹM$730～ [AC]○ [TV]○ [TUB]×

▶コロニアルな建物をセンスよく改装

メソン・デル・マル
Mesón del Mar

明るい雰囲気の全24室のホテル。部屋タイプがいろいろあり、らせん階段でロフトに上がるスイートコロンが人気。

[Wi-Fi] 客室OK・無料

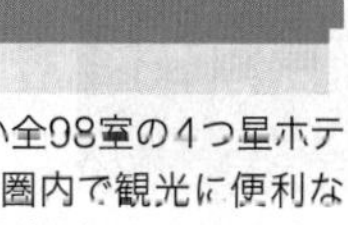

天井が高くて気持ちいい

[MAP] P.325/B2　🍴× 🏊× 🔒× ☕×
住所 Estoban Morales No.543, esq. Zaragoza
TEL 932-5043　URL www.mesondelmar.com.mx
税金 +18%　カード [M][V]
料金 ⓈⒹM$560～ [AC]○ [TV]○ [TUB]×

▶1794年創業の老舗ホテル

インペリアル
Imperial

アルマス広場の北側に面して建ち、貴重な歴史的建造物にも指定されている全55室の中級ホテル。室内は昔ながらの風情が漂っている。

[Wi-Fi] 客室OK・無料

[MAP] P.325/A1　🍴○ 🏊× 🔒× ☕△
住所 Miguel Lerdo No.153
TEL 931-3470
税金 込み　カード [A][M][V]
料金 ⓈM$720～、ⒹM$840～ [AC]△ [TV]○ [TUB]×

▶シンプルだが経済的なホテル

コンチャ・ドラダ
Concha Dorada

アルマス広場の北側に面した、全48室のエコノミーホテル。部屋のスペースが狭いが、清掃は行き届いている。[Wi-Fi] 客室OK・無料

[MAP] P.325/A1　🍴× 🏊× 🔒× ☕×
住所 Miguel Lerdo No.77
TEL 931-1756　税金 込み　カード 不可
料金 ⓈⒹM$380～ [AC]△ [TV]○ [TUB]×

▶バスターミナル脇にありトランジット向き

セントラル
Central

バスターミナルの北隣にある全126室のホテル。近くには大衆食堂や売店も多く、短期滞在に便利な立地。[Wi-Fi] 客室OK・無料

[MAP] P.325/B1　🍴× 🏊× 🔒× ☕×
住所 Av. Diaz Mirón No.1612
TEL 937-2222
税金 込み　カード [M][V]
料金 ⓈⒹM$520～ [AC]○ [TV]○ [TUB]×

▶便利な立地にある安宿

アンパロ
Amparo

プラヤ・モカンボ行きバス乗り場の通りを隔てて南側。アルマス広場や港へも歩いて行ける。全63室。[Wi-Fi] 客室OK・無料

[MAP] P.325/A2　🍴× 🏊× 🔒× ☕有料
住所 Serdan No.482　TEL 932-2738
税金 込み　カード [M][V]
料金 ⓈM$250～、ⒹM$350～ [AC]△ [TV]△ [TUB]×

🍴 レストラン　🏊 プール　🔒 金庫　☕ 朝食　[AC] エアコン　[TV] テレビ　[TUB] バスタブ

朽ち果てるままに残されたコルテ
スの家

ラアンティグア

MAP P.315/B1
　ベラクルスから約20km北
西。ベラクルスからAU社などの
2等バスで所要約40分、料金
M$31。高速道の料金所で降り
て、ラアンティグアの村まで
徒歩15分ほど（乗合タクシーは
M$7）。コルテスの家は外から
見学できる。

センポアラ遺跡

MAP P.315/B1
　ベラクルスから約40km北西。
ベラクルスからAU社などの2等
バスでカルデルCardelまで所要
1時間ほど、M$64。そこからセ
ンポアラ行きのバスに乗り換えて
所要約20分、M$12。
　またベラクルスからの街道沿
いで、センポアラ村に入る分岐
点でバスを降りて徒歩15分程度
（乗合タクシーでM$8）。遺跡
はセンポアラの村と隣接してい
る。
TEL (229)934-4208
入場 毎日 9:00～18:00
料金 M$55

ハラパ人類学博物館

MAP P.315/B1
　ベラクルスからハラパまで各社
バスが毎時約10本運行（所要2
～3時間、M$144～168）。メ
キシコ・シティやポサ・リカから
も頻繁に運行。
　ハラパのバスターミナルから
人類学博物館へは、市バスで約
20分（M$8)、タクシーで約15分
（M$35程度)。
TEL (228)815-0920
入場 火～日9:00～17:00
料金 M$55

▶コルテスがメキシコで最初に築いた居住区　★

ラアンティグア
La Antigua

　スペイン人征服者エルナン・コルテスが植民都市の第一歩を築
いたことで知られる村。のどかな中心部には**コルテスの家**Casa
de Cortésが廃墟となって残っている。1525年に建てられた建物
跡の柱に、樹木が絡みついて
歴史の経過を感じさせる。ま
た中心部から歩いて3分ほどの
所には、メキシコ最古のカトリッ
ク教会であるロサリオ教会La
Ermita del Rosarioもある。

ロサリオ教会など歴史的な
建物が残るラアンティグア

▶丸石で組まれたユニークな遺跡　★★

センポアラ遺跡
Zempoala

　13世紀頃に築かれたトト
ナカ族の古代都市で、神
殿跡や建物の基壇部分が
残っている。ベラクルスか
らエルタヒン遺跡方面に向
かう街道近くの村にあるの
で、立ち寄ってみよう。

丸みのある石で築かれているのが特徴

▶湾岸エリアの文化遺産の宝庫　★★

ハラパ人類学博物館
Museo de Antropología de Xalapa

　ベラクルスの北西約90kmにある州都ハラパ（Jalapaとも表記さ
れる）。この町には、メキシコ・シティの国立人類博物館に次ぐ
規模の博物館があり、オルメカ文化の巨石人頭像をはじめ、アス
テカ文化やトトナカ文化の石像など出土品が展示されている。
　最大の見ものは、メキシコ最古の文化オルメカが残した「巨石
人頭像」。Cabezón（頭でっかち）の名で知られるこの像は、高さ
約3m、幅2mほどの巨岩で作られている。オルメカは紀元前10世
紀頃に、突如メキシコ湾岸に出現した謎の文化。この巨岩の顔も
黒人のようで、この地方の先住民とはまるで異質のものだ。また、
エルタヒン遺跡で発掘されたトトナカ
の土偶も、ほとんどこの博物館に
展示されている。有名な「笑う顔」
（Caritas Sonrientes）のほか、「死
神」（Señor de los Muertos）など
モチーフも多彩だ。

巨大な岩で作られた
巨石人頭像も展示さ
れている

 はみだし センポアラ遺跡でも、ボラドーレスの儀式（→P.320）が見学できる。週末や休暇中などの観光客が
多い時期に、エルタヒン遺跡と同様に見物人が集まるのを待って行われる。

古きよき時代の香りが残るコロニアルの町並み

トラコタルパン
Tlacotalpan

人口	約7600人
高度	10m
市外局番	288

ベラクルスから約90km南東に位置する、パパロアパン川の中州にある古い町。船による交易が栄えていた19世紀頃は重要な港として知られ、メキシコを代表する大作曲家アグスティン・ララの出身地としても有名だ。古くからある公園や建物が美しく保存され、1998年に世界文化遺産に登録されている。

アクセス

バス▶ベラクルスからの直行はないので、アルバラードAlvaradoで乗り継ぐ。ベラクルスから毎時8～10本運行しているTRV社などの2等バスでアルバラード（所要約1時間30分、M$58）へ行き、トラコタルパン行き2等バス（毎時3～4本運行、所要約30分、M$39）に乗り換える。トラコタルパンのバス停留所から中心部までは徒歩5分ほど。

歩き方

トラコタルパンでは教会が建つ**サラゴサ広場**Plaza Zaragozaを起点に歩いて、世界文化遺産に登録された町並みを観賞してみたい。通りは車の通行もほとんどなく、沿道にはカラフルでデザインもさまざまな家が並ぶ。サラゴサ広場の東には、アグスティン・ララ博物館やサルバドール・フェランド博物館などの見どころがある。また、パパロアパン川沿いには、魚料理がおいしいレストランが建ち並び、岸辺にはボートと船頭が待機していて、川巡りや近隣の島へと運んでくれる。年間をとおして蚊が多いので、虫よけスプレーは持参したほうがいい。

おもな見どころ

▶町の歴史がわかる私設博物館 ★

サルバドール・フェランド博物館
Museo Salvador Ferrando

トラコタルパン出身の著名な画家アルベルト・フステルAlbert Fusterの『結婚式の衣装を着た私の祖母』をはじめとする数々の絵画や、中世トラコタルパンの遺物や歴史的写真などが展示されている。

▶メキシコを代表する作曲家の家 ★

アグスティン・ララ博物館
Museo Agustín Lara

音楽家アグスティン・ララが一時期住んでいた家を博物館として公開している。内部にはララが愛用していた家具や、往年の写真などが展示されている。この博物館から、西に徒歩5分ほど行くと、アグスティン・ララの生家（内部は非公開）もある。

世界遺産 World Heritage

トラコタルパン
[MAP] P.315/B2

イベント情報
●2月2日
聖燭節Día de Candelariaはトラコタルパンの守護聖人の日。聖体行列、牛追いや舞踊上演、パレードなどが行われる。

観光案内所
町の中心にあるサラゴサ公園に面して建つ市庁舎の入口脇。
TEL 884-2050
営業 月～土 9:00～15:00、16:00～19:00

中心部には昔ながらののどかな情緒が漂う

サルバドール・フェランド博物館
TEL 884-2495
入場 火～日10:00～19:00
料金 M$10

アグスティン・ララ博物館
サラゴサ広場から徒歩1分ほど。
TEL 937-0209
入場 火～日8:00～14:00、16:00～19:00
料金 M$15

トラコタルパンのホテル
サラゴサ広場の南にある[H] Reforma（TEL 884-2022）は21室のホテル。[S]M$550～、[D]M$700～。
また、パパロアパン川の近くにある[H] Posada Doña Lala（TEL 884-2580）は落ち着いた全34室のホテル。[S][D]M$650～。

はみだし アグスティン・ララは1897年にこの町で生まれた。作曲家として数々の楽曲を発表する一方で、ラジオ番組の司会者としても知られ、1970年に亡くなるまで多方面で活躍した。

ビジャエルモッサ
Villahermosa

人　口	約80万人
高　度	10m
市外局番	993

イベント情報
●4月下旬〜5月中旬
　近郊の特設会場で開催されるタバスコ州最大の祭典Expo Tabascoでは、音楽や踊りの上演が行われる。

観光案内所
　1等バスターミナルやラベンタ遺跡公園入口などに観光案内所のブースがある。地図やパンフレットを入手できる。

アエロメヒコ航空
MAP P.333/A1
住　所 Av. Ruiz Cortines esg. Sagitario No.102-B
TEL 315-0844
営業 月〜土9:00〜18:30

パレンケ遺跡へのツアー
　市内の旅行会社から1日ツアー（0:00→17:00）が出ている。食事付き、ミソル・ハ、アグア・アスルの観光付きでM$1250〜1520。
　市内の主要旅行会社はTropitur（**MAP** P.333/A1　住所 Carranza No.117 Local 6　TEL 131-2123）や、Creatur Transportadora（**MAP** P.333/A1　住 所 Paseo Tabasco No.715　TEL 310-9900　URL creaturviajes.com）など。

文化センター
Centro Cultural
MAP P.333/B1
　1階にはギャラリー（無料）、上階にはホールがあり、コンサートや映画上映が行われる。
住所 Madero S/N
TEL 312-6136
営業 火〜日10:00〜20:00

州庁舎前のアルマス広場に噴水が上がってにぎやか

　タバスコ州の州都ビジャエルモッサ（美しい町の意）は古くからグリハルバ川沿いに栄え、近年は石油産業によって発展を遂げた都市。ラベンタ遺跡公園などオルメカ文化の貴重な遺産に触れられる観光スポットもある。また、ベラクルス〜メリダ間にあり、パレンケ遺跡へのアクセスポイントともなっている。

アクセス

飛行機 ▶アエロメヒコ航空（AM）などの航空会社がメキシコ・シティ、メリダ、ベラクルスなどから毎日運航している。ビジャエルモッサのカルロス・ペレス空港Carlos Pérez（VSA）は中心街から13kmほど東にあり、チケット制のタクシーで約20分、M$200。

ビジャエルモッサから各地への飛行機

目 的 地	1日の便数	所要時間	料金
メキシコ・シティ	AM、4O、VB 計10便	1.5h	M$1160〜3197
ベラクルス	7M 1便	1h	M$3292〜4124
メリダ	7M 1便	1h	M$3344〜4177

バス ▶ADOなどのバスがメキシコ各地から運行。1等バスターミナルは中心部から1kmほど北にあり、タクシーでM$25程度。2等バスターミナルは1等バスターミナルの1〜3ブロック北東にある。

ビジャエルモッサから各地へのバス

目 的 地	1日の本数	所要時間	料金
メキシコ・シティ	ADO、AUなど毎時数本	11〜13h	M$740〜1518
オアハカ	ADO3本（18:00、19:35、21:25）	12〜13h	M$846
サンクリストバル・デ・ラスカサス	OCC5本（8:30〜23:40）	8h	M$492
テノシケ	ADO12本	3.5h	M$236
パレンケ	ADO、Cardesaなどほぼ毎時1〜2本	2〜2.5h	M$204〜220
ベラクルス	ADO、ADO GLなど毎時数本	7〜8h	M$642〜736
カンペチェ	ADO、ATSなど毎時数本	5.5〜7h	M$434〜696
チェトゥマル	ADO計5本	8〜8.5h	M$698
メリダ	ADO、SURなど毎時数本	8〜9h	M$620〜1280
カンクン	ADO、SURなど毎時数本	12〜15h	M$656〜1350

はみだし パセオ・タバスコ通りをまたぐ美術館MUSEVI（**MAP** P.333/A1　入場 毎日7:00〜23:30　料金 無料）では彫刻や絵画の展示あり。美術館北側の池では、水〜日20:00〜20:50に音と光の噴水ショーもある。

歩き方

　ソナ・ルスZona Luzと呼ばれる地域が繁華街になっており、フアレス公園からアルマス広場にかけて商店や銀行、ホテルやレストランが並んでいる。グリハルバ川が近くを流れており、アルマス広場近くの展望橋からは、川沿いに広がる町が一望できる。

おもな見どころ

▶屋外に巨石人頭像が展示された史跡公園は必見！　★★

ラベンタ遺跡公園
Parque-Museo de la Venta

　ビジャエルモッサから130kmほど西、オルメカ文化の中心地だったラベンタ遺跡から1925年に出土した石碑を、1周約1.2kmの敷地に配置した遺跡公園。高さ約2m、重さ20t以上の巨石人頭像など、メキシコの文明の源といわれるオルメカの遺物が、熱帯雨林を思わせる遺跡公園の中に忽然と現れる。

　紀元前1200～紀元前400年にかけて作られた巨石人頭像は、アフリカ系黒人に似ていてとても興味深い。オルメカとはアステカ語でゴムの国の人という意味なので、ゴムが取れる熱帯地方からの渡来人とも推測できる。公園には全部で33個の石碑や石像があるが、おもな見どころは❽若き戦士、⓮空を見上げる猿、㉕5王の石碑、㉖6巨石人頭像No.1など（数字は順路番号）。

市バスの行き先表示一覧

Centro	…	ソナ・ルス
Central	…	2等バスターミナル
Terminal	…	1等(ADO)
		バスターミナル
Tabasco	…	Paseo Tabasco
2000	……	Tabasco 2000地区

ラベンタ遺跡公園
MAP P.333/A1
　中心部から約3km北西。中心部からは、タクシー(M$30～40程度)利用が便利だが、頻繁に通る市バスやミニバスを乗り継いでも行ける。
TEL 232-0423
入場 毎日8:00～17:00
料金 M$55(地図M$10)
※公園の入場料を払えば、付属の動物園も見学可。
　入口向かいには歴史自然博物館Museo de Historica Naturalもある。入場料は別途M$25。

巨石人頭像が圧巻だ

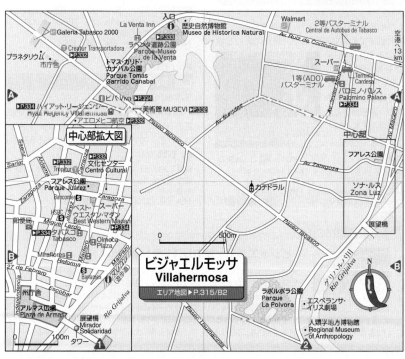

投稿　ラベンタ遺跡公園はジャングルのような敷地の通路に次々と遺物が現れて雰囲気満点です。蚊が多いので、長袖長ズボンを着用し虫よけも用意していきましょう。(山梨県　人間標本7・8 '17)['18]

Estancia ホテル

高級ホテルはラベンタ遺跡公園の南側に集まっている。ショッピングセンターも近く、便利なロケーションだ。中級ホテルや安宿はマデロ通り周辺やバスターミナルの周辺に多い。

▶観光にも便利な大型ホテル

ハイアット・リージェンシー
Hyatt Regency Villahermosa

ラベンタ遺跡公園の入口から1kmほど南西にある、全207室の高級ホテル。明るい色調の室内でゆったり落ち着いて滞在できる。レストランのビュッフェ(M$410)利用もおすすめだ。
[Wi-Fi] 客室OK・無料

定評あるホテルチェーン

[MAP] P.333/A1　🍴○　🏊○　🔒○　☕△
住所 Av. Juárez No.106　TEL 310-1234
URL www.villahermosa.regency.hyatt.com
税金 +18%　カード [A][D][M][V]
料金 ⓈⒹM$1187～　[AC]○ [TV]○ [TUB]○

▶ビジネス滞在にもいい老舗ホテルチェーン

ビバ
Viva

ハイアット・リージェンシーの北隣にあり、遺跡公園までも歩いて約10分。観光に便利な場所にあり、各種施設も整っている。全240室で、プールを囲むように3階建ての建物が並ぶ。
[Wi-Fi] 客室OK・無料

広いプールがうれしい

[MAP] P.333/A1　🍴○　🏊○　🔒○　☕△
住所 Av. Ruíz Cortines y Paseo Tabasco S/N
TEL 313-6000
URL www.hotelviva.com.mx　税金 +18%
カード [A][M][V]　料金 ⓈⒹM$900～　[AC]○ [TV]○ [TUB]×

▶繁華街のマデロ通りにある

ベスト・ウエスタン・マダン
Best Western Madan

フアレス公園から徒歩約3分、レストランや簡易食堂が並ぶマデロ通り沿いに建つ全40室の中級ホテル。部屋はベッドが広くて快適に過ごせる。[Wi-Fi] 客室OK・無料

[MAP] P.333/B1　🍴○　🏊○　🔒×　☕有料
住所 Av. Madero No.408　TEL 314-0518
URL www.madan.com.mx
税金 +18%　カード [A][M][V]
料金 ⓈⒹM$698～　[AC]○ [TV]○ [TUB]×

▶短期滞在者におすすめ

パロミノ・パレス
Palomino Palace

1等バスターミナルの東向かいにある6階建てのホテル。移動には便利だが、通り側の部屋は夜も車の音がうるさいので奥の部屋にしてもらおう。全52室。[Wi-Fi] 客室OK・無料

[MAP] P.333/A2　🍴○　🏊×　🔒×　☕有料
住所 Av. Javier Mina No.222　TEL 312-8431
税金 込み　カード [M][V]
料金 ⓈⒹM$520～　[AC]○ [TV]○ [TUB]×

▶中心部の格安ホテル

タバスコ
Tabasco

繁華街ソナ・ルスにある便利な立地。全29室のコンパクトな室内は、手頃な料金ながらくつろげる。エアコン付きの部屋はM$50高くなる。[Wi-Fi] なし

[MAP] P.333/B1　🍴×　🏊×　🔒×　☕×
住所 Lerdo No.317, esq. Juárez　TEL 312-0077
税金 込み　カード 不可
料金 ⓈⒹM$300～　[AC]△ [TV]○ [TUB]×

INFORMACIÓN

ビジャエルモッサのレストラン事情

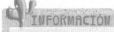

マレコンでのんびり食事も楽しめる

中級～格安ホテルが多い繁華街に、各種レストランもいろいろ集まっている。また、川沿いのマレコン(遊歩道)にはファストフード店やクラブが並び、いつも地元の家族連れでにぎわっている。ファストフード店の営業時間は、おおむね月～金曜 16:00～24:00、土・日曜 12:00～24:00。

また、Tabasco 2000 は町の北西部に開発されたエリア一帯の呼称で、その中心には Galeria というショッピングセンターのほか、観光案内所や市役所、映画上映もするプラネタリウムなどがある。

太平洋岸
Pacific Coast

シナロア州
Sinaloa

ドゥランゴ州
Durango

サカテカス州
Zacatecas

サンルイス・ポトシ州
San Luis Potosí

マサトラン
Mazatlán
▶P.350

Villa Unión
Rosano
Escuinapa
de Hidalgo

Teacapan
Acaponeta

ナジャリ州
Nayarit

アグアスカリエンテス州
Aguascalientes

Mexcaltitán

Isla San
Juanito

Islas
Marías

Isla María Madre

Isla María
Magdalena

Icla María
Cleofas

サンブラス
San Blas

テピック
Tepic

グアナファト州
Guanajuato

Santa Cruz
Compostela

Las Varas

ケレタロ州
Querétaro

Mountain Time Zone
Central Time Zone

グアダラハラ
Guadalajara

レオン
León

Bahía de Banderas

プエルト・バジャルタ
▶P.346 Puerto Vallarta

ハリスコ州
Jalisco

Laguna de
Chapala

Tomatlán

サンパトリシオ・メラケ
San Patricio-Melaque

ウルアパン
Uruapan

パツクアロ
Pátzquaro

メキシコ州
Estado de
México

Chamela

Cihuatlán

コリマ
Colima

バラ・デ・ナビダー
Barra de Navidad

マンサニージョ
Manzanillo

Tecoman

El Paraíso

コリマ州
Colima

ミチョアカン州
Michoacán

Presa
Infiernillo

Lázaro Cádenas

Río Balsas

ゲレーロ州
Guerrero

プラヤ・アスール
Playa Azul

Troncones

イスタパ島
Isla Ixtapa

シワタネホ
Zihuatanejo ▶P.352

▶P.338
アカプルコ
Acapulco

イスタパ
Ixtapa
▶P.352

ピエ・デ・ラクエスタ
Pie de la Cuesta

太平洋
Océano Pacífico

N

0   100km

Punta Marqués

太平洋岸

リゾートとして人気が高いプエルト・バジャルタ

太平洋岸ではアカプルコ（→P.338）、プエルト・バジャルタ（→P.346）、マサトラン（→P.350）などでのリゾートライフが目玉。各種ビーチアクティビティやゲームフィッシングが楽しめるほか、波が高いのでサーフィンのポイントも多い。かつては憧れのリゾート地として知られたアカプルコは、メキシコ・シティ在住者が週末バカンスを楽しむための手軽なビーチとなっている（近年は治安の悪化も懸念されている）。アメリカからの旅行者には、プエルト・バジャルタやイスタパ（→P.352）など新たに開発されたリゾートの人気が高まっている。

リゾートエリアではさまざまなアトラクションが楽しめる

● ホテルパッケージを利用しよう

アカプルコなどでリゾート滞在する場合（特にオフシーズンに）、利用したいのが現地のパッケージツアーだ。例えば、高級ホテルがオフシーズン（5〜6月、9〜11月）には冬のハイシーズン（12〜4月）と同じ条件で半額以下で利用できるケースもある。事前にホテルの予約サイトで料金を比較して申し込もう。メキシコ・シティなどの旅行会社でパッケージを購入し、ホテルの予約をすることも可能だ。

● 飛行機

アカプルコ、シワタネホ、プエルト・バジャルタなどに空港があり、メキシコ・シティなど国内の主要都市から多数乗り入れている。アメリカ各都市からの国際線も豊富で、プエルト・バジャルタへはロスアンゼルスやヒューストンから毎日各社の便がある。アカプルコやマサトランへもユナイテッド航空の直行便がヒューストンから週1便運航している。

● バス

各社のバスが主要都市間を運行している。デラックスバス、1等バス、2等バスがあるが、ルートにより同じクラスの内容に差があることがある。各社でそれぞれ異なる運行区域が決められ、共通のルートの区間の同等のクラスであっても料金が異なる。また切符はバスの出発する現地で予約、購入が可能だが、ネット購入できる会社もある。

道路状況は、メキシコ・シティ〜アカプルコなどの主要幹線を除いては、道幅が狭く路面も悪い区間がある。またハリケーンなどで道路が損壊することもたびたびあるので、切符購入は所要時間をよく確認しておいたほうがいい。

● 船舶

バハ・カリフォルニアのラパス（ピチリンゲ港）とマサトラン間に、フェリーが週3便運航している。所要約13時間。

観光エリアのため全体的に高めだが、イスタパを除くビーチエリアでは、地元客が利用する簡易食堂やショップも多く、選択次第で経済的な滞在も十分可能だ。特にアカプルコでは、オフシーズンになると高級ホテルも大幅にディスカウントされるので、割安感がある。

また、アカプルコには観光客用のみやげ物屋や、民芸品市場が多く、近郊の先住民村で作られる民芸品やいかにもメキシコっぽいソンブレロが売られている。ただし値段は、全般的にメキシコ・シティなど都市部のほうが安い傾向にあるようだ。

太平洋岸

エリアインフォメーション

安全情報

　太平洋岸のリゾートエリアは総じて治安はいい。ただしアカプルコは麻薬抗争の影響で治安が悪化し、国内で最も殺人発生率が高い都市のひとつになっている。ビーチエリアや繁華街は武装した兵士によって警備されており、旅行者が犯罪に遭遇することはあまりない。観光地以外の地区へ行かず、ひと気の少ない通りも用心しよう。

波が高いのでビーチでの遊泳前に注意情報をきちんと確認しておこう

文化と歴史

　16世紀初め、アカプルコにスペイン人征服者エルナン・コルテスが上陸した頃には、先住民の小さな村があるのみだった。しかし波が穏やかで港に適していたため、スペインのアジア貿易の重要な中継地として急速に発展した（中国などへ銀貨が送られた）。20世紀に入ってからは観光開発計画が推進され、1934年に最初のホテルが建設されてから、アカプルコは国際的なリゾートへと変貌を遂げた。

　近年は新興リゾート地としてプエルト・バジャルタ、イスタパの開発も進み、多くのアメリカ人リゾーターの注目を集めている。

海賊から町を守るために築かれたサンティアゴ要塞

年間気候とベストシーズン

　年間をとおして高温で、雨季には多湿ともなる。アカプルコでは年間平均気温27℃だが、乾季でも最低平均気温は22℃ほど。いわゆる熱帯性気候で、6月から9月の午後にはスコールもあるが、そのほかの時期にはほとんど降雨はなく、毎日さんさんと太陽が降り注いでいる。

　12月からイースター休暇のある4月までは、ほとんどのホテルがかなり前から予約でいっぱいとなるため、この時期に訪れる場合には宿泊先を事前に確保したい。また7〜8月はメキシコ人の夏季休暇期間のため、やはり混雑する。天候が不安定だが、経済的で静かにバカンスを楽しむには、5〜6月と9〜11月のシーズンがおすすめだ。

プエルト・バジャルタから話題のプラヤ・エスコンディーダを訪ねてみたい

アカプルコでは断崖からのダイビングショーも必見

アカプルコの年間気候表

月　　別	1月	2月	3月	4月	5月	6月	7月	8月	9月	10月	11月	12月	年間平均
最高気温	31.0	31.0	31.0	31.3	32.2	32.4	32.8	33.0	32.2	32.2	32.0	31.0	31.8℃
最低気温	22.4	22.3	22.4	22.9	24.7	25.0	24.9	24.9	24.6	24.5	23.8	22.7	23.7℃
平均気温	26.1	26.1	26.4	27.0	27.6	28.4	28.6	28.5	27.1	28.4	27.7	26.7	27.4℃
降雨量	10.1	0	0	0	304.8	431.8	218.4	248.9	355.6	170.1	30.4	10.1	148.3mm

太平洋岸を代表する庶民的なリゾートエリア

アカプルコ
Acapulco

人口	約79万人
高度	50m
市外局番	744

必須ポイント！
★アカプルコ湾の遊覧クルーズ
★断崖からのクリフ・ダイビング・ショー
★サンティアゴ要塞

イベント情報
●12月11・12日
グアダルーペ祭Festivales de Virgen de Guadalupeでは、夜どおしで聖母グアダルーペを祝う。通りを鼓笛隊が行進したり、ソカロは伝統舞踊や音楽でにぎわう。

アカプルコ政府観光局
URL acapulco.gob.mx/turismo

市内から空港へ
アカプルコのアルバレス国際空港Alvarez (ACA) は市内から約25km東にあり、タクシーは行き先により6エリアに料金が分かれている。アカプルコ・ドラダまでセダンでM$400（大型車でM$485)、ソカロ周辺までセダンでM$450（大型車でM$525)。市内から空港へは、流しのタクシーでM$250〜300。

アカプルコから各地へのバス
●メキシコ・シティへ
毎時数本、5h、M$535〜705
●タスコへ
1日8本、4.5h、M$262〜303
●シワタネホへ
毎時数本、4〜5h、M$203〜258
●プエルト・エスコンディードへ
1日10本、7〜8h、M$463

1614年にアカプルコに到達した支倉常長の記念碑が立つ

年間数百万人の観光客が訪れる、メキシコを代表するビーチリゾート。日中は青空の下、ジェットスキーやゴルフで活動的に過ごし、サンセット時にはディナークルーズで海を観賞。そして、夜にはナイトスポットで、テキーラやカクテルに酔いしれる……。歴史あるリゾートだけに、典型的なバカンスを満喫できる。

内陸には小高い山を背後に控えて庶民的な町が広がり、ビーチ沿いに高級ホテルや観光スポットなどが全長8kmほどにわたって並んでいる。レストランなどでも、英語やフランス語の会話が聞こえてくる国際的リゾートだが、近年は「メキシコ・シティ住民の週末リゾート」といった趣も強い。アカプルコとは古代ナワトル語で「葦の地」という意味。

アクセス

飛行機▶メキシコ・シティからは、アエロメヒコ航空、アエロマル航空などが毎日計6〜13便運航（所要1〜1.5時間）。ティファナからもボラリス航空が毎週6便の直行便がある。国際線はヒューストンからユナイテッド航空が毎週1便運航。

バス▶国内各地からエストレジャ・ブランカ社Estrella Blancaとエストレジャ・デ・オロ社Estrella de Oroが、それぞれアカプルコ市内の別のターミナルへバスを運行している。エストレジャ・ブランカ社の長距離バスターミナルはパパガージョPapagayo、エヒードEjido、セントロCentroの3ヵ所（**MAP**P.339/A1)にあるので注意。

アカプルコ中心部のホテルは、広いエリアに分散しているので、各バスターミナルからタクシーを使うと便利（中心部へはM$30〜60)。逆に中心部からエストレジャ・ブランカのターミナルへは"Ejido"行きのバスで、エストレジャ・デ・オロのターミナルへは"Base - Cin Rio - Caleta" という表示のある市バスで行ける。

安全情報 ビーチエリアやセントロなどは厳重に警備されているが、町全体としては治安が悪い。観光地や繁華街以外には絶対に行かないようにして、夜出歩くのもなるべく避けたほうがよい。

歩き方

アカプルコにはふたつの中心部がある。ソカロを中心とした**旧市街**と、その3〜8km東にあり、高級ホテルが並ぶ**新市街（アカプルコ・ドラダ**Acapulco Dorada**）**。このふたつのエリアは、ビーチ沿いに延びるコステラ・ミゲル・アレマン通りAv. Costera Miguel Alemán（通称**ラコステラ** La Costera）という目抜き通りで結ばれ、その道路沿いは高級から格安までのホテルが並ぶリゾートエリアになっている。また、新市街のさらに東には、最高級ホテルや別荘、ゴルフ場などが点在する**アカプルコ・ディアマンテ**Acapulco Diamanteと呼ばれる新興リゾートエリアもある。

旧市街に建つラソレダー教会

通常の観光なら、ラコステラ通りが中心となる。ビーチリゾートとしてのアカプルコを楽しむなら新市街がおすすめ。メキシコ独自の雰囲気に浸りたいなら、旧市街にあるソカロや市場周辺を散策するといい。旧市街の中心部は小さく、徒歩でも十分に回れる。

交通案内

ラコステラを頻繁に往復する市内バスやタクシーが簡単に利用できる。市内バスの料金はM$6（エアコンバスはM$7）で毎日6:00〜23:00頃の運行。運賃は乗車時に運転手に払う。バス停は、2〜3ブロックごとにあり、目的地を運転手に告げれば、降車すべき場所を教えてくれる。

タクシーはメーター制ではないので、乗る前に料金を交渉する必要がある。新市街とソカロのある旧市街の区間はM$30〜60（夜間や週末には数倍の運賃を請求されることもある）。

太平洋岸

アカプルコ

エストレジャ・ブランカ社
TEL 469-2081
エストレジャ・ブランカはバス会社グループの総称。系列のTuristar、Costa Line、Futura、Alta Marなどのバスが各地へ運行している。

エストレジャ・デ・オロ社
TEL 485-8705
アカプルコとメキシコ・シティ間の移動は高級バスを使用したDiamanteが快適。

観光案内所 **MAP** P.339/B2
●Secretaria de Turismo
住所 Costera, Miguel Alemán No.3221
TEL 435-1980
営業 月〜金8:00〜20:00
簡単な地図は無料でくれる。

両替事情
中心部にある銀行や両替所、ホテルのフロントで、米ドルの現金の両替が可能。両替所では、日本円の現金も両替可。機してレートは銀行のほうがいいが、時間が余計にかかる。

中心部を頻繁に運行する市バス

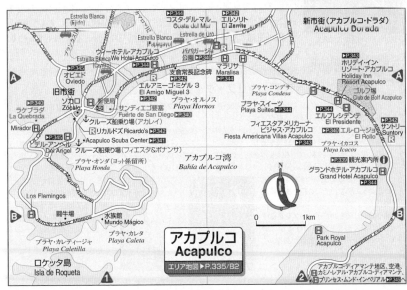

エストレジャ・ブランカ Estrella Blanca (Ejido) / コスタ・デル・マル Ousta del Mar / エルソリト El Zorrito / 新市街（アカプルコ・ドラダ） Acapulco Dorada

Estrella Blanca (Tajqueyul) / Estrella de Uro / パパガージョ公園 ▶P.340 / コステラ・ミゲル・アレマン通り（ラコステラ） / ホリデイ・イン・リゾート・アカプルコ ▶P.343 Holiday Inn Resort Acapulco

ウーホテル・アカプルコ We Hotel Acapulco / マラリサ Maralisa ▶P.344 / ゴルフ場 Club de Golf Acapulco

Estrella Blanca (Centro) ▶P.345 / 支倉常長記念碑 ▶P.342

オビエド Oviedo / エルアミーゴ・ミゲル 3 El Amigo Miguel 3 ▶P.342 / プラヤ・コンデサ Playa Condesa

旧市街 / 郵便局 / プラヤ・オルノス Playa Hornos / プラヤ・スイーツ Playa Suites ▶P.344 / エルプレシデンテ El Presidente ▶P.344 / サントリー Suntory ▶P.342

ソカロ Zócalo / サンティエゴ要塞 Fuerte de San Diego ▶P.340 / フィエスタアメリカーナ・ビジャス・アカプルコ Fiesta Americana Villas Acapulco ▶P.343 / エル・ロージョ El Rollo ▶P.340

ラケブラダ La Quebrada ▶P.340 / リカルドズ Ricardo's ▶P.342 / プラヤ・イカコス Playa Icacos

Mirador / クルーズ船乗り場（アカレイ） / Acapulco Scuba Center ▶P.341

デル・アンヘル Del Angel ▶P.345 / クルーズ船乗り場（フィエスタ&ボナンサ）

プラヤ・オンダ（ヨット係留所） Playa Honda / アカプルコ湾 Bahía de Acapulco / グランドホテル・アカプルコ Grand Hotel Acapulco ▶P.344 / ▶P.339 観光案内所

Los Flamingos / N / 0 1km

闘牛場 / 水族館 Mundo Mágico

プラヤ・カレティージャ Playa Caletilla / プラヤ・カレタ Playa Caleta / Park Royal Acapulco

ロケッタ島 Isla de Roqueta / **アカプルコ Acapulco** / エリア地図 ▶P.335/B2

アカプルコ・ディアマンテ地区、空港、カシノ・レアル・アカプルコ・ディアマンテ、プリンセス・ムンド・インペリアル ▶P.345へ

はみだし アカプルコは太平洋側に面しているので、場所によっては波が高く、潮の流れが速い所もある。安全のためホテルの従業員に尋ねるなど、遊泳できる場所を確認しておこう。

サンディエゴ要塞
MAP P.339/A1
ソカロから東へ徒歩で約10分。
TEL 480-0956
入場 火～日 9:00～18:00
料金 M$60

アカプルコの歴史的建築物

おもな見どころ

▶アカプルコの歴史博物館となった要塞跡　★★
サンディエゴ要塞
Fuerte de San Diego

　海賊から町を守るために1616～1617年に建造された要塞で、その後大地震で崩壊したものの、1778～1783年に再建された。小高い断崖の上に位置し、周りに堀が巡らされた建物は、星形五角形の総石造り。現在内部はアカプルコ歴史博物館となり、要塞の歴史、貿易、海賊、植民地時代などの展示がある。また、大砲が残るテラスに上れば、アカプルコの歴史的な情景をたっぷりと観賞できる。

エル・ロージョ
MAP P.339/A2
タクシーを利用するか、"Puerto Marques" 行きの市バスで行ける。
TEL 484-0505
URL www.elrolloacapulco.com.mx
入場 毎日10:00～18:00
料金 M$230～（イルカショー見学含む）

イルカとスイミング
エル・ロージョでは毎日イルカと泳ぐアトラクションも行っている。30分コースでM$1200。

▶家族でのんびりと過ごせる行楽スポット　★
エル・ロージョ
El Rollo

　2014年にリニューアルオープンした水のテーマパーク（旧称シシ CICI）。新市街にあり、人工の波が押し寄せるプール、大人も子供も楽しめるウオータースライダー、イルカのショーなど、家族で遊べるアトラクションが揃っている。

子供用のプールもあって安心

パパガージョ公園
MAP P.339/A1
入場 月～金11:00～19:00
　　　土・日 7:00～20:00

遊覧ボートも地元の人に人気

▶静かな公園で憩いのひととき　★
パパガージョ公園
Parque Papagayo

　ラコステラ通りを挟んでプラヤ・オルノスPlaya Hornosの反対側に位置する公立の公園。南国の木々や花が植えられ、さまざまな野鳥が生息している。池でのボート遊覧やローラースケートも楽しめる。

COLUMNA

決死のクリフ・ダイビング・ショー

　35mものラケブラダLa Quebradaの断崖から、荒波が押し寄せる海へ飛び込むダイビングショーClavadistaはアカプルコ名物のひとつ。4～5人の屈強な男たちが90度に近い絶壁を登り、合図とともに、美しい軌道を描いて、白くしぶきを上げる波間へ。ふたり同時や回転などのテクニックを見せながら、粗い岩壁の上すれすれをすり抜けるように飛ぶ。そして海中から頭が現れると、観客の拍手喝采が岩壁に鳴り響く。彼らがダイビングをする理由は、あくまでも生活の糧だが、命がけのショーは一見の価値がある。

●ラケブラダ　La Quebrada　**MAP** P.339/A1
　アトラクションは、毎日5回（13:00 / 19:30 / 20:30 / 21:30 / 22:30）行われている。見物テラス（TEL 483-1400）への入場料はM$50。隣接するホテルのバーは、ショーの時間にかぎり入場料M$180（2ドリンク付き）が必要となる。

　旧市街のソカロからは、Calle La Quebradaの坂道を上って徒歩15分ほど。タクシーを利用するなら **H** Miradorを目指そう。

左／断崖へ向かうダイバーたち　右／断崖から飛び降りるダイバー

投稿　アカプルコでは麻薬組織の抗争が続き、観光客の多いプラヤ・カレティージャ（**MAP** P.339/B1）でも日中に銃撃戦が起きています。ビーチには武装兵士も多いですが注意を。（埼玉県 ロシ '18）

アクティビティ

マリンアクティビティ　　Marine Activity

アカプルコではジェットスキー、スクーバダイビング、パラセイリング、バナナボート、スノーケリング、モーターボート、フィッシングなど、さまざまなアクティビティが楽しめる。申し込みはプラヤ・コンデサのアクティビティデスクなどで。

バナナボート

波に乗って楽しめるバナナボート

アカプルコ湾でさまざまなアクティビティが満喫できる

クルーズ　　Cruise

クルーズではラケブラダにも立ち寄る

メキシコ的な陽気な趣向を凝らした観光遊覧船が、ソカロ近くの港からたくさん出ている。各ホテルや市内のツアー会社で予約手配をしてくれる。人気のサンセット・クルーズ（16:30〜19:00）や、ナイト・クルーズ（22:00〜翌1:00）は、**アカレイ**Acarey（M$310）と**フィエスタ＆ボナンサ**Fiesta & Bonanza（M$220）が毎日運航。土曜やハイシーズンにアカレイは19:30〜22:00にも運航している。いずれもフリードリンクだが軽食は別料金。チケットは代理店で買うとM$20〜30割安だ。

フィッシング　　Fishing

釣り船の手配は、各ホテルやツアー会社をとおしてアレンジしてもらうことができる。サイズによって料金は大きく異なり、2〜4人乗りのボートは1日M$400〜500程度でチャーターできる。沖に出るクルーザー（4〜10人乗り）は、1日M$3000〜5000程度。

フィッシングは早朝7時頃にアカプルコのハーバーを出発し、昼過ぎに帰港するスケジュールが一般的だ。

ゴルフ　　Golf

ディアマンテ地区には、各ホテルが運営するコースがある。**H プリンセス・ムンド・インペリアル**がもつ18ホールのチャンピオンシップコースは、ゲストのグリーンフィーがM$2000（ビジター M$2300）。**H マヤン・パレス**Mayan Palaceのコースも18ホールで、ゲストのグリーンフィーがM$1000（ビジター M$1200）。また、新市街のコンベンションセンターの西側には公共のコース、**クラブ・デ・ゴルフ**Club de Golfもある。グリーンフィーはM$1250（ハーフラウンドでM$800）。

プリンセス・ムンド・インペリアルと隣接するコース

各アクティビティの料金目安
ジェットスキー／ 30分、M$450
バナナボート／ 10分、M$60
パラセイリング／ 7〜8分、M$350

アカプルコのダイブショップ
ほとんどのショップでは英語OK。一般的な料金は1ダイブUS$65、2ダイブUS$75。装備＆ランチ代込み。
●**Acapulco Scuba Center**
MAP P.339/A1
住所 Tlacopanocha 13 y 14, Paseo del Pescador
TEL 482-9474
URL www.acapulcoscuba.com

クルーズ
●**アカレイ**
TEL 100-3637
●**フィエスタ＆ボナンサ**
TEL 482-2055

ゴルフコース
●**プリンセス・ムンド・インペリアル**
TEL 469-1000
●**マヤン・パレス**
TEL 469-6003
●**クラブ・デ・ゴルフ**
TEL 484-0782

はみだし　アカプルコは以前は外国人観光客が多かったが、今はメキシコ人客が中心。アクティビティの料金はドル表記されたものもあるが、そんな場合もその日の為替でペソ払いということが多い。

▶海風が心地いいシーフード店
エルアミーゴ・ミゲル 3
El Amigo Miguel 3

プラヤ・オルノス沿いにある、オープンな雰囲気のシーフード料理専門店。昔からある人気レストランチェーンでアカプルコに3店舗ある。メニューはフィレフィッシュ(M$120〜)、魚介スープ(M$152)など、手頃な料金で海の幸を賞味できる。

魚料理が人気のレストラン

MAP P.339/A1
住所 Av. Costera Miguel Alemán S/N
TEL 486-2868　営業 10:30〜20:30
税金 込み　カード M V　Wi-Fi 無料

▶ 24 時間営業のオープンレストラン
エルソリト
El Zorrito

新市街にあるカジュアルな人気スポットのひとつ。ジャンボシュリンプ(M$281)や魚のフィレッテ(M$143)などシーフード料理のほか、ポソーレ(M$88)、ビーフタコス(M$89)、ホットドッグ＆フレンチフライ(M$62)など、軽食メニューも充実している。

大通り沿いにあって便利

MAP P.339/A2
住所 Av. Costera Miguel Alemán 212
TEL 485-7914　営業 24時間営業
税金 込み　カード A D J M V　Wi-Fi 無料

▶地元でも有名な老舗の日本食レストラン
サントリー
Suntory

内装やミニ庭園が重厚な雰囲気を醸し出す。おすすめはシーフードや肉を鉄板焼きで楽しむセットメニュー(アカプルコM$800、パシフィコM$830)。寿司アラカルト(M$150〜240)、刺身盛り合わせ(M$360)、焼き鳥(3本でM$115)など、メニューはバラエティに富んでいる。

静かにくつろげる店内

MAP P.339/A2
住所 Av. Costera Miguel Alemán No.36
TEL 484-8088　営業 毎日14:00〜24:00
税金 込み　カード A J M V　Wi-Fi 無料

▶ソカロの格安定食屋さん
リカルドズ
Ricardo's

旧市街のソカロ南側にある、地元の人に人気のレストラン。メインメニューを12種類から選べるコミーダコリーダはM$66(スープ＆ソフトドリンクまたはコーヒー付き)。そのほかタコスやエンチラーダス(M$64)など地元料理がいろいろ楽しめる。

定食はボリュームたっぷり

MAP P.339/A1
住所 Benito Juárez No.9
TEL 482-1140　営業 毎日7:00〜23:00
税金 込み　カード 不可　Wi-Fi なし

COLUMNA

支倉常長が率いる使節の記念碑

アカプルコと仙台市は姉妹都市として交流があり、宮城県から寄贈された支倉常長記念碑(MAP P.339/A1)が設置されている。江戸時代初期、仙台藩主伊達政宗の命を受けた支

海岸近くに立つ支倉常長記念碑

倉常長は、慶長遣欧使節を率いてローマを目指した。当時スペインの植民地だったメキシコを経由する経路だったため、太平洋を渡った使節一行は400年ほど前の1614年1月にアカプルコへ到達。そして陸路で横断し、途中メキシコ・シティのサンフランシスコ教会で約60人の日本人一行がカトリックの洗礼を受ける。その後に同年6月にベラクルスからスペイン艦隊に乗って大西洋を渡っていった。

 はみだし アカプルコで安心して遊泳できて観光客に人気のあるビーチは、プラヤ・コンデサからプラヤ・イカコスにかけての一帯。この周辺のビーチにはヤシ葺きのパラソルも立てられている。

Estancia ホテル

アカプルコのホテルエリアは、大きく3つに分かれる。オルノス、コンデサ、イカコスのビーチ周辺は「アカプルコ・ドラダ」と呼ばれる最大のホテルゾーンで、中級～高級ホテルがたくさん並んでいる。また、旧市街のソカロ周辺は、格安ホテルが密集している。そして、マルケス湾から空港にかけては、「アカプルコ・ディアマンテ」と呼ばれる最高級ホテルエリアだ。それぞれ予算に応じて、滞在地を決めるといいだろう。

各ホテルは、ローシーズン（通常5～6月と9～11月）とハイシーズンで、別料金が設定されている。また、クリスマスやイースターおよび8月は、ピークシーズンのため特別割増料金が設定されていることも多いので、予約の際に確認しよう。

ビーチを望むホテルがおすすめ

アカプルコ・ドラダ

▶新市街を代表する老舗リゾート

フィエスタアメリカーナ・ビジャス・アカプルコ
Fiesta Americana Villas Acapulco

アカプルコを代表するリゾートホテル。遊泳に適しているプラヤ・コンデサに面し、18階建て全324室の大型ホテルはひときわ目を引く。ファミリー層の利用が多いため、キッズクラブや医療サービスなど、ゲストへのケアも充実しているのが特徴。ロビーとプールサイドにバーも用意されている。さらに青い海と溶け込むようなプールには、水中バスケのゴールなど、仲間同士で楽しく過ごせる工夫が盛りだくさんだ。ベッドルームは白と淡いオレンジのコントラストが映えるメキシコ的な風合いで、快適な広さを誇る。各部屋からの眺めも抜群で、バルコニーからは夕暮れ時になると、日没の美しい自然のショーも満喫できる。[Wi-Fi] 客室OK・無料

岬に建つ大型ホテル

ゆったりと過ごせる部屋

[MAP] P.339/A2　🍴○　🏊○　🔒○　☕△
住所 Av. Costera Miguel Alemán No.97
TEL 435-1600　FAX 435-1645
URL www.fiestamericana.com
税金 +19%　カード [A][D][M][V]
料金 ⓈⒹM$1207～　[AC]○ [TV]○ [TUB]○

▶便利なロケーションで快適な休日を過ごす

ホリデイ・イン・リゾート・アカプルコ
Holiday Inn Resort Acapulco

新市街の中心部、青い海と空のなかに美しく映える全224室のリゾートホテル。敷地前に広がるのは、プライベート感覚いっぱいの美しいビーチ。波も常に穏やかなので、思う存分にアカプルコの海を楽しむのに最適のロケーションだ。客室はパステル調のメキシカンカラーで彩られ、室内設備が充実。バルコニーも広々としている。[Wi-Fi] 客室OK・無料

ビーチ沿いのロケーションが評判となっている

南国的な色合いのインテリア

[MAP] P.339/A2　🍴○　🏊○　🔒○　☕△
住所 Av. Costera Miguel Alemán No.2311
TEL 435-0500　FAX 435-0509
URL www.ihg.com
日本予約　インターコンチネンタル FD 0120-677-651
税金 +19%　カード [A][D][M][V]
料金 ⓈⒹM$1175～　[AC]○ [TV]○ [TUB]○

▶アクティブな休日を演出する大型ホテル

グランドホテル・アカプルコ
Grand Hotel Acapulco

プラヤ・イカコスの南端に建つ、全573室を有する高層ホテル。ゆったりとしたスペースがある室内には、クリーム色やパステルグリーンなどを多用した調度品が並ぶ。テニスコートなど施設も充実。[Wi-Fi] 客室OK・無料

巨大なプールも魅力的

[MAP] P.339/B2　🍴○ 🏊○ 🔒○ ☕△
住所 Av. Costera Miguel Alemán No.1
TEL 469-1234　FAX 484-3087
URL www.grandhotelacapulco.com
税金 +19%　カード [A][D][J][M][V]
料金 ⓈⒹM$1044～　[AC]○ [TV]○ [TUB]○

▶ロケーションもいい高級ホテル

プラヤ・スイーツ
Playa Suites

プラヤ・オルノスとプラヤ・コンデサの間にあり、新市街にも近くて便利な立地。プールとビーチに隣接したロビーは開放的で、波の音や海の景観も楽しめる。フィットネスセンター、テニスコートもあり、さまざまなバカンスの楽しみ方が可能だ。全502室。
[Wi-Fi] 客室OK・無料

[MAP] P.339/A2　🍴○ 🏊○ 🔒○ ☕△
住所 Av. Costera Miguel Alemán No.123
TEL 469-5011　FAX 485-8731
URL playasuites.mx
税金 +19%　カード [A][M][V]
料金 ⓈⒹM$890～　[AC]○ [TV]○ [TUB]○

▶部屋やバルコニーが広々とした４つ星ホテル

マラリサ
Maralisa

プールを囲む全89室のホテル。プラヤ・オルノスとプラヤ・コンデサの間にあり、アクセスも便利。部屋によっては眺望はよくないが、室内装備や各種施設は揃っている。
[Wi-Fi] 客室OK・無料

ビーチを望むロケーションが評判

[MAP] P.339/A2　🍴○ 🏊○ 🔒○ ☕△
住所 Alemania S/N, esq. Av. Costera Miguel Alemán
TEL 485-6677　FAX 485-9228
税金 +16%　カード [A][M][V]
料金 ⓈⒹM$1430～　[AC]○ [TV]○ [TUB]○

▶遊泳できるビーチが目の前にある

エルプレシデンテ
El Presidente

新市街のビーチに面してホテルが建ち並ぶプラヤ・コンデサにある。オフシーズンのパッケージ料金などはハイシーズンの半額以下となり、ビーチフロントのホテルとしては手頃な料金だ。全160室の館内は料金相応に施設の老朽化は否めないが、スパやフィットネス、ヘアサロン、ベビーシッターと託児所なども完備している。
[Wi-Fi] 公共エリアのみ・無料

波音が聞こえる部屋でくつろげる

[MAP] P.339/A2　🍴○ 🏊○ 🔒○ ☕有料
住所 Av. Costera Miguel Alemán No.8 y 9
TEL&FAX 435-6300
URL www.elpresidenteacapulco.com.mx
税金 +19%　カード [A][D][J][M][V]
料金 ⓈⒹM$900～　[AC]○ [TV]○ [TUB]○

▶経済的にリゾート滞在が楽しめる

ウィーホテル・アカプルコ
We Hotel Acapulco

プラヤ・オルノス沿い、目抜き通りの内陸側にある全100室の中級ホテル(2018年にラマダ・アカプルコから運営変更)。室内設備は充実し、スタッフの対応もいい。ミニバーなどを備えた客室も、広々としている。[Wi-Fi] 客室OK・無料

[MAP] P.339/A1　🍴○ 🏊○ 🔒○ ☕△
住所 Av. Costera Miguel Alemán No.248
TEL 485-1312
URL wehotelacapulco.com.mx
税金 +19%　カード [M][V]
料金 ⓈⒹM$990～　[AC]○ [TV]○ [TUB]×

▶手頃な価格の中規模なホテル

コスタ・デル・マル
Costa del Mar

エストレジャ・デ・オロ社のバスターミナルを出て東側、徒歩1分ほどの所にある手頃な格安ホテル。夜に着いてすぐ泊まりたいときに便利なロケーションだ。周辺にはスーパーやレストランもあり、ビーチへも徒歩5分ほど。全90室の室内は簡素でこぢんまりしている。
[Wi-Fi] 客室OK・無料

バスターミナルからも見える場所に建つ

[MAP] P.339/A2　🍴× 🏊× 🔒× ☕×
住所 Av. Wilfrido Massieu No.65
TEL 485-0673　税金 込み　カード [M][V]
料金 ⓈM$450～、ⒹM$550～　[AC]○ [TV]○ [TUB]×

[はみだし] アカプルコ中心部から15kmほど東にあるディアマンテ地区には、超大型ショッピングモールの[S]ライスラ・アカプルコLa Isla Acapulcoがある。各種ショップのほかレストランも充実している。

ソカロ周辺

▶立地のいい格安ホテル

デル・アンヘル
Del Angel

ソカロから500mほど南下した、ビーチ沿いの大通りに面している。11室のうち6室が海を望む。部屋は簡素だが、掃除が行き届いていて清潔。[Wi-Fi] 客室OK・無料

エアコン付きのベッドルーム

[MAP] P.339/A1 🍴× 🏊× 🔒× ⛰×
住所 Av. Costera Miguel Alemán No.155
TEL 482-0039 税金 込み カード 不可
料金 ⓈM$350〜、ⒹM$450〜 [AC]○ [TV]○ [TUB]×

▶料金は安いが情緒あふれる

オビエド
Oviedo

ソカロの東側にあるが、窓が抜けていたり、雨漏りがあったりするのが難点。部屋により眺望が異なるので、見比べてみよう。全48室。[Wi-Fi] 客室OK・無料

旧市街中心部にあり観光にも便利

[MAP] P.339/A1 🍴× 🏊× 🔒× ⛰×
住所 Av. Costera Miguel Alemán No.207
TEL 482-1511 FAX 482-1512
税金 込み カード [A][M][V]
料金 ⓈM$300〜、ⒹM$480〜 [AC]△ [TV]○ [TUB]×

アカプルコ・ディアマンテ

▶ゴルファーに最適の大型ホテル

プリンセス・ムンド・インペリアル
Princess Mundo Imperial

新市街の中心部から約15km東に位置する、マヤ遺跡をイメージした全1011室の豪華ホテル。ジャングルのイメージや湾の情景を楽しみながら、リゾート気分が味わえる。[Wi-Fi] 客室OK・有料(1日M$150)

フロントロビーは巨大な吹き抜けになっている

[MAP] P.339/B2外 🍴○ 🏊○ 🔒○ ⛰△
住所 Playa Revolcadero S/N
TEL 469-1000 FAX 469-1016
URL www.princessmundoimperial.com
税金 +19% カード [A][D][J][M][V]
料金 ⓈⒹM$1696〜 [AC]○ [TV]○ [TUB]○

▶マルケス湾を一望できる高級リゾート

カミノ・レアル・アカプルコ・ディアマンテ
Camino Real Acapulco Diamante

新市街の中心部から約14km東に位置する、全157室の最高級ホテル。客室は海を望む高台にあり、各部屋のバルコニーからの眺めもすばらしい。テニスコートや3つのプールも完備。[Wi-Fi] 客室OK・無料

静かにバカンスを楽しめるロケーション

[MAP] P.339/B2外 🍴○ 🏊○ 🔒○ ⛰△
住所 Carretera Escenica Km14
TEL 435-1010 FAX 435-1020
URL www.caminoreal.com
税金 +19% カード [A][D][M][V]
料金 ⓈⒹM$2566〜 [AC]○ [TV]○ [TUB]○

YELLOW PAGE

イエローページ

アエロメヒコ航空 Aeromexico
住所 Av. Costera Miguel Alemán No.1632, Local H 12 Centro Comercial, "La Gran Plaza"
TEL 485-1625

アエロマル航空 Aeromar
住所 空港内 TEL 466-9392

インテルジェット航空 Interjet
住所 空港内 TEL 466-9365

ユナイテッド航空 United Airlines
住所 空港内 TEL 466-9063

ハーツ・レンタカー Hertz Rent a Car
住所 空港内
TEL 709-5000

バジェット・レンタカー Budget Rent a Car
住所 Av. Costera Miguel Alemán No.121
TEL 481-0612

はみだし アカプルコは中級以上のホテルが多く、バックパッカーが泊まるような安宿はあまり多くはない。ソカロ周辺に経済的なホテルがあるので、バスターミナルからタクシーで案内してもらおう。

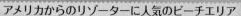
アメリカからのリゾーターに人気のビーチエリア

プエルト・バジャルタ
Puerto Vallarta

人　　口	約25万人
高　　度	0m
市外局番	322

プエルト・バジャルタ政府観光局
URL visitapuertovallarta.com.mx

市内から空港へ
　プエルト・バジャルタのオルダス国際空港Ordaz (PVR) は中心部から3kmほど北にあり、空港からタクシーで中心部までM$300。逆に中心部から空港へ流しのタクシーを利用するとM$200程度。

アエロメヒコ航空
TEL 225-1777

インテルジェット航空
TEL 221-3206

✉ **絶景ビーチ訪問ツアー**
　話題のビーチ「プラヤ・エスコンディーダ (→P.347)」を訪れるイスラス・マリエタス・ツアーに参加しました。朝0.00に港を出発し40分ほどで島に到着。プラヤ・エスコンディーダに船は着岸できないので近くから泳いで向かいます (ライフジャケットを装着するので泳げなくても大丈夫)。ただしビーチにいられるのは10〜15分ほど。写真を撮ったらすぐに別のポイントへ移動します。カメラマン同行ツアーもありますが、自撮りする人は防水カメラやスマホ防水ケースを用意しましょう。
　　　　　　　（東京都　まどか　'18）

世界中から旅行者が訪れる人気ビーチ

撮影スポットとして人気が高い海沿いの遊歩道

　近年、世界中のリゾーターから注目を集めている太平洋岸のリゾートエリア。湾を囲むように町が広がっているためビーチは静かで、ウオータースポーツにも最適。クアレ川を挟んで南の旧市街と北の新市街に分かれ、新市街の北にはハーバーや高級リゾートホテルの開発が進められている。

アクセス

飛行機▶アエロメヒコ航空 (AM)、インテルジェット航空 (4O)、ボラリス航空 (Y4)、TAR航空 (YQ)、アエロマル航空 (VW)、カラフィア航空 (A7)、ビバ・アエロブス航空 (VB) が国内各地から運航。国際線もダラス、ロスアンゼルス、ヒューストンなどから運航。

プエルト・バジャルタから各地への飛行機

目的地	1日の便数	所要時間	料金
メキシコ・シティ	AM、4O、Y4、VB、GMT 計9〜17便	1.5h	M$995〜4032
グアダラハラ	YQ、VW、A7、4O 計3〜8便	1h	M$1399〜3146
ティファナ	Y4 1〜2便	3h	M$2431〜3505

バス▶メキシコ・シティ、グアダラハラ、ティファナ、アカプルコなど国内の各地からさまざまなタイプのバスが運行している。快適に移動したければ、FuturaやETNのデラックスバスがおすすめ。
　中央バスターミナルCentral Camionera (MAP P.347/A2) は、中心部から約10km北にあり、中心部からタクシーでM$150〜。市バス (M$7.5) もフロントガラスに "Central" と書かれたバスはすべてバスターミナルへ向かう。

プエルト・バジャルタから各地へのバス

目的地	1日の本数	所要時間	料金
メキシコ・シティ	ETN 3本、Futura 5本、Primera Plus 3本など	13〜15h	M$1045〜1420
グアダラハラ	ETN、Primera Plus など毎時1〜2本	5h	M$526〜705
マサトラン	TAP 4本	8h	M$720
アカプルコ	Futura 3本	約16h	M$1812

はみだし ⒽアステカAzteca (MAP P.347/A2 住所 Francisco Madero No.473 TEL 222-2750) はシンプルな安宿。周囲にローカル向けの飲食店があり便利。Ⓢ M$350〜、Ⓓ M$550〜。全46室。

歩き方

　町の中心部はクアレ川によって南北に分かれている。北側のプリンシパル広場Plaza Principal周辺にはレストラン、ギャラリー、ショップなどがたくさん集まっている。特に広場から北へと延びるビーチ沿いの遊歩道（マレコン）には、おしゃれなショップやレストランが多い。海辺の景観や潮風を楽しみながら、のんびり歩いてみよう。

　クアレ川の南側は、その中心となるインスルヘンテス通り沿いに店が集中し、クアレ川の中州沿いには民芸品市場もある。リゾートホテルは中心部から南北10km程度のエリアに点在している。

おもな見どころ

▶フォトジェニックな絶景ビーチ　　　　　★★

プラヤ・エスコンディーダ
Playa Escondida

　プエルト・バジャルタ沖に浮かぶ無人島イスラス・マリエタスIslas Marietasにあるビーチ。岸壁に囲まれ天井部がぽっかりと空いた景観が話題になっている。島の周辺にはアオアシカツオドリなど多彩な鳥類や海洋生物が生息し、生態系を守るために訪問人数や訪問日が制限されている。

火山活動により形成されたユニークな景観。ヒドゥン・ビーチとも呼ばれる

市内交通
　市バスはN$7.5の均一料金。中心部内のタクシー移動はM$50～70。

観光案内所　　MAP P.347/A1
　市庁舎の地上階にある。
住所 Independencia No.123
TEL 222-0923
営業 月～金8:00～20:00
　　 土・日9:00～17:00

レンタカー
●Alamo
TEL 221-3030
●Avis
TEL 221-1112（空港内）

両替事情
　カテドラル周辺から海沿いの遊歩道付近に銀行や両替所が集まっている。

プラヤ・エスコンディーダ
　　MAP P.347/A1
　イスラス・マリエタス・ツアー（→P.348）でスノーケリングとセットで訪問できる。ツアーは水～日曜のみで、1日116名の人数制限もある。

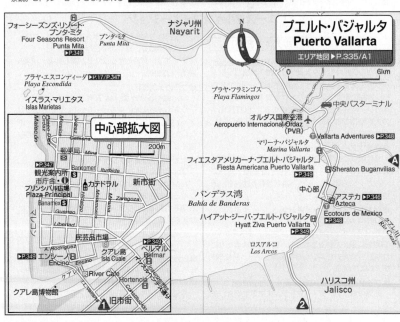

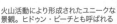

はみだし　プエルト・バジャルタ近隣の村で暮らす先住民ウィチョール族が、ビーズ細工の民芸品を作っている。みやげ物店や民芸品市場などで売られているので探してみよう。

ドルフィン・アドベンチャー
イルカと泳ぐプログラムに参加できるのは1日40人に限定されているので、希望する場合には予約をしたほうがいい。
●Vallarta Adventures
MAP P.347/A2
住所 Edificio Marina Golf, 13-C, Mastil, esq. Marina Vallarta
TEL 226-8413
URL www.vallarta-adventures.com

ダイブショップ
●Chico's Dive Shop
住所 Díaz Ordaz No. 772
TEL 222-1895
URL www.chicos-diveshop.com

海沿いにコースが広がるフォーシーズンズ・リゾート

アクティビティ

ドルフィン・アドベンチャー　　Dolphin Adventure

中心部の北約2kmにあるマリーナ・バジャルタMarina Vallartaと呼ばれる港湾の中の一部で、イルカと一緒に泳ぐプログラムなどが体験ができる。月曜から土曜の10:00～17:00の毎時にプログラムがスタートし(14:00を除く)、イルカと一緒に約1時間泳ぐコースでUS$179。

スクーバダイビング　　Scuba Diving

周辺にはLas Marietas、Las Caletas、El Morro、Los Arcos、Corbeteñaなど、絶好のダイビングポイントが多数あり、イルカ、クジラ、カメ、マンタなど各種の海の生き物に出合うことができる。料金はスポットと申し込み先により差はあるが、おおむね2タンクダイブでUS$98。スノーケリングは2時間でUS$45。

ゴルフ　　Golf

中心部から北の湾岸沿いにゴルフクラブが点在し、海の景観を楽しみながらプレイが可能。各クラブは日フォーシーズンズ・リゾートや日フラミンゴなど高級リゾートの中にあり、お得な各種パッケージも用意されている。

INFORMACIÓN

ユースフルインフォメーション

プエルト・バジャルタ発ツアー

●**イスラス・マリエタス・ツアー** Islas Marietas
イスラス・マリエタスは「プラヤ・エスコンディーダ」のある島。点在する個性的なビーチに立ち寄り、周囲の海でスノーケリングも満喫。プラヤ・エスコンディーダ訪問は水～日曜のみ可能(1日116名の人数制限があるので早めの予約を)。所要5時間、1名US$110。

●**乗馬ツアー** Montada a Caballo
馬に乗って近郊の村や田園地帯を抜け、川を遡り、遊泳を楽しんだりしながら大自然を堪能するツアー。ガイドが随行し、ビールなどの飲み物付き。所要5時間、1名US$45。

●**シエラ・マドレ・ハイキング**
Sierra Madre Cominata
オープンエアの4WD車でジャングルへ向かい、19世紀に栄えた村を訪ねたり、絶景を目の当たりにしながらランチを楽しんだりするツアー。所要6時間、1名US$80。

●**プラヤ・コロミートス**　Playa Colomitos
近郊の村ボカ・デ・トマトランまで車で行き、そ

こから密林の中を30分ほど歩いて、プラヤ・コロミートスを訪ねる。穏やかで透明度の高いビーチで、スノーケリングやカヤックなどが楽しめる。所要5時間、US$80。

●**ウミガメ保護区**
Conservación de las Tortugas
ウミガメが産卵に来るビーチを夜に訪ねるエコツアー。7月～10月に催行。季節によって産卵や、ふ化した子ガメが観察できる。所要4時間、US$50程度。

●**ホエール・ウオッチング・ツアー**
Observación de Ballenas
バンデラス湾によくやってくるハンプバッククジラなどの生態を観察し、クジラの生存を守るための環境を考えるエコツアー。12月中旬から3月下旬にかぎられる。所要8時間、1名US$90程度。

プエルト・バジャルタの旅行会社

●Ecotours de Mexico
MAP P.347/A2
住所 Ignacio L. Vallarta No.243　TEL 209-2195
URL www.ecotoursvallarta.com
各種エコツアーを扱っている。

はみだし　プエルト・バジャルタ周辺はダイビングポイントが多く、季節にもよるが多様な生き物が見られる。浅瀬になっている箇所はスノーケリングでも十分に楽しめる。

Estancia ホテル

高級ホテルは中心部から南北約10kmの海沿いに点在し、敷地内にはプール、ビーチ、レストランなどを併設しているリゾートが多い。冬のハイシーズンには料金が上昇する。中級から格安の手頃なホテルは、新市街と旧市街の湾岸エリアに並んでいる。

▶北西郊外にたたずむ憧れの最高級リゾート

フォーシーズンズ・リゾート・プンタ・ミタ
Four Seasons Resort Punta Mita

ホエールウオッチングで有名なプンタ・ミタにたたずむ、ワールドクラスの優雅なリゾートホテル。美しいビーチに面した敷地には、ジャック・ニクラウスがデザインした18ホールのゴルフコースも併設している。全143室の客室は、ボトムカトゴリーでも60m²の贅沢な広さを誇る。[Wi-Fi] 客室OK・無料

バルコニーからの眺めもすばらしい

[MAP] P.347/A1　🍴○ 🏊○ 🔒○ ☕△
住所 Bahía de Banderas, Nayarit
TEL (329)291-6000
URL www.fourseasons.com/puntamita
日本予約 フォーシーズンズ FD 0120-024-754
税金 +19%　カード [A][D][J][M][V]
料金 ⓈⒹM$9395～　[AC]○ [TV]○ [TUB]○

▶夕日を望むロケーションが評判

ハイアット・ジーバ・プエルト・バジャルタ
Hyatt Ziva Puerto Vallarta

目の前に美しいビーチが広がる全335室の高級ホテル。5軒のレストラン、海を望めるスパ、ウェルネスセンターなどを完備し、最高レベルのサービスを満喫できる。ヨガやティラピスなどプログラムも充実。プランはオールインクルーシブのみ。[Wi-Fi] 客室OK・無料

夕景を楽しめるレストランが充実している

[MAP] P.347/A2　🍴○ 🏊○ 🔒○ ☕○
住所 Carretera a Barra de Navidad Km. 3.5
TEL 226-5000
URL puertovallarta.ziva.hyatt.com
税金 +19%　カード [A][M][V]
料金 ⓈM$4645～、ⒹM$5806～　[AC]○ [TV]○ [TUB]○

▶バカンスを満喫できる大型ホテル

フィエスタアメリカーナ・プエルト・バジャルタ
Fiesta Americana Puerto Vallarta

バンデラス湾に面した全291室のリゾートホテル。現代的なメキシコデザインのホテルは、6つのレストラン&カフェなど施設も充実している。料金設定は3食付きのオールインクルーシブプランのみ。
[Wi-Fi] 客室OK・無料

客室から太平洋が望めるロケーション

[MAP] P.347/A2　🍴○ 🏊○ 🔒○ ☕○
住所 Av. Francisco Medina Ascencio Km 2.5
TEL 226-2100
URL www.fiestamericana.com
税金 +19%　カード [A][D][J][M][V]
料金 ⓈM$5090～、ⒹM$6531～　[AC]○ [TV]○ [TUB]○

▶中心地にあり観光に便利

エンシーノ
Encino

セントロにある全74室のリーズナブルなホテル。スタッフの対応もよく部屋の掃除も行き届いている。地元の若者や家族連れが多い週末はにぎやかな雰囲気。[Wi-Fi] 客室OK・無料

[MAP] P.347/A1　🍴○ 🏊○ 🔒× ☕×
住所 Juárez No.122　TEL 222-0051
URL hotelencino.com　税金 込み　カード [M][V]
料金 ⓈⒹM$850～　[AC]○ [TV]○ [TUB]×

▶コスパのよい快適宿

ベルマル
Belmar

クアレ川から2ブロック南にある中級ホテル。商店街にあり、セントロへも橋を渡ってすぐだ。全32室。[Wi-Fi] 客室OK・無料

メインストリートに面している

[MAP] P.347/A1　🍴× 🏊× 🔒○ ☕×
住所 Insurgentes No.161　TEL 223-1872
URL www.belmarvallarta.com
税金 込み　カード [A][M][V]
料金 ⓈM$600～、ⒹM$900～　[AC]○ [TV]○ [TUB]×

🍴 レストラン　🏊 プール　🔒 金庫　☕ 朝食　[AC] エアコン　[TV] テレビ　[TUB] バスタブ

ラパス間のフェリーも発着する老舗リゾート

マサトラン Mazatlán

人口	約44万人
高度	0m
市外局番	669

シナロア州政府観光局
URL turismo.sinaloa.gob.mx

マサトランから各地へのバス
●メキシコ・シティ
Elite、TAPなどのバスが毎時1～3本。所要約17時間、料金M$1050～1187。
●グアダラハラ
Elite、TAPなどが毎時1～2本。所要7～8時間、料金M$545～790。
●ティファナ
Elite、TAP、TNSなど毎時数本。所要約26時間。M$1417～1602。

ラパスへの船舶
●Baja Ferries
TEL 985-0470
URL www.bajaferries.com

✉ **船の運航状況に注意**
マサトランからラパスへのフェリーをBaja Ferries公式サイトで予約しましたが、当日の朝に欠航が発覚(日本の電話番号で登録したため連絡がなかったようです)。マサトラン港にあるカウンターでロスモチス発の船に変更してもらい、バスでロスモチスへ移動しました。天候や船の整備で急な欠航もあるので注意しましょう。(東京都　まどか　'18)
※編集部の追記
Baja Ferriesのマサトラン～ラパス間のフェリーは船のメンテナンスのために2019年初頭まで運休予定。最新情報は公式サイトで確認を。

市内交通
市バスはM$8.5とエアコン付きのM$11の2種類。ルート別に色が異なっている。タクシーは、中心部からソナ・ドラダ間で約M$120。

観光案内所 [MAP] P.351
TEL 915-6600
住所 Av. del Mar 882
営業 月～金9:00～17:00

マサトランは古くから栄えた港町で、アメリカからの豪華客船や世界周航中の大型客船もこの港に立ち寄る。太平洋岸有数のリゾート地としても知られ、冬季には北米から多くの人が避寒に訪れる。また、バハ・カリフォルニア南端のラパスとメキシコ本土を結ぶフェリーの発着地として、マサトランを訪れる旅行者も多い。

歴史あるリゾートならではの情緒が漂う

アクセス

飛行機▶メキシコ・シティからはアエロメヒコ航空やインテルジェット航空、ビバ・アエロブス航空、ボラリス航空などが毎日計4～6便運航。グアダラハラやティファナなどからも毎日便がある。マサトランのラファエル・ブエルナ国際空港Rafael Buelna (MZT)は中心部から約27km南東にあり、タクシーで約30分(M$400)。
バス▶メキシコ・シティ、グアダラハラなど、国内の各地から多数運行。バスターミナルは3ヵ所あるが、ソカロから約4km北にあるメインバスターミナルから各地へのバスが発着している。
船舶▶ラパスのピチリンゲ港へ週3便運航、所要約13時間で料金はM$1240～。季節によって便数や運航時刻は大幅に変わるので、左記の公式サイトで要確認。港は中心部からタクシーで約M$80。市バスでセントロへは緑色のバス(M$11)が利用できる。

歩き方

観光の中心地ソナ・ドラダ

マサトランは、観光地としてにぎわう**ソナ・ドラダ**Zona Doradaと、地元の人が生活している旧市街の**セントロ**Centroに大きく分けられる。広いエリアなので、タクシーや市バスを使って移動しよう。

ソナ・ドラダは旧市街の北に6kmほど離れ、ツーリスト向けのレストラン、ディスコ、ショッピングモールなどが集まっている。ここからさらに北へと延びる海岸沿いのエリアが、マサトランのツーリストゾーンで、高級リゾートホテルが並んでいる。マリンスポーツの施設も整い、おいしいシーフードやカットフルーツなどの屋台も出て、1年中旅行者でにぎわっている。

[はみだし] [H]スイーテル 522 Suitel 522([MAP] P.351　住所 Río Presidio No.522　TEL 985-4140　URL www.suitel522.com)はエコロジーを意識した全9室のホステル。ⓈⒹM$750～。

風情ある旧市街には見どころも点在

コロニアル調の町並みも残っている旧市街には、高台に建つ歴史ある灯台El Faroやヨットハーバー、ラパス行きの船が出る港などがある。またソナ・ドラダと旧市街の中間にはマサトラン水族館Acuario Mazatlánもあり、潜水ショーやアシカのショーが楽しめる。

マサトラン水族館 [MAP] P.351
TEL 981-7815
URL acuariomazatlan.com
入場 毎日9:30～17:30
料金 M$115
　セントロから北約3kmの海岸通りから100mほど入る。

Estancia ホテル

経済的ホテルは旧市街のソカロから海岸への一帯に点在。高級ホテルはソナ・ドラダ地区のビーチ沿いに並んでいる。メインバスターミナルの周辺にも中級～格安ホテルが揃っている。

▶リゾート気分に浸れる優雅なホテル

ロイヤル・ヴィラス・リゾート
Royal Villas Resort

ソナ・ドラダ地区のプラヤ・サバロにある、全125室の高級ホテル。全室に冷蔵庫、キッチンなどを完備。部屋は広々として、バルコニーから海を眺めることができる。周辺にはレストランも多い。
[Wi-Fi] 客室OK・無料

海岸沿いにある高級ホテル

[MAP] P.351　🍴○ 🏊○ 🔒○ ☕△
住所 Av. Camarón Sábalo No.500
TEL 916-6161
URL www.royalvillas.com.mx
税金 +19%　カード [A][D][M][V]
料金 ⓈⒹM$1668～　[AC]○ [TV]○ [TUB]○

▶瀟洒なバルコニーが付いた白亜のホテル

エンポリオ
Emporio

ソナ・ドラダ地区にある全134室のホテル。ビーチ脇にプールがあり、これを囲むようにして客室が建つ。白を基調とした内装が明るくて、すがすがしい。スタッフの対応もいい。[Wi-Fi] 客室OK・無料

開放的な休日が期待できそう

[MAP] P.351　🍴○ 🏊○ 🔒○ ☕△
住所 Av. Camarón Sábalo No.51
TEL 983-4611
URL www.emporiohotels.com
税金 +19%　カード [A][M][V]
料金 ⓈⒹM$1630～　[AC]○ [TV]○ [TUB]×

▶マサトラン最古の歴史的ホテル

ベルマル
Belmar

旧市街の海岸道路にある全150室の経済的ホテル。20世紀初めに建造された町で最も古い施設で、部屋は簡素。[Wi-Fi] 客室OK・無料

[MAP] P.351　🍴× 🏊× 🔒× ☕×
住所 Olas Altas No.166 Sur　TEL 985-1113
URL www.hotelbelmar.com.mx　税金 込み
カード [M][V]　料金 ⓈⒹM$550～　[AC]○ [TV]○ [TUB]×

マサトラン
Mazatlán
エリア地図▶P.335/A1
0
3km
Luna Palace
パハロス島
Isla de Pajaros
The Palms Resort
El Cid
Camarón Sábalo
▶P.351
ロイヤル・ヴィラス・リゾート
Royal Villas Resort
プラヤ・サバロ
Playa Sábalo
ソナ・ドラダ
Zona Dorada
ベナドス島
Isla de Venados
Ramada Mazatlán
Rafael Buelna
エンポリオ
Emporio
▶P.351
チボス島
Isla de Chivos
Insurgentes
Av. del Mar
▶P.350
観光案内所
空港へ
▶P.351 マサトラン水族館
Acuario Mazatlán
メインバスターミナル
Club Playamar
太平洋
Océano Pacífico
プラヤ・ノルテ
Playa Norte
Paseo Claussen
Benemérito
Río de los Cedros
▶P.350 スイーテル522
Suitel 522
Hacienda
カランサ要塞
El Fuerte Carranza
M. Gutiérrez Nájera
Gabriel Leyva S.
La Siesta
Zaragoza
市場
カテドラル
プラヤ・オラス・アルタス
Playa Olas Altas
Olas Altas
ソカロ
セントロ（旧市街）
Centro
Miguel Alemán
▶P.351 ベルマル
Belmar
Emilio Barragán
ラパスへのフェリー乗り場
ピエドラ島
Isla de la Piedra
灯台
El Faro

太平洋岸のリゾートビーチ

イスタパ＆シワタネホ
Ixtapa & Zihuatanejo MAP P.335/B2

のどかなビーチが広がるシワタネホ

アカプルコの約240km西、世界的なリゾートホテルが並ぶ新興リゾート、イスタパ。もともとはココナッツ畑だったこともあり、メキシコらしい情緒はあまりないが、優雅な大人たちが極上のバカンスを満喫するには最高のビーチだ。そして、イスタパ近郊のシワタネホは漁村の情緒を残し、経済的な滞在地として若い旅行者の人気を集めている。

アクセス

飛行機▶メキシコ・シティからアエロメヒコ航空などが毎日計4～8便運航（所要約1時間、M$1493～4706）。イスタパ／シワタネホ空港Ixtapa-Zihuatanejo（ZIH）はシワタネホの中心から15kmほど離れており、タクシー利用でM$120程度。
バス▶すべての長距離バスは、シワタネホのターミナルに到着する。イスタパへは、その後ローカルバス（料金M$5.5）に乗り換えて所要約15分。タクシー（M$80程度）も利用できる。アカプルコから毎時数本（所要約4時間、M$203～258）、メキシコ・シティから1日7本（所要約9時間、M$765～900）運行。

歩き方

素朴な漁村に毛のはえたような町シワタネホと高級リゾートのイスタパには、それぞれ違った魅力がある。どちらに泊まっていても、もうひとつのビーチへ行き、別の雰囲気を味わってみよう。タクシーのほかに、20分に1本くらいイスタパ～シワタネホ間を走っている市バスで移動できる。

高級リゾートのイスタパは、パセオ・イスタパが町の目抜き通りで、ビーチも通り沿いにある。スノーケリング、スクーバダイビング、フィッシングなど、遊ぶメニューも豊富。ビーチに飽きたら、レンタルの自転車やスクーターで町の周辺などを散策したり、町の中心にあるツーリスト向けの市場やみやげ物店をのぞきながら散歩を楽しめる。イスタパ島Isla de Ixtapaやラグーンを訪れたり、ゴルフや乗馬といったスポーツに興じるのもいい。夜には、ディスコやバーで陽気に楽しめる。

シワタネホは、素朴な漁民の町的な雰囲気があり、物価も安め。町の中心部は活気あふれる中央市場周辺で、経済的なホテルやシーフードレストランも多い。東部にあるビーチ沿いには高級ホテルも点在している。海岸沿いにあるパセオ・デル・ペスカドールPaseo del Pescadorを歩くと、観光地化されてはいるが、人や風景に漁村の情緒を感じられる。

シワタネホは国内旅行者のバカンス地としても人気

Estancia ホテル

新興観光リゾート地のため、ホテルの料金相場はかなり高い。特にイスタパでは、高級ホテルがビーチに林立し、安宿はない。経済的に滞在したい場合には、シワタネホで探すといいだろう。

高級リゾートが並ぶイスタパでは、[H]**Las Brisas Ixtapa**［TEL（755）553-2121 URL www.lasbrisashotels.com.mx］が手頃な料金で楽しめるホテル。料金はⓈⒹM$2352～。 [H]**Sunscape Dorado Pacifico**［TEL（755）553-2025 URL www.sunscaperesorts.com/dorado］も、青と白を基調としたビーチリゾートの趣たっぷりの内装で、全室から隣接する海が眺められる。オールインクルーシブでⓈⒹM$3933～。

シワタネホでは、南東のロパ・ビーチにある[H]**Viceroy Zihuatanejo**［TEL（755）555-5500 URL www.viceroyhotelsandresorts.com］がおすすめ。ビーチが望め、全46室は45m^2～と広々としている。料金はⓈⒹM$3204～。

シワタネホの中心部には、[H]**Casa de Huéspedes la Playa**［TEL（755）554-2247］など、1泊ⓈⒹM$450のホテルもある。

イスタパのおすすめホテルSunscape Dorado Pacifico

バハ・カリフォルニアと北部
Baja California & North Mexico

サンディエゴ San Diego
ティファナ Tijuana ▶P.381
ロサリート Rosarito ▶P.385
エンセナーダ Ensenada ▶P.385
メヒカリ Mexicali
Río Colorado
ソノイタ Sonoyta
プエルト・ペニャスコ Puerto Peñasco
ピナカテ火山とアルタル大砂漠 Reserva de la Biosfera El Pinacate y Gran Desierto de Altar ▶P.385
ツーソン Tucson
ノガレス Nogales ▶P.414
アメリカ合衆国
エルパソ El Paso
シウダー・フアレス Ciudad Juárez ▶P.414

サンフェリペ San Felipe
Parque Nacional Sierra San Pedro Mártir
コルテス海(カリフォルニア湾) Mar de Cortés
El Desemboque
Santa Ana
ソノラ州 Sonora
Bavispe Yaqui
ヌエボ・カサス・グランデス Nuevo Casas Grandes
パキメ遺跡 Paquimé ▶P.388
チワワ州 Chihuahua

エルロサリオ El Rosario
バハ・カリフォルニア州 Baja California
Isla Ángel de la Guarda
Isla Tiburón
エルモシージョ Hermosillo
Parque Nacional Cascadas de Basaseachi
▶P.390
チワワ Chihuahua
La Junta

Santa Rosalillita
Islas San Benito
Isla Cedros
Bahía de Sebastián Vizcaíno
ロサリート Rosarito ▶P.372
グレーロ・ネグロ Guerrero Negro
Laguna Ojo de Liebre
サンフランシスコ山地の岩絵群 Pinturas Rupestres de la Sierra de San Francisco ▶P.373
フェリー
グアイマス Guaymas
Presa Alvaro Obregón
クリール Creel ▶P.391
Parque Nacional Barranca del Cobre

太平洋 Océano Pacífico
▶P.372
エル・ビスカイノのクジラ保護区 Santuario de Ballenas El Vizcaíno
サンイグナシオ San Ignacio ▶P.373
Laguna San Ignacio
Santa Rosalía
サンイシドロ San Isidro
カリフォルニア湾の島々と保護地域群 Golfo de California ▶P.27
Río Mayo
El Fuerte
San Blas
ロスモチス Los Mochis ▶P.389

南バハ・カリフォルニア州 Baja California Sur
Isla Magdalena
プエルト・ロペス・マテオス Puerto López Mateos
プエルト・サンカルロス Puerto San Carlos ▶P.380
ロレート Loreto ▶P.380
Isla del Carmen
トポロバンポ Topolobampo
フェリー
Culiacan

Isla Santa Margarita
▶P.374
ラパス La Paz
ピチリンゲ Pichilingue
San Pedro
Santiago
シナロア州 Sinaloa
フェリー

▶P.356
ロスカボス Los Cabos
トドス・サントス Todos Santos
▶P.380
カボ・サンルーカス Cabo San Lucas
カボ・プルモ Cabo Pulmo
サンホセ・デル・カボ San José del Cabo
マサトラン Mazatlán

0   200km

353

ジンベエザメも出没するラパスの沖合　Photo by The Cortez Club

ハイライト

世界最長の半島、バハ・カリフォルニアは、南北に約1680kmもの長さをもつ。半島の南端にあるロスカボス（→P.356）やラパス（→P.374）は、ゲームフィッシングの人気地でもあり、リゾート施設も充実している。近年は、大物回遊魚が見られるダイビングスポットとしても人気が高い。夏の水温は25℃前後なのでロングジョンで十分。逆に4〜5月は18℃以下にまで下がるので5mm以上のウエットスーツが必要になる。またバハ・カリフォルニアは、未開発の自然が多く残る野生動物の宝庫。特に毎年12〜3月には、南部沿岸でお産にやってくるクジラの姿が望める。

旅のヒント

● コミュニケーションは英語でOK

アメリカからの旅行者が多いバハ・カリフォルニアは、英語がメキシコ全土で一番通用するエリア。ある程度英語が話せれば、食事にも買い物にもほとんど不便はない。ただし、あいさつ程度でもスペイン語を使えば、現地の人との関係が友好的になる。

● 時差に注意しよう

このエリアは3つの時間帯に分かれているので、注意が必要。大部分のエリアはメキシコ・シティと同じ中部標準時（CST）だが、ロスカボスやラパスのある南バハ・カリフォルニア州とナジャリ州、シナロア州、ソノラ州（ソノラ州のみ夏時間を採用していない）のコルテス海東岸

は山岳標準時（MST）より1時間早くなっている。

さらにティファナのある北バハ・カリフォルニア州は太平洋標準時（PST）を使っているので、2時間早くなっている。なおメキシコの鉄道ダイヤはどの地域でも中部標準時で表示されている。チワワ太平洋鉄道などを利用する場合には、時差に注意しよう。

アクセス

● 飛行機

バハ・カリフォルニアと北部は、地図から得る印象以上に広大なので、飛行機の利用価値はとても高い。

北部の国内移動は飛行機が便利

● バス

バハ・カリフォルニアはほとんどが砂漠地帯で、都市間の距離も離れている。バスの旅は長時間となるので、水や食料は多めに持参しよう。

● 鉄道

メキシコ北部を走るチワワ太平洋鉄道は、西シエラ・マドレ山脈の大自然のなかを抜ける山岳鉄道。独自の文化をもつ先住民のタラウマラ族にも出会える人気のルート。

● 船舶

ラパスからコルテス海（カリフォルニア湾）を渡ってロスモチスやマサトランへ行く航路もある。ただし、天候が悪くなると欠航になるので、予定には余裕をもっておこう。

物価とショッピング

リゾート地や国境周辺の都市は、アメリカ人旅行者が多く訪れるために、ホテルや食事などの旅行物価が高い。ロスカボスなどのショップや市場では、観光客向けのおみやげ

バハ・カリフォルニアと北部の
見どころベスト
3

1 カボ・サンルーカス沖のホエールウオッチング（→ P.362）
2 ラパス周辺のアシカ群生地（→ P.374）
3 チワワ太平洋鉄道（→ P.386）

バハ・カリフォルニアと北部　エリアインフォメーション

品が売られており、英語が話せれば交渉も苦労しない。

安全情報

ロスカボスやラパスなどのリゾートは、メキシコでは比較的治安のいいエリアだ（ロスカボスは麻薬抗争がらみで治安が悪化した時期もあったが、近年はメキシコ政府主導で警備を強化しトラブルは減っている）。

深夜まで旅行者たちでにぎわうカボ・サンルーカスの繁華街

アメリカからの旅行者などは、夜遅くまでナイトライフを楽しんでいるが、夜道はひとりで歩かないなど注意はおこたらないように。

国境地帯では、繁華街などで警官のパトロールを徹底して、あやしい歓楽地から健全なスポットへの転身を図っている。しかし、生活に困った人々の一部はアメリカを目指してこの国境地帯に集まってくる。ティファナなどでは観光エリア以外への立ち入りを避けること。特に犯罪組織の抗争が多いシウダー・フアレスは通過や滞在も避けたい（→P.428欄外）。

文化と歴史

1848年に米墨戦争で敗北し割譲させられるまでは、テキサスからカリフォルニアにいたるアメリカ南部諸州はメキシコ領だった。そのため現在はリオ・グランデなどによって引かれている北部国境線沿いは、割譲後につくられた比較的新しい町が多い。

国境の町はふたつの国の経済格差から、メキシコ人には1日数千人ともいわれる越境者のポイント、アメリカ人にとっては格安の歓楽地として人気を集め発展していった。近年はマキラドーラ、保税（無税）加工工業地帯として脚光を浴びている。そもそもマキラドーラとは原料を預かり、粉などに製品化して返し、加工賃（マキラ）をもらう、メキシコの伝統的な委託加工業者のこと。現代のマキラドーラは電化製品などの部品を免税で輸入し、製造後そのまま輸出して富を得ている。

年間気候とベストシーズン

全体的に乾燥した気候で晴天率が高い。7～8月には最高気温が40℃を超えることもあるが、12～1月の冬季は快適。

ロスカボスは、クリスマスと新年前後が旅行のピークシーズン。アメリカからの避寒ツーリストが押し寄せて、ホテルの値段も跳ね上がる。

ロスカボスでは軽装で歩くアメリカ人も多い

サンホセ・デル・カボ（ロスカボス）の年間気候表

月　別	1月	2月	3月	4月	5月	6月	7月	8月	9月	10月	11月	12月	年間平均
最高気温	25.4	26.1	26.2	28.5	30.1	31.8	32.9	32.8	32.9	27.6	29.5	26.8	29.2℃
最低気温	12.7	13.4	13.4	15.6	18.1	21.1	23.3	23.7	23.1	20.3	17.1	14.5	18.0℃
平均気温	17.7	18.9	19.6	22.2	24.1	26.2	28.1	29.1	28.5	26.4	23.3	19.7	23.6℃
降雨量	8.5	7.3	2.2	0.2	4.1	17.1	25.4	56.9	57.8	42.0	5.7	12.8	20.0mm

チワワ（北部）の年間気候表

月　別	1月	2月	3月	4月	5月	6月	7月	8月	9月	10月	11月	12月	年間平均
最高気温	17.9	20.4	23.7	27.7	31.4	33.7	31.7	31.3	29.2	26.5	22.0	18.3	26.1℃
最低気温	2.1	4.1	6.9	11.7	13.1	19.0	19.1	18.2	13.0	10.5	5.7	2.1	10.0℃
平均気温	9.4	11.1	14.9	18.3	23.3	26.1	24.9	26.1	22.2	18.3	13.3	9.4	18.1℃
降雨量	2.5	5.0	7.6	7.6	10.1	0.0	78.7	93.9	93.9	35.5	7.6	20.3	30.2mm

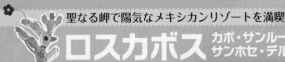

聖なる岬で陽気なメキシカンリゾートを満喫

ロスカボス
カボ・サンルーカス／サンホセ・デル・カボ
Los Cabos (Cabo San Lucas & San José del Cabo)

人 口	約24万人
高 度	0m
市外局番	624

必須ポイント！
- ★エルアルコへのボートツアー
- ★ホエールウオッチング
- ★陽気なナイトライフ

イベント情報
●10〜11月
　カボ・サンルーカスでゲームフィッシングの国際大会「ワールド・フィッシング・トーナメント」が開かれ、町のにぎわいが増す。また、10月18日は、サンルーカスの守護神をたたえる日になっている。

南バハ・カリフォルニア州観光局
URL visitbajasur.travel

空港から市内へ
　ロスカボス国際空港Los Cabos (SJD) は、サンホセ・デル・カボ中心部から約10km北。シャトルバスが市内まで行ってくれる。サンホセ・デル・カボまで所要約20分、カボ・サンルーカスまで所要50〜60分(各M$50)。
　空港からタクシーを利用するとサンホセ・デル・カボへUS$50、カボ・サンルーカスへUS$85。

市内から空港へ
　カボ・サンルーカス(Hテソロ・ロスカボス受付前)から空港へのシャトルバスは9:15、11:15、13:15に運行(M$350)。空港までタクシーを利用するとカボ・サンルーカスからM$1000程度、サンホセ・デル・カボからM$600程度。

日本語対応のタクシー会社
● Zaboten Tours & SVC Los Cabos
TEL 142-0889
e-mail zaboten@hotmail.com
　日本人の黒田裕子さんが対応してくれる。空港からサンホセ・デル・カボへUS$55、空港からカボ・サンルーカスへUS$65。3日前まで要予約。

アエロメヒコ航空
TEL 146-5098(空港内)

マリンスポーツも楽しめる国際的なリゾートエリア

　バハ・カリフォルニア半島の最南端に位置するふたつの町、カボ・サンルーカスとサンホセ・デル・カボを結ぶ海岸地域「ロスカボス」は、太平洋岸で人気の高いビーチリゾートのひとつ。多様な生物が見られる海は、カリフォルニア湾の島々と保護地域群として世界遺産にも登録されている。

　赤茶けた砂漠の果てに、忽然と現れるブルーの世界。コルテス海(カリフォルニア湾)と太平洋が交わるカボ・サンルーカスの聖なる岬。その先端には、荒波に削られたアーチ形の岩や、塔のような形の奇岩が並び、アシカやペリカンが遊ぶ。そして冬のシーズンにはザトウクジラやコククジラが大海原に姿を現す……。

　この壮大な自然の豊庫は、スポーツフィッシングとダイビングには最高のスポットとして有名。マンタやハンマーヘッドシャークの群れに遭遇したり、カジキなどの大物を釣り上げるなど、楽しみ方は人それぞれ。ゴルフコースや乗馬などの施設も整備されている。日が沈んでからは、カボ・サンルーカスで遅くまでメキシコの夜遊びを大満喫。陽気でにぎやかな休日がこのビーチで待っている。

アクセス

飛行機▶インテルジェット航空(4O)やアエロメヒコ航空(AM)などが、メキシコ・シティから毎日計7〜9便運航。ボラリス航空(Y4)とインテルジェット航空などがグアダラハラから運航。

　アメリカからは頻繁に国際便が運航。ロスアンゼルスからはアメリカン航空、アラスカ航空、ユナイテッド航空などが毎日各1〜2便運航。そのほかサンディエゴ、ダラス、ヒューストンなどからも毎日便がある。

ロスカボスから各地への飛行機

目 的 地	1日の便数	所要時間	料金
メキシコ・シティ	AM、4O、Y4、VB、GMT 計7〜9便	2〜2.5h	M$1746〜4291
グアダラハラ	Y4、4O、VB、A7 計4〜6便	1.5h	M$668〜2528
ティファナ	Y4 1便	2〜2.5h	M$2323〜3097

安全情報 カボ・サンルーカスやサンホセ・デル・カボの町は観光客が多く、警備もされて治安がよい。スリや置き引きなどに注意し、貴重品管理を心がければ問題なく過ごせる。

バ ス▶カボ・サンルーカスは中心部から2kmほど北西（**MAP** P.357/A1）、サンホセ・デル・カボは中心部から2kmほど南西（**MAP** P.359/A1）に、各バスターミナルがある。ラパスからはAguila社がトドス・サントス経由Via Cortaとサンティアゴ経由Via Largaの2ルートを運行している。

ロスカボスから各地へのバス			
目 的 地	1日の本数	所要時間	料 金
ラパス（カボ・サンルーカス発）	Aguila毎時1～2本	2.5～4h	M$250～315
ラパス（サンホセ・デル・カボ発）	Aguila毎時1～2本	3～3.5h	M$280～360

歩 き 方

観光施設やナイトライフが充実した岬最先端の町カボ・サンルーカス。コロニアル調の静かな町並みが印象的なサンホセ・デル・カボ。そしてふたつの町を結ぶ国道1号線Carretera Transpeninsular沿いに高級リゾートが点在するコリドール地区。ロスカボスは、この3つの地域に大きく分けられる。

コリドール地区　Los Cabos Corridor

思わず「サボテン・ランド」と呼びたくなるような砂漠の大地に、ひたすら真っすぐ延びる国道1号線Carretera Transpeninsular。コリドールとは、カボ・サンルーカスとサンホセ・デル・カボの町を結ぶこの国道沿いの海岸エリアだ。スノー

プラヤ・サンタマリアのビーチ

ケリングポイントとして有名なプラヤ・サンタマリアやプラヤ・チレーノがあり、個性豊かな高級リゾートホテルやゴルフ場などが点在している。この地域の住所は、カボ・サンルーカスからの距離で示される。

ラパスから各地へのバス

ロスカボスからメキシコ各地へのバスの運行はあまりない。カボ・サンルーカスの約200km北西にあるラパスから、半島北部への太平洋岸の町への船が出ているので、時間はかかっても安く移動したい人はラパスを起点としよう。

タクシーの片道標準料金
●カボ・サンルーカス→サンホセ・デル・カボ　M$600
●バスターミナル→カボ・サンルーカス　M$80

コリドール地区のホテルから

日本人旅行者にも人気のコリドール地区の**H**マルキス・ロスカボス（**MAP** P.357/A2）外から、各地域へのタクシー料金の目安はサンホセ・デル・カボへM$500、カボ・サンルーカスへM$600、空港へM$750。

ロスカボスのローカルバス

それぞれの中心部を市バスが頻繁に循環している。料金はM$13。

カボ・サンルーカスとサンホセ間を結ぶバスは、バスターミナルから、5:00～22:30の間、約15分に1本の割合。料金はM$37。

コリドール地区を走る市バス

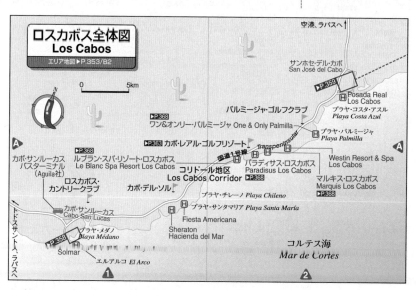

ロスカボス全体図
Los Cabos
エリア地図▶P.353/B2

空港、ラパスへ↗

0　　5km

A

サンホセ・デル・カボ
San José del Cabo
▶P.359

HPosada Real
Los Cabos

▶P.368
バルミージャ・ゴルフクラブ
ワン&オンリー・バルミージャ One & Only Palmilla

プラヤ・コスタ・アスル
Playa Costa Azul

▶P.363 カボ・レアル・ゴルフリゾート
国道1号線

プラヤ・パルミージャ
Playa Palmilla

Transpeninsular

カボ・サンルーカス
バスターミナル
（Aguila社）

▶P.368
ル・ブラン・スパ・リゾート・ロスカボス
Le Blanc Spa Resort Los Cabos

コリドール地区
Los Cabos Corridor

パラディサス・ロスカボス
Paradisus Los Cabos
▶P.368

Westin Resort & Spa
Los Cabos

ロスカボス・
カントリークラブ

カボ・デル・ソル

マルキス・ロスカボス
Marquis Los Cabos
▶P.368

プラヤ・チレーノ Playa Chileno

A

カボ・サンルーカス
Cabo San Lucas

プラヤ・サンタマリア Playa Santa María

Fiesta Americana

プラヤ・メダノ
Playa Médano

Sheraton
Hacienda del Mar

コルテス海
Mar de Cortes

▶P.358

Solmar

エルアルコ El Arco

1

トドスサントス、ラパスへ↓

2

カボ・サンルーカス　Cabo San Lucas

　カボ・サンルーカスはアクティブに休日を楽しむのに最適。目抜き通りの**マリーナ大通り**Blvd. Marinaには、高級ホテル、ショッピングモール、ダイビングショップなどが軒を並べている。この通りの南、岬の先端が海に落ち込む所はランズエンドと呼ばれ、そそり立つ裸の岩山に守られた**プラヤ・アモール**Playa Amorと　ロスカボスの象徴であるアーチ形の天然岩**エルアルコ**El Arcoが観光スポットとなっている。ランズエンドへ直接行く道路はないが、フェリードック（**MAP** P.358/B1）から遊覧ボートやセーリングヨットが頻繁に出ている。

　また、マリーナの東側からサンホセ方面へ延々と延びる**プラヤ・メダノ**Playa Médanoは、ジェットスキーやパラセーリングなど各種マリンスポーツの施設が充実している。マリーナ大通りの北側には、レストランやショッピングスポットが集中するセントロ（中心部）が広がっている。全体的にこぢんまりした町なので、十分歩いて回れる。暑い日中は人通りも少ないが、夕方になると表情が一変し、ロスカボスのナイトライフの中心として夜更けまでにぎわう。

のんびりした時間を過ごせるプラヤ・アモール

両替事情
　両替所は市内のショッピングセンターや大型ホテル内にある。銀行でも両替は可能。いずれの場所でも日本円の両替レートはよくない。政府方針により、米ドル両替額は1日US$300が上限となっている（両替にはパスポートを提示する）。

観光案内所
MAP P.358/B1
住所 CATTAC, Paseo de la Marina, Colonia Centro, Marina de Cabo San Lucas
TEL 105-0551
営業 月〜金9:00〜20:00、
土　9:00〜15:00

自転車タクシー
　中心部では自転車タクシーも利用できる。運賃は1時間で1名M$150で、町なかを見て回るには便利。ただし短距離移動に使うのはM$70〜と割高。

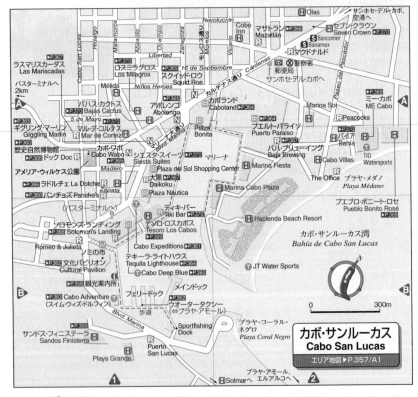

ラス・マリスカーダス
Las Mariscadas
バスターミナルへ
2km

ギグリング・マーリン
Giggling Marlin

歴史自然博物館
ドック Doc

アメリア・ウィルケス公園

ラドルチェ La Dolche
パンチョズ Pancho's
（バスターミナルへ）
ソロモンズ・ランディング
Solomon's Landing
Romeo & Julieta
ノミの市
文化パビリオン
Cultural Pavilion
観光案内所
Cabo Adventure
（スイム・ウィズ・ドルフィン）
サンドス・フィニステーラ
Sandos Finisterra
Playa Grande

バハス・カクトス
Bajas Cactus
マル・デ・コルテス
Mar de Cortéz
カボ・ワボ
Cabo Wabo
シエスタ・スイーツ
Siesta Suites
Plaza del Sol Shopping Center
大黒 Daikoku
Plaza Nautica
ティキ・バー Tiki Bar
テソロ・ロスカボス
Tesoro Los Cabos
Cabo Expeditions
テキーラ・ライトハウス
Tequila Lighthouse
Cabo Deep Blue
メインドック
フェリードック
歩道
ウォータータクシー
（⇔プラヤ・アモール）
Sportfishing Dock
Puerto San Lucas

Olas
Revolución
Cobo Inn
Libertad
16 de Septiembre
ロスミラグロス
Los Milagros
スクイッド・ロウ
Squid Roe
アボレンゴ
Abolengo
Plaza Bonita
マリーナ
Marina Fiesta
Hacienda Beach Resort
Bahía de Cabo San Lucas
プラヤ・コーラル・ネグロ
Playa Coral Negro
Solmarへ

Mazatlán
Bancomer
Banamex
マクドナルド
警察署
郵便局
サンホセ・デル・カボへ
カボランド
Caboland
プエルト・パライソ
Puerto Paraíso
ババ・ブリューイング
Baja Brewing
Marina Cabo Plaza
The Office
Marina Sol
Peacocks
ミー・カボ
ME Cabo
Bahía
Cabo Villas
Watersports
プラヤ・メダノ
Playa Médano
プエブロ・ボニート・ロセ
Pueblo Bonito Rosé
JT Water Sports
カボ・サンルーカス湾

サンホセ・デル・カボ、空港へ
セブンクラウン
Seven Crown

0　　　　　　300m

カボ・サンルーカス
Cabo San Lucas
エリア地図 ▶P.357/A1

はみだし ロスカボスの中心部では銀行・コンビニ・ショッピングセンターなどATMはたくさんあるので便利。ただしマリーナの歩道にいくつも立つIntercamのATMは手数料が銀行より割高。

サンホセ・デル・カボ San José del Cabo

　空港から車で約20分。観光客を意識した人工的なリゾート地カボ・サンルーカスに比べて、華やかさには欠けるが、しっとりと落ち着いた情緒が漂う町だ。植民地時代の面影を残す古い建物が多く、行政機関もここに集まっている。町の中心は緑の木陰が涼しげな**ミハーレス広場**Plaza Mijaresで、隣接する白いカテドラルは、1730年にこの町をつくったスペイン・イエズス会の跡地に再建されたものだ。

　中心部には、手頃なホテルや、中庭がある落ち着いたレストランが充実しているが、ショッピングやナイトライフには、にぎやかなカボ・サンルーカスまで足を延ばしてみるといい。

ミハーレス広場とカテドラルが町の中心

静かな町並みを散策してみよう

遊泳は気をつけて！
　ロスカボスの波はかなり荒く、ビーチも波打ち際からわずか3mで急に深くなっている。人の少ないコリドール地区では、特に注意が必要だ。人の多いプラヤ・メダノでも遊泳している人はほとんどいない。

ビーチではのんびり過ごそう

🅢 オーガニックマーケット
　サンホセ・デル・カボのミハーレス広場から歩いて10分ほど北東の林で、10〜5月の毎週土曜8:00〜15:00頃にオーガニックマーケットMercado Orgánicoが開かれる。無農薬野菜やドリンク類のほか、民芸品やアクセサリーなどが並び、見て歩くだけでも楽しい。
●Mercado Orgánico
MAP P.359/A2外
URL www.sanjomo.com

サンホセ・デル・カボ
San José del Cabo
エリア地図▶P.357/A2

はみだし　ロスカボスのタクシーはペソでも米ドルでも支払える。メーターはないので乗車前にドライバーと運賃交渉が必須。おつりがないと言われる場合も多いので小銭は準備しておきたい。

ダイビングの標準料金

1ダイブUS$50〜、2ダイブUS$85〜、3ダイブUS$100〜。器材のレンタルはUS$15〜25。初心者のための体験ダイビングUS$110〜。ライセンス取得コースは4日間でUS$450〜。

おもなダイブショップ

●Cabo Deep Blue

MAP P.358/B1

住所 Tesoro Los Cabos Local-D-1
TEL 143-7668
URL www.cabodeepblue.com

　日本語が堪能なオーナーのオスカルさんと幸子さんが、日本人ダイバーにしっかり対応してくれる。各種ダイビングツアーやライセンス取得コースのほか、ホエールウオッチング・ツアーなども扱っている。ダイビング器材の販売もしている。

日本人スタッフも常駐している
Cabo Deep Blue

❊❊❊ アクティビティ ❊❊❊

マリンスポーツ

❊ ダイビング ❊ 　　　　　　Diving

　マンタ、ジンベエザメ、ハンマーヘッドシャーク、ウミガメ、アシカなどが見られる世界的な大物釣りのポイントだけに、ダイビングスポットも多彩。ランズエンド周辺やコリドール地区のチレーノ湾にはビーチから5〜10分でエントリーできるポイントがあるし、北東岸のカボ・プルモではダイナミックなボートダイビングが楽しめる。

　ベストシーズンは、アシカと泳げギンガメアジなどが多い7〜12月。4〜6月は水温が15℃ぐらいなので、5〜7mmのウエットスーツが必要。9〜11月はマンタなどの大物に遭遇する確率は高く、水温28〜30℃と温かいが、8月後半〜9月はハリケーンの季節なので注意（この期間はアシカも姿を消してしまう）。

魚影の濃いロスカボスの豊かな海　　Photo by Cabo Deep Blue

🌵 INFORMACION

ロスカボスの主要ダイブスポット

サンド・フォールを泳ぐアシカ（撮影：浅井雅美）

●ペリカン・ロック　Pelican Rock

　アモール・ビーチのすぐ横、ビーチからボートで5分ほどのポイントで、ビギナーに最適。岩の周りには名前のとおり、たくさんのペリカンが群れている。浅い所にもカラフルなトロピカルフィッシュが舞い、ときにはアシカが泳ぐ姿を見かけることも。海底のスロープをさらさらと砂が流れている「サンド・フォール」も見逃せない。

●シーライオンズ・コロニー　Sea Lion's Colony

　ランズエンドのすぐ近くの岩場にアシカのコロニーがある。ギンガメアジの群遊が見られ、ハーバーフィッシュ、ガーデンイール、タイの仲間なども多い。この東側にある「ネプチューン」ポイントでは、4〜12月末までヒメマンタの群れと遭遇するチャンスもある。

●カボ・プルモ　Cabo Pulmo

　カボ・サンルーカスからはサンホセ経由で、北東に車で約2時間。ハードコーラルの群生が見られる「プルモ・コーラルリーフ」や「エルバホ・リーフ」、沖合の海底に沈船の残骸が散らばる「ロベルト・デイビス」など、変化に富んだポイント。

カボ・プルモのコーラルにひそむウツボ

　はみだし　アメリア・ウィルケス公園には歴史自然博物館（**MAP** P.358/A1 TEL 105-0661 入場 毎日10:00〜19:00）がある。入場料はM$40。地域の歴史や海洋のことなどについて学べる。

スポーツフィッシング — Sports Fishing

太平洋とコルテス海がぶつかり、寒流と暖流が交わるロスカボス周辺の海は、800種類以上の魚の宝庫。カボ・サンルーカスは「マリーン・キャピタル」と呼ばれ、大物釣りのメッカとして世界的に知られている。釣り人憧れのブルー・マーリン（クロカジキ）をはじめ、ストライプト・マーリン（マカジキ）、バショウカジキなどが年間4万匹以上も釣り上げられており、毎年10〜12月にはトローリングの国際大会「ワールド・フィッシング・トーナメント」も行われている。

大型のカジキなどが釣れるスポットとして人気

ブルー・マーリンなどが釣れる10〜12月がベストシーズンだが、ドラード（シイラ）、カマス、サワラ、キハダマグロ、タイ、ハタなどの大型魚が年間を通じて釣れる。

パラセイリング — Parasailing

どこまでも続くサボテンの砂漠と鮮やかな対照を見せる紺碧の海、白波に洗われるふたつの海のコーストラインなどを、空から堪能。ボートに乗って5分ほどの沖からスタートする。

カップルで海上の散策が楽しめる

ウエイブランナー — Wave Runner

機動性とスピード感が最高のウエイブランナー（ジェットスキー）は、ロスカボスで人気の高いアクティビティのひとつ。風圧がすごいので、帽子やサングラス着用には注意が必要。

爽快なウエイブランナー

サーフィン、ウインドサーフィン — Surfing & Wind Surfing

サーフポイントは、コリドール地区のホテル・パルミージャからサンホセ・デル・カボの間にあるプラヤ・パルミージャやプラヤ・コスタ・アスルなど。特に夏から秋の初めにかけて、いい波が立つ。

スタンドアップパドルも楽しめる

アクティビティの申し込み

各アクティビティは、ホテル内のツアーデスク、プラヤ・メダノのマリンスポーツセンター、マリーナに沿って並ぶツアーショップや中心部の代理店など、どこでも簡単に手配可。

おもなアクティビティ会社
●Cabo Expeditions
MAP P.358/B1
住所 Blvd. Marina S/N, Plaza dela Danza Local 6
TEL 143-2700
URL www.caboexpeditions.com.mx
各種アクティビティやホエールウオッチングの手配もOK。

スポーツフィッシングの料金

パンガという小型船なら3名まで5時間US$175〜。クルーザーのチャーターはボートの大きさによって異なる。31フィートの小型クルーザーでUS$500（8時間、6名まで）、33フィートの大型クルーザーでUS$550（8時間、7名まで）は別。
料金には、釣り用具一式、アイスボックスなどが含まれる。フィッシングライセンス取得料US$18と生き餌代US$30、クルーへのチップ（ツアー料金の15%が目安）は別。ランチ、飲み物などは各自で持ち込む。

フィッシングツアー会社
●Dream Maker
住所 Tesoro Los Cabos Local F-10
TEL 143-7266
URL www.dreammakercharter.com
●Minerva's Baja Tackle
住所 Madero y Blvd. Marina
TEL 143-1282
URL www.minervas.com

パラセーリングの料金
1フライトは20分間で1名乗りUS$55〜、2名乗りUS$99〜。

ウエイブランナーの料金
1時間US$110。

サーフショップ
●Costa Azul Surfing Shop
サーフボードのレンタルは1日US$25〜。ボディボードは1日US$15〜。
住所 Plaza Costa Azul, Local 8, Carretera Transpeninsural km28
TEL 142-2771
URL www.costa-azul.com.mx

はみだし 太平洋側に面するロスカボスは波が高く、サーフィンに適した場所もある。ただ季節によって潮の流れが速くなって危険になるので、サーフショップなどで情報収集しよう。

おもなクルーズツアー

● ベス・ガトー Pez Gato
TEL 446-6339
URL www.pezgato.com
　H アシエンダ・ビーチ・リゾート前のドックから出発。スノーケリング・クルーズUS$75。サンセット・クルーズUS$50。

● カボレイ Caborey
TEL 143-8260
URL www.caborey.com
　カボ・サンルーカスのメインドックから出発（月〜土のみ運航）。ディナー・クルーズUS$116（ショーなしのビュッフェ・ディナーはUS$74）。

● ラプリンセサ La Princesa
TEL 143-7676
URL www.laprincesacharters.com
　カボ・サンルーカスの S プエルト・パライソ裏のメインドックD-1から出発。スノーケリング・クルーズUS$59、サンセット・クルーズUS$49。

ドックに係留されたクルーズ船

グラス・ボトム・ボートツアー

● Rancho Tours
TEL 143-5464
URL www.ranchotours.com
　毎日9:00〜16:00まで頻繁に出発。料金US$15。

プラヤ・アモールへのウォータータクシー　MAP P.358/B1
　カボ・サンルーカスのフェリードックにはウォータータクシーが待機している。料金は基本的には交渉しだいだが、プラヤ・アモールへの往復は1台US$10程度、45分間のチャーターでUS$30。

✉ ウォータータクシー情報
　ウォータータクシーは交渉次第で安くなりますが、迎えに来てくれないこともあるので注意。基本的に個人所有のボートなので、キャプテンとの直接交渉が一般的。Cabo Zaida's (TEL 143-1306) は数隻を所有しており、マリーナ沿いの小屋がオフィスがわりになっています。ノミの市の東側です。
　　　　　（東京都 さんぷりも '18）

ホエールウオッチング・ツアー
　Cabo Deep Blue (→P.360) では、シーズン中の9:00に、カボ・サンルーカスのマリーナからボートが出る。所要2時間、US$70。

クルーズ&ボート遊覧ツアー

☆ クルーズ　　　　　　　　　　　Cruise ☆

　カタマランボートや大型帆船でのクルージングは、ぜひ体験したいアクティビティのひとつだ。スノーケリング・クルーズは、おおむね11:00〜15:00の時間帯に近海を巡るプログラム。ランチ、ドリンク、スノーケリングギアのレンタルも料金に含まれていて、家族連れに人気。

人気の高いサンセットクルーズ

　ロマンティックな夕焼けに染まるサンセットクルーズは、おおむね17:00〜19:00（サマータイム期間は18:00〜20:00）の時間帯に沖に出る。船上はマルガリータやビールなどが無料で楽しめる。カップル向きのプログラム。

☆ グラス・ボトム・ボート　　　Glass Bottom Boat ☆

エルアルコ付近を航行するボート

　カボ・サンルーカスのフェリードックから、アシカのコロニー、エルアルコの岩場付近を回る45分のグラス・ボトム・ボートツアーが出ている。帰りにアモール・ビーチで降ろしてもらい、あとでピックアップしてもらうことも可。ビーチは長さわずか60mほどで、西側は太平洋、東はコルテス海に面し絶景だ。

☆ ホエールウオッチング　　　　Whale Watching ☆

　毎年12月末から3月にかけて、アラスカ沖から1万km以上も旅してロスカボス沿岸にザトウクジラHumpback WhaleとコククジラCalifornia Grey Whaleがやってくる（毎年2月がピーク）。体重数十tにもなるこの優しい海の生き物は、メキシコ政府によって大切に保護されている。シーズン中には、おもなホテルやツアー会社がホエールウオッチング・ツアーを出している。

冬季に訪れたらクジラ見物に出かけよう！

362　🐴 はみだし　マリーナのそばの**文化パビリオン**Cultural Pavilion (MAP P.358/B1) は、コンサートやショーも行われる野外ステージ。スケジュールは情報サイト（URL www.eventsloscabos.com）でチェック。

バハ・カリフォルニアと北部　ロスカボス

スイム・ウィズ・ドルフィン　Swim with Dolphins

　メキシコの各ビーチエリアで人気を集めているイルカと泳げる施設。カボ・サンルーカス湾の西側にあり、イルカと海で触れ合う各種プログラムが用意されている。月〜金曜の10:00〜16:00には1日トレーナープログラムにも参加できる。

Cabo Adventure
でイルカと触れ合
える

ゴルフ　Golf

　林立する巨大なサボテンの柱の間から海に向かってナイスショット！　そんなゴルフプレイが楽しめるのもロスカボスならでは。コリドール地区とサンホセ・デル・カボに5つのゴルフ場があり、すべて自然の地形を生かした、18ホールの広々としたコースだ。空きがあればすぐプレイできるが、できれば前日までには予約を入れておきたい。夏は20:00頃まで明るいので、日中の日差しを避けて夕方からプレイする人も多い。

景観豊かなカボ・レアル・ゴルフリゾート

●カボ・レアル・ゴルフリゾート
Cabo Real Golf Resort

　Ｈパラディサス・ロスカボスに隣接するチャンピオンシップコース。ロバート・トレント・ジョーンズ・ジュニアによる設計で、サンドトラップや障害の多いコースが多い。すべてのホールから海が望め、特に切り立った断崖に面した18番ホールからの眺望がすばらしい。

スイム・ウィズ・ドルフィン
●Cabo Adventure
MAP P.358/B1
住所 Paseo de la Marina, Lote 7
TEL 173-9500
URL www.cabo-adventures.com
　ドルフィン・スイム（40分、US$189）、エンカウンター（20分、US$119）、1日トレーナープログラム（US$249）。ネット予約10%引き。

カボ・レアル・ゴルフリゾート
MAP P.357/A2
TEL 173-9400
URL www.questrogolf.com
　グリーンフィーは12月下旬〜5月中旬US$245（13:30以降US$175）、5月下旬〜12月中旬US$210（13:30以降US$150）。

主要レンタカー会社
●Alamo
TEL 143-1900
URL www.alamo.com
●Budget
TEL 143-1260
URL www.budget.com.mx
※空港内に主要各社の受付カウンターあり。

砂漠を目指すATVツアー

　砂漠も走れる四輪駆動のサンドバギー ATV による3〜4時間のツアーがある。カボ・サンルーカス発とサンホセ・デル・カボ発の2コースがあり、砂山に建つ古い灯台、砂漠の中の牧場、サンホセの近くのフィッシングビレッジなどを訪れ、砂丘と遊ぶユニークなプログラムだ。
　Rancho Carisuva 社（TEL 105-8413　URL www.ranchocarisuva.com）のツアーは、各ホテルからのピックアップが可能。出発時間は各コースとも毎日 9:30、12:30、15:30。ツアー料金は2名乗り US$99。

砂漠を走るサンドバギー

Compra ショッピング

カボ・サンルーカスやサンホセ・デル・カボには、さまざまなショップが並んでいる。手っ取り早くいろいろな種類の店を見て回りたいなら、カボ・サンルーカスの中心部にあるショッピングセンターに入ってみよう。また、メキシコ風のおみやげを探すなら民芸品市場もある。

▶店の前に鎮座するアシカ像が目印
カボランド
Caboland

カルデナス通りでもひときわ目立つ大型のおみやげショップ。広々とした店内にはサングラスやサンバイザーなど旅行中の即戦力から、カラフルな民芸品やテキーラまで多彩な品揃え。民族衣装をまとったメキシコ人形（US$13～）、パッチワークのクッションカバー（US$24～）、刺繍ポーチ（US$9～）など、店内の商品は米ドルで値札が付いている。まとめ買いで割引きとなる商品もある。

メキシコらしいおみやげが整然と並ぶ

MAP P.358/A1
住所 Lázaro Cárdenas S/N　TEL 105-0702
営業 毎日9:00～22:00　カード Ⓐ M V

▶試飲して好みの1本を見つけよう
テキーラ・ライトハウス
Tequila Lighthouse

赤と白でペイントされた灯台の麓にあるテキーラ専門店。原料となるアガベも植えられた入口には蒸留機や大樽が展示されており、テキーラの製造工程も説明してもらえる。店内にはオリジナル銘柄のEl SecretoやフレーバーテキーラのAgua Lunaなど約100種類のテキーラ（M$150～）が並んでいる。種類によっては試飲もできる。

バニラやコーヒーなどフレーバーテキーラも豊富

MAP P.358/B1
住所 La Marina Lote 9 y 10　TEL 169-1877
営業 毎日9:00～21:00　カード Ⓐ M V

▶中心部のランドマークとなる大型店
プエルト・パライソ
Puerto Paraiso

カボ・サンルーカスで最大規模のショッピングセンター。ジュエリー、ファッション、音楽アイテム、雑貨など多彩なショップが並んでいるので、おみやげ品探しに最適。また映画館やカジノのほか、港を望むおしゃれなレストランなどテナントも多種にわたる。ゆったりショッピングを楽しめるが、価格は比較的高めの設定。

カボ・サンルーカスの中心部にある

MAP P.358/A2
住所 Lázaro Cárdenas S/N　TEL 144-3000
営業 毎日9:00～21:00（飲食店は～24:00）
カード 店舗により異なる

▶雑貨ハンティングを楽しもう
プラサ・アルテサノス
Plaza Artesanos

さまざまなメキシコみやげを扱う店が70軒ほど集まっている、サンホセ・デル・カボにある民芸品市場。木彫りやオーナメントなど典型的なメキシコ雑貨から、南国的なワンピースやTシャツ、ハンモックやソンブレロなど、店ごとに個性的な商品をセレクト。ハンドメイドのアクセサリーやバッグなどレディス向けの商品も見つかる。値引き交渉も楽しみながら掘り出し物を探そう。

アーケードには日よけが張られている

MAP P.359/B2
住所 Blvd. Mijares entre Valerio Gonzalez
TEL 122-1009　営業 毎日9:00～18:00
カード 店舗により異なる

Bebida　　　　　ナイトライフ

ロスカボスは夜も楽しみがいっぱい。特にカボ・サンルーカスには、ここで紹介した店のほかにも、モレロス通り周辺にある Mocambo や Kokomo など、深夜まで陽気に騒げるスポットが多い。サンホセ・デル・カボは、ロマンティックなパブで静かに夜を楽しみたい人に向いている。

▶陽気な夜を演出してくれる

スクイッド・ロウ
Squid Roe

カルデナス通りにある若いツーリストに一番人気の高いナイトスポット。サンセットタイムを過ぎると、フレンドリーなスタッフが上手に店のムードを盛り上げていく。音楽はロックンロールのオールディーズが中心。ドリンクはビールやカクテルがM$65〜。料理はスープM$120〜、パスタM$270〜。BBQセットはM$310。

ロスカボスの有名スポットのひとつ

MAP P.358/A1
住所 Lázaro Cárdenas esq. Zaragosa
TEL 143-1269　営業 毎日9:00〜翌4:00
税金 込み　カード AMV　Wi-Fi 無料

▶洗練された雰囲気のクラブ

アボレンゴ
Abolengo

ピンクのライトに照らされ、すっきりした外観。他の老舗ナイトスポットとは対照的な、洗練された大人の雰囲気が楽しめる。通りに面したオープンなテーブル席で飲むのもOK。踊りたければ奥のスペースへと進もう。ビールM$80〜、カクテルM$95〜。

通りを眺めながらカクテルを楽しめる

MAP P.358/A1
住所 Blvd. Marina S/N　TEL 143-2054
営業 毎日13:00〜翌2:00
税金 込み　カード AMV　Wi-Fi 無料

▶メキシコ風に夜を楽しむ

ギグリング・マーリン
Giggling Marlin

マリーナ大通りの中ほどにある陽気なメキシカンバー＆グリル。シーフードやメキシコ料理が、リーズナブルな値段で楽しめる。また、店名にちなんで、釣り上げられたカジキのように逆さまのポーズで写真を撮るコーナーが人気。ダンスフロアもあり、陽気なアメリカ人ツーリストでにぎわっている。アルコールはM$110〜130。

店の外まで客が出て盛り上がる

MAP P.358/A1
住所 Blvd. Marina esq. Matamoros
TEL 143-1182　営業 毎日9:00〜翌1:00
税金 込み　カード AMV　Wi-Fi 無料

▶クレイジーに盛り上がろう！

カボ・ワボ
Cabo Wabo

赤く光る灯台が目印の有名ナイトスポット。元ヴァン・ヘイレンのサミー・ヘイガーが所有するバー＆レストランで、店内にはメンバーの写真やゴールドディスクが飾られている。ほとんどのアルコールはM$120前後で、キャッシュ・オン・デリバリー方式。夜になるとバー＆ディスコサイド（オープンは毎晩20:00〜）ではテキーラの「強制イッキ」が始まり、カウンターはお立ち台と化して、みんなで陽気に踊りまくる。

ライブ演奏は毎晩22:30頃からスタートする

MAP P.358/A1
住所 V. Guerrero S/N, esq. Lázaro Cárdenas
TEL 143-1188　営業 毎日9:00〜翌2:00
税金 込み　カード AMV　Wi-Fi 無料

はみだし　ロスカボスの繁忙期の1〜3月、7〜9月は観光客が多く、昼夜問わずいつもにぎわう。一方でそれ以外の季節では、夜はレストランやナイトクラブが閑散としていることもある。

Comida　レストラン

　カボ・サンルーカスには、各国料理の楽しめるレストランやショーパブが多く、夜もにぎやかだ。ナイトスポットはもちろん、レストランでも場を盛り上げようとテキーラなどの「強制イッキ飲み」が回ってくることもある。サンホセ・デル・カボのレストランは、静かでおしゃれなら　ア　ドレスト　ラ　ンのほかに、ロ　カルな食堂も充実している。

　支払いはペソでも米ドルでも可能だが、たいてい米ドルのレートは悪いので、ペソで払ったほうが得なケースが多い。カードを使うと支払いは米ドルではなくペソ建てとなる。

🍴 カボ・サンルーカス

▶550種類ものテキーラが自慢
🍴 パンチョズ
Pancho's

　店内は半オープンエアのカジュアルな雰囲気で、ウエーターも陽気にサーブするメキシコ料理の店。特製のパンチョズ・コンボ(M$350)や、セビッチェ(M$180)、ファヒータ(M$170〜)をテキーラ(M$70〜)とともに楽しめる。毎晩18:30〜22:00にはライブ演奏あり。

気軽に入れる雰囲気もいい

MAP	P.358/A1
住所 Emiliano Zapata S/N, esq. Hidalgo
TEL 143-0973　営業 毎日8:00〜22:00
税金 +16%　カード ADMV　Wi-Fi 無料

▶気軽にイタリアンを満喫できる
🍴 ラドルチェ
La Dolche

　赤れんがを用いた内装がシックで落ち着いた雰囲気を醸し出す、イタリア料理の専門店。シーフードや肉料理などのメインから、デザートまで本格的な味わい。特にそれぞれ約20種類あるピザとパスタが人気メニュー。パスタとワインのセットでM$300程度。

ピザも窯焼きでおいしい

MAP	P.358/A1
住所 Zapata S/N, esq. Hidalgo　TEL 143-4122
営業 毎日17:00〜23:30
税金 +16%　カード AMV　Wi-Fi 無料

▶マリーナを眺めながら食事ができる
🍴 ソロモンズ・ランディング
Solomon's Landing

　H テソロ・ロスカボス(→P.369)内にある、シーフードとメキシコ料理のレストラン。メニューにはパスタや寿司などもあり、シーフードの盛り合わせ(2人前M$1420)なども楽しめる。のんびりとマルガリータ(M$85)を飲みながら、夜を過ごすのにもおすすめだ。

海沿いの立地がいい

MAP	P.358/B1
住所 Tesoro Los Cabos　TEL 143-3050
営業 毎日7:00〜23:00
税金 込み　カード AMV　Wi-Fi 無料

▶カジュアルなシーフード専門店
🍴 マサトラン
Mazatlán

　S プエルト・パライソ(→P.364)の前から2ブロック内陸側へ入った角にある。メニューはコルテス海で取れたフレッシュな魚介類を使った料理が中心だ。シーフード・スープ(M$159)、魚フィレのグリル(M$198〜)など料金も手頃。地元の人たちにも味のよさで評価が高い。

プリプリのエビ料理がおすすめ

MAP	P.358/A2
住所 Narciso Mendoza, esq. 20 de Noviembre
TEL 143-8565　営業 毎日11:00〜22:00
税金 込み　カード AMV　Wi-Fi 無料

🐴 はみだし ⓇドックDoc(MAP P.358/A1 住所 Cabo San Lucas No.8　TEL 143-8500　営業 月〜土 13:00〜22:00)はイタリア人経営のレストラン。カルパッチョ M$160〜、スパゲティ M$200〜。

▶リーズナブルな値段で海の幸を！

ラスマリスカーダス
Las Mariscadas

　新鮮なシーフードで評判のレストラン。注文してから貝を開けてくれる生ガキはひとつM$50。シーフードタコスはM$55、セビッチェはM$160、シーフードスープはM$173。フレンドリーなサービスもうれしい。

地元の人にも評判の店

MAP P.358/A1
住所 Cabo San Lucas S/N　TEL 105-1563
営業 毎日13:00〜21:30
税金 +16%　カード MV　Wi-Fi 無料

▶日本人経営のレストラン

大黒
Daikoku

　本格的な日本料理がリーズナブルに楽しめる。セットのにぎり寿司（M$326〜428）や刺身盛り合わせ（M$368〜478）など新鮮な魚介のほか、ラーメンや天ぷらなどメニューは豊富。日本人在住者にも評判の店だ。

クロマグロなどの地産ネタが楽しめる

MAP P.358/A1
住所 Blvd. Marina, Plaza Nautica　TEL 143-4038
営業 毎日12:00〜23:00
税金 +16%　カード AMV　Wi-Fi 無料

サンホセ・デル・カボ

▶ムーディな夜を演出してくれる

テキーラ
Tequila

　ミハーレス広場の2ブロック南西にある、70種類のテキーラを揃えたレストラン&バー。大人の雰囲気のカウンターでアルコールを楽しんだあとは、奥の中庭で食事も取れる。グリルド・フィッシュ（M$390）やシュリンプ・テキーラ（M$510）などが評判。

MAP P.359/A2
住所 Manuel Doblado No.1011　TEL 142-1155
営業 毎日17:00〜22:00
税金 込み　カード AMV　Wi-Fi 無料

▶本格派フランス料理のレストラン

フレンチ・リビエラ
French Riviera

　フランス人経営者が自ら腕を振るう店。朝食はM$150〜270、昼食および夕食のセットメニューはM$250〜280。クレープやマカロンなどの菓子類も豊富だ。厨房内でパンを焼いている様子を眺めながらフランス料理が食べられる。

スイーツコーナーもおすすめ

MAP P.360/A2
住所 Plaza Colli Local 10, Manuel Doblado y Miguel Hidalgo　TEL 105-2624　営業 毎日7:00〜22:00
税金 込み　カード MV　Wi-Fi 無料

▶おすすめのガーデンレストラン

ラパンガ
La Panga

　落ち着いた内装の上品なレストラン。入口は狭いが内部は広々としており、170人を収容できる。シーフード料理をメインとするコースメニューを提供しており、おすすめのディナーメニューはM$700前後。

MAP P.359/A2
住所 Zaragoza No.20　TEL 142-4041
営業 毎日16:00〜23:00
税金 込み　カード AMV　Wi-Fi 無料

▶朝から営業してメニューも豊富

ジャスミンズ
Jazmin's

　カテドラルの西側にあり、開放的なテラス席もあるレストラン。朝食メニュー（M$60〜100）のほかにも、メキシコ料理とシーフード・コンボ（M$343）、ロブスターとエビ料理（M$754）、魚料理（M$300前後）、ベジタリアン（M$200前後）などメニューが充実している。

ストリートウオッチングも楽しめる

MAP P.359/A2
住所 Morelos el Zaragoza y Obregón
TEL 142-1760　営業 毎日8:00〜22:00
税金 込み　カード AMV　Wi-Fi 無料

はみだし　R バハ・ブリューイングBaja Brewing（MAP P.358/A2　TEL 144-3805　営業 毎日10:00〜23:30）は、地元のクラフトビールが楽しめる店。9種あるビールは1パイントM$80。

Estancia　　ホテル

ロスカボスはホテル数が多く、高級リゾートから格安ホテルまで揃っている。エリアによって雰囲気や料金が異なるので、旅のスタイルや予算に合わせてホテルを選ぼう。
昼も夜もアクティブに遊ぶならカボ・サンルーカスを、プライベートタイムを大切にしたいカップルにはコリドール地区の高級リゾートがおすすめ。また、サンホセ・デル・カボのビーチサイドのホテルは、ほかの地区に比べるとややリーズナブルな料金設定になっている。

コリドール地区

▶ 2018年3月グランドオープン

ルブラン・スパ・リゾート・ロスカボス
Le Blanc Spa Resort Los Cabos

メキシコで高級リゾートを展開するパレスリゾーツの最高級ホテル。滞在中の飲食すべてが含まれるオールインクルーシブで、8つのレストランと6つのバーを完備している。全373室はほとんどの部屋がオーシャンビュー。18歳未満の宿泊は不可。**Wi-Fi** 客室OK・無料

スタンダードタイプでも60m²の広さ

MAP P.357/A2	🍴○ 🏊○ 📷○ ⛰○
住所 Carretera Transpenisular Km 18.4	
TEL 163-0100	
URL www.leblancsparesorts.com/los-cabos/en	
税金 込み　カード AMV	
料金 ⓈⒹUS$485〜　ACO TVO TUBO	

▶開放的なデラックスリゾート

マルキス・ロスカボス
Marquis Los Cabos

コリドール地区のビーチに面した5つ星の高級ホテル。明るくオープンな造りで、3つのプールやスパなど、リラックス空間の演出に力を入れている。全237室のうち、プライベートプールを有する個別の棟に分かれたカシータが人気。料金はオールインクルーシブ。**Wi-Fi** 客室OK・無料

コロニアル調の落ち着いた雰囲気が魅力

MAP P.357/A2	🍴○ 🏊○ 📷○ ⛰○
住所 Carretera Transpeninsular Km.21.5	
TEL 144-2000	
URL www.marquisloscabos.com	
税金 込み　カード AMV	
料金 ⓈⒹM$8340〜　ACO TVO TUBO	

▶ゴルファーに人気の快適リゾート

ワン&オンリー・パルミージャ
One & Only Palmilla

サンホセ・デル・カボから7kmほど南の岬に建つ、全173室の高級リゾート。敷地内には、海を望むゴルフコースも併設。室内には大型テレビなども完備し、バカンスのための多様な演出がうれしい。オールインクルーシブのプランも用意されている。**Wi-Fi** 客室OK・無料

コルテス海が眺められる客室

MAP P.357/A2	🍴○ 🏊○ 📷○ ⛰△
住所 Carretera Transpeninsular Km. 7.5	
TEL 146-7000	
URL www.oneandonlyresorts.com	
税金 +34%　カード ADMV	
料金 ⓈⒹM$11520〜　ACO TVO TUBO	

▶アクティビティを満喫できる4つ星ホテル

パラディサス・ロスカボス
Paradisus Los Cabos

ビーチに面して建つ、全306室の大型リゾート。ロスカボス最大級のプールや、各種飲食施設が充実している。客室の95%は海に面し、ゴルフクラブも隣接していて便利。室内はミニバーも完備。料金はオールインクルーシブ。**Wi-Fi** 客室OK・無料

海を望む絶好のロケーション

MAP P.357/A2	🍴○ 🏊○ 📷○ ⛰○
住所 Carretera Transpeninsular Km. 19.5	
TEL 144-0000　URL www.melia.com	
税金 +19%　カード AMV	
料金 ⓈM$4950〜、ⒹM$5660〜　ACO TVO TUBO	

はみだし　北米からの観光客の多いバハ・カリフォルニアは、メキシコで最も英語が通じるエリアのひとつ。ホテルやレストランも充実し、アクティビティも観光客向けのものが多いが、そのぶん物価もアメリカ並みだ。

🛏 カボ・サンルーカスと周辺

▶快適で便利なロケーションが魅力

🛏 ミー・カボ
ME Cabo

アクティビティ施設の充実したプラヤ・メダノ沿いにある5つ星ホテル。陽気なリゾート地にふさわしい、黄色の外壁が目を引く。広いプールを中心にして建物が並び、部屋から水着のままプールやビーチに出て、各種マリンスポーツを気軽に楽しめる。客室もおしゃれな雰囲気でまとまり、全151室からビーチを望むことができる。Wi-Fi 客室OK・無料

プールと建物の色彩のコントラストが美しい

MAP P.358/A2　🍽○ 🏊○ 📷○ 🛏△
住所 Playa el Médano S/N
TEL 145-7800　URL www.melia.com
税金 +29%　カード AMV
料金 ⑤①M$4440〜　AC○ TV○ TUB○

▶アクティブな休日に最適なホテル

🛏 プエブロ・ボニート・ロセ
Pueblo Bonito Rosé

メダノ・ビーチに面する白亜のリゾートホテル。目の前には、白砂のビーチが広がり、右側にはウエストエンドの景観も楽しめる。全258室。料金はオールインクルーシブ。Wi-Fi 客室OK・無料

広いプールを客室棟が取り囲む

MAP P.358/A2　🍽○ 🏊○ 📷○ 🛏○
住所 Playa el Médano
TEL 142-9797
URL www.pueblobonito.com
税金 込み　カード AMV
料金 ⑤M$6580〜、①M$9310〜　AC○ TV○ TUB△

▶町を見渡せる丘の上にある

🛏 サンドス・フィニステーラ
Sandos Finisterra

カボ・サンルーカスの町の西端、小高い丘の上に建つ全282室の高級ホテル。岩壁を利用した立地のため、海と町の両サイドを見渡すことができる。丘を下ったプライベートビーチにはバーもあり、それに隣接したプールも広々としている。各種カテゴリーの部屋があって、全飲食を含むオールインクルーシブ。Wi-Fi 客室OK・無料

ラグーンプールでバカンスを満喫

MAP P.358/B1　🍽○ 🏊○ 📷○ 🛏○
住所 Domicilio Conocido
TEL 145-6700
URL www.sandos.com
税金 込み　カード AMV
料金 ⑤M$4520〜、①M$5950〜　AC○ TV○ TUB△

🛏 テソロ・ロスカボス
Tesoro Los Cabos

クルーザーが停泊する港が目の前にある全286室の大型ホテル。1階部分はレストランやショッピングモールが充実しており、旅行会社やダイブショップも入っているので便利に滞在できる。2階のフロアにはプールがあり、ここからの眺めもいい。Wi-Fi 客室OK・無料

カボ・サンルーカス中心部のランドマークとなっている

MAP P.358/B1　🍽○ 🏊○ 📷○ 🛏△
住所 Blvd. Marina S/N lotes 9 y 10
TEL 173-9300
URL www.tesororesorts.com
税金 +19%　カード AMV
料金 ⑤①M$1817〜　AC○ TV○ TUB△

🍽 レストラン　🏊 プール　📷 金庫　🛏 朝食　AC エアコン　TV テレビ　TUB バスタブ

▶全室キッチン付きで長期滞在にも便利

バイア
Bahía

プラヤ・メダノを見下ろす丘の上にある、全81室のコンドミニアムタイプのホテル。部屋は広くないがキッチン付きで経済的な滞在が可。スタッフやコンシェルジュの対応も評判がいい。[Wi-Fi] 客室OK・無料

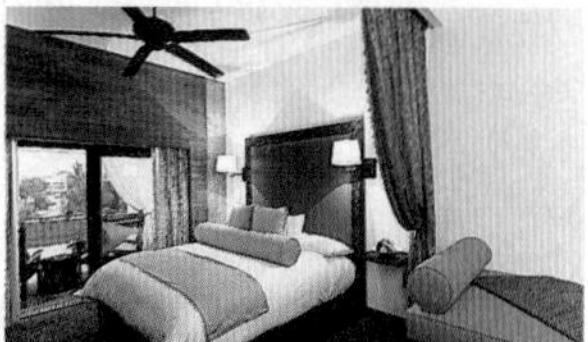

バルコニーから海を望める

[MAP] P.358/A2　🍴○ 🏊○ 🔒○ 🚗有料
住所 El Pescador S/N　TEL 143-1890
URL www.bahiacabo.com
税金 +19%　カード [A][M][V]
料金 ⓈⒹM$2840～　[AC]○ [TV]○ [TUB]×

▶ペンション風のキュートなホテル

ロスミラグロス
Los Milagros

カルデナス通りから50mほど北側に上った、白い塀に囲まれたホテル。全12室と小さいが、そのぶん静かで手入れもなかなか行き届いている。敷地内にはテラスやプールもあり、7室の部屋にはキッチンも完備。[Wi-Fi] 客室OK・無料

[MAP] P.358/A1　🍴× 🏊○ 🔒○ 🚗×
住所 Matamoros No.3738　TEL 143-4566
URL www.losmilagros.com.mx
税金 +19%　カード [A][M][V]
料金 ⓈⒹM$1260～　[AC]○ [TV]○ [TUB]×

▶コロニアル調の風情が味わえる

マル・デ・コルテス
Mar de Cortéz

カルデナス通りの南側の、周囲にはみやげ物屋が多いエリアにあるホテル。全88室で、敷地の中心にはプールがある。立地がよくてリーズナブルだ。[Wi-Fi] 客室OK・無料

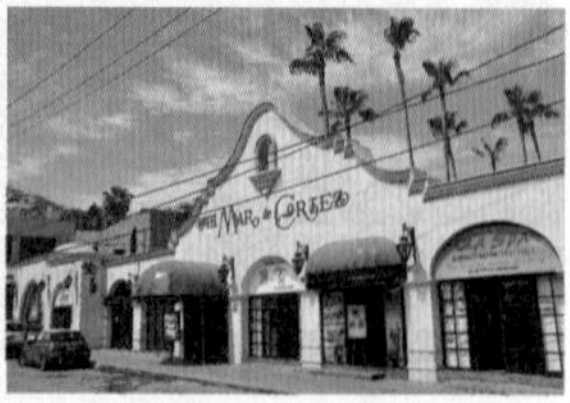

黄色い外壁が目立つホテル

[MAP] P.358/A1　🍴× 🏊○ 🔒○ 🚗△
住所 Guerrero y Cárdenas
TEL 143-0032
URL www.mardecortez.com
税金 +29%　カード [M][V]
料金 ⓈⒹM$1410～　[AC]○ [TV]○ [TUB]×

▶長期滞在者に人気の高いホテル

シエスタ・スイーツ
Siesta Suites

便利な中心部にありながら静かに落ち着けるホテル。英語を話すスタッフも多く、リピーターも多い。全20室のうち15室はキッチン付きのリビングを完備。[Wi-Fi] 客室OK・無料

[MAP] P.358/A1　🍴× 🏊○ 🔒○ 🚗×
住所 Emiliano Zapata　TEL 143-2773
URL www.cabosiestasuites.com
税金 +19%　カード [M][V]
料金 ⓈⒹM$1170～　[AC]○ [TV]○ [TUB]×

▶ドミトリーもある小さなホテル

バハス・カクトス
Bajas Cactus

全5室の小さなホテル。3階には共同キッチンやラウンジ、テラスがあり、旅行者同士で交流したりくつろげるスペースとなっている。カボ・サンルーカスでほぼ唯一のドミトリーはM$250～で、男女混合14人部屋の1室のみ。[Wi-Fi] 客室OK・無料

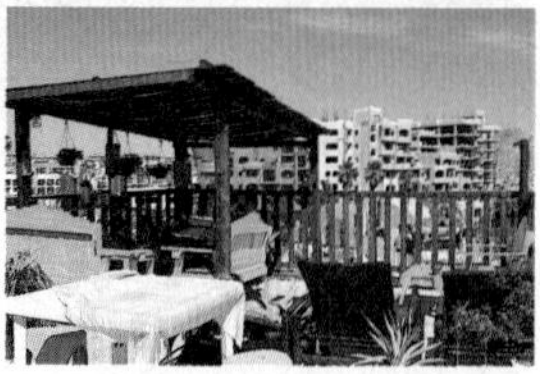

景色のよいテラスで朝食を取れる

[MAP] P.358/A1　🍴× 🏊× 🔒× 🚗○
住所 Lázaro Cárdenas
TEL 143-5247
税金 込み　カード [M][V]
料金 ⓈⒹM$600～　[AC]○ [TV]○ [TUB]×

▶価格とサービスのバランスがよい

セブン・クラウン
Seven Crown

カルデナス通り沿いにある快適な人気ホテル。全64室は清潔感があり、スタンダードタイプでも$25m^2$と値段のわりにゆったりしたサイズがうれしい。マリーナにも近く観光にも便利なロケーション。[Wi-Fi] 客室OK・無料

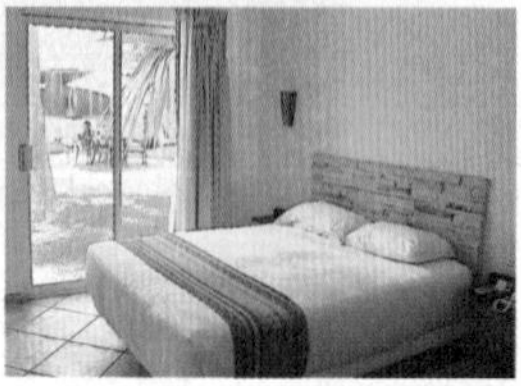

中庭に面したスタンダードの客室

[MAP] P.358/A2　🍴× 🏊○ 🔒○ 🚗○
住所 Blvd. Lázaro Cárdenas S/N　TEL 715-3985
URL sevencrownhotels.com
税金 込み　カード [A][M][V]
料金 ⓈM$1320～、ⒹM$1250～　[AC]○ [TV]○ [TUB]×

[はみだし] 港沿いの歩道にある[R]ティキ・バー Tiki Bar（[MAP]P.358/B1　TEL 144-4973　営業 毎日8:00～23:00）は、3つでM$100の新鮮なフィッシュ・タコスがおいしいと評判。

サンホセ・デル・カボと周辺

▶ミハーレス広場近くの高級ホテル

カサ・ナタリア
Casa Natalia

サンホセの中心部、食事や買い物にも便利な立地にある全19室のシックなホテル。客室は優雅なコンドミニアム風といった雰囲気だ。中庭には花が咲き乱れていて、プールもゆったりくつろげる。[Wi-Fi] 客室OK・無料

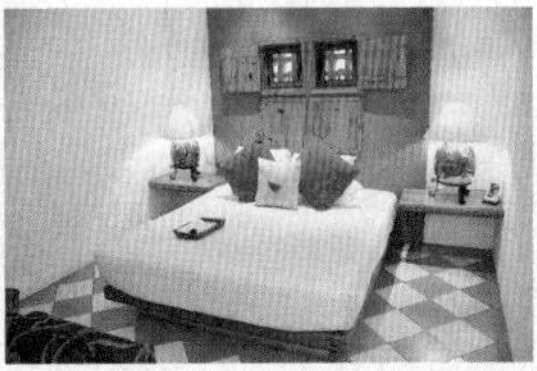

リビングスペースもある快適なゲストルーム

[MAP] P.359/A2 🍴○ 🏊○ 🔒○ ☕×
住所 Blvd. Mijares No.4
TEL 146-7100
URL www.casanatalia.com
税金 込み カード [A][M][V]
料金 ⓈⒹM$2622～ [AC]○ [TV]○ [TUB]×

▶穴場的なリーズナブルホテル

エルエンカント・スイーツ
El Encanto Suites

カテドラルから2ブロック北にある、全32室の手頃な料金のホテル。すべての部屋は緑豊かな庭に面している。[Wi-Fi] 客室OK・無料

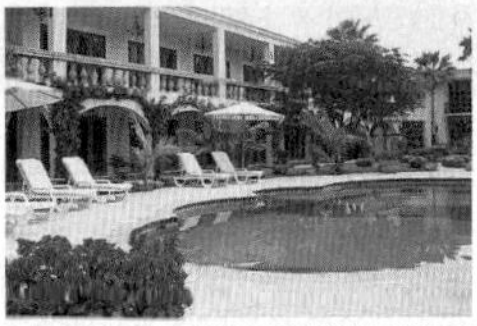

清潔感たっぷりのおすすめホテル

[MAP] P.359/A2 🍴○ 🏊○ 🔒○ ☕○
住所 Morelos No.133
TEL 142-0388
URL www.elencantoinn.com
税金 +26% カード [A][M][V]
料金 ⓈⒹM$2080～ [AC]○ [TV]○ [TUB]×

▶カテドラルの向かいに建つ安宿

セシ
Ceci

サンホセの中心部にあって立地がよく、料金の安さも相まってバックパッカーに人気がある。全10室でこぢんまりしているので、満室になることも多い。部屋は簡素な造りだが、掃除が行き届いている。[Wi-Fi] 客室OK・無料

[MAP] P.359/A2 🍴× 🏊× 🔒× ☕×
住所 Zaragoza No.22
TEL 142-0051
税金 込み カード [M][V]
料金 ⓈⒹM$380～ [AC]○ [TV]○ [TUB]×

▶落ち着いた雰囲気のなかで休日を過ごす

トロピカーナ・イン
Tropicana Inn

サンホセの市庁舎の1ブロック南にある。プールもある中庭には花が美しく咲き誇っている。室内にはドライヤーやミニバーも完備。全40室。[Wi-Fi] 客室OK・無料

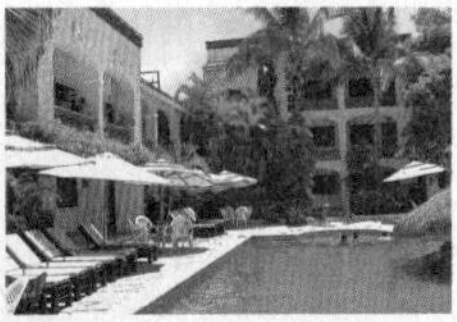

プールでくつろげるプチホテル

[MAP] P.359/A2 🍴○ 🏊○ 🔒○ ☕○
住所 Blvd. Mijares No.30 TEL 142-1580
URL www.tropicanainn.com.mx
税金 込み カード [A][D][J][M][V]
料金 ⓈⒹM$1530～ [AC]○ [TV]○ [TUB]×

▶アットホームな雰囲気がいい

コリィ
Colli

ミハーレス広場の1ブロック南、受付は建物正面の右側の入口を入った奥にある。全37室で、部屋は清潔で従業員もフレンドリーだ。[Wi-Fi] 客室OK・無料

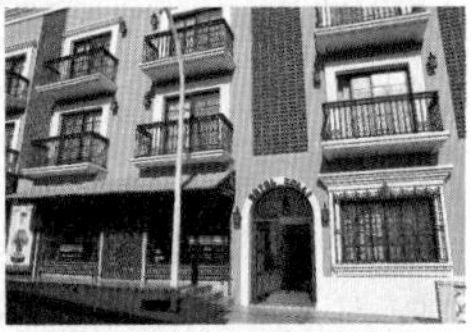

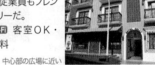

中心部の広場に近い

[MAP] P.359/A2 🍴× 🏊× 🔒× ☕×
住所 Hidalgo S/N TEL 142-0725
URL www.hotelcolli.com
税金 込み カード [M][V]
料金 ⓈⒹM$890～ [AC]○ [TV]○ [TUB]×

▶雰囲気のいい共同スペースがある

ポサダ・セニョール・マニャーナ
Posada Señor Mañana

落ち着ける雰囲気がいい全8室のリーズナブルなホテル。緑豊かな敷地に客室やリビング、共同キッチンの棟がある。オーナーやスタッフがフレンドリーで居心地がいい。[Wi-Fi] 客室OK・無料

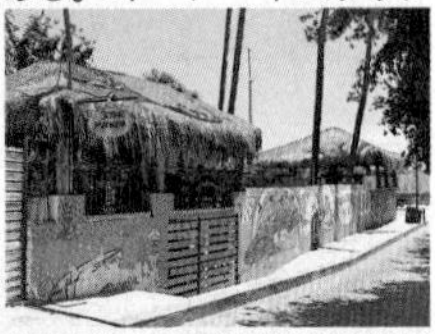

サンホセ中心地にあり観光にも便利

[MAP] P.359/A2 🍴× 🏊× 🔒× ☕有料
住所 Alvaro Obregon No.1 TEL 142-1372
URL srmanana.com 税金 込み カード [M][V]
料金 ⓈM$700～、ⒹM$800～ [AC]○ [TV]× [TUB]×

[はみだし] Cabo Adventure社(URL www.cabo-adventures.com TEL 173-9500)では、ラクダに乗ってサボテン群生地やビーチを散策するツアーを催行している。4時間の行程で、料金はUS$109～。

クジラの楽園を目指す

MAP ● P.353/B1

エル・ビスカイノのクジラ保護区

World Heritage
世界遺産

Santuario de Ballenas El Vizcaíno

エル・ビスカイノは海洋動物の宝庫として知られるエリア。コククジラ、アシカ、アザラシの繁殖・越冬の地であり、アオウミガメやタイマイなど絶滅危機にあるウミガメの保護区でもある。さらに湾周辺の干潟は水鳥たちの楽園で、冬場の早朝には越冬のために飛来したコクガンやペリカンが無数に見られる。クジラ観察の拠点となるゲレーロ・ネグロはティファナからバスで10時間ほどの距離だ。

クジラを間近に見るためには、地元旅行会社が主催するツアーに参加するのが便利（客がいればツアーは毎日催行される）。10人乗りのボートで沖へと向かうと、息継ぎで海上にコククジラが現れる姿が見られる。尻尾であいさつをしたり、ジャンプ（ブリーチ）を披露したり、ボートに寄り添ってきたり。友好的なクジラを眺める時間は、言葉にはできないほど感動的だ。運がよければ、コククジラの頭や背中に触れることもできる。

エル・ビスカイノ保護区は、1月中旬〜4月中

上／1993年に世界自然遺産に登録されたエル・ビスカイノ保護区。このエリアに出没するのは小型のコククジラのみ
下／クジラのほうからボートにすり寄ってくる。50％以上の確率で背中や頭に触れることもできるという

旬までが観察シーズン（ピークは2月下旬〜3月中旬）。ただし、シーズンの初めや終盤には空振りに終わる日もある。また、天気しだいだが海上は寒く、風のある日は水しぶきも飛ぶので、コートやトレーナーなど上着も多めに用意しよう。

●ゲレーロ・ネグロ
Guerrero Negro
MAP P.353/A1

エル・ビスカイノ保護区への観光拠点となる、人口1万人強の町。バスターミナルの周辺に手頃なホテルやレストラン、旅行会社が点在している。

ゲレーロ・ネグロのバスターミナル周辺には、クジラ観察ツアーへと誘う旅行会社が並ぶ

アクセス◆ティファナとラパスの中間にあり、Aguila社のバスが、ティファナから毎日3本（所要約10時間、M$1470）、ラパスから毎日3本（所要約16時間、M$1680）。

現地ツアー◆Mario's Tours（TEL (615)157-1940　URL www.mariostours.com）や**Malarrimo Tours**（TEL (615) 157-0100　URL www.malarrimo.com）などでクジラ観察ツアーを催行。シーズン中は毎日8:00と11:00に出発し、所要4時間（英語ガイドとボックスランチ付きで1名M$860）。

ホテル◆ H Motel San José（TEL (615)157-1420）はバスターミナルに近い全13室の安宿。ホットシャワー付きⓈM$400、ⒹM$500。**H Motel Las Ballenas**（TEL (615) 157-0116）は全14室で、ホットシャワー付きⓈM$450、ⒹM$500。

干潟はペリカンやカモメなど鳥たちの安息地になっている

サボテンの山地で古代人へ思いをはせる

MAP●P.353/B1

サンフランシスコ山地の岩絵群

Pinturas Rupestres de la Sierra de San Francisco

World Heritage 世界遺産

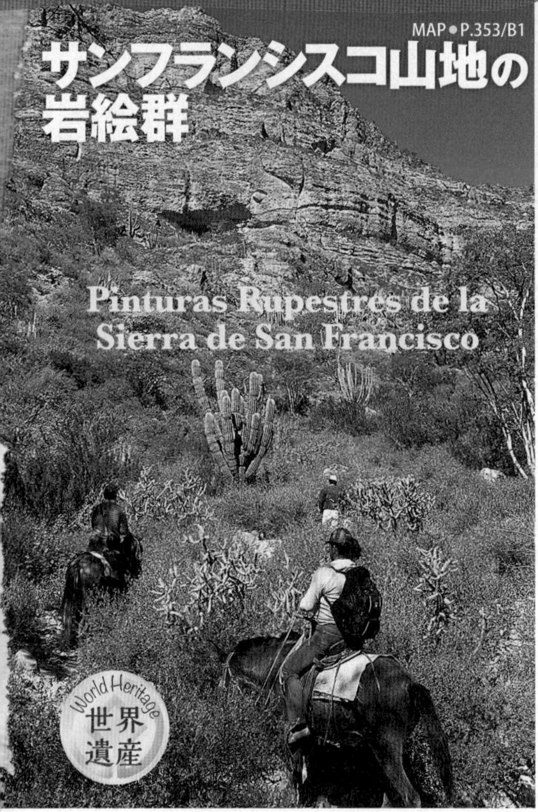

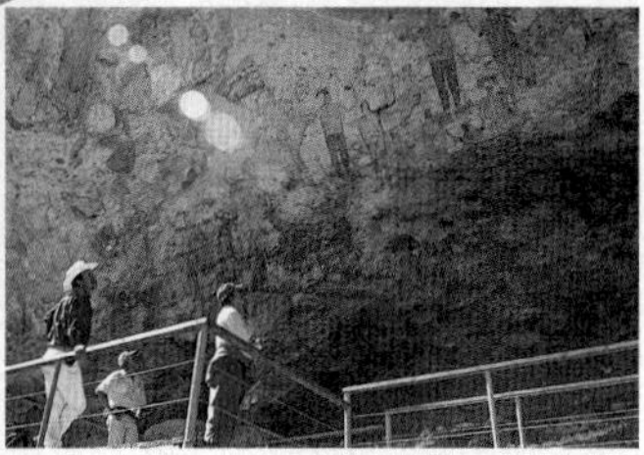

左／ラバに乗って山中の岩絵を目指す。主要な洞窟壁画を巡るにはテントを持参・設営して、数日かけていく
右／絵が描かれた洞窟は先住民の住居と推測されている。足場があるので間近で観賞できる

カリフォルニア半島のほぼ中間地点にあるサンフランシスコ山地には、世界文化遺産に登録されている文化財を訪ねたい。紀元前1世紀～紀元後14世紀頃までこの一帯で暮らしていたコチミ族は、いくつもの洞窟の壁面に400にも及ぶ岩絵を残した。この岩絵群には人間やシカ、ウサギ、オオカミ、カメ、クジラなどが多様な色彩で描かれ、乾燥した気候と孤立した立地により、良好な状態で保存されている。岩絵が描かれた意味合いには諸説ある。領土の印、戦いの記録、先住民の通過儀礼や世界観など。いずれにせよ古代メキシコ文明を知る貴重な遺跡だ。

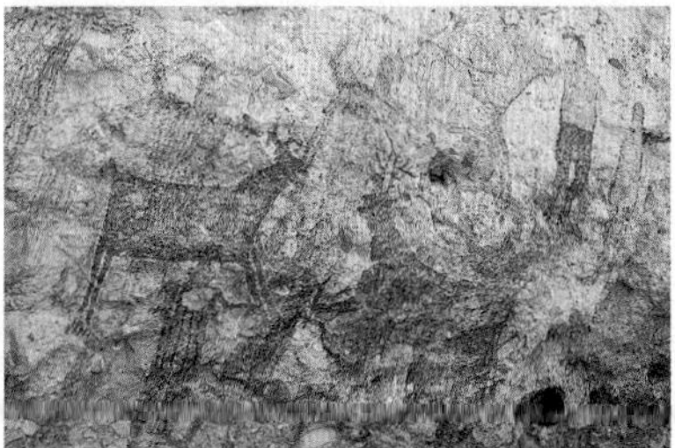

人間のほか、生活に深い関わりをもったシカやクジラのモチーフが多い。構図の大胆さと、色の多彩さにも圧倒される

　岩絵群へ行く起点となるのは、クジラ観察でも知られるサンイグナシオの町（ゲレーロ・ネグロからバスで3時間半ほど）。個人旅行者の場合、現地の旅行会社に手配を頼むか、ツアーに参加するのが一般的。パルマリートPalmaritoの岩絵ならサンイグナシオから日帰りも可能。サンタマルタ村へ車で約2時間移動し、さらにガイドのエスコートでサボテンの山地をラバに乗って1時間半ほど進む。岩絵の描かれた洞窟には見やすいように足場も組まれている。

　岩絵群は山あいの広いエリアに点在している。有名な彩色洞窟Cueva Pintadaなどメインの洞窟壁画を見て回るには、渓谷にキャンプを張って2～3日は必要。観光シーズンは乾季。日中あまり暑くならず、海でクジラも観察できる1～3月がベストだ（ただし朝晩はかなり冷え込む）。

●サンイグナシオ San Ignacio

[MAP] P.353/B1

　岩絵群へのアクセス拠点となる人口2000人の小さな町。バスターミナルから町の中心部へは約2.5km（タクシーでM$30～40）。中央広場周辺にホテル、レストラン、旅行会社がある。旅行会社でクレジットカードは使えるが、町に銀行はないので注意。

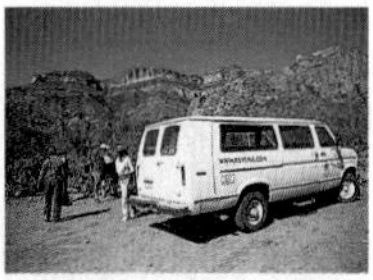

山岳地帯の入域にはINAH（国立人類学・歴史学研究所）で入域許可証を取得する。ツアーを利用すれば旅行会社が代行してくれる

アクセス◆Aguila社のバスがティファナから毎日3本（所要約13時間、M$1755）、ゲレーロ・ネグロから毎日4本（所要約3時間半、M$275）、ラパスから毎日3本（所要約13時間、M$1620）。

現地ツアー◆Kuyima（TEL (615)154-0070　URL www.kuyima.com）のツアー料金は1名1日M$1300～、2日M$4200～、3日M$7000～（参加人数によって異なる）。サンイグナシオ潟のクジラ観察ツアーも催行している。

ホテル◆ [H] **La Huerta**（TEL (615)154-0110　URL www.lahuertahotel.com）は全26室のホテル。ⓈⒹM$850～。 [H] **Casa Stereé**（TEL (615)154-0158）は中央広場の北東側にあり、全3室でⓈⒹM$480～。

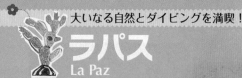

大いなる自然とダイビングを満喫！

ラパス
La Paz

人　口	約25万人
高　度	0m
市外局番	612

必須ポイント！
★アシカの生息地でスノーケリング
★シーフードを食べる
★コロニアル調のトドス・サントス

イベント情報
●2月中旬～下旬
カーニバル Carnival
●3月中旬
トライアスロンレース
Triathlon American Cup
●5月
ラパス市創立祭
Fundacion de la Ciudad
●6月1日
海軍の日 Día de la Marina

南バハ・カリフォルニア州観光局
URL visitbajasur.travel

空港から市内へ
　ラパスのマヌエル・マルケス・デ・レオン空港Manuel Márquez de León（LAP）は中心部から10kmほど南西にあり、タクシーで約20分（約M$350、乗り合いのコレクティーボM$200）。市内から空港へのタクシーはM$200ほど。

アエロメヒコ航空
MAP P.375/A2
TEL 122-0091

　ラパスは16世紀から港町として発展してきた南バハ・カリフォルニア州最大の町。一時期は免税地域としても栄えたが、今はその面影もなく、ひたすら美しく、平和な海が最大の魅力。コルテス海に浮かぶ沖合の島々は、カリフォルニア湾の島々と保護地域群として世界自然遺産に登録されている。

　ここはダイバーにメキシコ最高のスポットとしてとても人気が高い。ジンベエザメ、マンタ、ハンマーヘッドシャーク、そして1月中旬から3月上旬にはコククジラなど大物にも出合えるため、日本からも多くのダイバーを集めている。海鳥やアシカなどが観察できるエコツアーも人気が高い。

ラパスの沖合でアシカとスノーケリングが楽しめる

アクセス

飛行機▶アエロメヒコ航空（AM）やボラリス航空（Y4）などが、メキシコ・シティやグアダラハラなどから毎日運航。カラフィア航空（A7）もマサトランやティファナから運航している。

ラパスから各地への飛行機

目的地	1日の便数	所要時間	料金
メキシコ・シティ	AM、Y4　各2便	2.5h	M$1077～4423
グアダラハラ	4O、A7、VB、Y4　計6便	1.5～2h	M$408～2357
マサトラン	A7　1便	1h	M$1719～2430
ティファナ	Y4、A7　各1～2便	2h	M$2440～3296

INFORMACIÓN

スノーケリングツアーで自然を体感！

　ラパス周辺の海域には、自然観察地がいっぱい。町からボートで少し沖に出ると、海鳥の群れが見られ、スノーケリングでアシカが観察できる。特にエスピリトゥ・サント島へのスノーケリングツアーは、野鳥好きの人におすすめだ。ペリカン、カモメ、グンカンドリなどの群れが見られる。野鳥が集まる岩礁でボートが停泊するので、じっくり観察できる。またアシカの生息地では小島で寝そべっている表情豊かなアシカが間近で見られる。

　動物観察に適した時期は9～10月。雄のグンカンドリののど元を赤く膨らませて、求愛行為をしている様子が見られるのもこの季節だ。また子アシカが自分で餌を取り始めるのもこの時期。好奇心旺盛な子アシカと海中で戯れることもできるので、スノーケリングで海に潜ってみよう。

　ツアーは9:00～16:00で料金は昼食・飲み物付きでUS$90～99。旅行会社やホテル、ダイビングショップ（→P.377）などで申し込める。

はみだし Ⓢカサ・デル・アルテサノ／Casa del Artesano（MAP P.375/A1　営業 日～金10:00～20:00）ではラパス生まれのコスメブランドNacuiiの商品が購入できる。貝殻配合の石鹸M$59。

バ ス ▶ 海岸に面したマレコン・バスターミナル（**MAP** P.375/A2）からロスカボスやティファナなど各地へAguila社などのバスが発着する。中心部にあるAguila社の窓口でもメキシコ各方面へのチケット購入やバスの乗車が可能。

ラパスから各地へのバス

目 的 地	1日の本数	所要時間	料金
カボ・サンルーカス	Aguila毎時1～2本(5:00～21:30)	2.5～4h	M$250～315
サンホセ・デル・カボ	Aguila毎時1～2本(5:00～21:30)	3～3.5h	M$280～360
ティファナ	Aguila3本(7:00～20:00)	24～25h	M$2505
ロレート	Aguila9本(7:00～21:00)	5h	M$800

船 舶 ▶ ラパスのピチリンゲ港へは、本土のロスモチスとマサトラン（トポロバンポ港）からの2航路がある。ロスモチス行きのフェリーは週6便運航しており、所要約6時間で料金はM$1100～。マサトラン行きのフェリーは週3～5便運航、所要

フェリーの甲板から港を眺める

約13時間で料金はM$1240～。個室のキャビンを利用した場合は、ひと部屋当たり上記の料金にM$990加算される。フェリーは季節によって便数や運航時刻が大きく変わるので、右記Baja Ferriesの公式サイトなどで要確認。

バハ・カリフォルニアのバス
●Aguila社（オフィス）
MAP P.375/B1
URL www.autobusesaguila.com
バハ・カリフォルニア内のバス路線を網羅している。

ラパスの発着港
マサトラン、ロスモチス方面とも、ラパス中心部から約20km北のピチリンゲ港Pichilingueから発着する。港へはマレコン・ターミナルからバス（所要約30分、M$50）が7:00～18:00に毎時1本運行。タクシーを利用するとM$200程度。
フェリーは夏季やクリスマスなどには早くから満席になるので、チケットは早めに市内の窓口で購入しておこう。

ロスモチス、マサトランへの船舶
●Baja Ferries
MAP P.375/B1外
住所 Ignacio Allende No.1025
TEL 123-6600
URL www.bajaferries.com
営業 月～金 8:00～17:00
　　 土　 8:30～14:00
ソカロから南に徒歩15分ほど。チワワ太平洋鉄道の乗車券も手配してくれる。

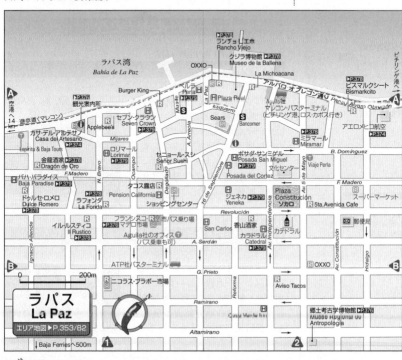

観光案内所
MAP P.375/A1
住所 Paseo Álvaro Obregón Rosales y Bravo
TEL 122-5939
営業 月～金8:00～15:00、16:00～20:00
（土・日は不定期に営業）

市内バス
M$10の均一料金。市街地を頻繁に運行している。

両替事情
16 de Septiembre通り周辺に並ぶBancomerやBanamex、両替所で米ドルの現金の両替が可。日本円の両替は基本的に不可。

フランシスコ・マデロ市場
MAP P.375/B1
中心部近くにフランシスコ・マデロ市場がある。営業時間は月～土6:00～19:00、日・祝6:00～14:00。野菜や果物などの青果や魚介、日用品が売られている。朝から夕方まで簡易食堂が営業しており、魚介料理が安く食べられるので、朝・昼食の時間帯に利用してみよう。

クジラ博物館
MAP P.375/A2
TEL 129-6987
URL www.museodelaballena.org
入場 火～土9:00～18:00（日10:00～）
料金 M$160

郷土考古学博物館
MAP P.375/B2
TEL 125-6424
入場 毎日8:00～18:00
料金 M$45

歩き方

ラパスの中心部は碁盤の目状に道路が整備されている。ラパス湾に面した目抜き通りの**アルバロ・オブレゴン通り**Paseo Álvaro Obregónには遊歩道が造られ、海に沈む美しい夕日が眺められる。レストランや格安ホテルなどは、中心部の歩いて行ける範囲に集中しているが、高級ホテルや泳ぐのに適したビーチは、セントロの北、ピチリンゲ岬の海岸沿いに点在している。

マサトランやロスモチス行きの船が出るピチリンゲ港へのローカルバス乗り場は、海沿いのマレコン・バスターミナル。ここからはロスカボス行きのバスも出ているので、ラパスから近郊に向かう人は、わざわざ中心部から離れた中央バスターミナルまで行く必要はない。

サンセットタイムはのんびり散歩してみよう

コルテス海に面したラパスでは、さまざまなマリンスポーツが楽しめる。特にダイビングとスポーツフィッシングでは世界有数のポイントとして知られ、1月中旬～3月上旬にはホエールウオッチング・ツアーも盛んだ。ホテルのツアーデスクや市内の旅行会社で申し込める。

海岸沿いの遊歩道にはカフェも並んでいる

おもな見どころ

▶いろいろな海洋生物の生態を紹介 ★

クジラ博物館
Museo de la Ballena

メインストリート沿いから見える大きなクジラの骨格標本が目印。館内にはクジラのほか、シャチやウミガメなどの骨格標本が展示されている。資料やパネルの展示もあり、カリフォルニア湾周辺の海洋生物の生態や進化の過程を理解できる。

海沿いの便利なロケーションにある

▶バハ・カリフォルニア州の歴史を学ぶ ★

郷土考古学博物館
Museo Regional de Antropología

ラパス周辺などからの先史時代の出土品から、近現代にいたるまでの南バハ・カリフォルニア州の歴史を知る博物館。この地方特有の生活道具や住居模型の展示もある。

先史時代の岩絵の展示もある

投稿 メキシコのATMで現金を引き出す場合、レートは同じでも銀行によってかなり手数料が違うので注意。たいてい最初のほうの画面で、手数料の表示があります。（宮城県　ねこの島　'16）['18]

アクティビティ

ダイビング＆スノーケリング　Diving & Snorkeling

Photo by The CortezClub

ジンベエザメとスノーケリングができる

ラパス周辺の海では、シーライオン（アシカ）、イルカ、バラクーダ、ガーデンイール、コルテス・エンゼルフィッシュなど、さまざまな海の生き物がダイバーを待ち受けている。憧れのハンマーヘッドシャークや、海上を宙返りするマンタの群れに出合う確率も高い。

ダイビングに最適なシーズンは8〜11月。この季節は水温24〜30℃で透明度も高い。ラパスのダイビングポイントはすべて町（港）から離れた所にあるので、1日2〜3ダイブのボートダイブとなる。料金は潜るポイントとタンク数で異なり、1日US$150〜180。

フィッシング　Fishing

ラパスはスポーツフィッシングのメッカで、カジキなど大物も狙える。コルテス海は、内海なので比較的穏やか。初心者でも楽しめる。

フィッシングツアーは、6:30過ぎに港を出て、プンタ・アレーナスやエンセナーダ・デ・ムエルトスなどのポイントへ行き、13:00頃戻ってくるのが一般的。料金は船のサイズによって異なるが、1〜2名乗りのパンガ・タイプの船なら1日US$280（器材代なども料金に含まれる）。フィッシングツアーの申し込みは、市内のツアー会社やおもなホテルのツアーデスクで。

ラパス発ツアー
ダイビングツアー（US$180〜230）、エスピリトゥ・サント島へのスノーケリングツアー（US$85〜130）、フィッシングツアー（2名でUS$280）。

ホエールウオッチングは1〜3月上旬に催行され料金US$140〜（所要12時間）。ジンベエザメ・スノーケリングは8〜12月に催行されUS$80〜90（所要3時間）。

おもなダイビングショップ
●**Carey Dive Center**
住所 Marina La Paz, Topete y Legaspi
TEL 128-4048
URL www.buceocarey.com
観光案内所から800mほど西南の海沿い、**H** マリーナ・ラパス内にある。日本人スタッフもいるので安心。

●**The Cortez Club**
住所 Carretera a Pichilingue, Km 5
TEL 121-6120
URL www.cortezclub.com
中心部から北へ車で5分ほどの **H** ラコンチャ・ビーチ・リゾート内にあり、シーズン中は日本人スタッフもいる。

ビーチ沿いにあるThe Cortez Clubのダイビングショップ

INFORMACIÓN

ラパスの主要ダイブスポット

●**ロスイスロテス　Los Islotes**
港から約60分、小さな灯台の建つ岩場の周りに海中トンネルや洞窟がある。何百頭ものシーライオン（カリフォルニアアシカ）のコロニーもある。アシカは好奇心が強く、ダイバーにも人懐っこく近づいてくるが、5〜6月の繁殖期は親が神経質になっているので注意。10月頃には、その年に生まれた子アシカが成長していてとてもかわいい。

●**ファンミン　Fang Ming**
メキシコ政府が没収した中国の密入国船を1999年に沈めた場所。今では船の周囲にたくさんの魚が集まっていて、ダイビングのポイントとなっている。回遊魚が通る場所に沈んでいるので、ときには大物に出合える。船の内部に侵入できるため、欧米人には人気だ。

●**エルバホ　El Bajo**
ダイバーの憧れ、ハンマーヘッドシャークのポイントとして有名。岩場にはバタフライフィッシュやキングエンゼルフィッシュなどのカラフルな魚もたくさん群れている。水深は深めで潮流もかなり強い。

●**ラ・レイナ　La Reina**
ラパスから南へボートで1時間以上かけて行く、小さな岩礁。ここにはアシカの群生地があり、水中でもアシカが見られる。バラクーダやメアジなどの大きな群れがいるほか、ときにはマンタやジンベエザメなどの大物も現れることもある。

運がよければマンタとも出合える！

Comida レストラン

ラパス市内にある店は、地元客から旅行者まで幅広く利用されている。イタリアンや中華など種類も豊富で、いずれの店も手頃な値段で料理が食べられる。

▶海岸通り沿いに建つ人気店
ランチョ・ビエホ
Rancho Viejo

地元客に人気が高いメキシコ料理店。海岸通り沿いに建っていて、観光客にも利用しやすい場所にある。8:00～13:00の朝食メニューはM\$40～115、昼・夕食のメニューは予算ひとりM\$100～300。飲み物はM\$25～と気軽に利用できる。ラパス市内にもう1店舗ある。

通り沿いにテラス席が出ている

MAP	P.375/A2
住所 Álvaro Obregón esq. 16 de Septiembre y Cjón
TEL 123-4346　営業 毎日8:00～翌2:00
税金 込み　カード **AMV**　**Wi-Fi** 無料

▶おいしいパンで朝食タイム
ドゥルセ・ロメロ
Dulce Romero

地元で人気のオーガニック・カフェ。朝食には自慢のパンを使ったサンドイッチ（M\$68～105）やスムージー（M\$74）がおすすめ。ディナータイムに提供されるピザ（M\$145～180）も評判。

焼きたてのパンも購入できる

住所 Ignacio Allende No.167　TEL 185-2095
営業 月～土8:00～22:00(土～17:00)
税金 込み　カード **MV**　**Wi-Fi** 無料

▶地元住民も利用するイタリア料理店
イル・ルスティコ
Il Rustico

イタリア人が経営するレストラン。11種のパスタ（M\$110～240）と約20種のピザ（M\$150～240）が評判だ。屋外にも席がある。

MAP P.375/B1
住所 Revolución No.1930　TEL 157-7073
営業 水～月18:00～23:00
税金 込み　カード **MV**　**Wi-Fi** 無料

▶メニューの充実した中華料理店
金龍酒家（ドラゴン・デ・オロ）
Dragón de Oro

ラパスの住宅街に建つ規模の大きな中華料理店。ここは中国系の一家が経営しており、味も本格的と地元でも評判になっている。各種中華メニューが充実していて、エビや貝類など魚介類の盛り合わせはM\$115。セットメニューは2名分でM\$165～260。

MAP P.375/A1
住所 Madero No.96　TEL 125-1378
営業 毎日11:30～21:00
税金 込み　カード **MV**　**Wi-Fi** 無料

▶海辺のシーフードレストラン
ビスマルクシート
Bismarkcito

1968年に創業したラパスの老舗ロブスターハウスの支店。シーフードカクテル（M\$200前後）やパエリア（M\$195）など料理はボリュームたっぷり。

新鮮なカキも楽しめる

MAP P.375/A2
住所 Álvaro Obregón entre Constitución e Hidalgo
TEL 128-9900　営業 毎日8:00～23:00
税金 込み　カード **MV**　**Wi-Fi** 無料

▶旅行者にも人気の庶民的なレストラン
ラフォンダ
La Fonda

ランチタイムには、各国からの旅行者でにぎわう人気レストランだ。昼食（13:00～18:00）の時間帯には定食コミーダ・コリーダ（M\$60～80）が人気。そのほか、メキシコの代表的な各料理を組み合わせたコンビナシオン・メヒカーナがM\$110、魚料理がM\$80～。朝食メニューはM\$50～75。

MAP P.375/B1
住所 N. Bravo, esq Revolución
TEL 154-2616　営業 木～火7:00～20:00
税金 込み　カード 不可　**Wi-Fi** 無料

Estancia ホテル

ロスカボスのような高級リゾートはないが、中級ホテルが中心部の海岸沿いに並んでいる。安宿は中心部の商店街周辺に多い。

▶海が見渡せる高級ホテル

セブン・クラウン
Seven Crown

海岸沿いのアルバロ・オブレゴン通りに建つ、全54室の高級ホテル。通り沿いにはレストランも並んでいて立地がよい。ホテル内にはビジネスセンター、旅行会社、バーなどがあり、ジャクージも使える。[Wi-Fi] 客室OK・無料

[MAP] P.375/A1 🍴○ 🏊○ 🔒○ ☕△
住所 Álvaro Obregón No.1710
TEL 128-7787
URL www.sevencrownhotels.com
税金 +19% カード [A][M][V]
料金 ⓈⒹM$1184〜 [AC]○ [TV]○ [TUB]×

▶テラスから眺める夕日が美しい

ペルラ
Perla

海岸沿いの通りに面したロケーションのいい全107室のホテル。プールの横の棟は部屋からの眺めもいい。[Wi-Fi] 客室OK・無料

眺めのいいプールサイドの部屋がおすすめ

[MAP] P.375/A1 🍴○ 🏊○ 🔒○ ☕○
住所 Álvaro Obregón No.1570
TEL 122-0478
URL www.hotelperlabaja.com
税金 +19% カード [A][M][V]
料金 ⓈⒹM$1020〜 [AC]○ [TV]○ [TUB]×

▶家庭的な雰囲気のなかでステイ

ロリマール
Lorimar

海岸沿いの通りから2ブロック南東にある全10室のアットホームなホテル。周囲も静かなので、落ち着いて滞在できる。[Wi-Fi] 客室OK・無料

[MAP] P.375/A1 🍴× 🏊× 🔒× ☕×
住所 N. Bravo No.110 TEL 125-3822
URL www.hotellorimar.com 税金 +19% カード 不可
料金 ⓈM$460〜、ⒹM$550〜 [AC]○ [TV]× [TUB]×

▶屋上のテラスでリラックス

カテドラル
Catedral

道を挟んでカテドラルの南側に建つ全72室のホテル。プールとバーのある屋上からラパスの町が一望できる。[Wi-Fi] 客室OK・無料

[MAP] P.375/B2 🍴○ 🏊○ 🔒○ ☕○
住所 Independencia No.411
TEL 690-1000 URL hotelcatedrallapaz.mx
税金 込み カード [A][M][V]
料金 ⓈⒹM$1490〜 [AC]○ [TV]○ [TUB]×

▶入口の装飾がユニークな安ホテル

ジェネカ
Yeneka

ソカロから1ブロック南西にある全20室の安宿。入口を抜けると、パティオの周りに部屋が並んでいる。[Wi-Fi] 客室OK・無料

[MAP] P.375/B2 🍴× 🏊× 🔒× ☕○
住所 Madero No.1520 TEL 125-4688
URL hotelyeneka.com 税金 込み カード 不可
料金 ⓈM$571〜、ⒹM$690〜 [AC]○ [TV]× [TUB]×

▶共同キッチン完備のペンション

バハ・パラダイス
Baja Paradise

日本人が経営する全10室のおすすめホテル。無人島ツアーも手配OK。日本人スタッフが常時いるので、ダイビングスポットなどの相談ができる。3泊以上の滞在には割引あり。[Wi-Fi] 客室OK・無料

[MAP] P.375/A1 🍴○ 🏊× 🔒× ☕有料
住所 Madero No.2166 TEL 128-6097
URL www.facebook.com/bajaparadiselapazmx
税金 込み カード [M][V]
料金 ⓈM$350〜、ⒹM$490〜 [AC]△ [TV]○ [TUB]×

▶コロニアル調建築の安宿

ポサダ・サンミゲル
Posada San Miguel

ソカロから1ブロック西にある、全18室のエコノミーホテル。2階の部屋のほうが1階よりも明るくておすすめ。[Wi-Fi] 客室OK・無料

[MAP] P.375/A2 🍴× 🏊× 🔒× ☕×
住所 Belisario Domínguez No.1510
TEL 125-8888 税金 込み カード 不可
料金 ⓈⒹM$380〜 [AC]△ [TV]○ [TUB]×

🍴 レストラン 🏊 プール 🔒 金庫 ☕ 朝食 [AC] エアコン [TV] テレビ [TUB] バスタブ

エクスカーション

▶芸術家を魅了するアートな情緒が漂う ★

トドス・サントス
Todos Santos

バハ・カリフォルニア半島の西海岸、ラパスとカボ・サンサーカスのちょうど中間あたりにある小さな町トドス・サントス。18世紀にスペインのイエズス会宣教師たちによって築かれた町で、パステルカラーにペイントされたコロニアル調の町並みが残り、独特の風情が感じられる。近年はアメリカのサンタフェなどからやってきた若い芸術家が多く住んでいて、彼らの作品を売るアトリエやギャラリーがあることでも知られている。セントロから1.5kmくらいの所には自然豊かなビーチが広がり、安くておいしいシーフードレストランや屋台もたくさんある。イーグルスの名曲『ホテル・カリフォルニア』のモデルともいわれるホテルがある。

名曲のモデルといわれるホテル・カリフォルニア

トドス・サントスへのアクセス
[MAP] P.353/B2
ラパスのマレコン・バスターミナルから、カボ・サンルーカス行きのバス(Vía Corto)で約1時間。5:00〜21:30の間に毎時約1本運行。片道M$150。

トドス・サントスのホテル
[H] California
住所 Benito Juárez, Morelos y Marquez de León
TEL (612)145-0525
URL www.hotelcaliforniabaja.com
全11室でⓈⒹM$2500〜

▶太平洋側のホエールウオッチングの起点となる ★★

プエルト・サンカルロス
Puerto San Carlos

太平洋岸にある人口4500人ほどの小さな町で、2〜3月上旬はコククジラに触れることもできるエコツアーの観光拠点となる。ラパスからバスで4時間程度でアクセスでき、ホテルなどの施設も整っているので、時間があればのんびりとバハならではの雰囲気を満喫したい。クジラ観察やフィッシングのツアーは各ホテルや旅行会社で申し込める。

プエルト・サンカルロスを起点として太平洋岸の海へ

プエルト・サンカルロス
[MAP] P.353/B1
ラパスから直通バスはない。ラパスから200kmほど北のコンスティトゥシオンConstituciónへ向かい、そこからプエルト・サンカルロス行きのバスに乗り換える。

プエルト・サンカルロスのホテル
バスターミナル周辺に中級ホテルが点在している。
[H] Alcatraz
住所 Puerto La Paz S/N
TEL (613)136-0017
URL www.hotelalcatraz.mx
全25室でⓈM$910〜、ⒹM$1100〜
[H] Brennan
住所 Apartado Postal No.7
TEL (613)136-0288
URL www.hotelbrennan.com.mx
全14室でⓈM$1000〜、ⒹM$1200〜

▶ウオータースポーツが楽しめるバハ最古の町 ★★

ロレート
Loreto

コルテス海でのダイビングやフィッシングの拠点となる、人口1万人の小さな町。世界自然遺産に登録されている**カリフォルニア湾の島々と保護地域群**への起点のひとつで、冬季はホエールウオッチングでにぎわう。

また、この町はバハ・カリフォルニアで最古の約1万2000年前から人類が居住していた場所と考えられている。1697年には常設の教会Misiónが半島で初めて設立された地としても知られている。

ロレート [MAP] P.353/B1
バスはラパスから毎日7本(所要約5時間、M$645〜800)。ティファナからは毎日3本運行(所要約16時間、M$2305)。町の中心部はバスターミナルから東へ1kmほど(タクシーでM$30〜)。

ロレートのホテル
[H] Hacienda Suites
住所 Salvatierra No.152
TEL (613)135-16931
URL www.haciendasuites.com
バスターミナルから徒歩3分ほどにある全40室のホテル。ⓈⒹM$1025〜。

[はみだし] ラパスやプエルト・サンカルロスにはコククジラが出没するほか、ロレートではシロナガスクジラやナガスクジラ、ロスカボスではザトウクジラが見られる。2月がベストシーズン。

無国籍な雰囲気漂うアメリカとの国境の町

ティファナ
Tijuana

バハ・カリフォルニアと北部　ティファナ

人　　口	約156万人
高　　度	30m
市外局番	664

国境独特のにぎやかさが感じられるティファナ中心部

　ロスアンゼルスからバスで3〜4時間、サンディエゴから30分ほどで来られる太平洋岸のメキシコ国境の町ティファナ。アメリカからの観光客が多いために、みやげ物屋やバー、レストランなど行楽には事欠かない。国境とラテン文化独特の雰囲気が感じられ、英語や米ドルの通用度が高いが、メキシコに来た実感が湧くだろう。

　近年はその恵まれた地理的条件に目をつけたメキシコ政府が、外貨と雇用を得るために「マキラドーラ」と呼ばれる関税免除地域に指定し、アメリカや日本などの外国資本を呼び込んで、一大工業地帯へと変貌を遂げている。

アクセス

飛行機 ▶ アエロメヒコ航空、ボラリス航空、インテルジェット航空が、メキシコ・シティやグアダラハラなどから毎日頻繁に便があるほか、ロスカボス、サカテカス、オアハカへの直行便も運航。

バ ス ▶ 長距離バスターミナルはふたつある。メキシコ各地へのバスが発着する中央バスターミナルは市街地から約10km南東。バスターミナルから "Centro" と表示された市バスで中心部へ。逆にバスターミナルに行く場合は、Av. ConstituciónとCalle Benito Juárez 2daの道路が交差するバス乗り場から "Buenavista" か "Central Camionera" と表示された市バス（所要約1時間、M$15）を利用する。タクシーは所要約15分、M$100程度。タクシーで中心部から中央バスターミナルへ向かうときに、近場のバスターミナルで降ろしてごまかそうとする運転手もいるので注意。

　国境の手前にあるPlaza Viva Tijuanaショッピングセンター南側にはABC社やTres Estrellas de Oro社のバスターミナルがあり、ロスアンゼルスやグアダラハラへのバスが発着する。

空港から市内へ
　ティファナのアベラルド・ロドリゲス国際空港Abelardo Rodríguez (TIJ) は市街から約7km東。市バス（所要1時間、M$15）やタクシー（所要40分、M$220〜）で市内へ。

アエロメヒコ航空
住　所 Paseo de los Héroes, Zona Río
TEL 683-8444

ロスアンゼルスへのバス
●Greyhound社
　中央バスターミナル（**MAP** P.382/A2外）から毎日8:30〜20:15まで毎時1本（所要約4時間、片道US$24）。
●Tres Estrellas de Oro社
　ティファナ川東岸の**S**Plaza Viva Tijuana南側のバス乗り場（**MAP** P.382/A1）から毎日6:00〜24:00まで1日16本（所要約3時間、片道US$25）。

サンディエゴ（アメリカ）からメキシコ国境へ
　サンディエゴからアメリカ側国境のサンイシドロSan Ishidroまでは、市バス（San Diego Transit）や路面電車（Trolley Blue Line）で約40分。ロスアンゼルスからの長距離バスは入国審査を受けずにティファナに行くので、メキシコ各地を旅する予定の人はサンイシドロで降りよう。ここから跨線橋を渡り、メキシコ入国ゲート手前まで徒歩約5分。イミグレーションで入出国カード（FMM）に入国印をもらって入国税（US$25相当のペソ払い）を払い、ティファナ側へ抜けよう。メキシコ入国ゲートから町の中心部まで徒歩約15分。

はみだし アメリカからメキシコへの入国は回転扉をくぐるのみで簡単だが、アメリカ側へ戻るのは身体検査、持ち物検査を厳しくされる場合もあり、行列ができることもある。時間に余裕をもって移動すること。

メキシコを南下するなら入国スタンプを忘れずに！

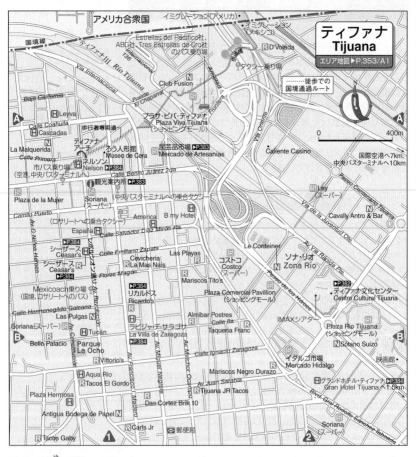

アメリカ側国境（アメリカの出国手続きは不要）のサンイシドロからティファナに向かうと、鉄の回転扉がある。この最初の回転扉を過ぎて右側に、メキシコの入国管理局（イミグレーション）がある。これからメキシコ各地を旅する人は、必ず入出国カード（FMM）に入国スタンプをもらうこと。アメリカからは審査を必要としない72時間以内の短期滞在者が多い。そのため一般の旅行者（日本人を含む）が、入国手続きなしに通り過ぎても何も言われないから要注意（→P.414）。

回転式の鉄柵を抜けてメキシコへ

入国に関する注意

ティファナに72時間以内の滞在でアメリカへ戻るなら、日本人も入国手続きは不要。72時間を超えたり、メキシコを南下する場合は、必ず国境で入国手続きをすること。入国時にはUS$25相当をペソで支払う。米ドル払いは不可なので、隣接の両替所でペソに替えておこう。

入国時の手数料はイミグレーションではなく、メキシコ滞在中に銀行に振り込むよう求められる場合もある。

ティファナから各地へのバス

目的地	1日の本数	所要時間	料金
メキシコ・シティ	Elite、TNS、TAPなど毎時1〜2本	40〜46h	M$1806〜2210
グアダラハラ	Elite、TAP、TNSなど毎時1〜3本	31〜36h	M$1775〜2105
マサトラン	Elite、TAP、TNSなど毎時1〜3本	26〜28h	M$1417〜1602
ロスモチス	Elite、TAP、TNSなど毎時1〜3本	19〜22h	M$1138〜1389
メヒカリ	Elite、TAP、TNSなど毎時2〜7本	2〜3h	M$296〜335
エンセナーダ	ABC、TAPなど毎時1〜5本	1.5〜2h	M$184〜205
ラパス	Aguila9本（8:00〜24:00）	24〜25h	M$2500

はみだし ティファナ文化センター Centro Cultural Tijuana（MAP P.382/B2 URL www.cecut.gob.mx）にはカリフォルニア博物館（営業 火〜日10:00〜19:00 料金M$27）などが入っている。

歩き方

観光の中心は、町を南北に走る**レボルシオン通り**Av. Revolución。歩く際にはこの通りの北に位置する巨大なティファナ・アーチのモニュメントを目印にするといい。ティファナ・アーチから周囲1kmほどの沿道は、レストラン、みやげ物屋、ホテルがひしめき、昼も夜もアメリカからの観光客でにぎわっている。このアーチからティファナ川へと続くCalle Primelaは、みやげ物屋が連なった歩行者専用道なので、物色しながら対岸の[S]**プラサ・ビバ・ティファナ**Plaza Viva Tijuanaまで歩いてみるのもいい。

メキシコみやげのショッピングには**民芸品市場**がおすすめ。市場の広い区画に小さな店舗が軒を連ねており、毎日9:00 ～ 18:00頃まで営業している。バッグやベルトなどの革製品、カラフルな食器、ファッション、伝統的な工芸品や絵画など、商品の購入は基本的に交渉制。パーティグッズとして大量に買い付ける観光客も多い。

もしも時間に余裕があれば、アーチから約1km南東にある**ソナ・リオ**Zona Ríoへも足を運んでみよう。文化センター、博物館、ショッピングセンター、洗練されたカフェテリアなど、ティファナのモダンな一面を垣間見ることができる。

市内交通

ティファナには3種類のタクシーが走っている。車体が黄色のタクシーは、通称**ラリネア**La Lineaと呼ばれる国境と町の往復が基本で、料金はM$60～70。白地にオレンジ色の文字が書かれた**リブレ**Libreは、区域に制限はないが、セントロ外への移動などは料金が高めとなる。**コレクティーボ**Colectivoは、行き先別の乗合タクシーで、料金はひとり当たりM$20程度。

市内バスはM$11～15で、国境、空港、バスターミナルなどティファナ市内や周辺の各方面へ運行している。旅行者にも利用しやすいセントロのバス乗り場（[MAP] P.382/A1）は、Av. ConstituciónとCalle Benito Juárez 2daが交差する角にある。

中心部にはさまざまなみやげ物屋が軒を並べている

観光案内所 [MAP] P.382/A1
住所 Av. Revolución entre 2a y 3a
TEL 973-0424
営業 月～金　9:00～18:00
1ブロック南や国境近くにも観光案内所はあるが、営業時間が不定。

民芸品市場
[MAP] P.382/A2

両替事情
アメリカ人観光客が多いこともあって、ホテル、レストラン、ショップで米ドルが流通する。

ナイトライフ
レボルシオン通り沿いには、夜遅くまでバンドの演奏があるバーが多い。お客の口にウエーターがお酒を注ぎ込み、頭を振ってシェイクするなどいろいろ趣向を凝らしている。また土曜の夜にはルチャリブレ（メキシコプロレス）も楽しめる。

悪質店員にご用心
ショッピングが最大の楽しみの町だが、数あるショップのなかには、悪賢い店員もいるので注意。銀製品などショーケース内の本物を見せておいて、実際にはアルパカ（銀に似た合金）や低純度の粗悪な銀製品を出されることがある。

COLUMNA

ティファナ～ラパス間のルート

バハ・カリフォルニアは、南北に1680kmもの長さをもつ世界最長の半島。しかし、この半島で都市があるのは北端のティファナやメヒカリ、そして南端のラパス、ロスカボスだけ。その間はところどころに小さな町はあるがほとんどは山や高地で、砂漠に岩がごろごろする不毛の地が続く。

鋭く削られた海岸線や険しい地形など純粋な自然が広がり、大地には空に向かって真っすぐに伸びる巨大なカルドン・ハシラサボテン、それと対照的に頼りなげに伸びるイドリア、そして木とは思えない、ほとんど幹だけのユッカの異様な姿がある。過酷な自然に順応した植物はどれも皆奇怪だ。それらがときには群生して、ユニークな林を造っている。この風景には人間の入る隙間はまったくない。本当にこれが地球上の風景だろうかと疑いたくなる。荒野は妙に、旅人の心の琴線に触れるものがある。ティファナからラパスへ、この特異な自然を見るために20時間以上バスに揺られてみるのもいいだろう。

[投稿] 治安について悪名高いティファナですが、中心部はアメリカ人観光客が多く安全でした。アメリカへの再入国では平日の朝は避けましょう（越境通勤者でごった返します）。（東京都　幹太　'16）['18]

Comida レストラン

レボルシオン通りの付近は観光客向けの店が多く、中心部のレストランでは米ドルでの支払いもOK。通りから離れると大衆的な店もあるが、支払いはペソのみとなる。

▶1965年創業のファミリーレストラン

🍴リカルドス
Ricardo's

広くゆったりとした24時間営業のレストラン。タコス風サンドイッチのトルタス(M$55～)や、定食のコンビナシオン・メヒカーナ(M$118)など、手頃な料金がうれしい。

大通りに面している

[MAP] P.382/B1
住所 Av. Madero No.1410
TEL 685-4031　営業 毎日24時間
税金 込み　カード [M][V]　[Wi-Fi] 無料

▶シーザーサラダ発祥の店

🍴シーザース
Caesar's

この店の経営者だったシーザー氏が1924年、ありあわせの材料でシーザーサラダを作り出した。ビーフステーキ(M$320)やパスタ(M$150～)があり、シーザーサラダはM$135。

目の前でシーザーサラダを作ってくれる

[MAP] P.382/B1
住所 Av. Revolución No.1079　TEL 685-1927
営業 毎日11:00～21:00(木～土～23:00、日～20:00)
税金 込み　カード [A][D][M][V]　[Wi-Fi] 無料

Estancia ホテル

高級ホテルは南東部の郊外に、中級ホテルと安宿は中心部のレボルシオン通り付近にある。中級以下のホテルは設備が古く、料金にも割高感がある。ほとんどのホテルで、米ドルでの支払いが可能。

▶5つ星の大型ホテル

🛏グランドホテル・ティファナ
Grand Hotel Tijuana

中心部から3kmほど南東に離れた、37階建てツインタワーのモダンなホテル。テニスコート、ジムなど施設が充実し、裏側にはゴルフコースも広がっている。部屋にはキングサイズのベッドを完備。全432室。[Wi-Fi] 客室OK・無料

[MAP] P.382/B2外　🍴○　🏊○　🔒○　☕△
住所 Blvd. Agua Caliente No.4500　TEL 681-7000
URL grandhoteltj.com
税金 +19%　カード [A][M][V]
料金 ⓈⒹM$1710～　[AC]○ [TV]○ [TUB]○

▶伝説のレストランを擁する老舗ホテル

🛏シーザース
Caesar's

目抜き通りに建つ大きな建物は雰囲気あり。室内は清潔だが、金・土曜は料金が割高になる。全50室。
[Wi-Fi] 客室OK・無料

簡素ながら清潔な部屋

[MAP] P.382/B1　🍴○　🏊×　🔒○　☕×
住所 Av. Revolución No.1079　TEL 685-1606
税金 込み　カード [M][V]
料金 ⓈⒹM$700～　[AC]○ [TV]○ [TUB]×

▶快適なおすすめホテル

🛏ラビジャ・デ・サラゴサ
La Villa de Zaragoza

駐車場を兼ねた中庭を客室が囲むモーテル風のホテル。全66室で、バスルームも広々としている。[Wi-Fi] 客室OK・無料

[MAP] P.382/B1　🍴○　🏊×　🔒○　☕有料
住所 Av. Madero No.1120　TEL 685-1832
URL www.hotellavilla.biz
税金 +19%　カード [A][M][V]
料金 ⓈⒹM$840～　[AC]○ [TV]○ [TUB]×

▶アンティークな雰囲気が漂う老舗

🛏ネルソン
Nelson

レボルシオン通りの北側にある全92室のホテル。古くから営業を続けているホテルで、1階にはバーもある。[Wi-Fi] 客室OK・無料

[MAP] P.382/A1　🍴○　🏊×　🔒○　☕有料
住所 Av. Revolución No.721　TEL 685-4302
税金 込み　カード [M][V]
料金 ⓈⒹM$495～　[AC]○ [TV]○ [TUB]×

🍴レストラン　🏊プール　🔒金庫　☕朝食　[AC]エアコン　[TV]テレビ　[TUB]バスタブ

エクスカーション

▶海の幸を味わいにビーチエリアへ ★
ロサリート
Rosarito

ティファナから約21km南。ティファナに近いビーチリゾートとして、週末には特ににぎわう。安くておいしいシーフードレストランがたくさんあり、長い海岸線では海水浴や釣り、乗馬が楽しめる。

▶アメリカからの旅行者でにぎわうリゾート地 ★
エンセナーダ
Ensenada

アメリカ国境から南へ110kmほど下った太平洋沿岸の町。スポーツフィッシングと海の幸が楽しめ、ティファナ同様アメリカ人の72時間以内の滞在にはツーリストカードが不要なため、人気のスポットだ。特に週末はハイウエイを飛ばして遊びに来る人が多く、ホテルもすぐに埋まってしまう。片道1時間30分ほどなので日帰りでも楽しめる。

エンセナーダのターミナルに着いたら、前を通るAv. Riverollを10ブロックほど南に下って海に出よう。海岸線に沿ったAv. López MateosやBlvd. Lazaro Cárdenasには手頃なホテルがたくさん並んでいる。釣り船の手配は各ホテルや港にあるオフィスで申し込める。40人乗りの船でひとりM$600程度（所要約8時間、釣り道具代込み）。

▶サボテンが群生する砂漠と溶岩流クレーターが広がる世界遺産 ★★
ピナカテ火山とアルタル大砂漠
Reserva de la Biosfera El Pinacate y Gran Desierto de Altar

アルタル砂漠から見たピナカテ火山

ティファナから約350km南東。コルテス海周辺から広がる北米大陸最大の砂漠、ソノラ砂漠の一部で、コロラド川の東側にある71.5haという広大な生物圏保護区だ。ここは乾燥地帯でありながら540種の植物、200種の鳥類、44種の哺乳類、40種の爬虫類が生息している。アルタル大砂漠では、砂丘の上からコルテス海まで見渡せる。黒々とした溶岩流の跡が残るが、最後の火山活動は約1万年前と推定されている。標高1206mのピナカテ山周辺には、数万年前にマグマが地下水に触れて水蒸気爆発してできた10のクレーターが点在。この生物圏保護区は2013年、ユネスコの世界自然遺産に登録された。

拠点となるCEDO研究センターには、地形や生態系を解説した展示物があり、スペイン語と英語による解説ビデオを上映している。12～2月の最低気温は10℃以下と寒く、7～9月は日中40℃を超えるほど暑くなるので、観光は春か秋がおすすめだ。年間の降水量は150mm程度で、雨季は夏～秋の2ヵ月間と冬から春にかけての数週間のみ。

ロサリート　MAP P.353/A1
Madero通りのCalle 3aと4aの間から乗合タクシーを利用して所要約40分、M$20。

エンセナーダ　MAP P.353/A1
ティファナのViva Tijuanaショッピングセンター脇からABC社が毎時2本運行。所要約1時間30分、料金M$184～205。

エンセナーダのホテル
中心部には H Villa Fontana Inn [TEL (646)178-3434 URL www.villafontana.com.mx 料金SDM$945～] や H Corona [TEL (646)176-0901 URL www.hotelcorona.com.mx 料金SDM$1630～] など手頃な料金のホテルが多い。

世界遺産 World Heritage

ピナカテ火山とアルタル大砂漠　MAP P.353/A1
観光の拠点となるプエルト・ペニャスコまでは、ティファナからABC社の直通バスが毎月1本、メヒカリ乗り換えで4本あり、所要約7時間、料金M$502～533。メヒカリからは、ABC社のバスで所要約5時間、料金M$367。生物圏保護区へはプエルト・ペニャスコのCEDO研究センター [TEL (638)382-0113 URL cedo.org] が不定期にスペイン語と英語ガイド付きの1日ツアーを催行している。料金は人数により異なり、1名US$80～400。

プエルト・ペニャスコのホテル
H La Roca [TEL(638)383-3199 URL hotelposadalaroca.blogspot.com 料金SUS$30～、DUS$40～] や H Laos Mar [TEL (638)383-2238 URL www.bestwestern.com 料金SDUS$92～] などがある。

チワワ太平洋鉄道の旅
Ferrocarril Chihuahua Pacifico

チワワとロスモチス間を結ぶ、チワワ太平洋鉄道。メキシコで貨物部門を残して次々と鉄道が廃止されるなかで、唯一定期運行されている一般旅客鉄道だ。1等の急行列車が毎日各1本ずつと2等の各駅停車が毎週各3本ずつ運行されている。海沿いの町から峠を越えて高原地帯まで延びており、旅客路線は全長653kmほど、39の橋と大小86のトンネルがある。バランカ・デル・コブレ（銅峡谷）など起伏の激しい渓谷地帯を走るので、車窓に広がる風景も迫力があり、雄大な自然を楽しむことができる。

海岸と山岳地帯を結ぶ路線は車窓に雄大なパノラマが広がる

ロスモチスから各駅停車の旅

2018年から急行列車（Chepe Express）に新車両が導入され、ダイヤも大幅に変更された。急行はロスモチスから出発するとクリール着が深夜となり、利用しづらくなっている。車窓から景観を楽しみたい人には、ロスモチスからは各駅停車の普通列車（Chepe Regional）がおすすめだ。

コルテス海の港に近いロスモチスから、普通列車は早朝に列車が発車する。しばらくは、トウモロコシ畑やサトウキビ畑が続く平原を走る。2時間30分ほど走って、エルフエルテ駅を過ぎたあたりから徐々に勾配がきつくなる。フエルテ川に沿って、またこの川に架かる陸橋を何度も渡り、山岳地帯に近づいていく。

ロスモチスから3時間30分ほどのテモリス駅の付近は海抜1000m。このあたりから山々が連なる渓谷地帯になり、大きく曲がりくねったレールの上を列車はゆっくりと走っていく。

客車内の窓は開閉できないが、普通列車のデッキ窓は開いていて、顔を出したり外の写真を撮ったりすることも可能だ。

銅峡谷からクリールへ

バウイチボ駅は海抜1600m、この付近はかなり山深くなり、駅では民芸品などを売る先住民タラウマラ族の姿も見かける。列車はさらに勾配のある路線を進み、ディビサデロ駅に到着する。

ディビサデロ駅には、チワワ発の2等列車も昼過ぎの時間帯に着く。列車はここで20分間停車するので、駅から徒歩2分ほどのバランカ・デル・コブレ（銅峡谷）の展望台に行ってみよう。ディビサデロは海抜2250mくらい、そこから谷底との高度差は1000m以上、短い時間ではあるが壮大な景色を見渡すことができる。

ディビサデロから1時間半ほど走るとクリール駅に到着、乗客の多くはこの駅で下車する。クリール周辺にはさまざまな見どころがあるので、時間があれば2～3日滞在してみよう。

チワワ太平洋鉄道
Chihuahua Pacifico Route
エリア地図 ▶ P.353/B2

バハ・カリフォルニアと北部 チワワ太平洋鉄道の旅

ルーティングのヒント

普通列車はロスモチス駅とチワワ駅からそれぞれ6:00に出発。急行列車はクリールを6:00に出発して、ロスモチス駅に着いたあとに16:00に折り返す（ダイヤ改正により急行はロスモチス〜クリール間のみの運行となりチワワまでは行かない）。

沿線の壮大な景観はテモリス駅からディビサデロ駅の区間で広がっている。快適な急行列車に乗車する場合、クリール発ロスモチス行きを利用すれば、車窓から日中の景観が楽しめる。なお、チワワとクリール間はバスが毎時数便運行しているので、この区間はバスの利用が便利だ。

乗車券の購入、車内サービス

乗車券は鉄道会社のサイトで予約・購入するか、ロスモチス、クリール、チワワの旅行会社などで手配可能。普通列車は当日でも購入できるが、セマナサンタや年末年始などの時期は満席になることもあるので注意しよう。最新の運行スケジュールや運賃は鉄道会社のサイト（URL www.chepe.com.mex）で確認を。

車内での食事は、急行列車はサロンバーが利用できる。普通列車は駅で売られているタコスなどを持ち込むことが可能だ。

山肌をぬうように線路が敷かれている

COLUMNA

銅峡谷に暮らす タラウマラ族

洞窟を住居とする人たちもいる

バランカ・デル・コブレやその周囲には、およそ5万人の先住民タラウマラ族（ララムリ族）が暮らしている。クリールなどの村に家をもち、農業や民芸品で生計を立てているが、彼らのなかには洞窟を住居として生活している人たちも少なくない。タラウマラ族は走る民族とも呼ばれ、道具を使わずに野生動物を走って追いかけて、獲物を仕留めることもある。コブレ峡谷の奥深くに暮らす彼らを訪ねるのは容易ではないが、クリールから徒歩20分くらいの地域にも洞窟の住居がある。洞窟の中で火をたいて生活しているので、岩が黒く焦げており、住居跡と思われる洞窟も見かける。彼らのなかには旅行者を敬遠する人たちもいるので、訪れる場合はツアーに参加するといい。

左／サロンバーの車両も連結されている　右／停車時間に途中駅の屋台でタコスなどが買える

チワワ太平洋鉄道時刻表

急行(Express)		普通(Regional)		停車駅	急行(Express)		普通(Regional)	
16:00	↓	6:00	↓	ロスモチス LOS Mochis	15:05	M$5960	21:28	M$3276
17:50	M$2200	8:19	M$602	エルフエルテ El Fuerte	13:00	M$5190	19:19	M$2870
		11:24	M$1074	テモリス Témoris			16:12	M$2208
		12:24	M$1269	バウイチボ Bahuichivo			15:12	M$2012
		12:35	M$1305	クイテコ Cuiteco			14:58	M$1977
		13:15	M$1430	サンラファエル San Rafael			14:16	M$1851
		13:46	M$1480	ポサダ・バランカス Posada Barrancas			13:52	M$1801
23:20	M$8000	13:50	M$1500	ディビサデロ Divisadero	7:30	M$970	13:41	M$1781
		14:45	M$1601	ピトレアル Pitorreal			12:42	M$1681
0:55	M$5960	15:39	M$1791	クリール Creel	6:00	↑	11:47	M$1490
		16:23	M$1947	サンフアニート San Juanito			11:03	M$1335
		19:07	M$2609	クアウテモック Cuauhtémoc			8:25	M$667
		21:34	M$3276	チワワ Chihuahua			6:00	↑

※急行列車は毎日運行。普通列車はロスモチス発は毎週火・金・日、チワワ発は毎週月・木・土。
詳細はURL www.chepe.com.mxを参照

ディビサデロ
Divisadero

チワワ太平洋鉄道沿線のディビサデロ駅にも近く、クリールからツアーで回れる人気の景勝地。標高差1000m以上の峡谷を見下ろすディビサデロには3ヵ所くらいの展望台があり、ツアーバスで回ってくれる。険しい山並みがいろいろな角度から眺められる。天気に恵まれると遠くの谷底まで絶景が見渡せて、足がすくんで吸い込まれそうな感じを受けつつも、大パノラマの光景を満喫できる。

クリールから4時間ほどの所にある、バサセアチ国立公園も人気。峡谷地帯に緑豊かな森林が

峡谷地帯の下には川が流れている

広がっており、絶壁の谷に高さ246mの滝が流れ落ちている。登山道を下っていくと、水しぶきを上げる滝に近づける。一方で、滝の真上から谷底を見下ろすスリリングな体験もできる。峡谷と巨大な滝が織りなす光景は、日常生活を忘れてしまいそうなスケールの大きなものだ。

ディビサデロ ⬛MAP P.386
クリールのホテルでツアーが申し込める。ディビサデロのツアーは所要約5時間で料金M$440。ほかにもバサセアチ国立公園(所要9時間、料金M$660)、クサラレ滝(所要5時間、料金M$400)、レコウアタ(所要7時間、料金M$440)などのツアーがある。

ディビサデロの峡谷は標高差1000m以上

パキメ遺跡
Paquimé

鉄道の終点駅チワワから北に向かって、バスで4時間30分ほど走る。ヌエボ・カサス・グランデスの町近くにあるのが、世界文化遺産にも登録されているパキメ遺跡。草がまばらに生える赤茶けた荒野に、古代都市の住居跡が残っていて、メキシコのほかの遺跡とはまた違った、住居跡が整然と並ぶパキメ遺跡の姿は興味深い。

この古代都市は交通の要衝として、そして塩や鉱石の産地として8世紀頃から発展が始まった。14世紀頃に最盛期を迎え、人口は1万人に

World Heritage 世界遺産

集合住宅の基盤部分が残っている

達したと考えられる。かつて日干しれんがによる集合住宅が建てられ、現在は基盤部分が残っている。この住居の遺構は、まるで迷路のような形をしていておもしろい。

巨大なピラミッドが残っているわけではないので、マヤ、アステカの有名な遺跡に比べると地味な感じもする。しかし区画整理された住居跡が並び、部屋や廊下部分が迷路のように入り組んだ様相は、当時の建築文化もうかがい知れる。

パキメ遺跡 ⬛MAP P.353/A2
TEL (636)692-4140
入場 毎日 9:00〜17:00
料金 M$70(博物館入場料も含む)
チワワからヌエボ・カサス・グランデスまで毎時1本バス(所要約4.5時間、M$433)が運行。バスターミナルからタクシー(M$100)でパキメ遺跡まで15分ほど。

日干しれんがで築かれた住居跡

チワワ太平洋鉄道の起点

始発駅は太平洋側がロスモチス、山岳側がチワワになる。まずはどちらかの町を目指そう。そしてチワワ鉄道を利用したら、ぜひ途中下車してクリールなどに何日か泊まってみたい。ロスモチス、チワワの旅行会社で予約しないと泊まれないロッジやホテルもあるが、駅周辺のホテルは普通に宿泊できる。夏休みや年末、セマナサンタの時期にはホテルが混み合うので注意。

COLUMNA

チワワ太平洋鉄道の歴史

チワワ太平洋鉄道は、1872年にアメリカ人のA・オーエンによって鉄道敷設が計画され、10年後にゴンサレス大統領の認可を得て、困難な工事の歴史が幕を開けた。平野部では問題なかったが、山脈にさしかかると、厳しい自然環境や疫病などに苦しめられ、計画は途中で放棄された。7年間の中断のあとに、アメリカの鉄道王スティルウエルがチワワの有力者パンチョ・ビージャなどの協力を得て、1900年に工事は再開された。しかしビージャが1910年から本格化していくメキシコ革命に参戦したため、この鉄道工事を政府軍が妨害し、測量しての本格的な工事は1940年になってようやく始まった。そして1961年に、90年の歳月と巨費を費やして、ついに開通した。

ロスモチス
Los Mochis

ロスモチスから出るチワワ太平洋鉄道の普通列車は出発が朝早く、チワワからの到着は夜遅い。山岳鉄道に乗る人は、どちらにせよロスモチスに1泊しなければならない。バスターミナルが集まる中心部には、ホテルも多い。

また、ロスモチスの南岸にあるトポロバンポ港Topolobampoからは、バハ・カリフォルニア半島のラパス行きの船も運航している。ラパス〜ロスモチスのフェリーは、ラパスとメキシコ本土を結ぶ最短コース。山岳鉄道からフェリーへと、変化を好む旅人にとって、ロスモチスは重要な地点となる。

アクセス

飛行機▶アエロメヒコ航空、ボラリス航空がメキシコ・シティから毎日2〜3便運航。ロスモチスのフェデラル空港Federal (LMM)は市街より15kmほど南。タクシーでM$250〜300。

鉄道▶チワワ太平洋鉄道のチケットは駅へ直接行かなくても、Viajes Flamingo ([H] Santa Anita内)など、市内の旅行会社で購入でき、鉄道沿線のホテルの予約もしてもらえる。駅へはサラゴサZaragoza通りから市バスもあるが、早朝はタクシー(所要約20分、M$200程度)しか動いていない。

船舶▶ラパスからトポロバンポ港(ロスモチスの約24km南)へ、Baja Ferriesの船が毎週5〜7便運航しており、所要約6時間で料金はM$1100。個室利用はM$990加算。船は季節によって便数や運航時刻が変わるのでURL www.bajaferries.comで要確認。市内のBaja Ferries〔TEL (668) 817-3752、住所 Guillermo Prieto No.105〕で発券してもらえる。ロスモチスから港へは、アルバロ・オブレゴンÁlvaro Obregón通りからバス(所要約40分、M$41)が頻繁に出ている。タクシーはM$200程度。

バス▶メキシコ・シティ、グアダラハラ、マサトラン、ティファナ間などメキシコ主要都市間を結んでいる。バスターミナルは中心部に集まっている。

Estancia ホテル

[H]**Santa Anita**〔住所 Leyva y Hidalgo TEL (668)818-7046 料金 ⓈⒹM$1370〜〕、[H]**Lorena**〔住所Prieto y Obregón TEL (668) 812-0239 料金 ⓈM$420〜、ⒹM$510〜〕、[H]**Monte Carlo**〔住所 Flores No.322 Sur TEL (668)812-1818 料金ⓈⒹM$480〜〕などがロスモチスの中心部にある。

チワワ
Chihuahua

メキシコ最大のチワワ州の州都チワワは、メキシコ革命の英雄パンチョ・ビージャの活躍したところとして知られ、どことなく西部劇の舞台のような雰囲気がある。牧畜も非常に盛んなので、おいしいチワワ産牛肉のグルメと皮革製品ショッピングは、チワワでの楽しみのひとつだ。

アクセス

飛行機▶アエロメヒコ航空などがメキシコ・シティから毎日9～10便運航。チワワのビジャロボス空港Villalobos（CUU）は20kmほど郊外にあり、市内からタクシーで所要約20分。

鉄道▶チワワ太平洋鉄道駅から、銅峡谷への山岳列車が出る。駅から市内へ行くには出口から北に直進し、20 de Noviembre通りから"Rosario"と表示されたバスに乗る。逆に駅に行く場合は、観光案内所の南東側にある乗り場からバスを利用する。

バス▶メキシコ・シティ、グアダラハラのほか、北部各都市から頻繁に運行。バスターミナルから市内へは、タクシー（M$200程度）か市バスで20～30分。逆にバスターミナル方面に行く市バスはNiños Héroes通りから出ている。

歩き方

ホテルはカテドラル周辺に多く、銀行、レストラン、民芸品店なども、カテドラルを挟むLibertad通りとVictoria通り沿いに集まっている。ソカロの北東に建つ**政庁舎**Palacio de Gobiernoでは、中庭で壮大な壁画を見ることができる。モチーフはメキシコ独立の父イダルゴ神父。1811年にグアナファトで捕らえられたミゲル・イダルゴは、この中庭で処刑された。四方の壁をぐるりと見て歩くと、メキシコの独立史が理解できる。

太平洋鉄道駅の5ブロック北には、チワワの英雄パンチョ・ビージャの家があり、現在は**革命歴史博物館**Museo Historico de la Revoluciónとして公開されている。

Estancia ホテル

中級ホテルは、ソカロの4ブロック北側に**H Palacio del Sol**（住所 Independencia No. 116 TEL（614）412-3456 料金 ⒹM$1100～）、カテドラルの南西側に **H San Francisco**（住所 Victoria No.409 TEL（614）439-9000 料金 ⒹM$1150～）がある。安ホテルは、カテドラルの近くに **H Plaza**〔住所 Calle 4 No.206 TEL（614）415-5834 料金 Ⓢ ⒹM$270～）や **H San Juan**〔住所 Victoria No.823 TEL（614）410-0035 料金 ⓈⒹM$230～）など。

途中下車の駅

クリール Creel

チワワから約5時間。高原特有の透明感にあふれ、ログハウスのホテルや民芸品店、雑貨屋が細いメインストリートに沿って並ぶ小さな町だ。道行く女性の服装なども地方色の濃いスタイルでとても興味深い。また、銅峡谷Barranca del Cobreへの入口なので、各ホテルなどから郊外へのツアーも毎朝出ている。

クリールの周辺を歩くと、延々と続く岩壁のところどころが黒く煤けていることに気がつく。これはタラウマラ族がその下で火を使って生活している目印である。いまだ彼らの多くは絶壁の下や峡谷の洞窟に住み、昔からの生活スタイルを守り続けている。

エクスカーション

クリールの各ホテルから、郊外へのツアーが出ている。催行人数は4人からで、ホテルによって内容や料金などが異なる。ほかにも、レンタサイクル(1日M$250程度)、乗馬ツアー(3時間M$300～)などもある。

●アラレコ湖　Lago Arareko

松林に囲まれた湖と近くのタラウマラ族の洞窟住居を見学。所要2時間、料金M$260。

●クサラレ滝　Cascada Cusárare

アラレコ湖のほかに、高さ30mの滝とクサラレ村の教会を見学。所要5時間、料金M$400。

●レコウアタ　Recohuata

銅峡谷のレコウアタに行き、谷底にある温泉に入る。所要7時間、料金M$440。

Estancia ホテル

クリールのホテルは、すべて鉄道駅の周辺にあるので、歩いて探せる。[H]**Parador de la Montaña**〔住所 Av. López Mateos No.44　TEL (635)456-0075〕は鉄道駅から歩いて約3分。レストラン、バー、ディスコやテニスコートまである快適なホテル。予約なしでも宿泊できる。ⓈⒹM$1320～。

その隣にある、[H] **Motel Cascada Inn**〔住所 López Mateos No.49　TEL (635)456-0253〕も部屋が広くて清潔。レストランやプールもあり、フロントで近郊ツアーをアレンジしてもらうこともできる。ⓈⒹM$1250～。

[H] **Korachi**〔住所 Francisco Villa No.116　TEL (635)456-0064〕は駅の北側にある、値段のわりになかなか落ち着いたホテル。ⓈⒹM$500～でシャワー、トイレ付き。

[H] **Casa Margarita**〔住所 Parroquia No. 11, esq. Av. López Mateos　TEL(635)456-0045〕は世界各地からのバックパッカーが集まる民宿風ホテル。朝食、夕食付きで ⓈM$350、ⒹM$450。ドミトリーはひとりM$180。同じ経営でクリール中心部に [H] **Margarita Plaza Mexicana**〔住所 Calle Chapultepec　TEL (635)456-0245〕もあり、こちらもアットホームな雰囲気で旅行者に評判がいい。朝夕の食事付きでⓈM$700、ⒹM$850。

そのほかの途中駅

ディビサデロ Divisadero

あのグランドキャニオンをしのぐ規模をもつという銅峡谷を見下ろす絶壁の駅。この沿線でいちばんの景観が広がっている。ここで列車は20分ほど停車するので、乗客はしばしの感激を味わうことができる。

ディビサデロにある唯一のホテルは、[H] **Divisadero Barrancas**〔ホテルの予約先 TEL (614)415-1199〕。断崖絶壁に建っていて、朝日や夕日で銅色に輝く銅峡谷をひとり占めできる。部屋数は52室。全室暖房完備、シャワー付きでⓈⒹM$2320～。

ポサダ・バランカス Posada Barrancas

崖っぷちのディビサデロ駅からロスモチス寄りに列車で5分ほどの所。銅峡谷、さらにはウリケ峡谷への見学基地となっている。駅の目の前には、[H]**Mansión Tarahumara**〔予約先 TEL (614)415-4721〕という高級ホテルがある。ⓈⒹM$2360～。

バウイチボ Bahuichivo

ポサダ・バランカスからさらに20分ほどロスモチス寄り。多くのホテルは、バスで40分ほど駅から離れたセロカウイ村Cerocahuiにある。ホテルの周辺はタラウマラ族の住居を訪ねるのに最適。ウリケ渓谷へのアクセスポイントでもある。

工業で栄えた近代的な北部の大都市

モンテレイ
Monterrey

人　口	約113万人
高　度	538m
市外局番	81

アエロメヒコ航空
MAP P.393/B1
住所Padre Mier y Cuauhtémoc 812 Sur
TEL 8333-4645

モンテレイへのバス
●メキシコ・シティから
　Transporte del Norte社 など毎時2～3本、所要11～12時間、M$977～1187。
●グアダラハラから
　Omnibus de México社など毎日12本運行。所要12時間、M$1050～1075。

現代美術館　MAP P.393/B2
TEL 8262-4500
URL www.marco.org.mx
入場 火～日10:00～18:00
（水～20:00）
料金 M$90

オビスパド（司教の館）
MAP P.393/B1外
　町の西外れ、手前までタクシーを利用して行ける。
TEL 8346-0404
URL www.elobispado.inah.gob.mx
入場 火～日10:00～18:00
料金 M$50

北部国境エリアの治安
　モンテレイ大都市圏を含め、シウダー・フアレスなどの北部国境エリアは麻薬組織間の抗争などで治安が悪化している。2018年7月現在、外務省からは、モンテレイ大都市圏は「十分注意してください」、シウダー・フアレスは、「不要不急の渡航は止めてください」の注意喚起が出ている。訪問前には最新情報を入手すること。

　北部メキシコの中心地、ヌエボ・レオン州の州都。メキシコ・シティやグアダラハラなどに次ぐメキシコを代表する都市で、特に産業面においてはメキシコ・シティに劣らない規

周囲にビルが建ち並ぶ中心部のサラゴサ広場

模を誇る。広い通りが規則正しく整備され、巨大な緑の公園も多い近代的な町並みは、アメリカ的な雰囲気も感じられる。北部を旅行する際の交通拠点だが、近年治安が悪化しているので注意。

アクセス

飛行機▶アエロメヒコ航空やインテルジェット航空などが、メキシコ・シティから毎日28～40便運航、所要1時間30分～2時間。マリアノ・エスコベド国際空港Mariano Escobedo（MTY）は中心部から約15km北西。タクシーでM$300ほど。

バス▶メキシコ・シティ、ヌエボ・ラレード、チワワ、グアダラハラ、サカテカス、レオンなど国内各地から運行している。

　バスターミナルから中心部のサラゴサ広場へは、タクシーでM$60～70。地下鉄を利用するならCuauhtémoc駅から2号線に乗り、終点Zaragoza駅かひとつ手前のPadre Mier駅で下車。料金はM$5。

歩き方

　町の中心部は、**サラゴサ広場**Plaza Zaragoza。1862年のフランス軍の侵略をプエブラの戦いで破ったサラゴサ将軍の像が飾られ、周囲にはカテドラルや市庁舎、**現代美術館**MARCOが建っている。特に、メキシコや中米の芸術家のモダンアートを展示した現代美術館は必見。サラゴサ広場の西側にはソナ・ロッサZona Rosaと呼ばれる高級商店街があり、ブティック、高級ホテル、レストランなどが集まっている。ショッピングセンター Plaza de México内の両替所は日曜も営業しており、レートもよくておすすめ。

　中心部から3kmほど西には、市内を一望する丘があり、**司教の館**El Obispadoという建物が残っている。1787年にモンテレイ司教の館として建てられ、米墨戦争やメキシコ革命時の要塞ともなり、現在内部は博物館として公開されている。

はみだし メキシコのベジタリアンレストランは、ボリュームを出すためにチーズや生クリームを多用する店が多い。ベジタリアンフードだからといって低カロリーとはかぎらないので注意。

Estancia ホテル

バスターミナルの南側、Amado Nervo通り周辺に格安ホテルが多く、中〜高級ホテルはソナ・ロッサ周辺に集まっている。市内の高級ホテルの多くは、週末(金〜日曜)に割引の料金を設定している。

▶モンテレイを代表する５つ星ホテル

モンテレイ・マクロプラサ
Monterrey Macroplaza

サラゴサ広場の西側、ソナ・ロッサの入口にある全198室の大型ホテル。ビジネスパーソンなどの利用が多いが、旅行者にも適した雰囲気あるホテルだ。[Wi-Fi] 客室OK・無料

広々としたロビー

[MAP] P.393/B2　🍴○ 🏊○ 🔒○ ☕△
住所 Morelos No.574　TEL 8380-6000
税金 +19%　カード [A][M][V]
料金 ⓈⒹM$1100〜　[AC]○ [TV]○ [TUB]○

▶市内観光にも便利なホテル

ロイヤリティ
Royalty

ソナ・ロッサのど真ん中にあり、中心部を歩き回るのに便利。スタッフの対応がよく、部屋も快適だ。全74室。
[Wi-Fi] 客室OK・無料

周囲に飲食店も多くて便利

[MAP] P.393/B2　🍴○ 🏊○ 🔒○ ☕△
住所 Hidalgo No.402 Ote.
TEL 8340-2800　FAX 8340-5812
URL www.hotelroyaltymonterrey.com
税金 込み　カード [A][D][M][V]
料金 ⓈⒹM$830〜　[AC]○ [TV]○ [TUB]○

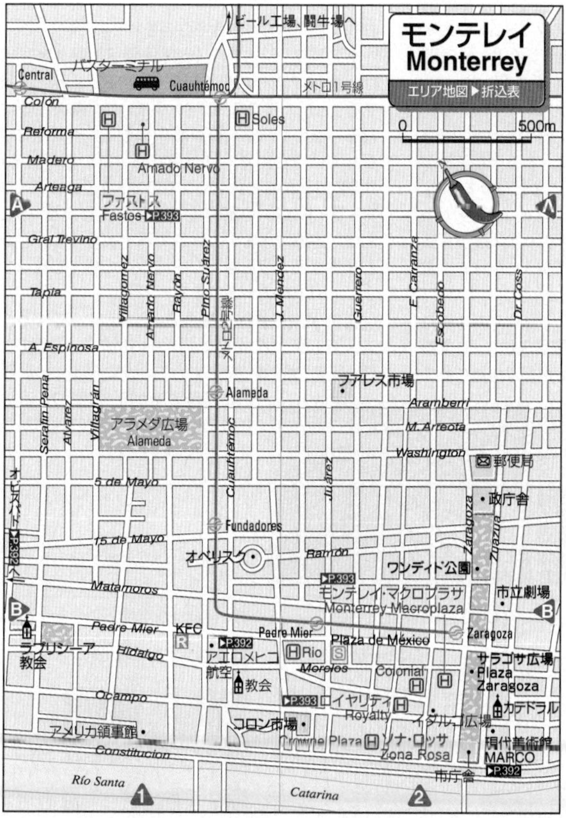

バスターミナル周辺の安ホテル

バスターミナルの南側には、安いホテルとレストランが集まっている。モンテレイをバスのトランジット場所と考えれば、このエリアに宿を取るのが便利。しかし、風俗店も並び、やや治安に難ありなので、女性などにはあまりおすすめできない。

[H] ファストスFastos（[MAP] P.393/A1　住所 Colón Pte. No.956　TEL 1233-3500　URL fastoshotel.mx）はバスターミナルを出て正面にある。レストラン・バーなど完備と設備が整っているおすすめホテル。エアコン、朝食付きⓈⒹM$750〜。

レストラン情報

サラゴサ広場の西側にあるソナ・ロッサには、レストランやファストフードの店がたくさんある。モンテレイではカブリートという子羊料理が有名。専門店では子羊を丸焼きにしている光景も店内で見られる。またサラゴサ広場から1kmほど北にフアレス市場があり、カブリートをはじめ郷土料理が食べられる。

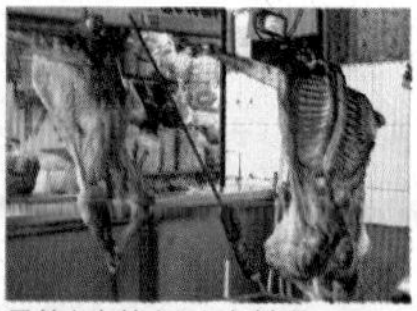
子羊を丸焼きにした料理

独自の生態系をもつ
砂漠のオアシス

左／白砂の紋様や石膏の塔が見られるドゥナス・デ・ジェソ　右上／青くて透明度の高い池ポサ・アスル　右下／川の中は多様な小魚が泳いでいる

雪原のような白い砂丘と透明度の高い池がある

クアトロ・シエネガス
Cuatro Ciénegas

　コアウイラ州の中央付近にあるクアトロ・シエネガス自然保護区。ここはチワワ砂漠の中にある隔離された環境のため、独自の生態系を育んでいる。大小200以上の泉が湧き出ており、透明度の高い池**ポサ・アスル**Poza Azulはそのひとつ。街道近くにあるためアクセスしやすく、この池とそこから続いている清流は観光の見どころとなっている。ポサ・アスルは青々としていて美しく、深さ10m以上ある池の底まで見える。ポサ・アスルから東側へ流れる**メスキーテス川**Río Mezquitesでは遊泳することも可能で、小魚がたくさん生息している。運がよければ、固有種のコアウイラハコガメを見つけられるだろう。この自然保護区では、20種類以上の植物と10種類以上の魚が固有種とされており、学術的に以前から注目されていた。

　クアトロ・シエネガス自然保護区で特筆すべきは、世界で唯一、淡水でストロマトライトが生息することだ。このストロマトライトとは藍藻と呼ばれるバクテリアの一種が水中の砂をくっつけて成長していく生物で、見た目はサンゴに似ている。年間で1mmほど大きくなるので、1mあるストロマトライトは約1000年かけて形成されたということだ。遊泳できる川の水中で青や黄色でキラキラと光る岩石のようなものを見つけたら、それはまさにストロマトライトである。

　自然保護区には、雪原のような白い砂丘**ドゥナス・デ・ジェソ**Dunas de Yesoがある。砂は白く輝く石膏の結晶でできていて、砂紋が美しい。随所に石膏の塔が立っており、高いものでは3mほど。この地でしか見られない自然を、じっくりと体感してみよう。

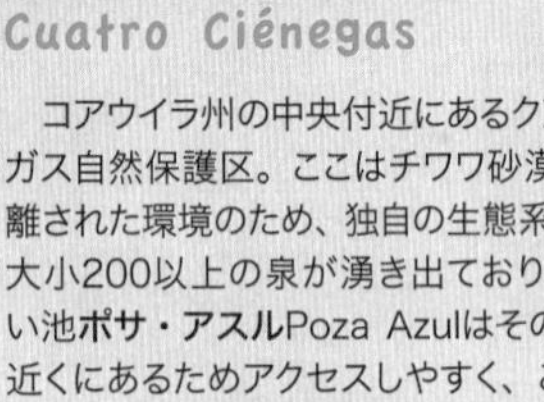

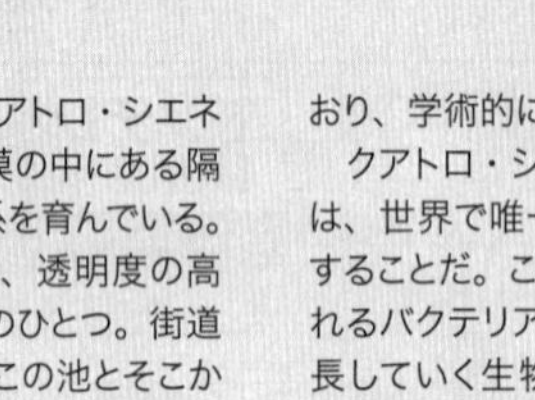

左／メスキーテス川で遊泳ができる　右／水中に生息するストロマトライト

クアトロ・シエネガス　[MAP] 折込表

　モンテレイからCoahuilenses社のバスが毎日7本運行、所要約5時間、料金M$348。チワワからはトレオンまで毎時1本運行しているバス（所要約6時間）で行き、トレオンで乗り換えてクアトロ・シエネガスへバス（所要約4時間）で向かう。

　クアトロ・シエネガスの町の中心部には、[H]**Plaza**［TEL（869）696-0066　URL www.plazahotel.com.mx　料金ⓈⒹM$1035～］、[H]**Mision Marielena**［TEL（869）696-1151　URL www.hotelmisionmarielena.com.mx　料金ⓈⒹM$1165～］、[H]**Ibarra**［TEL（869）696-0129　料金ⓈⒹM$450～］など、中級から経済的なホテルまで10軒ほどある。

　町には旅行会社がないので、ホテルで個人ガイドに連絡を取ってもらおう。四駆車で未舗装の砂漠地帯を走り、ポサ・アスルや泳げる清流の川などを回ってくれる。スペイン語によるガイドツアーは2時間で1名M$800程度。

　メスキーテス川などで遊泳ができるので、水着やゴーグルを用意しておくといいだろう。

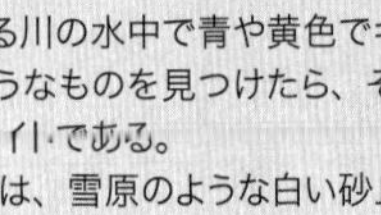

町にはホテル・プラザなど10軒ほどの宿泊施設がある

はみだし　ポサ・アスルやドゥナス・デ・ジェソは街道近くにあり、途中まで舗装道がある。ホテルで地図をもらえば、普通車のレンタカーでも行ける。ただし市バスなど公共交通はない。

旅の準備と技術
Travel Tips

旅の情報収集

旅は一種の夢の実現ともいえる。その夢を、よりよい形で実現させるには、情報集めが大切だ。情報を集める方法はますます、観光局、旅行会社、書籍、インターネットなど、各種機関やメディアを活用することができる。

インターネットによる情報集めと情報交換

検索サイトで、「メキシコ」とカタカナで打ち込めば、1400万件以上ものリストになる。分野的にも個人的なメキシコ旅行記、民芸品やサッカー情報、メキシコ料理の紹介などをはじめ、かなり特殊な分野まで広がっている。

メキシコにPCやスマートフォンを持ち込めば、旅行中も情報を収集できて便利。スマートフォンやタブレットを「データローミングをオフ」に設定し、Wi-Fi回線でインターネット端末として利用すれば海外での通信料は基本不要となる(電話での通話、着信、SMS送受信などには料金がかかる)。日本での通信環境と同様に端末を利用したいなら、Wi-Fiルーターのレンタルサービスの利用や、現地で利用できるSIMカード(→P.427)を入手しよう。フェイスブックFacebookや、ツイッター TwitterなどのSNSも有効活用したい。

現地での情報収集

メキシコは、アメリカからの観光客受け入れの歴史が長いため、国と自治体による旅行者への情報提供が充実している。観光案内所Oficina de Turismoには、流暢に英語を話すスタッフも配置され、無料の地図の配布

国内各地に観光案内所がある

や観光スポットの紹介、各種スポーツの紹介、ホテル案内などのパンフレットが豊富に揃えられている。ただしスペイン語と英語のパンフレットがほとんど。

在日メキシコ大使館
住所 〒100-0014 東京都千代田区永田町2-15-1
TEL (03)3581-1131
TEL (03)3580-2961(領事部)
URL embamex.sre.gob.mx/japon
　領事部の電話での受付時間は月〜金曜9:00〜13:00、15:00〜17:00。日本の休祝日およびメキシコの一部の休祭日は閉館。
　ビザの発給業務は領事部で行っている。窓口での受付は月〜金曜9:00〜12:00(要電話予約)。交付日時はビザの種類や状況などによって異なる。

メキシコ観光局
住所 在日メキシコ大使館3階
TEL (03)3503-0290
営業 月〜金9:00〜13:00
URL beta.visitmexico.com/ja
※直接訪問の際は要予約。

現地日系旅行会社のサイト
　多くの日系旅行会社がメキシコ・シティやカンクンにあり、そのホームページやブログはツアー情報のみならず、おいしいレストランや新しいスポットの紹介など、個人旅行にも役立つ情報満載だ。

メキシコ全土を網羅した書籍
　『メキシコ―世界遺産と音楽舞踊を巡る旅』(さかぐちとおる著、柘植書房新社刊)は、世界遺産を紹介しつつ、各地に根づく伝統音楽や舞踊を詳しく解説している。

役に立つホームページ一覧

名称または主宰者	おもな内容	アドレス
地球の歩き方	旅行情報全般	https://www.arukikata.co.jp
海外安全ホームページ	外務省海外安全情報	https://www.anzen.mofa.go.jp
メキシコトラベルファクトリー	メキシコツアー情報	http://www.mexicotf.com
エル・メヒコ	メキシコ総合情報	http://www.lmexico.com
All About メキシコ	観光情報	https://allabout.co.jp/gm/gt/388
メキシコ観光 パセラ	観光&ホテル情報	http://www.pasela.mexicokanko.co.jp
旅たび Mexico	メキシコ観光情報	http://tabitabitoyo.blog94.fc2.com
Vival Mexico	観光情報	http://allartesania.com
amiga	メキシコ生活・観光情報	https://amiga-mexico.me
メキナビ	メキシコ生活・観光情報	https://mexnavi.com
メキシコB級グルメガイド	格安の食事情	http://www.geocities.co.jp/SilkRoad/5953
メルカド〜ラテンアメリカ市場	観光情報&民芸品	mercado.travel.coocan.jp
マイレージの達人	FFPの最新情報	http://www.mile-tatsujin.com
ラテンアメリカの政治経済	中南米の最新ニュース	https://ameblo.jp/guevaristajapones
TSP21	サッカーファンサイト	http://www.tsp21.com/sports/soccer/mexico.html

旅のシーズン

　広大な国土を誇るメキシコは地域によって気候も異なる（各エリアのイントロダクションを参照）。概して雨季（5 ～ 10月）と乾季（11 ～ 4月）に区別され、雨の少ない乾季が旅行シーズンとなっている。雨季が終わりかける8 ～ 9月頃はハリケーンも発生するので注意が必要。

主要滞在地の気候と服装

✪ メキシコ・シティ

　年間を通じて温暖だが、高地にあるために1日の気温差が激しい。ベストシーズンは11 ～ 4月の乾季だが、雨季でも1日中降り続くことはあまりない（夕方にスコールがある程度）。日中はシャツ1枚でも過ごせるが、朝夕はトレーナーや薄いジャケットがあるとよい。早朝や夜間は上着がないと寒く感じる。

✪ カンクン

　カリブ海沿いの熱帯性気候。11 ～ 4月の乾季は湿気が少なくて過ごしやすい。雨季には晴れたりスコールがあったりと、天気が変わりやすい（8 ～ 9月にはハリケーンが襲来することもある）。年間を通じて半袖シャツと短パンでOK。

✪ ロスカボス

　太平洋岸に面した南バハ・カリフォルニアは乾燥した亜熱帯砂漠気候（年間350日以上が晴天といわれている）。7 ～ 8月は最高気温が40℃を超えることもあるが、夕方からは涼しい海風が吹き抜ける。湿気が少なく快適な気候で、半袖シャツに短パンで通年過ごせる。

ユカタン半島の遺跡探訪も軽装でOK

イベントも体験しよう！
　陽気なお祭りはメキシコ旅行のハイライト。お祭りカレンダー（→P.42）を参考にして、自分のスケジュールに組み込んでみよう。

日焼け対策＆乾燥対策
　日本と比べて緯度の低いメキシコは日差しが強い。サングラスや帽子を用意し、肌が露出する部分には日焼け止めを塗っておいたほうが無難だ。
　また、メキシコの高原地帯は乾燥していることが多い。目薬、のど飴、ハンドクリーム（女性ならば化粧水）など、乾燥対策は万全に。

雨季には雨具が必携
　メキシコの雨は1日中降り続くことはないが、ときに激しいスコールが降る。折りたたみ傘やウインドブレーカーなどを持参しよう。

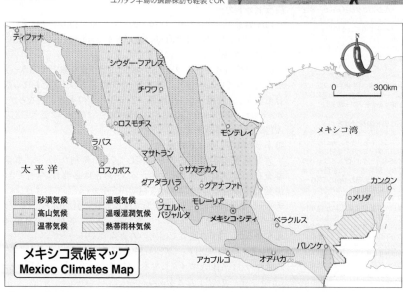

ティファナ
シウダー・フアレス
チワワ
ロスモチス
ラパス
マサトラン
ロスカボス
サカテカス
モンテレイ
メキシコ湾
グアダラハラ
グアナファト
カンクン
メリダ
モレーリア
プエルト・バジャルタ
メキシコ・シティ
ベラクルス
太平洋
パレンケ
アカプルコ
オアハカ

砂漠気候　温暖気候
高山気候　温暖湿潤気候
温帯気候　熱帯雨林気候

0　　　300km

メキシコ気候マップ
Mexico Climates Map

旅の予算とお金

メキシコへ持っていくお金、カード

◉ メキシコ国内はペソで

日本国内でメキシコのペソに両替できるのは大都市の外貨両替所や、主要空港内の銀行や両替所など。メキシコ国内では現金は原則としてペソでのみ支払いが可能で、米ドル現金は利用しにくくなっ

バスターミナルやコンビニの店内などATMが普及している

ている。両替は米ドルが最も両替しやすく、次いでユーロ、カナダドル。メキシコ国内で日本円が両替できる所は限られる（両替事情→P.399）。

以下に説明するクレジットカードやデビットカードなど複数を組み合わせて、さらに米ドルの現金を用意しておくと安心。

◉ クレジットカード

クレジットカードの流通度は、都市部ではアメリカや日本並みにいい。信頼できるホテルやショップでならトラブルの心配も少ない。クレジットカードでの支払いはもちろん、銀行などにあるATMでキャッシングも可（現地ATMの手数料とは別の手数料を徴収するカード会社も増えているので要確認）。

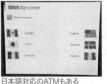
日本語対応のATMもある

高級ホテルでの宿泊やレンタカーを借りる際のデポジットとしても、一般的。何ヵ国も渡り歩く旅行者が、所持金チェックの厳しい国への入国の際に、所持金代わりにクレジットカードを見せることもある。

◉ デビットカード

口座残高分までならば、店頭での支払いやATM引き出しといった、クレジットカードとほぼ同様の使い方ができる（店頭での支払いは1回払いのみ）。

JCBデビットやVISAデビットがあり、さまざまな銀行からカードが発行されている。各社の基本レートや計算方法（加算される割合や料金）、利用手数料（無料〜216円）などの条件は異なるが、カード裏にあるCirrus（JCB）やPLUS（VISA）のマーク表示のあるATMで現金を引き出せる。

◉ トラベルプリペイドカード

外貨両替の手間や不安を解消してくれる便利なカード。事前審査なし（本人確認書類とマイナンバー申告は必要）に発行でき、出発前に銀行やコンビニのATMで円をチャージしておけばOK。チャージ額分のみ渡航先のATMで現地通貨の引き出しや、クレジットカードと同様にキャッシュレスで買い物できる。各種手数料が別途かかるが、多くの通貨で国内の外貨両替よりレートがよい。

クレディセゾン発行の「NEO MONEY ネオ・マネー」、アプラス発行の「GAICA ガイカ」、マネーパートナーズ発行の「Manepa Card マネパカード」などがある。

カードの流通度
メキシコで最も流通度のよいカード会社はVISAとマスターカード。アメリカン・エキスプレスがそれに次ぐ。ダイナースはおおむね高級店に限定され、JCBも知名度が低いため使用範囲がかなり限られる。

カード利用時の注意
メキシコではスキミングの被害も多い。クレジットカードを利用するときは、必ず目の前ですべての作業をやってもらおう。作業のためといって、カードを別室へいったん持ち出されるのはトラブルのもと。またサインする前には、必ず金額と明細を確かめよう。

ATMも銀行やコンビニの店舗内など、周りに人がいるところのものほど安全度が高い。

メキシコのATM
各町の銀行やショッピングセンター、大きなスーパーや一部のコンビニなどに設置されていて、24時間利用可能。1日に引き出せる額はM$5000〜15000。利用時に取られる手数料と税金が画面に表示される（カード会社への手数料はまた別）で、ATMによって異なる。2018年6月の取材時には、BancomerのATM利用料がM$25.52で最安だった。

クレジットカードの手数料
メキシコでクレジットカードを使用すると、別途2〜3%程度の手数料を徴収される場合がある。中級以下のホテルや、旅行会社ではカード会社に払う手数料分を上乗せするためだ。

ただしクレジットカードの両替レートは、一般の両替所よりよい場合が多い（手数料を支払っても、一括払いのカード決済のほうが得するケースが一般的）。

✉ 偽札の見分け方
メキシコでは偽札をつかまされることがあります。私はレオンのバスターミナルで切符のおつり（M$50）で受け取ってしまいました。別の店でそれが偽札だと判明し、その日のうちにバスターミナルに訴えに行ったところ、翌日正しい紙幣に交換してもらえました。紙幣には人物が描かれていますが、その肖像画の右のスペースに透かし絵で同じ肖像画が印刷されています（最初にチェックを）。また髪の毛のあたりをこすって、色が落ちないかどうかも確認してください。色が落ちたら偽札とのことです。
（福岡県　tamarindo　'16）['18]

両替事情

☺ ATMで現地通貨を入手

メキシコの通貨ペソPeso（本書ではM$と表記）はATM（スペイン語でカーヘロ・アウトマティコCajero Automático）での入手が今や一般的。国際ATMネットワークのPLUSやCirrusが付帯しているクレジットカードやデビットカードならば、現地通貨でキャッシュを引き出せる。ATMの設置場所は市内の銀行、空港、ショッピングセンター、バスターミナルなど（スーパーやコンビニでも増えつつある）。24時間利用可が一般的だが、対応時間が限られている場合もあるので注意（夜の利用は安全面から避けたほうが無難）。

☺ 外貨両替は銀行や両替所へ

米ドルや日本円などをペソに両替したいなら、空港や市内の銀行や両替所へ。主要都市や観光地にはカサ・デ・カンビオCasa de Cambioと呼ばれる両替所がある（換金がスムーズでレートは銀行とほぼ同じ）。店頭にNo Comisiónと書かれていれば手数料はない。

☺ 米ドルでの支払い事情に注意！

メキシコ政府は2010年に、米ドルの流通を制限する方針を発表。米ドルは1日の両替額がUS$300（1ヵ月間で計US$1500）までと上限が設けられ、パスポートと滞在許可証（入国カードなど）のコピーを取られる。ユーロ、日本円など他の通貨は両替額の上限はないが、窓口ではUS$300相当までしか両替してくれないことが多い。日本円は両替を受け付けているのは1万円札に限定される場合もある。

両替レートを見比べてみよう

また、メキシコの観光地では、高級ホテルやアクティビティツアーの料金を米ドル表記している場合も多い。しかし上記の政府通達により状況が変わり「米ドルで料金を表示しているのに、米ドル現金では支払えない」ケースもある。こんな場合にはクレジットカードか、ペソの現金払い（その時点での米ドルの換金レート）となる。

※2018年7月現在、メキシコ国内全般では上記の政府通達は徹底されていない。カンクンやロスカボスなど主要な観光地では、米ドルでの支払いOKなケースも多い（事情は流動的なので注意）。

物価と旅の予算

☺ 旅の予算はケース・バイ・ケース

メキシコの物価は日本よりも安く、節約すればかなり割安に旅行できる。しかしカンクンやロスカボスなどのリゾートエリアは、アメリカ人旅行者が多く、物価も高い。リッチに休日を謳歌したいと思っている人は、「物価は日本並み」と考えて、旅行の予算を考えておこう。旅行の予算は人それぞれだが、お金に余裕があればトラブルに遭っても動きがとれるし、航空券だって買える。予算は多めにが基本。

☺ 1日いくらで過ごせるか？

メキシコの物価は、地理的関係と同じで、経済大国アメリカと物価の安い中米の中間程度。バックパッカーならドミトリーでM$200程度の宿に泊まり、屋台でM$40～50の食事を取れば、市内の見どころを回っても1日M$500程度で収まる。ただし、バスなどの移動費は別。

ATMでのキャッシング手順

Bancomer銀行などのATMでは、各クレジットカードや海外で引き出し可能な銀行カードが利用できる。

❶ カードを入れると英語とスペイン語併記の案内が表示され、"ENTER YOUR PIN"と出るので、自分の暗証番号を押し、"AFTER PIN PRESS HERE→"という矢印の指すボタンを押す。

❷ "SELECT THE TRANSACTION"と出たら、"CASH WITHDRAWAL（現金を引き出す）"か"BALANCE INQUIRY（残高照会）"を選ぶ。

❸ "CASH WITHDRAWAL"を押すと、"SELECT THE AMOUNT"と出るので、画面に出た金額を選ぶか、"OTHER AMOUNT"を押したあと、希望額を打ち込む。

❹ "…IS THE AMOUNT CORRECT?"と出るので、その金額でよければ"Yes"、もう一度やりなおしたければ"No"を押す。

❺ 金額が決まると"SELECT THE ACCOUNT"と出るので、どこから引き出すかを"CHECKING（当座預金）"か"SAVING（普通預金。デビット、プリペイドはこれ）"か"CREDIT CARD（クレジットカード）"のなかから選んでボタンを押すと、指定した金額が出てくる。

※機械によっては、金額を指定する❸❹の前に、どこから引き出すか❺を問われたり、最後に明細を発行するかどうか聞かれることもある。

消費税

メキシコの税率16％の大型間接税は、インプエストImpuestoまたはイバIVAと呼ばれている。基本的にはすべての取り引きに適用され、旅行者の支払う宿泊、食事、電話代などでも徴収される（内税のケースが多い）。

メキシコの物価

高級ホテルM$4000～8000、中級ホテルM$2000～3000、安ホテルはM$300～800がだいたいの目安。

食費も割安。レストランで食事を取ってもM$70～150、町の食堂で定食（コミダ・コリーダ）を頼んでM$50～70。タコスなどの軽食はM$12～。

交通機関も安く、市内バスがM$7～9、タクシー初乗りがM$10～40。

出発までの手続き

パスポート

入国手続きを済ませたあとに預け荷物を引き取る

❀ パスポートの取得

パスポート（旅券）とは、日本政府が外国政府に、日本人が安全に旅行できるように要請したもの。つまり、パスポートは常に携帯して、必要に応じて提示しなければ、旅行することはできない重要公文書というわけだ。近年は、申請1週間後からパスポートを受け取れる都道府県が多い。旅行会社に有料で申請を代行してもらうこともできるが、最終的なパスポートの受け取りは本人が都道府県の旅券課窓口まで出向くことになるので、すべて自分でする人が多い。

❀ パスポートの申請場所

住民票がある都道府県の旅券課に申請するのが原則。パスポート申請には、下記の❶～❺までのものが必要になる。

❶一般旅券発給申請書1通

申請書は、都道府県庁の旅券課窓口に置いてある。市区町村役場や旅行会社でも置いているところがある。申請費用は5年用1万1000円（12歳未満は6000円）、10年用1万6000円（20歳以上のみ取得可）。

❷戸籍抄本または戸籍謄本1通
❸住民票1通（住基ネット未参加地区の住民のみ）
❹写真1枚
❺身元を確認するための証明書

※❷～❹は6ヵ月以内に作成されたもの。❷は本籍がある市区町村役場の住民課で、❸は住民票のある役場で発行してくれる（住基ネット運用済みの自治体では原則不要）。

写真は、縦45mm×横35mmの縁なしで顔が34±2mm、上の空白が4±2mm、顔の中心線が写真の左端から17±2mm以内、目がはっきり見える写真。写真が受け付けられない場合もあるので、申請書には糊付けしないで、持参すること。

身元確認書類は、運転免許証ならそれだけ1枚でいいが、国民健康保険証などは国民年金手帳などと2種類を提示しなければならない。

❀ パスポートの受領

旅券課窓口に、必要書類を揃えて提出すると、不備がなければ旅券引換書（受領票）をくれる。旅券引換書（受領票）、手数料を持っていき、旅券課窓口で本人だけが受け取れる。代理では発給されない。

赤色は10年用

外務省パスポート
URL www.mofa.go.jp/mofaj/toko/passport

ビザと入出国カード
日本とメキシコは査証免除協定を結んでいるので、最長180日以内の観光目的なら、ビザは必要ない（出国用の航空券提示を求められる場合がある）。なお、メキシコ入国時には入出国カード（→P.408）の提出が必要。

パスポートの残存有効期間
入国する国によって異なるパスポートの残存有効期間だが、メキシコでは滞在日数以上の期間が残っていればOKだ。アメリカ経由の場合は残存有効期間90日以上が望ましい。
中米の周辺国は3～6ヵ月間の残存有効期間が必要（国によって異なる）。

イエローカード
イエローカード（予防接種証明書）は、メキシコの場合、必要ない。

ひとり親と未成年の入国も簡単に！
18歳以下の未成年者が、単独または父母のどちらかのみと入国する場合、従来はメキシコ大使館（領事館）発行の証明書が必要とされていた。2008年度からシステムが変更され、証明書は不要となっている。

旅行中にホームシックになったら日本人宿へ
メキシコに行くのは初めてだが、スペイン語が話せなくて不安……。そんな旅の初心者は、とりあえず日本人旅行者が集まる「日本人宿」に泊まってみるといい。メキシコ・シティのサンフェルナンド館やペンション・アミーゴなど有名な宿には、バックパッカー、短期旅行者、長期滞在者などさまざまな日本人が集まっている。そのような宿にはリビングやキッチンなどに共同スペースがあり、旅行者同士で情報交換もOK。宿泊客に旅の達人がいれば、いろいろアドバイスしてもらおう。誘い合わせて一緒に近くの屋台に食べに行ったり、市内観光をしたりするのも楽しい。
ひとり旅の場合、異国の地で心細く感じることもある。そんなときに、こうした日本語の話せる宿に泊まり、いろいろ話し相手を得ると、ホームシックも解消される。日本人宿をうまく活用して、楽しく旅行しよう。

  はみだし パスポートの切替発給は、残存有効期間が1年未満になったら可能だ。申請書と写真、今までのパスポートを提出すればよい（住民票が必要な地区もあり）。

海外旅行保険

💮 保険に加入して安全な旅を!

病気や盗難など、旅行中には思わぬトラブルに巻き込まれることがある。海外旅行保険に入っておくと、そんなときの備えになるし、また心のゆとりもできて、楽しみながら旅を続けられる。

安全に注意してメキシコ旅行を満喫しよう

海外旅行保険の体系は各社異なるが、傷害保険(治療費用など)が基本補償。傷害保険に入らないと疾病や携行品などの保険には入れない。保険の掛け金が負担に感じられる場合は、バラ掛けで購入してみよう。クレジットカードなどに海外旅行保険が付いているタイプもある。

💮 保険金の請求手続き

保険金の請求は帰国後でいいが、請求のための必要書類は、きちんともらってこなくてはならない。どんなトラブルの際でも最初に保険のサービスセンターに電話をかけて指示を受けたほうがよい。例えば、治療が必要になった場合も、サービスセンターで、提携病院を紹介してもらおう。提携病院が近くになかった場合や保険証をなくした場合は、診断書と領収書をもらっておくといい。強盗や盗難に遭って携行品を失ったときは、原則として現地警察署の盗難届出証明書などが必要になる。

タクシーの安全性も町ごとにチェックしておきたい

メキシコ・シティなどの大きな病院では、保険証書を提示すればキャッシュレスで受診してもらえるところもある。受診や薬代だけでなく病院までの往復のタクシー代も保険適用内なので、レシートは大切に保管しておこう。

学生証／国際運転免許証

💮 学生証

メキシコでは国際学生証(ISICカード)の利用価値は低い(美術館やユースホステルで割引が受けられる程度で、もとが取れないことも多い)。それに対し、メキシコの国内学生証の利用価値は高く、遺跡や博物館の入場料が無料や半額になるほか、3〜4月のセマナサンタ前後の2週間や6/13〜8/23、12/12〜1/6などにはバスのチケットも先着数名まで半額になる。留学時などにはぜひ取得したい。

💮 国際運転免許証

メキシコはジュネーブ条約に未加盟のため、国際運転免許証では原則として「運転できない」。カンクンやロスカボスでは、クレジットカードの提示でレンタカーも借りられるが、トラブルは自己責任となる。なお、海外旅行保険の自動車運転者賠償責任保険は、アメリカ、カナダに限定されているので、メキシコでレンタカーを借りる場合は、現地レンタカー会社で保険に入る必要がある。

海外旅行保険はインターネット加入でOK

『地球の歩き方』ホームページからも申し込める。
URL www.arukikata.co.jp/hoken

大使館への在留届

メキシコに3ヵ月以上滞在する場合は、在メキシコ日本国大使館(→P.105)に在留届を提出することが旅券法で義務づけられている。届出は郵送、FAXのほか、下記のURLでもできる。在留届を出しておくと、緊急時に連絡がもらえる。
URL www.ezairyu.mofa.go.jp
(メキシコでパスポートを紛失した場合→P.431)

盗難に遭ったら警察に連絡を

国際学生証

日本での取得は下記に問い合わせを。
ISICジャパン
URL www.isicjapan.jp
大学生協事業センター
TEL (03)5307-1155
URL travel.univcoop.or.jp

ユースホステル会員証
問い合わせ先
日本ユースホステル協会
TEL (03)5738-0546
URL www.jyh.or.jp

メキシコ・シティで学生証発行
●Setej **MAP** P.71/C4
住 所 Av. Durango No.252,
Despacho 302, Col. Roma
TEL 5211-0740
URL www.setej.org
営業 月〜金 9:00〜18:00
　　 土 9:00〜14:00
　国際学生証は国内のものと合わせてM$190。欧文で学校名や有効期限が記載された学生証とパスポートを提示する。3cm×2.5cmの顔写真が1枚必要。

バスの学割

基本的にメキシコでは夏休み、冬休み、セマナサンタなどの休暇シーズンで、学割の専用席がある。メキシコ国内の学生証を持っていれば、この期間はほぼ半額となる。詳細はバス会社ごとに異なるので窓口で確認しよう。

国際運転免許証

日本の運転免許証(帰国日が有効期限内に限る)を取得していれば、各都道府県の運転免許センターで取得できる。交付に必要なものは免許証のほかにパスポート、写真(縦5cm×横4cm)1枚、申請書と手数料2350円。

航空券の手配

日本からの空路

　日本からメキシコ・シティへの直行便は、アエロメヒコ航空と全日空が毎日各1便運航している。そのほか、全米各地からメキシコへの路線は実に豊富で、日本に乗り入れているアメリカ系の航空会社のネットワークを利用して、乗り継ぎ便を利用しても便利だ。

　日本からメキシコ・シティへ行く場合、アエロメヒコ航空や全日空のメキシコ・シティ直行便が最も時間的に便利で、アメリカ経由ならばヒューストン、サンフランシスコ、ダラスで乗り換えるのが時間的なロスが少ない。また、メキシコ・シティに寄らずに、直接カンクンへ行きたい場合には、アトランタやロスアンゼルス乗り継ぎなども便利。あえて遠いゲートウエイを選んで、FFPのマイル稼ぎに挑戦してみるのもいい。

パックツアー

　メキシコへのパックツアーは設備の整ったカンクンのビーチリゾートに滞在し、美しい海でのアクティビティを楽しむプランが圧倒的人気（5〜8日間で15〜30万円）。

全日空も成田〜メキシコ間に直行便を運航

それに加えてメキシコ・シティに滞在し、カンクンからはチチェン・イッツァ、メキシコ・シティからはテオティワカンの遺跡を訪れる人も多い（6〜11日間で20〜42万円）。また、カンクンからチチェン・イッツァ、ウシュマル、パレンケなどのマヤ遺跡を周遊するツアー（7〜9日間で25〜80万円）や、メキシコ・シティ＆カンクンにコロニアル都市のグアナファトや先住民文化が残るオアハカを加えたツアー（8〜9日間で26〜58万円）などもある。そのほか、カンクン滞在にキューバ、ニューヨーク、ラスベガスなどを組み合わせて回るツアー（7〜9日間で22〜120万円）も出ている。興味のあるツアーをいろいろ探してみよう。

※上記の料金は往復の燃油サーチャージと、出入国にかかる税金等（1万〜1万9000円）を含まない料金。燃油サーチャージが加わった場合、そのぶん料金は上がる（目安の料金は2018年7月現在のもの）。

メキシコ各地に点在する
古代遺跡を探ねてみたい

Travel Tips

メキシコへの直行便

　アエロメヒコ航空と全日空が成田〜メキシコ・シティ間を結ぶ直行便の運航をしている。煩わしいアメリカ入国の手間がなく、観光にもビジネス利用にも便利だ。両社とも機材はボーイング787-8を使用している。

日本からの出国税

　2019年1月7日より、日本からの出国時には1000円が徴収される。外国人だけでなく日本人（2歳以上）も対象で、航空運賃などに上乗せして支払う。

乗り継ぎ便でのアメリカ入出国

　飛行機から降りたら、係員が待っていて次の搭乗口までの行き方を案内してくれる。係員が見つからないときは「トランジット（Transit）！」だと、空港職員にアピールしよう。メキシコへ行く途中のトランジットであっても、アメリカに一度入国することになるが、日本人が90日以内の短期商用・観光目的の滞在ならビザは不要。アメリカの出入国カードも不要で、税関申告書のみ書いて提出する。
　※ただし電子渡航認証システム（ESTA）の事前認証が必要となっている。→P.407欄外
　アメリカでの入国審査は厳しく、指紋認証は両手の全指を順番に機械に押しつける。金属探知機をくぐる必要があるが、靴まで1度脱いで通る必要がある。また機内預け荷物は搭乗手続きのときに申し出れば、到着地で受け取れる。

燃油サーチャージ

　航空券を購入する際には、通常の航空運賃のほかに、燃油サーチャージ（燃油特別付加代金）を別途支払うことになる。料金は運航区間ごとに航空会社によって異なり、最近は2ヵ月ごとに改定する航空会社が一般的。2018年6〜9月発券分は片道14000円となる。

✉ **入国時のトランジット**

　日本からメキシコ・シティ経由で、別の航空会社の国内線に乗り換える場合、2時間は余裕が必要です（メキシコ・シティで機内預け荷物をチェックインし直す必要あり）。同じ航空会社の国内線に乗り継ぐのならば、1時間程度でも問題ありませんでした。
（東京都　ヨギーニ　'16）['18]

個人旅行とシーズナリティ

　時間的にゆとりがもてるのなら、自由な個人旅行が楽しい。かつては、個人旅行＝若者の貧乏旅行という図式があったが、近年は日本でも長期休暇が取りやすくなった会社が増えたり、インターネットで簡単に航空券やホテル予約ができるようになったため、老若男女を問わず個人手配旅行が拡大している。

　個人旅行の基本となるのは正規割引運賃（PEX）航空券の利用。航空券は変動価格商品なので、年末年始、ゴールデンウイーク、お盆の頃は、需要が高く、航空運賃が一番高い時期。安く個人旅行をしたいのなら、航空運賃のシーズナリティもとても重要だ

（メキシコへの航空券のオフシーズンは8月末〜12月中旬や1月〜3月中旬）。出発日をほんの2〜3日ずらすだけで、かなり安い航空券を入手できるケースも多い。

各地のお祭りともタイミングを合わせたい

航空会社の比較

　移動がスムーズなのはもちろん直行便。アメリカを経由しないでメキシコを往復できるメリットは大きい（ESTA取得や空港での通関などアメリカ入国は面倒なことも多い）。運賃は日本〜メキシコ・シティ往復で9〜25万円（燃油サーチャージ等別途）で、シーズンや航空券の種類により異なる。

　日本に乗り入れているアメリカン航空、デルタ航空、ユナイテッド航空などもメキシコへのネットワークが充実していて便利。運賃的にはベーシックシーズンで1〜4万円ほど直行便よりも割安になったり、逆に高くなったりもする。そのほか、カナダ経由も人気がある。

　時間的に余裕があるのなら、日本からロスアンゼルス往復の航空券を購入し、ロスアンゼルスから陸路でメキシコを目指せば割安となる（成田〜ロスアンゼルス間はベーシックシーズンなら直行便は8万円、乗継便は7万円前後から）。

FFPのキャンペーンに注目

　FFPにおいても各社の競争は激しく、新路線就航記念や新会員入会キャンペーンとして、ボーナスマイルをプレゼントしてくれることがある。日本からメキシコ・シティまで往復を利用すると、1万4000マイル程度なので、ボーナスマイルが1万マイル付くと、初めてのフライトでアジア往復の無料航空券を入手できてしまう。FFPに新入会する際には、どこの会社がキャンペーンをしているか調べてみよう。

国内線も充実したアエロメヒコ航空

シーズナリティ
　航空運賃が一番高い時期をピーク、ピークの前後1〜3週間の中間的な価格の時期をショルダー、そのほかの安い時期をベーシックという。このような航空運賃の季節変動をシーズナリティと呼ぶ。

機内預け荷物の重量制限
　日本〜メキシコ間の太平洋路線に関しては、アエロメヒコ航空、アメリカン航空、ユナイテッド航空などの「2個×各23kgまで」が一般的（エコノミークラスの場合）。機内預け荷物の規定は航空会社ごと、路線によって規定を定めているので、重量や大きさ、アイテムの制限が心配な人は事前に各航空会社に確認すること。ちなみに、アエロメヒコ航空の機内持ち込み手荷物はエコノミーで10kgまでで、大きさやアイテムの制限もある。

格安航空券＆ツアー検索サイト
●アルキカタ・ドット・コム
URL www.arukikata.com
●H.I.S.
URL www.his-j.com
●トラベルコ
URL www.tour.ne.jp
●エクスペディア
URL www.expedia.co.jp
●エイビーロード
URL www.ab-road.net
●Travel.jp
URL www.travel.co.jp
●エアトリ
URL www.skygate.co.jp

FFPとは？
　FFPはフリークエント・フライヤーズ・プログラムの略。日本では一般にマイレージサービスと呼ばれ、利用距離（マイル）がたまると、無料航空券の獲得や座席クラスのグレードアップなどできたりする旅客サービス。アメリカ系の航空会社から始まったが、今や多くの航空会社が取り入れている。サービス内容はアメリカ系の各社では大差はない。おおむね2万マイルの利用実績でアジア往復の無料航空券が獲得できる。

FFP情報
　各社のFFPキャンペーンを調べるには、各社ごとに電話で問い合わせるほか、インターネットが便利。「マイレージの達人」（URL www.mile-tatsujin.com）では、各社FFPのキャンペーン情報などが一覧できる。

旅の持ち物

エリアによって旅の服装もさまざま

旅の服装

メキシコの海岸沿いエリアは通年で気温が高く（平均気温で23〜27℃）、特に夏季の日差しは厳しい。それに対して、中央高原にはメキシコ・シティなど高度2000mを超える所も多く、冬にはかなり冷え込む。さらに高原部では、1日の寒暖差も激しく、日中はTシャツでOKでも、夜にはジャケットが必要になる日もある。

広く多様な国土をもつメキシコ旅行で、一概に服装を述べることは難しい。各エリアのイントロダクションに年間気候表があるので、自分が旅するエリアを考慮して服装を決めよう。全部揃えて持って歩くと重くなるので、重ね着ができるように工夫しておくといい。

階級社会が根づいているので、上流階級用の施設を使うときには、男性ならスーツ&タイといった、それなりの格好をしていかなくてはならない。リゾートホテルの高級レストランなどでは、男性はポロなど襟付きのシャツとロングパンツ、女性はサマードレスなどが望ましい。

服装の具体例

●メキシコ・シティ

中央高原部では、夏季でもトレーナーやジャケットを用意。日中はTシャツ1枚でも過ごせるが、夜は冷え込む。またバスで長距離移動する予定なら、車内の防寒用に厚手の衣服が必要。

冬季は防寒着が必要となる。ダウンジャケットやコートなどを用意したい。

●カンクン、ロスカボス

各地のビーチエリアでは、通年で短パンとTシャツの軽装でOK。冬季でも長袖シャツがあればほとんど問題ない。ただし高級ホテルでのダイニングには、男性なら襟付きシャツとズボン、女性ならワンピースなどを着用したい。サンダル履きだと入店できないクラブもある。

貴重品

パスポート、現金、eチケット控え、海外旅行保険証の4点は旅における貴重品。持ち物のなかでも別格の存在。貴重品入れに保管して、絶対になくさないようにしよう。

リュックかスーツケースか

移動の多い旅ではリュックのほうが機能的だ。両手が自由になり、何かと便利。移動の少ない旅や、いつも人に荷物を運んでもらえる大名旅行ではスーツケースもいい。

旅行に必携のアイテム

ビーチはもちろん遺跡観光でも、長時間直射日光にさらされる。日差しの強いこともあるので、帽子、サングラス、日焼け止めクリームなどを用意しよう。また、ユカタン半島や海岸沿いなどでは湿度と気温が高く、蚊も多い。スプレー式の虫よけを1本用意しておくと便利。

日差しが強い場所では帽子やサングラスは必須

メキシコの電圧は、ほかの北米の国と同様に110V、60Hz。コンセントのプラグは日本と同じ形。日本の電化製品をそのまま差し込んでも利用できるケースが多い（パソコンや精密機器は事前に取り扱い説明書を確認すること）。

現地調達のすすめ

メキシコでも日用品、服、そのほか生活に必要なものは何でも売られている。日本とちょっと雰囲気が違っているのがおもしろい。服などはラテン風のデザインのすてきなものも多く、値段も日本より安いことが多いので、日本からは2〜3日ぶんの物だけ持っていってメキシコで買い足す手段もある。ただし、電化製品、カメラなどは高い。

先住民の織物は、おみやげにも現地使用にもいい。長距離バスではエアコンが効いて寒いこともあるので防寒具としても使用できる。

民芸品市場で服や布地を買うのもいい

旅立つ前の持ち物チェックリスト

	品　　名	必要度	ある	カバンに入れた	備　　考
必須アイテム	パスポート	◎			滞在日数以上の残存有効期間があること
	クレジットカード	◎			海外旅行でも必需品。高級ホテルではチェックイン時に提示する
	デビットカード	○			使い勝手はクレジットカードとほぼ同じ。1回払いの即時決済
	現金（外貨）	◎			メキシコ到着時の両替分などに米ドルを
	現金（日本円）	◎			帰りの空港から家までの交通費も忘れずに
	eチケット控え	◎			出発日時のルートなどよく確認しておくこと
	海外旅行保険証	◎			旅行保険をかけた場合忘れると現金が必要になる
	顔写真	○			パスポート粉失時には2枚必要（縦45mm×横35mm）
	国際運転免許証	△			日本人旅行者の運転は原則不可
	国際学生証	△			入場料などが割引される場合もある
生活用品	石鹸・シャンプー	○			買い足しができるので小さい物
	タオル	◎			1〜2枚あればOKでしょう
	歯ブラシ・歯ミガキ粉	◎			現地でも買えるが……
	ヒゲソリ	◎			カミソリか電池式のものを
	化粧品	○			整髪料や女性の化粧品
	ドライヤー	△			ドライヤーは変圧式のものが海外旅行用品売り場にある
	ウェットティッシュ	◎			現地でいろいろ重宝する
	洗剤	○			洗濯用に少し。粉石鹸が便利
	常備薬	◎			消毒薬やかゆみ止めが重宝する
	生理用品	◎			現地のスーパーでも入手は可能
	日焼け止め	◎			紫外線対策は万全に
	虫よけスプレー	◎			持ち運びしやすいサイズがおすすめ
衣類	シャツ	◎			シャツなどの着替え、2〜3枚
	下着	◎			上下3〜4枚組
	セーター、トレーナー	◎			高地では夏でも夜の観光用に1枚は必要
	薄手のジャケット	○			10〜3月はセーターだけでは高地は少し寒い日もある
	帽子	◎			ビーチや遺跡見学で必携
	くつ下（ストッキング）	◎			臭いくつ下は迷惑！
	パジャマ	△			かさばるのでシャツなどで代用しよう
	水着	◎			ビーチ、プール、温泉で必須
便利グッズ	ボールペン	◎			なくしやすいので2〜3本。機内での入国カード記入にも必要
	輪ゴム、ひも	○			リュックの中身の整理や、洗濯ひもにもなる
	ビニール袋	○			衣類の分類、ぬれ物用に。ジッパー付きがおすすめ
	ライター	○			スモーカーでなくても持っていると便利（機内持ち込み不可）
	サンダル、スリッパ	○			ホテルや車内、ビーチなどで
	サングラス	◎			日差しの強いメキシコでは必携！
	おみやげ	○			小さくて日本的なもの
	双眼鏡	△			大自然を眺めたり、スポーツ観戦や観劇に便利
	スマートフォン／携帯電話	◎			国際ローミングの端末は旅行の必需品。充電ケーブルも忘れずに
	ノートパソコン／タブレット	◎			Wi-Fi対応のホテルやカフェが一般的
	カメラ	○			小型で軽いもの
	ビデオカメラ	△			楽しい旅の思い出のために。動画の撮れるデジカメやスマホで代用可
	記録メディア	○			カメラ用のSDカードなど
	計算機	△			値引き交渉するときにも便利
	雨具	◎			フード付きレインコートで十分。念のために折りたたみ傘も
本類	辞書（西和・和西）	○			薄いものでいい
	ガイドブック類	◎			もちろん『地球の歩き方』
	スペイン語会話集	○			『地球の歩き方・トラベル会話集』がおすすめ

MEMO

◎＝絶対に必要　○＝必要　△＝各自のスタイルに合わせて
※アメリカ経由でメキシコに入国する場合は、「ESTAの控え」を持参しよう

旅の準備

旅の持ち物

出入国の手続き

日本を出国する

空港には出発時刻の2～3時間前までに到着。個人旅行者は各航空会社のチェックインカウンターへ。ツアーは指定の集合場所へ。

❶ 搭乗手続き

パスポートとeチケット控えを用意し、航空会社のチェックインカウンター(または自動チェックイン機)で搭乗券を受け取る。さらにカウンターで荷物を預け、荷物引換証をもらう。

❷ 手荷物検査

機内持ち込み手荷物のX線検査とボディチェックを行う。客室内への液体物の持ち込みは、出国手続き後の免税店などの店舗で購入されたものを除き、制限があるので注意すること。

❸ 税関

高価な外国製品や貴金属を持っている人は「外国製品持ち出し届」を提出し、確認印をもらう。申告しないと海外で購入したものとみなされて帰国時に課税される場合がある。

❹ 出国審査

パスポートと搭乗券を提示し、パスポートに出国スタンプをもらう(顔認証ゲートを利用すると出国スタンプは不要)。

❺ 出発ロビー

搭乗券に記載されている搭乗ゲートへと向かう。

※北米を経由する場合

アメリカやカナダの空港で乗り継ぎする場合、トランジットのみでも入国審査が必要となる。

メキシコに入国する

メキシコ・シティのほかにも、カンクン、ロスカボス、グアダラハラなどに国際空港がある。入国の手順はどこもほぼ同じ。

❶ 入国審査

パスポートと入出国カードを提示する(戻された出国カードは保管すること)。何か質問されることはほとんどない。まれに滞在日数を尋ねられることがあるが、通常は180日の滞在許可が得られる。

❷ 荷物の受け取り

搭乗した便名のターンテーブルで待つ。預けた荷物が万一出てこなかったら、バゲージクレームタグ(荷物引換証)を提示してロストバゲージに申し出る。

❸ 税関申告

メキシコへの持ち込み品が免税内であれば申告不要なので、税関申告書(→P.408)を持って出口へ。免税範囲を超える場合は申告する。

メキシコ入国のための必要書類

日本とメキシコは、査証(ビザ)免除協定を結んでいるので、観光目的で180日間以内の場合、日本人はビザは不要(パスポート残存有効期間は滞在日数以上必要)。入出国カードに必要事項を記入するだけでいい。メキシコへ向かう機内で配られる。入出国カードは、入国審査の際に申請日数に見合った滞在日数が許可され、スタンプが押された1枚がパスポートとともに返却される。

■注意:メキシコ入国時にすべての荷物をX線にとおす。その後に検問のボタンを押し、緑色に点灯ならノーチェック、赤色なら荷物検査を受ける。米など食料品は細かくチェックされる。

メキシコを出国する

❶ 搭乗手続き

空港でのチェックインは通常2〜3時間前から。パスポートとeチケット控え、出国カードを用意し、航空会社のカウンター（または自動チェックイン機）で搭乗券を受け取る。その後にカウンターで荷物を預け、荷物引換証をもらう。

❷ 出国審査・手荷物検査

手荷物検査所のゲート前で、パスポート、出国カード、搭乗券のチェックを受ける（メキシコの出国手続きを兼ねている。審査官がいるゲートで出国スタンプを押してもらうプロセスは基本的になし）。ゲートを通過し、機内持ち込み手荷物のX線検査とボディチェックを行う。

❸ 搭乗

搭乗ゲートで出国カードを係員に渡す。ここで出国カード（入国審査で切り離された半券）がないと、搭乗できないので注意。紛失した場合は、空港のイミグレーションに申し出ること。

❹ 北米を経由する場合

往路同様にアメリカ、カナダの空港で乗り継ぎする場合、トランジットのみであっても入国審査が必要（アエロメヒコ航空や全日空の成田への直行便は不要）。

日本に入国する

機内で「携帯品・別送品申告書」をもらい記入しておこう。

❶ 検疫

通常は通過。旅行中にひどい下痢や高熱など異常があった場合は健康相談窓口へ。

❷ 入国審査

日本人と表示されたカウンターに並び、パスポートを提出して入国スタンプをもらう（顔認証ゲートを利用すると入国スタンプは不要）。

❸ 荷物の受け取り

到着便名の表示されたターンテーブルで機内預け荷物を受け取る。紛失や破損の場合には、係員にバゲージクレームタグを提示して対応してもらう。

❹ 動植物検疫

果物や肉類、切り花などを買ってきた場合は、動植物検疫カウンターで持ち込み手続きをする。

❺ 税関

持ち込み品が免税範囲内の人は緑のカウンター、免税範囲を超えていたり別送品があったりする場合は赤のカウンターに並び、「携帯品・別送品申告書」を提出する。持ち込み禁止品目や規制品目に注意。

アメリカ入出国の手順

アメリカを経由してメキシコへ行く場合、往路も復路もアメリカの入国手続きが必要となる。空港内の案内に従って、入国審査のあとに搭乗手続きを行う。

●アメリカのビザ

日本人は、90日以内の観光、カナダやメキシコなどの国に行く航空券を持っていることなどの条件を満たせば、米国のビザは不要。米国への陸路入国を除き、ESTAの事前認証が必要となる（▶ESTAに関しては右上欄外参照）。

アメリカ経由でESTAが必要！

2009年から『査証免除プログラム（VWP）』を利用して、アメリカへ入国・乗り継ぎ・通過する場合、電子渡航認証システム（ESTA）の渡航認証の取得が義務づけられた（料金US\$14、陸路入国を除く）。渡航認証の有無はアメリカへ出発する空港などでのチェックイン時に確認され、取得していない場合は搭乗できなくなる。アメリカ経由でメキシコへ行く場合も同様なので注意すること。ESTAは2年間有効で、期限内は何度でも渡航可（パスポート更新時を除く）。

ESTA渡航認証は米国CBP（税関国境警備局）のウェブサイトを通じてオンライン取得できる（旅行会社などに登録を代行してもらうことも可能）。

●米国CBP（日本語あり）
URL esta.cbp.dhs.gov/esta

メキシコから陸路でアメリカへ入国する場合

陸路でメキシコ〜アメリカ間を行き来する場合は、従来のアメリカ入出国カード「I-94W」のみでESTAは必要がない。ただし、空路や航路を使いメキシコからアメリカへ入る場合は、ESTA取得が必要となる。ESTAのシステムは変更されることもあるので、在日アメリカ大使館のホームページなどで最新情報をチェックすること。

●在日アメリカ大使館・領事館
URL jp.usembassy.gov/ja

日本の「携帯品・別送品申告書」の記入例

署名 Chikuu dyumi

※A面ですべて「いいえ」にチェックした場合、B面の記入は不要

入出国カード（FMM）記入方法

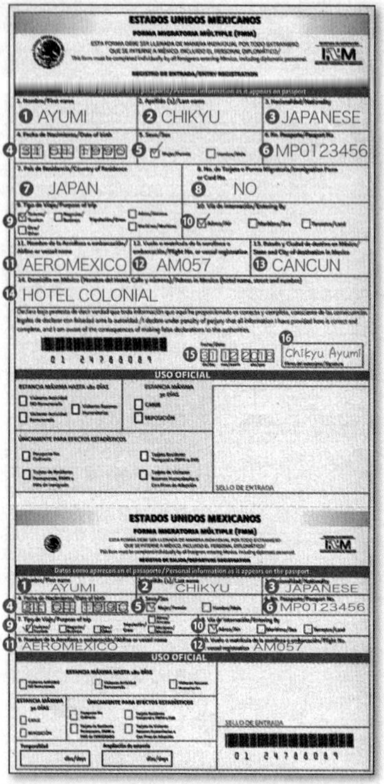

※機内や空港で日本語版が配布されることもある

ESTADOS UNIDOS MEXICANOS

FORMA MIGRATORIA MÚLTIPLE (FMM)

REGISTRO DE ENTRADA/ENTRY REGISTRATION

1. Nombre/First name ❶ AYUMI
2. Apellido (s)/Last name ❷ CHIKYU
3. Nacionalidad/Nationality ❸ JAPANESE
4. Fecha de Nacimiento/Date of birth ❹ 31 01 1990
5. Sexo/Sex ❺ ✓
6. No. Pasaporte/Passport No. ❻ MP0123456
7. País de Residencia/Country of Residence ❼ JAPAN
8. ❽ NO
9. Tipo de Viaje/Purpose of trip ❾
10. Vía de Internación/Entering By ❿
11. ⓫ AEROMEXICO
12. ⓬ AM057
13. ⓭ CANCUN
14. ⓮ HOTEL COLONIAL

01 24788089 ⓯ 31 12 2018 ⓰ Chikyu Ayumi

USO OFICIAL

SELLO DE ENTRADA

ESTADOS UNIDOS MEXICANOS

FORMA MIGRATORIA MÚLTIPLE (FMM)

Datos como aparecen en el pasaporte/Personal information as it appears on the passport

❶ AYUMI ❷ CHIKYU ❸ JAPANESE

❹ 31 01 1990 ❺ ☑ ❻ MP0123456

❾ ❿ ☑

⓫ AEROMEXICO ⓬ AM057

USO OFICIAL

SELLO DE ENTRADA

01 24788089

❶名　❷姓　❸国籍　❹生年月日（日→月→年の順）
❺性別（女性＝Femenino/Female, 男性＝Masculino/Male）
❻パスポート番号　❼居住国
❽メキシコ居住証がある場合その番号を記入
❾渡航目的
(Turismo＝観光、Negocios＝ビジネス)
❿入国手段（空路、陸路、海路）
⓫航空会社など　⓬フライトナンバーなど
⓭滞在先の都市名　⓮メキシコでの滞在ホテル名か住所
⓯署名年月日（日→月→年の順）　⓰パスポートと同じサイン

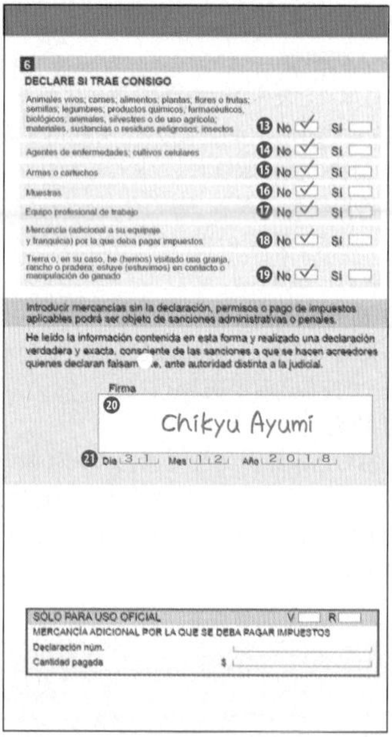

メキシコの税関申告書記入方法

※機内や空港で日本語版が配布されることもある

表

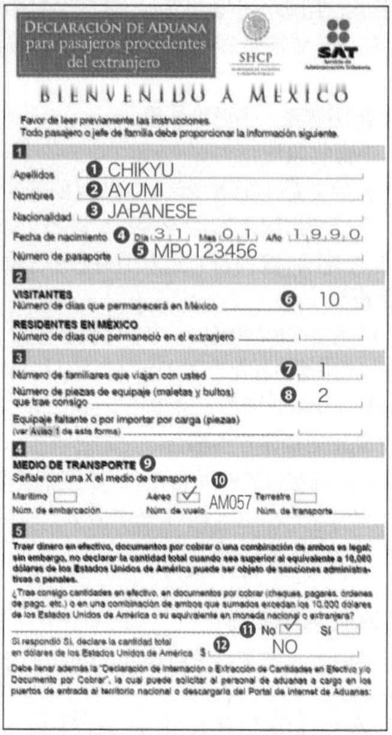

DECLARACIÓN DE ADUANA para pasajeros procedentes del extranjero

SHCP　SAT

BIENVENIDO A MEXICO

Favor de leer previamente las instrucciones.
Todo pasajero o jefe de familia debe proporcionar la información siguiente.

1

Apellidos ❶ CHIKYU
Nombres ❷ AYUMI
Nacionalidad ❸ JAPANESE
Fecha de nacimiento ❹ Día 3 1 Mes 0 1 Año 1 9 9 0
Número de pasaporte ❺ MP0123456

2

VISITANTES
Número de días que permanecerá en México ❻ 10
RESIDENTES EN MÉXICO
Número de días que permaneció en el extranjero

3

Número de familiares que viajan con usted ❼ 1
Número de piezas de equipaje (maletas y bultos) que trae consigo ❽ 2
Equipaje faltante o por importar por carga (piezas) (ver Aviso 1 de esta forma)

4

MEDIO DE TRANSPORTE ❾
Señale con una X el medio de transporte ❿
Marítimo ☐ Núm. de embarcación　Aéreo ☑ Núm. de vuelo AM057　Terrestre ☐ Núm. de transporte

5

Traer dinero en efectivo, documentos por cobrar o una combinación de ambos es legal; sin embargo, no declarar la cantidad total cuando sea superior al equivalente a 10,000 dólares de los Estados Unidos de América puede ser objeto de sanciones administrativas o penales.

¿Trae consigo cantidades en efectivo, en documentos por cobrar (cheques, pagarés, órdenes de pago, etc.) o en una combinación de ambos que sumados excedan los 10,000 dólares de los Estados Unidos de América o su equivalente en moneda nacional o extranjera?
⓫ No ☑ Sí ☐

Si respondió Sí, declare la cantidad total en dólares de los Estados Unidos de América $ ⓬ NO

Debe llenar además la "Declaración de Internación o Extracción de Cantidades en Efectivo y/o Documento por Cobrar", la cual puede solicitar al personal de aduanas a cargo en los puertos de entrada al territorio nacional o descargarla del Portal de Internet de Aduanas.

裏

6

DECLARE SI TRAE CONSIGO

Animales vivos; carnes; alimentos; plantas, flores o frutas; semillas; legumbres; productos químicos, farmacéuticos, biológicos, animales, silvestres o de uso agrícola; materiales, sustancias o residuos peligrosos, insectos ⓭ No ☑ Sí ☐
Agentes de enfermedades; cultivos celulares ⓮ No ☑ Sí ☐
Armas o cartuchos ⓯ No ☑ Sí ☐
Muestras ⓰ No ☑ Sí ☐
Equipo profesional de trabajo ⓱ No ☑ Sí ☐
Mercancía (adicional a su equipaje y franquicia) por la que deba pagar impuestos ⓲ No ☑ Sí ☐
Tierra o, en su caso, he (hemos) visitado una granja, rancho o pradera; estuve (estuvimos) en contacto o manipulación de ganado ⓳ No ☑ Sí ☐

Introducir mercancías sin la declaración, permisos o pago de impuestos aplicables podrá ser objeto de sanciones administrativas o penales.

He leído la información contenida en esta forma y realizado una declaración verdadera y exacta, consciente de las sanciones a que se hacen acreedores quienes declaran falsamente, ante autoridad distinta a la judicial.

Firma ⓴ Chikyu Ayumi

㉑ Día 3 1 Mes 1 2 Año 2 0 1 8

SÓLO PARA USO OFICIAL V ☐ R ☐
MERCANCÍA ADICIONAL POR LA QUE SE DEBA PAGAR IMPUESTOS
Declaración núm.
Cantidad pagada $

❶姓
❷名
❸国籍
❹生年月日(日→月→年の順)
❺パスポート番号
❻メキシコの滞在予定日数
❼同伴家族の人数
❽携帯荷物の数
❾入国手段
(海路、空路、陸路)
❿入国手段の便名
※フライトナンバーなど
⓫US＄1万以上の外貨、または同ドル額相当のお金を所持しているか？
⓬⓫を所持している場合は金額を記入する
⓭生きている動物、肉、食品、生花、果物、種子類、化学製品、農業用製品、危険物、危険廃棄物、昆虫などを持っているか？
⓮病原体や細胞培養物を持っているか？
⓯銃器または弾薬などを持っているか？
⓰商品見本を持っているか？
⓱仕事に使う専門機器を持っているか？
⓲課税対象となる品物(携帯荷物や免税品以外)を持っているか？
⓳土を持っているか？または農場や牧場などに最近行ったことがあるか？
⓴パスポートと同じサイン
㉑署名年月日
(日→月→年の順)

■メキシコの免税範囲：18歳以上の旅行者は最大10箱のタバコ、葉巻25本またはタバコ粉200グラム、3リットル以内のアルコールが免税でメキシコへ持ち込める。免税規制は変更も多いので航空会社などで事前確認を。

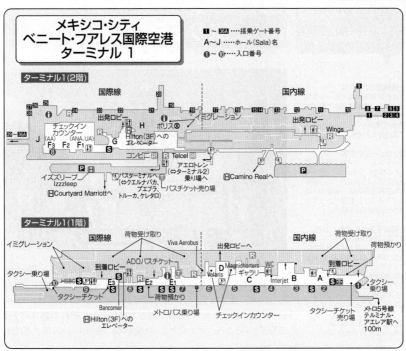

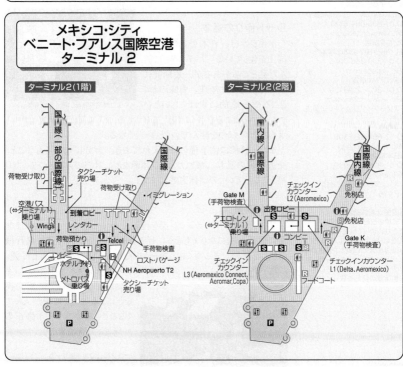

旅のモデルルート

中世の趣が体感できるコロニアル都市が人気

交通機関のアレンジ

目的地間を結ぶ交通の便を、本書を読んで調べてみよう。おもな飛行機・バスの料金、所要時間は「エリアガイド」「旅の技術」の各項目を参照。

スケジュール調整法

メキシコ・シティで入国と出国をする場合、メキシコ・シティを最後にゆっくり見るといい。最終的な日程の調整は、出国する地点でするほうが簡単だ。リコンファームするのにも便利。

主要航空会社の電話とURL
●アエロメヒコ航空
TEL 0570-783-057(日本国内)
TEL (55)5133-4000(メキシコ・シティ)
URL aeromexico.jp
●アメリカン航空
TEL (03)4333-7675(日本国内)
TEL (55)5209-1400(メキシコ・シティ)
FD 01-800-904-6000
URL www.americanairlines.jp
●ユナイテッド航空
TEL (03)6732-5011(日本国内)
FD 01-800-864-8331
URL www.united.com
●デルタ航空
TEL 0570-077-733(日本国内)
FD 01-800-266-0046
URL ja.delta.com
●アビアンカ航空
FD 01-800-123-3120
URL www.avianca.com
※フリーダイヤルはメキシコ国内専用
●全日空
FD 01-800-62-3505
URL www.ana.co.jp
●日本航空
FD 01-800-681-930
URL www.jal.co.jp
▶メキシコの主要航空会社
→P.416

帰国便は事前確認

直前の出発時刻の変更や、航空会社によっては路線の運休や変更などもあり得る。出発日の連絡先を伝えておけば連絡がくる。リコンファームのいらない航空会社の場合にも、こちらから事前確認の連絡を取っておきたい。

遺跡に興味のある人、コロニアルな町並みが好きな人、先住民の織物を買いたい人、ビーチリゾートを楽しみたい人、ダイビングをしたい人、鉄道ファン……。そのほか、マンホール写真コレクターといった一般にオタクに分類される人など、それぞれの趣味によって行きたいところ、見たいところは変わる。旅のルートは個人的なものだ。

ルート作りの基本

メキシコは、日本の約5倍もの国土をもっている。バラエティに富んだ見どころがあるが、短期間にすべて回るのは無理。興味のわくところや一般にすばらしいとい

メキシコ料理を味わい尽くす旅も楽しい

われているところをポイントとしてピックアップしよう。ピックアップしたポイントとポイントを結んでいくとルートとなる。

また、日程には予備の日を入れておき、十分に余裕をもつこと。交通機関の乱れ、疲れたときの休憩などに対応できる。つまった日程をこなしていくのは体力的にキツイ。

ルート調整

アメリカ西海岸〜カンクン間を陸路で旅する場合、メキシコは非常に細長い国になってしまう。行きか帰りどちらかの片道に飛行機を使うと便利。まったく違うルートをたどって往復することも可能。

いろいろ工夫してみよう。メキシコに行ってから、情報交換などによる生きた情報が入ってくることも多い。ルート修正の可能性も考えておこう。

カンクン周辺ではフェリーも頻繁に運航

交通の起点

　メキシコ・シティはメキシコ全土の交通の起点になっている。メキシコ・シティを経由地にすると、移動がスムーズになる。大都市、州都、大観光地も、その地方の交通の起点になっていることが

首都メキシコ・シティは見どころもいっぱい

多い。やはり経由地にすると移動がスムーズになることが多い。

アメリカからメキシコへの空路

　アメリカは、メキシコと国境を接しているので、簡単にメキシコに行ける。方法には空路、陸路（→P.414）ともいろいろある。

アメリカの航空周遊券でメキシコへ

　ユナイテッド航空、デルタ航空、アメリカン航空などが出しているアメリカ国内旅行用の周遊券には、メキシコへのフライトが組み込め、往復割引運賃よりも安い値段で飛ぶことができる。会社によって行く都市が違うので、日本でチェックしておくほうがいい。

◉ 周遊チケット

　アメリカからの旅行者がターゲットになっているメキシコ周遊航空券を買う方法がある。旅行会社や航空会社をチェックしてみよう。

◉ 往復割引運賃

　単純にアメリカとメキシコの2都市間を結ぶとき、往復割引を使うと1～2割くらい安いことが多い。

◉ アメリカのパッケージツアーでメキシコに行く

　アメリカからはメキシコへの安いパックツアーが各種出ている。往復飛行機を使って高級ホテルに泊まって、飛行機代よりやや高い程度の料金。アメリカのビザの要件を満たす範囲で参加しよう。

メキシコ各地へのツアーが出ている

主要航空会社略号一覧

AA	：アメリカン航空
AM	：アエロメヒコ航空
AS	：アラスカ航空
B6	：ジェットブルー航空
DL	：デルタ航空
F9	：フロンティア航空
NK	：スピリット航空
SY	：サンカントリー航空
UA	：ユナイテッド航空
VB	：ビバ・アエロブス航空
4O	：インテルジェット航空
Y4	：ボラリス航空

メキシコとの間に航路をもつアメリカの都市と航空会社

アトランタ（ATL）
——AM、DL
オーランド（MCO）
——AM、B6、DL、4O
サンディエゴ（SAN）
——AS
サンフランシスコ（SFO）
——UA、DL、AM、AS
シアトル（SEA）
——AS、Y4
シカゴ（CHI）
——AA、AM、DL、F9、UA、NK、Y4、4O
ダラス（DFW）
——AA、AM、NK、SY、4O、Y4
ニューヨーク（NYC）
——AM、UA、DL、AA、4O、B6、Y4
ヒューストン（IAH）
——UA、AM、NK、4O
フェニックス（PHX）
——AM、AA
マイアミ（MIA）
——AM、DL、4O、Y4
ラスベガス（LAS）
——AM、Y4、DL、VB、4O
ロスアンゼルス（LAX）
——UA、AM、DL、AS、Y4、AA、4O
ワシントン（WAS）
——UA、AM、DL、NK

※（　）内は空港の3レターコード

INFORMACIÓN

地方都市から始めるメキシコの旅

　メキシコに空路で入出国する場合、メキシコ・シティ発着便を使うケースが多いが、首都だけに国際空港があるわけではない。アメリカの主要空港とメキシコ各地の空港間は、メキシコ・シティを経由しない直行便もたくさん運航している。メキシコ各地を周遊するなら、地方都市にある国際空港を効率的に利用するといいだろう。

　例えば太平洋側にあるグアダラハラから入ってメキシコ湾岸のベラクルスから出ることや、メキシコ北部のチワワから入って南部のオアハカから出ることもOK。入国した空港やメキシコ・シティにわざ

わざ戻ることなく、自分の行きたい場所をなるべく一筆書きのようなルート（この旅行形態をオープンジョーと呼ぶ）で回ると日程が有効に使える。

　特にアメリカからはヒューストン発着のユナイテッド航空の便が豊富で、メキシコの36都市ほどへのフライトがあり便利。またアメリカン航空が拠点とするダラスや、デルタ航空が拠点とするアトランタからも各都市へ豊富な便がある。さらにアエロメヒコ航空はロスアンゼルス、シカゴ、ニューヨークなどの主要空港から運航している。自分でいろいろ考えてルーティングを組むのも旅の楽しさだ。

エリア&目的別モデルコース

メキシコは各地に古代遺跡やコロニアル都市が多数あり、ビーチリゾートも楽しめる観光立国。旅のテーマや目的を決めたらスケジュールを組み、以下のモデルプランを参考にして効率よく周遊しよう。

モデルコース ❶

首都とカンクンをよくばり周遊 （10日間）

国内の人気観光地を巡るコース。テオティワカン、ウシュマル、チチェン・イッツァの各遺跡を見学し、メキシコ・シティの市街とプエブラを観光する。最後はカンクンでビーチリゾートを満喫しよう。

メキシコを代表する
大遺跡テオティワカン

1日目	日本出発、メキシコ・シティ着
2日目	メキシコ・シティ市街観光
3日目	テオティワカン遺跡観光、国立人類学博物館見学
4日目	メキシコ・シティからプエブラ日帰り観光
5日目	飛行機でメリダへ、午後ウシュマル遺跡見学
6日目	チチェン・イッツァ遺跡見学、バスでカンクン到着
7日目	カンクンでアクティビティ
8日目	カンクン出発
9日目	機内泊
10日目	日本着

モデルコース ❷

メキシコ・シティと周辺都市 （10日間）

首都と周辺エリアのコロニアル都市や遺跡を巡る。メキシコ・シティを拠点に、タスコ、クエルナバカ、プエブラなどバスで数時間の周辺都市を周遊。テオティワカンとソチカルコの遺跡も見学する。

メキシコ・シティの
メトロポリタン・カテドラル

1日目	日本出発、メキシコ・シティ着
2日目	メキシコ・シティ市街観光
3日目	バスでクエルナバカへ、市街とソチカルコ遺跡見学
4日目	バスでタスコへ、市街観光
5日目	バスでプエブラへ、市街観光
6日目	バスでメキシコ・シティへ、首都南部の博物館巡り
7日目	テオティワカン遺跡観光、国立人類学博物館見学
8日目	メキシコ・シティ出発
9日目	機内泊
10日目	日本着

モデルコース ❸

カンクンと周辺スポットを満喫 （10日間）

　カリブ海に面した人気リゾートのカンクンを拠点にしたプラン。マリンアクティビティや熱帯の自然を楽しみ、ユカタン半島に点在する古代マヤのチチェン・イッツァやウシュマル遺跡などを巡る。

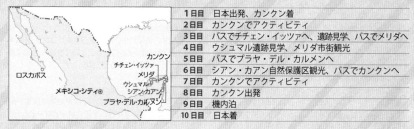

1日目	日本出発、カンクン着
2日目	カンクンでアクティビティ
3日目	バスでチチェン・イッツァへ、遺跡見学、バスでメリダへ
4日目	ウシュマル遺跡見学、メリダ市街観光
5日目	バスでプラヤ・デル・カルメンへ
6日目	シアン・カアン自然保護区観光、バスでカンクンへ
7日目	カンクンでアクティビティ
8日目	カンクン出発
9日目	機内泊
10日目	日本着

モデルコース ❹

中央高原のコロニアル都市巡り （10日間）

　スペイン植民地時代に築かれたコロニアル都市をメインに巡る。メキシコ・シティ滞在中に歴史地区を観光してから、飛行機でサカテカスへ。バスでグアナファトを回り、最後はグアダラハラへ。

1日目	日本出発、メキシコ・シティ着
2日目	メキシコ・シティ市街観光
3日目	飛行機でサカテカスへ、市街観光
4日目	バスでグアナファトへ
5日目	グアナファト市街観光
6日目	バスでグアダラハラへ、市街観光
7日目	テキーラ周辺の工場や農園見学
8日目	グアダラハラ出発
9日目	機内泊
10日目	日本着

モデルコース ❺

メキシコのハイライト巡り （20日間）

　ティファナから入り、国内線を活用してメキシコ全土を駆け巡る。まずはロスカボスで自然に触れ、メキシコ・シティやオアハカなど観光地を訪ね、最後はカリブ海リゾートでのんびりリフレッシュ。

密林に眠る神秘的な
パレンケ遺跡

1日目	日本出発、ティファナ着	11日目	バスでパレンケへ
2日目	飛行機でロスカボスへ	12日目	パレンケ遺跡観光
3日目	近海のエコツアーに参加	13日目	バスでカンペチェへ、市街観光
4日目	飛行機でメキシコ・シティへ	14日目	バスでメリダへ、市街観光
5日目	メキシコ・シティ市街観光	15日目	バスでチチェン・イッツァへ、遺跡見学後にカンクンへ
6日目	テオティワカン遺跡見学	16日目	カンクンでアクティビティ
7日目	飛行機でオアハカへ	17日目	イスラ・ムヘーレス観光
8日目	モンテ・アルバン遺跡見学、オアハカ市街観光	18日目	カンクン出発
9日目	バスでサンクリストバル・デ・ラスカサスへ	19日目	機内泊
10日目	周辺の先住民村を訪問	20日目	日本着

メキシコ国境の越え方

アメリカからの陸路入国の注意

入国手続きを忘れずに！

アメリカ国境付近は、日本人でも72時間以内の滞在ならば入出国カード（FMM）なしでも入国できる特別のゾーン。アメリカからの観光客は、ほとんどの人がノーチェックで国境を通過していく。これにつられて、入出国カードに入国スタンプをもらわずにメキシコを南下していくと、不法入国になってしまうので注意が必要。国境近くにある入国管理局Immigrationへ自主的に赴き、入出国カードをもらって記入し、必ず入国スタンプを押してもらうこと。もしも入出国カードにスタンプをもらい忘れたら、すぐに入国管理局に戻ってもう一度手続きをやり直すこと。陸路で入出国カードを取得し入国手続きする場合にはUS$25相当の手数料をペソで支払う。米ドル払い不可なので、入国管理局脇にある両替所でペソに替えてから払おう。

入国時の手数料を入国管理局ではなく、メキシコ滞在中に銀行で振り込むよう求められる場合もある。

陸路でのメキシコ出国手続き

出国する際は出国ルートを提示する。陸路では国境で出国手続きがなく、出国カードを持ったまま出国してしまうことがある。その場合、出国カードはメキシコ再入国時に提示するか、在日メキシコ大使館領事部（→P.396）かメキシコ・シティの内務省入国管理局（→P.105）へ送付することになる。

国境地帯の治安悪化に要注意！

メキシコの国境地域では、麻薬組織間の抗争や治安当局との衝突により各地で死亡者が出ている（一般市民が巻き添えになる銃撃戦も発生している）。特にシウダー・フアレスやヌエボ・ラレードなど北部国境地帯では治安悪化が顕著なので、立ち入る場合には最新の安全情報を収集すること。日本外務省から危険情報が発出されている場合には、陸路は避けて飛行機での移動を検討しよう。

メキシコ国境情報

メキシコのおもな国境を紹介する。ティファナに関する国境情報→P.382

アメリカ 〜 メキシコ国境

◆ シウダー・フアレス Ciudad Juárez
MAP P.353/A2

シウダー・フアレスとアメリカ側のエルパソはもともとひとつの町だったが、米墨戦争後に両市の間を流れるリオ・グランデ川に国境線が引かれ、現在は4つの橋がふたつの町を結んでいる。そのなかのひとつサンタフェ橋は、歩いて渡ることができる。シウダー・フアレスを素通りして、すぐにメキシコを南下したい人はLerdo通りから、"C Camionera"と表示されたバスに乗り込もう。また、長い橋を歩いて渡らず、グレイハウンドのバスターミナルから、シウダー・フアレスのバスは8:00〜22:45に、1.5〜2時間間隔で運行。所要1時間、US$7〜9。

シウダー・フアレスは近年、最も治安の悪い都市のひとつなので、通過や滞在はなるべく避けたい。

シウダー・フアレスへのアクセス

▶飛行機 ビバ・アエロブス航空、アエロメヒコ航空、インテルジェット航空などがメキシコ・シティ、グアダラハラ、レオンから運航。そのほか接続便で国内各地から運航。空港は12kmほど郊外にあり、タクシーやコレクティーボで所要約30分。

▶バス アメリカの町からシウダー・フアレスまでバスで来た場合、エルパソでの停車中、シウダー・フアレスからメキシコ各地へのバスのチケットを売りにくることがある。そこで買っておくと乗り継ぎが速い。バスターミナルから市内へは、"Centro"と表示された市バスに乗るとソカロへ出る。逆にターミナルへはLerdo通りから、"C Camionera"と表示されたバスで行ける。

◆ ノガレス Nogales
MAP P.353/A2

アリゾナ州Tucson（アメリカでツーソン、メキシコでトゥックソンと発音する）からグレイハウンドバスを乗り継ぎ南下すること1時間30分〜2時間で、到着するアメリカ側国境の町はノガレス。メキシコ側の町もやっぱりノガレス。アリゾナ州もかつてはメキシコ領。ノガレスの町の真ん中に新しい国境がとおってしまったのが、ふたつのノガレスができた理由だ。だから両市の間は離れているわけでも、川が流れていて長い橋で結ばれているわけでもない。移民局の建物を挟んで両方の市街地がぴったりくっついている。

ノガレスの国境地帯も72時間以内ならば、入出国カード（FMM）なしでも入国できる特別ゾーンだ。メキシコを南下する旅行者（含む日本人）の場合は、イミグレーションで入国手続きが必要となるので、注意すること。

ノガレスへのアクセス

▶バス メキシコ・シティ、グアダラハラ、そのほかチワワ、ロスモチス、ティファナなど各地からバスが1日数本ある。

◆ ヌエボ・ラレード Nuevo Laredo
MAP 折込表

テキサス州サンアントニオから、グレイハウンドのバスで2時間30分ほど南へ行くと、国境の町ラレードLaredoに着く。そしてリオ・グランデを渡るとメキシコの町ヌエボ・ラレード。かつてはひとつの町であったが、米墨戦争に敗北してリオ・グランデが新国境になり、メキシコ側の住民は人口505人でヌエボ・ラレード市を造って再出発した。

■注意■メキシコから陸路で出国時にイミグレーションでM$500程度を請求されることがある。飛行機で入国していれば支払い済みなので、航空券の半券を見せるなどすれば支払い不要。陸路入国で未払いなら払う必要がある。

アメリカ側のグレイハウンド・ターミナルから国境の橋を渡った所にあるメキシコの入国管理局へは1kmほど。そこで入出国カードをもらい、記入して入国スタンプを押してもらうこと。

ヌエボ・ラレードへのアクセス

▶飛行機　アエロメヒコ航空がメキシコ・シティから毎日運航。

▶バス　メキシコ・シティ、モンテレイ、サカテカス、チワワ、サンルイス・ポトシほか北部各都市から運行している。バスターミナルCentral Camioneraは国境から1kmほど南にあり、徒歩での移動も可能。また、アメリカ側ラレードのグレイハウンド・ターミナルからは、タクシーでアクセスできる。

メキシコ ～ 中米国境

国境での両替レートは事前に銀行やホテル、バスターミナルなどで、ある程度把握しておきたい。

◆ シウダー・クアウテモック
Ciudad Cuauhtémoc　MAP P.273/B2

シウダー・クアウテモック～ラメシージャ La Mesilla は、メキシコのサンクリストバル・デ・ラスカサスとグアテマラのウエウエテナンゴなどとを結ぶパンアメリカン・ハイウエイ190号線上の国境。国境から約85km北のコミタンがアクセスの起点となっている。

シウダー・クアウテモックのバス停向かいに、メキシコ側のイミグレーションがある。そこからグアテマラ側のイミグレーションのあるラメシヤへは約5km、乗合タクシーでM$20。左側のバス乗り場からは6:00～18:00頃まで、ウエウエテナンゴ行き（ハードだが景色がいい、所要2時間～2時間30分）のほか、ケツァルテナンゴ（別名シェラ、所要約3時間30分）やグアテマラ・シティなどへのバスもときどきある。

シウダー・クアウテモックへのアクセス

▶バス　サンクリストバル・デ・ラスカサスからOCCのバスが11:30～18:20に1日4本（所要約3時間30分、M$166）、トゥクストラ・グティエーレスからOCCのバスが10:15と16:15に1日2本（所要約5時間、M$312）運行。サンクリストバル・デ・ラスカサスからはコミタンでバス（毎時1～2本、M$84～96+M$128）やコレクティーボを乗り継いだほうが速い場合が多い。

◆ コロサル　Corozal　MAP P.273/B2

パレンケからティカル遺跡への拠点、グアテマラのフローレスへはシャトルバス（途中ボートも利用）が結んでおり、パレンケ市内の旅行会社で申し込める。国境付近にあるボナンパックとヤシュチランの遺跡を回り1泊して翌日グアテマラへ抜けるコースも可能（M$1300～）。コロサルまではバスを乗り継いでも行けるが、途中の船の料金がかかるので、同行者がいないと割高になる。
※ベリーズ国境コロザルCorozalと紛らわしいので注意。

コロサルへのアクセス

▶シャトルバス　パレンケ6:00発、9:30～10:00にコロサル（エチェベリアEcheverría）の国境に着き出

国の手続きを取り、ボートに乗ってウスマシンタ川Río Usumacintaを渡ってグアテマラ側のベテルBethelへ。10:30発のシャトルバスで出発しフローレス15:00着（途中で入国手続きあり）。所要約9時間（M$550～、ひとりから催行される）。

◆ タパチュラ　Tapachulá　MAP P.273/B2

タパチュラからグアテマラへのルートはふたつあり、どちらも24時間オープンしている。

● シウダー・イダルゴCiudad Hidalgoルート

シウダー・イダルゴへは、ソカロから500mほど北西の7a Calle Pte.5のターミナルからAutotransportes Paulino Navarroのバスが4:30～22:00に毎時6本運行（約50分、M$30）。出国手続きのあと、長い橋を渡ってグアテマラのテクン・ウマンへ。

● タリスマンTalismanルート

タリスマンへは、ソカロから5a Calle Pte.を北西へ約250mのターミナル発のミニバスが、ソカロから1kmほど北東の17a Ote. y Av.3 Nte.にあるOCCターミナル前を経由して頻繁に出ている。所要30分、M$25。出国手続きのあと、橋を渡ってグアテマラのエルカルメンへ約800m。

タパチュラへのアクセス

▶飛行機　アエロメヒコ航空などがメキシコ・シティから毎日運航。空港は市内の20kmほど南西、タクシーはM$220、乗合コレクティーボでM$100。

▶バス　オアハカから1日2本（所要約12時間、M$640）、サンクリストバル・デ・ラスカサスから1日8本（所要7～9時間、M$406～506）など。バスターミナルは、各社ごとに分かれている。

OCCターミナルからはグアテマラ・シティなどへの直行バスもTrans Galgos Inter社、Tica Busが1日計4本運行している（所要5～6時間、M$374～635）。

◆ チェトゥマル　Chetumal　MAP P.189/B2

● ベリーズ・シティへのルート

中心部の約1km北にある新市場Nuevo Mercadoから4:30～18:30まで約20本運行（所要約4時間、M$155）、1等バスのほとんどは中心部から約2km北にある長距離バスターミナルを経由して行く。

● ベリーズ経由でグアテマラへのルート

グアテマラへは、San Juan社やMundo Maya社のバスが1日数本（6:20～14:30）運行。フローレスまで7～9時間、US$31～50、ティカル遺跡まで9～11時間、US$60～。

チェトゥマルへのアクセス

▶飛行機　インテルジェット航空とボラリス航空がメキシコ・シティから毎日3～4便運航。小さな空港は町の北西約2kmにある。

▶バス　カンクンから6:00～翌0:30に毎時1～4本、所要6～7時間、M$221～546。カンペチェから14:00発の1日1本、所要約6.5時間、M$526。ビジャエルモッサからADOか8本、所要8～9時間、M$698。

橋を渡って国境を越えるルートもある

現地での国内移動

飛行機

日本の5倍強の広大な国土をもつメキシコでは、空路で移動するのが効率的だ。料金は高いが時間が節約でき、疲れも少なくて済むので、メキシコ旅行ではユースフルな選択となる。

メキシコ・シティ国際空港のサービスカウンター

❂ 航空会社

メキシコ全土の都市間ルートを網羅する航空会社は、アエロメヒコ航空Aeromexicoがある。

このほかにも、トルーカを拠点に国内各地に路線があるインテルジェット航空Interjet、ボラリス航空Volaris、モンテレイを拠点としたビバ・アエロブス航空Viva Aerobusなど、新興の航空会社などもメキシコ各地を運航している。

機内サービスにも定評があるアエロメヒコ航空

❂ 現地の予約・発券

予約を早めに入れるほうが確実。特にクリスマスとセマナサンタの頃には早めに予約しよう。メキシコ国内線の航空券は、航空会社でも旅行会社でも、基本的に料金は変わらない場合が多い。購入する際には、空港使用料も一緒に支払う。

❂ 日本での予約・発券

メキシコの航空会社の日本オフィスやインターネット、国内各旅行会社を通じて、日本でも国内線航空券は予約や購入ができる。運賃は為替レートで多少差が出るものの、基本的には日本での発券もメキシコ国内での発券も同一料金。日本で発券する際にもメキシコの空港使用料は一緒に支払うことになる。

❂ 乗り継ぎ

アエロメヒコ航空はメキシコ・シティ、グアダラハラ、カンクンでの乗り継ぎにより、メキシコ各地を結ぶスケジュールが組まれている。ダイレクトで地方から地方を結んでいるのは、大きな都市間が多い。

乗り継ぎのための時間は短いものもあるが、一般的に2時間くらいはみておくほうがいい。

地方路線は小型機で結ばれている

航空券に関して

各社の航空運賃は路線や日程、予約購入の日時などにより変動する。同じエコノミークラスでも数種類あり、日時や路線の変更やキャンセルが可能かどうか、その場合にかかる手数料、持ち込める荷物の重量制限なども異なるので確認。

オフシーズンならキャンセルや変更が無料でできるノーマルチケットより、キャンセルや変更が出た場合の手数料を考えても制限付きの割引チケットを買ったほうが割安な場合もある。逆に混雑する時期に変更する必要が出て、上のクラスにしか空きがない場合など、追加料金が割引チケット自体より高くなってしまうこともある。

また燃油サーチャージは、市場価格に応じて変動する。そのため、航空会社や路線によってはかからなかったり、ときには同じ便でありながらチケットの種類や料金によって徴収額も変動したりする。

アエロメヒコ航空日本オフィス
TEL 0570-783-057
URL aeromexico.jp

メキシコの航空会社
●アエロメヒコ航空（AM）
TEL (55)5133-4000（メキシコ・シティ）
URL aeromexico.com
●アエロマル航空（VW）
FD 01-800-237-6627
URL www.aeromar.com.mx
●インテルジェット航空（4O）
FD 01-800-011-2345
URL www.interjet.com
●ボラリス航空（Y4）
TEL (55)1102-8000（メキシコ・シティ）
URL www.volaris.com
●ビバ・アエロブス航空（VB）
FD 01-818-215-0150
URL www.vivaaerobus.com
●マグニチャーターズ（GMT）
TEL (55)5141-1351
URL www.magnicharter.com.mx
●アエロトゥッカン航空（RTU）
FD 01-800-640-4148
URL www.aerotucan.com.mx
●マヤエア（7M）
FD 01-800-962-9247
URL www.mayair.com.mx
●カラフィア航空（A7）
FD 01-800-560-3949
URL www.calafiaairlines.com
※ 各フリーダイヤルはメキシコ国内からの通話のみ可。

空港から市内へ

　空港は町から離れていることが多い。チケット制のタクシーで市内との間が結ばれている（空港～市内間を運行する公共バスは少ない）。大きい都市ならどこでも空港があるというわけではなく、近郊の町の発着になることもある。

メキシコ・シティの空港タクシーはセダン型から大型車まで多種ある

　空港からの足はタクシー以外に、コレクティーボと呼ばれる乗合タクシーもある。定員数の乗客が集まったら出発し、乗客個々の目的地（ホテルなど）に順番に送り届けてくれる。料金はタクシーの4分の1程度なので、ひとりで旅行している人が節約のためによく使う。同行者がいるのならタクシーをシェアしたほうが安くなる可能性もある。

　メキシコ・シティの空港には地下鉄とメトロバスが乗り入れているので、土地勘がある再訪の旅行者なら利用してもいいだろう。ただし夜間の場合や、メキシコ訪問が初めてで旅慣れていない人には、安全面でおすすめできない。またカンクンは空港から市内のバスターミナルまで全座席指定の直通バスが運行している。

左／カンクン空港内の観光案内所　右／空港タクシーはエリアごとに料金が決まっている

メキシコ・シティの空港タクシーは安全

　メキシコ・シティのベニート・フアレス国際空港では、以前は「リブレ」と呼ばれる流しのタクシーの客引きがいて、タクシー運転手とつるんだ強盗の被害が報告されていた。現在は空港敷地内でリブレのタクシーに乗ることができず、安全なチケット制の空港タクシーのみ乗車できる。

各空港に新ターミナル開設

　メキシコ・シティの空港ではターミナル2が完成し、ターミナル1とはアエロトレンAerotren（モノレールタイプのシャトル、所要約5分）で結ばれている。
　カンクンでもターミナル1に隣接してターミナル4が完成し、アエロメヒコ航空やインテルジェット航空などのメインターミナルとなっている。

便利なフライト検索サイト

URL www.skyscanner.jp
　おもな航空会社のフライト情報や料金が日本語で得られ比較できる。旅行会社や航空会社の公式サイトとリンクされているので、そのまま予約もOK。マグニチャーターズ、アエロトゥカンなど、提携していない航空会社もある。

旅の技術

現地での国内移動

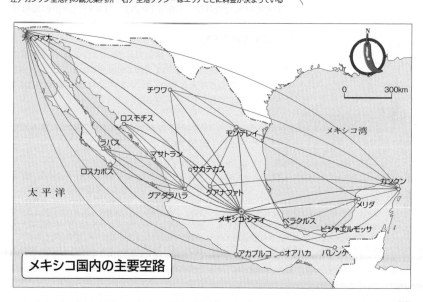
メキシコ国内の主要空路

チワワ
ロスモチス
ラパス
マサトラン
ロスカボス
サカテカス
グアダラハラ
グアナファト
モンテレイ
メキシコ湾
カンクン
メリダ
メキシコ・シティ
ベラクルス
ビジャエルモッサ
アカプルコ
オアハカ
パレンケ
太平洋

0　　　300km

市内で1等バスのチケット購入

メキシコでは長距離バスのターミナルの多くが郊外にあり、事前にチケットを予約したり、購入するのに面倒な場合が多かった。

しかし近年は各都市中心部で、1等バス専用の予約・発着オフィスが営業している。旅程がタイトな人は、移動の予定を決めた時点で市内のオフィスで予約し、バスのチケットを確保するといいだろう。M$7〜13程度手数料がかかるところもある。

ネットで調べる場合は下記サイトへ。
URL www.clickbus.com.mx
URL www.ado.com.mx

バスターミナルの名称

郊外にある合同ターミナルはCentral CamioneraとかCentral de Autobusesなどと呼ばれている。

バス用語

Directoは直行便、De Pasoは経由便のこと。ディレクトの2等バスのなかには、1等バスと内容がほとんど変わらないものもある。

24時に注意!

メキシコのバス時刻表では1日の始まりは午前0:01から。24:00ちょうどはその日のうちに含まれる。24:00発というバスは案外多いので、購入時に注意すること。

バスが混雑するシーズン

セマナサンタやクリスマスから新年の時期をはじめ、学校が夏期休暇に入る7月10日頃から1ヵ月余りは、バスの切符入手が困難になりがちだ。バス会社では、少なくとも3日前には手配しておくよう促している。特に、本数の少ない地方路線を使う場合には早めの予約を!

メキシコの陸路移動で、最も一般的な手段がバス。鉄道はほとんど廃線になり、旅人もバス利用が多くなる。

バスの種類もいろいろ

◉ バスの種類

メキシコ都市間を結ぶバスは、デラックス(Lujo、Ejecutivoなど)、1等(Primera、Superiorなど)、2等(Segunda、Ordinarioなど)の3クラスに分かれているのが一般的。デラックスは、ビデオ、エアコン、トイレを完備し、座席数が2等の半分とゆとりのスペース。特別待合室が用意され、喫茶サービスなどもある。1等はエアコンやトイレ付きで、飲み物サービスもあり車体も新しい。2等はエアコンがなく、トイレがあっても使えない場合が多い。デラックスや1等はおもに長距離バス、2等はおもに近隣の町や村との間を結ぶローカルバスになっている。

料金は等級によって開きがある。例えば、メキシコ・シティ〜オアハカ間(約465km)の場合、運賃はデラックスでM$1098〜、1等でM$652〜、2等M$458〜となる。快適な移動を希望するなら迷わず1等を選ぼう。2等バスは、直行便Directo以外は基本的にあちこちに停まって時間がかかるし、安全面でも問題がある。

◉ バスターミナル

デラックス、1等、2等の合同バスターミナルがある町、クラスによってバスターミナルの場所が違う町、会社ごとにバスターミナルが分かれている町と、状況は各町で異なる。合同バスターミナル以外では、自分の乗ろうとするバスがどこから出るのかあらかじめ知っておかなければならない。都市部では、バスターミナルの郊外移転が進んでいる。

◉ バス乗車時の注意

大き過ぎる荷物はバスの荷物入れに置くことになる。1等バスの場合は、係員が荷物と引き換えに預かり証をくれるので、なくさないこと。貴重品などは入れないように。バスはエアコンが効き過ぎることも多い。防寒着も車内へ持ち込んでおくこと。

INFORMACIÓN

ウーバー利用方法

ウーバー Uberは世界各国で展開している、個人による送迎車サービス。メキシコ国内では、メキシコ・シティ、グアダラハラ、グアナファト、プエブラ、メリダなどが利用可能エリアになっている(2018年8月の時点)。初乗り運賃は通常M$40(雨天の場合は運賃がアップ)なので、近距離移動では市内を走るリブレ・タクシーよりやや割高となる(長距離移動はタクシーと同程度)。

利用する場合は、最初にスマートフォンにウーバーのアプリをダウンロード&インストールする。登録完了後にアプリを開くと、周辺地図と利用可能な車両の位置情報が、グーグルマップで画面に表示される。目的地を入力し、車種と支払い方法を選ぶ(メキシコ・シティではクレジットカード払いのみ可)と、迎車の到着時間と料金が表示され、配車が確定する。
■ウーバー URL www.uber.com

■注意■ウーバーは流しのタクシーに比べると安全な移動手段だが、利用はあくまでも自己責任で。事前に担当ドライバーの評価をアプリでチェックするなど、トラブル回避に努めよう。

❀ 予約とキャンセル

　1等バスの場合は予約して乗るようになっている。席が埋まると発売は終了となってしまうので、早めに予約を入れておくほうがいい。

　特にクリスマスとセマナサンタの期間に旅行する予定の人は、より早めに予約を入れておかないと動きがとれなくなるので注意。

　1等バスは座席指定で、予約時に自分で席を指定する。2等バスは当日チケットを買うか、乗り込んだあとに徴収されるようになっている。

　予約は電話（一部の会社ではウェブ予約も可）でも受け付けているが、乗車までにターミナルか旅行会社などで切符を購入しておけばよい。料金は同じ。忙しい旅ならば、到着時にターミナルで時刻を調べて購入しておくと効率がいい。キャンセルに関する対応はバス会社によって多少異なるが、基本的には出発の3時間前までなら料金の75%は返ってくる。バス出発後の払い戻しはできない。

船　舶

　カリブ海沿岸では、カンクン〜イスラ・ムヘーレス間、コスメル〜プラヤ・デル・カルメン間にフェリーや高速船が運航している。どちらの区間も1日中頻繁に運航し、所要30分〜1時間程度。

カンクンからの船旅も楽しい

　また、バハ・カリフォルニア半島のラパスからは、メキシコ本土側のマサトランやロスモチスへのフェリーが運航している。こちらは、毎週3〜7便の運航。夜行便は深夜に出発して、船内で朝を迎える船旅だ。

鉄　道

北部の移動にはチワワ太平洋鉄道がおすすめ

　メキシコの鉄道は、公共交通の役割をバスに奪われ、多くの路線が廃線となった。移動手段として旅行者が利用する機会はほとんどない。ただし、旅行者向けの観光ルートとして人気の**チワワ太平洋鉄道**（→P.386）は、途中の景色がすばらしいので地元のメキシコ人にも人気が高い。

レンタカー

　観光地の空港や高級ホテルには大手のAvisやBudgetなどの代理店が入っている。料金はシーズン、車種、付帯保険などの条件により大きく異なるが、1日US$35〜100が目安。利用にはクレジットカードの提示が必須。ただし、国際運転免許証では原則運転できないので注意（→P.401）。

カウンターは空港内にもある

**主要バス会社のURLと
電話、フリーダイヤル**

●Aquila
FD 01-800-026-8931
URL www.autobusesaquila.com
●Autovías、La Línea、
　Pegasso
FD 01-800-622-2222
URL www.autovias.com.mx
URL www.lalinea.com.mx
●Costa Line
FD 01-800-003-7635
URL www.costaline.com.mx
●Estrella Blanca
FD 01-800-507-5500
URL estrellablanca.com.mx
●Estrella de Oro
FD 01-800-890-9090
URL www.grupoestrella.com.
mx
●Estrella Roja
TEL (222)273-8300
URL www.estrellaroja.com.
mx
●ETN
FD 01-800-800-0386
URL etn.com.mx
●Fypsa
TEL (55)2124-3022
URL ventas.fypsa.com.mx
●Grupo Senda (TDN)
FD 01-800-890-9090
URL www.gruposenda.com
●Omnibus de México
FD 01-800-765-6636
URL odm.com.mx
●Primera Plus
FD 01-800-375-7587
URL www.primeraplus.mx
●Pullman de Morelos
FD 01-800-624-0360
URL pullman.mx
●TAP
FD 01-800-001-1827
URL www.tap.com.mx
●Vallarta Plus
FD 01-800-000-0909
URL vallartaplus.com
※フリーダイヤルはメキシコ国内からのみ通話可
※バス会社サイトでのチケットの予約・購入は、メキシコ国内で発行されたクレジットカードがないと対応しない場合が多い

チワワ太平洋鉄道
TEL (614)439-7211
URL www.chepe.com.mx

自動車保険
　メキシコにも日本と同様に、加入が義務づけられた自動車保険の制度がある。
　アメリカから車で国境を越えてメキシコに入国するときは注意が必要。アメリカ側のメキシコの保険を扱っている事務所で、あらかじめ加入しておかなくてはならない。事故を起こしてつかまったときに、支払い能力が立証されないと、留置所暮らしが待っている。

ホテルの基礎知識

メキシコのホテル事情と料金

🐠 高級ホテル

カンクンやロスカボスなどビーチリゾートの高級ホテルは、アクティビティ満喫派の大型リゾートタイプから、静かに過ごせるヴィラタイプ、宿泊費に飲食代などが含まれているオールインクルーシブタ

世界的な高級ホテルが並ぶカンクン

イプなど多彩。国際的にみてもすばらしい内容だが、料金も高くM$3000〜8000くらいが標準料金。アカプルコなど国内旅行者向けのビーチリゾートでは、M$1500くらいで内容のいいリゾートホテルに宿泊できる。ビーチリゾート以外の高級ホテルではM$2000〜3000くらいが標準。首都のメキシコ・シティでも同じくらいだ。

🐠 中級ホテル

M$900〜2000くらい。エリアによって金額は異なるが、昔の建物を使ったコロニアルホテルでも、この値段で泊まれるケースが多い。

🐠 格安ホテル

安宿はM$300〜800くらい。なかには清潔とは言いがたいところもある。犯罪多発地帯にあることもあるので、あらかじめ確認が必要。

ユースホステルも近年になって増加している。4〜8人部屋のドミトリーが基本で、シャワーやトイレ、台所や冷蔵庫が共同。さらにインターネット設備や、テレビ、ゲームなどまで完備している。英語の

フレンドリーなホステルも楽しい

うまい若者がオーナーやマネジャーとして切り盛りしている場合が多い。YHカードやISICカードがあれば割引されるが、短期旅行の場合はカードを新しく作るほうが割高になってしまう場合もある。

ホテルの予約について

高級ホテルに泊まる場合には、ホテル検索サイトや旅行会社などをとおして予約をしていくほうがいい。旅行業者間のホテル料金＋コミッションのほうがホテルのカウンターで示される料金より通常安くなっている。超高級ホテルのなかには、予約が必須の場合もある。

中級ホテルや安宿は、オフシーズンなら予約なしでも通常泊まれることが多い。ただし予約していても満室になるとまれにキャンセル扱いされることもあるので、到着が遅くなる場合は事前に到着時間を告げるようにしよう。

また、クリスマス休暇やセマナサンタの期間は、メキシコ人のバケーションシーズンのため、予約を入れて部屋を確保したほうがいい。旅行のピークシーズンになって料金もはね上がる。

宿泊料金

シングルとダブルは、料金が同じか20%程度の差しかない場合が多い。カップルが基本単位のヨーロッパシステムになっているのだ。ひとりよりふたりで旅するほうが安くつく。なお本書に記載されたホテルの宿泊料金は基本的に室料。

高級ホテルはカード払いで

料金が米ドル表記してある高級ホテルもあるが、2010年の政府通達により状況が変わり、メキシコ国内全般で米ドル現金での支払いは基本不可となっている（→P.399）。高級ホテルはクレジットカードでの支払いが一般的。

クリスマス休暇とセマナサンタは要注意

クリスマス休暇（12月15日〜1月3日）とセマナサンタ（3月下旬〜4月中旬のイースター祭の1週間。年によって日にちは替わる）には、全国的に休日になり、観光地には人があふれホテルも満室になる。この期間の宿泊は早めに予約しておくのがベスト。

おすすめのコロニアルホテル

コロニアルタイプのホテルとは、コロニアル（植民地）時代のスペイン風の造りをしたホテルのこと。中庭Patioの周りを囲んで部屋がある。客室の窓は中庭にのみ向いていることが多い。内装も外装も古めかしくどっしりしている。ラテンアメリカの雰囲気を味わうには最高の宿。安宿から高級ホテルまでいろいろある。

カンクンなどには日本人スタッフが常駐する高級ホテルもある

高級ホテルに安く宿泊する方法

ホテルのフロントでの交渉も可能だが、高級リゾートで値引きに応じるケースは少ない（オフシーズンの夏季なら試してみる価値もある）。もっと簡単に、割引料金で宿泊する方法があるので紹介しよう。

✿ 海外ホテルの予約サイトを利用しよう

近年は最低価格保証付きのホテル予約サイトが、ホームページや電話での日本語サービスを始めている。まずは各社のサイトに入り、旅の目的や日程、希望のエリアなどで検索してみよう（電話での問い合わせもOK）。各社とも連泊割引や早期割引のほか、独自のポイント還元やプレゼントなどで競い合っているので、「おすすめ」や「クチコミ」も参考にして候補を絞り、料金を比較してみよう。ただし、表示料金は会社により、税込み料金で統一されていたり、同ページ内でも宿泊ホテルにより税込み・税別の表示が交ざっているサイトもあり、紛らわしいので要注意。

予約にはクレジットカードが必要な場合がほとんどだが、支払いは現地払いでもOKとなるサイトも一般的。

海外ホテルの予約サイト
● エクスペディア
URL www.expedia.co.jp
● Booking.com
TEL (03)6743-6650
URL www.booking.com
● Hotels.com
FD 0120-998-705
URL jp.hotels.com
● アップルワールド
TEL (03)3980-7160
URL appleworld.com
● JHC
FD 0120-505-489
URL www2.jhc.jp

民泊仲介サイトの利用
民泊サイトのエアビーアンドビー Airbnb（URLwww.airbnb.jp）はメキシコでも一般的になりつつある（2018年8月現在、メキシコ各地で約350軒の登録がある）。宿泊日や料金、部屋のタイプ、家族向けか出張対応かなど、条件をフィルターにかけて検索できる。割安な宿泊施設も見つかるが、宿泊日の直前に突然キャンセルされる可能性もあるので注意しよう。また個人宅が多いので、チェックイン時間はしっかり確認すること。

高級リゾートホテルにはプライベートビーチもある

INFORMACIÓN

個人旅行者のためのホテル探し術

ホテルを予約せずに、気の向くままに旅をしたい。次に向かう町はその日に決めて、現地でホテル探しをしたい。そんな気ままな個人旅行者のために、ホテルの探し方を紹介しよう。

●タクシー運転手に紹介してもらう
長距離をバスで移動して、その町のバスターミナルに着いたら、出口付近にタクシー乗り場がある。バスターミナルに出入りできるタクシーは、たいてい信用のあるタクシーに限られているので、安全面ではあまり問題ない。中心部あるいは海岸沿いといった地区、宿泊予算、ホテルの雰囲気や周囲の環境など自分の要望をタクシー運転手に相談すれば、それに見合ったホテルに連れていってくれる。そのホテルが本書に紹介されていれば、より信用度は高い。ただしメキシコ・シティやカンクンなどの観光地でも、運転手によっては英語が通じないことも多い。

●観光案内所で紹介してもらう
たいていの町には観光案内所がある。バスターミナルから市バスやタクシーで観光案内所に行き、窓口で聞いてみよう。ロケーションや予算などを伝えれば、いくつかのホテルを紹介してくれる。観光案内所によっては、その場でホテルに電話してくれたり、予約してくれることもある。観光案内所はたいてい英語が通

じるので、スペイン語が話せない旅行者でも安心だ。

●週末は早い時間帯に
中流以上のメキシコ人は、国内旅行をする人も多い。年末年始やセマナサンタといった連休、祭りの時期などはメキシコ人客で混雑する。平日はすいていても、週末はホテルが満室になることもある。金・土曜に移動する際はなるべく早い時間帯に到着するようにして、ホテルの空部屋があるうちにチェックインしてしまおう。

●チェックインの際に支払い
たいていのホテルは、チェックインの際に現金またはカードで、支払いを求められることが多い。連泊する場合はまとめて払えるが、その日ごとに払ってもいい。領収書やレシートをもらっておいたほうが、トラブルが少なくなる。

部屋を決める前に内部を見せてもらおう

ショッピングの基礎知識

メキシコの買い物スポット

●民芸品市場

メキシコみやげ購入の第一候補。並ぶ品物に地域性が強く、種類や品数も豊富。上手に交渉すれば値切ることもできる。

●ショップ

オリジナルやセレクト商品を、基本的に定価販売している。個人経営店はメキシコ・シティ中心部、オアハカ、カボ・サンルーカスなどで見つかる。

●スーパーマーケット

バラマキみやげの宝庫。大手チェーンなどが各地で展開している。

●ショッピングモール

大都市や観光地で増加中。テナントはブティックやファッション店が中心で、旅行者用のおみやげ店が入っていない場合もある。

●コンビニ

菓子やドリンク、簡単な日用品のほか、SIMのチャージやバスチケットが購入できる店もある。

メキシコの宝石

オパール、トパーズ、アメジストが、おみやげに人気。品質の見分けが難しいので、信用のある店を選ぶこと。また、縞メノウ（オニキス）は、プエブラ州が有名。

メキシコの漆器

ミチョアカン州、ゲレーロ州、チアパス州などが有名。

税金還付サービス

「TAX BACK」加盟ショップで1回での購入額がM$1200を超える場合には、税金還付サービスが受けられる。購入店でTAX BACK領収書をもらいメキシコシティ、カンクン、ロスカボスなど国際空港内の「TAX BACK」デスクへ（飛行機での出国時のみ還付手続きが可能）。受付には商品購入時のレシート、帰りの飛行機の搭乗券、入国カードの半券、パスポート、還付先の情報（銀行口座やクレジットカードなど）を提示する。詳細はウェブサイト（URL www.moneyback.mx）で確認を。

値引き交渉ワード

メキシコでは定価の付いていないものは、値引き交渉をするのが普通。そのため、¿Cuanto cuesta？（クアント・クエスタ＝いくら）、Más barato.（マス・バラト＝もっと安く）、Amigo（アミーゴ＝友達）といった交渉用語が威力を発揮する。ホテルには定価があるけれども、シーズンや宿泊期間によって、交渉しだいで値引きしてもらえることが多い。

種類豊かな工芸品や民芸品

メキシコでの買い物の楽しみは、何といっても、種類豊かな工芸品や民芸品の数々。織物、陶器、皮革製品、漆器、銀製品や宝石、木彫品と、どの分野をとってみても、メキシコ独自の雰囲気を醸し出す、おみやげにぴったりな品のオンパレードだ。また、テキーラをはじめとするメキシコ特産酒、つば広で装飾豊かな帽子ソンブレロも、みやげ物の定番アイテムとして人気が高い。

オアハカ州とチアパス州は、先住民が多く住む地域なので、織物や陶器などの宝庫でもある。織物は、エンジムシという虫を利用して、エンジ色に染めるテオティトラン・デル・バジェ（オアハカ近郊）の織物が特に有名。一般に織物は、厚手でしっかり織られたものが、よい品質。カラフルな原色の色づかいは、その鮮やかさで、メキシコの思い出をいつまでもとどめておいてくれるだろう。陶器も神秘的な黒い光沢を放つサンバルトロ・コヨテペック（オアハカ近郊）のものが有名。この地方では、先住民の伝統的な衣装も、露天市などで購入できる。

メキシコは世界一の銀産出国なので、銀製品もおみやげ物として最適。タスコが有名だが、品質を保証されたStarling、または925の刻印付きのものを選ぶとよい。

メキシコは民芸品の宝庫

これらの品物は、産地に出向かなくても、メキシコ・シティなどの観光客向けのみやげ物店や工芸品市場でも買える。ときには、メルカド（市場）や道ばたの露天商でも求めることができる。そして、メキシコでは、店に並ぶ商品の品質も種類も、実に多彩。生活必需品は、値札販売をしているスーパーなどで適正価格を知ることができるが、みやげ物については、何軒か交渉してみたり旅仲間に聞いたりして、値段の相場を知り、品質を見抜く自分の目を信じるほかない。

値引き交渉のテクニック

メキシコでは、買い物は、まずは値切りから始まる。これが、メキシコが買い物天国たるゆえんだ。品物を売買すること自体を楽しむ気持ちがあれば、賢い買い物の道は開ける。

ディスカウントの交渉の要は、テクニックよりも気迫と食い下がり。ただし、こちらの買う気を悟られないように、深追いしてはいけない。ほかの店でも買えるからと、店をあとにする素振りも、たまには必要。また、同じ商品をいくつかまとめ買いしたい場合には、単価で一応値切ってから、その後、必要個数を徐々に持ち出して、こちらの評価に近づける手もある。いずれにしろ、ニコニコ笑顔で値引き交渉を楽しめば、メキシコ人も喜んで、ディスカウントに応じてくれることが多い。ラテンのノリで買い物も楽しもう。

レストランの基礎知識

レストラン事情

❀ 食事スポットいろいろ

　食事ができるのは、本格的な料理が味わえる**レストラン**Restaurante、庶民向けの食堂**コメドール**Comedor、軽食がメインの**カフェテリア**Cafetería、居酒屋の**カンティーナ**Cantina、そしてタコス食堂（屋台）の**タケリア**Taqueríaなどさまざま。全国展開しているファミリーレストランや、日本でもおなじみのファストフード店も多い。

❀ テーブルマナー

　特別なマナーはないが、高級ホテル内などのごく一部には、Tシャツ・短パン・サンダル履き禁止など、ドレスコードのあるレストランもある。また、サービス料が自動的に取られるレストランでも、中級以上の店ではウエーター、ウエートレスへのチップ（食事代の10～15%ほど）を別に期待されている。よいサービスには心づけを。

メキシコ大衆料理の世界

❀ タコスはメキシコのソウルフード

　メキシコ料理の主食はトルティージャTortilla。水でふやかしたトウモロコシを練り込んだ生地マサMasaを薄く円形状に伸ばして焼いたものだ。このトルティージャに好みの材料を挟んで食べるのがタコスで、中に入れるものは千差万別。牛肉、豚肉、鶏肉、内臓類などがある。日本ではメキシコ料理というと、このタコスが代表的なものとされているが、元来タコスは軽食の部類であって、メキシコではサンドイッチの感覚で食べられているものである。したがって、一流のレストランに行くと、タコスはメニューに載っていない。しかし、旅行者にとっては気軽に食べられる食べ物として、非常になじみ深い料理となっている。

豚肉の蒸し焼きタコス

❀ メキシコ料理の調味料と香味野菜

　メキシコの町を歩くと、いたるところにタケリアと呼ばれるタコス食堂があって安価で食べられる。タケリアではテーブルにサルサ・メヒカーナSalsa Mexicanaが置かれている。生のトマト、タマネギ、ニンニク、緑トウガラシ、シラントロなどから作られる辛いソースで、各人の好みでタコスにかけて食べるのだが、これがタコスに非常によく合う。サルサ・メヒカーナに入っているシラントロ（パクチー）は、香りが強いので最初は抵抗があるが、慣れてくるとこれがないと物足りなくなる。白身魚のレモン漬け（セビッチェ・デ・ペスカードCebiche de Pescado）やエビのカクテルなどにも使われる。一般にメキシコ料理は辛いと思われがちだが、スープやサラダ類には辛くない料理もけっこうある。ただ何十種類ものトウガラシを個別にあるいは併用したバラエティに富んだ数多くのソースには、各々のトウガラシの持ち味が生かされているので、味わってみよう。

メキシコではローカルな屋台の味も体験したい

メキシコ式飲食方法

●カフェ Café
　日本人向きのおいしいコーヒーが楽しめるが、ところにより、お湯とネスカフェの瓶がドンと出てくる店もある。いやなら断ってもどうということはない。

●タコス食堂Taquería
　飲み物Bebidasは瓶で出るのが普通。口の部分が汚れているので、飲む前にはゴシゴシ、ナプキンなどで拭くこと。ストローも用意されている。

●服装の注意
　中級以上（つまりテーブルクロス付き）のレストランでは、ゴムぞうり、ワラッチェ（革サンダル）はよくない。メキシコ人はエレガントを好む民族だ。特に頭（ヘアスタイル）と足（靴）にはお金や気を使う。その国ではその国のマナーに従うほうがいい。

市場の大衆食堂

　メキシコ各地の市場にはたいてい大衆食堂（コメドール）が集まったコーナーがあり、名物メニューや家庭料理をリーズナブルな値段で提供している。おすすめはランチタイムの定食（コミーダ・コリーダ）。数種類の中からスープやメイン、飲み物が選べるようになっているので注文も簡単だ。どの店に入っていいかわからない時は、地元の人でにぎわっている店を選ぶと間違いないだろう。

料理に合わせてサルサをかけてみよう

2種類のサルサがかかったエンチ〓〓〓〓

エコノミー旅行者への アドバイス

メキシコ人の普段着料理、パン、チーズ、ハムは安くておいしい。予算を切り詰めて旅行する人には、とてもありがたい食品だ。

●パンPan

メキシコのパンは安いが、どういうわけかすぐ硬くなってしまう。焼き上がり時が、狙い目。パン屋へは、昼は13:00頃と夜19:00頃に行くといい。

●チーズQueso

メキシコはどこの町もチーズが豊富。その土地に行ったら、そこのオリジナルチーズを食べてみよう。量り売り（グラム単位）で買えるので、試食してから（これがまたいっぱいくれる）、「100g」とか「Un Cuarto」（250g）と注文する。

●ハムJamón＆ソーセージ Salchicha

チーズ同様、ぜひお試しあれ。ハムは、PalmaのJamón Aumadoをぜひ食べてみて。

❀ トルティージャを使った応用料理

トルティージャを使った応用料理としては、小さく切ってラードで揚げたものをトマトソースで煮込んだチラキーレスChilaquilesや、そのまま1枚をカラッと揚げて上に鶏肉や野菜をのせて食べるオープンサンド風のトスターダスTostadas、ふたつ折りにして鶏肉などを挟み、緑のトマトを伸ったソース（サルサ・ベルデ Salsa Verde）をかけ、白いチーズやタマネギをのせたエンチラーダス・ベルデスEnchiladas Verdesなどがあり、それぞれが独特の味わいをもっている。また、マサの使われ方はトルティージャだけでなく、舟形や円形にして縁を付け、フリホーレス（豆を煮つぶしたもの）、白いチーズ、サルサ・ベルデをのせて鉄板で焼いたチャルーパChalpaやソペSope、トウモロコシやバナナの葉で包んで蒸したタマレスTamales、甘い飲み物としてのアトーレAtoleなど、その多様さには驚かされる。

❀ 知られざるメキシコの大衆料理

食は路上にもあり

陽気なマリアッチが生演奏で聴けるメキシコ・シティのガリバルディ広場横には、屋台やレストランなど終日食事を供する店が多いが、ここのポソーレPozole（豚の頭でとったスープに肉や大粒のトウモロコシ、赤カブなどが入ったもの）やソパ・デ・メヌードSopa de Menudo（臓物のスープ）、セシーナCecina（トウガラシ味で漬け込んだ肉）はいくら食べても飽きがこない。

タコスと並んで親しまれている軽食にトルタTortaがある。これはコッペパンのような楕円で厚みのあるパンを、上下半分に切り分けて中の軟らかい部分を取り、硬いところだけ残してそこに具を挟んだものである。中に挟む具材としてはミラネサMilanesaと呼ばれる豚肉のカツ、卵、ハム、ソーセージ、フリホーレスやレフリートス（豆のペースト）、チョリソ、アボカドなどがあり、薬味としてハラペーニョJalapeño（酢漬けのトウガラシ）を切ったものが使われる。

INFORMACIÓN

メキシコの地酒いろいろ

メキシコでぜひ味わってみたいのが、マゲイ（和名：リュウゼツラン）から造る発酵酒「プルケ」(Pulque)。2000年以上もの歴史をもつこの酒は、メキシコではたいへんポピュラーな地酒として、どこの田舎町でも飲める。白色で酸味があり、ヌルッとした舌触りはにごり酒のようであり、地酒として絶妙な味わいである。

地酒といえば、オアハカ州などが特産の「メスカル」(Mezcal)もある。プルケを作るリュウゼツランよりも小さめのものから造られるこの酒は、マゲイ（リュウゼツラン）蒸留酒の総称であり、有名な「テキーラ(→P.425)」という名称は、テキーラ地方で生産される特定品のみを指す。より地酒としての雰囲気を出すためか、メスカルの瓶や壺のなかにグサーノ・デ・マゲイ（マゲイにつくイモ虫）が1匹入っていることもある。

ユカタンのシタベントゥンXtabentunも珍しい地酒のひとつ。これはハチミツと草のエキスから造られる甘いリキュール酒であるが、薬用酒としても用いられる。ユカタンはマヤの時代からハチミツの産地であった。クリスマスや新年のお祝いに飲むロン・ポペRon Pope、これは卵の黄身から作った甘いリキュールの一種。またこのほかに、日本でもよく知られているカルアというコーヒーリキュールがある。これは、ミルクで割ったカルア・ミルクがおいしい飲み方。ホテルやレストランのラウンジでは、テキーラはコンメモラティーボConmemorativoという銘柄、カクテルではアメリカ流にマルガリータやテキーラ・サンライズがよく飲まれているようである。

メキシコ人は酒飲みで陽気だといわれる。だが、メキシコで飲む酒は、その民族の歴史に基づくセンチメンタルな郷愁が感じられる。メキシコで飲む酒がとても味わい深いように思われるのは、人々の生活が日本人のようにせわしくないためなのかもしれない。

メキシコのアルコール紹介

メキシコは酒好きにもうれしい国だ

Salud！（サルー、乾杯!）。メキシコで酒を飲むときはまず、この言葉を覚えていただきたい。最初の乾杯はもちろんのこと、酒を飲んでいる間中、彼らは何度となく「サルー」、「サルー」と繰り返す。まるでこの言葉によって心地よい酔いに何度も巡り会えるかのように。メキシコ人は実に集うのが好きな国民である。独立記念日やクリスマスだけでなく、「先生の日」など、いくつも記念日を作って、そのたびにパーティを開く。そんな席でよく飲まれるのはセルベッサ、ラム酒、ブランデーだ。

❀ 何十種類もあるメキシコのビール

メキシコの酒といえばテキーラが有名だが、ビール（Cerveza）も何十種類もある。日本でもコロナCoronaはおなじみだが、首都メキシコ・シティで人気の高いのはネグラ・モデロNegra ModeloとインディオIndio（地域ごとに人気の銘柄はかなり異なる）。テカテTecateという缶ビールは、ふちに小さなライムを搾って塩を振るのがメキシコ式飲み方だ。飲むにしたがって、中のビールとうまく混ざり、清涼感このうえない。そのほかスペリオールSuperiorやパシフィコPacifico、ボエミアBohemia、黒ビールのノーチェ・ブエナNoche Buena（クリスマス時期のみの販売）などがおいしいとされている。ユカタン半島にはモンテホMontejoやレオン・ネグラLeón Negraなどの銘柄があり、各地方のものを一つひとつ試しながら旅しても楽しい。

❀ メキシコ人はラム酒とブランデーがお気に入り

ラムはサトウキビから造られる酒で、キューバやカリブ海沿岸が本場だが、メキシコではバカルディBacardiという銘柄がよく知られている。ストレートで飲むのもよいが、コーラで割ったキューバ・リブレCuba Libreが好まれている。ブランデーも、もともとはヨーロッパのものではあるが、なかなかの味のものがある。ドン・ペドロ、プレシデンテ、サンマルコスなどが代表的な銘柄。ブランデーもコーラで割ることが多い。

テキーラ

クエルボCuervoとサウサSauzaが2大ブランドとして有名。

路上での飲酒は禁止

メキシコでは路上での飲酒が禁じられている。例えば売店でビールを購入し、そのまま道を歩きながら飲むことは違法行為となる。警察に身柄を拘束される場合もあるので要注意。

居酒屋カンティーナで乾杯！

スペイン語で「大衆居酒屋」や「立ち飲み屋」などを意味するカンティーナCantina。1980年代までは男たちの社交場だったが、今では進化しておしゃれスポットや、家族で入れる雰囲気の店も増えている。入口にバーカウンター、奥にはテーブル席が並ぶライブスペースがあり、音楽ジャンルいろいろのステージが繰り広げられる店も多い。ワンドリンク（もしくは一定の金額以上）注文すると、ボターナと呼ばれるツマミが付いてくる店もある。

種類豊富なメキシコのセルベッサ（ビール）

COLUMNA

テキーラを楽しもう！

テキーラの原料となるマゲイ（アガベ）は、多肉植物でサボテンによく似ているが、植物学的にはユリ科に属する。甘い果汁を有し、これがテキーラの秘密だ。テキーラの原料として使えるのは、8年以上の青アガベのみ。糖分が多く良質のものは、100％青アガベの高級テキーラを製造でき、糖分が不足している場合には、サトウキビなどを混ぜる。ただし、テキーラとして製品出荷するためには、青アガベ51％以上であることが条件となっている。

各メーカーが、それぞれ品質の異なる複数のテキーラを製造販売している。良質なテキーラを味わってみたいなら、100％青アガベで製造されたTres generacionesやHornitosなどがおすすめ。値段は1本M$200〜500程度。

グアダラハラ近郊の町テキーラが本場

チップとマナー

演奏のサービスにもチップを!

チップ

　メキシコはチップ(スペイン語でプロピーナPropinaという)の習慣
がある国。中級以上の飲食店や観光サービスには、チップが求め
られる。チップを払わなかったり、少額だったりする場合は、相手
に不快感を与えてしまうので注意。

　中級～高級レストランでは、精算時にウエーター、ウエートレス
がレシートを持ってくるので、食事代の10～15%を目安にチップを
払おう(クレジットカード払いの場合、チップの料金を書く欄がある)。
また、中級以上のホテルや空港では、ポーターに荷物を運んでもらっ
たときはM$20程度のチップを渡そう。

マナー

　カトリック教徒が大半を占める国なので、キリスト教のマナーが根
づいている。教会や修道院は観光名所になっている所もあるが、
信仰の場所なので見学する際には脱帽するなど敬意を払うこと。
教会によっては内部の写真撮影が禁止されている所もある。また、
自然保護区を見学する場合には、ガイドの説明に従って環境保全
を心がけよう。草木を採取したり、動物に触ったり餌を与えたりする
ことは原則として禁止されている。

トイレの紙は流さない

　メキシコのトイレには、便器の
横にゴミ箱が置いてある。使用
後のトイレットペーパーは便器に
流さず、必ず備えつけのゴミ箱に
捨てること(水圧が低くてトイレ
の下水管が詰まりやすい)。一部
の高級ホテルではトイレットペー
パーを一緒に流せる場合もある。

喫煙事情

　メキシコでも喫煙できる場所
が限られてきている。レストラン
では分煙化が進んでおり、基本
的に屋外のテーブル席で喫煙が
可能。ホテルでも喫煙できる部
屋が限られているので、チェック
イン時に確認しておこう。

INFORMATION

メキシコでスマホ、ネットを使うには

　まずは、ホテルなどのネットサービス(有料または無料)、Wi-Fiスポット(インターネットアクセスポイント。無料)を活
用する方法がある。メキシコでは、主要ホテルや町なかにWi-Fiスポットがあるので、宿泊ホテルでの利用可否やどこに
Wi-Fiスポットがあるかなどの情報を事前にネットなど調べておくとよいだろう。ただしWi-Fiスポットでは、通信速度が
不安定だったり、繋がらない場合があったり、利用できる場所が限定されたりするというデメリットもある。ストレスなくス
マホやネットを使おうとするなら、以下のような方法も検討したい。

☆ 各携帯電話会社の「パケット定額」

　1日当たりの料金が定額となるもので、NTTドコモなど各社がサービスを提供している。

　いつも利用しているスマホを利用できる。また、海外旅行期間を通してではなく、任意の1日だけ決められたデータ通信
量を利用することのできるサービスもあるので、ほかの通信手段がない場合の緊急用としても利用できる。なお、「パケッ
ト定額」の対象外となる国や地域があり、そうした場所でのデータ通信は、費用が高額となる場合があるので、注意が必
要だ。

☆ 海外用モバイルWi-Fiルーターをレンタル

　メキシコで利用できる「Wi-Fiルーター」をレンタルする方法がある。定額料金で利用
できるもので、「グローバルWiFi(【URL】https://townwifi.com/)」など各社が提供して
いる。Wi-Fiルーターとは、現地でもスマホやタブレット、PCなどネットを利用するた
めの機器のことをいい、事前に予約しておいて、空港などで受け取る。利用料金が安く、
ルーター1台で複数の機器と接続できる(同行者とシェアできる)ほか、いつでもどこで
も、移動しながらでも快適にネットを利用できるとして、利用者が増えている。

ルーターは空港などで受け取る

　ほかにも、いろいろな方法があるので、詳しい情報は「地球の歩き方」ホームページで
確認してほしい。
【URL】http://www.arukikata.co.jp/net/

インターネット事情

日本からPCやスマートフォンを持ち込む

中～高級ホテルや町のレストランは、ほとんどWi-Fi対応となっている。PCやスマートフォンを持ち込めば、快適にネットが利用できる(スマホの場合には海外での課金システムを事前に確認しておこう)。高級ホテルでは有料の場合もあるが、「Wi-Fi」と表示されたレストランやカフェでの回線アクセスは基本的に無料。たいていパスワード(クラベClave)が設定されているので、店員に聞いてみよう。

電話事情

メキシコの電話事情

町なかでもホテルでも公衆電話の設置は減少している。国際ローミング対応のスマートフォンを持ち込むのが一般的だ。

現地でSIM購入

SIMロック・フリーのスマートフォンを持っていれば、SIMカード(メキシコではCHIPという)を現地で購入・設定して日本と同様に利用できる。現地空港にもある大手通信会社Telcelのショップは、スマートフォン開通の対応にも慣れている(到着のタイミングによっては品切れや閉店している場合もある)。旅行者に便利なプリペイドのパック料金は、通話可能かデータ通信のみか、有効期限やデータ通信量などで変わる。TelcelのSIMカードはM$170ほどで、通話可能(SMS無制限)のパック料金は、7日間有効の100MB (さらにFaceBook、Twitter、Messengerに500MB)でM$50ほど。

容量のチャージは携帯電話ショップやコンビニなどでもできる(TelcelのSIMの残高有効期限は2ヵ月)。期限を過ぎても受信は可能だが、金額が残っていても追加補充をするまで発信できなくなる。

日本からメキシコの携帯電話へのかけ方

メキシコの携帯電話番号が123-456-7890の場合、010-52-1-123-456-7890となる。
※メキシコ国内からかける場合に始めにつける携帯電話の識別番号044(市内)や045(市外)は省く。

公衆電話の料金

町なかの公衆電話の料金は、市内通話はM$3(時間無制限)、国内各地の固定電話へM$4(時間無制限)、携帯電話へは最初の1分M$4+毎分M$3。携帯電話の普及により、近年は公衆電話が激減している。

日本での国際電話の問い合わせ先

●KDDI　FD 0057(無料)
URL www.kddi.com
●NTTコミュニケーションズ
FD 0120 506506(無料)
URL www.ntt.com
●ソフトバンク(国際電話)
FD 0120-0088-82(無料)
URL tm.softbank.jp/consumer/0061_intphone
●au　FD 0077-7-111(無料)
URL www.au.com/mobile/service/global
●NTTドコモ
FD 0120-800-000(無料)
URL www.nttdocomo.co.jp/service/world
●ソフトバンク(モバイル)
FD 157(ソフトバンクの携帯から無料)
URL www.softbank.jp/mobile/service/global

郵便事情

郵便局は各町の中心部にある。手紙を出す場合には窓口へ持ち込もう(町なかのポストはあまり信用されていない)。メキシコから日本への郵便料金ははがきと20gまでの封書がともにM$15。到着まで1～2週間ほど。

電話のかけ方

▶携帯電話紛失時の連絡先→P.436

日本からメキシコへの国際電話のかけ方　例：(×××) 123-4567 にかける場合

国際電話会社の番号		国際電話識別番号	メキシコ国番号	市外局番	相手先の番号
001 (KDDI)※1		010	52	×××	123-4567
0033 (NTTコミュニケーションズ)※1					
0061 (ソフトバンク)※1					
005345 (au携帯)※2					
009130 (NTTドコモ携帯)※3					
0046 (ソフトバンク携帯)※4					

※1「マイライン」「マイラインプラス」の国際通話区分に登録している場合は不要。詳細は URLwww.myline.org
※2 au は 005345 をダイヤルしなくてもかけられる。
※3 NTT ドコモは 009130 をダイヤルしなくてもかけられる。
※4 ソフトバンク携帯は 0046 をダイヤルしなくてもかけられる。
※携帯電話の 3 キャリアは「0」を長押しして「+」を表示し、続けて国番号からダイヤルしてもかけられる

メキシコから日本への国際電話のかける場合
例：(03) 1234-5678 にかける場合

国際電話識別番号		日本の国番号	市外局番と携帯電話の最初の0を除いた番号	相手先の番号
00		81	3	1234-5678

※詳しい利用方法については、各社まで問い合わせを

オペレーター通話
● KDDI ジャパンダイレクト
国際クレジットカード通話
● KDDI スーパージャパンダイレクト
プリペイドカード通話
● KDDI スーパーワールドカード
●ソフトバンク KOKUSAI Card

旅のトラブルと安全対策

メキシコの安全事情

安全に旅行するために

アメリカ大陸ではメキシコはカナダ、コスタリカ、チリなどと並んで安全な国のひとつ。しかし、近年の経済悪化で失業者が増加し、ひったくりや置き引きなどの被害も増えてきている。この章では、メキシコでの被害パターンを紹介して、傾向と対策を解説していこう。

基本的には、夜間の外出やひと気のない所を歩くのは避ける、観光地などの雑踏では常に注意を怠らない、なるべく複数で行動する、などを守っていれば被害に遭うことはほとんどないはずだ。

旅行者が行く場所での注意

メキシコの一般の人よりも、ある程度のお金を持ち歩いている旅行者のほうがスリやひったくりに狙われやすい。つまり、旅行者が多いエリアでは、必然的に被害に遭うことが多くなる。

🌼 バスターミナル

バスターミナルで多額の現金を出し入れするのは、「お金あります」と言っているようなもの。必要なぶんプラスアルファだけあらかじめ用意しておこう。また、メキシコ・シティなどの市バスや地下鉄で押さえつけられて金品を盗られたり、スリに遭うことも多い。

バスターミナルでは置き引きに注意が必要

🌼 ホテル

ホテルの室内は、決して安全な場所ではない。貴重品は室内やフロントのセーフティボックスで保管しよう。特に高級ホテルに宿泊すると、部屋に貴重品を放置してしまう傾向があるので注意。常に部屋の荷物は整頓しておき、ホテルスタッフを犯罪に誘発しないように。

🌼 観光スポット

観光中は写真撮影などに気をとられていると、足元に置いたバッグなどを奪い取られる。デイパックなどは、人混みでは背負わずに体の前で抱え込むように持つこと。

たとえツアーの貸切バスであっても、カメラなどを車内に放置すると盗難に遭うので、手元から離さないように。また、レンタカーなどで移動する際には、外から見える場所に貴重品を置かないこと。

メキシコ・シティなどでは、観光客のデジカメを狙った強盗団も増えている。ブランドバッグや時計など高価な携行品を、ひとめにつくように持ち歩くことは避けよう。

🌼 銀行や両替所

町なかや空港などで両替をしている旅行者は、犯罪者から見たら現金を持っている絶好のターゲット。注意深くその場から立ち去ることが必要だ。メキシコ・シティの国際空港には、両替所もたくさんあるが、混雑しているところでは客のふりをしているスリもいる。

クレジットカードの請求通貨に注意

近年、海外でクレジットカードを使った際、カード決済のレシートが現地通貨ではなく、日本円というケースが増えている。日本円換算でのカード決済自体は違法ではないのだが、不利な為替レートが設定されていることもあるので注意しよう。

支払い時に「日本円払いにしますか?」と店から言われる場合もあれば、何も言われず日本円換算になっている場合もあるので、サインをする前に必ず換算通貨を確認しよう。

パスポートのチェック

メキシコでは、外国人はパスポートの携帯が義務づけられている。州境にもイミグレーションがありチェックされることがある。特に、ベリーズからアメリカへの北上ルートであるカリブ海とメキシコ湾に沿った地帯では厳しい。ときには軍や警察のチェックもある。

メキシコの警官

メキシコに限らず外国では警官は常に武装し、大きな権力をもっている。困ったときには頼りになる存在だが、なかには悪徳警官もいて、旅行者からお金を巻き上げることを考えている輩もいる。特にメキシコ・シティ空港でのセキュリティチェック時に、旅行者を別室に連れていき金品を要求してくる空港警察官もいるので要注意。自身に非がない場合には「日本大使館に電話したい」と要求し、大使館に連絡を入れよう。

シウダー・フアレスの治安が悪化

近年、アメリカの国境沿いにあるチワワ州の都市シウダー・フアレスの治安が悪化している。麻薬組織の抗争や治安部隊との衝突などが頻発。アメリカ国境に近いヌエボ・ラレード市やモンテレイ都市圏も同じ理由で、治安が急速に悪化している。訪問やバス乗り継ぎの際には、政府機関や旅行会社などから情報収集をして、十分に安全に留意しよう。

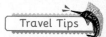

被害例からのケーススタディ

タクシー強盗

メキシコ・シティでは、タクシー利用時に強盗に遭うケースが増えてきている。犯行の手口は、盗んだタクシーに客を乗せ、共犯者の乗る別の自動車であとをつける。そしてひと気のない場所で車を停めると、共犯者がタクシーに乗り込んできて乗客を脅し、金品を巻き上げるパターン。ほとんどの被害者は1時間ほど連れ回されてから、解放されている。

対策▶ 流しのタクシーには乗らずシティオ（無線タクシー）を利用する、乗車前にタクシーのナンバープレートを控える、車内に張られた運転手証を確認するなど。

市場やメトロなどの人混みでは荷物に注意すること

バス強盗

長距離バス（特に夜行の2等バス）での移動中に、乗客を装った強盗が乗り込んできて金品を強奪される被害も多い。かつて日本人学生が強盗に刺殺された事件も起きているので、万一遭遇したときには絶対に抵抗しないこと。特に夜行バスは狙われやすいが、時間の都合でやむをえず夜行を利用する場合は、必ずノンストップの1等バスを利用しよう。

対策▶ なるべく夜行バスでの移動はしない、道中で乗客が乗り降りする2等バスは避け、直行の1等バスを利用する、飛行機を利用するなど。

路上強盗

町で声をかけてくる強盗もいる。ニコニコと愛想よく話しかけてくる人についていき、金を巻き上げられるパターン。「アミーゴ」などと言って近づいてきて、人通りの少ない場所へ連れ込み、仲間とともに取り囲んで、金品を奪う。

対策▶ 警戒ばかりだと友達もできないが、路上で出会ったばかりの人間に簡単についていってはいけない。また、旅行中はなるべく複数行動を心がけるようにしよう。

ひったくり

2〜3人がグループを組み、ひとりが旅行者の背中にケチャップや練り歯ミガキをつけ、残りの者が「汚れていますよ」とハンカチで拭く親切そうなそぶりで近づき、旅行者が担いでいたリュックやかばんを下ろしたすきにそれらをひったくって逃げる。通称ケチャップ強盗とも呼ばれる、中南米で一般的な手口だ。

対策▶「ケチャップがついているよ」などと声をかけられたら、すでに狙われているということ。無視して、安全な場所へ移動すること。

麻薬に関する事件

旅行中の開放感から、マリファナなどのソフトドラッグに手を出す人もいるが、メキシコでも見つかれば厳重に処罰される。

メキシコ・シティでは、日本人旅行者が麻薬犯罪に巻き込まれた事件も起きている。市場を散策中にメキシコ人を名乗るふたり組からマリファナを買わないかとつきまとわれ、購入して市場を出たところで私服刑事に身体検査をされ、麻薬所持の現行犯で逮捕された。麻薬の売人は、刑事に密告することでも稼ぎになる。

対策▶ 売人に声をかけられたら、はっきりと拒絶すること。曖昧な態度をとっていると、ずっとつきまとわれる。

スリの手口

その手口はふたつに分かれる。その1は、カミソリを使ってバッグの底を切り、知らないうちに中身を抜き取ってしまうもの。これを防ぐには、必ずバッグを前に抱えること。

その2は、「押さえつけスリ」。市バスの中などで2〜3人の男が寄ってきて、むりやり押さえつけられ、バッグやポケットの中身を抜き取っていくもの。スリというより強盗だ。この場合、仕返しが怖いためか、周りの人たちは見て見ぬふりをしている。

最もスリが多いのは、大都市の市バスや地下鉄の中だ。

対策▶ 混んでいるバスにはなるべく乗らないこと。お金はその日必要な額だけ持ち歩き、あとはパスポートとともに、ホテルのセーフティボックスに預けるか、しっかり腹巻きなどに入れる。バスの中では目つきが悪い人がいないか気をつける。「これは狙われている」と思ったら、バスを降りてしまったほうがいい。

この手のスリが特に多発しているのは、メキシコ・シティのレフォルマ通りを走るバスで、国立人類学博物館へ行くために、旅行者もよく利用している。観光客を専門に狙うスリのグループがこのルートに目をつけているので、多いときは月に数件も日本人の被害届けが出ている。この博物館行き（Auditorio行き）のバス利用は避け、ペセロ（ミニバス）やタクシーを利用しよう。

旅の技術

旅のトラブルと安全対策

病気の予防方法

遺跡巡りに帽子は必携

楽しく旅行するためには健康が第一。出発前から健康に留意し、体調の「すぐれない」人は事前に健康診断を受けておくこと。メキシコは地方によって気候がガラリと変わってしまう国なので、あちこち回る予定の人は風邪をひいたり日射病にならないように気をつけよう。高血圧の人は高地では注意が必要。危険度は大幅に増大する。酒、たばこは特にいけない。

パレンケ周辺などジャングル地帯では、マラリア感染の恐れがある。死亡率はあまり高くはないが、一度かかるとやっかいな病気だ。デング熱の発生患者も増えてきている。どちらも蚊を媒介とする伝染病なので、刺されないように虫よけスプレーや白い長袖のシャツやGパンで予防しよう。ジャングルに長く滞在する人は、抗マラリア剤を飲んでおいたほうがいい。そして、エイズに対する注意は世界共通。一時期ほど話題にならなくはなっているが、感染すれば死にいたる場合もあるので、旅行中も慎重に行動すること。

食事と飲料水

水道の水は飲めないところが圧倒的に多い。カンクンなどは例外的に飲めることになっているが、体に合うかどうかは人による。ミネラルウオーターを買うのが一般的。飲料水でないものから作られている氷を飲み物に入れている場合もある。氷は外に出すほうが無難。また、鶏肉や豚肉もきちんと火がとおっていない料理だと、食あたりする場合もあるので注意しよう。

メキシコの病院

休調不良やけがの際は無理をしないで病院へ行こう。病院には格差があるので、なるべく大きい設備の整ったところを選ぶと安心だ。英語や日本語を話す医者がいる病院でも、予約や問い合わせの電話の担当者はスペイン語のみということもあるので、ホテルのスタッフなどに助けてもらおう。予約不要な病院もあるが、行って受付時間外だと無駄足を踏むことになる。事前に問い合わせは必須だ。病院では受付で症状を聞かれるので、スペイン語でも簡単に説明できるように単語を準備しておくとスムーズ(→P.435)。また、薬や食品にアレルギーのある人は忘れずにその旨を伝えよう。いざというときに備えて海外旅行保険への加入を忘れずに。

病院での処方せん

病院での診断・治療が済むと、日本と同様に医師が書いた処方せんを町の薬局に持って行く。服用回数などは処方せんに書かれているので、メモや写真を撮っておくこと(薬局では処方せんを返してくれない)。強い薬を処方されることが多く食中毒などには効果的だが、抗生剤は免疫力も低下してしまうので注意。

高度

首都のメキシコ・シティは高度2240mで、酸素は平地の3分の2ほど。健康な人でも体調が悪くなることがあるので、無理は禁物。空港や高級ホテルには酸素ボンベも用意されている。

メキシコの薬事情

メキシコで売られている薬は全般的に強いので、日本から常備薬を持っていこう。ただし、税関で麻薬と間違えられることもあるので、粉末薬はなるべく避けること。また、医師の処方せんなしに多量の薬を持ち歩くことはメキシコの法律によって禁止されている。逮捕されているアメリカ人が多くいるので注意しよう。

体調管理

旅行中は疲労で、胃腸も弱りがちになるので食べ物には気を使うこと。体調を崩さないためには、のんびりと旅をすることと、不衛生にならないようにすること。屋台の食べ物などは、体調が悪いと下痢をしてしまうこともある。

大気汚染

メキシコ・シティの大気汚染は深刻な問題だ。気管支を痛めることもあるので、子供などは日中長時間の外出は避けたほうがいい。

日本語での医療サービス

メキシコ・シティには日本語を解する医者も多い。日本国大使館などで紹介してもらうこともできる。
▶イエローページ→P.105

デング熱に注意

メキシコ南部や海岸地域では、雨季にデング熱が流行することがある。デング熱はデングウイルスをもつ蚊に刺されることで感染する(人から人への直接感染はない)。大雨やハリケーンによる冠水があった場所では集中的に流行することがあるので、長袖・長ズボンを着用したり、虫よけスプレーを使用して蚊に刺されないよう注意すること。

ジカ熱の状況

中南米地域では、蚊が媒介するジカ熱の発症例が多くなっている。メキシコにも多くの国で感染者が発生している。症状や予防法はデング熱とほぼ同じだが、特に妊娠中の女性は注意する必要がある。今後、拡大する恐れがあるので、外務省の海外安全ホームページなどを参照すること。

緊急時の対応方法

荷物の紛失

町で荷物を盗まれたり置き忘れたりしたら、出てくることはないと思ったほうがいい。海外旅行保険に入っていれば、あとで補償額を支払ってもらえるので、警察で盗難届出証明書を作ってもらうことが必要。

メキシコの警察は意外に厳密で、盗難に遭った場所や紛失した場所で現場検証をすることが多い。日本の保険会社にもすぐ連絡を入れること。旅行期間が長期ならば、現地で補償額を受け取れるよう手続きすることもできる。また、近年はメキシコでもiPhoneが大人気なので、これらスマートフォンを狙ったスリに留意しよう（ロック機能をオンにしておくこと）。

空港内でも荷物に注意しよう

パスポート紛失時の新規発給

パスポートをなくしたら、まず現地の警察署へ行き、紛失・盗難届出証明書を発行してもらう。次にメキシコ・シティの日本国大使館・領事部でパスポートの失効手続きを行い、新規パスポートの発給か、帰国のための渡航書の発給を申請する（「帰国のための渡航書」を使ってアメリカ経由で帰国する場合、アメリカのビザが必要）。

新規パスポートの発給には、紛失・盗難届出証明書のほかに、戸籍謄本（または抄本）、顔写真、手数料も必要となる（→欄外）。手続きをスムーズに進めるために、パスポートの顔写真があるページと、航空券や旅行日程表のコピーを取り、旅行中は原本とは別の場所に保管しておくといいだろう。

クレジットカードの紛失

紛失したら早急に日本のサービスセンターに連絡し、カードを差し止めてもらうことが第一。ほとんどのカードには盗難保険が付いているが、連絡が遅れると補償が受けられない場合がある。

アメックスの場合メキシコ・シティやカンクンなどのオフィスで、連絡後約1日で再発行のカードを受け取ることが可能。VISAの場合は再発行は1週間程度で、メキシコで滞在しているホテルに郵送してもらうことができる。帰国までのお金が残っていれば、日本に帰ってきてから手続きをすればいい。

航空券の紛失

eチケットの普及により、旅行中に航空券を紛失するリスクはほぼなくなった。eチケットを利用した場合、「eチケット控え」を旅行中に携行して、チェックイン時に提示する。この控えを紛失した場合は、身分証明となるもの（パスポートや購入時に提示したクレジットカードなど）を提示すれば簡単に再発行してもらえる（メール等のデータを残してあれば自分で再出力してもOK）。

機内預け荷物の紛失

空港に着いても自分の荷物が出てこない場合には、紛失荷物カウンター Lost&Foundで問い合わせる。中身の盗難や破損に関してもここでクレームをつけて、補償手続きを行う。

メキシコ・シティ
日本国大使館・領事部
住所 Paseo de la Reforma No.243, Torre Mapfre, Piso 9, Cuauhtemoc
TEL (55)5211-0028
営業 月〜金 9:15〜13:15、
　　　　　　15:00〜18:15

在レオン日本国総領事館
住所 Blvd. Adolfo Lopez Mateos No. 1717, Piso 9, Col. Los Gavilanes, León
TEL (477)343-4800
営業 月〜金 9:15〜13:15、
　　　　　　15:00〜18:15

グアナファト州、アグアスカリエンテス州、ハリスコ州、ケレタロ州、サンルイス・ポトシ州、サカテカス州が管轄となる（その他の州はメキシコ・シティの大使館が管轄）。

パスポート新規発給に必要な書類と費用
・現地警察署の発行した紛失・盗難届出証明書
・写真（縦45mm×横35mm）2枚（※注）
・戸籍謄本または抄本　1通
・旅行の日程などが確認できる書類（航空券や旅行会社が作製した日程表）
・手数料
10年用旅券→M$2730
5年用旅券→M$1880
帰国のための渡航書→M$430
いずれも現地通貨の現金払い。
※注……IC旅券作成機が設置されていない在外公館での申請では、写真が3枚必要。

「パスポート申請手続きに必要な書類」の詳細や「IC旅券作成機が設置されていない在外公館」は日本外務省ウェブサイトで確認を。
URL www.mofa.go.jp/mofaj/toko/passport/pass_5.html

✉ **カードのトラブル**
メキシコ旅行中に、クレジットカードで購入した覚えのない履歴があることに気づき、スカイプで国際電話をしてカード使用を止めてもらいました。帰国後カード会社に連絡をすると「偽造されていますね」と言われました。限度額一杯まで使われましたが、不審な請求は全部取り消されました。
（長野県　遠藤洋一郎 '17)['18]

旅の技術

旅のトラブルと安全対策

旅の会話

スペイン語発音の基本

スペイン語でうれしいのは、発音がほぼ日本語と同じであること。アルファベットをローマ字読みしていけば、たいてい通じてしまう。アルファベットの組み合わせ方、読み方に多少の例外はあるが、それも振り仮名どおりに読めばOK。また、アクセントがついていない単語は、終わりから2番目の母音にアクセントをつけると、かなり流暢に聞こえる。

発音の例外

▶G(ヘ) ——濁音にならないものもある。
　ge (ヘ)、gi (ヒ) 例：genteヘンテ(＝人々)
　※ga (ガ)、gui (ギ)、gu (グ)、gue (ゲ)、go (ゴ)は濁音になる。

▶H(アチェ) ——Hは発音しない。
　例：habitaciónアビタシオン(＝部屋)

▶J(ホタ) ——Jはハヒフヘホ。
　ja (ハ)、ji (ヒ)、ju (フ)、je (ヘ)、jo (ホ)
　例：tarjetaタルヘタ(＝カード)

▶LL(ジェもしくはリェ)
　lla (リャ)、lli (リィ)、llu (リュ)、lle (リェ)、llo (リョ)
　※中米、特にメキシコでは、ジャ、ジィ、ジュ、ジェ、ジョになる。
　例：llaveジャベ(＝鍵)

▶Ñ (エニェ)
　ña (ニャ)、ñi (ニィ)、ñu (ニュ)、ñe (ニェ)、ño (ニョ)
　例：señoritaセニョリータ(＝若い女性)

▶Q(クー)とC(セ)
　ca (カ)、ci (シ)、cu (ク)、ce (セ)、co (コ) ／ qui (キ)、que (ケ)
　例：quéケー(＝何?)

▶L(エレ)とR(エレ)とRR(エーレ)
　——いずれもラリルレロなのだが、rは軽い巻き舌、rrは強い巻き舌になる。lは日本語と変わらない。

▶X(ス) ——一般的にスと読むが、そのほかの例外もある。
　例：extranjeroエストランヘロ(＝外国人)、Méxicoメヒコ(＝メキシコ)

▶Y(イグリェガ)
　ya(イャ)、yi(イ)、yu(イュ)、ye(イェ)、yo(イョ)。地方によってはジャ、ジ、ジュ、ジェ、ジョと発音する。
　例：yoイョ(＝私)

▶Z(セタ) ——英語のようには濁らない。
　za (サ)、zi (シ)、zu (ス)、ze (セ)、zo (ソ)
　例：zócaloソカロ(＝中央広場)

あいさつと決まり文句

あいさつ
▶Buenos días (おはようございます)
　ブエノス ディアス
▶Buenas tardes (こんにちは)
　ブエナス タルデス
▶Buenas noches (こんばんは、おやすみ)
　ブエナス ノーチェス
▶¡Hola! (やあ)
　オラ
▶Gracias (ありがとう)
　グラシアス
▶De nada (どういたしまして)
　デ ナーダ
▶¿Cómo está? (元気ですか?)
　コ モ エスタ
▶Muy bien (元気です)
　ムイ ビエン
▶Adiós (さようなら)
　アディオス
▶Hasta mañana (また明日)
　アスタ マニャーナ

決まり文句
▶¿Mande? (何ですか?：メキシコのみ)
　マンデー
▶Por favor (お願いします)
　ポル ファボール
▶Sí (はい)
　シ
▶No (いいえ)
　ノ
▶Está bien (OK)
　エスタ ビエン
▶Soy japonés ⟨sa⟩ (私は日本人⟨女性⟩です)
　ソイ ハポネス サ
▶No entiendo bien español (スペイン語はよくわかりません)
　ノ エンティエンド ビエン エスパニョール
▶Más despacio, por favor (もっとゆっくりお願いします)
　マス デスパシオ ポル ファボール
▶¿Que hora es? (何時ですか?)
　ケ オラ エス
▶Son las 6 y media (6時半です)
　ソン ラス セイスイ メディア
▶Me gusta esto (私はこれが好きです)
　メ グスタ エスト
▶Muy bien (とてもよいです)
　ムイ ビエン
▶¿Qué es esto? (これは何ですか?)
　ケ エス エスト

🌸 市内観光にて

▶Perdón (すみません)
ペルドン

▶¿Dónde está～? (～はどこですか?)
ドンデ エスタ

▶¿A～? (～へ行くのは?)
ア

▶Va 3 cuadras derecho,
バ トレス クアドラス デレーチョ
y dá vuelta a la izquierda
イダー ブエルタ ア ライスキエルダ
(3ブロック真っすぐ行って左へ曲がりなさい)

▶¿Dónde estoy ? (私はどこにいるのでしょうか?)
ドンデ エストイ

▶¿Dónde puedo tomar el camión a～?
ドンデ プエド トマール エル カミオン ア
(～行きのバスにはどこで乗れますか?)

▶¿Está lejos ? (それは遠いのですか?)
エスタ レホス

▶¿Está cerca ? (近くですか?)
エスタ セルカ

▶¿Puedo ir caminando ? (徒歩で行けますか?)
プエド イル カミナンド

cuadra:ブロック
クアドラ

esquina:角
エスキーナ

calle:道
カジェ

derecho:真っすぐ
デレーチョ

a la izquierda:左へ
ア ラ イスキエルダ

a la derecha:右へ
ア ラ デレーチャ

avenida:大通り
アベニーダ

🌸 電話口にて

▶¿A dónde quiere hablar ?
ア ドンデ キエレ アブラール
(どちらへ電話なさいますか?)

▶A Tokio, Japón, Por cobrar, por favor
ア トキオ ハポン ポル コブラール ポル ファボール
(日本の東京へコレクトコールでお願いします)

▶¿A qué número ? (何番ですか?)
ア ケ ヌメロ

▶Axx-xxxx (xx～へ)
ア

▶Un momento (ちょっとお待ちください)
ウン モメント

bueno:もしもし(メキシコのみ)
ブエノ

teléfono:電話
テレフォノ

LADA internacional:国際電話
ラーダ インテルナショナル

🌸 銀行にて

▶¿A cómo está el cambio de hoy ?
ア コモ エスタ エル カンビオ デ オイ
(今日のレートはいくらですか?)

▶¿Cuánto es la comisión ?
クアント エスラ コミシオン
(手数料はいくらですか?)

banco:銀行
バンコ

cambio:両替
カンビオ

efectivo:現金
エフェクティーボ

cambiar:換える(動詞)
カンビアール

moneda:貨幣
モネーダ

billete:紙幣
ビジェテ

dinero:お金
ディネーロ

tarjeta:カード
タルヘータ

compra:買取レート
コンプラ

venta:販売レート
ベンタ

🌸 入国審査にて

▶Su pasaporte, por favor
ス パサポルテ ポル ファボール
(パスポートをお願いします)

▶Sí, aquí está (はい、ここにあります)
シ アキ エスタ

▶¿Cuántos días va a ester en México?
クアントス ディアス バ ア エスタール エン メヒコ
(何日間メキシコに滞在しますか?)

▶Un mes (1ヵ月です)
ウン メス

▶¿A dónde va ? (どこへ行くのですか?)
ア ドンデ バ

▶Voy a Guadalajara (グアダラハラへ行きます)
ボイ ア グアダラハラ

▶¿Tiene algo para declarar ?
ティエネ アルゴ パラ デクララール
(何か申告するものはありますか?)

▶No, todos son mis cosas personales
ノ トドス ソン ミス コサス ペルソナーレス
(いいえ、すべて私の身の回り品です)

▶Es todo, Gracias (これで全部です。ありがとう)
エス トド グラシアス

▶Gracias, Adiós (ありがとう。さようなら)
グラシアス アディオス

imigración:出入国管理
イミグラシオン

pasaporte:パスポート
パサポルテ

tarjeta de turista:ツーリストカード
タルヘタ デ トゥリスタ

aduana:税関
アドゥアナ

equipaje:荷物
エキパーヘ

maleta:スーツケース
マレタ

carrito:カート
カリト

equipaje de mano:機内持ち込み
エキパーヘ デ マノ

aeropuerto:空港
アエロプエルト

confirmación:(予約の)確認
コンフィルマシオン

avión:飛行機
アビオン

diferencia de horas:時差
ディフェレンシア デ オラス

ida:往路
イーダ

vuelta:復路
ブエルタ

turismo:観光
トゥリスモ

transbordar:乗り換える
トランスボルダール

tarifa:料金
タリファ

abordo:搭乗・乗船
アボルド

embajada:大使館
エンバハーダ

consulado:領事館
コンスラード

433

場面別会話例

🎙 バスターミナルにて

▶¿A qué hora sale a~?
<ruby>ア<rt>ア</rt></ruby> <ruby>ケ<rt>ケ</rt></ruby> <ruby>オラ<rt>オラ</rt></ruby> <ruby>サレア<rt>サレア</rt></ruby>
（～行きは何時に出ますか？）

▶¿A qué hora llega a~?
ア ケ オラ ジェーガ ア
（～に何時に着きますか？）

▶¿Cuanto tiempo se tarda hasta~?
（～まで何時間かかりますか？）

▶¿Está numerado？
エスタ ヌメラード
（座席指定ですか？）

▶¿A~？
ア
（～行きですか？）

▶A~, uno〈dos〉por favor
ア ウノ〈ドス〉ポル ファボール
（～まで1枚〈2枚〉お願いします）

autobús：バス
アウトブス

camión：バス（メキシコ＆中米でのみ使う言葉）
カミオン

terminal de autobús：バスターミナル
テルミナル デ アウトブス

central camionera：バスターミナル
セントラル カミオネラ

primera clase：1等
プリメラ クラセ

segunda clase：2等
セグンダ クラセ

andén：プラットホーム
アンデン

boleto：チケット
ボレト

directo：直通
ディレクト

expreso：急行
エスプレソ

lujo：デラックス（バス）
ルッホ

salida：出発（出口）
サリーダ

llegada：到着
ジェガーダ

entrada：入口
エントラーダ

salida：出口
サリーダ

🎙 ホテルにて

▶¿Hay algún hotel económico pero decente？
アイ アルグン オテル エコノミコ ペロ デセンテ
（エコノミーでもちゃんとしたホテルはありませんか？）

▶¿Tiene cuarto para uno〈dos〉？
ティエネ クアルト パラ ウノ〈ドス〉
（シングル〈ダブル〉ルームの空き室はありますか？）

▶¿Puedo ver el cuarto？
プエド ベール エル クアルト
（部屋を見せてください）

recepción：フロント
レセプシオン

llave：カギ
ジャベ

baño：バスルーム、トイレ
バニョ

aire acondicionado：エアコン
アイレ アコンディシオナード

toalla：タオル
トアージャ

jabón：石鹸
ハボン

hora de salida：チェックアウトタイム
オラ デ サリーダ

reservación：予約
レセルバシオン

🎙 レストランにて

▶El menú, por favor
エル メヌー ポル ファボール
（メニューをお願いします）

▶Un café, por favor
ウン カフェ ポル ファボール
（コーヒーをひとつお願いします）

▶La cuenta, por favor
ラ クエンタ ポル ファボール
（お勘定をお願いします）

cuchara：スプーン
クチャーラ

tenedor：フォーク
テネドール

cuchillo：ナイフ
クチージョ

servilleta：紙ナプキン
セルビジェータ

agua potable：飲料水
アグア ポタブレ

vaso：コップ
バソ

restaurante：レストラン
レスタウランテ

cafetería：カフェテリア
カフェテリーア

bar：バー
バール

comida：食事（昼）
コミーダ

desayuno：朝食
デサジュノ

cena：夕食
セナ

para llevar：テイクアウト
パラ ジェバール

🎙 ショッピングにて

▶¿Tiene~？
ティエネ
（～はありますか？）

▶¿Puedo ver esto？
プエド ベール エスト
（これを見せてください）

▶Esto, por favor
エスト ポル ファボール
（これをください）

▶¿Cuanto cuesta？
クアント クエスタ
（いくらですか？）

▶Es muy caro！
エス ムイ カーロ
（これは高過ぎる）

▶Más barato, por favor
マス バラート ポル ファボール
（もっと安くしてください）

▶Más grande
マス グランデ
（もっと大きいのを）

▶Más pequeño
マス ペケーニョ
（もっと小さいのを）

mercado：市場
メルカド

cambio：おつり
カンビオ

descuento：ディスカウント
デスクエント

otro：ほかの
オトロ

impuesto：税金
インプエスト

IVA：付加価値税
イバ

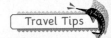

緊急時の医療会話

旅の技術

旅の会話

ホテルで薬をもらう

具合がよくありません。
ノ メ エンクエントロ ビエン
No me encuentro bien.

下痢止めの薬はありますか？
ティエネ アンティディアレイコス
¿Tiene antidiarréicos?

病院へ行く

近くに病院はありますか？
アイ アルグン オスピタル セルカ
¿Hay algún hospital cerca?

日本人のお医者さんはいますか？
アイ アルグン メディコ ハポネス
¿Hay algún médico japonés?

病院へ連れていってください。
メ プエデ ジェバール アル オスピタル
¿Me puede llevar al hospital?

病院での会話

診察の予約をしたい。
キエロ ペディール シタ
Quiero pedir cita.

メリア・ホテルからの紹介で来ました。
メ エンビアンデル オテル メリア
Me envían del hotel Meliá.

私の名前が呼ばれたら教えてください。
アビセメ クアンド メ ジャーメン ポル ファボール
Avíseme cuando me llamen, por favor.

診察室にて

入院する必要がありますか？
ティエネン ケ イングレサールメ
¿Tienen que ingresarme?

次はいつ来ればいいですか？
クアンド テンゴ ケ ベニール ラ プロキシマ ベス
¿Cuándo tengo que venir la próxima vez?

通院する必要がありますか？
テンゴ ケ ベニール レグラルメンテ
¿Tengo que venir regularmente?

ここにはあと2週間滞在する予定です。
ボイ ア エスタール アキー ドス セマーナス マス
Voy a estar aquí dos semanas más.

診察を終えて

診察代はいくらですか？
クアント エス ラ コンスルタ
¿Cuánto es la consulta?

保険が使えますか？
プエド ウサール ミ セグーロ
¿Puedo usar mi seguro?

クレジットカードでの支払いができますか！
アセプタン タルヘタ デ クレディト
¿Aceptan tarjeta de crédito?

保険の書類にサインをしてください。
フィルメメ エン ラ オ ハデル セグーロ ポル
Fírmeme en la hoja del seguro, por
ファボール
favor.

※該当する症状があれば、チェックをしてお医者さんに見せよう

□ 吐き気	nauseas	□ 軟便	deposiciones blandas	□ 耳鳴り	zumbido de oído
□ 悪寒	escalofrío	□ 1日に○回 ○	veces al día	□ 難聴	dificultad para oír
□ 食欲不振	inapetencia	□ ときどき	a veces	□ 耳だれ	otorrea
□ めまい	vértigo	□ 頻繁に	con frecuencia	□ 目やに	legañas
□ 動悸	palpitaciones	□ 絶え間なく	continuamente	□ 目の充血	ojos irritados
□ 熱	fiebre	□ 風邪	gripe	□ 見えにくい	visión borrosa
□ 脇の下で測った	por debajo de la axila	□ 鼻詰まり	nariz congestionada	□ ぜんそく	asma
□ 口中で測った	por vía oral	□ 鼻水	moco líquido	□ じんましん	urticaria
□ 下痢	diarrea	□ くしゃみ	estornudo	□ アレルギー	alergia
□ 便秘	estreñimiento	□ 咳	tos	□ 湿疹	eccema
□ 水様便	deposiciones líquidas	□ 痰	flemas	□ 痔	hemorroides
		□ 血痰	flemas con sangre	□ 生理日	día de la regla

※下記の単語を指してお医者さんに必要なことを伝えましょう

▶どんな状態のものを

生の | crudo
野生の | animal de caza
油っこい | aceitoso
冷たい | frío
腐った | podrido
よく火がとおっていない | poco hecho
調理後時間がたった | comida pasada

▶けがをした

刺された・噛まれた | picado/mordido
切った | cortado

転んだ | caído
打った | golpeado
ひねった | torcido
落ちた | caído
やけどした | quemado

▶痛み

ヒリヒリする | me escuece
刺すように | punzante
鋭く | agudo
ひどく | intenso

▶原因

蚊 | mosquito
ハチ | avispa

アブ | tábano
毒虫 | insecto venenoso
ネズミ | rata
猫 | gato
野良犬 | perro callejero

▶何をしているときに

道を歩いていた | caminando por la calle
車を運転していた | conduciendo el coche
レストランで食べていた | comiendo en el restaurante
ホテルで寝ていた | durmiendo en el hotel

旅のイエローページ

大使館＆電話案内

●日本国大使館Embajada del Japón
住所 Paseo de la Reforma No.243, Torre Mapfre,
Piso 9, Cuauhtemoc
TEL (55)5211-0028
URL www.mx.emb-japan.go.jp
●国際長距離電話オペレーター
FD 090
●国内長距離電話オペレーター
FD 020
●国内電話の番号案内
TEL 040

クレジットカード紛失時の連絡先

●アメリカン・エクスプレス
TEL +1-804-673-1670（アメリカ、コレクトコール可）
●ダイナースクラブ
TEL +81-3-6770-2769（日本、コレクトコール可）
●JCB

TEL +81-422-40-8122（日本、コレクトコール可）
●マスターカード
TEL +1-636-722-7111（アメリカ、コレクトコール可）
●ビザ
TEL +1-303-967-1090（アメリカ、コレクトコール可）
※アメリカへの電話でも「ジャパニーズ・プリーズ」と
　言えば、日本語スタッフと話せる。
※コレクトコールは国際電話オペレーター（FD 090）に
　電話して「コレクトコール・トウ・ジャパン/アメリカ・
　プリーズ」と言ったあと、番号を告げる。

携帯電話紛失時の連絡先

　携帯電話を紛失した際の、メキシコからの連絡先は
以下のとおり（利用停止手続き。全社24時間対応）。
●au　TEL 00+81+3+6670-6944 ※1
●NTTドコモ　TEL 00+81+3+6832-6600 ※2
●ソフトバンク　TEL 00+81+92-687-0025 ※3
※1 auの携帯から無料、一般電話からは有料。
※2 NTTドコモの携帯から無料、一般電話からは有料。
※3 ソフトバンクの携帯から無料、一般電話からは有料。

スペイン語の基本単語

■書類記入

ノンブレ
nombre：名前
アペジード
apellido：姓
セクソ
sexo：性別
マスクリノ
masculino：男
フェメニーノ
femenino：女
エダー
edad：年齢
エスタド シビル
estado civil：独身・既婚の別
ソルテーロ
soltero：独身
カサード
casado：既婚
ドミシリオ　ディレクシオン
domicilio, dirección：住所
デスティーノ
destino：目的地
フェチャ デ ナシミエント
fecha de nacimiento：生年月日
ルガール デ ナシミエント
lugar de nacimiento：出生地
ナシオナリダー
nacionalidad：国籍
オクパシオン　プロフェシオン
ocupación, profesión：職業
エストゥディアンテ
estudiante：学生
オブヘート デ ビアヘ
objeto de viaje：旅行目的
ネゴシオ
negocio：商用
ビザ
visa：ビザ

■日時＆曜日

オイ
hoy：今日
マニャーナ
mañana：明日
パサド マニャーナ
pasado mañana：あさって

アジェール
ayer：昨日
マニャーナ
mañana：朝
タルデ
tarde：午後
ノーチェ
noche：夜
プロント
pronto：すぐに
アオラ
ahora：今
デスプエス
después：あとで
ディーア
día：日、日中
メス
mes：月
セマナ
semana：週
アーニョ
año：年
ルネス
lunes：月曜日
マルテス
martes：火曜日
ミエルコレス
miércoles：水曜日
フエベス
jueves：木曜日
ビエルネス
viernes：金曜日
サバド
sábado：土曜日
ドミンゴ
domingo：日曜日

■数字

ウノ
1：uno
ドス
2：dos
トレス
3：tres
クアトロ
4：cuatro
シンコ
5：cinco

セイス
6：seis
シエテ
7：siete
オチョ
8：ocho
ヌエベ
9：nueve
ディエス
10：diez
オンセ
11：once
ドセ
12：doce
トレセ
13：trece
カトルセ
14：catorce
キンセ
15：quince
ベインテ
20：veinte
トレインタ
30：treinta
クアレンタ
40：cuarenta
シンクエンタ
50：cincuenta
セセンタ
60：sesenta
セテンタ
70：setenta
オチェンタ
80：ochenta
ノベンタ
90：noventa
シエン
100：cien
キニエントス
500：quinientos
ミル
1000：mil
シンコ ミル
5000：cinco mil
ディエス ミル
1万：diez mil
シエン ミル
10万：cien mil
ウン ミジョン
100万：un millón

メキシコの歴史

メキシコの古代文化を代表するテオティワカンの神殿

古代文明

メキシコ最古の文明は、紀元前12世紀頃からメキシコ湾岸に栄えたオルメカ文明で、巨石人頭像などユニークな遺物を残している。その後、紀元前3世紀にはオアハカにモンテ・アルバン、中央高原にはテオティワカンの宗教都市が築かれた。6世紀には人口約20万人を擁する大帝国となったテオティワカンも10世紀に滅亡し、その後中央高原にはトルテカ文明、さらに13世紀頃からはアステカ文明が栄え、メキシコ各地に影響力をもった。ユカタン半島のジャングルでは、3〜9世紀にマヤ文明が栄え、パレンケ、チチェン・イッツァ、ウシュマルなど古代メキシコを代表する建造物が次々と造られていた。

紀元前12世紀から栄えたオルメカ文明の巨石人頭像

植民地時代

1519年にエルナン・コルテス率いるスペイン軍がベラクルスに上陸し、次々とアステカの町は侵略された。アステカ帝国最後の皇帝クアウテモックCuauhtémocは、果敢に戦い、1度はスペイン軍を撤退させる。しかし、1521年には首都テノチティトラン（現在のメキシコ・シティ）も陥落し、以後300年もの長い間スペインの植民地となる。

アステカの神殿は徹底的に破壊され、先住民にもキリスト教やスペイン文化が否応なしに押しつけられた。そして、メキシコ先住民の風俗や伝統に、スペインの文化が混じり合って、独特の混血文化が形成されていった。

独　立

18世紀末になると、アメリカの独立などに刺激されて、メキシコでも独立運動が活発化していった。そして、1810年9月16日に独立戦争が勃発する。その火ぶたを切ったのは、地方の司祭ミゲル・イダルゴMiguel Hidalgoだった。イダルゴ自身は1811年に処刑されてしまうが、1821年にスペイン軍の司令官イトゥルビデIturbideが独立運動に協力したため、独立は達成された。しかし、新メキシコ帝国の皇帝にイトゥルビデが強引に就いたため、不安定な政情が続くことになった。

ハリスコ州庁舎に描かれたイダルゴ神父

サンタアナ時代

在位1年半で皇帝イトゥルビデが失脚したあと、メキシコの不幸の時代ともいえるサンタアナの支配の時代の突入する。軍人のサンタアナは、1829年スペインからの遠征軍をタンピコにおいて撃退して国民的英雄となり、1833年から1855年まで大統領として君臨する。しかし、政治的手腕がなく、場当たり的に政策を変えたため国内に大きな混乱を招いた。

1824年には共和制に移行したが、依然として政情不安が続き、各地で先住民による反乱が起こり始める。1836年にはテキサスの分離独立運動が過熱し、独立を支援するアメリカと戦火を交えることになった。無謀なテキサス戦争の結末は、敗北により広大な領土を失うことだった。

国境紛争

1844年にアメリカ大統領に当選したジェームズ・ポークは、テキサス、カリフォルニアの併合を主張していた。テキサスは独立しテキサス共和国となってから8年もたっていたが、メキシコ側では、テキサスがアメリカに併合されれば、それはメキシコに対する宣戦布告であると牽制した。

しかし、アメリカは1845年3月にテキサスの併合を承認し、5月には国境にあたるリオ・グランデまで兵を進めてメキシコを挑発する。メキシコ軍からの発砲、死傷者が出るとすぐにポーク大統領は議会に戦争教書を送った。こうして、メキシコは初めから勝てない、アメリカ側から仕掛けられた戦争を始めることになった。

1847年8月、アメリカはついにメキシコ・シティまで占領し、アメリカとメキシコの国境紛争は終わる。このとき、メキシコ・シティでアメリカ軍に抵抗して最後まで戦ったのは、士官学校の16〜17歳の年若い士官候補生たちであった。彼らは今日でも「英雄的な少年たちNiños Héroes」と呼ばれ、愛国主義者としての勇気をたたえられている。

1848年にはグアダルーペ・イダルゴ条約が締結され、メキシコはリオ・グランデより北のテキサスのアメリカ併合を承認したうえ、現在のアメリカのカリフォルニア、ニューメキシコ、アリゾナなどを含む広大な領土をアメリカに割譲した。テキサスも含めた面積は、現在のメキシコの2倍以上もある。しかも、そこには石油、銅、ウラニウムなどの資源が豊かに埋蔵されていることがあとになって判明した。メキシコがその代償として得たのは、わずか1500万ドルであった。

各地で誇らしくそびえるフアレス像

サンタアナの失政に対する不満は1854年に爆発した。サンタアナに反対する人々が「アユトラ宣言」を発して反乱を起こし、1855年にはサンタアナを国外へ追放した。中心的役割を果たしたのは、自由主義的な政治家、知識人、旧軍人であった。その後、政権に就いたこれらの自由主義者によって、この国では最初の本格的な自由主義的改革が行われた。この時代は「改革（レフォルマ）の時代」と呼ばれ、いわば近代化の初期である。

メキシコでは、教会は植民地時代以来、巨大な権力を維持していた。メキシコの近代化を望む自由主義者からすれば、教会がもつ、十分に利用されていない広大な土地や、聖職者たちがもっている特権、学校教育に関する根強い影響力、教会に徴収される税金などは、近代化にとっての大きな障害であった。そこで、教会に対して、軍人や聖職者の裁判上の特権を廃止した1855年のフアレス法や、一般市民の団体や宗教団体が当面必要とする以外の土地、建物などの不動産の所有を一切禁じた1858年のレルド法を制定した。レルド法により、教会は広大な土地を手放さねばならず、教会の経済に大きな打撃を与えた。この法律の制定者レルドは、教会の勢力を弱め、同時にもと教会の土地が分割されて農民たちに吸収されることを期待していた。しかし、当時の小作人たちにはそんな財力はなくせっかく教会から取り上げた土地も地主や軍人、資本家たちの手に渡ってしまった。

1857年には、これらの改革を盛り込んだ憲法も制定されたが、内容が完全に自由主義的であったため、教会やその支持に回った保守派が強く反発した。そのため1857年12月から約3年の内戦が続いた。結局、内戦は自由主義派の勝利に終わり、内戦を指揮したベニート・フアレスBenito Juárezがメキシコ・シティに戻り、1861年大統領に選ばれた。

フアレスはインディヘナ出身の大統領で、町に出てきて勉強を始めるまではスペイン語さえ話せなかった。しかし、勉学に励んで弁護士となり、さらにオアハカ州知事となって、その時代に近代化の「ア■― リ山亩」に参加した。その後、自由主義派の政府で司法大臣を務め、ついには大統領にまでなったフアレスは、メキシコで最も尊敬されている大統領といわれている。

1864年にはフランスのナポレオン3世の圧力により、オーストリアからマクシミリアン大公をメキシコ皇帝として迎え、帝政をしく。しかし、メキシコ・シティから亡命したフアレス政府は、ゲリラ戦による抵抗運動を開始。アメリカからフアレスに対する援助もあり、1867年マクシミリアン大公を処刑することによって、この内戦も終わりを告げた。やがて国内の秩序も回復し、フアレスは1872年までの大統領の任期中、教育の振興や、製造業の奨励などの政策を行い、メキシコの近代化を促進した。

マクシミリアン大公が処刑されたケレタロ市内にあるカンパナースの丘

1876年から1911年までの間は、ポルフィリオ・ディアスが政権を握った。経済的にめざましい発展を遂げた時代で、鉄道、港湾、通信網などインフラが整備され、新たな銀行の設立など商業活動も活発化した。輸出が伸び、工業や農牧業も拡大して、政府の財政は黒字に転じた。ところが、これらは外国資本の誘致による経済開発だったので、1910年には外国の資本家たちにメキシコの土地の7分の1から5分の1を所有される事態を招いた。しかも1884年の鉱山法により、土地の所有者は、その下に埋蔵されている資源の所有者として認められていた。また、大半の商業や工業も外国の所有になってしまっていた。つまり、外国の資本がこの時期のメキシコの経済の発展を促進し、メキシコの経済をその支配下においたのである。

メキシコ革命

ポルフィリオ・ディアスの独裁支配のもとで、農民からの土地収奪が進行し、労働者は過酷な労働条件のもとで働かされた。巨大な土地や鉱山を所有する外国人に国の富を取り上げられ、反抗するものには弾圧が加えられていた。20世紀に入ると、こうした圧政に対する反対や、改革を叫ぶ声が社会の各層から起こってきた。

農民闘争を指導したエミリアーノ・サパタ

1905年に、反ディアスの知識人たちが自由党を結成し、各地で大規模なストライキが起こった。また、南部のモレロス州では、エミリアーノ・サパタEmiliano Zapataも農民闘争を開始した。そして、1910年10月に北部コアウイラ州の地主、フランシスコ・マデロFrancisco Maderoが革命を起こし、それに呼応してサパタやパスクアル・オロスコが立ち上がり、激しいゲリラ戦が始まる。ディアスの軍隊は革命軍によって敗れ、ディアスは失脚してパリに亡命した。

その後の大統領選挙ではマデロが圧勝したが、サパタらが望んでいた土地改革を実行する気がなかったため、彼も1913年に失脚し、暗殺されてしまう。この頃からメキシコは混沌とした無政府状態となってしまう。マデロに代わってビクトリアーノ・ウエルタ将軍が国を掌握しようとするが、コアウイラ州知事のベネスティアーノ・カランサVenestiano Carranzaやアルバロ・オブレゴンÁlvaro Obregónなど「護憲派」と呼ばれる地主層と、リパタや義賊あがりのパンチョ・ビージャPancho Villaが各地で闘争を開始。ついには、ウエルタ将軍も1914年に失脚してしまう。

この年の10月、アグアスカリエンテスに集まったカランサ、オブレゴン、サパタ、ビージャなどの各代表は、革命政府の形態や政策について話し合った。この会議では、サパタの「アヤラ計画」を採ったが、実際にはこの土地改革に関して、地主で保守的なカランサと、農民の代表で土地改革に重きをおくサパタ、ビージャの間には深い溝ができてしまっていた。

全体的にみると、サパタ、ビージャ派は地方重視的であり、カランサ、オブレゴン派ははるかに政治的で全国的な観点をもっていたといえる。1915年8月のセラヤの戦いではオブレゴン軍がビージャ軍に勝ち、カランサ、オブレゴン派が優勢となり、革命の主導権は地主、資本家階級へと移った。

1916年12月、ケレタロで開かれた制憲会議の代表たちは「護憲派」によって占められ、サパタ、ビージャ派は除外されていた。しかし、会議の代表には進歩的な思想をもった知識人や、労働者の代表も含まれていた。ここではもはや大衆、特に6年間にわたる闘争におおいなる力を与えた農民たちの声を無視することはできなくなっていた。

その結果生まれた1917年の憲法（現行憲法）は、個人の基本的人権、政治的自由、国会と教会の分離などについて規定し、土地改革やストライキ権を含む、労働者の広範囲にわたる権利の保障や地位の改善に関する規定を含んだ、極めて改革的な憲法となった。また、地下資源は国家の不可譲の財産であると定め、外国人がみだりに奪うことを禁止した。この憲法の内容は、当時、世界でも最も進んだもののひとつであった。

憲法制定の後、メキシコは農地改革、主要産業の国有化などの国家社会主義の色濃い政策を推し進める。1929年には革命勢力をひとつの政党に統合した国民革命党（1946年に制度的革命党に改名）が結成された。1934年から1940年まで大統領であったラサロ・カルデナスLázaro Cárdenasは、農地改革を強化するとともに、対外的にも強い態度を示し、1938年には外国資本によって支配されていた石油産業を国有化した。

現　代

1970年代は、豊富な石油資源をもとに工業化が推し進められた高度成長の時代だった。1980年代に入ると、石油価格の下落とインフレのために経済危機に陥り、深刻な対外累積債務問題に苦しむこととなる。

1994年には北米自由貿易協定（NAFTA）に参加し、「先進国」への仲間入りをした。しかし自由貿易は、穀物や野菜を栽培する零細農家にとっては死活問題。特に長年の差別的処遇に反対するチアパス州では、先住民の農民たちが武装蜂起をし、政府軍と対峙する。

政府与党・制度的革命党（PRI）の有力大統領候補が暗殺されるという事件の後、エルネスト・セディージョ Ernesto Zedilloが大統領に就任。最初から波乱含みで発足したが、ペソの急落をデフレ政策などで乗り越え、任期後半には石油価格の高騰に支えられて通貨の安定を実現させた。

71年にも及ぶ制度的革命党の一党支配は、2000年の大統領選挙で国民行動党（PAN）のビセンテ・フォックスVicente Foxが大統領に選出され、歴史的な転換期を迎える。しかし、2012年の大統領選挙では、エンリケ・ペーニャ・ニエトEnriqe Peña Niet率いる制度的革命党が政権に帰り咲いた。2018年7月の大統領選挙では民主革命党（PRD）のロペス・オブラドールLópez Obradorが当選。貿易や移民問題で隣国アメリカとの関係がぎくしゃくするなか、左派政権の舵取りが注目される。

地球の歩き方 旅の図鑑シリーズ

見て読んで海外のことを学ぶことができ、旅気分を楽しめる新シリーズ。
1979年の創刊以来、長年蓄積してきた世界各国の情報と取材経験を生かし、
従来の「地球の歩き方」には載せきれなかった、
旅にぐっと深みが増すような雑学や豆知識が盛り込まれています。

W01
世界244の国と地域
¥1760

W07
世界のグルメ図鑑
¥1760

W02
世界の指導者図鑑
¥1650

W03
世界の魅力的な
奇岩と巨石139選
¥1760

W04
世界246の首都と
主要都市
¥1760

W05
世界のすごい島300
¥1760

W06
世界なんでも
ランキング
¥1760

W08
世界のすごい巨像
¥1760

W09
世界のすごい城と
宮殿333
¥1760

W11
世界の祝祭
¥1760

W10 世界197ヵ国のふしぎな聖地&パワースポット ¥1870	**W12** 世界のカレー図鑑 ¥1980
W13 世界遺産 絶景でめぐる自然遺産 完全版 ¥1980	**W15** 地球の果ての歩き方 ¥1980
W16 世界の中華料理図鑑 ¥1980	**W17** 世界の地元メシ図鑑 ¥1980
W18 世界遺産の歩き方 ¥1980	**W19** 世界の魅力的なビーチと湖 ¥1980
W20 世界のすごい駅 ¥1980	**W21** 世界のおみやげ図鑑 ¥1980
W22 いつか旅してみたい世界の美しい古都 ¥1980	**W23** 世界のすごいホテル ¥1980
W24 日本の凄い神木 ¥2200	**W25** 世界のお菓子図鑑 ¥1980
W26 世界の麺図鑑 ¥1980	**W27** 世界のお酒図鑑 ¥1980
W28 世界の魅力的な道 178 選 ¥1980	**W29** 世界の映画の舞台&ロケ地 ¥2090
W30 すごい地球！ ¥2200	**W31** 世界のすごい墓 ¥1980
W32 日本のグルメ図鑑 ¥1980	

※表示価格は定価（税込）です。改訂時に価格が変更になる場合があります。

「地球の歩き方」の書籍

地球の歩き方 GEM STONE

「GEM STONE（ジェムストーン）」の意味は「原石」。地球を旅して見つけた宝石のような輝きをもつ「自然」や「文化」、「史跡」などといった「原石」を珠玉の旅として提案するビジュアルガイドブック。美しい写真と詳しい解説で新しいテーマ＆スタイルの旅へと誘います。

地球の歩き方
Gem
STONE

地球の歩き方 BOOKS

「BOOKS」シリーズでは、国内、海外を問わず、自分らしい旅を求めている旅好きの方々に、旅に誘う情報から旅先で役に立つ実用情報まで、「旅エッセイ」や「写真集」、「旅行術指南」など、さまざまな形で旅の情報を発信します。

MAKI'S DEAREST HAWAII
～インスタジェニックなハワイ探し～

インスタ映えする風景、雑貨、グルメがいっぱい！

MAKI'S DEAREST HAWAII

マキ・コニクソン
Happy ハワイガイド

My Dearest Hawaii

地球の歩き方 シリーズ一覧 2024年2月現在

*地球の歩き方ガイドブックは、改訂時に価格が変わることがあります。 *表示価格は定価（税込）です。 *最新情報は、ホームページをご覧ください。 www.arukikata.co.jp/guidebook/

地球の歩き方 ガイドブック

A ヨーロッパ

A01	ヨーロッパ	¥1870
A02	イギリス	¥2530
A03	ロンドン	¥1980
A04	湖水地方＆スコットランド	¥1870
A05	アイルランド	¥1980
A06	フランス	¥1870
A07	パリ＆近郊の町	¥1980
A08	南仏プロヴァンス コート・ダジュール＆モナコ	¥1760
A09	イタリア	¥1870
A10	ローマ	¥1760
A11	ミラノ ヴェネツィアと湖水地方	¥1870
A12	フィレンツェとトスカーナ	¥1870
A13	南イタリアとシチリア	¥1870
A14	ドイツ	¥1980
A15	南ドイツ フランクフルト ミュンヘン ロマンチック街道 古城街道	¥2090
A16	ベルリンと北ドイツ ハンブルク ドレスデン ライプツィヒ	¥1870
A17	ウィーンとオーストリア	¥2090
A18	スイス	¥2200
A19	オランダ ベルギー ルクセンブルク	¥2420
A20	スペイン	¥2420
A21	マドリードとアンダルシア	¥1760
A22	バルセロナ＆近郊の町 イビサ島／マヨルカ島	¥1760
A23	ポルトガル	¥2200
A24	ギリシアとエーゲ海の島々＆キプロス	¥1870
A25	中欧	¥1980
A26	チェコ ポーランド スロヴァキア	¥1870
A27	ハンガリー	¥1870
A28	ブルガリア ルーマニア	¥1980
A29	北欧 デンマーク ノルウェー スウェーデン フィンランド	¥1870
A30	バルトの国々 エストニア ラトヴィア リトアニア	¥1870
A31	ロシア ベラルーシ ウクライナ モルドヴァ コーカサスの国々	¥2090
A32	極東ロシア シベリア サハリン	¥1980
A34	クロアチア スロヴェニア	¥2200

B 南北アメリカ

B01	アメリカ	¥2090
B02	アメリカ西海岸	¥1870
B03	ロスアンゼルス	¥2090
B04	サンフランシスコとシリコンバレー	¥1870
B05	シアトル ポートランド	¥2420
B06	ニューヨーク マンハッタン＆ブルックリン	¥2200
B07	ボストン	¥1980
B08	ワシントンDC	¥2420
B09	ラスベガス セドナ＆グランドキャニオンと大西部	¥2090
B10	フロリダ	¥2310
B11	シカゴ	¥1870
B12	アメリカ南部	¥1980
B13	アメリカの国立公園	¥2640
B14	ダラス ヒューストン デンバー グランドサークル フェニックス サンタフェ	¥1980
B15	アラスカ	¥1980
B16	カナダ	¥2420
B17	カナダ西部 カナディアン・ロッキーとバンクーバー	¥2090
B18	カナダ東部 ナイアガラ・フォールズ メープル街道 プリンス・エドワード島 トロント オタワ モントリオール ケベック・シティ	¥2090
B19	メキシコ	¥1980
B20	中米	¥2090
B21	ブラジル ベネズエラ	¥2200
B22	アルゼンチン チリ パラグアイ ウルグアイ	¥2200
B23	ペルー ボリビア エクアドル コロンビア	¥2200
B24	キューバ バハマ ジャマイカ カリブの島々	¥2035
B25	アメリカ・ドライブ	¥1980

C 太平洋／インド洋島々

C01	ハワイ オアフ島＆ホノルル	¥2200
C02	ハワイ島	¥2200
C03	サイパン ロタ＆テニアン	¥1540
C04	グアム	¥1980
C05	タヒチ イースター島	¥1870
C06	フィジー	¥1650
C07	ニューカレドニア	¥1650
C08	モルディブ	¥1870
C10	ニュージーランド	¥2200
C11	オーストラリア	¥2200
C12	ゴールドコースト＆ケアンズ	¥2420
C13	シドニー＆メルボルン	¥1760

D アジア

D01	中国	¥2090
D02	上海 杭州 蘇州	¥1870
D03	北京	¥1760
D04	大連 瀋陽 ハルビン 中国東北部の自然と文化	¥1980
D05	広州 アモイ 桂林 珠江デルタと華南地方	¥1980
D06	成都 重慶 九寨溝 麗江 四川 雲南	¥1980
D07	西安 敦煌 ウルムチ シルクロードと中国西北部	¥1980
D08	チベット	¥2090
D09	香港 マカオ 深圳	¥2420
D10	台湾	¥2090
D11	台北	¥1980
D13	台南 高雄 屏東＆南台湾の町	¥1650
D14	モンゴル	¥2090
D15	中央アジア サマルカンドとシルクロードの国々	¥2090
D16	東南アジア	¥1870
D17	タイ	¥2200
D18	バンコク	¥1870
D19	マレーシア ブルネイ	¥2090
D20	シンガポール	¥1980
D21	ベトナム	¥2090
D22	アンコール・ワットとカンボジア	¥2200
D23	ラオス	¥2420
D24	ミャンマー（ビルマ）	¥2090
D25	インドネシア	¥1870
D26	バリ島	¥2200
D27	フィリピン マニラ セブ ボラカイ ボホール エルニド	¥2200
D28	インド	¥2640
D29	ネパールとヒマラヤトレッキング	¥2200
D30	スリランカ	¥1870
D31	ブータン	¥1980
D33	マカオ	¥1760
D34	釜山 慶州	¥1540
D35	バングラデシュ	¥2090
D37	韓国	¥2090
D38	ソウル	¥1870

E 中近東 アフリカ

E01	ドバイとアラビア半島の国々	¥2090
E02	エジプト	¥1980
E03	イスタンブールとトルコの大地	¥2090
E04	ペトラ遺跡とヨルダン レバノン	¥2090
E05	イスラエル	¥2090
E06	イラン ペルシアの旅	¥2200
E07	モロッコ	¥1980
E08	チュニジア	¥2090
E09	東アフリカ ウガンダ エチオピア ケニア タンザニア ルワンダ	¥2090
E10	南アフリカ	¥2200
E11	リビア	¥2200
E12	マダガスカル	¥1980

J 国内版

J00	日本	¥3300
J01	東京 23区	¥2200
J02	東京 多摩地域	¥2020
J03	京都	¥2200
J04	沖縄	¥2200
J05	北海道	¥2200
J07	埼玉	¥2200
J08	千葉	¥2200
J09	札幌・小樽	¥2200
J10	愛知	¥2200
J11	世田谷区	¥2200
J12	四国	¥2420
J13	北九州市	¥2200

地球の歩き方 aruco

●海外

1	パリ	¥1650
2	ソウル	¥1650
3	台北	¥1650
4	トルコ	¥1430
5	インド	¥1540
6	ロンドン	¥1650
7	香港	¥1320
9	ニューヨーク	¥1320
10	ホーチミン ダナン ホイアン	¥1650
11	ホノルル	¥1650
12	バリ島	¥1320
13	上海	¥1320
14	モロッコ	¥1540
15	チェコ	¥1320
16	ベルギー	¥1430
17	ウィーン ブダペスト	¥1320
18	イタリア	¥1760
19	スリランカ	¥1540
20	クロアチア スロヴェニア	¥1430
21	スペイン	¥1320
22	シンガポール	¥1650
23	バンコク	¥1650
24	グアム	¥1320
25	オーストラリア	¥1760
26	フィンランド エストニア	¥1430
27	アンコール・ワット	¥1430
28	ドイツ	¥1430
29	ハノイ	¥1650
30	台湾	¥1650
31	カナダ	¥1320
33	サイパン テニアン ロタ	¥1320
34	セブ ボホール エルニド	¥1320
35	ロスアンゼルス	¥1320
36	フランス	¥1430
37	ポルトガル	¥1650
38	ダナン ホイアン フエ	¥1430

●国内

	東京	¥1540
	東京で楽しむフランス	¥1430
	東京で楽しむ韓国	¥1430
	東京で楽しむ台湾	¥1430
	東京の手みやげ	¥1430
	東京おやつさんぽ	¥1430
	東京のパン屋さん	¥1430
	東京で楽しむ北欧	¥1430
	東京のカフェめぐり	¥1480
	東京で楽しむハワイ	¥1480
nyaruco	東京ねこさんぽ	¥1480
	東京で楽しむイタリア＆スペイン	¥1480
	東京で楽しむアジアの国々	¥1480
	東京ひとりさんぽ	¥1480
	東京パワースポットさんぽ	¥1599
	東京で楽しむ英国	¥1599

地球の歩き方 Plat

1	パリ	¥1320
2	ニューヨーク	¥1320
3	台北	¥1100
4	ロンドン	¥1320
6	ドイツ	¥1320
7	ホーチミン／ハノイ／ダナン／ホイアン	¥1320
8	スペイン	¥1320
10	シンガポール	¥1100
11	アイスランド	¥1540
14	マルタ	¥1540
15	フィンランド	¥1320
16	クアラルンプール マラッカ	¥1650
17	ウラジオストク／ハバロフスク	¥1430
18	サンクトペテルブルク／モスクワ	¥1540
19	エジプト	¥1320
20	香港	¥1100
22	ブルネイ	¥1430

23	ウズベキスタン サマルカンド ブハラ ヒヴァ タシケント	¥1650
24	ドバイ	¥1320
25	サンフランシスコ	¥1320
26	パース／西オーストラリア	¥1320
27	ジョージア	¥1540
28	台南	¥1430

地球の歩き方 リゾートスタイル

R02	ハワイ島	¥1650
R03	マウイ島	¥1650
R04	カウアイ島	¥1870
R05	こどもと行くハワイ	¥1540
R06	ハワイ ドライブ・マップ	¥1980
R07	ハワイ バスの旅	¥1320
R08	グアム	¥1430
R09	こどもと行くグアム	¥1650
R10	パラオ	¥1650
R12	プーケット サムイ島 ピピ島	¥1650
R13	ペナン ランカウイ クアラルンプール	¥1650
R14	バリ島	¥1430
R15	セブ＆ボラカイ ボホール シキホール	¥1650
R16	テーマパーク in オーランド	¥1870
R17	カンクン コスメル イスラ・ムへーレス	¥1650
R20	ダナン ホイアン ホーチミン ハノイ	¥1650

『地球の歩き方』は
いちばん詳しい
中米&カリブのガイド

古代文明の謎に迫る旅
カリブのビーチリゾートで過ごす極上の休日
情熱と音楽のリズム、美しい自然
そしてすばらしい歴史と文化 ‥‥‥。
次はどんな旅にしましょうか？
『地球の歩き方』なら、あなたの望む旅を実現します！

ストリートでも陽気なカリビ
アンサウンドが楽しめる

地球の歩き方●ガイドブック

B19 メキシコ

マヤ文明の遺跡、コロニアル都市、ビーチリゾートという3つ
の魅力を徹底ガイド。観光ポイント、旅のノウハウから歴史・
文化までおまかせ！

B20 中米

日本ではまだ情報が少ないエリアを、本書を持って、安全に、
楽しく、自由に旅しよう。グアテマラ、コスタリカ、ベリーズ、
エルサルバドル、ホンジュラス、ニカラグア、パナマを収録。

チチェン・イッツァのエルカ
スティージョ

B24 キューバ バハマ ジャマイカ カリブの島々

キューバを中心に、バハマ、ジャマイカなど、カリビアンリゾー
トと自然の魅力あふれる国々を掲載しています。

地球の歩き方● Resort Style

アクティビティやモデルプランなど、わがままな楽園ステイを
実現させるための情報満載の提案型ガイドブック。

R11 世界のダイビング完全ガイド 地球の潜り方

幻想的な海中の世界に魅せられたダイバーに贈るダイビング旅
行の専門ガイド。世界中のダイビングスポットを1冊に凝縮。

羽毛を持つ蛇のククルカン
はマヤの最高神

R17 カンクン コスメル イスラ・ムヘーレス

カリブ海沿いのメキシカンリゾート、カンクンを中心に白いビ
ーチが輝く島コスメルやイスラ・ムヘーレスなどもガイド。

地球の歩き方●トラベル会話

5 スペイン語＋英語

メキシコが誇る世界有数の
高級リゾート地カンクン

2018年9月現在●最新情報はホームページでもご覧いただけます www.diamond.co.jp/arukikata

あなたの**旅の体験談**をお送りください

「地球の歩き方」は、たくさんの旅行者からご協力をいただいて、
改訂版や新刊を制作しています。
あなたの旅の体験や貴重な情報を、これから旅に出る人たちへ分けてあげてください。
なお、お送りいただいたご投稿がガイドブックに掲載された場合は、
初回掲載本を1冊プレゼントします！

ご投稿はインターネットから！

URL www.arukikata.co.jp/guidebook/toukou.html
画像も送れるカンタン「投稿フォーム」
※左記のQRコードをスマートフォンなどで読み取ってアクセス！

または「地球の歩き方　投稿」で検索してもすぐに見つかります

 地球の歩き方　投稿 　　　　　　 検索

▶投稿にあたってのお願い

★ご投稿は、次のような《テーマ》に分けてお書きください。

《**新発見**》―――ガイドブック未掲載のレストラン、ホテル、ショップなどの情報

《**旅の提案**》――未掲載の町や見どころ、新しいルートや楽しみ方などの情報

《**アドバイス**》――旅先で工夫したこと、注意したこと、トラブル体験など

《**訂正・反論**》――掲載されている記事・データの追加修正や更新、異論、反論など

※記入例「○○編20XX年度版△△ページ掲載の□□ホテルが移転していました……」

★**データはできるだけ正確に。**
　ホテルやレストランなどの情報は、名称、住所、電話番号、アクセスなどを正確にお書きください。
　ウェブサイトのURLや地図などは画像でご投稿いただくのもおすすめです。

★**ご自身の体験をお寄せください。**
　雑誌やインターネット上の情報などの丸写しはせず、実際の体験に基づいた具体的な情報をお
　待ちしています。

▶ご確認ください

※採用されたご投稿は、必ずしも該当タイトルに掲載されるわけではありません。関連他タイトルへの掲載もありえます。

※例えば「新しい市内交通バスが発売されている」など、すでに編集部で取材・調査を終えているものと同内容のご投稿をい
　ただいた場合は、ご投稿を採用したとはみなされず掲載本をプレゼントできないケースがあります。

※当社は個人情報を第三者へ提供いたしません。また、ご記入いただきましたご自身の情報については、ご投稿内容の確認
　や掲載本の送付などの用途以外には使用いたしません。

※ご投稿の採用の可否についてのお問い合わせはご遠慮ください。

※原稿は原文を尊重しますが、スペースなどの関係で編集部でリライトする場合があります。

おわりに

本書の取材では、渡部峰子さん、メキシコ観光局、H.I.S. メキシコシティ、H.I.S. カンクン、メキシコ観光、メキシコトラベルファクトリー、ビアヘス東洋メヒカーノ、Cabo Deep Blue、池谷真美さん（Go Cancun Travel）の皆さんに現地情報の調査・確認でたいへんお世話になりました。

また、本書創刊時より、以下の皆さんにご協力いただきました。前原利行さん、片岡恭子さん、高橋慎一さん、有賀正博さん、下平真弓さん、渡辺庸生さん（メキシコ料理研究家）、上野清士さん、村田英子さん、横山幸恵さん、吉田昌一さん、野矢康弘さん、手島千左子さん。そして、貴重な情報を送ってくださった読者の皆様、現地でご協力いただいたメキシコの皆様に、厚くお礼申し上げます。

STAFF

制　作	：清水裕里子	Producer	: Yuriko SHIMIZU
編　集	：シエスタ	Editor	: Siesta Co.,Ltd.
	小高雅彦		Masahiko ODAKA
調　査	：さかぐちとおる	Research	: Toru SAKAGUCHI
取　材	：今野雅夫	Reporters	: Masao KONNO
	土屋朋代		: Tomoyo TSUCHIYA
デザイン	：エメ龍夢	Designer	: EMERYUMU
表　紙	：日出嶋昭男	Cover Designer	: Akio HIDEJIMA
地　図	：高棟博（ムネプロ）	Maps	: Hiroshi TAKAMUNE (Mune Pro)
校　正	：トップキャット	Proofreading	: Top Cat

写真協力：渋谷晴美、H.I.S. メキシコシティ、Queen Angel、Go Cancun Travel、Cabo Deep Blue、The Cortez Club、Cirque du Soleil JOYÀ、iStock

本書の内容について、ご意見・ご感想はこちらまで
読者投稿　〒141-8425 東京都品川区西五反田 2-11-8
　　　　　　株式会社地球の歩き方
　　　　　　地球の歩き方サービスデスク「メキシコ編」投稿係
　　　　　　https://www.arukikata.co.jp/guidebook/toukou.html
地球の歩き方ホームページ（海外・国内旅行の総合情報）
　　　　　　https://www.arukikata.co.jp/
ガイドブック『地球の歩き方』公式サイト
　　　　　　https://www.arukikata.co.jp/guidebook/

地球の歩き方 B19 メキシコ 2019〜2020年版
1985 年 2 月 10 日　初版発行
2024 年 2 月 19 日　改訂第 19 版　第 2 刷発行

Published by Arukikata. Co.,Ltd. 2-11-8 Nishigotanda, Shinagawa-ku, Tokyo, 141-8425

著作編集	地球の歩き方編集室
発　行　人	新井邦弘
編　集　人	由良暁世
発　行　所	株式会社地球の歩き方
	〒141-8425　東京都品川区西五反田 2-11-8
発　売　元	株式会社Gakken
	〒141-8416　東京都品川区西五反田 2-11-8
印刷製本	株式会社ダイヤモンド・グラフィック社

※本書は基本的に 2018 年 4 月〜8 月の取材データに基づいて作られています。
　発行後に料金、営業時間、定休日などが変更になる場合がありますのでご了承ください。
　更新・訂正情報：https://www.arukikata.co.jp/travel-support/

●この本に関する各種お問い合わせ先
・本の内容については、下記サイトのお問い合わせフォームよりお願いします。
URL ▶ https://www.arukikata.co.jp/guidebook/contact.html
・広告については、下記サイトのお問い合わせフォームよりお願いします。
URL ▶ https://www.arukikata.co.jp/ad_contact/
・在庫については　Tel 03-6431-1250（販売部）
・不良品（乱丁、落丁）については　Tel 0570-000577
　学研業務センター　〒354-0045　埼玉県入間郡三芳町上富 279-1
・上記以外のお問い合わせは　Tel 0570-056-710（学研グループ総合案内）